Ilse Irion
Thomas Sieverts

Neue Städte

Ilse Irion
Thomas Sieverts

Neue Städte **Experimentierfelder der Moderne**

**Deutsche Verlags-Anstalt
Stuttgart**

Die Deutsche Bibliothek – CIP-Einheitsaufnahme
Irion, Ilse:
Neue Städte: Experimentierfelder der Moderne/
Ilse Irion; Thomas Sieverts. –
Stuttgart: Deutsche Verlags-Anstalt, 1991
ISBN 3-421-02952-0
NE: Sieverts, Thomas:

© 1991 Deutsche Verlags-Anstalt GmbH, Stuttgart
Alle Rechte vorbehalten
Typografische Gestaltung: Brigitte Müller
Satz und Druck: Druckerei Wagner GmbH, Nördlingen
Reproduktion: Die Repro GmbH, Tamm
Bindearbeit: Großbuchbinderei Monheim, Monheim
Printed in Germany

Inhalt

Vorwort 7

I Einführung 9

1 Ist die »Neue Stadt« schon ein Thema der Stadtgeschichte oder noch aktuelle städtebauliche Konzeption der Gegenwart? 9
2 Die Ausgangslage der Neuen Städte in den verschiedenen Ländern 12
3 Die Situation der Städtebautheorie nach dem Zweiten Weltkrieg 13

II Die untersuchten Beispiele 16

Klassische Moderne in Form des Wohnens und der Nachbarschaft 18

1 Einleitung 22
1.2 Entstehungsgeschichte von Karlsruhe-Waldstadt 23
1.3 Planung – Entwicklung der Waldstadt 25
1.4 Probleme in der Waldstadt – positive und negative Merkmale des Stadtteils 34
1.5 Die Mustersiedlungen Karlsruhe-Waldstadt und Mainz-Lerchenberg als Demonstrativmaßnahme des Bundesministeriums für Städtebau und Wohnungswesen 38
2 Mainz-Lerchenberg – Konzept, Planung und Erfahrungen 40
2.1 Entstehungsgeschichte 45
2.2 Lerchenberg aus der heutigen Sicht 48
2.3 Karlsruhe-Waldstadt, Mainz-Lerchenberg – vergleichende Zusammenfassung: Erkenntnisse und Schlußfolgerungen 52

Zwei ungleiche Brüder 54

1 Entstehungsgeschichte von Mannheim-Vogelstang 58
1.1 Grundlagen für die Entstehung des neuen Stadtteils Mannheim-Vogelstang 58
1.2 Die wichtigsten Ziele und Voraussetzungen für die Entstehung Vogelstangs 60
1.3 Grundlegende Planungsziele 63
1.4 Ideeninhalt und städtebauliches Konzept 63

1.5 Ausländische Vorbilder als Anregung und Hilfestellung bei der Entstehung von Stadtkonzepten 65
1.6 Form und Art der Planung – besondere Merkmale 67
1.7 Erfahrungen und Bewertung der »Väter« – Erreichtes und Nichterreichtes 68
1.8 Planer und Träger 69
1.9 Erfahrungen und Bewertung der Fertigbauweise 72
1.10 Veränderungen und Probleme 73
1.11 Zukunftsperspektiven 74
2 Grundlagen und Voraussetzungen für die Entstehung von Heidelberg-Emmertsgrund 76
2.1 Gesetzte Ziele 76
2.2 Form und Art der Planung – besondere Merkmale 77
2.3 Grundlegende städtebauliche Ideen 87
2.4 Planungsziele 87
2.5 Städtebauliches Konzept 88
2.6 Nicht erreichte Ziele – Erfahrungen – Probleme 96
2.7 Aktuelle Situation (1987/88) – Ziele und Maßnahmen 97
3 Mannheim-Vogelstang und Heidelberg-Emmertsgrund: Rückblick, Wertung, Zukunftsperspektiven 99

Neue Prinzipien im Städtebau 102

1 Nordweststadt und Stadtideologie 104
1.1 Städtebau zwischen Utopie und Realität oder das Werk von Idealisten und Realisten 105
1.2 Die Entwicklung der Nordweststadt seit ihrer Fertigstellung 126

Zwei Städte – Stadteinheiten in Finnland: Rücksicht auf den »Genius loci« 128

1 Welchem Geheimnis verdankt Tapiola seine Ausstrahlung? Wie soll ich die Wahl Tapiolas für diese Arbeit rechtfertigen? 132
1.1 Kivenlahti, Espoo: eine Küsten- und Freizeitstadt im Werden 136
1.2 Tapiola – Kivenlahti: Probleme, Erfahrungen, heutige Situation 156

Sechs Großsiedlungen in Schweden: Drei Generationen modernen Städtebaus in Stockholm 170

1 Einführung und Begründung der Auswahl der Stadtteile für diese Studie 176
2 Voraussetzungen für die Entstehung von neuen Stadtteilen (Vororten) Stockholms 177
3 Die neuen Stadtteile aus der Sicht ihrer Väter 179
3.1 »New Town« – Vällingby – ein europäisches Vorbild 182
3.2 Die Reaktion auf die Gartenstadt 186
3.3 Städtebau als »Produktionsplanung« – Norra Järvafältet 188
3.3.1 Husby – die Rasterstadt – als direkter Ausdruck der Planideologie, der Administration – Besinnung auf das Prinzip »Straße und Hof« 195
3.3.2 Akalla – Stadt des hoch verdichteten linearen Zentrums und baulicher Kontraste, Stadt der perfekten städtebaulichen Systeme und Prinzipien 198
3.3.3 Kista – Besinnung auf gestalterische Vielfalt, Tradition, Umwelt, Qualitäten und Abkehr von städtebaulicher Eindeutigkeit 202

Industrialisierter Städte- und Wohnungsbau vor der Demontage und dem Recycling 214

1 Stadtentwicklung in Göteborg – Voraussetzungen und Grundlagen für die Entstehung von neuen Stadtteilen 216
2 Göteborg-Lövgärdet – Ziele, Programm, Planungsgeschichte 220
3 Die Situation heute – Schlußfolgerungen 234

Neue Städte in Polen: Städtebau im Sozialismus 238

1 Ziele und Methoden zur Durchsetzung sozialistischer »Prinzipien« in den einzelnen Bereichen 242
1.1 Das Wohnbaugenossenschaftswesen und die Wohnungspolitik in Polen 244
1.2 Nowa Huta – eine Stadt des »sozialistischen Realismus« für eine sozialistische Gesellschaft 246
1.2.1 Das heutige Bild und Leben in Nowa Huta vor dem Hintergrund der ursprünglich gestellten politisch-wirtschaftlichen Ziele 257
1.2.2 Die Bewertungen formaler und funktioneller Werte der einzelnen Phasen unterlagen starken Wandlungen 260
1.2.3 Erfahrungen mit der »Planungsdemokratie« in einem sozialistischen Land 262
1.3 Nowe Tychy – die Suche nach einer eigenständigen Stadtform als Synthese aus Moderne und Tradition 264
1.3.1 Nowe Tychy – bildhafte Darstellung des Entstehens und Wachsens der Stadt 269
1.4 Schlußbemerkung 277

Entwicklungsmerkmale der Beispielstädte im Vergleich: Probleme und Zukunftsperspektiven 278

1 Einbindung in die Regionalstruktur 278
1.1 Organisation der Planung, Baudurchführung und Verwaltung 280
1.2 Rationalisierung und Industrialisierung der Bauproduktion 282
1.3 Entwicklungsphasen der Bevölkerung und der Infrastruktur 283
1.4 Entwicklung der stadträumlichen Gestalt 284
2 Zukunftsperspektiven: Chancen und Probleme des Erbes der Neuen Städte 286
2.1 Organisatorische Maßnahmen des Managements und der Nutzungsveränderungen 288
2.2 Bauliche Maßnahmen der Ergänzung und Umgestaltung 290
2.3 Regionalplanerische Maßnahmen zur besseren Einbindung in die Struktur der Stadtregion 291
3 Ausblick: Die Bedeutung von Persönlichkeiten und personellen Konstellationen für das Schicksal der Neuen Städte 291

Anhang

Literaturverzeichnis 293
Abbildungsnachweis 296

Vorwort

Vierzig Jahre nach Beendigung des Zweiten Weltkrieges bestehen gute Gründe darauf zurückzublicken, was innerhalb der Stadtplanung und des Wohnungsbaus in diesem Zeitraum geschah: Analysen und Evaluierungen früherer Entwicklungen können dazu beitragen, Fehler im Umgang mit dem Erbe dieser Zeit zu vermeiden.

Die Arbeit betrifft einen Zeitraum, der sich durch einen in der Geschichte der Menschheit nie dagewesenen Umfang an Siedlungsgründungen und Stadterweiterungen auszeichnet: Rund zwei Drittel aller Wohngebäude, drei Viertel aller Straßen und vier Fünftel aller Einrichtungen der sozialen Infrastruktur wurden in der Zeit nach dem Zweiten Weltkrieg gebaut. Dieser Zeitraum muß aufgrund der Intensität und des Umfangs des Gebauten als Phänomen gewertet werden. Auch für die Autoren dieses Bandes ist die Geschichte des Städtebaus der Nachkriegszeit nicht loszulösen von der allgemeinen Geschichte. Alle Beiträge, die dieser Band vereint, wollen – ausgehend von der spezifischen Nachkriegssituation einzelner Länder – in erster Linie eine Erkenntnishilfe leisten und Orientierungspunkte setzen in einem Feld, das fortwährenden Betrachtungswandlungen unterworfen ist.

Mit dieser Arbeit verfolgen wir das Ziel, den in der gegenwärtigen städtebaulichen Diskussion besonders kontrovers diskutierten Bereich – die nach dem Zweiten Weltkrieg entstandenen »Großsiedlungen« und »Neuen Städte« – ein wenig aus der tagespolitischen Diskussion herauszulösen und in einen sowohl räumlich wie zeitlich übergeordneten Zusammenhang zu stellen.

Wir sind der Überzeugung, daß die zur Zeit geführten Diskussionen meist zu kurzsichtig sind und dem Wesen dieser ebenso bedeutenden wie bedenklichen Zeugen der jüngsten Baugeschichte nicht gerecht werden, mit der gefährlichen Folge weiterer Fehlentwicklungen, die bei besserer Kenntnis der Voraussetzungen, der ursprünglichen Ziele und Konzepte vermieden werden könnten.

Deshalb haben wir den Versuch unternommen, der Entstehungsgeschichte und den Veränderungen ausgesuchter »Neuer Städte« in vier verschiedenen Ländern bis zur Gegenwart mit ihren Problemen und deren Lösungsansätzen nachzugehen sowie die Zukunftsperspektiven zu skizzieren und so darzustellen, daß der Leser mit Hilfe der Informationen und des Planungsmaterials selbst vergleichen und Schlüsse ziehen kann. Das Schwergewicht der Arbeit liegt auf gut vorbereiteten Gesprächen mit maßgeblich beteiligten Planern, Politikern und Unternehmern sowie auf dem systematischen Vergleich von Daten und Planungsdokumenten.

Es war uns ein besonderes Anliegen, die Arbeit nicht allein auf Schrift- und Planungsmaterial aufzubauen, sondern durch den persönlichen Kontakt der Autorin mit den »Vätern« und unmittelbar Beteiligten spezifische Gesichtspunkte herauszukristallisieren.

Die Menschen, die wir bei dieser Arbeit darstellen, sind durch ihre Zeit und die eigene Landesgeschichte geprägt. Aus der Rolle der Beteiligten resultieren unterschiedliche Auffassungen und inhaltliche Schwerpunkte. Die Rückschau auf sie aber wird zugleich zur aktuellen Deutung und Prognose.

Jüngste Stadtbaugeschichte, unverstellt noch als Zeitgeschehen erinnert und erfahren, Stadtorganismen, für jeden erlebbar, der Erfahrungen sucht, führen unversehens zu Rückblicken auf die Experimentierfelder kühner »Stadtideen« und zu Ausblicken auf zukünftige Entwicklungen.

Die Arbeit wurde von der DFG gefördert. Ihre materiellen Grenzen liegen in der Forschungskapazität, die von der Hauptbearbeiterin Dr. Ilse Irion in einer dreijährigen Arbeitszeit aufgebracht werden konnte, anfänglich gedanklich und menschlich tatkräftig von ihrem Mann, Dipl.-Ing. Ulrich Irion, unterstützt, dessen tragischer Tod während der Forschungsarbeit sie völlig unerwartet traf.

Ein zusätzliches Jahr intensiver Arbeit der Autoren führte zu der vorliegenden Zusammenfassung.

Daß innerhalb dieser begrenzten Bearbeitungszeit soviel informatives Material zusammengetragen und verarbeitet werden konnte, verdanken wir u. a. der Bereitschaft der zahlreichen Gesprächspartner zu langen, offenen und häufig selbstkritischen Gesprächen und dem Zurverfügungstellen von teilweise unveröffentlichtem geschichtlichem Planungsmaterial, wie auch aktuellster Informationen und Planungen: Von dem systematisch gesammelten und durchgearbeiteten Material kann hier aus Platzgründen nur ein kleiner Teil wiedergegeben werden. Einige Beispiele wurden auch ausgeschlossen.

Die stark gekürzten Gesprächszusammenfassungen wurden von den Beteiligten zum Teil durchgesehen, korrigiert und ergänzt. Für diese Bereitschaft zur zeitraubenden Mitarbeit danken wir allen an dieser Stelle. Besonders gedenken wir der großen und mitreißenden Persönlichkeit Heikki von Hertzen, des Vaters von

Tapiola, der einige Monate nach dem letzten Gespräch verstarb. Seine Äußerungen in dieser Arbeit haben damit fast einen testamentarischen Charakter.

Die Verfasser dieses Buches haben vielen zu danken, besonders den Städten, die das Erbe in Form von »Neuen Städten« betreuen und weiterführen und unsere Arbeit großzügig unterstützten. Ein besonderer Dank gilt der wissenschaftlichen Hilfskraft Ursula Brünner und Helga Wolf, deren Schreibarbeiten es ermöglichte, dieses Buch zu einem Abschluß zu bringen. Einen Beitrag mit ihren Übersetzungen leisteten Elfi Braun und Kaisu Lange.

Nicht zuletzt danken wir besonders der Deutschen Forschungsgemeinschaft für ihre Unterstützung. Die Forschungsarbeit wurde 1984 abgeschlossen und später aktualisiert. Eine Reihe von Forschungsergebnissen, die hier vorgelegt werden, wurde schon in Form von Aufsätzen und Vorträgen zur Diskussion gestellt und fand ein breites fachliches Echo.

Im März 1991
Ilse Irion, Thomas Sieverts

I Einführung

1 Ist die »Neue Stadt« schon ein Thema der Stadtgeschichte oder noch aktuelle städtebauliche Konzeption der Gegenwart?

»Neue Städte«, »Trabantenstädte« oder – nüchterner – »Großsiedlungen« sind die Bezeichnungen für die in sich geschlossenen, schon von weitem erkennbaren Siedlungsgebiete, mit mehreren tausend Bewohnern, die nach einheitlichen, häufig mit ehrgeizigen sozialen und kulturellen Zielen verbundenen Plänen, in der Nachkriegszeit etwa zwischen 1950 und 1975 konzipiert und gebaut wurden. Nur zum Teil wurden diese Siedlungen als völlig selbständige Städte zum Wohnen und Arbeiten geplant, sondern meist als große, in sich geschlossene Stadtteile mit eigener Versorgung, vorwiegend zum Wohnen, aber auch mit zugeordneten Arbeitsstätten. Dennoch wollen wir der Einfachheit halber für die Großsiedlungen mit mehr als 5000 Wohnungen die Bezeichnung »Neue Städte« verwenden, in denen der ganzheitliche Anspruch anklingt, der mit den Planungskonzeptionen verbunden war.

Die »Neuen Städte« waren im allgemeinen konzipiert für eine Größenordnung von 15 000–25 000 Einwohner, zum Teil wurde die Zahl der Bewohner auch erheblich überschritten. Sie zeigen in allen Ländern typische Entwicklungszüge, die es erlauben, idealtypisch von drei »Generationen« zu sprechen. Sie zeigen alle in unterschiedlicher formaler Ausprägung das ihnen gemeinsame Grundprinzip der nach den Hauptfunktionen Wohnen, Versorgen, Bildung und Erholung sowie Arbeit geordneten »funktionalen Stadt«.

Die erste Generation der fünfziger Jahre in der Wiederaufbauzeit folgt dem Ideal der gegliederten, aufgelockerten und durchgrünten Stadt, die zweite Generation nach Beseitigung der Kriegsschäden ist geprägt von den großen Wachstumserwartungen der sechziger Jahre und zeigt im Kontrast hierzu eine außerordentliche horizontale und vertikale Verdichtung, bis zur einheitlichen städtebaulichen Großform, während die dritte Generation der siebziger Jahre nach den Erfahrungen der Rezession Ende der sechziger Jahre und nach Beseitigung der drückendsten Wohnungsnot meist wieder eine größere Vielfalt der Erscheinung zeigt, mit geringeren Dichten, anspruchsvoller Architektur und mehr offenen, landschaftlich gestalteten Freiflächen.

In den von uns untersuchten Ländern sind mehrere »Neue Städte« dieser Art entstanden, meist im Rahmen von Großstadtregionen oder Industrieballungen. In der Bundesrepublik kann man vierzehn Neue Städte der genannten Größenordnung finden.

Als Hauptbestandteil einer konsequenten nationalen Dezentralisierungspolitik nach dem Zweiten Weltkrieg ist die Politik der Gründung Neuer Städte nur von Großbritannien betrieben worden. In Polen war die Gründung mit dem forcierten Aufbau der nationalen Schwerindustrie und regionaler Neuordnung vorhandener Industriezonen verknüpft, während in den übrigen Ländern die Neuen Städte hauptsächlich dem Versuch der Korrektur und sinnvollen Ergänzung der Stadtregion dienten, mit Ausnahme der Neuen Stadt Wulfen, die Bestandteil der Erschließung einer neuen Industriezone des Ruhrgebiets werden sollte.

In den Neuen Städten haben sich die städtebaulichen Ideale der Entstehungszeit am deutlichsten ausgeprägt, die sich partiell auch, der kleineren Größenordnung entsprechend, in den sehr viel zahlreicheren Großwohnanlagen unterschiedlicher Dimensionen ausdrückten. Die Neuen Städte stellen deswegen ein besonders geeignetes Untersuchungsfeld für die jeweils zeittypischen Zielvorstellungen im Städtebau dar.

Neue Städte dieser Größenordnung werden in der Bundesrepublik, aber auch in den anderen alten Industrieländern, in absehbarer Zukunft nicht mehr gegründet werden. So gesehen sind sie einer abgeschlossenen Phase der zentraleuropäischen Stadtentwicklung zuzurechnen und als in sich geschlossene Gebilde damit trotz ihres geringen Alters – sie sind noch nicht einmal finanziell abgeschrieben – zu einem Thema der modernen Stadtgeschichte geworden.

Gleichzeitig werden an anderen Stellen der Welt weiterhin große, völlig selbständige neue Städte und auch Großsiedlungen als riesige Stadterweiterungen gebaut, insbesondere in der Dritten Welt, in Ländern mit großem Bevölkerungszuwachs. Neue Städte gehören somit ohne Zweifel noch zu den zentralen städtebaulichen Konzeptionen der Gegenwart und der Zukunft. Analyse und Darstellung der Erfahrungen mit ausgewählten Neuen Städten in Zentral-, Ost- und Nordeuropa könnten zu einem nützlichen Erfahrungstransfer beitragen – wenn es gelingt, das spezifische Wesen und die strukturellen Merkmale herauszuarbeiten.

Diesen Doppelcharakter von Geschichtlichkeit und konzeptioneller Aktualität muß man bei einer Analyse und Darstellung der Ursprünge und der Entwicklung der Neuen Städte beachten. Denn auch bei uns stellt sich in der stadtplanerischen Praxis die Frage nach ihrem Charakter: Soll man sie als Zeugnisse einer abgeschlossenen, historischen Epoche behandeln oder als noch konzeptionell aktuelle, »unvollendete Moderne«, die es weiterzuführen und deren Anspruch es auch unter veränderten Bedingungen einzulösen gilt?

Die Phase der Gründung und des Baus Neuer Städte ist in unseren Breiten nicht nur in materieller Hinsicht abgeschlossen, sondern auch in geistigem Sinn: Diese Neuen Städte waren zumeist nicht nur als räumlich begrenzte, sondern auch als zeitlich abgeschlossene Siedlungsgebilde entworfen worden, für ein endgültiges Bild einer zeitlosen Zukunft, sozusagen für einen endgültigen Zustand der Fertigkeit und Ganzheit, ohne konzeptionelle Offenheit für geschichtlichen Wandel. Diese Auffassung erweist sich heute als falsch und verhängnisvoll, denn ihre beabsichtigte und vermeintliche Fertigkeit birgt gleichzeitig eine Fülle von Konflikten: Wenn sie – gemessen an ökonomischen und sozialen Kriterien – erfolgreich sind, sind die Neuen Städte weiterhin aktive Entwicklungsgebiete und haben deshalb vitale Anpassungsprobleme.

Die weniger erfolgreichen Neuen Städte, insbesondere diejenigen der zweiten Generation aus den sechziger Jahren, die geprägt sind von industrialisierter Vorfertigung und hoher Dichte, leiden zum Teil jetzt schon, nach ein bis zwei Jahrzehnten, unter schweren sozialen, ökonomischen und technischen Problemen, die ihnen bisweilen den Ruf von Slums eingetragen haben, die dringend der Stadterneuerung bedürfen.

In beiden Fällen erweist sich die Eigenschaft des »Fertigen«, das konzeptionell kaum Entwicklungen zuläßt, als schweres Hindernis bei der Anpassung an gewandelte Bedingungen, insbesondere in den baulich verdichteten und industrialisierten Stadtstrukturen.

Man muß diese Neuen Städte heute aus ihrer stahlbetonierten Versteinerung befreien und öffnen für eine Entwicklung, in der wieder Spielräume freigelegt werden und soziale Aneignungsprozesse stattfinden können, in der diese Gebilde auch in Würde altern und Patina ansetzen können.

In beiden Fällen, in dem des positiven, vitalen Wandels und in der Situation der Stagnation mit Leerständen und sozialen Problemen, stellen sich somit Fragen des Umgangs mit der ursprünglichen Planungskonzeption: Der bewußt antihistorische Charakter dieser Konzeptionen verleitet dazu, mit ihnen historisch sorglos umzugehen und sie so zu behandeln, als ob sie keine eigene Geschichte hätten. Diese Einstellung erscheint uns heute unangemessen und kurzsichtig.

Wir wollen zeigen, daß diesen Konzeptionen eine eigene wesentliche Geschichte zugrunde liegt und daß die Konzipierungs- und Entstehungszeit einen geschichtlichen Charakter hat, den man genauso kennen muß wie bei Eingriffen in historisch schon sanktionierte Stadtkonzeptionen des Mittelalters und der Neuzeit: Wir machen sonst wieder den gleichen Fehler wie nach dem Zweiten Weltkrieg im Umgang mit der Stadt des 19. Jahrhunderts.

Vor allen punktuell-pragmatischen, einseitig sektoralen Sanierungs- und Anpassungseingriffen erscheint es notwendig, innezuhalten und den Blick nicht nur isoliert auf die Probleme einzelner Siedlungen zu richten, sondern die Betrachtung mit etwas mehr Distanz auf das Ganze zu lenken: auf die Planungsziele, die Entstehungsbedingungen und die Durchführungsprobleme nicht nur der heutigen Problemsiedlungen, sondern auch der gelungenen Beispiele der Neuen Städte, und zwar nicht nur in der Bundesrepublik, sondern auch im europäischen Ausland. Dabei müssen einerseits die jeweiligen Siedlungs-Individualitäten analysiert und andererseits die gemeinsamen strukturellen Merkmale herausgearbeitet werden.

Die Jahre, in denen die Neuen Städte nach dem Zweiten Weltkrieg konzipiert und begonnen wurden, waren ohne Zweifel eine Periode mit dem größten Stadtwachstum in der Geschichte Europas. In den Neuen Städten haben sich die Hoffnungen, Ideen und Ziele, die mit diesem gewaltigen Stadtwachstum verbunden waren, am reinsten verkörpert. Sie dienten neben dem unabweisbaren Bedürfnis, möglichst viel Wohnraum in kurzer Zeit zu schaffen, auch als gesellschaftspolitische Hoffnungs- und Experimentierfelder: Es galt mit einer neuen, idealen Wohnumwelt auch einen neuen, besseren und glücklicheren Menschen zu schaffen.

Die Planungskonzepte der Neuen Städte waren bisher die letzten heroischen Versuche, das gesamte Alltagsleben in einer nicht nur funktionell, sondern auch kulturell ganzheitlich gesehenen städtischen Umwelt zu beheimaten und abzubilden.

Das scheint auf den ersten Blick im Widerspruch zu stehen zu der These der Funktionstrennung, die den funktionalen Städtebau kennzeichnet. Ein grundlegender Bestandteil der Theorien des modernen Städtebaus ist jedoch die gezielte strukturelle Verknüpfung der Alltagsfunktionen derart, daß sie mit einem Minimum an Zeitaufwand benutzt werden können.

Das »Heroische« zeigt sich zum Teil auch in der Art der Planungskonzeptionen, die als großer Wurf die Träume ihrer Verfasser von einer besseren, dem industriellen Fortschritt verschriebenen Welt widerspiegeln. In dieser besseren Welt war – wie im Paradies – die Geschichte ein für alle Mal »stillgelegt«!

Für den Versuch einer Rekonstruktion der Ideen- und

Planungsgeschichte ausgewählter neuer Städte ist es gerade noch Zeit: Noch lebt eine Reihe der politischen Gründungsväter und fachlichen Gründungsplaner, die man befragen kann zu den Ausgangszielen und zu den Planungs- und Realisierungsbedingungen des Beginns. Wenn es diese Persönlichkeiten nicht mehr gibt, müßte die Herkunftsgeschichte aus Akten und schriftlichen Dokumenten rekonstruiert werden, und diese würden im Gegensatz zu heute ablaufenden Planungsprozessen für die damalige Zeit nur ein recht äußerliches und abstraktes Bild hergeben.

Eine Planungskonzeption und ein Planungsprozeß der achtziger Jahre ließe sich weitgehend aus schriftlichen Dokumenten und Verwaltungsakten rekonstruieren. Das gilt aber nicht für die in dieser Arbeit betrachtete Periode, weil in jener Zeit vieles für die Planungskonzeption Wichtige niemals aktenkundig gemacht wurde, sondern im informellen Gespräch entstand und entschieden wurde.

Denn die Planung war damals noch nicht so verfahrensmäßig perfektioniert und über Bürgerbeteiligung politisiert wie heute, Fachautorität und Autorität kraft Persönlichkeit setzten sich unangefochtener durch.

Die Neuen Städte haben die städtebauliche Entwicklung quantitativ und mehr noch qualitativ in allen Ländern Europas entscheidend geprägt; sie zeigen erstaunlich ähnliche Entwicklungszüge, trotz der so unterschiedlichen historischen, ökonomischen und politischen Ausgangs- und Rahmenbedingungen.

Die hier vorgelegte Darstellung beruht auf dem systematischen Sammeln, Auswerten und Analysieren von offiziellen, meist veröffentlichten Dokumenten, zum Teil ergänzt durch unveröffentlichte Unterlagen aus dem Privatbesitz der Planer, auf sorgfältig vorbereiteten Interviews mit führenden Persönlichkeiten der Konzeptions- und Gründungsphase, auf dem Studium von Plänen und den dazugehörigen schriftlichen Erläuterungen und Daten sowie auf Gesprächen mit Planern und »Environmental Managern«, die mit den gegenwärtigen Problemen vertraut sind und welche die subjektiven Darstellungen der Gründer mit Skepsis und Kritik ausgleichen können.

Von dem zusammengetragenen und analysierten Text und Planmaterial kann in dieser Arbeit nur ein Bruchteil wiedergegeben werden.

Das Schwergewicht der Darstellung beruht auf den Interviews mit verantwortlich Beteiligten, weil diese die Entwicklung besonders lebendig wiedergeben und sie im Besitz wichtiger Planungsdokumente waren, die in den Planungsämtern und bei den Bauträgern schon nicht mehr aufzufinden waren.

Die dokumentierten Gespräche sind mit dem Verständnis zu lesen, daß sie Rückblicke und Erinnerungen wiedergeben, natürlich auch mit allen unbewußten Verdrängungen, Ausblendungen und menschlich verständlichen Apologien.

Die Gespräche wurden von der Autorin geleitet, die Fragen und Aussagen wurden auf das Notwendigste reduziert. Die Inhalte der Antworten blieben erhalten.

Durch weiteres Befragen von Fachleuten, die heute für die Neuen Städte mitverantwortlich sind, jedoch nicht an den Ursprungskonzeptionen beteiligt waren, versuchten wir, diese unvermeidbaren subjektiven Sichtweisen etwas auszugleichen.

Die dargestellten Beispiele stellen eine enge Auswahl unter einer Vielzahl ursprünglich in Erwägung gezogener Neuer Städte dar.

Ausschlaggebend für die Auswahl waren hauptsächlich folgende Gesichtspunkte:
– das Vorliegen von deutlich erkennbaren, in sich geschlossenen klaren und exemplarischen Planungskonzeptionen als besonders ausgeprägte Vertreter einer bestimmten Richtung,
– das Zusammenstellen und der Vergleich möglichst unterschiedlicher städtebaulicher Konzeptionen,
– der Einfluß unterschiedlicher politischer und sozio-ökonomischer Rahmenbedingungen auf die Planung.

Der letzte Gesichtspunkt des interkulturellen Vergleichs war von besonderer Bedeutung: Es geht in dieser Arbeit auch um die besondere Ausprägung einer die Gesellschaftssysteme übergreifenden zivilisatorischen Grundströmung unter Berücksichtigung des jeweiligen länderspezifischen historischen, ökonomischen und soziokulturellen Hintergrunds.

Die Beispiele in der Bundesrepublik mit ihrem föderativen Staatsaufbau und ihrer liberalen Wirtschaftsordnung der sozialen Marktwirtschaft sind in einen Ost-West- und einen Nord-Süd-Vergleich gestellt: zum einen in den Vergleich mit den Neuen Städten in Polen, mit einer anderen Tradition und einer – wenn auch oktroyierten – staatssozialistischen Gesellschaftsordnung, zum anderen mit neuen Städten in Schweden mit seiner ausgeprägt sozialstaatlichen Zivilisation. Der Vergleich mit den neuen Städten in Finnland hat in diesem Zusammenhang eine gewisse Sonderrolle: Finnland gehört einerseits politisch und ökonomisch bis zu einem gewissen Grade zum Ostblock, andererseits kulturell zum Westen und stellt mit seinen in einer extre-

men geografischen Randlage erbrachten Leistungen einen besonders interessanten Vergleichsfall dar.
Innerhalb dieser leitenden Gesichtspunkte war mitbestimmend für die Auswahl, möglichst spektakuläre Beispiele zu behandeln, über die noch keine umfangreichen Untersuchungen vorliegen: Aus diesem Grund schieden besonders markante deutsche Beispiele, wie die Neue Vahr in Bremen oder das Märkische Viertel und die Gropiusstadt in Berlin, aus. Aber auch für die Beispiele im Ausland galt dieses Kriterium. Über die New Towns in England oder über die Großsiedlungen in Holland liegt z. B. reichliche Literatur in Englisch oder Deutsch vor, während z. B. über die sozialistischen neuen Städte in Polen bei uns wenig bekannt ist.
Finnland und Polen liegen uns auch wegen der Sprache fern. Wir sind zwar gut über die Architektur, aber nur unzureichend über die städtebauliche Entwicklung der Neuen Städte informiert.
Die neuere Entwicklung in Schweden ist bei uns fachpublizistisch – nach dem großen Anfangsinteresse, das z. B. der neuen Stadt Vällingby in den fünfziger Jahren gewidmet wurde – kaum aufgearbeitet worden, obwohl gerade diese Entwicklungen wegen der dort besonderen sozialstaatlichen Zivilisation für uns sehr aufschlußreich sind.
Letztlich waren auch die persönlichen beruflichen Auslandserfahrungen der Autorin für die Auswahl wichtig.

2 Die Ausgangslage der Neuen Städte in den verschiedenen Ländern

Auf den ersten Blick scheinen die sozio-ökonomischen und politischen Ausgangsbedingungen für die Neuen Städte in den ausgewählten Ländern und Regionen nicht vergleichbar zu sein, wie einige kurz skizzierte Tatbestände zeigen:
Deutschland hatte den Krieg verloren, seine Städte waren von den Bomben zerstört, seine Bevölkerungsdichte durch viele Millionen Flüchtlinge stark erhöht. Aber seine Industriebasis war in der Struktur mehr oder weniger intakt geblieben, und der amerikanische Marschallplan förderte einen schnellen wirtschaftlichen Aufschwung in Verbindung mit dem Konzept der sozialen Marktwirtschaft.
Finnland war ebenfalls im Krieg stark zerstört worden, durch seine Lage war und ist es ökonomisch und außenpolitisch bis zu einem gewissen Grad abhängig von der Sowjetunion. Innenpolitisch hat es jedoch eine sozial, wirtschaftlich und kulturell vollständig unabhängige, eigenständige Politik verfolgt, deren Erfolg in Anbetracht der widrigen europäischen Randlage erstaunlich ist.
Schweden war als neutrales Land unzerstört aus dem Zweiten Weltkrieg hervorgegangen und erreichte schnell eine wirtschaftliche Hochblüte, mit der es seinen einzigartigen Sozialstaat aufbauen konnte.
Polen war zwar im siegreichen Lager, aber völlig zerstört worden. Die industrielle Basis war insgesamt vor dem Krieg noch schwach ausgeprägt. Nach dem Krieg befand sich das Land in einer rapiden Umwandlung von einer Agrar- in eine Industriegesellschaft.
Die wenigen Stichworte genügen, um aufzuzeigen, daß die Ausgangsbedingungen für die Konzipierung und den Bau Neuer Städte nach dem Zweiten Weltkrieg in den betrachteten Ländern grundverschieden waren, bis auf den einen, verbindenden Tatbestand, daß in allen Ländern, z. T. aus ganz unterschiedlichen Gründen, eine große Wohnungsnot herrschte. Diesen Wohnungsmangel hätte man auch anders als mit dem Bau Neuer Städte bewältigen können, etwa mit dem Mittel der hergebrachten, mehr oder weniger ringförmigen Stadterweiterung oder durch Suburbanisierung.
Um so erstaunlicher ist der Tatbestand, daß es in allen diesen Ländern trotz der unterschiedlichen Ausgangsbedingungen zu einer durchaus vergleichbaren Gründungswelle Neuer Städte kam. Die Gründe hierfür lassen sich folgendermaßen zusammenfassen:
– Der Wohnungsmangel aufgrund von Kriegszerstörungen, aber auch wegen unzureichender Bautätigkeit in

den dreißiger und vierziger Jahren war in allen Ländern sehr groß.
— Diese Wohnungsnot verschärfte sich durch die »Völkerwanderungen« von politischen Flüchtlingen einerseits und von ökonomisch bedingten Wanderungen von Arbeitern andererseits, die aus der sich industrialisierten Landwirtschaft in die schnell wachsenden, städtischen Industriezentren zogen (Landflucht).
— Die Industrialisierung wurde in allen Ländern verbunden mit der planmäßigen Entwicklung neuer Siedlungsschwerpunkte, welche die neue, industrieabhängige Bevölkerung aufnehmen sollten.
— Diese Ansiedlungsstrategie traf zusammen mit den international in der Auseinandersetzung mit der Kritik an der Großstadt des 19. Jahrhunderts entwickelten antihistorischen Stadtplanungstheorien der funktional gegliederten Stadt.
— In allen Ländern waren nach dem Zweiten Weltkrieg gesellschaftsreformerische humanistische Ideen lebendig, die sich vorzugsweise die Neuen Städte als Projektionsfläche und Experimentierfelder aussuchten, in der festen Überzeugung, daß die Ordnung der Stadt in Verbindung mit einem idealen Wohnmilieu auch das soziale Verhalten der Bewohner positiv präge und ihr Glück fördere.

Wir können also neben allen politischen, ökonomischen und kulturellen Unterschieden eine mächtige zivilisatorische Grundströmung feststellen, die sicherlich nur vor dem gemeinsamen Hintergrund des Erlebnisses der Verheerungen des Zweiten Weltkrieges verständlich ist.

Diese Grundströmung schlug sich politisch nieder in konkreten städtebaulichen Programmen, die das Alltagsleben – besonders der Frauen, Kinder und Alten – erleichtern und befreien wollten von den inhumanen Zwängen ungesunder Wohnverhältnisse, langer Wege, isolierten Wohnens und mangelnder Bildungs- und Erholungsmöglichkeiten. Programme, die schon viele Jahrzehnte konzipiert worden waren, aber erst zu diesem Zeitpunkt auf nationaler, regionaler und kommunaler Ebene realisiert werden konnten.

Der scheinbar so einseitig technokratische Charakter dieser Städtebaubewegung darf uns über die humanistischen Ziele, die auf die Befreiung des Wohnalltags von unnötigen Zwängen und Gefahren ausgerichtet waren, nicht hinwegtäuschen.

3 Die Situation der Städtebautheorie nach dem Zweiten Weltkrieg

Die Städtebaudiskussion nach dem Kriege knüpfte an zwei Entwicklungen an, die eine gemeinsame Wurzel in der Kritik an der Großstadt des 19. Jahrhunderts hatten: an die Städtebaudiskussion in England, die ihren Hauptvertreter in Ebenezar Howard und der Gartenstadtbewegung hatte, und an die Städtebaudiskussion in Zentraleuropa, die ihr wichtigstes Sprachrohr in Le Corbusier und den Congrès International des Architecture Moderne (CIAM) besaß.

Die Gartenstadtbewegung hatte sich schon zu Beginn des 20. Jahrhunderts organisiert und früh einen weitreichenden Einfluß auf die internationale Stadtplanungsdiskussion. Ihre Hauptzielvorstellung bestand darin, die Vorteile der Stadt und des Landes bei Vermeidung der Nachteile beider Lebensformen im Konzept der geplanten, autarken Kleinstadt auf im Gemeinbesitz verbleibendem Boden zu verbinden. Sie war weniger eine architektonische als eine sozialreformerische Bewegung, auch wenn sie sich mit den in der Arts and Craft-Bewegung wurzelnden Formvorstellungen der romantisch aufgefaßten vorindustriellen Stadt verbindet.

Die CIAM fanden sich erst Ende der zwanziger Jahre zusammen und faßten auf mehreren Kongressen die Ziele des »modernen Bauens« für die Stadtplanung zusammen. Im Gegensatz zur Gartenstadtbewegung begrüßten die CIAM die Industrialisierung als Mittel der Befreiung der Menschen und der Architektur von historischen Zwängen, sie war ganz überwiegend eine Bewegung der Architekturreform, in der die sozio-ökonomischen Aspekte vergleichsweise wenig vertieft wurden: Es gab zwar, besonders in Deutschland und der Schweiz, Architektengruppierungen, die Stadtplanung vorwiegend unter kapitalismuskritischen sozio-ökonomischen und politischen Gesichtspunkten betreiben wollten, sie setzten sich jedoch gegen Le Corbusier nicht durch, welcher der Architektur im Rahmen einer die Industrialisierung und ihrer gesellschaftlichen Folgen eher idealisierenden Sicht die entscheidende Bedeutung zumaß. Dabei wurde die Urbanität im traditionellen abendländischen Sinne als Kategorie vernachlässigt.

Es ist hier nicht der Raum, den Urbanitätsverlust im einzelnen zu begründen, deswegen müssen einige Stichworte genügen:
— Die raumfunktionale Arbeitsteilung hat zeitlich und räumlich ursprünglich verknüpfte Alltagshandlungen auseinandergerissen, und der daraus resultierende Verkehr hat fast alle anderen Aktivitäten aus dem Straßen- und Platzraum verdrängt.

- Die Fahrdynamik des Autos und die geschwindigkeitsbedingte andere Erlebnisweise hat den klassischen Straßenraum tiefgreifend verändert.
- Mit steigendem Wohlstand und größeren Wohnungen werden Aktivitäten, die früher im öffentlichen Raum stattfanden, in die Wohnung selbst oder in eigene Gebäude, z. B. Sportclubs und Jugendheime, verlagert.
- Die früher unentbehrliche gegenseitige nachbarschaftliche soziale Hilfe wurde abgelöst von gesamtgesellschaftlich wirksamen Institutionen der Versicherungen und Krankenhäuser, der Sozialhilfe und Altenheime.
- Der Bedeutungsverlust von Straße und Platz als Kommunikationsraum wurde verstärkt durch die raumüberspringenden Medien wie Telefon, Kino und Fernsehen.

Zusammenfassend lassen sich die Neuen Städte folgendermaßen typisieren: Alle Neuen Städte verfolgen ein übergeordnetes idealtypisches Grundprinzip als ideales Ziel: Die Identität von funktionaler Einheit, soziologischem Zusammenhang und architektonisch-städtebaulicher Form.

Dieses Prinzip stellt sich am deutlichsten dar in der »Nachbarschaftseinheit« als »Grundzelle« der Neuen Stadt von 5000–10 000 Einwohnern, mit der Grundschule als Bezugsgröße. In diesem Prinzip bleiben die Neuen Städte dem Funktionalismus strukturell verpflichtet; bis in die Entwicklung der Normen und Richtwerte hinein ist dieser Grundzug des funktionalistischen Städtebaus ablesbar.

Empirisch-soziologische Untersuchungen haben zwar schon in den fünfziger Jahren nachgewiesen, daß dem städtebaulichen Konstrukt der Nachbarschaft die soziale Realität nur sehr schwach entsprach. Diese grundlegende Kritik hat jedoch das Gliederungsprinzip nur schwach beeinflußt – ein gewisser Einfluß ist z. B. in der Aufgabe der kleinen Nachbarschaftseinheiten bei der zweiten Generation der Neuen Städte zugunsten großer Einzugsbereiche zu erkennen. Im übrigen bleibt das funktionale Gliederungsprinzip trotz der soziologischen Kritik gewahrt.

In der konkreten räumlich-gestalterischen Ausprägung des strukturellen Gliederungsprinzips lassen sich deutlich drei Generationen von Neuen Städten unterscheiden.

Für die erste Generation gelten folgende Merkmale:
- Es wird ausnahmslos eine enge, möglichst fußläufige Verknüpfung von Wohnen, sozialen und kommerziellen Versorgungseinrichtungen sowie Arbeitsplätzen angestrebt, wenn auch nicht immer erreicht.
- Die Baustruktur ist eng mit einer landschaftlich aufgefaßten Grünstruktur verzahnt, die Natur dominiert.
- Die Bau- und Wohndichte ist – verglichen mit der kompakten historischen Stadt, wie auch mit der zweiten Generation der Neuen Städte – gering.
- Die verschiedenen Bauformen – Hochbau und Flachbau, Geschoßwohnungen und Einfamilienhäuser – werden in unterschiedlichen Verknüpfungen gemischt angeordnet.
- Die Nachbarschaften gruppieren sich um Grundschulen, Kindergärten und Tagesbedarfsläden, getrennt durch Grünzüge.
- Fußgänger und Autofahrer werden ebenerdig auf verschiedenen Wegen geführt, ohne aufwendige Trennung in mehreren Ebenen.
- Als maximale Fußwegentfernung von der Wohnung zu den Zentren und Haltepunkten des öffentlichen Nahverkehrs werden 700–1000 m in Kauf genommen, dabei gelten für Kindergärten und Grundschulen geringere Maximalentfernungen von nur 300–500 m.

Typische Vertreter dieser ersten Generation unter unseren Beispielen sind Vällingby, Tapiola sowie die ursprünglichen Konzeptionen für Karlsruhe-Waldstadt und Mainz-Lerchenberg.

Die zweite Generation der Neuen Städte – konzipiert in den sechziger Jahren, der Zeit der großen Wachstumserwartungen und des Glaubens an die Allzuständigkeit der Planung – ist als eine typische kulturelle Gegenbewegung zu verstehen. Sie verwirft das Form-Ideal der gegliederten und aufgelockerten Stadt mit ihrer geringen Dichte und der Dominanz der Natur, als antiurban und versucht dagegen, eine neue Art der Urbanität zu setzen mit stark verdichteten Bauformen in geometrisch-struktureller Anordnung als bewußter Kontrast zur umgebenden Natur der offenen Landschaft. Dabei wird das Ziel verfolgt, Fläche zu sparen und durch die Steigerung der Wohndichte und der Anordnung kurzer Wege zu den Gemeinschaftseinrichtungen das städtische Leben zu fördern. Damit wird auch das Ordnungsprinzip der kleinen Nachbarschaft aufgegeben zugunsten größerer Einzugsgebiete mit mehr Zentralität der Gemeinschaftseinrichtungen, ohne das Ziel der Einheit von Form, Funktion und Lebenszügen zu verlassen.

Folgende Merkmale kennzeichnen diese zweite Generation der Neuen Städte:
- starke horizontale und vertikale Verdichtung der Bebauung in geometrisch geordneter Baustruktur bis zur einheitlichen städtebaulichen Großform,

- bauliche Verknüpfung der Gemeinbedarfseinrichtungen mit der Wohnbebauung mit dem Ziel kurzer, witterungsgeschützter Wege,
- Vergrößerung der Infrastruktureinrichtungen mit der Folge größerer Einzugsbereiche – räumlich ausgeglichen durch die größere Wohndichte – und dem Ziel der betrieblichen Optimierung und der Maximierung der Wahlfreiheit für den Nutzer,
- Natur und Landschaft als Kontrastumgebung, Grün innerhalb der Stadt vorwiegend als geometrisch angeordnetes Stadtgrün,
- Bebauung geprägt durch Industrialisierung der Bausysteme, Bauökonomie als Ausdrucksprinzip: Form folgt Fertigung,
- Dominanz der Verkehrssysteme in Form von Straßensystemen und PKW-Garagen in mehreren Ebenen, häufig ergänzt durch die technische Ausrüstung, z. B. zentraler Müllsammelsysteme, Fernheizung und Verkabelung jeder Wohnung.

Zu dieser zweiten Generation gehören von unseren Beispielen: Göteborg-Lövgärdet, Heidelberg-Emmertsgrund und Stockholm-Husby.

Die dritte Generation Neuer Städte stammt aus den siebziger Jahren und ist noch nicht abgeschlossen, sie ist wiederum eine Reaktion auf die vorhergehende Generation.

Die Eindeutigkeit der beiden vorhergehenden Generationen von Neuen Städten, die gleichzeitig auch Einseitigkeit bedeutete, wird aufgegeben zugunsten größerer Vielfalt und Vieldeutigkeit: Die prägende Kraft der Theorie und des auf ihr beruhenden Gliederungsschemas schwächt sich ab.

Diese dritte Generation Neuer Städte wurde in einer Zeit konzipiert, als sich – mit Ausnahme von Polen – schon das Ende der drückenden Wohnungsnot abzeichnete und aus einem Angebotsmarkt allmählich ein nachfragebestimmter Markt wurde. Die Planungskonzeptionen mußten deswegen stärker als die vorhergehenden Generationen Neuer Städte die differenzierteren und sich teilweise schnell verändernden Kräfte des Marktes berücksichtigen.

Die Ansprüche an die Qualität und Individualität des Wohnens stiegen ebenso wie der Anspruch an das Wohnumfeld und die Möglichkeiten der Freizeitbeschäftigung. Die Verkürzung der Tagesarbeitszeit allgemein und die weitere Verbreitung von Halbtagsarbeit steigerten die Bedeutung der Nähe attraktiver Arbeitsplätze.

Gleichzeitig ging die Dominanz des ausschließlich öffentlich finanzierten Mietwohnungsbaus zugunsten des Einsatzes von Privatkapital und von Eigentumswohnungen und Einfamilienhäusern zurück.

Die Prioritäten in der Rangfolge der Nachfrage wandelten sich von der Mietgeschoßwohnung über Eigentumswohnungen in unterschiedlichen Verfügungsformen zum Einfamilienhaus als Eigentum. Diese Entwicklung gilt auch für Polen.

Der Charakter dieser Generation Neuer Städte läßt sich nicht mehr so eindeutig auf in sich schlüssige Theorien zurückführen. Trotzdem gibt es eine Reihe typischer Merkmale:
- Die Standortqualität ist meistens hervorragend.
- Sie sind häufig auch sehr gut mit dem öffentlichen Nahverkehr erschlossen.
- Die Ausstattung mit Infrastruktur ist quantitativ wie auch qualitativ vielseitig und mehr als ausreichend.
- Die Zentren sind meist multifunktional und in architektonisch anspruchsvoller, überdachter Form ausgebildet.
- Die Wohnungen sind in kleineren, informell ausgebildeten Wohngruppen angeordnet, mit differenzierter, häufig traditionelle Elemente und Materialien verwendender Architektur.
- Der Anteil von Eigentumswohnungen und eigentumsähnlichen Verfügungsformen liegt meist bei über 50%.
- Die umgebende Landschaft ist häufig von besonderer Freizeit-Qualität. In der Regel werden den Neuen Städten attraktive Arbeitsstätten zugeordnet.

Zu den Neuen Städten der dritten Generation gehören unter unseren Beispielen Kivenlahti, Tychy, Kista und die letzten Teile von Nowa Huta.

Die Einteilung in drei Generationen ist – wie jedes Ordnungsschema – nur bedingt aussagekräftig; natürlich gibt es auch Misch- und Übergangsformen. Auch treten – bei jahrzehntelangen Bauzeiten – in einigen der Neuen Städte Merkmale aller drei Generationen auf.

Dies gilt insbesondere für die polnischen Beispiele, die wegen ständigen Wachstums und durch ihre lange Bau- und Planungszeit den Generationswandel besonders deutlich zeigen.

II Die untersuchten Beispiele

Deutschland

Karlsruhe-Waldstadt

Mainz-Lerchenberg

Mannheim-Vogelstang

Heidelberg-Emmertsgrund

Frankfurt-Nordweststadt

Finnland

Tapiola

Kivenlahti

Schweden

Stockholm-Vällingby

Stockholm-Tensta/Rinkeby

Stockholm-Järvafältet

Lövgärdet

Polen

Nowa Huta

Nowe Tychy

Klassische Moderne in Form des Wohnens und der Nachbarschaft

**Karlsruhe-Waldstadt
ein Teil einer gegliederten und aufgelockerten Ideal-stadtzelle**

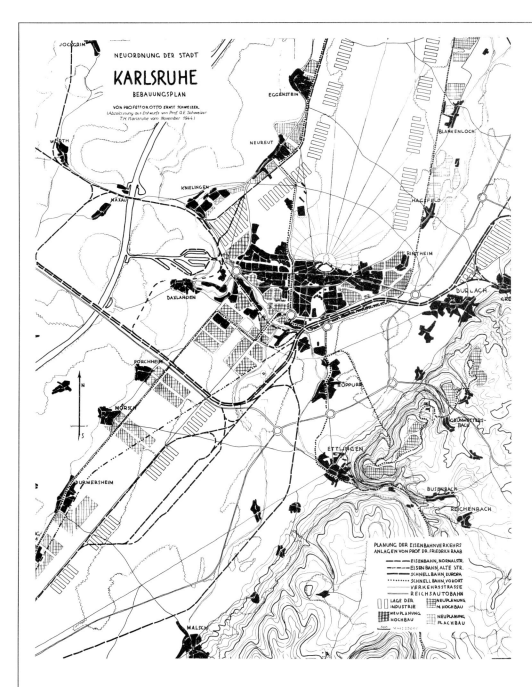

*Städtebauliche Neuordnung des Karlsruher Raumes 1944
Planung: Prof. O. E. Schweizer.*

Karlsruhe-Waldstadt

Planung: Gesamtplan 1956/57
Ausführung: 1957 bis heute
ursprüngliches Ziel / Wettbewerb
Gesamtplan: ca. 225 ha (150 ha Wald, 75 ha Feld) ca. 15 000 EW

Planungsgeschichte

- 1943–44: Städtebauliche Neuordnung Karlsruhe, Prof. Schweizer.
- 1954–55: Vorplanung Nord-Ost-Stadt – Vorentwurf – Planung des Stadtplanungsamtes.
- 1956: Grundstückserwerb des ehemals staatseigenen Waldes und Tausch gegen einen stadteigenen Wald. Der BDA fordert einen Ideenwettbewerb. Städtebaulicher Ideen- und Bauwettbewerb, erster Preisträger Prof. Selg. Aufnahme eines Teils des Projektes in das Förderungsprogramm des Bundeswohnungsbauministeriums als Demonstrativmaßnahme.
- 1957: Baubeginn, Realisierung des westlichen Teils (Waldlage), Ausbau bis 14 000 EW.
- 1966–70: Mehrere Planungen für die Feldlage unter jeweils geänderten Voraussetzungen: Veränderungen auf dem Wohnungsmarkt, in der wirtschaftlichen Struktur, in den verkehrsmäßigen Anforderungen sowie Wegzug und Stagnation der Bevölkerung hatten Planungsänderungen zur Folge.
- 1969 und 1973: Konzepte für die Verknüpfung von Waldstadt und Hagsfeld.
- 1973/74: Seit der Rezession 1974 neue veränderte Planung, Durchführung eines Gutachterverfahrens mit 5 Teilnehmern, durch die NHBW in Abstimmung mit der Stadt.
- 1978: Abgeschlossener Bebauungsplan Feldlage.
- 1980: Baubeginn Feldlage nach Bodenordnung und Erschließung.
- 1982: Vorplanung Baugebiet »Geroldsäcker« Frank/Krämer.
- 1985: Baubeginn Baugebiet »Geroldsäcker«

Grundgedanken – allgemeine Ziele

Schaffung eines neuen, vollständigen Stadtteils, entsprechend den Grundsätzen des modernen Städtebaus, selbständige Trabantenstadt mit guten und gesunden Wohnungen, durch breite Grünzonen vom Stadtgebiet losgelöst, aber in geringer Entfernung zum Stadtzentrum und den östlich von Hagsfeld geplanten neuen Industriegebieten, Schaffung von Wohnbauflächen für eine expandierende Stadt

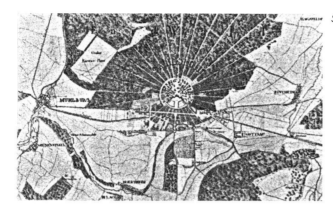
Stadtplan Karlsruhe 1883.

und eines Gegengewichtes zur »naturwüchsigen« Erweiterung in den Wald hinein im Nordwesten Karlsruhes. Ideales Wohnen im Grünen, frei von Verkehrslärm.

Konzepte

- 1955: Nord-Ost-Stadt Planung des Stadtplanungsamtes. 170 ha – 25 000 EW. Trennung der Fahrstraßen von Fußwegen, überwiegend Mittelhochbau. Zentrum im Grünen, verkehrsfreie Straßenbahnverbindung zur City. Hohe Wohndichte. Erhaltung von Waldbestand. Nachbarschaften als Bauabschnitte.
- Prof. Karl Selg 1956: Waldlage und Feldlage als einheitliche Wohnstadt. Äußeres Erschließungssystem – innere Erschließung durch die in Grünflächen liegenden Fuß- und Radwege von Straßenbahn und Zentrum für den Fahrverkehr. Zangensystem. 100–140 m und breitere Abstände ermöglichen Erhaltung des Waldes. Anordnung der Garagen in den Stichstraßen am Eingang zu den Wohnbereichen. Beide Zangen als Kammsystem ausgebaut – Zeilenbebauung unterschiedlich orientiert. Vom Fahrverkehr vollständig getrenntes Fußwegenetz im Grünraum. Verkehrsfreie »zentrale Achse« – längs der Waldkante. Einfamilienhäuser in der Feldlage.
- 1963 Bebauungsplan: Hochhäuser als Akzent und Anpassung der Straßen an die wachsenden Stellplatzbedürfnisse.
- 1962–1965 Konzeptveränderungen – Planung Stadt/Selg: Ziel: Stadtteilkonzentration mit 35 000 EW, Verbindung von Waldstadt mit Hagsfeld, Planung eines überregionalen Einkaufszentrums (40 000 m² Geschäftsfläche) und Verwaltungszentrum, Brückenzentrum als bauliches Bindeglied. Hochhäusergruppen und verdichteter Flachbau. Forderung nach niveaufreien Kreuzungspunkten führt zu drei naheliegenden großen Verkehrsknoten und erschwert die Bebauungsplanung.
- 1969 Stadtplanungsamt/Selg: Verbindung der Waldlage mit Hagsfeld zu einer Siedlungseinheit. Wertkauf bringt Abwanderung der Kaufkraft. Bevölkerungsstagnation. Das Zentrum wird reduziert zum Siedlungszentrum. Stark verdichtete Wohnbebauung auch im belasteten Gebiet »Geroldsäcker« zwischen Bahn und L 560.
- 1971/72 Planungstendenz: Höhere Bewertung des Lärmschutzes gegen Immissionen führt zur Reduzierung der Hochhausgruppen.
- Berliner Gutachten 1973, Freund-Öfelein, Volkenborn und Schmock: Aufwertung der gesamten Siedlungseinheit durch öffentliche Einrichtungen, Arbeitsplätze in der Nähe der Wohnanlagen, stark verdichtete flexible Baugruppen im Geschoßbau bis zu 5 Geschossen, Schaffung von Baugruppen, die sinnvolle Zwischenstadien im Zuge einer langen Gesamtrealisierungszeit erlauben. Fortsetzung der klaren Gesamtstruktur der Waldstadt mit rhythmischem Wechsel von Bebauung und Freifläche.
- 1973/74: Die Erkenntnis, daß wegen Verkehrsstränge eine wirkliche räumliche Integration des östlichen Geländes »Geroldsäcker« nicht möglich ist, führt zur Ausweisung eines sinnvoll eingebundenen Gewerbegebietes.
- 1976–78: Mehrere Projekte, TH Darmstadt: mit unterschiedlicher Zielsetzung und verschiedenen Schwerpunkten.
- Bebauungsplan Waldstadt-Feldlage II. Teil 1978: Ziel: Realisierung des Hauptversorgungszentrums. Die ursprüngliche Gesamtkonzeption, die großzügig durch Grünbänder durchzogene Waldstadt, den Wohnfeldcharakter zu erhalten. Vollendung des ursprünglichen Baugeländes Waldstadt durch Wohnbebauung. Übernahme der vorhandenen Bebauungsformen: Mittelhochbau, Flachbau, Zeilenstellung. Fortführung der großräumigen öffentlichen Grünzüge. Lärmschutzmaßnahmen. Erschließung durch L 560 über Stichstraßen und einzelne Querverbindungen. Versorgungszentren mit Marktplatz, Läden, Jugend- und Begegnungszentrum. Naherholungsbereich an den Baggerseen.
- Bebauungsplanungen 1982–83: Geroldsäcker-Hagsfeld, Frank, Krämer/Stadtplanungsamt: 36,7 ha, ca. 1100 Wohneinheiten. Ziel: durch geeignete Lärmschutzmaßnahmen ein weiteres Wohnbaugelände bereitzustellen, wobei der Gesichtspunkt des sozialen Wohnungsbaus und Baulandnot eine große Rolle spielt. Größere Kleingartengebiete. Rückgrat der Anlage ist der Nord-Süd-Grünzug. Er bildet das räumliche Gerüst – beeinflußt durch klimatische Bedingungen und knüpft an die Baggerseen an. Erschließungsprinzip – zu Ringen quer – und radialverlaufende Stiche. Geschoß- und Flachbau räumlich voneinander getrennt.

Allgemeine Daten (Waldlage)

Bruttobauland: 146,4 ha
Anzahl der Wohnungen: 3985
Einwohnerzahl: 16 000
(Gesamtfläche 225 ha, davon ca. 150 ha Waldlage, 75 ha Feldlage)

Gliederung der Gesamtfläche (Waldlage)

von Gesamtfläche:
Bauland: 55%
Verkehrsfläche: 18%
Grünfläche: 27%

von Bauland:
Wohnbauland: 91%
Gemeinbedarfsfläche: 5%
Gewerbefläche: 4%

Dichtewerte

GFZ 0,55
GRZ 0,4
Einwohnerdichte:
Siedlungsdichte gepl. 55/57 ca.: 100 EW/ha
Siedlungsdichte 88 EW/ha Baugebiet
Wohndichte 141 EW/ha Wohnbauland
Einwohner 1970: 13 700

Wohnformen

	WE	EW
Einfam.H.	5,0%	6,6%
Mehrfam.H.		
2–4	9,0%	10,0%
4–9	75,0%	74,0%
Hochhäuser	11,0%	9,4%

Quelle:
»Wohnen in neuen Siedlungen...«
Statistiken und Material –
Stadtplanungsamt Karlsruhe

Mainz-Lerchenberg
die Entwicklung von einer Jubiläumssiedlung zur Fernsehstadt

Mainz-Lerchenberg
Planung: 1961–1967
Ausführung: Beginn 1966
geplant: 2000 Wohnungen

Planungsgeschichte

- Mai 1961: Antrag an den Stadtrat, die Errichtung einer Jubiläumssiedlung zur 2000-Jahr-Feier der Stadt Mainz zu beschließen, Einleitung von Maßnahmen, um den Bau der Siedlung als Demonstrativprogramm zu ermöglichen.
- 1961–1963: Grundstücksverhandlungen, danach stehen 100 ha für die Siedlung zur Verfügung, weitere 50 ha kommen später hinzu, eine Ergänzung des Flächennutzungsplans wird ins Verfahren gebracht.
- Dez. 1961: der Bauausschuß beschließt den Wettbewerb, 6 Architekten wurden zur Teilnahme aufgefordert.
- Juli 1962: das Preisgericht vergibt zwei gleichwertige erste Preise an Fritz Jaspert und Karl Selg, mit dem Antrag, ihre Entwürfe nach den Empfehlungen des Preisgerichtes zu überarbeiten.
- Januar 1963: Fertigstellung des gemeinsamen Planungsvorschlags F. Jaspert/Selg als Bebauungsplanentwurf.
- 1962–1963: Ausführungsentwurf Jaspert/Selg, Ziel: Ideen der Planer zu einem neuen Plan zu integrieren, vier Teilgebiete, die jedes für sich an die äußeren Straßen angeschlossen sind. Häuser nicht höher als die Waldlinie (max. 8 Geschosse).
- April 1964: Werkvertrag zwischen der Stadt Mainz und Ch. Jaspert zur städtebaulichen Bearbeitung des Bebauungsplans Lerchenberg.
- Juni 1964: Vertrag zwischen der Stadt Mainz und dem ZDF über den Verkauf des Fernsehgeländes, in das 50 ha der Jubiläumssiedlung einbezogen wurden, eine grundsätzliche Umarbeitung der Planung erfolgte nicht.
- Oktober 1964: Das Garten- und Friedhofsamt der Stadt Mainz stellt »Forderungen und Empfehlungen für die Begrünung der Freiflächen im Baugebiet Lerchenberg«.
Nach Bekanntwerden des Projekts Lerchenberg hatten sich bei der Stadt etwa 3000 Interessenten gemeldet. An diese Familien wurden 1965 Fragebogen verschickt zur genauen Ermittlung der Wohnwünsche. Die Gesellschaft Wohnbau Mainz hat ein Grundstück mit 16 Musterhäusern bebaut, umfassend 7 für den 1. Bauabschnitt vorgesehene Haustypen.
- 1964/66: Ausgeführter Plan: wesentliche Veränderungen des Erschließungskonzeptes. Die einzelnen Siedlungsteile sind unmittelbar miteinander verbunden durch einen inneren Straßenzug, entgegen den Empfehlungen des Preisgerichtes, sowie auch die 25geschossigen Hochhäuser.
Von diesem inneren Ring aus werden die Teilflächen durch ein klares System von Wohnsammelstraßen und Wohnstraßen für den fließenden Verkehr erschlossen, ausreichend dimensioniert. Der innere Ring und die Wege sind vollständig begrünt.
- Mai 1965: Die Bebauungspläne Lerchenberg-Mitte und Lerchenberg-Süd werden rechtsverbindlich.
- März 1966: Der Bebauungsplan Lerchenberg-Nord, Teil A, wird rechtsverbindlich
- September 1966: Beginn des ersten Hochbauabschnittes.

Grundgedanken – allgemeine Ziele

Die Jubiläumssiedlung zur 2000-Jahr-Feier der Stadt Mainz als Zeichen ungebrochener Lebenskraft und bleibende Erinnerung. Die Bewohnerschaft soll sich aus allen Schichten der Bevölkerung zusammensetzen, »ein echter Querschnitt der Gesellschaft«, die hierzu erforderlichen Wohnformen sollen im Bebauungsplan ausgewiesen werden, wobei 60% Eigenheime und 40% Mehrfamilienhäuser vorgesehen waren, der gegebene Landschaftscharakter soll erhalten bleiben und in den Gesamtorganismus der Siedlung einbezogen werden. »Unter Zugrundelegung der landschaftlichen Gegebenheiten, ausreichender Freiflächen und neuzeitlicher Wohnformen zu einer möglichst ökonomischen Nutzung des Baugeländes und zu einer wirtschaftlichen Erschließung zu gelangen« (aus dem Wettbewerbsprogramm).
Die Siedlung als in sich geschlossene Anlage, die eine eigene Ortsverwaltung erhalten soll (damals wurden Erweiterungen um Lerchenberg für möglich gehalten).

Konzepte

Jaspert: Teilung in drei Hauptgebiete und eine Gliederung dieser Einzelgebiete in Wohngruppen, letztere sollen der Gemeinschaftsbildung förderlich sein, Bildung einer Kernzone städtischer Art, Bildung des Zusammenhangs und des Übergangs zur Umgebung durch einen Grünzug.

Selg: Gliederung mit tragbaren Distanzen als Grundlage für die Nachbarschaftsbildung, Aufteilung in drei Gebiete von 3000 – 4000 Personen, die jeweils einen Schulbezirk bilden, die drei Hauptbezirke unterteilen sich jeweils in zwei kleinere Nachbarschaften. Ortszentrum mit Läden und Gemeinschaftseinrichtungen, kein Gebäude soll sich über die Höhe des Waldes erheben, die Gesamtstadt soll sich als harmonische Anlage im Grünen entwickeln.

Allgemeine Daten

Bruttobauland: 109,796 ha
Anzahl der Wohnungen: 2383
Einwohnerzahl: 9094
1976: 7671 davon Ausländer 4,3%
1981: 6197 davon Ausländer 5,7%

Gliederung der Gesamtfläche

von Gesamtfläche:	von Bauland:
Bauland 58,6%	Wohnbauland 46,7%
Verkehrsfläche 16,0%	Gemeinbedarfs-
Grünfläche 22,8%	fläche 7,5%
Sonstige 2,6%	Gewerbefläche 4,4%

Dichtewerte

GFZ 0,48
GRZ 0,18
Einwohnerdichte:
Siedlungsdichte 83 EW/ha Baugebiet
Wohndichte 177 EW/ha Wohnbauland

Wohnformen

	WE	EW
Einfam.H.	37,0%	50,0%
Mehrfam.H.		
2–4	3,4%	2,6%
5–9	35,1%	24,8%
10–	24,5%	22,5%

Geschoßzahl max. 24

Flächenrelationen/Person

Wohnfläche/EW 21,43 m²
Wohnfläche/WE 81,78 m²
Bauland/EW 70,82 m²
Verkehrsfläche/EW 19,32 m²
Grünfläche/EW 27,47 m²

Luftaufnahme anläßlich des 15jährigen Bestehens von Mainz-Lerchenberg (freigegeben unter Nr. 7996-8 von der Bezirksregierung Rheinhessen-Pfalz

Infrastruktur

Der Stadtteil ist als reines Wohngebiet ausgelegt in relativ isolierter Lage zur Kernstadt und den umgebenden Ortschaften. Entsprechend der Großgliederung des Stadtteils gibt es: Ladengruppe Nord, Ladengruppe Süd und Geschäftszentrum Mitte

Entfernungen

Lerchenberg bildet den südwestlichen Zipfel des Stadtgebietes Mainz, die Entfernung zum Zentrum beträgt etwa 9 km, auf der Landstraße 104 mit dem PKW in etwa 20 Minuten zu erreichen (nach Fertigstellung des Mainzer Ringes 10–15 Minuten), mit dem Bus 30 Minuten.

Wege

Die Wohngebäude werden überwiegend durch fußläufige Wohnwege erschlossen, die ein weitverzweigtes selbständiges Netz bilden.
Ladengruppe: 500 m Radius
Geschäftszentrum Mitte: bis zu 1200 m Radius

Ruhender Verkehr

insgesamt 2372 PKW Stellplätze
Stellplätze: 0,43/Wohnung,
0,62 Stellpl. priv./WE
Parkplätze: 0,57/Wohnung,
0,46 Stellpl. öffentl./WE

Probleme

»Es war trotz intensiven Bemühens nicht festzustellen, warum und auf wessen Veranlassung diese einschneidende Änderung des gesamten Plangefüges vorgenommen wurde. In der städtebaulichen Planentwicklung ein schwerer Fehler von erheblichen Konsequenzen.« (Arne Straßberger) Die heutigen Probleme, Lärmbelastung und Gefahren, sind hauptsächlich auf die Planänderung zurückzuführen.

Quellen:
»Versuchs- und Vergleichsbauten und Demonstrativmaßnahmen . . .«
»Demonstrativbaumaßnahmen Mainz-Lerchenberg . . .«
Stadtplanungsamt Mainz

1 Einleitung

Zu Beginn sollen die gemeinsamen und unterschiedlichen Merkmale skizziert werden. Es ist kein Zufall, daß diese beiden Stadtgebilde die Beispiele in der Bundesrepublik einleiten. Wie schon im Titel angedeutet, handelt es sich um Städte, die im Konzeptentwurf die klassische Moderne im Städtebau dokumentieren.

Karlsruhe ist die erste neue Wohnsiedlung in Form einer Trabantenstadt nach dem Krieg, Lerchenberg folgt zeitlich danach. Beide Stadtzellen haben vieles gemeinsam, besonders ist ihr theoretischer Ansatz zu unterstreichen, d.h. beide waren ursprünglich als reine Wohnstädte konzipiert, stark geprägt vom städtebaulichen Ideal der aufgelockerten Gartenstadt unter Verwertung aller neuzeitlichen städtebaulichen Gesichtspunkte. Es ist kein Zufall, daß beide Standorte relativ weit entfernt von der Stadt in Waldgebieten liegen und somit eine hohe Umwelt- und Freizeitqualität besitzen. Besonders wichtig ist in diesem Zusammenhang das Grünkonzept. Hier sind die Verflechtungen mit dem Wald, das äußere Erschließungskonzept (Radburn System) sowie die Gliederung in Nachbarschaftseinheiten, die durch Grünflächen voneinander getrennt sind, hervorzuheben. Den Wettbewerb gewann Karl Selg. Eine entscheidende Rolle in der Jury des Wettbewerbs hatte der Staatssekretär Fritz Jaspert, der auch später mit Geldern aus den Demonstrativmaßnahmen des Bundes die Waldstadt unterstützte.

Beim Wettbewerb Mainz-Lerchenberg gewannen die beiden Planer – Karl Selg und Fritz Jaspert – Preise und arbeiteten danach gemeinsam den Plan für die Realisierung Lerchenbergs aus. Lerchenberg und Waldstadt wurden in das Programm der Demonstrativmaßnahmen aufgenommen. Beide haben als Basis die historisch bedeutsame »Mutterstadt« von ähnlicher Größe. Vollständig anders waren jedoch Lebenslauf und Schicksal der beiden Stadtteile. Sie sind stark durch die politischen Kräfte der Städte geformt und in Abhängigkeit von den unterschiedlichen Profilen der Bürgermeister zu sehen. Beide Siedlungen charakterisiert die Homogenität der Baustruktur der unterschiedlichen Nachbarschaften und Baugebiete.

Beide Siedlungen sind als Entlastungsstädte, als Trabantenstädte im Wald, konzipiert. Sie sind eine Reaktion auf die schwierige langwierige Sanierung der Innenstädte – die Auflösung der Stadt war ein gewollter Prozeß. Geprägt vom Gedanken optimaler Belichtung und Belüftung der Wohngebäude in Form von Wohnzeilen (Waldstadt) und konzentrierten Hochbauten und Flachbau (Lerchenberg), umgeben und eingegliedert in Grünräume, abgesetzt von Straßenrändern und immissionsbelasteten Arbeitsstätten; Trennung des Fahrverkehrs von den Fußgängerwegen; fußläufige Erreichbarkeit mit gefahrlosen Wegen durch Grün zu den Schulen und dem Zentrum waren die Schwerpunkte der Planung.

Der Wettbewerb Karlsruhe war ein großer Schritt des modernen Städtebaus. Dessen waren sich die Auslober bewußt: Max Beller, Stadtbaudirektor der Stadt Karlsruhe, formulierte:

»Wenn man den Plan der Stadt Karlsruhe betrachtet, so ist wohl das Wesentliche darin zu erblicken, daß er den Versuch macht, ein Zentrum für 20000 Menschen zu schaffen, das vollständig vom Verkehr entlastet ist. Bei dem Entwurf ist vielleicht etwas zu weit gegangen worden. Aber das Wesentliche ist, daß überhaupt die Frage des Zentrums innerhalb des gesamten Architekturwettbewerbs gestellt ist. Bei der Betrachtung der alten Stadtzentren meint man, es müßte irgendwo ein aus den modernen Gegebenheiten entwickeltes Zentrum in ganz neuen Architekturformen zur Verwirklichung kommen: Im Fall von Karlsruhe wäre es möglich, eine große Aufgabe der modernen Architektur zu verwirklichen, wie sie bis heute noch nirgendwo durchgeführt ist. Damit würde eine architektonische Einheit dargestellt, welche den Bewohner und auch eine Verbindung mit dem Frei- und Grünraum, also die wesentlichsten Merkmale der modernen Architektur, in einer großartigen Form zusammenfaßt.«

Karlsruhe-Waldstadt wurde aufgrund von Bodenordnungsproblemen nur auf zwei Drittel seiner Fläche gebaut. Das eigentliche Zentrum im Grünen ist heute noch im Entstehen. Dies führt dazu, daß Karlsruhe-Waldstadt ein Experimentierfeld der Planung während der 25 Jahre seiner Existenz wurde. Dies reichte von der idealen Gartenstadt mit menschlichem Maßstab über die konzentrierte und verdichtete Regionalstadt mit einem Regional- und Verwaltungszentrum und über eine gegliederte Wohnstadt mit Arbeitsstätten bis zurück zu einer reinen Wohnstadt mit kleinstrukturierter Wohnbebauung und hervorragenden Einrichtungen im Bildungs- und Freizeitbereich. Besonders zu unterstreichen ist die gute Anbindung an die Stadt-Straßenbahn, an Busse und an das Straßennetz.

Lerchenberg wurde auch nur auf zwei Drittel seines ursprünglichen Planungsgebiets gebaut, weil man einen Teil des Gebiets dem ZDF zur Verfügung stellte.

Karlsruhe-Waldstadt, erster Spatenstich von OB Günter Klotz am 3.9.57.

Dieser anfänglich nicht vorgesehene Faktor in Form von Arbeitsstätten im tertiären Sektor ist als besonderes Merkmal des Lerchenbergs zu sehen, der nicht nur die vergangene, sondern auch die zukünftige Entwicklung dieses Stadtteils gestaltet. Die großzügig ausgebaute Infrastruktur gewährleistet zusammen mit vielen Freizeiteinrichtungen ein qualitativ gutes Wohnen trotz der schlechten Anbindung an das öffentliche Verkehrsnetz. Beide Siedlungen besitzen ein gutes Image innerhalb der Städte sowie eine ausgewogene Bevölkerungsstruktur.

Neben vielen Gemeinsamkeiten der beiden Trabantenstädte Waldstadt und Lerchenberg sind auch einige unterschiedliche Merkmale zu erwähnen: Wesentliche Unterschiede lassen sich im Programm feststellen, dies besonders in den realisierten Wohnformen: Der Anteil der Einfamilienhäuser beträgt auf dem Lerchenberg 50 Prozent, der ursprünglich realisierte Anteil in der Waldstadt 5 Prozent. In der Waldstadt ist der Anteil der Miet- und Sozialwohnungen beachtlich höher.

Betrachtet man das Gesamtgebiet der beiden Trabantenstädte, so wird erkennbar, daß sie unterschiedlich definiert sind:

Das Gesamtgebiet Waldstadt umfaßt jetzt drei unterschiedliche Teilgebiete:
— die Waldlage (Wald),
— die Feldlage (baumlos),
— das Gebiet »Geroldsäcker« (Hagsfeld).

Jedes der Teilgebiete wie auch das Gesamtgebiet ist durch bestimmende Elemente wie Waldkante, Straßen, Bahnlinie, Straßenbahn, den Flachbau im Süden und die Seen im Norden stark räumlich gefaßt und definiert. Das Gelände ist flach (totale Ebene), und es gibt keinen visuellen Bezug zur Stadt.

Lerchenberg ist durch ein topographisch bewegtes Gelände charakterisiert, die Lage auf der Höhe ermöglicht trotz der großen Entfernung einen visuellen Kontakt zur Mutterstadt. Die Ränder sind überwiegend zur Landschaft offen. Ein wesentlicher Unterschied besteht in der Behandlung des vorhandenen Baumbestands: In der Waldstadt wurde der Baumbestand erhalten, und somit wurde eine Verflechtung von Wald und Baustruktur erreicht. Auf dem Lerchenberg wurden einige Grünzonen erhalten, die Bebauung und die Straßenzüge aber nachträglich intensiv bepflanzt, wodurch nicht mehr der Wald, sondern öffentliches und privates Grün dominieren.

Das Erschließungssystem der Waldstadt ist ein reines Zangensystem, als Kammsystem ausgebaut, wobei die Zeilenbebauung dominiert. Das geplante äußere Erschließungssystem des Lerchenbergs mit Schleifen und Stichstraßen gliedert die Stadt in einzelne Siedlungsteile, dies wurde in der Realisierungsphase stark verändert. Der verdichtete Flachbau und das Flachdach prägen das Bild dieses Stadtteils.

1.2 Entstehungsgeschichte von Karlsruhe-Waldstadt

Karlsruhe Waldstadt ist eine maßgebliche und wegweisende Siedlung Deutschlands der Nachkriegszeit. Als die »Waldstadt« konzipiert und gebaut wurde, war der Wiederaufbau der kriegszerstörten Städte die wichtigste Aufgabe. Die herrschenden Leitlinien für die neuen Städte waren Auflockerung, Herabzonung, verkehrsgerechter Ausbau, Neusiedlung am Stadtrand und Eingliederung der Bauten in Grünbereiche.

Die Auflösung der Stadt wurde zum Ziel. Dreißig Jahre Planungsgeschichte sind ein Zeitraum, der die Entstehungszeit, die heutige Situation und die zukünftige Entwicklung des Stadtteils zu überdenken veranlaßt.

Bürgermeister Erwin Sack und Stadtplanungsamtsleiter Professor Dr. Egon Martin schilderten anstelle des verstorbenen Oberbürgermeisters Günter Klotz und des Planers Professor Karl Selg in einem langen Gespräch die Entstehungsgründe, die Standortwahl und die Hauptziele. Zusammenfassend sind folgende Punkte als wichtigste stadtbildende Faktoren zu sehen:

— enormer Bevölkerungszuwachs Karlsruhes (1945: 76 000, 1949: 200 000 EW),
— Entwicklungstendenzen — Planungsideen, die in Richtung »Siedlung im Freiraum« gingen; eine Trabantenstadt im Grünen nach dem Motto »raus aus der Stadt« war das Ideal,

Karlsruhe-Waldstadt

Vorplanung des Stadtplanungsamtes 1954–1955 – Strukturskizzen.
Lage, Verbindungen mit dem Stadtkern (oben)
Flächenverteilung (Mitte)
Grundkonzept (unten)

steigender Lebensstandard und Wohnkomfort, höhere Ansprüche auch im sozialen Wohnungsbau.

Das wichtigste Ziel war entsprechend den damaligen Regeln des Städtebaus, ein ideales Konzept mit einem großen Anteil an sozialem Wohnungsbau mit »schönen geräumigen Wohnungen mit Bad und eingebettet im Grünen« zu realisieren. (Sack)

Um eine ausgewogene Bevölkerungsstruktur zu erreichen, plante man für alle sozialen Schichten: Flachbau, Reihenhäuser, Geschoßwohnbau, Eigentumswohnungen, soziale Wohnungen und Mietwohnungen für Studenten etc.

Man suchte nach einem Standort, an dem man schnell sozialen Wohnungsbau betreiben konnte. Es wurde ein Gebiet gewählt, das vor 25 Jahren im Entwicklungskonzept von Prof. Otto Ernst Schweizer an der Nord-Süd-Entwicklungsachse ausgewiesen worden war. Dies war eine schöne Gegend, stadtnah, der Boden war preiswert, und ein großer Teil lag in einer Hand, was eine wichtige Voraussetzung für eine schnelle Realisierung war.

Die Bewohner, die sich in der Waldstadt niedergelassen haben, bezeugen die vorbildliche Planung. Befragungen in der Waldstadt erreichten den höchsten Zufriedenheitsgrad. Diese Anziehungskraft des Wohngebiets ist erstaunlich, fehlte doch lange die Infrastruktur, und das Zentrum ist heute noch nicht vollständig gebaut. Geschäfte für den täglichen Bedarf wurden in den einzelnen Straßen gebaut. Sie sind aber nicht ausreichend attraktiv, trotz nachträglich eingebauter Gaststätten.

Erst jetzt nach 25 Jahren soll zwischen der Feld- und Waldlage im Bereich der öffentlichen Einrichtungen ein Geschäftszentrum errichtet werden.

Nur etwa 60% der Gesamtwaldstadt sind bebaut. Nachdem dieser Teil, und zwar der sich im städtischen Besitz befindliche Bereich, bebaut war, hat man in einem anderen Stadtteil begonnen. Wiederum wurde nur der Teil, der im Besitz der Kommune war, bebaut, »weil man zunächst nur den Wohnungsanspruch und eine Minimalversorgung der Bevölkerung mit Dienstleistungen sah« (Sack).

In der Zwischenzeit sind viele Konzeptänderungen erfolgt, besonders aufgrund von Zielveränderungen. In der letzten Zeit wurde die Feldlage bebaut, mehrere Erweiterungen wurden vorgenommen, um dadurch eine bestimmte Bevölkerungszahl zu erreichen, damit die Grundlage für größere Investitionen geschaffen wurde.

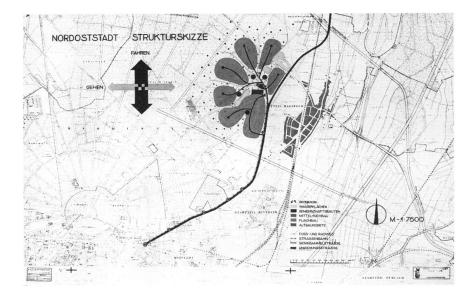

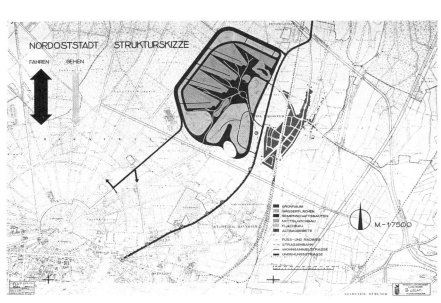

*Städtebaulicher
Ideen- und Bauwettbewerb –
vier preisgekrönte Arbeiten
1956.*

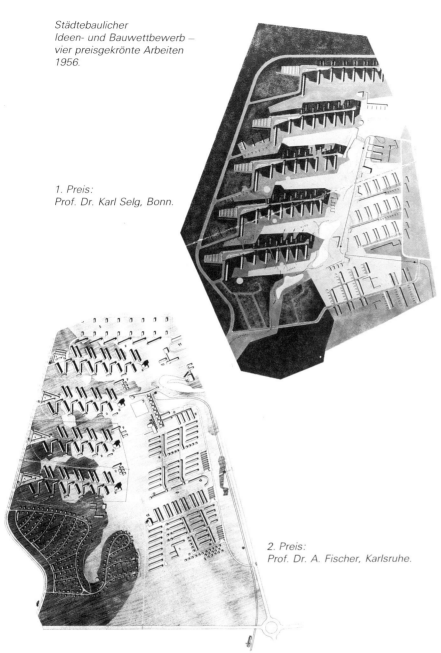

*1. Preis:
Prof. Dr. Karl Selg, Bonn.*

*2. Preis:
Prof. Dr. A. Fischer, Karlsruhe.*

1.3 Planung – Entwicklung der Waldstadt

*Gespräch mit Professor Egon Martin
Stadtplanungsamtsleiter, Karlsruhe*

Martin: »Die realisierte Waldstadt stammt von Prof. Karl Selg: Er hatte den ersten Preis beim Wettbewerb gewonnen. Die Stadtplanung war zunächst also Begleiter, d. h. man hat von Seiten der Stadtplanung geprüft, ob sich die Planungen mit den Vorstellungen der städtischen Überlegungen vertragen. Die spätere Erweiterung und Planung Waldstadt Feldlage II oblag dem Stadtplanungsamt, von hier wurden auch die Ziele für den Wettbewerb des letzten Bebauungsbereichs formuliert. Wir waren als Preisrichter tätig und brauchten jetzt die Neuauflage der Bebauung Geroldsäcker, d. h. des Bereichs zwischen L 560 und der Bahnlinie.
In der Waldstadtplanung (Baubeginn 1957) ist die Hagsfelder Umgehungsstraße Bestandteil des Projekts. Die Anschlüsse sind ebenerdig.«

Grundelemente des Wettbewerbskonzepts:
Prof. Selg 1956
Waldlage und Feldlage als Einheit
Erschließung: Zangensystem
— beide Zangen als Kammsystem ausgebaut,
— verkehrsfreie »zentrale Achse«, längs der Waldkante.

*3. Preis:
Prof. W. Rimpl, Wiesbaden.*

*4. Preis:
Dipl.-Ing. W. Baecher, Karlsruhe.*

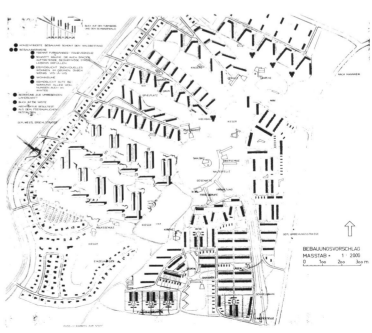

Modellaufnahme 1956.

Wohnbebauung
- typische fünfziger Jahre Bebauung: Zeilen,
- Unterschied Waldlage/Feldlage im Winkel der Gebäudeerrichtung nach Norden, keine Raumbildung – offene Bauweise
- reine Wohnstadt.

»In den fünfziger Jahren war der Bedarf an Wohnungen extrem; alle Städte waren gezwungen, große Erweiterungsgebiete zu erschließen. Speziell in Karlsruhe kam noch die Entscheidung zur Altstadtsanierung hinzu, wobei man sich für eine Flächensanierung festlegte. Für die dort vorhandenen 6500 Einwohner mußten Wohnungen zur Verfügung gestellt werden.
Zu den schon genannten Gründen für den Standort:
- bereits der Generalbebauungsplan von 1925 sah im Nordosten der Stadt eine großzügige Wohnerweiterungsfläche vor,
- ein Großteil des Planungsgebiets war im städtischen Besitz,
- die öffentliche Nahverkehrserschließung erschien problemlos,
- Nähe zur Innenstadt,
- beste Umweltbedingungen

kommt noch ein weiterer, der für die Entscheidung zur Waldstadt ausschlaggebend war: Das Schloß und die Innenstadt Karlsruhe liegen im geographischen Mittelpunkt der Gemarkung, doch die City ist nicht gleichzeitig Schwerpunkt. Die Stadt hat sich nach der Gründung im Jahre 1715 schwerpunktmäßig in Richtung Osten, Westen und Süden entwickelt. Mit der Waldstadt konnte man wegen des Hardtwaldes auch im Norden eine gewichtige Wohnsiedlung realisieren.
Gründe für das langsame Wachsen der Waldstadt sind folgende:
Die Überbauung des stadteigenen Geländes, d. h. des Waldbereichs, erfolgte zügig, ohne Unterbrechung. Anstelle der Überbauung auch der Feldlage, d. h. der stark parzellierten Zone, die ein schwieriges Umlegungsverfahren voraussetzte, wurde im Südwesten der Gemarkung das Projekt Bebauung Oberreut in die Wege geleitet. Es vermied die mit der Umlegung verbundenen Schwierigkeiten.
Man hätte vor 25 Jahren gleichzeitig einen Gesamtplan planungsrechtlich durchziehen und die Umlegung durchführen müssen. Die Politiker scheuen sich vor dem langen Verfahren. Man hat den Fehler begangen und nicht geschafft, beide Teile gleichzeitig zu realisieren.« (Martin)

Nach den Jahren des Wiederaufbaus und weitgehender Befriedigung der ersten Wohnungsbedürfnisse entstanden überall die Wünsche nach weiteren, infrastrukturellen Versorgungseinrichtungen. Konsum wurde groß geschrieben, das Auto bestimmte weitgehend die Gewohnheiten, das Freizeitangebot wurde größer und variantenreicher. Nicht von ungefähr kam es, daß überall große Einkaufsmärkte in den freien Landschaftsflächen vor den Toren der Städte entstanden. Das Baugelände wurde rasch teurer, Hochhäuser mit einem Angebot an größeren Wohnungen, Tiefgaragen und verdichtete Versorgungszentren signalisierten die Entwicklung.

Veränderungen
- auf dem Wohnungsmarkt,
- in der wirtschaftlichen Struktur,
- in den verkehrsmäßigen Anforderungen,
- in der städtebaulichen Haltung

hatten Planungsänderungen im Jahr 1966 und eine Stagnation zur Folge.
1969 erarbeitete das Stadtplanungsamt eine Planung, die durch eine starke Verdichtung der Wohnbebauung mittels Hochhäuser und mehrgeschossiger Verkehrsabwicklung charakterisiert ist.
Ein zusätzliches Geschäftszentrum und Gewerbe führ-

Karlsruhe-Waldstadt

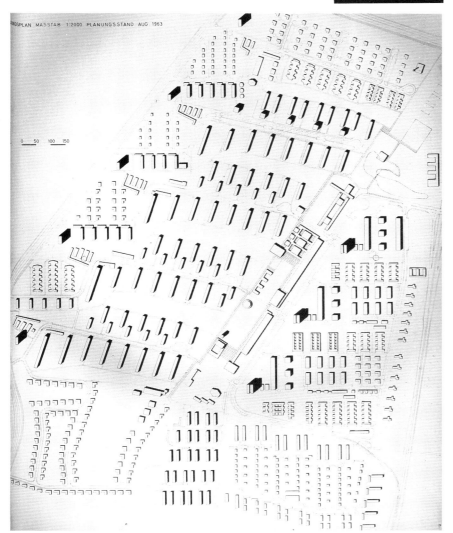

*Bebauungsplan 1963.
Planung: Prof. Karl Selg.*

ten zu einer Verknüpfung der Waldstadt mit Hagsfeld. Dieses neue Planungsgebiet wurde zum Schwerpunkt für den gesamten Einflußbereich – Region – angesehen, und so bestanden Planungstendenzen zur Verwirklichung eines integrierten, überregionalen Einkaufszentrums. Man wollte innerhalb des Stadtteils auch noch überörtliche Versorgungseinrichtungen für das Umland realisieren.

Dieses übergeordnete Zentrum wurde aber nicht realisiert.

»Ein weiterer Aspekt als Grund für die Verzögerung der Vervollständigung des Gebietes sind die sich immer wieder ändernden Ziele, vor allem im Bereich des Gemeinschaftszentrums: Das Zentrum lag ursprünglich im Mittelpunkt der Waldstadt, die sich – isoliert von Hagsfeld – nur bis zur Umgehungsstraße erweiterte: 14 000 Einwohner. In den sechziger Jahren sollte das Planungsgebiet in Richtung Osten ausgedehnt werden und Hagsfeld einbeziehen. Ziel war eine neue Nordost-Stadt Waldstadt/Hagsfeld.

Neues Einwohnerpotential: 35 000 Einwohner. Damit war auch eine neue Konzeption für das Gemeinschaftszentrum zu entwickeln, und man wählte als Bauträger die Neue Heimat. Dieses Gemeinschaftszentrum sollte nicht allein die Nordost-Stadt versorgen, sondern auch das gesamte Umland. Damit war das ursprüngliche Konzept von Karl Selg zunichte gemacht. Er erhielt den Auftrag zur Neuplanung; Selg und das Stadtplanungsamt konzipierten neue Entwürfe. Zur Realisierung kam es jedoch nicht, denn wenige Jahre später, etwa 1972, erkannte man, daß die großzügige Erweiterung auf 35 000 Einwohner überzogen war. Im Rahmen der Flächennutzungsplanung wurden die großzügigen Vorstellungen der sechziger Jahre abgespeckt und damit auch der Gedanke einer Verbindung von Waldstadt-Hagsfeld reduziert.« (Martin)

In der 25jährigen Planungszeit hat man deshalb jedenfalls für die Feldlage die extremsten Bebauungsformen gewählt; auch ungewöhnliche Vorstellungen gab es bereits zu den Versorgungseinrichtungen.

Ein Gutachten erbrachte 1972 die weitere Reduzierung der Einkaufsflächen auf nun lediglich 4000 bis 6000 m² Gesamtgeschäftsfläche, vom integrierten Versorgungsschwerpunkt war längst Abstand genommen worden.

Dennoch war das unverändert starke Interesse an Vermehrung der Wohnbauflächen gerade im Waldstadtbereich und der erst später realisierte Teil der ursprünglichen Gesamtkonzeption ständig Verpflichtung.

Martin: »Aus der allgemeinen Unsicherheit heraus entschloß sich die Stadtverwaltung deshalb in Verbindung mit dem Hauptgrundbesitzer Neue Heimat ein städtebauliches Gutachten als neuen Planungsansatz von fünf Teilnehmergruppen erarbeiten zu lassen. Nach hartem Ringen, insbesondere die Vor- und Nachteile der künftigen L 560 im Bereich der Feldlage betreffend, wurde der Planungsgruppe ›Volkenborn-Schmock‹, Berlin, aufgrund der großzügigen strukturellen Grundkonzeption der Vorzug gegeben.

Das Berliner Gutachten von 1973 setzte sich das Ziel einer Verknüpfung der Waldstadt mit Hagsfeld, um eine Attraktivierung der gesamten Siedlungseinheit mittels öffentlicher Einrichtungen und Arbeitsplätze zu erreichen. Der Entwurf ist gekennzeichnet durch die Trennung der Fußgänger- und Fahrwege, die Überbauung der Wohnwege und durch stark verdichtete flexible Baugruppen (nicht höher als 5 Geschosse).

Die Erkenntnis, daß wegen der Verkehrsstränge eine wirklich räumliche Integration des östlichen vorhandenen Siedlungsteils nicht möglich ist, führte zur Ausweisung eines sinnvoll eingebundenen Gewerbegebietes.

Man beschränkte sich auf die ursprüngliche bauliche Erweiterung, ergänzt durch eine gewerbliche Nutzung zwischen der Landesstraße 560 und der Bahnlinie.

Karlsruhe-Waldstadt

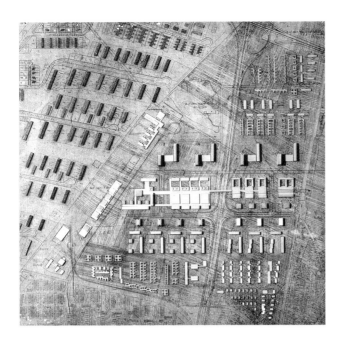

*Planungstendenzen 1962–1972.
Planung Feldlage, Prof. Karl Selg:
überregionales Einkaufszentrum,
Brückenzentrum als bauliche
Verbindung zwischen Waldstadt,
Hagsfeld und Verwaltungs-
zentrum. Hochhäusergruppen
mit verdichtetem Flachbau.
1968. Modell.*

*Aufbau und Wachstum.
Stadtplanungsamt Karlsruhe.*

Doch die letztgenannte Nutzungsaussage mit dem Gewerbe starb im Rahmen der Diskussion um den Flächennutzungsplan im Jahr 1976: Die Bürger von Hagsfeld und Waldstadt wandten sich eindeutig gegen eine gewerbliche Nutzung zwischen den beiden Stadtteilen, so daß der neue Flächennutzungsplan im Entwurf zunächst einmal eine reduzierte gewerbliche Nutzung ergab, der neue Flächennutzungsplan sogar ganz auf das Gewerbe verzichtete und dafür eine reduzierte Wohnnutzung mit Kleingartenbereich vorsah.
Die Verzögerung der Realisierung des Planungskonzeptes Waldstadt hatte zwei Gründe:
— Zunächst stellte man die Erweiterung in das Privatgelände zurück,
— stets sich ändernde Ziele in den Jahren 1960–1975.
Weitere Korrekturen veranlaßten verkehrsplanerische Überlegungen, die erst heute abgeschlossen oder durchgestanden sind.«
Irion: Das ursprüngliche Konzept sah ein klares hierarchisches Versorgungssystem vor. Die kleinsten Versorgungszellen, Nebenzentren, sind gleichzeitig mit den einzelnen Stichstraßen – Wohneinheiten – entstanden. Das für die gesamte Waldstadt vorgesehene Zentrum ist nur in Ansätzen vorhanden. Die einzelnen Nebenzentren gewannen mit der Zeit an Attraktion, z. B. durch Gaststätten. Es entstand ein dezentralisiertes Versorgungssystem. Wie sehen Sie die Chance für ein minimalisiertes Zentrum für die gesamte Waldstadt?
Ist es denn überhaupt erstrebbar, ein gut funktionierendes dezentralisiertes Einzelhandelsversorgungsnetz zu zentralisieren?

*Planungen 1974–1978.
Entscheidung des städtebaulichen
Gutachtens:
1. Preis: Arbeitsgemeinschaft Berlin,
Volkenborn, Freund, Öfelein, Schmock.
1975 Überarbeitung durch das
Stadtplanungsamt.
Baustruktur Wohnen – zentraler Bereich.*

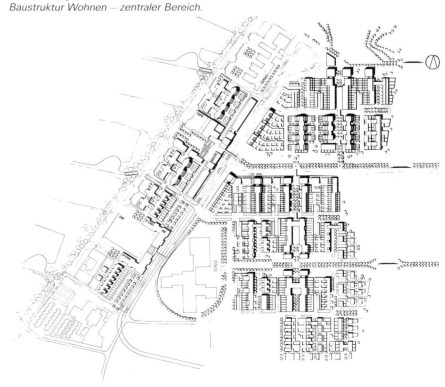

Die Abstände zwischen den Zeilen bilden großzügige Freiflächen, und der alte Baumbestand prägt den Raum.

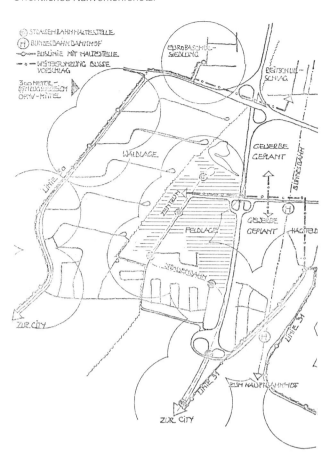

Öffentliches Nahverkehrsnetz.

Günstige Zuordnung der wohnungsnahen Freiräume, Folgeeinrichtungen und Arbeitsplätze.

Planung: Volkenborn, Freund, Öfelein, Schmock, Berlin.

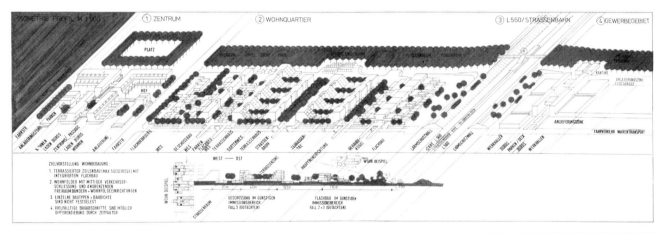

Modellaufnahme.

Die einzelnen Straßenräume sind ein Spiegelbild veränderter Verkehrsanforderung.

Martin: »Eine Bewertung dieser Situation führt, so wie wir es beurteilen, zu folgenden Problemen: Wir werden es schwer haben, nachdem schon leistungsfähige Geschäfte vorhanden sind, jetzt im Nachhinein ein übergeordnetes Zentrum tragfähig zu machen. Wir werden große Probleme überwinden müssen, zumal das Gemeinschaftszentrum nicht allein von den noch nicht gebauten Wohnungen getragen werden kann. Außerdem finde ich es problematisch, jetzt ein Sportzentrum im Süden der Waldstadt zu realisieren, obwohl verschiedene Einrichtungen im Zentrum interessant wären.

Ich sehe große Probleme, das Gemeinschaftszentrum auf einmal zu realisieren, da kein potenter Bauinteressent vorhanden ist. Es wird mit einem zentralen Markt realisiert werden. Es wird nicht mehr in der langgezogenen, fußläufigen Konzeption der ursprünglichen Planung, sondern in einer quadratischen, um einen marktplatzartigen Innenhof angeordneten niedrigen Bebauung Gestalt annehmen. Nutzungen wie Restaurant, Jugend- und Begegnungszentrum, Dienstleistungs- und Ladenflächen und offener Markt sollen den Bürger zum Verweilen anregen und die Identität der Waldstadt erhöhen.«

Irion: Die Waldstadt hat ein klares Grün-, Verkehrs- und Raumkonzept. Man hat inzwischen Untersuchungen durchgeführt und viele Erfahrungen gesammelt. Versuchen Sie, diese Konzeptinhalte kritisch zu beurteilen.

Martin: »Meine Hauptkritik liegt an der äußeren Erschließung, die hier verfolgt wurde. Sie ist bei der Waldstadt aufgrund der Größe des Gebiets falsch gewählt. Die äußere oder zangenförmige Erschließung ist bei Siedlungen ab etwa 10 000 Einwohnern problematisch. Gerade die grüne Mitte führt bei der Größenordnung der Waldstadt und der notwendigen Anordnung von Versorgungseinrichtungen in diesem Bereich mit der mittleren Erschließung durch eine Straßenbahn zu einer fehlerhaften Planung. Der Weg zur Straßenbahnhaltestelle ist mit 900 m vom Rande des Stadtteils zu weit. Deshalb wurde auch die Buslinie auf der Außenerschließung der Straße mit einseitiger Erschließungswirkung notwendig.

Ausgerechnet am Anfang der Stichstraßen sind die Hochhäuser, d. h. eine Verdichtung der Bebauung, und gerade die Bewohner dieses Stadtteils haben eine Entfernung von 900 m zur Straßenbahnhaltestelle zurückzulegen, demgegenüber erschließt die Straßenbahn den Grünbereich am Ende des Stadtteils. Lange war sie eine Feld- und Wiesenbahn.

Wenn die Versorgungseinrichtungen und der öffentliche Nahverkehr im Zentrum konzentriert werden, dann muß auch dort die verdichtete Bebauung angeordnet werden.«

Irion: Diese Verlagerung der dichten Bebauung in die Randzonen darf aber nicht zu Lasten des Selgschen Konzeptes gehen. Die Hochhäuser bei der Straßeneinmündung in die Sammelstraßen wurden zur Orientierungshilfe und Markierung, dem Zeitgeschmack entsprechend, in Abweichung vom ursprünglichen Entwurf erstellt.

Martin: »Selg wollte darüber hinaus mit einer Verdichtung der Bebauung in der Einmündung der Wohnstraßen in die Sammelstraßen vermeiden, daß eine große Zahl der PKWs die gesamten Stichstraßen durchfährt. D. h. die Hochhäuser am Anfang der Wohnstraßen entsprechen stärker dem Individualverkehr als dem öffentlichen Personennahverkehr.

Der große Vorteil der äußeren Erschließung mit den Stichstraßen zur Andienung an die Wohnbebauung ermöglicht das sogenannte Radborn-System. Man kann auf einem vom Fahrverkehr getrennt geführten Fußwegenetz von der Wohnung zu allen öffentlichen Einrichtungen gelangen, aber mit dem Nachteil, daß der Fußgänger nur über die Hauptverkehrsader in das umliegende Grün gelangt. Da die Nebenzentren zur Straße orientiert sind, benutzen die Fußgänger den Weg über die Straße und nicht den im Grünen. Dies ist ein eindeutiger Planungsfehler.«

Irion: Die einzelnen Straßenräume, das Stadtbild, aber auch die Architektur haben sich im Laufe der Zeit stark gewandelt. Wie sich das verändert hat, läßt sich deutlich an den Straßen fortschreitend von Süd nach Nord entsprechend der Bebauungsphase ablesen.

Die Planung der Stichstraßen im Detail ist höchst interessant – sie richtet sich nach den veränderten Verkehrsanforderungen. Man hat mit zunehmendem Planungsfortschritt ständig die Straßen erweitert, zunächst plante man eine einseitige Parkierung, dann

Karlsruhe-Waldstadt

Die Stimmung der Zeit und die Trends in Städtebau und Architektur haben sich in den einzelnen Stichstraßen niedergeschlagen.

wurden Parkierungstaschen vorgeschlagen. Das reichte auch nicht, und so kam an der Kolberger Straße die mehrfache Parkierungsreihe. Die Zeilenbauten wurden in punktförmige Häuser verwandelt. Man versuchte, immer mehr Stellplätze zu schaffen, die einzelnen Stichstraßen sind das Spiegelbild der zunehmenden Motorisierung. Jede Stichstraße hat eine homogene Bebauung, z. B. sozialer Wohnungsbau oder Einfamilienhausreihen. Damit wurde die einzelne Stichstraße zur Zone mit unterschiedlicher Sozialstruktur.

Martin: »Sie finden in der Bebauung von Straße zu Straße unterschiedliche Bauformen. Die erste Achse besteht aus Einzelhäusern, die zweite Achse aus vier- und fünfgeschossigen Mietwohnbauten, dann folgt eine Straße mit Eigentumswohnungen und höherem drei- und viergeschossigem Mietwohnbau, dann wiederum eine Achse mit punktförmiger Hochbebauung, wo an einer Anliegerstraße 3200 Personen wohnen, dann folgt wiederum eine Achse mit Einzel- und Reihenhäusern, also Flachbauten. Damit sind tatsächlich in der Waldstadt Zonen mit unterschiedlicher Sozialstruktur geschaffen worden. Man hätte vielleicht bei derartig großen Siedlungselementen, erschlossen von einer Straße, eine stärkere Mischung in eine Wohnstraße bringen sollen, also nicht nur Flachbau oder mehrgeschossigen Wohnbau.«

Irion: In den sechziger und siebziger Jahren experimentierte man noch in der Architektur und im Bauwesen. Es wurden neue Flachbautypen erstellt. Die heute realisierte Architektur in der Feldlage spiegelt die Krise im Bauwesen wider. Es wurden keine neuen Wohnformen gesucht. Dafür wurden ökonomische Hausformen mit geringem Flächenanspruch entwickelt. Kostengünstiges Bauen war das Ziel.

Sie haben 1978 einen Bebauungsplan für die Feldlage erarbeitet, und nach den ursprünglichen Zielen die Wohnbebauung fortgesetzt. Das städtebauliche Gutachten von 1974 hat für den Bereich zwischen Bahnlinie L 560 im Gewann »Geroldsäcker« aufgrund der Lärmbelastungen durch Bahn und Straße ein Gewerbegebiet vorgeschlagen. Dies bestätigen die Studienarbeiten des von mir geleiteten Projektseminars an der TH Darmstadt. Wie war es möglich, trotz stärkerer Bewußtwerdung der Lärmimmissionen und des Umwelt- und Landschaftsschutzes heute in diesem Gebiet Wohnbebauung zu realisieren? Mit welchen Argumenten können Sie diese Entwicklung begründen? Hier überzeugt das Argument der Infrastrukturausnutzung nicht.

Martin: »Wir werden das planerische Grundgerüst der Waldstadt fortsetzen, haben in der Feldlage II aber die Möglichkeit, bestimmte Erfahrungen aus den vielen Planungen der sechziger Jahre zu verwerten. Das Be-

Die Waldstadt im Bau 1958. Bei der Planung und Durchführung der Bauarbeiten konnte der Baumbestand erhalten bleiben, dies wird von der Bevölkerung sehr positiv bewertet.

bauungskonzept ist 1978 abgeschlossen worden, das Gebiet ist auch schon bebaut.

Die geplante Bebauung zwischen Waldstadt und Hagsfeld, die sogenannten Geroldsäcker, ist extrem belastet durch die beiden Verkehrsbänder Straße und Schiene. Wir werden dieses Gebiet trotzdem für die Wohnbebauung zur Verfügung stellen, unter dem Gesichtspunkt der Erweiterung vorhandener Siedlungselemente, wie Hagsfeld und Waldstadt. Das im Zentrum zu realisierende Gemeinschaftszentrum trägt sich nur, wenn eine bauliche Erweiterung entsprechend unseren Vorstellungen gewährleistet ist. Sicher müssen wir hier einen hohen Aufwand für den Lärmschutz erbringen, aber es gibt Möglichkeiten, begonnen von einer sinnvollen Anordnung der Baukörper, über den Lärmschutz durch Damm und Wall, bis hin zu den Zwängen, die der Bauherr in seinem Bauplan berücksichtigen muß.

Die L 560 hat ihre ehemals vorgesehene Bedeutung nicht mehr. Demgegenüber bleibt aber die Bahn als Hauptachse für den Nord-Süd-Verkehr eine Belastung, gegen die wir einiges tun müssen.

Ein Grund, weshalb wir diesen Bereich noch überbauen, liegt natürlich auch darin, daß die Stadt über 20 Jahre Flächen aufgekauft hat. Nur deshalb kann man heute noch eine Erweiterung rechtfertigen. Wir können möglichst schnell dieses Gebiet bebauungsfähig machen.

Dominierend ist die Waldstadt für das Wohnen geplant und soll auch dementsprechend bebaut werden. Wir haben aber im Bebauungsplan die Möglichkeit offen gelassen, wenn ein entsprechender Bedarf vorhanden ist, in Teilbereichen gewerbliche Nutzungen vorzusehen. Wir denken dabei an Dienstleistungen und an nicht störendes Gewerbe. Dies vor allen Dingen auch im Bereich Geroldsäcker. Insofern bliebe die Waldstadt keine reine Wohnstadt, wie früher geplant. Wir erhoffen uns durch die flexible Festlegung des Bebauungsplans größere Möglichkeiten.«

Irion: Haben Sie also ein Mischgebiet ausgewiesen?

Martin: »Ja. Nur die Realisierung dieser Nutzungsart scheitert heute noch. Weder die Bauträger für Wohnungsbauten noch diejenigen, die gewerbliche Nutzung realisieren, steigen hier ein. Die Grundstücke werden nicht angenommen, d. h. die ausgewiesenen Flächen bleiben leer, so daß die Liegenschaft jetzt nur noch die Alternative Wohnen anbietet.«

Irion: Der Bebauungsplan von 1978 für Feldlage II, die als Bestandteil der Waldstadt gedacht war, weist für heutige Verhältnisse einen hohen Grünanteil aus. Das Grün und die Waldstadt umgebende Freizeit- und Sportanlagen erhöhen zusätzlich die Wohnqualitäten der Waldstadt. Mit welchen Argumenten ist Ihnen gelungen, diese Planung durchzustehen?

Martin: »Ist der hohe Freiflächenanteil überhaupt bei den doch reduzierten Einwohnern noch gerechtfertigt? Wir kommen in dem begrenzten Teil, Feldlage II, auf einen Freiflächenanteil von etwa 42%, was extrem hoch ist. Diese unter dem heutigen Gesichtspunkt zu sehende relativ hohe Freifläche konnten wir nur mit dem klaren Grundkonzept der ursprünglichen Waldstadtplanung durchstehen. Wir würden mit den heutigen Zwängen eine solch großzügige Planung nicht mehr erreichen, zumal ein sehr kostenbewußtes Denken bei den Planern und Stadträten vorhanden ist.«

Irion: Ausschlaggebend war also das ursprüngliche Konzept, das alle extremen Planungen und restriktiven Rahmenbedingungen überstanden hat und als unantastbares und bewährtes Ideal bestehen konnte. Es ist ein Beweis für eine Ideologie im Städtebau, in der die Natur den richtigen Stellenwert hatte. Die Hinwendung der Planung zum menschlichen Maßstab, zur behutsamen Stadterweiterung, weg von Großstrukturen und integrierten Regionalzentren, flächenverbrauchenden und kostspieligen Verkehrssystemen, mögen dazu helfen, die Qualitäten der Waldstadt zu stabilisieren.

Im nördlichen Bereich der Waldstadt liegen zwei Baggerseen, nördlich des Jägerhauses wird eine große Spiel- und Sportfläche realisiert. Damit erhält die Waldstadt neben ihrem hohen Wohnwert noch ergänzende Erholungs- und Freizeiteinrichtungen.

Bebauungsplan Waldstadt Feldlage II. 1978.

1.4 Probleme in der Waldstadt – positive und negative Merkmale des Stadtteils

*Gespräch mit
Johan-Georg Hilzinger, Architekt*

Für die Waldstadt als einem der beliebtesten Wohngebiete der Stadt Karlsruhe wird im Urteil der Bevölkerung besonders positiv vermerkt:
- die gute, Freiheit vermittelnde Wohnlage im Grünen,
- die überdurchschnittlich gute Versorgung mit Schulen,
- eine gesunde Bevölkerungsstruktur unterschiedlicher Berufe,
- ein Vereinsleben, das kaum Wünsche offen läßt,
- ein ausgesprochen attraktives Freizeitangebot.

Kritisch und als Mangel empfunden werden:
- das ungenügende Angebot an Autoabstellmöglichkeiten,
- die zu langen Stichstraßen bei hoher Wohndichte und entsprechendem Fahrverkehr,
- das Fehlen größerer Wohnungen im Mietwohnungsbau,
- das noch fehlende Zentrum mit Versorgungsläden des nicht alltäglichen Bedarfs,
- fehlende Arbeitsplätze im unmittelbaren Randbereich,
- der zu große Fremdenverkehr auf der westlichen Randstraße,
- die Anbindung der Stichstraßen an die äußere Hauptsammelstraße »Theodor-Heuss-Allee«.

»Bestätigt wurde jedoch einheitlich, daß es den bürgerfreundlichen Vereinen in Verbindung mit vielen Einzelaktionen der Waldstadtbevölkerung gelungen ist, einen für solch einen jungen Stadtteil erstaunlichen Bürgersinn, eine ›Identität‹ zu schaffen, wie er sonst nur in gewachsenen Ortsteilen entstehen konnte.

Die oben aufgezeigten positiven Merkmale tragen zu dem hochwertigen Image des Stadtteils bei. Einen ausschlaggebenden Beitrag leistet dabei das hervorragende Schul- und Freizeitangebot. Zu der schon ohnehin optimalen Schulversorgung mit zwei Grundschulen, einer Hauptschule und einem Gymnasium kam 1979/80 die private Waldorfschule hinzu, dafür wurde ein Teil des Freigeländes im zentralen Bereich geopfert. Sie integriert sich in die vorhandene Struktur und steigert die Attraktivität der Waldstadt.

Hinzu kommt noch das große Freizeitangebot mit der Realisierung des Hallenbads (einzige 50-m-Bahn im ganzen Stadt- und Landkreis) und dem SSC, Sportverein der Waldstadt, der inzwischen der zweitgrößte Ver-

Wohnbebauung Waldstadt-Waldlage. Um den Wald in möglichst großem Umfang zu erhalten, war es nötig, vorwiegend Mehrfamilienhäuser in 3- und 4geschossiger offener Bauweise zu planen (rechts oben).

Die großzügigen Freiflächen zwischen den Stichstraßen bieten viele Spielmöglichkeiten. Jeder Spielplatz hat eine individuelle Erscheinungsform.

Der Wald dominiert sogar bei den Hochhäusern, dies läßt eine behagliche Raumwirkung entstehen.

Karlsruhe-Waldstadt

Das Wohlbefinden der Bewohner ist in den einfachen Wohnzeilen und in den Gebieten mit anspruchsvollerem Flachbau zu spüren.

Diese Back-to-back-Reihenhäuser benötigen nur kleine Grundstücke für relativ große Wohnflächen, haben aber den Nachteil der gekoppelten Erschließung über den Wohnhof.

Die Reiheneigenheime mit 140 m² Wohnfläche und großzügigen 30 m tiefen Grundstücken sind durch Garagen von der Straße getrennt.

Die freistehenden Einfamilienhäuser auf bis zu 1200 m² großen Grundstücken waren durch die niedrigen Bodenpreise von DM 13,– möglich.

ein Karlsruhes ist. Es besteht also ein großes Vereinsleben mit allen Angeboten: Tennisplatz, Sportplatz, Trimmpfad u. a. – dies trägt vor allem zum ›Image‹ des Stadtteils bei.

Es wurde ein eigenständiges Bürgerbewußtsein erreicht, das sich u. a. darin niederschlägt, daß beispielsweise bei den Festen, die jährlich veranstaltet werden, die Programmfülle von der Größe der Säle und der Organisation nicht verkraftet wird. Hinzu kommt, daß der Sportverein SSC seine Aufgabe nicht nur darin sieht, sportliche Veranstaltungen durchzuführen, sondern vom Bürgerball der Waldstadt angefangen bis zu den Angeboten, auf dem ›Trimm-dich-pfad‹ die Familien zusammenzuführen, für die Freizeitgestaltung Angebote zu machen, wie sie in der Stadt kaum so konzentriert gemacht werden.

Mit Sicherheit ist die Bevölkerungsstruktur der Waldstadt als sehr positiv anzusehen. Die anfänglich nach Straßenzügen streng geordnete Mischung, wie sie beispielsweise in der Königsberger Straße und Elbinger Straße als den beiden Polen war, ist nicht mehr so exakt feststellbar.

Zum Image trägt auch naturgemäß die vorhandene höhere Kaufkraft bei, bedingt durch die gut verdienenden Bevölkerungsanteile, die sicher überwiegen. In der Waldstadt sind diese relativ hoch, höher als in üblichen Siedlungen anzusetzen.

Durch die hier zahlreich ansässigen Architekten wird alles, was in Richtung Gestaltung geht, sofort weitergetragen, beredet und diskutiert, während andere Stadtteile sich relativ schweigend verhalten.

Der Bürgerverein, vertreten durch einen Architekten als Gemeinderatsmitglied, hat mehr Kontakt, mehr Mitsprache und mehr Einfluß. Auch dies ist ein positiver Aspekt, durch den in der Waldstadt immer etwas weitergetrieben wurde:« (Hilzinger)

Die allgemein positive Einstellung der Waldstadt gegenüber wird sicher nicht aus der Wohnform im Kubus resultieren, im Gegenteil, aber sie dürfte aus der Ausgewogenheit zwischen Grünflächen, Freiflächen und der bebauten Fläche entstehen. Es ist sicher selten anzutreffen, daß Grünzüge von 90 m Breite als echte

Luftaufnahme, freigegeben unter Nr. 0/16714 vom Regierungs-Präsidium Karlsruhe.

Waldzone vorhanden sind. Die Freiflächen sind darüber hinaus mit Spielplätzen und Ruheplätzen in ausreichendem Maße durchsetzt, dies trotz des Zeilenbaus. Jeder Spielplatz hat eine typische Erscheinungsform, die es der Bevölkerung leicht macht, sich mit ihm zu identifizieren.

Der Zeilenbau ohne Wald ist, räumlich gesehen, eine offene Bauweise. Bei den Zeilen in der Waldstadt entsteht dieses Gefühl jedoch nicht, auch nicht bei den langen Zeilen und Wegen. Der Betrachter befindet sich immer im Wald. Der Wald dominiert, umfaßt die Baustruktur, sogar die Hochhäuser, und läßt eine behagliche Raumwirkung und gewisse Intimität entstehen.

Außer den aufgelisteten Mängeln und Schwierigkeiten muß auch auf ein generelles Problem, die Bevölkerungsabnahme, eingegangen werden.

»1970 war der höchste Bevölkerungsstand der Waldlage/Feldlage mit 13 700 Personen erreicht. Im Jahr 1982 war er bereits auf 12 230 gesunken. Die Gründe dafür sind in der Hauptsache die fehlenden größeren Wohnungen und die fehlenden Kleinstwohnungen. Im sozialen Wohnungsbau wurden in der Überzahl meist 3-Zimmer-Wohnungen erstellt. (Der heutige Standard liegt bei etwa 84 m^2.) Eigentumswohnungen werden kaum veräußert.

In der Waldlage entstehen nur größere Wohnungsangebote, wenn die früheren Mietwohnungen in Eigentumswohnungen verwandelt werden. Wichtige Maßnahmen, die zur Lösung dieses Problems führen, sind eine Ergänzung und Erweiterung mittels neuer Bebauungspläne, die neue Einfamilienhausgebiete ausweisen. Somit könnte die attraktive Infrastruktur besser genutzt und das Gemeinschaftszentrum realisiert werden.

Durch die Erweiterung »Geroldsäcker« wurde mit

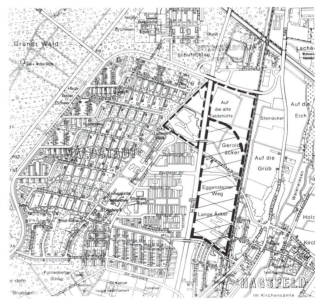

Erweiterung Hagsfeld-Geroldsäcker, Planungsgebiet zwischen Hagsfeld und Waldstadt-Feldlage II.

geeigneten Schutzmaßnahmen ein weiteres Wohnbaugelände bereitgestellt. Eine große Rolle dabei spielt der Gesichtspunkt des sozialen Wohnungsbaus und der allgemeinen im Stadtgebiet vorhandenen Baulandnot.

Diese Maßnahmen werten das Gebiet auf, verjüngen die Bevölkerungsstruktur und erhalten den Charakter der Waldstadt.« (Hilzinger)

Alles in allem also ein dynamischer Stadtteil mit vielfachen Angeboten, die ein Wohnen lebenswert machen, der eine Bevölkerungsstruktur aus allen Schichten aufweist und letztlich aus den hieraus immer wieder entstehenden Veränderungswünschen lebendig bleibt.

Karlsruhe-Waldstadt

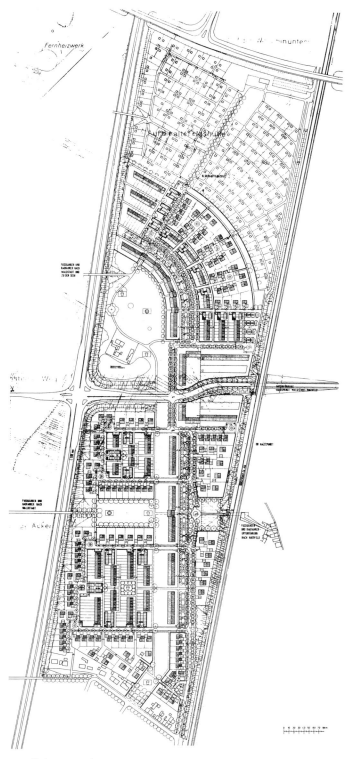

Bebauungsplan Hagsfeld-Geroldsäcker. Gestaltungsplan 1982. Stadtplanungsamt Karlsruhe. Ein neues Wohngebiet soll die Bevölkerung verjüngen und eine optimale Nutzung der vorhandenen Infrastruktur, u. a. der Schulen sowie Sport- und Freizeiteinrichtungen, sichern.

Karlsruhe-Waldstadt. »1961 wurde der Versuch unternommen, im Bereich Insterburger Straße eine Tiefgarage mit Wohnungen zu überbauen, um eine zusätzliche Wohnnutzung der im Bebauungsplan nur für Verkehrsanlagen ausgewiesenen Flächen zu erreichen. Leider blieb der Versuch einmalig.« (Hilzinger)

Karlsruhe-Waldstadt. Das Preisgericht trat im November 1956 zusammen, unter dem Vorsitz von Prof. Otto Ernst Schweizer, unter Mitwirkung von Staatssekretär Dr. Wandersleb und Reg. Baudirektor Fritz Jaspert vom Bundesbauministerium.

1.5 Die Mustersiedlungen Karlsruhe-Waldstadt und Mainz-Lerchenberg als Demonstrativmaßnahme des Bundesministerium für Städtebau und Wohnungswesen

Die beiden Trabantenstädte Karlsruhe-Waldstadt und Mainz-Lerchenberg sind Stadtorganismen, die in ihrem Konzeptentwurf die Klassische Moderne repräsentieren und stark von der Gartenstadtideologie wie auch dem CIAM-Funktionalismus geprägt sind. Dies heißt, daß sie nicht nur auf die Formel »Licht, Luft, Sonne« reduziert werden können, sondern sie wenden sich einem gesünderen, helleren und hygienischeren Leben zu und orientieren sich besonders an einem reibungslosen (konfliktlosen) Ablauf der sogenannten Lebensfunktionen. Die Stadt der örtlich getrennten Funktionen war die herrschende Philosophie, und somit waren beide Stadtorganismen als reine Wohnstädte geplant. Die technologische Entwicklung und Rationalisierung führten zu Bauwerken ohne historische Zeichen. Dies hat sich in den drei Jahrzehnten zwischen 1945 und 1975 durchgesetzt, wobei es jedoch sichtbare Unterschiede zwischen den einzelnen Phasen gibt.

In den Planungen und Neugründungen der ersten Generation nach dem Krieg dominierten die städtebaulichen Ideale der Howardschen Gartenstadt. Sie sind Ausdruck von Jahren hoffnungsgeladener Steigerung und Suche nach Qualität sowie nach besseren Lebensformen. Die Städte wollten mit ihrem Wachstum und ihren Erweiterungen in Form von neuen Trabantenstädten nicht nur die Wohnungsnot lösen, sondern Neues schaffen, deklarieren, sie wollten sich abheben und demonstrieren. Diese Ambitionen der Städte in Richtung Wachstum und Entwicklungsfreude griff der Bund auf und schuf das Demonstrativprogramm. 1956 wurde ein Teil von Karlsruhe-Waldstadt in das Förderungsprogramm des Bundeswohnungsbauministeriums als Demonstrativmaßnahme aufgenommen.

Als Einstieg und zum besseren Verständnis der ursprünglichen Ziele ein Zitat des ehemaligen Karlsruher Oberbürgermeisters Klotz: »Die einmalige Chance, hier im Wald ohne jede Bindung an zahlreiche Gegebenheiten auf jungfräulichem Boden zu bauen, veranlaßte die Stadtverwaltung schon frühzeitig, das Bauvorhaben dem Bundeswohnungsbauministerium als Mustersiedlung vorzuschlagen, d. h. als eine Siedlung, bei der der Bauträger gewisse Verpflichtungen der Ausstattung, Bauweise und Baudurchführung auf sich nehmen muß, zum Ausgleich jedoch ein zusätzliches Darlehen zu günstigen Bedingungen erhält. Der Antrag der Stadtverwaltung hatte Erfolg und ein kleiner Teil der gesamten Waldstadt mit 450 Wohnungen, die von der Volkswohnung erstellt werden sollten, wurde in dieses sogenannte Demonstrativprogramm des Bundeswohnungsbauministeriums aufgenommen. Die Voraussetzung für die Aufnahme war die Forderung, daß es sich um ein Bauvorhaben im Rahmen einer größeren städtebaulichen Einheit handelt, die es ermöglicht, auch städtebauliche Fragen in die Untersuchung einzubeziehen. Diese Forderung ist bei der Waldstadt erfüllt, und die städtebaulichen Untersuchungen begannen mit dem ausgeschriebenen Wettbewerb. Sinn und Ziel des Demonstrativprogramms ist es, systematisch und über einen genügend großen Zeitraum hinweg Erkenntnisse zu sammeln für eine möglichst rationelle Bauweise und diese Erkenntnisse, Erfahrungen und Fortschritte allen beteiligten Kreisen der Bauwirtschaft zu vermitteln.«

Mainz-Lerchenberg leitete bereits 1961 ganz am Anfang gleichzeitig mit der Entscheidung, eine Jubiläumssiedlung zu bauen, Maßnahmen ein, um die Siedlung als Demonstrativprogramm realisieren zu können.

Fritz Jaspert war mit beiden Siedlungen stark verbunden. Seine Rolle war vielfältig, sein Einfluß groß, er hat die Form der Waldstadt durch seine Arbeit im Preisgericht beeinflußt. Durch die Aufnahme der Waldstadt in das Förderungsprogramm des Bundes konnte er diese mit Geldern aus der Demonstrativmaßnahme unterstützen. Auch Mainz-Lerchenberg wurde in das Programm der Demonstrativmaßnahmen aufgenommen.

Er schildert hier die ersten Schritte nach dem Krieg auf der Suche nach modernen Wohnformen und modernem Städtebau.

Jaspert: »Ich war damals der Städtebaureferent im Wohnungsbauministerium und habe diese ganzen, neuen Siedlungen insofern mitbearbeitet, als daß wir von der Bundesregierung Demonstrativmittel gegeben haben, um Wohnungs- und Städtebau in Gang zu setzen. Man bekam für die Wohnung 4000 DM an Bundesmitteln. Das war nicht viel, dadurch entstanden Kontakte zwischen Wohnungsbauministerium und den Ländern. Dort saßen Städtebauer, Kollegen, mit denen man gemeinsam planen konnte. Die Schwierigkeit lag darin, daß der Bund rechtlich gesehen keine große Mitsprache hatte. Die Hoheit bei der Ausführung der Bauten lag bei den Gemeinden und Städten, und dazwischen waren noch die Länder geschaltet.

Es war manchmal schwierig, aber auch interessant zu

Mainz-Lerchenberg

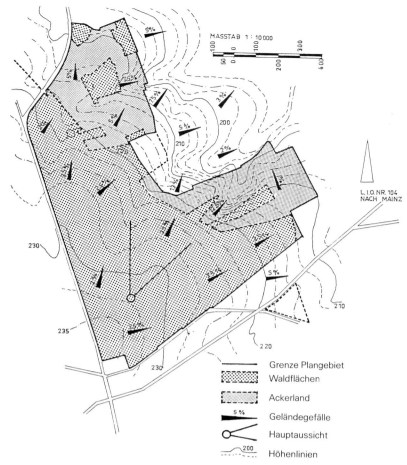

Plangebiet Lerchenberg, natürliche Gegebenheiten.

Grenze Plangebiet
Waldflächen
Ackerland
Geländegefälle
Hauptaussicht
Höhenlinien

Jubiläumssiedlung und ZDF-Gelände.

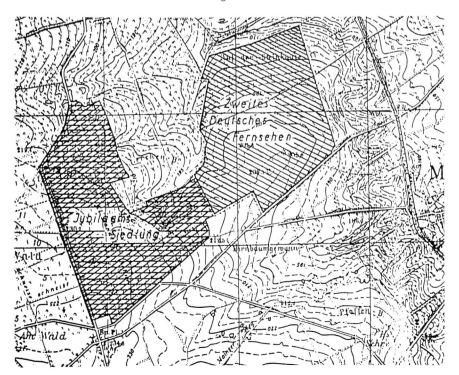

beobachten, wie die einzelnen Länder auf solche vom Bund gesteuerte Vorhaben reagierten. Während der 10 bis 15 Jahre, die ich im Wohnungsbauministerium arbeitete, lernte ich alle Städtebaukollegen kennen. Sie hatten ihrerseits wiederum nicht die Macht, alles nach ihren Vorstellungen durchzuführen, sondern es gab natürlich auch die Meinungen der Stadtverwaltungen, der Stadtbaumeister und des Oberbürgermeisters, und mit denen mußten wir uns zusammensetzen. Die Arbeiten mit den Ländern, diese sogenannten Demonstrativbauten, waren ursprünglich zur Erprobung neuer Baumethoden, Baustoffe, Baukonstruktionen etc. gedacht. Später hat sich dieses Forschungsprogramm der Bundesregierung auf die Architektur und den Städtebau ausgeweitet. Erst ging es nur darum, billig, gut und zweckmäßig zu bauen, danach suchte man neue Wohnungstypen, optimale Grundrisse und Wohnflächen und untersuchte den Anteil an Eigenheimen. Die Städte wollten im inneren Baugebiet der Gemeinden und Städte überhaupt nicht bauen, das war ihnen zu schwierig, sie boten uns oft nur Grundstücke an, die außerhalb der Stadt lagen, während wir grundsätzlich etwas anderes wollten. Die Gemeinden wollten auf der grünen Wiese bauen und nahmen oft unsinnig weite Verkehrsverbindungen in Kauf. Es mußten teure Erschließungssysteme, Infrastruktur und Straßen gebaut werden.

Mit dem Beginn dieser Demonstrativbauten kam man langsam dazu, städtebaulich ein bißchen anders zu planen, und zwar nicht die einzelnen Siedlungen für sich, sondern schon den Standort, den Verkehr und landesplanerische Gesichtspunkte zu berücksichtigen. Dies war zuerst nicht der Fall, sondern entwickelte sich erst langsam in den Jahrzehnten nach dem Krieg. Erst einmal mußten die Menschen (Flüchtlinge, Ausgebombte etc.) untergebracht werden. Dafür wurden vom Wohnungsbauministerium Wettbewerbe ausgeschrieben. Hinzu kam, daß wir zu den Wohnungen Mittel zur Verfügung stellten. Es ging alles sehr langsam und war auch schwierig, bis endlich ein Erfolg sichtbar wurde.

Einmal wollten wir in den Siedlungen Atriumhäuser ausprobieren. Das war sehr problematisch. Hätten wir damals nicht unsere Demonstrativmittel etwas aufgestockt, dann wären sie nicht realisiert worden. Aber wir wollten experimentieren. Beispielsweise wollten wir neue Flachbauten einführen, was uns in Karlsruhe-Waldstadt und auch in Mainz-Lerchenberg gelungen ist.«

Mainz-Lerchenberg

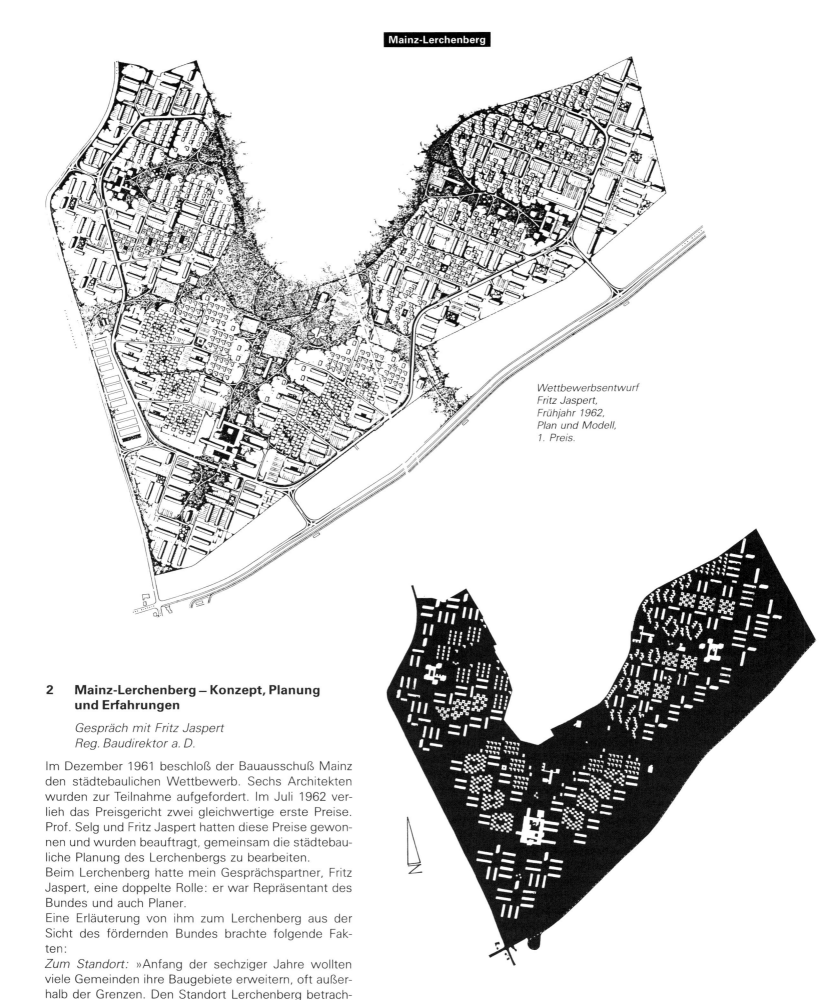

Wettbewerbsentwurf Fritz Jaspert, Frühjahr 1962, Plan und Modell, 1. Preis.

2 Mainz-Lerchenberg – Konzept, Planung und Erfahrungen

*Gespräch mit Fritz Jaspert
Reg. Baudirektor a. D.*

Im Dezember 1961 beschloß der Bauausschuß Mainz den städtebaulichen Wettbewerb. Sechs Architekten wurden zur Teilnahme aufgefordert. Im Juli 1962 verlieh das Preisgericht zwei gleichwertige erste Preise. Prof. Selg und Fritz Jaspert hatten diese Preise gewonnen und wurden beauftragt, gemeinsam die städtebauliche Planung des Lerchenbergs zu bearbeiten.
Beim Lerchenberg hatte mein Gesprächspartner, Fritz Jaspert, eine doppelte Rolle: er war Repräsentant des Bundes und auch Planer.
Eine Erläuterung von ihm zum Lerchenberg aus der Sicht des fördernden Bundes brachte folgende Fakten:
Zum Standort: »Anfang der sechziger Jahre wollten viele Gemeinden ihre Baugebiete erweitern, oft außerhalb der Grenzen. Den Standort Lerchenberg betrachteten wir skeptisch und fanden ihn anfangs aufgrund

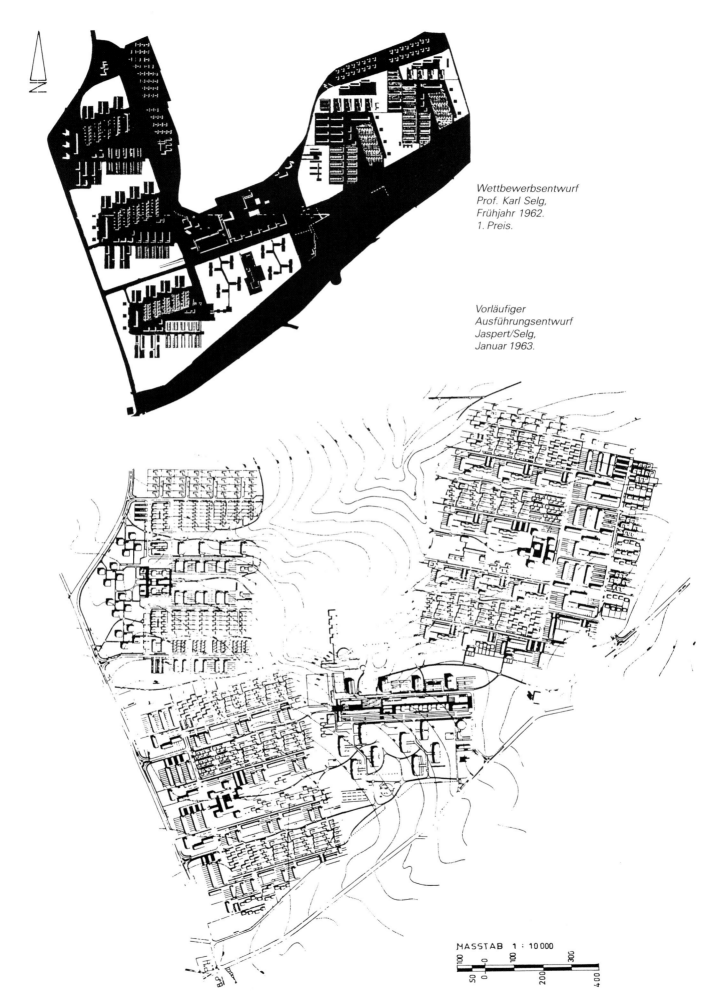

Wettbewerbsentwurf
Prof. Karl Selg,
Frühjahr 1962.
1. Preis.

Vorläufiger
Ausführungsentwurf
Jaspert/Selg,
Januar 1963.

MASSTAB 1 : 10 000

Mainz-Lerchenberg

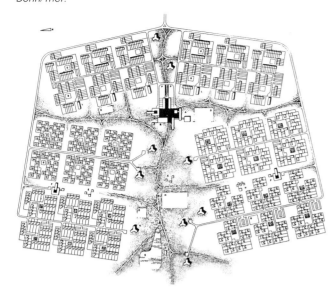

Ein Wohnviertel einer neuen Stadt, Planung Fritz und Christel Jaspert, Bonn/Trier.

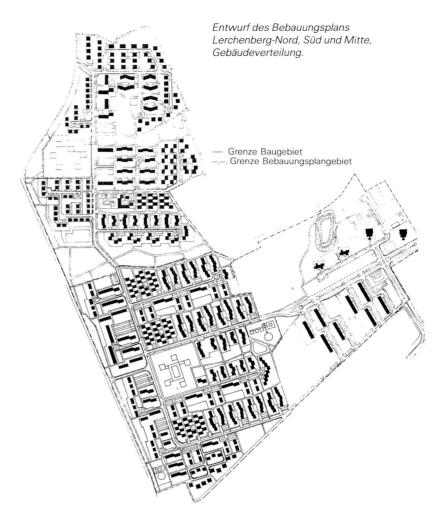

Entwurf des Bebauungsplans Lerchenberg-Nord, Süd und Mitte, Gebäudeverteilung.

— Grenze Baugebiet
—·— Grenze Bebauungsplangebiet

der Entfernung nicht ideal. Wir hätten lieber einen Standort näher an der Stadt gehabt.
Die besondere Situation, daß das zukünftige Baugelände für die Jubiläumssiedlung von hoher Luft- und Umweltqualität und in einer Hand war, gab den Ausschlag für die Entscheidung. Einige wichtige Merkmale mußten aufgezeichnet werden:
Das Programm: Die Programminhalte, d. h. der hohe Anteil an Einfamilienhäusern (über 50%), wurden bereits bei den ersten Besprechungen mit der Stadt und dem Land vom Bund mitbeeinflußt. Der damalige Minister Lücke war sehr darauf bedacht, daß möglichst viele Eigenheime gebaut wurden. Dafür war er auch bereit, die sogenannten Demonstrativmittel zur Verfügung zu stellen. Das Verhältnis zwischen unserem CDU-Minister Lücke und Jockel Fuchs (SPD) war glänzend. Von politischen Unstimmigkeiten konnte nicht die Rede sein.
Zur Zielsetzung: Lerchenberg war nicht als Vorstadt, sondern als Teil der Stadt Mainz, jedoch eindeutig als selbständiger Satellit für 15000 Einwohner konzipiert, eine Einheit mit allen infrastrukturellen Einrichtungen, Schulen, kulturellen Einrichtungen, Kirchen etc. Die größeren Straßen waren bereits vorhanden, und die Siedlung lag sowieso weit außerhalb, so daß man besonders darauf achten mußte, schnell und leicht in die Stadt zu kommen. Die wichtigsten Voraussetzungen waren also eine leichte Erreichbarkeit und natürlich auch die Verkehrsverbindungen innerhalb der Siedlung. Die haben wir in unterschiedlichen Varianten so geplant, daß das Baugebiet an mehreren Punkten an die großen Zugangsstraßen angebunden wurde und nicht nur an einer Stelle.«
Die wesentlichen Züge von Jasperts Konzept lagen in der klaren Gliederung der Stadt, deren theoretischen Grundideen man in den »Bausteinen der Stadt« und den Planungen »Neue Stadt von 100000 Einwohnern« nachvollziehen kann.
Die drei Teile des Lerchenbergs gliedern sich in Nachbarschaften mit einer zentral dichteren und höheren Bebauung, einer Kernzone, innerhalb der Nachbarschaft liegen kleinere Nachbarschaften, die sogenannten Wohngruppen. Der wesentliche Baustein des Konzepts ist die Wohngruppe, in der eine Gruppe von Familien in einer nachbarschaftlichen Einheit lebt.
Das Planungsprinzip beruhte also auf einer klaren Teilung in Einzelgebiete, drei Nachbarschaften und einer Gliederung in Wohngruppen, weil diese Stadtbaugliederung, diese Wohngruppenform, diese menschlich-soziologisch erfaßbaren Baugebilde auch soziale Kontakte ermöglichen und eine gewisse Gemeinschaftsbildung fördern könnten. Diese Gliederung aus soziologischen Motiven heraus ist auch als räumliche und gestalterische Einheit zu sehen.
Das Selgsche Konzept nimmt als Gliederungsgrundlage für die Nachbarschaftsbildung die tragbaren Distanzen, die Aufteilung in drei Gebiete, die jeweils einen Schulbezirk bilden. Diese Gebiete unterteilen sich dann jeweils in kleinere Nachbarschaften.
Für beide Konzepte ist das Ortszentrum mit Laden und Gemeinschaftseinrichtungen im Mittelpunkt, so daß die Leute es zu Fuß erreichen konnten. Das Selgsche Konzept unterschied sich jedoch hauptsächlich in der Bebauungsform und im räumlichen Konzept.
»Selg hatte lange höhere Zeilen, wir kleinere Strukturen. Wir wollten ein Konzept der kleingegliederten Stadt.« (Jaspert)
Der gemeinsame Planungsentwurf, der 1962 nach Empfehlungen des Preisgerichts von Selg und Jaspert als Bebauungsplanentwurf erarbeitet wurde, gliederte

Plangebiet Lerchenberg: Übersichtsplan Grünflächen.

Zentrum mit Entfernungsskalen.

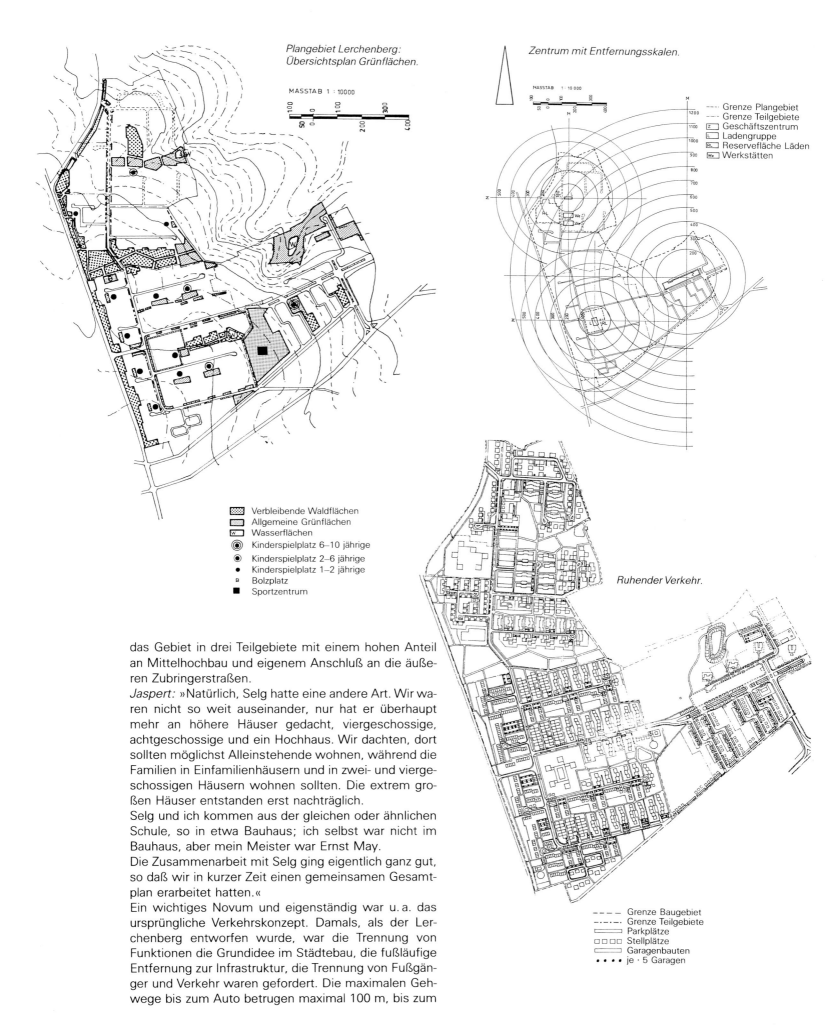

Ruhender Verkehr.

das Gebiet in drei Teilgebiete mit einem hohen Anteil an Mittelhochbau und eigenem Anschluß an die äußeren Zubringerstraßen.

Jaspert: »Natürlich, Selg hatte eine andere Art. Wir waren nicht so weit auseinander, nur hat er überhaupt mehr an höhere Häuser gedacht, viergeschossige, achtgeschossige und ein Hochhaus. Wir dachten, dort sollten möglichst Alleinstehende wohnen, während die Familien in Einfamilienhäusern und in zwei- und viergeschossigen Häusern wohnen sollten. Die extrem großen Häuser entstanden erst nachträglich.

Selg und ich kommen aus der gleichen oder ähnlichen Schule, so in etwa Bauhaus; ich selbst war nicht im Bauhaus, aber mein Meister war Ernst May.

Die Zusammenarbeit mit Selg ging eigentlich ganz gut, so daß wir in kurzer Zeit einen gemeinsamen Gesamtplan erarbeitet hatten.«

Ein wichtiges Novum und eigenständig war u. a. das ursprüngliche Verkehrskonzept. Damals, als der Lerchenberg entworfen wurde, war die Trennung von Funktionen die Grundidee im Städtebau, die fußläufige Entfernung zur Infrastruktur, die Trennung von Fußgänger und Verkehr waren gefordert. Die maximalen Gehwege bis zum Auto betrugen maximal 100 m, bis zum

Die Garagenkette, welche die Wohnungen abriegelt, engt den Bürgersteig ein. Die Bewohner versuchen mit Erfolg, durch eigene Initiative das Erscheinungsbild der Garagenhöfe zu verbessern (links).

Die Bebauung und die Gehwege sind in Grün eingebettet. Die offenen Vorgärten erhöhen die großzügige Raumwirkung.

Zentrum sollten es nur 5 Minuten sein. Es wurden keine von Fahrstraßen getrennten Fußwege geschaffen, sondern eher die Straßen beruhigt. Die großen Straßen und die einzige Erschließungsstraße wurden so gelegt, daß sie die Wohnungen nicht belästigen; vielfach sind es nur Sackgassen, d.h. nur Zufahrtswege, die nicht den ganzen Tag stark belastet sind. Die Straßenbenutzer sind größtenteils die Anwohner. Der Lerchenberg hat ein beruhigtes Verkehrssystem, also keine Trennung von Autostraße und Fußgängerweg.

Die fußläufige Erreichbarkeit der Schulen und Kindergärten wurden in der Planung berücksichtigt. Die Schulen liegen zentral und sind durch separate Wege durch grüne Zonen erreichbar. Die Grünzone führt durch das innere Bebauungsgebiet.

In den kleinen Wohngruppen, die hier das Grundelement der Baustruktur bilden, fahren gar keine Autos; diese werden in Garagenhöfen und in der Zeile vor der Gruppe abgefangen; den Bewohnern wurde zugemutet, diese Strecke bis zum Haus zu laufen.

Als die gemeinsame Planung so gut wie abgeschlossen war, fiel die Entscheidung für das ZDF. Dann folgte der Verkauf das Geländes, das 50 ha der Jubiläumssiedlung einbezog, d.h. ein Drittel der Siedlung wurde abgeschnitten.

»Nach der Entscheidung für das ZDF wurde etwas geändert, und später erstellte mein Sohn die neue Bebauungsplanung. Es ist nicht mehr der erste Entwurf, weder der von Selg noch von mir, und auch nicht mehr unser gemeinsamer. Ich glaube, Selg würde das auch so sehen.

Für uns Stadtplaner war es traurig, daß plötzlich das neue Stadtgebiet, dieser selbständige gesamte Körper, in zwei Teile geschnitten wurde, dadurch war natürlich der eigentliche Satellit, die Stadteinheit, verzerrt. Die Einheit ist vollkommen verschoben, die Lage des Zentrums ist sehr abseits, die Anzahl der Bewohner im Verhältnis zur Infrastruktur geriet aus dem Gleichgewicht.

Als Siedlung ist es ein Torso geworden. Sie hat sich zwar im neuen städtebaulichen Konzept entwickelt. Wir haben geplant, aber gebaut wurde die Siedlung von der Stadt Mainz. Sie hatte die Bauhoheit, und es ist ein bißchen mißglückt, aus der Sicht des Planers.

Daß die Stadt Mainz den ›Happen‹ ZDF gerne schluckte, ist ganz klar und sehr verständlich.« (Jaspert)

Zurückblickend kann festgestellt werden: Lerchenberg ist heute ein beliebter Wohnort.

Folgende Faktoren tragen zu diesem Image und der Wohnzufriedenheit bei:
– die Verwirklichung der Wohngruppen als strukturelle, städtebauliche Grundzellen und der hohe Anteil an Flachbauten,
– die Anordnung von Garagenhöfen für die einzelnen Wohngruppen kann man heute noch für gut halten.

Die Gefährdung in den Sammelstraßen liegt darin, daß man einzelne Zangen verbunden hat. Dabei entsteht Durchgangsverkehr; diesen wollte man im ursprünglichen Konzept verhindern. Dies wurde nachträglich durchgeführt.

Die Gegend, die Landschaft, die Wälder in der Nähe, die großen Grünflächen innerhalb der Siedlung sind sicher die Hauptgründe für den Erfolg.

»Es war ein Anliegen von unserem Ministerium, daß die Siedlungen möglichst mit allen Folgeeinrichtungen gebaut würden. Das waren die Bedingungen für die sogenannten Demonstrativbauten. Die Entfernung von der Stadt Mainz ist eigentlich viel zu weit, aber man wohnt dort im Grünen. Ich glaube, daß man heute ganz gerne dort wohnt, man nimmt die Straßen in Kauf. Wir haben damals viel Wert darauf gelegt, daß die Zufahrtsstraßen voll ausgebaut wurden. Ein Stück der Einheit wurde abgeschnitten, die Siedlung wurde irgendwie vergewaltigt; trotzdem ist natürlich manche Idee, die damals gut war, das sehr viele Grün, die vielen Einfamilienhäuser, geblieben. Nur der große Wurf, wie bei unserer Karlsruher Waldstadt von Selg, ist nicht erreicht worden, es blieb ein Torso.« (Jaspert)

Man hat in Karlsruhe-Waldstadt allerdings auch nur ⅔ des Wohngebiets und des Gemeinschaftszentrums

Die kleinen Nebenzentren sind funktionell und gestalterisch dem gesamten architektonischen Charakter der Wohnquartiere angepaßt.

ausgeführt, ein großer Teil wird erst jetzt realisiert und erweitert.

Lerchenberg wurde auch nur auf ⅔ seines ursprünglichen Planungsgebiets gebaut, weil man einen Teil des Gebiets dem ZDF zur Verfügung stellte.

Die großzügig ausgebaute Infrastruktur wie auch das bescheidene kommerzielle Zentrum gewährleisten zusammen mit den vielen Freizeiteinrichtungen einen Wohnwert von hoher Qualität.

»Den Lerchenberg kann ich nicht als Musterstück neuzeitlichen Städtebaus bezeichnen. Die Häusergruppen, das Grün, die Wohnform, das alles ist geblieben. Aber die gesamte städtebauliche Idee ist nicht mehr vorhanden.

Folgende Lehre kann aus diesem Beispiel gezogen werden: Wenn man einen großen Satelliten für 15 000 Einwohner baut, dann ist das immer ein Wagnis, daraus einen Satelliten für nur 8000 Einwohner zu machen. Die Infrastruktur wird verändert. Als Gesamtorganismus funktioniert dann alles anders.

Die Landschaft war offen und grün. Die Bebauung des Lerchenbergs sollte so sein, daß das Grün überall hereinschaute. Die Auffassungen im Städtebau haben sich in den letzten 10 bis 20 Jahren stark gewandelt. Die Weiträumigkeit wird kritisiert. Man will mehr Enge, die verdichtete Stadt. In diesem Punkt sind wir überholt worden von anderen Ideen. Ich glaube, daß die Entwicklung der nächsten Zukunft beides vereinigen wird, das wäre vielleicht richtig.« (Jaspert)

2.1 Entstehungsgeschichte

*Gespräch mit Dr. Josef Hofmann
Bürgermeister*

Die Zielsetzung des Lerchenbergs hat einen originalen Aspekt stark herausgehoben, der in allen anderen untersuchten Stadtorganismen nicht vorhanden ist, und zwar den geschichtlichen Aspekt.

Mainz wollte zum Anlaß des 2000jährigen Jubiläums eine Jubiläumssiedlung bauen – »ein neues Mainz«. Dieser historisch-psychologische Faktor führte dann auch zu der einmaligen Tatsache, zur Grundstücksschenkung des Landes für dieses historisch motivierte Vorhaben.

Hofmann: »Als ich zum Bürgermeister der Stadt Mainz gewählt wurde, war das Hauptthema in Mainz die Wohnungsnot. Mainz lag noch in Trümmern. Die Ludwigstraße war bis auf einige Häuser noch völlig zerstört, und das Mainzer Brandgebiet noch nicht aufgebaut. Viele Tausende von Menschen suchten Wohnungen. Mainz war mit dem Wiederaufbau etwas langsamer, dies lag nicht an den Mainzern, sondern an der französischen Besatzungsmacht.

Viele Mainzer waren ausgebombt und in Deutschland zerstreut und drängten zurück in ihre Stadt. Sie brauchten in erster Linie Wohnungen. Voraussetzung dafür war, das Land dafür zu beschaffen. Es mußte ein größeres Areal sein mit vielen Hektar Land. Die gab es leider nicht mehr in der städtischen Gemarkung. Wir fanden sie in Drais an einem wunderschön gelegenen Hang. Dieses Gelände war an Draiser Landwirte verpachtet, die besonderen Wert darauf legten, das Pachtland zu behalten. Es waren Obstanlagen und fruchtbarer Boden. Für mich war es eine bittere Erkenntnis, daß hier eventuell dieses wertvolle Gelände zu Bauland umgewidmet werden sollte. Besonders unangenehm war, daß dieses Gelände nicht innerhalb der Gemarkung in Mainz lag. Diese ›Entdeckung‹ in der Gemarkung Drais fand im Mai 1961 statt. Zwischenzeitlich war die CDU mit einem Festzug zu der 2000-Jahr-Feier der Stadt nicht einverstanden. Der Zug sollte 500 000 DM kosten. Man war der Meinung, daß es in der Situation, in der sich die Stadt Mainz befand, sinnvoller sei, anstelle eines Festzuges eine Siedlung zu errichten. Am 18. 5. 1961 brachte die CDU-Fraktion den Antrag in den Stadtrat ein, mit der Maßgabe, eine Jubiläumssiedlung in der Größenordnung von rund 200 bis 250 Wohneinheiten zu errichten. Ich war mit einer Gedächtnissiedlung dieser Größenordnung nicht zufrieden.

Ich hielt es für erforderlich, für Tausende von Menschen Wohnungen zu bauen, und dafür war meiner Meinung nach ein neuer Stadtteil nötig. Lange und viele Diskussionen habe ich mit meinen Mitarbeitern in dieser Zeit, insbesondere mit dem damaligen Leiter der Liegenschaftsabteilung, Herrn Schmitt, geführt. Wir kamen zu der Überzeugung, daß die mittlerweile festgestellte Zahl von 38 Hektar Land in Drais auch im Stadtrat in die Debatte eingeführt werden müßte. Diese Diskussion wurde schwierig, wie heute zum Beispiel in der Chronik Lerchenberg von 1961/1976 nachzulesen ist. Es kam zu vielen Gesprächen mit dem Draiser Bürgermeister Schüler und dem Landrat des Landkreises Mainz, Hermann Rieg, denn damals waren Eingemeindungen noch nicht möglich. Erst 1969 beschloß der Landtag die Eingemeindungen in Rheinland-Pfalz.

Im Mai 1961 lud Regierungspräsident Rückert zu einer

Das begleitende Grün der Fuß- und Radwege trägt zum Image »Stadt im Grünen« bei (links).

Großzügige Freiräume sind von Grün umgeben.

Besprechung in die Bezirksregierung ein, da er sich vermittelnd einschalten wollte.

An dieser Zusammenkunft in der Bezirksregierung Rheinhessen nahmen der damalige Baudezernent Hans Jacobi, Landrat Hermann Rieg und ich teil. Ich schlug den Anwesenden im Sitzungszimmer der Bezirksregierung zur Vorbereitung des Gespräches mit Fritz Weber vor, sie möchten doch einverstanden sein, wenn ich der Bezirksregierung offiziell als Bürgermeister und Liegenschaftsdezernent der Stadt Mainz mitteilen würde, daß wir die 38 Hektar Land in der Draiser Gemarkung an den Rand des Ober-Olmer Waldes umlegen wollten – dort sei schlechterer Boden – und man gleichzeitig rund 60 bis 70 Hektar des Ober-Olmer Waldes zu dem neuen Stadtteil, der hier entstehen sollte, hinzunehmen könnte. Bei dieser Größenordnung sei es möglich, die Wohnungsnot in Mainz wirklich zu beseitigen. Ich stellte mir zu jener Zeit vor, daß mindestens 15 000 bis 20 000 Menschen auf diesem Areal angesiedelt werden müßten. Zu meiner Überraschung war Landrat Rieg einverstanden. Seine Zustimmung als Landrat war notwendig, wenn wir das Gelände aus dem Landkreis und aus den Gemeinden Ober-Olm und Drais ausgemarken wollten. Eine solche Ausgemarkung war natürlich Voraussetzung, schon wegen der technischen Durchführung und der Finanzierung. Baudezernent a. D. Hans Jacobi fand die Idee auch gut, und wir trugen sie anschließend dem Vizepräsident Weber vor. Damit war allerdings nur der Gedanke geboren, aber noch nichts geschehen. Es gab Debatten im Mainzer Stadtrat. Man kam zu einer Übereinstimmung. Die Verwaltung wurde gebeten, im Sinne dieses neuen Gedankens die 38 Hektar Land umzulegen und die rund 62 Hektar im Ober-Olmer Wald dazuzunehmen, um einen neuen Stadtteil mit rund 1 Million Quadratmeter Fläche zu bauen. Die Bauverwaltung, alle Dienststellen der Stadt, die hier gefordert waren, haben mit der Planung begonnen. Nach einigen Monaten hatten wir den Eindruck, daß die Sache läuft. Im Oktober 1961 dachte ich erneut über die Finanzierung des »ungeheuren« Projektes nach. Schließlich war ich nicht nur Liegenschafts-, sondern auch Finanzdezernent. Ich mußte zur Kenntnis nehmen, daß die Kanalisation alleine 36 Millionen DM kosten sollte, die von dem neuen Stadtteil auf der Höhe nach Mainz gelegt werden mußte. Wie sollte das bezahlt werden?

Da kam mir der Gedanke, daß wir uns zur 2000-Jahr-Feier die 62 Hektar Land vom Land Rheinland-Pfalz schenken lassen könnten, da sie für das Land eigentlich völlig wertlos seien, aber für die Stadt Mainz und ihre Bürger eine große Bereicherung und Entlastung wären. Ich besprach das mit dem Fraktionsvorsitzenden der CDU, Heinz Laubach. Er war zunächst überrascht, hielt es dann aber für das Beste, was der Stadt Mainz passieren könnte. Wir beschlossen, ein Gespräch mit dem Landtagsabgeordneten der CDU aus der Stadt Mainz, Wilhelm Westenberger, der auch Justizminister in Rheinland-Pfalz war, zu führen. Westenberger war auf die Sache ansprechbar. Am Ende dieses Gesprächs wurde folgendes festgehalten: Es sei ein vernünftiger und sinnvoller Gedanke, auch wertvoll unter materiellen Gesichtspunkten, dieses Areal im Ober-Olmer Wald der Stadt durch das Land Rheinland-Pfalz schenken zu lassen, es solle aber nicht von der Stadt ausgehen, sondern der Gedanke eines Geschenkes an die Stadt müßte wohl im Rahmen der Landesregierung geboren werden. Das ist dann auch so geschehen. Peter Altmeier, damaliger Ministerpräsident des Landes Rheinland-Pfalz, war überzeugt, daß diese Idee ein originärer Gedanke der Landesregierung sei und hat sich nach einiger Zeit bereitgefunden, dieses Land im Ober-Olmer Wald der Stadt Mainz zu schenken.

Als am 23. 06. 1962 in Mainz die 2000-Jahr-Feier stattfand und mit einem großen Fest begangen wurde, sprach anschließend Ministerpräsident Altmeier. Er teilte voller Stolz den anwesenden Vertretern der Stadt und der Bevölkerung von Mainz mit, daß die Landesregierung zur 2000-Jahr-Feier der Stadt Mainz 62 Hektar Land im Ober-Olmer Wald kostenlos übertragen möchte. Nun, die Eingeweihten klatschten lebhaft, andere waren nicht ganz so begeistert, aber nur deshalb, weil sie nicht wußten, wo das geschenkte Land genau lag, und was damit geschehen sollte.

Es war tatsächlich so vertraulich geblieben, daß selbst der Oberbürgermeister Franz Stein nicht wußte, was er geschenkt bekommen hatte. Wir waren sehr glücklich darüber, daß Ministerpräsident Altmeier der Stadt dieses Geschenk machte.

Dann vollzog sich das Verwaltungsmäßige, das Admini-

Großmaßstäblicher sozialer Wohnungsbau im Kontrast zum verdichteten Flachbau.

strative. Das Gelände wurde von Ober-Olm ausgemarktet, und wir legten die ursprünglichen 38 Hektar Land mit gutem Boden vom Draiser Hang an den Ober-Olmer Wald um. Das Demonstrativbauvorhaben lief an, aber es gab noch eine große Schwierigkeit zu bereinigen. Leider lag das neu vorgesehene Baugelände im Bereich der amerikanischen Abwehrwaffen im Ober-Olmer Wald. Es war eine der schwierigsten Aufgaben, dieses Gelände frei zu bekommen. Wir bekamen nach mehreren Besuchen gemeinsam mit Oberbürgermeister Stein in Heidelberg beim kommandierenden amerikanischen General endlich die Erlaubnis, in Lerchenberg bauen zu können. Mit Hilfe der Bundesregierung, der Bundestagsabgeordneten, insbesondere von Josef Schlick, war es möglich, die Sicherheitsvorschriften zu überwinden und das heutige Lerchenberg bebaubar zu machen.

Damit waren viele Voraussetzungen geschaffen, daß der neue Stadtteil entstehen konnte. Einen entscheidenden Rückschlag hinsichtlich der vorgesehenen Größe für den neuen Stadtteil erlitten wir, als die Frage der Ansiedlung des Zweiten Deutschen Fernsehens geklärt werden mußte. Das Demonstrativbauprogramm, der neue Stadtteil Mainz-Lerchenberg, war mittlerweile auf 15 000 Bewohner ausgelegt worden. In den dramatischen Ansiedlungsverhandlungen der Stadt Mainz mit der Verwaltung des Zweiten Deutschen Fernsehens mußten wir uns alsbald gegen die Mitbewerber Berlin, München und insbesondere Wiesbaden entscheiden. Ministerpräsident Altmeier hatte erreicht, daß Mainz im Rahmen des Staatsvertrags mit den anderen deutschen Ländern Sitz des Zweiten Deutschen Fernsehens werden sollte. Damit war Mainz zwar vertraglich festgelegt, aber noch kein Grund und Boden und kein Gebäude für das zukünftige ZDF vorhanden. Am 2. Mai 1963 konnten wir erklären, daß das Zweite Deutsche Fernsehen im zukünftigen Mainz-Lerchenberg angesiedelt würde. Für die, die sich um einen großen neuen Stadtteil bemüht hatten, war dies eine traurige Nachricht. Wir hatten versucht, das Zweite Deutsche Fernsehen an anderen Plätzen in Mainz anzusiedeln. Es gelang aus vielen Gründen nicht.

Der Leiter der Wirtschaftsförderung, Arthur Kerz, teilte mir mit, er habe soeben erfahren, daß die Stadt Wiesbaden am nächsten Tag ein Angebot an das ZDF machen würde, und zwar in dem Gebiet Unter den Eichen. Ich sah keine andere Möglichkeit mehr und habe das vorgesehene Gebiet von Mainz-Lerchenberg angeboten, auf dem rund 1000 weitere Einfamilienhäuser über das heutige Lerchenberg hinaus zusätzlich entstehen sollten. Diese Entscheidung war nicht leicht. Es war schade, daß das städtebaulich vorgesehene musterhafte Demonstrativbauprogramm leider so nicht durchgeführt werden konnte. Die Fraktionsvorsitzenden teilten meine Meinung. Die Stadt hat den Herren des Verwaltungsrates des Zweiten Deutschen Fernsehens offiziell dieses Gelände angeboten, und in meiner Eigenschaft als Liegenschaftsdezernent verpflichtete ich mich, innerhalb eines halben Jahres eine Million Quadratmeter Grund und Boden zu beschaffen und dem ZDF zum Kauf anzubieten. Oberbürgermeister Stein warnte und hatte Bedenken, ob dieses Ziel in dieser Zeit zu erreichen sei. Er stimmte aber zu, und damit war die Verpflichtung für die Stadt Mainz entstanden. Wir sollten den Grund und Boden für 3 DM pro Quadratmeter beschaffen. Ich bestand auf 15 Mark, und nach einem halben Jahr war es tatsächlich möglich, daß wir rund 850 000 Quadratmeter dem heutigen großen Zweiten Deutschen Fernsehen zur Verfügung stellen konnten.

Das städtebaulich mustergültige Demonstrativbauprogramm für Mainz-Lerchenberg mußte ein großes Opfer bringen, aber heute sind wir glücklich darüber. Das ZDF bedeutet für diese Stadt nicht nur eine großartige Werbung, sondern ist sowohl materiell als auch ideell eine herausragende Bereicherung für unsere Gemeinde.

Alles in allem sind wir heute glücklich, daß Mainz-Lerchenberg entstanden ist. Auch von der Luftqualität her erfüllt die neue Stadt auf der Höhe alle Voraussetzungen einer guten Lage. Insbesondere viele Mainzer, die mit Asthma zu tun haben, sind bestrebt, in Lerchenberg zu wohnen.

Ich will aber auch die Enttäuschung bekunden, die mich befiel, als ich das Demonstrativbauprogramm in seiner Realisierung erkannte. Als ich die vielen Garagen an den Straßen sah und bemerkte, wie die Leute demnächst ihre Einkaufstaschen weit schleppen müßten, um in ihre Häuser zu kommen, habe ich mich lange Zeit auf dem Lerchenberg nicht mehr sehen lassen. Als städtebaulicher Durchschnittsbürger war ich betrübt über die Flachdächer und die Tatsache, daß die Bewohner teilweise in ihre Keller ausweichen müßten, wenn sie für Großeltern oder Kinder zusätzliche Räume suchten. Konnte man bei diesen Gegebenheiten noch von der Schönheit Mainz-Lerchenbergs überzeugt sein? Die Einwohner von Lerchenberg haben sich eingerichtet und leben dort, sehr zu ihrer Zufriedenheit. Vielleicht hat

*Terrassenbebauung –
Suche nach neuen Wohnformen.*

zu dieser Zufriedenheit beigetragen, daß die Stadt damals den Grund- und Bodenpreis auf 15 DM festsetzte. Wer heute Lerchenberg besucht, wird sofort spüren, daß hier noch ein weiterer entscheidender Vorzug gegeben ist. Es ist nicht nur eine Stadt im Grünen; sie ist mehr als das. Ungefähr ein Drittel von dem früheren Waldgelände ist erhalten geblieben. Neben den Straßen sind die Gehwege im Grünen eingebettet, und es ist nicht nur die Mainzer Stadt auf der Höhe, sondern es ist die Stadt am Ober-Olmer Wald geblieben. Nicht nur die öffentlichen Grünflächen, sondern auch die einzelnen Grundstücke sind relativ groß. Es soll nicht verschwiegen werden, daß dies als Wunsch in der Übertragungsurkunde des Geländes vom Land Rheinland-Pfalz auf die Stadt Mainz festgelegt worden ist. Der damals zuständige Landesoberforstmeister Heuel bestand darauf, daß diese Grünzonen erhalten werden müßten und Mainz-Lerchenberg Waldcharakter besitzen sollte. Heute verstehen wir das alle. Damals war das Bewußtsein für Grün und Ökologie bei weitem nicht so groß.
Es gibt keinen anderen und besseren Stadtteil von Mainz mit diesen Umweltqualitäten. Darüber sind die Bewohner besonders glücklich und wir als Stadt Mainz sehr zufrieden.«
Irion: Sie haben mir am Anfang gesagt, daß Sie die Entscheidung für das ZDF im Rahmen des Lerchenberger Gebietes sehr negativ sahen. Wie sehen Sie das heute? Man kann es nicht nur für die Stadt, sondern auch für Lerchenberg selbst positiv betrachten.
Hofmann: »Ich habe bereits betont, daß es für die Stadt Mainz keine bessere Ansiedlung als das ZDF gab. Ich möchte für den Stadtteil Mainz-Lerchenberg hinzufügen, daß ich diese Ansiedlung heute, rückwirkend gesehen, auch für den Stadtteil nicht mehr bedaure. Das ZDF hat sich harmonisch in die Landschaft eingepaßt und um sein Verwaltungsgebäude herum entsprechende Grünanlagen angelegt. Ich hoffe, daß hier ein europäischer Mittelpunkt entsteht. Manche ZDF-Mitarbeiter sind schon auf dem Lerchenberg angesiedelt. Manche werden es sich sicher wünschen, dort zu wohnen. Wer möchte dies nicht, bedenkt man die Lage, die Umweltqualitäten und die Nähe zum Arbeitsplatz.
Lerchenberg ist heute ein dynamischer und von seiner Bevölkerung voll angenommener Stadtteil. Die Infrastruktur war auf 15 000 Bewohner angelegt. Diese Infrastruktur ist heute nicht ausgelastet. Die Mainzer Stadtverwaltung und der Stadtrat werden zu entscheiden haben, ob dies so bleiben soll.«

2.2 Lerchenberg aus der heutigen Sicht

*Gespräch mit Jockel Fuchs
Oberbürgermeister*

Irion: Lerchenberg, die Jubiläumssiedlung, sollte ein moderner Ableger der Stadt Mainz werden. Nicht ohne Grund haben Sie den symbolischen Spatenstich (1966) mit einem Riesenbagger vollzogen. Es war die Zeit des Wachstums und der Ambitionen der Städte, sich zu erweitern. Schildern Sie aus der heutigen Perspektive heraus, inwieweit die Hoffnungen und Ziele in Erfüllung gegangen sind.
Fuchs: »Zwei Gründe haben zu diesem Vorhaben geführt: das eine war damals das Jubiläum »2000 Jahre Mainz«; man wollte in einer demonstrativen Maßnahme sozusagen ein neues Mainz erstellen, eine neue Trabantenstadt, neue Wohnformen am Rande der Stadt. Und die zweite Überlegung kam von Leuten aus dem Stadtrat. Angeboten hat sich damals die Lage da draußen. Einmal, weil es eine schöne Gegend auf der Höhe ist; zum andern besaßen das Land und der Universitätsfond dort großen Besitz.
Dazu hat das Land damals erklärt, daß aus Anlaß der 2000-Jahr-Feier das Land Rheinland-Pfalz bereit sei, der Stadt dieses Grundstück zu schenken. Da haben natürlich Rat und Verwaltung zugegriffen. Es ist gelungen, uns in ein Demonstrativvorhaben des Bundes hineinzubringen. Der Bund hat es auch wegen »2000 Jahre Mainz« gefördert und wegen der Festungsstadt, die aus ihren engen Fesseln heraus wollte. Es hat damals viele Diskussionen gegeben: Geschoßbau, Hochbau, Mietwohnungen, Einfamilienhaus, Zweifamilienhaus. Diese Diskussion um die Zersiedlung der Landschaft hat bereits Ende der fünfziger, Anfang der sechziger Jahre eine große Rolle gespielt. Ich glaube, man ist dort zu einem vernünftigen Kompromiß gekommen, ungefähr ›fifty-fifty‹ Geschoßwohnungsbau und Ein- und Zweifamilienhausbau. Das hat sich auch bewährt. Ich war immer gegen eine Ideologie: entweder Mietwohnungsbau oder Einfamilienhausbau. Ich habe immer erklärt, der Bedarf, der Wunsch des Menschen, wie er wohnen will, muß entscheidend sein.
Beim Wettbewerb haben sich die Mainzer insgesamt von Anfang an sehr engagiert. Als ich den Spatenstich da oben machte, es war an einem regnerischen Tag, mußte ich schrecklich hohe Gummistiefel anziehen und eigentlich konnte man es sich gar nicht vorstellen, daß da einmal so etwas entstehen würde. Die Mainzer sind am Wochenende immer viel herausgewandert

Kirche in Mainz-Lerchenberg.

Konventionelle Reihenhäuser mit steilen Dächern – Abschied vom festgelegten und das Gebiet prägenden Flachdach (rechts).

und haben mit staunenden Augen geschaut, was dort auf der grünen Wiese entstehen sollte. Sicher war es auch richtig, daß wir verschiedene Baugesellschaften beauftragt haben. Wir hatten von Anfang an eine Mischung eigener und anderer gemeinnütziger Baugesellschaften. Dazu ist dann die Entscheidung gefallen, daß Mainz der Sitz des ZDF werden sollte.

Die Diskussion und der Anlauf für diese Siedlung Lerchenberg ist ja schon Anfang der sechziger Jahre entstanden. Den Spatenstich habe ich kurz nach meinem Amtsantritt 1966 gemacht. 1967 sind schon die ersten Leute eingezogen. Ich habe damals der ersten Familie einen Teppich gestiftet. 1961 wurde durch die Ministerpräsidenten entschieden – daß Mainz Sitz des ZDF ist. Mainz wurde als Sitz gewählt, mußte aber für ein geeignetes Gelände sorgen.

So ist dann auch die Entscheidung gefallen: die Siedlung und für das ZDF eine Million Quadratmeter, damit sie sich ausdehnen können in Zukunft – was eine kluge Entscheidung war. So ist diese glückliche Verbindung entstanden: Wohnen mit einem großen Freizeitangebot, ein gutes schulisches Angebot und dazu eben diese größte Fernsehanstalt Europas, die gleich daneben ihre Heimstatt gefunden hat. Ich glaube, daß das zwei Symbole sind, die für die Entwicklung von Mainz nach dem Zweiten Weltkrieg von Bedeutung waren. Einmal hat Mainz versucht, vernünftige Wohnmöglichkeiten zu schaffen und dabei gleich eine solche Atmosphäre zu entwickeln, daß die Bewohner schnell Mainzer und Lerchenberger werden konnten. Aber das kommt eben auch durch die ganze Atmosphäre, durch das Bürgerhaus, wo die Leute sich treffen können und das Sportzentrum. Die Mitarbeiter des ZDF wohnen auch größtenteils dort. Hier ist eine glückliche Verbindung entstanden zwischen Arbeiten und Wohnen.«

Irion: Alle Ihre Argumente, daß es sehr viel Infrastruktur gibt und viele Freizeit- und Sportmöglichkeiten, sind kein besonderes Merkmal. Das gibt es auch in den anderen Siedlungen, aber nirgendwo ist diese Integration so schnell vorangegangen, außer noch in der Waldstadt (Karlsruhe). Ist dieser Erfolg nicht auch eine Frage der Dichte und der Bauform, weil eine Architektur von »6 Haustypen wie vom Fließband« wohl nicht imagebildend und ausschlaggebend ist? Es bestand dabei durchaus ein Zusammenhang zwischen der Belegungspolitik im sozialen Wohnungsbau und der Ansiedlungsbereitschaft Besserverdienender.

Fuchs: »Es ist die Frage der Dichte, aber auch der soziologischen Struktur. Sehr viele junge Familien sind hierher gezogen. Man wohnt nebeneinander, man begegnet sich, man sieht sich, wenn man zur Parkgarage geht, die Dichte spielt eine besondere Rolle, aber auch die Atmosphäre. Ich bin 1967 hinausgefahren, als die ersten Familien einzogen. Und wie die Leute schon am ersten Tag begeistert waren, dort wohnen und auf Mainz hinunterblicken zu können! Dieses Gefühl war von Anfang an etwas Besonderes.«

Irion: Lerchenberg hat ein hochwertiges Image. Die Bewohner identifizieren sich mit »ihrem Lerchenberg«. Ein sichtbares Zeichen ist das eigene Wappen. Welche Faktoren prägten dieses positive Image?

Fuchs: »Das Niveau oder der Anspruch an diese Siedlung ist von Anfang an von der Stadt, vom Rat und der Verwaltung hoch angesetzt worden. Es sollte eine Mainzer Siedlung sein, welche die Festungsmauern sprengt und zeigt, wie das neue Mainz wohnt und lebt. Deswegen war es in der Stadt auch niemandem in den Sinn gekommen, da oben etwa Slums hinzusetzen oder neue Primitivwohnungen zu installieren. Das sollte eine Siedlung mit anspruchsvollem Wohnen werden. Deshalb sind da auch von Anfang an – von der soziologischen Struktur her – Leute hingezogen, die in der Produktion und im Arbeitsprozeß stehen. Leute, die sich Geld zusammengespart hatten, um ein solches Häuschen kaufen zu können. Es wohnt mancher Straßenbahn- oder Busfahrer von den Stadtwerken da oben, der ganz stolz ist, daß er sich dieses Häuschen damals gekauft hat. Eine Verslumung wurde damit von Anfang an vermieden.

Das viele Grün und die zahlreichen Freizeitmöglichkeiten haben dazu geführt, daß dort zum Beispiel der junge Facharbeiter mit seiner Familie hingegangen ist oder der Techniker der IBM im Hochhaus eine Wohnung kaufte. Diese gesunde Struktur entstand durch Menschen, die mitten im Leben stehen. Die haben auch das Image geprägt. Es gibt überhaupt keine Probleme im Hinblick auf die Bevölkerungsstrukturen.

Dann gab es ein weiteres Erlebnis. Nachdem der Südwestfunk einen kritischen Bericht einer jungen Redak-

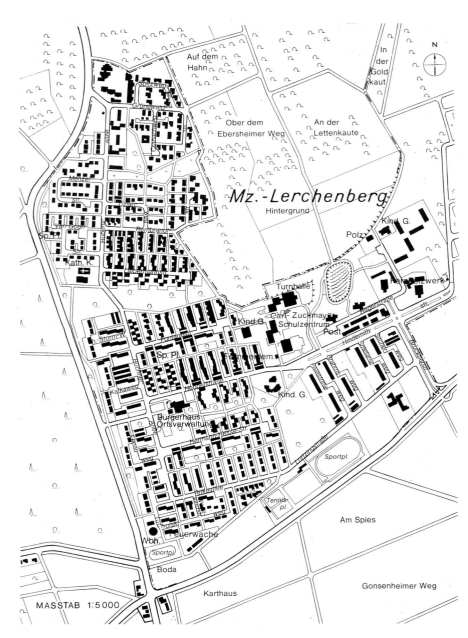

teurin brachte, sind die Lerchenberger wie ein Mann aufgestanden und haben gesagt, daß sie sich ihren Lerchenberg nicht kaputtmachen lassen würden. So ein wörtliches Zitat. Ich habe damals dem Südwestfunk gesagt (ich bin von Beruf selbst Journalist und bin da nicht empfindlich), daß es mir unbegreiflich ist, daß man sich ausgerechnet Mainz-Lerchenberg ausgesucht hatte, um etwas Negatives auf den Bildschirm zu bringen. Sie hätten sicher andere Dinge in Mainz gefunden, an denen man kritisch Wohnen und Umwelt hätte zeigen können. Der ganze Lerchenberg wollte, daß die Stadt sich dies nicht gefallen lasse.«

Irion: Die räumliche Integration einer neuen Siedlung mit einer Vielzahl nicht störender Arbeitsplätze wurde hier realisiert, während dies bei vielen anderen Beispielen nur ein Wunsch blieb — eine vorausschauende, entwicklungspolitische Entscheidung für »Das neue Mainz«. Wie sehen Sie die Rolle des ZDF auf dem Lerchenberg? Ist das ZDF auch ein imagebildender, das Selbstbewußtsein der Bürger steigernder sowie entwicklungspolitischer Faktor?

Fuchs: »Mit dem technischen Zentrum haben wir dort ein Sendezentrum, das alle aktuellen Studios vom Sport bis zum Heute-Studio aufnimmt. Alles ist da oben konzentriert, auch die Technik; es entsteht ein Forum, von dem aus die aktuellen Sendungen ausgestrahlt werden. Dazu wird immer eine ganze Reihe Leute eingeladen. Die Lerchenberger erleben unmittelbar mit, was Fernsehproduktion bedeutet. Und sie erleben auch viele kulturelle Veranstaltungen mit. Denn das ZDF plant ein ganzes Programm, das sich auf das Rhein-Main-Gebiet ausdehnen soll.

Auf jeden Fall wird das Sendezentrum ein Bindeglied zwischen ZDF, Stadt und dem Lerchenberg sein, aber der Lerchenberg wird dadurch natürlich auch zu einem Treffpunkt für das ganze Rhein-Main-Gebiet.

Sie haben das Stichwort gegeben: ›Das neue Mainz‹. Die 2000 Jahre alte Stadt, durch vielerlei Dinge in ihrer Entwicklung gehemmt, schafft sich jetzt dort oben mit der Siedlung den Beginn einer neuen Entwicklung. Und daß gleich dazu auch die Entscheidung gefallen ist, das ZDF in die unmittelbare Nachbarschaft zu bringen, zeigt ja geradezu das Drängen in diese Richtung. Ich sehe dies als Signal: Hier entwickelt sich ein ›neues‹ Mainz. Man kann die Wirkung der Stimmung um die 2000-Jahr-Feier gar nicht hoch genug ansetzen. Rat und Verwaltung haben damals in dieser Stimmung die Entscheidung getroffen. Damals entstand Bewegung, es ging aufwärts.«

Irion: Jetzt möchte ich über das Stadtbild, über das Gesicht der Siedlung sprechen, das wohl auch zu der besonderen Atmosphäre beiträgt. Es ist gelungen, Gestaltungsanforderungen und zeitlich angepaßte Gestaltungssatzungen durchzusetzen. Sie haben in dem Verfahren, in den Grundstücksverträgen, Gestaltungsanforderungen eingebracht und durchgehalten. Das war in einer so politisch offenen Stadt wie Mainz sicher sehr schwierig. Sie haben auch den Anschluß- und Benutzungszwang an die Fernheizung über eine Satzung mit Umweltargumenten erreicht. Welche Erfahrung haben Sie mit der Methode gemacht?

Fuchs: »Die Bewohner haben im Grunde diese Auflagen begrüßt, weil die, die daran interessiert waren — auch die Baugesellschaften — wollten, daß diese Siedlung einen gewissen Stil und ein bestimmtes Image bekommt. Es hat eigentlich keine Schwierigkeiten gegeben. Das einzige war, daß einige Eigentümer zusätzlich Einliegerwohnungen im Keller haben wollten.

Es hat keine ernsthaften Diskussionen oder Streit mit den Bauherren gegeben. Alle Beteiligten haben verstanden, daß hier etwas aus einem Guß entstehen

Lageplan.

Verflechtung der privaten und öffentlichen Grünräume (oben links).

Mainz-Lerchenberg

Im Bereich der offenen, durchlässigen Grünräume der Schule wurden nachträglich Zäune angebracht.

Kindergarten am Waldrand (rechts).

sollte, ohne daß es monoton würde. Deshalb ja auch die verschiedenen Formen der Ein- und Zweifamilienhäuser; auch der Geschoßbau ist immer wieder verschieden gestaltet. Insgesamt hat man das Gefühl: Hier war eine ordnende Hand am Werk.«

Irion: Meiner Meinung nach liegt die besondere Atmosphäre an der Großzügigkeit des Grüns. Das wichtigste Ziel des Grünkonzeptes war die Offenheit der Grünräume, das Durchdringen, die Verflechtung der privaten und öffentlichen Grünräume, d. h. auch der Verzicht auf hohe Mauern, Zäune, Grenzen. Besonders schön ist das begleitende Grün der Fuß- und Radwege.
Die Erhaltung vorhandener Waldteile muß sehr positiv gewertet werden, da der Siedlung somit die anfängliche »Mondlandschaft« erspart blieb.
Dieser Durchlässigkeit und Großzügigkeit der Grünräume widerspricht die Gestaltung des Teiches, der doch einen Mittelpunkt der Siedlung im Zentrum darstellt. Verbotstafeln, Draht und dichte Bepflanzung ermöglichen nicht einmal den visuellen Bezug. Das muß man kritisch sehen, besonders im Vergleich zu anderen Siedlungen, z. B. der Nordweststadt oder Vogelstang.
Auch im Bereich des offenen durchlässigen Grünraums der Schule wurden viele Zäune angebracht, die natürlich erst zum Überschreiten provozieren und auch größtenteils zerstört wurden.

Fuchs: »Sie sind aus Schutzgründen vorhanden. Sie sind nötig, da es dort sehr viele Kinder gibt.«

Irion: Das architektonisch bescheidene, aber gut funktionierende Zentrum mit einem sehr vielseitigen Angebot ist sehr interessant. Es hat eine angemessene Größe. Man hat hier den richtigen Maßstab gefunden; es sind Geschäfte da, die woanders nicht florieren. Liegt das nicht auch an der Bevölkerungsstruktur?

Fuchs: »Sicher hat das etwas damit zu tun. Wahrscheinlich auch mit der vorhandenen Kaufkraft. Und es floriert trotz der Nähe zu ›Massa‹. Die Angst, daß die kleinen Geschäfte darunter leiden, war falsch.«

Irion: Sie haben sicher Vorstellungen für die Entwicklung des Lerchenbergs. Wie sehen Sie die Zukunft für die Siedlung? Wie sehen Sie z. B. die Situation, daß der Lerchenberg 9 Kilometer von der Innenstadt nur mit dem PKW oder Bus zu erreichen ist? Die Arbeitsplätze sind vorhanden, es ist vieles an Gemeinschaftseinrichtungen da, die Schulen, Kindergärten sind nicht ausgelastet, die Bevölkerungszahl sinkt usw. Die Zukunft ist offen. Was wünschen Sie sich für den Lerchenberg für die nächsten 20 bis 30 Jahre?

Fuchs: »Die Verkehrsanbindung für den Lerchenberg ist recht gut, das ist kein Problem. Ich wünsche mir, daß der Lerchenberg sich noch ausdehnen kann in Richtung Ober-Olm. Dort ist die Gemarkungsgrenze. Das ist eine Hürde, die man eines Tages überspringen müßte – gemeinsam mit dem Landkreis. Denn die Infrastruktur reicht aus für noch 3000 bis 4000 Menschen, ohne daß eine Minderung des Freizeit- und Wohnwerts eintreten würde.
Im Gegenteil, die vorhandenen Gemeinschaftseinrichtungen würden noch besser genutzt werden können. Ich wünsche mir, daß es eines Tages politisch möglich sein wird, mit dem Nachbarkreis zusammen die Erweiterung dieser schönen Siedlung in Richtung Ober-Olm vorzunehmen.
Dort liegt ein Baugebiet jenseits der Stadtgrenze, unmittelbar an den Lerchenberg angrenzend. Die Ober-Olmer möchten das gerne bebauen. Aber es gibt große politische Schwierigkeiten, die das derzeit verhindern.
Und mein Wunsch ist, daß noch weitere 3000 bis 4000 Menschen in den Genuß kommen, dort oben wohnen zu können. Nicht durch Verdichtung, sondern durch Erweiterung.«

Irion: Dies ist eine einmalige Situation. Die Topographie, die offenen, nicht verbauten Ränder, die Verbindung mit dem ZDF, die vorhandene Infrastruktur. Das ist ein enormes Entwicklungspotential. Daß solche Erweiterungen über die Gemarkungsgrenzen hinaus möglich sind, hat Karlsruhe-Waldstadt bewiesen.

Fuchs: »So ist es. Natürlich gibt es Grenzen. Aber es können insgesamt 10 000 bis 11 000 Menschen da oben wohnen. Die Schulen reichen aus, die Kindergärten, es reicht eigentlich alles aus, auch das Bürgerhaus. Ich hoffe, daß das in den nächsten zehn Jahren politisch möglich werden wird. Da bin ich sogar überzeugt davon.
Ich wünsche mir, daß das immer so gut geht, wenn ein solches Projekt ansteht. Wir haben jetzt weitere Stadterweiterungsprojekte. Ich wünsche mir, daß wir immer so einen kooperativen und positiven Gestaltungswillen aller Beteiligten haben. Heute ist alles unruhiger und hektischer, unduldsamer geworden. Aber am Anfang der sechziger Jahre hatten die Menschen noch mehr Gemeinschaftssinn.
Und ich wünsche mir, daß bei manchen Projekten in der Zukunft diese positive Einstellung vorhanden ist und nicht nur ein kritischer Geist, der oft ins Negative gleitet.«

Mainz-Lerchenberg

Das architektonisch einfach gestaltete Zentrum funktioniert gut. Das vielfältige Angebot an Geschäften, Gaststätten, Dienstleistungseinrichtungen erhöht die Wohnqualität (links).

Lerchenberg Zentrum. Äußere Erschließungsseite.

Irion: Bei der heutigen restriktiven Entwicklung der Rahmenbedingungen und aufgrund dessen, was Sie gesagt haben, ist es schwer, die Zukunft zu definieren. Die Einstellung der Menschen ist aggressiver geworden, unduldsamer, aber auch sehr mißtrauisch und egoistisch.

Fuchs: »Egoistisch, das ist das eigentliche Problem heute. Sie wollen alle Wohnberuhigung, aber jeder will sein Auto vor dem Haus stehen haben. Und wehe, er muß 30 Meter gehen, dann ruft er die Revolution aus. Das war in den sechziger Jahren anders.

Die Leute wußten, daß sie aufbauen mußten. Heute ist das schwieriger. Die Entwicklung möge mehr dahingehen, daß die Menschen wieder kooperativer, duldsamer werden. Etwas mehr Sinn auch für den Nachbarn entwickeln. Es gibt natürlich immer ein Auf und Ab in der Entwicklung. Vielleicht werden die heute 18jährigen wieder verständnisvoller. Man spürt das schon da und dort.«

Irion: Wird die Stadtentwicklung nicht zu stark von Juristen und Gesetzen beeinflußt?

Fuchs: »Ob Juristen oder nicht — unabhängig von der Berufsgruppe: Es wird mehr Technokraten und Formalisten geben. Leider ist das so. Das ist eine allgemeine Erscheinung. Auch in der Wirtschaft. Die Führungskräfte haben dort auch nicht mehr so den Kontakt zu den Leuten. Die Verunsicherung in vielen Großstädten kommt doch daher, daß den Beamten auch die Beziehung zu der Bevölkerung fehlt und sie nicht unter die Leute gehen.

Ja, sie wollen es auch gar nicht. Sie lehnen das als etwas Überflüssiges ab. Es kommt ihnen darauf an, Politik zu machen.«

Irion: Welche Elemente oder welche Ideeninhalte waren für Sie damals in dem städtebaulichen Konzept die besten?

Fuchs: »Ich bin in einer ländlichen Gemeinde bei Bad Kreuznach groß geworden und habe diese ländliche Struktur des Wohnens erlebt. Da hat jeder sein Häuschen, und wenn es nur eine kleine Kate ist, mit drei Zimmern, mit allem drin. Sogar die Kuh war damals mit dabei.

Dieses Erlebnis des Wohnens hat mich geleitet, auch beim Lerchenberg, dieses vernünftige Verhältnis von Mietwohnungen und Einfamilienhäusern zu befürworten. Ebenso das Grün und dieses Freizügige. Ich glaube, das hat mich motiviert.«

2.3 Karlsruhe-Waldstadt, Mainz-Lerchenberg — vergleichende Zusammenfassung: Erkenntnisse und Schlußfolgerungen

Nach der Darstellung beider Stadtzellen wird der Versuch unternommen, durch einen Vergleich die Gründe für den Erfolg beider Stadtorganismen zu ermitteln.

Anhand einer Zusammenfassung entscheidender stadtbildender und stadtentwicklungsbestimmender Faktoren, Programminhalte, Konzeptmerkmale, Probleme und der Darstellung der aktuellen Situation soll versucht werden, zu synthetischen Aussagen zu gelangen, die als Erfahrungen einen Beitrag bei zukünftigen Planungen und Problemlösungen sein können.

Gleichzeitig ist es aber auch ein Ansatz für eine geschichtliche Betrachtung der Siedlungen der ersten Generation, die als Produkt einer einzigartigen Stadtbauphase nach dem Krieg gesehen werden können.

Die wichtigsten gemeinsamen stadtbildenden Faktoren waren:
— Wohnungsnot, Wohnbedarf,
— Bevölkerungswachstum,
— der Wille und die Ambitionen der Städte, neue Ideen und »moderne« Stadtkonzepte zu realisieren.

Ein weiterer entscheidender Faktor für die Entstehung der beiden Stadtorganismen ist die Konstellation der beteiligten Persönlichkeiten, der »Väter«. Sie gehören einer Generation an, die durch die Erfahrungen des Kriegs gekennzeichnet ist und eins gemeinsam hat: Sie ist positiv motiviert und hat den Willen und die Hoffnung auf eine bessere Zukunft.

Die unterschiedlichen, spezifischen Elemente für die Entstehung der beiden Stadtorganismen sind:

Lerchenberg: der historische Faktor, d. h. das 2000jährige Jubiläum der Stadt Mainz als Begründung für die Realisierung einer »Jubiläumssiedlung« und infolgedessen die Schenkung des Baugeländes durch das Land Rheinland-Pfalz.

Waldstadt: die bereits vor dem Krieg vorhandenen weit vorausblickenden Entwicklungsplanungen und Stadterweiterungstendenzen und die Entscheidung für die Flächensanierung der Altstadt, des »Dörfle«, ein sozial herabgekommener Stadtteil der Innenstadt.

Karlsruhe-Waldstadt und Mainz-Lerchenberg sind zwei typische bundesdeutsche Repräsentanten der ersten Generation des Städtebaus nach dem Krieg, die auf den Idealen der Howardschen »Gartenstadt« basieren, trotz der unterschiedlichen räumlichen Konzepte und der Entstehungszeit. Dies ist bereits durch den gewähl-

Jugendzentrum, bei der Planung und Ausstattung haben die Jugendlichen mitgewirkt.

Wappen Lerchenberg – Symbol der Identifikation

ten Standort im Wald wie auch durch den hohen Anteil an Grün belegbar; die Dominanz der Natur ist erlebbar (Waldstadt 27%, Lerchenberg 22,8% Grünanteil der Gesamtfläche). Dazu sind beide Stadtorganismen von Wald und offener Landschaft umgeben. Ein wichtiges gemeinsames Merkmal ist die Verflechtung von Landschaft und Baustruktur, die geringen Dichtewerte (Karlsruhe-Waldstadt GFZ 0,55; Waldlage, Mainz-Lerchenberg GFZ 0,48). Noch ausschlaggebender für die Gesamtwirkung ist die Siedlungsdichte (Waldstadt: 88 EW/ha, Lerchenberg: 83 EW/ha Baugebiet).

Charakteristisch für die beiden Siedlungen und deren unterschiedliche Erschließungssysteme sind die ebenerdige Trennung von Fußgänger- und Autoverkehr, die fußläufig gut erreichbare Infrastruktur und die vielseitigen, sehr guten Verbindungen mit der Mutterstadt (Karlsruhe), Lerchenberg hat ein gut ausgebautes Straßennetz und ein befriedigendes öffentliches Verkehrsnetz.

Die Waldstadt besitzt eine überdurchschnittlich hochwertige Schulversorgung sowie Freizeiteinrichtungen, Lerchenberg hat ein gut funktionierendes Versorgungs- und Freizeitangebot.

Die Waldstadt und auch der Lerchenberg haben infolge einer guten Belegungspolitik keine nennenswerten Sozialprobleme.

Beide Stadtzellen besitzen ein hohes Image. Die Identifikation der Bevölkerung mit ihrer Siedlung erfolgte rasch. Ein reges Vereinsleben und Engagement führten zu neuen Investitionen (z. B. Hallenbad, Waldorfschule in Karlsruhe-Waldstadt, Kirche und Arbeitsplätze in Mainz-Lerchenberg).

Beide Siedlungen waren in ihrer Realisierung und Entwicklung gehemmt; die Waldstadt durch Bodenordnungsprobleme, der Lerchenberg durch die Ansiedlung des ZDF.

Abschließend ist folgendes zu unterstreichen: Es besteht ein extremer Unterschied hinsichtlich der Einfamilienhausbebauung (Lerchenberg 50%, Waldstadt-Waldlage 5%) sowie der räumlichen Behandlung der Wohnbebauung. In der Waldstadt dominiert die Zeilen-Kammbebauung, auf dem Lerchenberg die Einfamilienhausgruppierung.

In beiden Siedlungen waren ursprünglich keine Arbeitsplätze vorgesehen. Heute unterscheiden sie sich jedoch wesentlich in bezug auf das Arbeitsplatzangebot: In der Waldstadt fehlen Arbeitsplätze im unmittelbaren Bereich; der Lerchenberg erhielt durch das ZDF u. a. eine Arbeitsstätte im tertiären Bereich.

Die architektonische Form der Bebauung ist von wenigen Ausnahmen abgesehen typisch für die Entstehungszeit. Es dominieren einfache Kuben. Die Architektur kann nicht von ausschlaggebender Bedeutung für den Erfolg sein.

Auf ein wichtiges übergreifendes Problem soll noch eingegangen werden, auf die rückläufigen Bevölkerungszahlen und die Überalterung der Bevölkerung in den »alten« Wohngebieten, die verursacht werden durch einen wachsenden Wohnflächenbedarf und höhere Wohnstandardansprüche sowie die Abwanderung der heranwachsenden Familienmitglieder.

Die Erweiterung des »Geroldsäcker«-Gebietes an den unmittelbaren Siedlungsgrenzen der Waldstadt außerhalb der Gemarkungsgrenzen ist de facto ein Wachsen von Hagsfeld und der Waldstadt, eine Symbiose zweier Gemeinden. Dieser Sprung über die Gemarkungsgrenzen wird sicher Schule machen und den Entwicklungs- und Wachstumstendenzen u. a. von Mainz-Lerchenberg wegweisend sein. Die restriktive ökonomische Situation wird zwangsmäßig dazu führen, daß die Städte die nicht ausgelastete soziale und kommerzielle Infrastruktur besser nutzen werden. Bereits jetzt hat man mich um Rat gebeten, und es scheint gelungen, dank der Kenntnis der planenden Ziele und der städtebaulichen Konzepte, den Bau eines räumlichen Fremdkörpers in Form einer geschlossenen Hofbebauung zu verhindern.

Die gesunde Sozialstruktur, die vorhandene Infrastruktur wie auch die neuen Arbeitsstätten (Lerchenberg) sind in den beiden Trabantenstädten ein enormes Entwicklungspotential.

Bei den hier betrachteten Städte-Siedlungen tragen folgende Faktoren zu ihrem Erfolg bei:
— der große Anteil an Grün,
— die gute Belegungspolitik und die daraus resultierende gesunde Bevölkerungsstruktur,
— die gute, vielseitige Infrastruktur,
— das von Anfang an gepflegte Image,
— die im Durchschnitt ausgewogene Bevölkerungsdichte sowie der von Anfang an vorhandene hohe Anteil an Eigentumswohnungen auf dem Lerchenberg. In der Waldstadt wurde dies nachträglich gezielt verfolgt.

Karlsruhe-Waldstadt und Mainz-Lerchenberg sind erfolgreiche Beispiele, die für die Leitvorstellungen von damals sprechen, für eine durchgrünte, aufgelockerte Stadt. Dieses müssen wir aus der Zeit heraus verstehen, akzeptieren und weiterentwickeln.

Zwei ungleiche Brüder

**Mannheim-Vogelstang –
ein undramatischer neuer Stadtteil
von konfliktarmer Normalität**

Mannheim-Vogelstang
Planung: 1960–1964
Ausführung: 1964–1972
geplant für 20 000 Einwohner, 6000 WE

Planungsgeschichte

- 1959/60: Angebot der GEWOG an die Stadtverwaltung Mannheim zur Durchführung eines größeren Wohnungsbauprojekts als Beitrag zur Behebung der Wohnungsnot. Die Stadtverwaltung machte den Vorschlag, die Verwendbarkeit des Gebietes Vogelstang zu untersuchen (Lage außerhalb der Industriebelästigung, günstige Anschlüsse an das örtliche und überörtliche Verkehrsnetz, Nähe von Erholungsgebieten).
- 1960: Auftrag an die GEWOG/NHBW. Aufgaben der GEWOG als Maßnahmeträger: Ordnung des Grundbesitzes (400 Einzeleigentümer) – Untersuchung der Bebauungsmöglichkeiten bis zur Aufstellung des Bebauungsplans in Zusammenarbeit mit dem Stadtplanungsamt – technische und verwaltungsmäßige Koordinierung des gesamten Planungsablaufs. Unter Einschaltung freier Architekten wurden 7 Ideenentwürfe aufgestellt und ausgewertet. Danach Phase der Präzisierung aller Forderungen, u. a. Gutachten über den Wohnungsbedarf Mannheims (Prof. Irle) als Grundlage für Überlegungen zu Wohnungsgrößen und -verteilung.
- 1961: Der Gemeinderat beauftragt die Verwaltung, einen verbindlichen Bebauungsplan als Vorbereitung zur Erschließung des Geländes aufzustellen. 5 verschiedene Entwürfe zum Bebauungsplan (davon 3 von der GEWOG) wurden durch ein Gutachtergremium der Stadtverwaltung ausgewertet und in der Geschäftsleitung der Neuen Heimat überprüft. Danach wurden 2 Entwürfe noch einmal überarbeitet und gegenübergestellt.
- 1962: Gemeinsame Besichtigungsreise der Planer von Stadt, Gesellschaft und Stadträte u. a. nach Schweden zu vergleichbaren Projekten. Dies führte zur Bildung eines eigenen Planungsteams der GEWOG in Mannheim, von dem Ende 1962 in ständigem Kontakt mit dem Stadtplanungsamt ein endgültiger Entwurf zum Flächennutzungsplan und dann zum Bebauungsplan Vogelstang aufgestellt wurde.
- 1963: Für das Zentrum wurden 3 Architekten gutachterlich gehört. Für die Ausführung wurde der Entwurf von Striffler ausgewählt.
- 1964: Genehmigung des Bebauungsplans.
- 1964–70: Ermittlung der Wohnform von Eigenheimen durch eine Testsiedlung. Planung der Haus- und Wohnungstypen: GEWOG, Mannheim.

Grundgedanken – allgemeine Ziele

Berücksichtigung der historischen Entwicklung des gesamten Stadtorganismus, um daraus eine Planung zu gewinnen, die sich in das Bestehende sinnvoll einfügt und zugleich in die Zukunft weist; kein isolierter Trabantenstadtteil, sondern ein Teil der Stadt sollte entstehen.
Beseitigung von Wohnungsnot und als Voraussetzung für die künftige Sanierung der Stadt Mannheim; Halten von wertvollen Arbeitskräften in Mannheim zur Sicherung der zukünftigen Entwicklung der Stadt; die Bevölkerungsstruktur des neuen Stadtteils soll der Gesamtbevölkerung Mannheims entsprechen.
Wohlbefinden der Bewohner im Wohngebiet durch Wohnungen selbst und städtebauliche Gestaltung. Stadteinheit schaffen mit eigenem einprägsamen Charakter. Einsatz rationeller und kostensenkender Fertigbauweise. Die Gemeinschaftseinrichtungen nicht weiter als 500 m von Wohnungen entfernt.

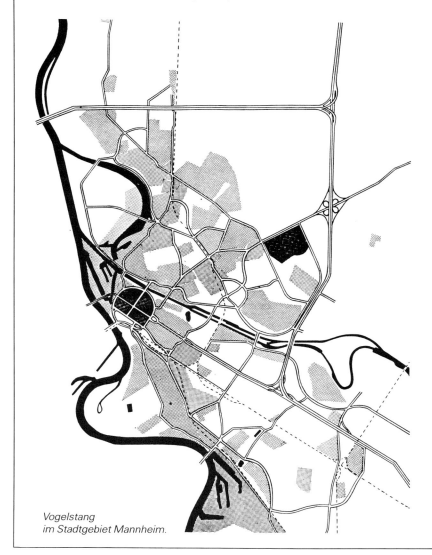

*Vogelstang
im Stadtgebiet Mannheim.*

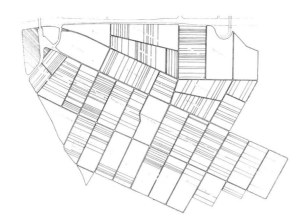

Grundbesitzverhältnisse vor der Bodenordnung, 1960.

Konzept

In sich geschlossener Stadtteil mit allen dazugehörigen Gemeinschaftseinrichtungen, konzentrierte Anlage, die stark auf ihr eigenes Zentrum ausgerichtet ist, ein Zentrum mit allen öffentlichen Einrichtungen, ohne Fahrverkehr, der Kommunikationspunkt und Schnittpunkt aller Fußgängerzonen. Verdichtung von der Peripherie zum Zentrum hin zunehmend, Randzonen den Einfamilienhäusern vorbehaltend bei rationellem Grundstückszuschnitt. Kein Zeilenbau, sondern räumliche Einheiten mit spannungsvoller Begrenzung. Gliederung nicht in Nachbarschaften nur technischer Art; eine große Grünanlage mit Wasserflächen; zangenförmige Erschließung basiert auf dem Prinzip der Trennung des Fußgängers vom Verkehr.

Allgemeine Daten

Bruttobauland: 1 440 000 m^2
Anzahl der Wohnungen: geplant 62/64: 5500 WE
1980: 5727 WE   E/Wo = 2,82
Einwohnerzahl: geplant 20 000 E
(29 m^2 Geschfl./E)
1969 – 17 200 E
1980 – 16 202 E (– 1317 EW)

Gliederung der Gesamtfläche

von Gesamtfläche:
Bauland: 61,3%
Verkehrsfläche: 16,9%
Gemeinbedarfsfl.: 13,9%
Grünfläche: 7,8%

Nettowohnbauland (61,3%)	Verteilung:	
	geplant 64	1969
Flachbau	28,0%	39,2%
Mittelhochb.	59,0%	40,7%
Hochhäuser	13,0%	20,1%

Dichtewerte/Nutzungsziffer

Allg. GFZ	0,64 gepl.	1969 – 0,67
Flachbau	0,38	0,33
Mittelhochb.	0,77	0,80
Hochbau	1,75	1,05
Einwohnerdichte:	gepl.1964	1969
Siedlungsdichte	130 EW/ha	120 EW/ha
	Baugebiet	Baugebiet
Wohndichte	222 EW/ha	194 EW/ha
	Wohnbaul.	Wohnbaul.

Wohnformen

Größter Anteil bei den 4geschossigen Mehrfamilienhäusern, die als Hauskette raumbildend für Grün- und Spielflächen eine Folge verschieden dimensionierter Freiräume umschließen. 12-, 14- und 22geschossige »profilieren die Skyline« und vermitteln im Kontrast zur flachen und mittelhohen Bebauung das städtische Gepräge und »sind als Wohnform aus städtebaulichen Gründen unbedingt erwünscht«.

Anzahl der Wohnungen in:
	1963/64	1969
Flachbau	18,3%	13,6%
Mittelhochbau	63,0%	51,7%
Hochhäuser	16,7%	34,7%

87% Mietwohnungen
67,8% sind 4- und 5-Zimmerwohnungen

Gesamtdurchschnittsgröße = 109,6 m^2/WE
Flachbau   155,0 m^2
Mittelhochbau   104,0 m^2
Hochhäuser   100,0 m^2
(Stadtdurchschnitt 67,0 m^2/WE)

Flächenrelationen/Person

Wohnfläche/EW	37,7 m^2
Grünfl./EW	7,2 m^2
Verkehrsfl./EW	15,3 m^2

Infrastruktur

Mittelpunkt von Vogelstang ist das große Zentrum, dort finden sich neben dem Einkaufszentrum (8100 m^2 Geschäftsfläche) auch Gemeinschaftseinrichtungen, Büros, Arztpraxen, Hotel, Bildungs- und Unterhaltungsstätten. Neben dem Geschäftszentrum befinden sich in Vogelstang zahlreiche Gemeinschaftseinrichtungen: 3 Volksschulen, 2 Sonderschulen, 1 Oberschule (gepl. 4), Kirchen mit Kindergärten, Jugend und Altersheim u. a.
Im Wohngebiet sind nur wenige Läden für den ausgesprochenen Tagesbedarf, dafür ist das Geschäftszentrum in seiner Bedeutung gesteigert worden.

Entfernungen

Vogelstang liegt am Nordostrand des Mannheimer Stadtgebietes, die Entfernung zur Innenstadt beträgt 5 km, mit dem Auto in 10 Min. zu erreichen. Die wichtigste Verbindung schafft die speziell gebaute Straßenbahnlinie.

Wege

Der Radius Zentrum-Wohngebiet beträgt 500 m, über Fußgängerzonen, die vom Zentrum in die Wohngebiete ausstrahlen, ist das Zentrum von fast allen Punkten aus in maximal 8 Min. zu erreichen.

Ruhender Verkehr

Stellplätze:
1,3 pro Einfamilienhaus
0,7 pro Mehrfamilienhauswohnungen in Tiefgaragen.
Parkplätze: 500 im Zentrum.

Arbeitsplätze

Im Osten, jenseits der Randstraße, waren 8,5 ha für Arbeitsplätze vorgesehen für die Ansiedlung von Handwerks- oder kleineren nicht störenden Industriebetrieben, der Verwaltung eines Industrieunternehmens oder einer Versicherung.

Probleme

Obwohl seit 1973 in Vogelstang 93 Wohnungen gebaut wurden, ist die Einwohnerzahl zurückgegangen. Da im Stadtdurchschnitt die Belegung 2,43 E/Wohnung und in Vogelstang 2,83 E/Wo ist, wird mit einem weiteren Einwohnerrückgang gerechnet. Die Entwicklung der Schülerzahlen von 76/77 bis 81/82 zeigt in den Grundschulen einen Rückgang von 48%.

Zukünftige Entwicklung

Erweiterung der »Wallstadt«, um die »Infrastruktur« Vogelstangs besser auszulasten

Quellen:
Datenzusammenstellung durch Stadtplanungsamt Mannheim, 1982.
Neue Heimat BW, »Ein neuer Stadtteil für 20 000 Menschen«.

Heidelberg-Emmertsgrund
Stadtteil der extremen Ambitionen und der unerfüllten Erwartungen

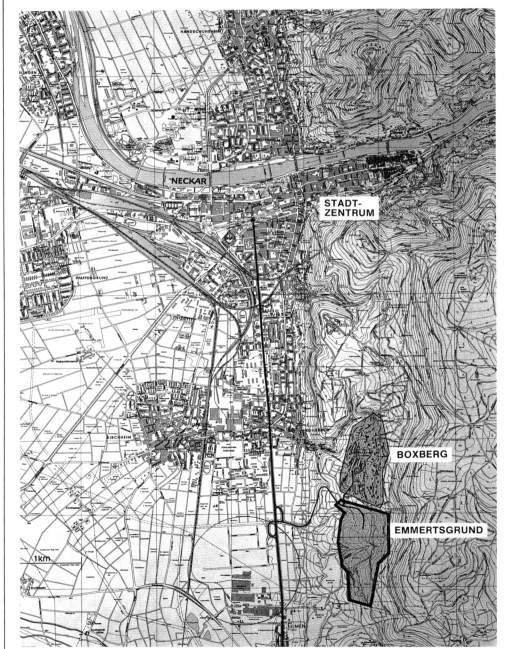

Lage Emmertsgrund und das in der Ebene sich erstreckende Industriegebiet.

Heidelberg-Emmertsgrund
Planung: 1967–1970
Ausführung: 1. Teil 1971–1973
endgültige gepl. Fertigstellung: 1978
Anf. geplant: 11 000 EW
1974 – 12 254 EW   1980 – 4390 EW
1984 – 5310 EW   1985 – 5160 EW

Planungsgeschichte

- Juni 1957: Aufnahme des Geländes in den Flächennutzungsplan als Wohnbaufläche (Wohnungsfehlbestand in Heidelberg).
- März 1957: Bundesoffener Wettbewerb für Bauträger.
- Juli 1967: Verkauf des Geländes an die Neue Heimat und Erschließungsauftrag.
- Januar 1968: Formulierung eines Programms für den Wohnungsbau und Gemeinschaftseinrichtungen durch die Stadtverwaltung und die Neue Heimat Baden-Württemberg, auf der Grundlage eines GEWOS-Gutachtens. Ergänzung des Programms durch sozialpsychologische Überlegungen Alexander Mitscherlichs.
- Februar 1968: Auftrag an 6 Architektengruppen, Planungsgutachten für das Baugebiet Emmertsgrund zu erarbeiten. Konstituierung einer Gutachterkommission, gebildet aus Vertretern der Stadtverwaltung, des Gemeinderats und Vertretern der Neuen Heimat sowie Alexander Mitscherlichs.
- Juni 1968: Beurteilung der Wettbewerbsentwürfe. 2. Bearbeitungsstufe der Entwürfe Angerer/v. Branca und Werkgemeinschaft Karlsruhe.
- September 1968: Entscheidung für das Projekt Angerer/v. Branca zur Weiterarbeit am Bebauungsplan. Erweiterung der Gutachterkommission u. a. um Angerer/v. Branca, Landschaftsgestalter Rossow.
- November 1968: Vorentwurfsaufträge für die gesamte Wohnbebauung und die öffentlichen Gebäude an 8 Architektengruppen, vor Festlegung des Bebauungsplans Untersuchung der Einzelquartiere (Erschließung, Parkierung), Nachweis der Bebauungsmöglichkeit durch Grundrißvorschläge.
- November 1968–Juli 1969: Zusammenarbeit der Architektengruppen untereinander und mit Verkehrsplanern, Landschaftsgestaltern, Stadtverwaltung, Versorgungsbetrieben der Stadt. Diskussion in der Gutachterkommission und Unterrichtung des Gemeinderats und der Öffentlichkeit / Bürgerbeteiligung.

- Juli 1969: Ergebnis, Bebauungsplan und Beginn der Bauarbeiten: Fertigstellung des Zentrumsbereichs, Arch. Mutschler.
- 1982: Fertigstellung des kommerziellen Zentrums, Prof. Angerer
- 1984: Weitere Bautätigkeit, zentrale Achse und Wohnungsbau

Grundgedanken – allgemeine Ziele

Im Rahmen der »Schwerpunktplanung Süd« zeitlich gemeinsame Entwicklung eines neuen Wohn-, Gewerbe- und Industriegebiets, Beseitigung eines erheblichen Wohnungsfehlbestands in Heidelberg; eine Siedlung mit urbanem individuellem Charakter, keine übliche Schlafstadt, Entfaltung von städtischem Leben; Rücksichtnahme auf die topographischen Gegebenheiten.
A. Mitscherlichs Forderungen: Das Wohlbehagen der künftigen Einwohner muß im Plan sichergestellt werden durch die Möglichkeiten vieler Begegnungen. Das Schicksal der Unterpriviligierten, Mütter, Kinder und Alten, sollte erleichtert werden, z. B. durch Bildung und Freizeitarbeit innerhalb der Siedlung und Wohnung. Die Aktiv-Achse mit vielen Anziehungspunkten soll zu einem Kommunikationsort werden. Viel Platz für Kinder und Jugendliche. Eine überörtliche Freizeitattraktion ist im Plan aufzunehmen, statt Vorstadtisolierung, Verbindung mit Heidelberg.

Konzept

Erhaltung wesentlicher Landschaftsteile durch konzentrierte Bebauung. Verdichtete Stadtstruktur, Bebauung entlang einer Achse die parallel zum Höhenzug verläuft, die Achse als Zone städtischen Lebens, als Folge von Straßenräumen mit platzartigen Erweiterungen, Schaffung vielfältig nutzbarer Räume, Wohngruppen senkrecht zu dieser Längsachse mit starken Höhendifferenzen; Trennung von Fuß- und Fahrverkehr; Verdichtung entlang der Hauptachse, Einfamilienhäuser am Rand vorgelagert, Gebäudehöhen dem Gelände entsprechend gestaffelt, Trennung von Fahr- und Fußverkehr.
Sozialpsychologische Überlegungen zum Städtebau von A. Mitscherlich sind bei der Planung berücksichtigt worden und werden in der Höhenentwicklung, Baumassenverteilung und Gestaltung der architektonischen Räume erkennbar.

Allgemeine Daten

Bruttobauland: 72,6 ha (davon 11,6 ha Forstfläche)
Anzahl der Wohnungen 3722, davon 550 App.
Einwohnerzahl: 12 245

Gliederung der Gesamtfläche

von Gesamtfläche:
Bauland	46,7%
Verkehrsfläche	11,5%
Grünfläche	25,7%
Sonstige	16,1%

von Bauland:
Wohnbauland	85,3%
Gemeinbedarfsfläche	8,8%
Gewerbefläche	5,2%

Dichtewerte

GFZ 1,35
GRZ 0,24
Einwohnerdichte:
Siedlungsdichte 168,7 EW/ha Baugebiet
Wohndichte 423,7 EW/ha Wohnbauland

Wohnformen

	WE	EW
Einfam. H.	3,9%	7,3%
Mehrfam. H.		
2–4	14,7%	16,4%
5–9	33,1%	36,5%
9–16	48,3%	39,8%

70% Mietwohnungen, 30% Eigentum

Flächenrelationen/Person

Wohnfläche/EW	23,2 m^2
Wohnfläche/WE	76,4 m^2
Bauland/EW	27,68 m^2
Verkehrsfl./EW	6,82 m^2
Grünfl./EW	15,26 m^2

Infrastruktur

Alle Baukörper liegen im 10 Minuten Einzugsbereich des Zentrums, in dem alle notwendigen Einrichtungen und Läden vorhanden sind.
Besonderheit: Gemeinschafts-Antennenanlagen und Müllabsauganlage für das gesamte Baugebiet.

Entfernungen

Emmertsgrund liegt 6 km südlich der Heidelberger City, Anbindung durch die B 3, Fahrzeit im öffentlichen Nahverkehr (Straßenbahn mit Buszubringer) 15–30 Minuten.

Fließender Verkehr

An die Sammelstraße Nord-Süd parallel zur Fußgänger-Achse sind zwei ringförmige Anliegerstraßen und weitere Stichstraßen angehängt.

Wege

Die Entfernung vom Zentrum zu jedem Punkt des Wohngebiets ist maximal 600 m und entspricht 8 Minuten Fußweg. Die Fußwege sind vom Fahrverkehr eindeutig getrennt. Eine Hauptfußgängerachse durchzieht das Gebiet in Nord-Süd-Richtung. Die abseits der Achse liegenden Baugruppen sind durch Brücken und Unterführungen angebunden.

Ruhender Verkehr

Stellplätze: 1,0/Wohnung
Parkplätze: 0,2/Wohnung
weitgehend separat vom Fahrverkehr auf Parkplätzen, Paletten und Tiefgaragen, wenig unmittelbar im Straßenraum.

Quellen:
»Ein neuer Stadtteil für 20 000 Menschen . . .«
»Versuchs- und Vergleichsbauten und Demonstrativmaßnahmen . . .«

Mannheim-Vogelstang

Warum Brüder
Bevor wir die beiden Stadtteile, jeden für sich, als »Individuum« darstellen, muß auf die Gemeinsamkeiten und ihren »Verwandtschaftsgrad« eingegangen werden. Brüder sind diese beiden Stadtorganismen schon aufgrund ihrer zeitlichen und räumlichen Nähe. Ganz besonders sind sie jedoch durch die Menschen, ihre Gründer, miteinander verbunden. Die Brüder kamen also nacheinander auf die Welt. Während der Bauzeit von Vogelstang (1964–1972), wurde der Emmertsgrund geplant (1967–1970). Das wichtigste Bindeglied war der Träger, die Neue Heimat Baden-Württemberg. Diesen beiden Aspekten muß eine dritte wichtige Voraussetzung hinzugefügt werden, die beiden gemeinsamen Konstellationen der beteiligten Kräfte.
– Der wohnungspolitische Wille und die Ziele der Stadt,
– die gleichen historisch bedingten stadtbildenden Kräfte, wirtschaftliches Wachstum, Bevölkerungswachstum, die Wohnungsnot,
– ökonomisch und politisch starke Träger,
– der Wille der Stadtväter, Politiker und Unternehmer, einen vorbildlichen Stadtteil innerhalb kurzer Zeit zu schaffen
– sowie die neuen städtebaulichen Ideen und Vorbilder im Ausland.

Diese gemeinsamen Voraussetzungen brachten die beiden Stadtteile hervor, nahmen aber unterschiedliche Formen an im Entstehungsprozeß sowie im endgültigen Resultat. Neben diesen Gemeinsamkeiten gibt es natürlich auch bedeutende Unterschiede. Der Charakter der Städte und die damit verbundene finanzielle Basis waren vollständig unterschiedlich:
– Mannheim, eine reiche Industriestadt,
– Heidelberg, eine arme, aber geistvolle Universitätsstadt.

Starken Einfluß auf die Lage und die Form der Siedlungen hatten die unterschiedliche topographische Situation und damit verbundene räumliche Entwicklungsmöglichkeiten. Unterschiedlich war nicht nur der Charakter der Städte, sondern auch die Personen der beiden Bürgermeister; jedoch besteht in beiden Städten ein gewisser Zusammenhang zwischen dem Charakter der Stadt und der Bürgermeisterpersönlichkeit. Mit anderen Worten, nicht nur die Städte prägten ihre Bürgermeister, die Bürgermeister prägten auch ihre Städte.
Ein wichtiges Merkmal ist, daß trotz der zeitlichen Parallelität beide Stadtorganismen geprägt sind durch zwei verschiedene städtebauliche Ideen:

– Vogelstang als ein Ableger der Gartenstadtideologie,
– Emmertsgrund – eine Blüte der Urbanität, Verdichtung und des kommunikativen-städtischen Lebens.

Diese Wandlungen, die Suche nach einer besseren Lebensform in neuen Siedlungen, sind jedoch gemeinsames Ziel und Motivation aller Beteiligten. Historisch bedeutsam ist der kurze Zeitraum, in dem die beiden »ungleichen Brüder« geschaffen wurden.

1 Entstehungsgeschichte von Mannheim-Vogelstang

1.1 Grundlagen für die Entstehung des neuen Stadtteils Mannheim-Vogelstang

Die Geschichte des neuen Mannheimer Stadtteils Vogelstang ist ein Beispiel für einen Projektierungsverlauf, der von Anfang an die historische Entwicklung des gesamten Stadtorganismus berücksichtigte, um daraus eine Planung zu gewinnen, die sich in das Bestehende sinnvoll einfügt und dabei zugleich in die Zukunft weist. So ist »Vogelstang« nicht als isolierte Trabantenstadt Mannheims, sondern als ein Teil dieser Stadt zu verstehen. Geschichtlich ist Vogelstang deshalb auch nur im Rahmen Mannheims richtig zu deuten.
Seit der Verleihung der Stadtrechte im Jahre 1607 hat Mannheim im Laufe der Zeit seinen Charakter stark verändert – vom Fischerdorf zur Festungsstadt und (1720) dann zur Residenzstadt. Ab 1830 vollzog sich der Wandel von der Residenzstadt zur Handels- und Industriestadt mit allen negativen Folgeerscheinungen wie Umweltbelastung und Enge.
Im Zweiten Weltkrieg wurde mehr als die Hälfte aller Häuser zerstört. Die auflebende, neue Ansiedlung von Industrie und Gewerbe läßt die Bevölkerung innerhalb von 15 Jahren von 106 000 (1945) auf über 330 000 anwachsen.
Diese Entwicklung brachte eine allgemeine Wohnungsnot mit sich, welche die Stadt zu einer Erweiterung großen Ausmaßes drängte.
Die Durchführung des Projekts Vogelstang stellte demnach nicht nur einen Beitrag zur Beseitigung der Wohnungsnot dar, sondern sie bedeutete zugleich eine Sicherung der zukünftigen Entwicklung der Stadt. Darüber hinaus war klar, daß dies auch als Voraussetzung für die zukünftige Sanierung der Mannheimer Innenstadt gesehen wurde.
Als Ergebnis gründlicher Überlegungen und Prüfungen hat die Verwaltung dem Gemeinderat vorgeschlagen,

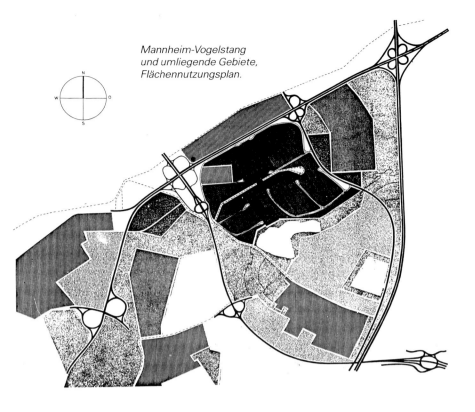

Mannheim-Vogelstang und umliegende Gebiete, Flächennutzungsplan.

- Geplantes Wohngebiet
- Zukünftige Wohngebietserweiterung
- Vorhandenes Wohngebiet
- Grünflächen
- Medizinische Fakultät
- Gewerbe
- Kasernen
- Öffentliche Flächen

keine Trabantenstadt, sondern einen neuen Stadtteil Mannheims in verkehrsgünstiger Beziehung zum Zentrum und den übrigen Stadtteilen bei Beachtung klimatischer und hygienischer Vorteile zu planen.

Um diese Ziele zu erreichen, wurde Vogelstang als eine Gemeinschaftsaufgabe der »Mannheimer Bürgerschaft« gesehen.

Oberbürgermeister Ratzel schildert als politischer Vater den Anfang des Vogelstang folgendermaßen:

»Im Herbst 1959 trat ich mein Amt als Erster Bürgermeister, d. h. als Dezernent für Nahverkehr und Versorgung und vor allem für Wohnungsbau an. Im Herbst 1959 war zwar bereits die größte Not überwunden, obwohl wir immer noch ca. 17 000 wohnungssuchende Haushalte hatten, und das fast 15 Jahre nach Kriegsende. Die Wohnungsnot war immer noch ein brennendes Problem, aber auf der anderen Seite war es auch eine Aufgabe, die uns forderte. Die Frage war, wie sie am besten zu lösen war.

Man brauchte ein Baugebiet, ein Wohnungsbaugebiet, bei dem man aus dem Vollen schöpfen konnte. Wir überlegten uns damals, wo wir in der Mannheimer Gemarkung ein solches Gebiet finden könnten. Es bestand z. B. die Idee, einen Teil des Käfertaler Waldes zu verwenden. Aber schon damals waren wir »grün« und wollten den Wald auf jeden Fall erhalten. Deshalb suchten wir ein unbebautes Baugelände aus, und zwar das Gebiet Vogelstang (das ist ein Gewannname).

Bei einer möglichen Bebauung mußte berücksichtigt werden, daß es dort etwa 400 Grundstückseigentümer gab, zum großen Teil Bauern aus Käfertal und Wallstadt. Die erste Aufgabe bestand darin, die Bevölkerung, vor allem die Eigentümer zu motivieren. Wir riefen sie zusammen und baten um ihre Hilfe. Mit gutem Erfolg! Bei Baubeginn im September 1964 waren es noch 300 Eigentümer. Wir waren jedoch optimistisch und konnten besonders die maßgeblichen Eigentümer unter den Bauern überzeugen, daß sie auf ihre Kosten kommen würden. Wir schafften es tatsächlich, nicht immer mit Überzeugung, manchmal auch mit ›List und Tücke‹, den einen oder anderen zu gewinnen.

Als der Bebauungsplan fertig war und wir im September 1964 beginnen wollten – das war schon ein halbes bis dreiviertel Jahr vorher terminiert – und an einer bestimmten Stelle anfangen mußten, wollte die Standard Pyrotechnik den Baugrund nur gegen einige Millionen abgeben. Wir kamen nicht weiter, aber wir mußten im Hinblick auf die Kostenentwicklung beginnen. Der damals zuständige Dezernent für das Grundstückswesen war ängstlich und wenig entscheidungsfreudig. Wir konnten mit dem Bau nicht beginnen, falls die Standard Pyrotechnik nicht stillgelegt würde. Da geschah zufällig etwas Glückliches: Die Industrie- und Handelskammer Mannheim hat diesen Dezernenten als Geschäftsführer engagiert, und er mußte am 1. Juni 1964 sein Amt antreten. Sein Nachfolger war uns, was die Entscheidungsfreudigkeit betraf, nicht bekannt. Ich fand heraus, daß er sein Amt nicht am 1. Juni antreten würde, sondern einen Tag später. Darin sahen wir eine Chance, wir könnten am 1. Juni 1964 ohne Zustimmung des Dezernenten entscheiden. Am 1. Juni haben wir mit den Beisitzern der Firma einen Vertrag ausgehandelt, und der Baubeginn im September 1964 war gesichert.

Danach haben wir den Wohnungsbedarf ermittelt und die Finanzierung abgesichert. Wir berechneten die Bevölkerungsentwicklung. Daraus ergab sich die Zahl der jährlich zu erstellenden Wohnungen sowie die Frage nach dem nötigen Geld. Parallel zum Bebauungsplan wurde für die Finanzierung der Wohnungen ein Fünfjahresplan erstellt.

Wir haben in Vogelstang pro m² ca. DM 800,– Baukosten gebraucht, heute liegen wir in Mannheim bei knapp DM 3000,– für den m². Es kam also darauf an, zügig zu bauen. Das war auch deshalb wichtig, weil die Fertigbauweise einsetzte.

Die Mittel, die wir vom Land Baden-Württemberg bekamen, hätten für eine schnelle Bauweise, wie wir sie planten, nicht ausgereicht.

Da kam uns der Gedanke, daß die Stadt Zinssubventionen leisten solle, um damit das Bauvolumen entsprechend ausweiten zu können. Folgendes mag im Hinblick auf die Finanzierung von Interesse sein: Wir hatten damals in Mannheim noch die Getränkesteuer, die der Stadt über 2 Millionen einbrachte. Diese sollte abgeschafft werden. Das war ein Wahlversprechen, aber ich habe dann 1961/62 dafür – gemeinsam mit dem

▦ Hochhäuser
▦ Mittelhochbau
▦ Flachbau
▬ Zentrum
▦ Schulen
▦ Öffentliche Gebäude
▧ Gewerbegebiet

Flächennutzungsplan – Baustruktur.

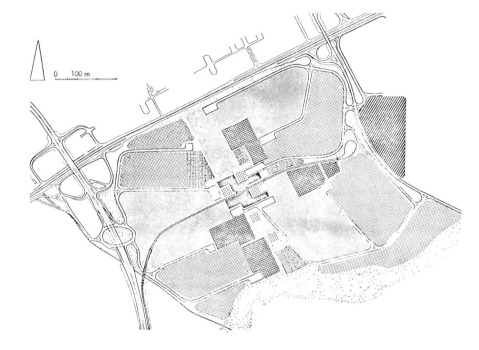

Stadtkämmerer – gesorgt, daß der Gemeinderat einen Beschluß, der bereits gefaßt war, wieder aufhob, um diese 2–2,5 Mio Getränkesteuer für die Zinssubventionen beim Wohnungsbau zu verwenden. Das war ein harter Streit mit der Öffentlichkeit, mit der Presse und auch in den Fraktionen, aber wir haben es geschafft und es hat uns sehr geholfen.

Das Innenministerium in Stuttgart wollte wegen der Zinssubventionen erst Schwierigkeiten machen. Doch bei Baubeginn wußten wir, daß wir die Finanzierung – wie geplant – durchführen konnten. Wir haben natürlich auch bedacht, daß jedes Jahr mit einer Steigerung der Nominallöhne um 5, 6, 7% zu rechnen war. Unser Zeitplan beinhaltete, daß wir die Zinssubventionen in dieser Zeit leisten konnten, so daß, wenn wir 1965 fördern, 1973 oder 1975 die Bewohner (Mieter) in die entsprechenden Nominaleinkommen hineinwachsen würden. Die Rechnung ging nicht ganz auf: Die Dynamik der Preisentwicklung war etwas anders, aber die Stadt Mannheim gibt erfreulicherweise heute noch Zuschüsse, um die Mieten im Rahmen des sozialen Wohnungsbaus zu halten, so wie es das Wohnungsbaugesetz vorschreibt. Die Bevölkerungsstruktur sollte eine konforme Abbildung der Stadt Mannheim werden.

Um die gleiche Bevölkerungsstruktur wie in Mannheim zu erreichen, mußten wir bei der Wohnungsvergabe darauf achten, keine sogenannten ›Asozialen‹ aufzunehmen, um das Neubaugebiet nicht von vornherein in einen schlechten Ruf zu bringen. Außerdem mußten die Bewohner selbst motiviert werden. Denn sie kamen hier in ein Gebiet, eine Baustelle, wo es zunächst keine richtige Straße gab, keinen Briefkasten, kein Geschäft, keine Schule und auch keinen Arzt. Wir haben in der Baubaracke Versammlungen durchgeführt, und die Bewohner haben ihre Sorgen vorgetragen. Sie haben dabei gemerkt, daß sie Pioniere eines neuen Stadtteils sind. Und dieser Pioniergedanke, der hat seine Wirkung gehabt. Es mußte alles provisorisch gemacht werden. Wir haben auf diesem Gebiet so manches von den Engländern übernommen, die ja weitaus mehr improvisieren können als wir Deutsche. Wir sorgten dafür, daß immer Busse fuhren – für die Schulkinder –, wir benutzten zwei Wohnungen als Kindergarten. Wir stellten auch einem Arzt eine Wohnung bereit. Es lief gut, und in Vogelstang ist es heute so, daß die Bewohner die gleiche Bindung an dieses Gebiet haben, wie es die Einwohner irgendeines anderen Mannheimer Vororts haben, sie sind zwar Vogelstängler, aber Mannheimer sind sie allesamt.«

1.2 Die wichtigsten Ziele und Voraussetzungen für die Entstehung Vogelstangs

Die wichtigsten wohnungspolitischen Ziele waren:
— In kurzer Zeit die Wohnungsnot mit einem Großbauvorhaben zu beseitigen und wertvolle Arbeitskräfte seßhaft zu machen.
— Baukosten möglichst niedrig zu halten durch Einsatz rationeller und kostensenkender Fertigbauweise.
— Neue Wege in der Finanzierung des sozialen Wohnungsbaus zu suchen, da mit der bisherigen Finanzierungsweise eine rasche Durchführung eines Großbauvorhabens nicht möglich war.
— Die Bevölkerungsstruktur des neuen Stadtteils sollte der der Gesamtbevölkerung Mannheims entsprechen. »Es sollte versucht werden, nicht durch kleines Kleckern, nicht durch geringe Erweiterungen bestehender Wohngebiete langsam die Wohnungsnot abzubauen, sondern mit einem Schlag sollten einige tausend Wohnungen geschaffen werden, wobei natürlich vor allem darauf geachtet werden mußte, daß in dem stark von Industriebelästigung gestörten Gebiet Mannheims eine Fläche gefunden wurde, die möglichst weit ab von diesen Industriestörungen liegt und die gleichzeitig auch einen Freizeitwert durch die Nähe zu bestehenden Waldungen und Grünbereichen hat.« (Stadtplanungsamtleiter Rolf Becker)

Das Baugelände »Vogelstang« wurde unabhängig von zufällig vorhandenem städtischem oder sonstigem öffentlichem Grundbesitz allein nach stadtplanerischen Grundsätzen ausgewählt.

Für die Standortwahl des neuen Stadtteils waren bestimmend:

- Lage außerhalb der Industrie-Belästigung,
- günstige Anschlüsse an das örtliche und überörtliche Verkehrsnetz (B 38, BAB, Straßenbahn),
- die Nähe der Erholungsgebiete,
- im Sinne einer besseren Integration war es möglich, innerhalb des Stadtgebiets Vogelstang und an seinem Rande günstig gelegene Arbeitsstätten zu schaffen.

Der Nachteil war allerdings, daß das gesamte Gelände von 144 ha, das entspricht exakt der Größe der Mannheimer Innenstadt, einen sehr breit gestreuten Grundbesitz aufwies. Eine der wichtigsten Voraussetzungen, um eine zusammenhängende Siedlung zu bauen, war, dieses Gelände in eine Hand zu bekommen, sei es von der Stadt, sei es von einem Bauträger, der in der Lage war, die erworbenen Grundstücke einige Jahre liegen zu lassen, bis auch das letzte Grundstück erworben war, und dann die gesamte Fläche einer Wohnbebauung unterzogen werden konnte.

Die Bebauung dieses Geländes wurde der personell und finanziell starken GEWOG/NH übertragen, insbesondere im Hinblick auf den Einsatz rationeller und kostensenkender Fertigungsmethoden, die es ermöglichten, in großer Zahl und in kurzen Zeiträumen preisgünstige Wohnungen herzustellen.

»Die Neue Heimat war von ihrer finanziellen Ausgangssituation her sicherlich eher in der Lage als die Stadt,

Luftaufnahme.

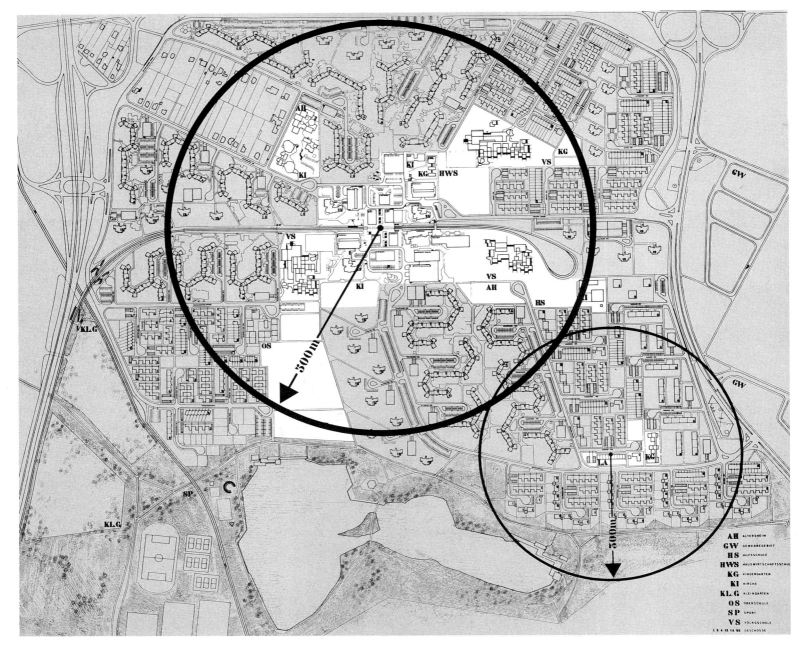

Bebauungsplan Vogelstang mit Einzugsgebieten. Städtebauliche Planung: GEWOS/NHBW Architekt Peter Dresel, Einald Sandreuther in Zusammenarbeit mit Planungsamt und Tiefbauamt der Stadt Mannheim.

den Grundbesitz auf Jahre hinaus praktisch zu stapeln, bis auch das letzte Grundstück in ihrem Besitz war und dann bebaut werden konnte. Während der Planungsphase tauchten aber auch andere Interessenten auf, und zwar Baugesellschaften, mit denen die Stadt bis dahin vorzüglich zusammengearbeitet hatte. Und diese bewährten alten, seriösen Unternehmen wollten natürlich auch in der Vogelstang bauen, und das Feld nicht allein der bis dahin in Mannheim praktisch unbekannten Neuen Heimat überlassen. Es ist dann aber gelungen, in einem überzeugenden Gespräch, diese anderen konkurrierenden Mannheimer Baugesellschaften davon zu überzeugen, daß es wenig sinnvoll ist, wenn mehrere Grundstücksinteressenten am Markt erscheinen. Es wäre sofort eine Konkurrenz entstanden, die letzten Endes die Preise hoch getrieben hätte. So ist ein Stillhalteabkommen mit den Mannheimer Baugesellschaften vereinbart worden, ohne Vertrag. Es ist ihnen versprochen worden, unter der Voraussetzung, daß sie sich aus dem Bodenerwerb heraushalten, sie nach erfolgtem Totalerwerb ein ihrer Leistungsfähigkeit angemessenes großes Gelände zugewiesen bekommen, um es unter Einfügung in die Gesamtplanung nach ihren Vorstellungen bebauen zu können. Alle Gesellschaften haben sich daran gehalten, so daß es tatsächlich gelungen ist, während der ganzen Erwerbsphase nur durch die Neue Heimat und durch die Stadt, die beide kooperativ füreinander, nicht gegeneinander, als Käufer aufgetreten sind, diesen Grundstückserwerb durchzuführen. Und das Versprechen ist hinterher auch eingelöst worden, sowohl von der Neuen Heimat als auch von der Stadt, d. h. die anderen Baugesellschaften haben entsprechend ihren Wünschen und ihrer Kapazität Gelände zugewiesen bekommen und haben sich auch freiwillig in die Gesamtplanung eingefügt. Das waren die Bedingungen der Entstehungsphase.« (OB Ratzel)

1.3 Grundlegende Planungsziele

Zielsetzung der Planung war:
- Wohlbefinden der Bewohner im Wohngebiet durch die Wohnungen selbst und die städtebauliche Gestaltung zu sichern,
- Stadteinheit zu schaffen mit eigenem einprägsamen besonderen Charakter,
- psychische und physische Belange der Bewohner zu berücksichtigen,
- vom Zeilenbau zur räumlichen Einheit mit spannungsvoller Begrenzung zu gelangen.

Für den Stadtteil Vogelstang ist deshalb versucht worden, aus der großen Einheit heraus eine die späteren Bürger zufriedenstellende, wohltuende Gestaltung zu entwickeln.

Die städtebauliche Grunddisposition und ihre Einzeldurchbildung sollen die Eigentümlichkeit des Stadtteils prägen. Im ebenen Mannheimer Stadtgebiet, das keine topographischen Gegebenheiten für die visuelle Orientierung hat, soll dem Stadtteil baulich ein innerer optischer Halt gegeben werden.

Wenn die Entwerfer im Stadtteil Vogelstang vom reinen Zeilenbau abgegangen und zu räumlichen Einheiten gekommen sind, so versuchten sie, damit nicht nur den Eindruck einer aus der Aufgabe gegebenen Häufung zu vermeiden, sondern auch spannungsvolle Begrenzungen für den Betrachter zu schaffen.

Mit heutigen Mitteln und den Wohnungsvorstellungen unserer Zeit entsprechend, folgten die Planer des Vogelstang einer städtebaulichen Idealvorstellung.

»Es sollte ein Stadtteil geschaffen werden, der alle Funktionen vereinigt, d. h. es sollten nicht nur Wohnungen gebaut werden, sondern auch alle zum Leben gehörenden Einrichtungen bereitgestellt werden. Dabei wurden auch in unmittelbarer Nachbarschaft auf dieses Wohngebiet hin orientierte Gewerbegebiete geschaffen.

Ein übergeordnetes Ziel war, überwiegend den sozialen Wohnungsbau zu fördern und eine Bevölkerungsstruktur zu erreichen, die etwa der von Mannheim entsprach. Im übrigen wollte man einen Wohnungsbau, der im Rahmen der damaligen Finanzierungsmittel des sozialen Wohnungsbaus zu realisieren und zu finanzieren war.« (Dresel)

1.4 Ideeninhalt und städtebauliches Konzept

Das Vogelstanggebiet wurde als ein in sich geschlossener Stadtteil für 20 000 Einwohner betrachtet und die 6000 Wohnungen mit allen dazugehörigen Gemeinschaftseinrichtungen als eine Einheit gestaltet. Gewisse technische Unterteilungen in Erschließungsgruppen oder Schulbezirke waren selbstverständlich notwendig. Die Gemeinschaftseinrichtungen sollten nicht weiter als 500 m, das bedeutet 7,5 Minuten Fußweg von den Wohnungen entfernt liegen. Für den wesentlichen Teil der Bewohner sind die Entfernungen zwischen der Wohnung und den Gemeinschaftsanlagen zu Fuß zurückzulegen. Auf diese Weise werden sowohl das Fahrverkehrsaufkommen gering gehalten als auch günstige Existenzbedingungen für das Einkaufszentrum geschaffen.

Begünstigt durch die kompakte Form des Grundstücks entstand eine konzentrierte Anlage, die stark auf ihr eigenes Zentrum ausgerichtet ist. Im Wohngebiet verteilt sind nur wenige Läden für den ausgesprochenen Tagesbedarf geplant. Dafür ist das Geschäftszentrum in seiner Bedeutung gesteigert worden. Der 6 ha große Zentrumsbereich umfaßt Gemeindeeinrichtungen, das Einkaufszentrum, die Hauptstelle der Straßenbahn als öffentliches Verkehrsmittel, Büros, Arztpraxen, ein Hotel, Bildungs- und Unterhaltungsstätten, kurz alles, was zur Versorgung der 20 000 Einwohner notwendig ist und was darüber hinaus die Entwicklung eines lebendigen Gemeinwesens fördern kann.

Wohngebiete wurden bisher in Nachbarschaften gegliedert, die größenmäßig auf der Grundschuleinheit basierten. Eine derartige Gliederung hat dem gemeindlichen Leben in neuen Stadtteilen nicht die Vorteile gebracht, die man sich von ihr versprochen hat. Beim Projekt Vogelstang sind deshalb hauptsächlich Gliederungen technischer Art vorgesehen, während die für das Leben der Bürger bedeutsamen Akzentuierungen durch baugestalterische Maßnahmen erreicht werden sollten. Wenn man den ersten Bebauungsplanentwurf betrachtet, sind zwei Verdichtungsachsen sichtbar, die sich im zentralen Punkt, dem »Zentrum«, kreuzen. Dies ist eine kompositionelle und räumliche städtebauliche Grunddisposition und eine gewisse Orientierungshilfe, und schafft ein ganz bestimmtes individuelles Bild der Siedlung.

Dresel: »Neben theoretischen Zielsetzungen gab es noch einige andere, die baulichen Ausdruck gefunden

Mannheim-Vogelstang

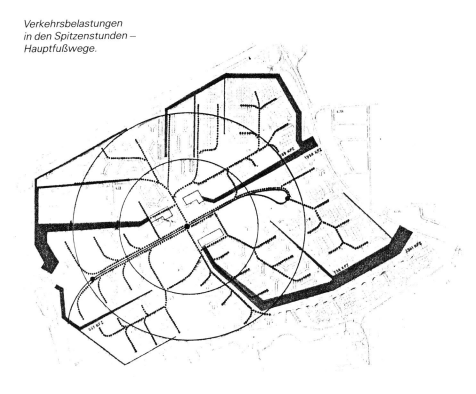

Verkehrsbelastungen in den Spitzenstunden – Hauptfußwege.

haben. Das waren z. B. auch der Verlauf und die Haltestellen der Straßenbahn, an denen es gewisse zusätzliche Verdichtungen gab. Wir haben außerdem diese Bebauung am Modell entwickelt, und in der Tat ist es heute erkennbar, daß neben dieser Verdichtung durch die Hochhäuser im Zentrum sowohl im Norden der Anlage als auch im Süden, Osten und Westen kleinere Hochhausgruppen sind, welche über diesem Zentrum zu einer Kreuzform von verdichtetem Wohnen führen.«

Das räumliche Konzept in Vogelstang ist außerdem durch eine Verdichtung von der Peripherie zum Zentrum hin gekennzeichnet sowie durch die Teilung der Gesamtanlage in vier Wohnquartiere mit den öffentlichen Einrichtungen als Mittelpunkt.

Der Fahrverkehr wird in die vier Quartiere von außen hineingeführt. Während ein Durchqueren des Zentrums durch den Fahrverkehr bewußt vermieden wird, liegt das Zentrum für den Fußgänger im Schnittpunkt der diagonal in die Quartiere ausstrahlenden Fußgängerzonen. Diese Lösung bringt den Bewohnern Beweglichkeit im individuellen Verkehr und ein Minimum an Störungen. Die Straßenbahn führt in die Mitte von Vogelstang, sie teilt die Anlage in je zwei Wohnquartiere und bindet sie vorzüglich in das gesamte städtebauliche Gefüge ein.

Grünkonzept

Es wurde versucht, von vornherein die gesamte Grünfläche – zumindest optisch – als öffentliches Grün erscheinen zu lassen, um damit trotz einer relativ dichten Bebauung ein aufgelockertes, systematisch gegliedertes Wohngebiet mit einem an einer Stelle konzentrierten Grüngebiet zu erreichen. Diese öffentliche Grünfläche zusammen mit dem Baggersee und den Sportanlagen begrenzen somit das Planungsgebiet im Süden.

Eine wesentliche Zielvorstellung der Planung war, das Wohnumfeld, die Freiflächen bei den öffentlichen Gebäuden und die Gemeinschaftsgrünanlagen gut zu gestalten, wofür es in dieser Zeit in Südwestdeutschland noch sehr wenig Beispiele gab. »Wir haben von Anfang an einen Gartenarchitekten oder Landschaftsarchitekten hinzugezogen und haben sehr viel Mühe und relativ viel Geld in die Außenanlagen investiert. Ich glaube, daß diese Außenanlagen immer ein ganz wesentliches positives Merkmal der Siedlung gewesen sind.« (Dresel)

Verkehrskonzept

»Es gibt sehr gute äußere Erschließungsvoraussetzungen der Siedlung, die im Osten und im Westen von einer großen Erschließungsstraße und im Norden von der B 38, von der es aber keine direkte Zufahrt in das Wohngebiet gibt, tangiert wird. Gegen die mußte man sich schützen, was man mit einem Lärmschutzwall getan hat. Zielsetzung war, das Wohngebiet vor dem Durchgangsverkehr, auch dem internen, zu schützen, deshalb hatte man große Stichstraßen vorgesehen, die im Zentrum einen bewußt komplizierten Überlauf ergaben.« (Dresel)

Das zangenartige Erschließungskonzept basiert auf dem Prinzip der Trennung der Wege des Fußgängers von denen der Kraftfahrzeuge. Die Fußwege sind weitgehend räumlich von den Straßen losgelöst und verbinden direkt die Wohnquartiere mit den zentralen Einrichtungen, Haltestellen usw.

Wohnbebauung

Die drei Arten der Wohnbebauung (Flachbau, Mittelhochbau, Hochbau) verdichten sich vom Rande zur Mitte hin mit dem Versuch, eine jeweils typische Gestalt und Anordnung zu finden.

»Wir hatten die Vorstellung, daß wir den zu dieser Zeit üblichen Zeilenbau bei dieser Größenordnung nicht zum Basiselement der Planung machten, sondern daß wir versuchten, Räume und Höfe zu bilden und so räumliche Einheiten zu schaffen mit spannungsvollen Begrenzungen.« (Dresel)

Das Ziel war, einen vielfältig ausgebildeten Flachbau bei möglichst kleinem Grundstück und großer Intimität für den Haus- und Gartenbereich zu finden.

Entwurf zum Bebauungsplan, 1964, GEWOG, Planungsbüro Mannheim.

KG = Kindergarten
VS = Volksschule
OS = Oberschule
HS = Hilfsschule
HWS = Hauswirtschaftsschule
SP = Sportplätze
AH = Altersheim
KLG = Kleingärten
KI = Kirche
GW = Gewerbe

Um neue Einfamilienhausformen in Vogelstang einzusetzen, hat die Neue Heimat Baden-Württemberg – Stadt Mannheim – einen Test als Planungsgrundlage durchgeführt. Südlich des Planungsgebiets baute sie eine Testsiedlung mit 38 Kaufeigenheimen, um zu praktischen Erfahrungen über Wunsch und Wille der Käufer zu gelangen. Die Ergebnisse galten als Grundlage für die Planung von rund 900 Einfamilienhäusern im neuen Stadtteil Vogelstang.

Die Notwendigkeit, für eine große Zahl von Mannheimer Familien Wohnungen zu einem günstigen Mietpreis zu schaffen, führte zu einem hohen Anteil (nämlich 2660 Wohneinheiten) 4geschossiger Mehrfamilienhäuser.

Sie sind als Hausketten ausgeführt, die ineinander fließende Grünräume mit Spiel- und Ruheflächen raumbildend umgeben. Die Hausketten setzen sich, je nach Orientierung und Erschließungsmöglichkeit, aus den Grundelementen eines Zweispänners und eines sternförmigen Dreispänners zusammen, und ergeben sehr gute, vielfältige Grundrisse. Mit dieser Bebauung konnte die angestrebte Wohndichte ohne monotone Reihungen erreicht werden. Durchgänge unterbrechen hier und da die Hausketten, schaffen kurze Verbindungen, öffnen Durchblicke und dienen als gedeckte Spielflächen bei schlechtem Wetter.

Bei den Hochhäusern wurde ausschließlich die Punktform gewählt. Diese Hausform ergibt nicht nur in der Ebene große Freiflächen, sie vermittelt auch visuell den Eindruck freier Zonen.

Die gebauten 12-, 14- bis 23geschossigen Wohnhäuser und das Zentrum Vogelstang stehen im Kontrast zu der flachen und mittelhohen Bebauung. Sie profilieren die Silhouette und geben Vogelstang ein städtisches Gepräge.

1.5 Ausländische Vorbilder als Anregung und Hilfestellung bei der Entstehung von Stadtkonzepten

Irion: Die jüngste Vergangenheit hat im Städtebau physische und psychische Forderungen aufgestellt. Es ist festzustellen, daß das biologische Gleichgewicht in neuzeitlichen Wohnanlagen oft deshalb nicht zustande gekommen ist, weil die physischen Belange der Bewohner mehr als ihre psychischen zu ihrem Recht gekommen sind. Licht und Luft allein genügen noch nicht zum gesunden Leben in der Stadt. Für den Stadtteil Vogelstang ist versucht worden, aus der großen Einheit heraus eine die späteren Bürger zufriedenstellende, wohltuende Gestaltung zu entwickeln. Man suchte nach Vorbildern.

Sie, Herr Oberbürgermeister Ratzel, die Planer, d.h. das Stadtplanungsamt und das Planungsbüro der Neuen Heimat, und die Gemeinderäte haben gemeinsame Reisen ins Ausland unternommen, um aus den Erfahrungen des ausländischen Städtebaus zu lernen und zu profitieren. Inwieweit haben die Kenntnisse der ausländischen Vorbilder die konzeptionell-städtebaulichen Vorstellungen geprägt und bei der Findung von Problemlösungen geholfen?

Ratzel: »Natürlich sind wir in unseren Vorstellungen über Städtebau beeinflußt worden, vor allem von den Engländern und den Schweden. Über die Fertigbauweise haben wir einiges von den Franzosen gelernt, die da etwas großzügiger waren. In Schweden haben wir uns vor allem Vällingby angesehen und dabei deutlich bemerkt, wie wichtig der Nahverkehr ist. Die Anbindung an den Nahverkehr war ein Problem. Wir hatten uns zum Ziel gesetzt, wenn die Hälfte der Vogelstang bebaut sein würde, sollte auch die erste Straßenbahn fahren. Insgesamt wurden in Vogelstang etwa 6000 Wohnungen gebaut, und wir haben 1969, als die Hälfte der Wohnungen fertig war, auch die erste Straßenbahn fahren lassen.

Ein anderes Problem war die Reinhaltung der Luft. Ich wußte auf diesem Gebiet schon einiges, denn in der zweiten Hälfte der fünfziger Jahre war ich Mitglied des Bundestags und hatte in dieser Zeit in einer parlamentarischen Arbeitsgemeinschaft mit diesen Problemen zu tun. Vogelstang ist so gebaut, daß praktisch alle Wohnungen entweder mit Fernwärme oder mit Gas beheizt werden. Wir konnten dies nur mit Verträgen über die Grundstücke durchsetzen, das ist uns gelungen. Vogelstang ist ohne Schornsteine, deshalb ist die

Luft auch gut. Wir haben das erreicht, als die Grünen, oder ein Teil der Grünen, gerade zur Welt gekommen waren.

Ein weiteres Problem verbirgt sich auch unter dem Stichwort ›familiengerechter Wohnungsbau‹, das besonders in der Zeit von Paul Lücke das Schlagwort gegen die SPD war, die sich hier zum Teil auch ungeschickt verhalten hat. Wir haben also familiengerechten Wohnungsbau betrieben, familiengerecht in dem Sinne, daß wir gesagt haben, jeder bekommt seine Wohnung. Wir haben damals dafür gesorgt, daß jeder außer einer Küche, einem Schlafzimmer auch ein Wohnzimmer hat, gegebenenfalls war noch ein Arbeitszimmer vorgesehen. Das entsprach zwar nicht den damaligen Richtlinien für den Wohnungsbau, aber wir setzten uns über diese hinweg.

Eine nicht ganz unwichtige Aufgabe war auch das Schulwesen. Wir hatten die Vogelstang für etwa 20 000 EW geplant. Heute gibt es ca. 17 000, immerhin eine Gemeinde, die verschiedene Schultypen aufweisen muß. Wir haben also nicht nur eine Grundschule und Hauptschule, sondern auch eine Realschule, die wir mit dem Gymnasium zusammengefaßt haben zu einer additiven Gesamtschule (im Gegensatz zu einer integrierten Gesamtschule). Auch Kindergärten wurden errichtet, ebenfalls ein Jugendzentrum. Ein Hallenbad wurde gebaut, damit alle Schüler schwimmen lernen konnten. An Erholung und Grün haben wir ebenfalls gedacht. Wir haben einen See für Vogelstang geplant, dessen Finanzierung über den dort gewonnenen Kies erfolgte. Es gibt auch Sportanlagen, allerdings gemeinsam für Vogelstang und Wallstadt.

Die Zusammenarbeit zwischen Stadtverwaltung, dem Maßnahmenträger, der ›Neuen Heimat‹ und den anderen Baugesellschaften zeigte sich als sehr erfreulich. Es mußte darauf geachtet werden, daß kein Konkurrenzneid entstand, da waren alle Valenzen abzusichern, wie der Chemiker sagt, politisch, religiös, das Vereinswesen usw., so daß alle das Gefühl hatten, daran beteiligt zu sein.

Ein wesentlicher Punkt war, dem neuen Stadtteil auch ein Zentrum zu geben. Dieses Zentrum in der Mitte der Vogelstang wurde fertiggestellt, als etwa die Hälfte der Wohnungen bezogen war. In diesem Zentrum sind alle Geschäfte, vom Supermarkt über das Papiergeschäft, vom Café bis zur Apotheke, ansässig, deren Inhaber heute durchaus zufrieden sind, obwohl sie anfangs sehr klagten wegen der Miete in Höhe von DM 10,– pro m². Es tauchten auch andere, völlig unerwartete Probleme auf, z. B. haben wir rasch feststellen müssen, daß ein Teil des Gewanns Vogelstang ein ehemaliger Friedhof aus der Merowingerzeit und eine keltische Siedlung war. Wir legten dort etwa 400 Gräber frei, und es war keine leichte Aufgabe, dafür zu sorgen, daß die Tiefbauer erst kamen, nachdem die Gräber von den Archäologen ausgewertet worden waren.

Ein besonderes Problem war die Gewichtung der Bauweise. Damals waren die Hochhäuser sehr modern, und wir haben uns überlegt, wie wir die Hochhäuser, den Mittelhochbau und den Flachbau verteilen sollten. Dabei war wesentlich, daß wir das Schwergewicht auf den Mittelhochbau legten, denn die Familien mit Kindern, die wir ja vor allen Dingen wollten, sind besser im Mittelhochbau oder im Flachbau untergebracht. Deswegen haben wir den Hochbau für Einpersonenhaushalte erstellt. Manchmal entsteht der Eindruck, es gäbe zu viele Hochhäuser in Vogelstang. Von allen Wohnungen sind jedoch nur etwa 18% in Hochhäusern gelegen; die große Masse liegt im Mittelhochbau. Dort hat

Der Mittelhochbau in Form von Hausketten prägt das Wohngebiet. Planung: Arch. Peter Dresel NHBW.

Herr Dresel diesen Y-Typ, die Hausketten, entwickelt. Wir wollten ja eine konforme Abbildung der Stadt. In Vogelstang gibt es nicht nur Arme, Mittelständler, sondern auch Reiche. Deshalb sind hier auch sehr schöne Eigenheime entstanden, z. T. am See. Aber auch die Hochhäuser haben wir an den See vorgezogen, damit nicht nur die ›Besserverdienenden‹, wie es heute heißt, am See wohnen, sondern auch solche, die wir im Rahmen des sozialen Wohnungsbaus versorgt haben.«

1.6 Form und Art der Planung – besondere Merkmale

Irion: Haben Sie damals zu Anfang in dieser sich schnell wandelnden Zeit über die heute geforderte Offenheit der Pläne überhaupt nachgedacht? Welche Wege sind Sie gegangen, um bei dieser kurzen Bebauungsplanung vielen Fragen gegenüber offenzubleiben?

Dresel: »Die beste Voraussetzung für die Bebauungsplanung der Vogelstang war die Bereitschaft zur Zusammenarbeit. Die unkonventionelle Zusammenarbeit war sehr gut, insofern gab es in diesem Bereich wenig Probleme. Bei der Aufstellung des Bebauungsplans hatten wir einen erläuternden Baukörperplan, der zeigte, wie sich die bauliche Entwicklung darstellen sollte. Danach wurde der eigentliche Bebauungsplan festgelegt, den man angesichts dieser Organisationsform, die man dort gefunden hatte, sehr großzügig festlegte. Also keine Gebäudefestlegungen traf, sondern in areale maximale Gebäudehöhen beschrieb, maximale Nutzungen, im übrigen aber auf diesen Baukörperplan oder Richtlinienplan für die Gestaltung verwiesen hat. Das wurde aber nicht im einzelnen festgelegt. Insofern konnten wir dann mit der Entwicklung der Gebäude diese Bebauung präzisieren. Zusammen mit dem Planungsbüro haben wir einen großen Teil der Gebäude selbst geplant, vor allem die 4geschossigen, diese förmigen Schlangen, die das wesentliche Element dieser Bebauung in Vogelstang sind.

Wir haben auch eine relativ große Anzahl – ca. 900 – von Einfamilienhäusern gebaut und dafür einen Typus gefunden, und zwar das Gartenhofhaus, für das es in der Bundesrepublik und im europäischen Ausland schon einige Beispiele gab, das aber in der Stadt Mannheim noch relativ unbekannt war. Um sicher zu sein, daß die Mannheimer Bevölkerung diesen Haustyp akzeptieren würde, haben wir eine Mustersiedlung mit 38 Kaufeigenheimen verschiedener Art, aber im wesentlichen Gartenhofhäuser, in Form einer Ausstellung präsentiert. Sie wurde von 5000 Interessenten beurteilt. Aus den Erfahrungen wurden für die weitere Planung in Vogelstang die Konsequenzen gezogen.

Es war der Weg vom Experiment zum Bebauungsplan. Die Anforderungen an die PKW-Stellplätze sind im Laufe der Zeit gestiegen, 1962 waren die Ansätze sehr viel geringer als dann später Mitte oder Ende der sechziger Jahre. Wir haben im Laufe der Zeit die Planung in den einzelnen Abschnitten an die veränderten Anforderungen angepaßt und zur Lösung des Stellplatzproblems für die verschiedenen Gebäudeformen typische Elemente gefunden: bei den Einfamilienhäusern kleine Garagenhöfe und bei den Mehrfamilienhäusern 2geschossige Parkhäuser, die wir zusammen mit Ingenieuren und Baufirmen so durchrationalisiert haben, daß sie sehr preiswert, also in größerer Zahl gebaut werden konnten und so zahlreiche Autos in diesen Parkhäusern untergebracht werden konnten.

Die Dichte liegt bei 0,7. Außerdem war der Bebauungsplan nicht so festgeschrieben, daß man ihn immer wieder anpassen konnte. Diese 2geschossigen Parkhäuser sind eine Parkierungsform, die wenig Platz beansprucht. Es war also möglich, eben diesen Bebauungsplan immer rechtskräftig und verbindlich zu halten und sich trotzdem der Entwicklung anzupassen, denn die Planung begann etwa 1962, das Gebiet wurde 1980 fertiggestellt.

Die Entwicklungszeit ging über 15, bald 20 Jahre, die Herstellungszeit mit größerem Bauvolumen war vielleicht 10 Jahre, aber darüber hinaus gab es kleinere Ergänzungen über diesen Zeitraum, und sicher ist es gut, wenn die Realisierung nicht so schnell geht.«

Irion: Die Studien von Organisationsformen vergleichbarer Projekte im Ausland führten 1962 schließlich zur Bildung eines eigenen Planungsteams der GEWOG in Mannheim, von dem dann Ende 1962 in ständigem Kontakt mit der Stadtplanung ein endgültiger Entwurf zum Flächennutzungsplan und dann 1963/64 zum Bebauungsplan Vogelstang, der wegen seiner Größe in 6 Teilen bearbeitet wurde, aufgestellt wurde.

Von Herbst 1960 bis Sommer 1963 wurde in geradezu idealer Zusammenarbeit zwischen dem Stadtplanungsamt unter Leitung von Baudirektor Becker und dem Planungsbüro der GEWOG/NH unter der Leitung von Peter Dresel die Entwurfsarbeit geleistet. Diese vielschichtige Planung ist unter Beteiligung von Architekten, Gartenarchitekten und Verkehrsplanern durchgeführt worden.

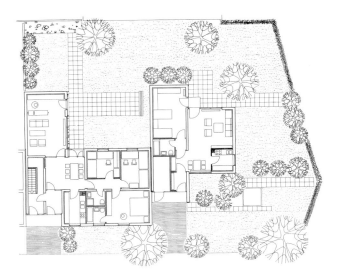

Einfamilien-Atriumhäuser. Unterschiedliche Gartenhofhäuser wurden während einer Ausstellung präsentiert und verkauft. Diese Häuser wurden sehr beliebt bei den Bewohnern.

In vielen Gesprächen und auch in der Literatur fällt auf, daß eine große Harmonie und Wirkung von einem ganz kleinen Kreis von Persönlichkeiten ausging. Hierbei muß sicher die Arbeitsform erwähnt und auch die spezielle Bedeutung der Leute unterstrichen werden, weil sie gewährleistet haben, daß man diese Qualität geschaffen hat ohne Überziehung der Mittel.

Becker: »Hier ist ein Team zusammengekommen, das bei aller Unterschiedlichkeit, sei es in der politischen Anschauung oder auch im Temperament, auf der menschlichen Seite so harmonisch zusammenarbeiten konnte, wie das vielleicht selten der Fall ist. Die Zusammenarbeit mit Dresel, wir sind ja beide Architekten, war vorzüglich und kam vielleicht auch daher, daß eine Gruppe von Mitarbeitern der Neuen Heimat zwei Jahre im Stadtplanungsamt saß, also in dessen Räumen. Damit war gewährleistet, daß der tägliche, ja der stündliche Kontakt vorhanden war. Ich konnte nicht jeden Schritt überwachen, aber begleiten, anregen konnte ich ihn und umgekehrt war Peter Dresel auch ständiger Gast bei uns. Man wußte manchmal gar nicht mehr die Zugehörigkeit.

Eine wesentliche Beschleunigung beim Bebauungsplanverfahren konnte dadurch erreicht werden, daß von Beginn der Planung bis zur eigentlichen Planreife das Regierungspräsidium ständig eingeschaltet war und über den Fortgang der Planungen unterrichtet wurde. Sobald Schwierigkeiten bei uns auftauchten oder Fragen, die wir alleine nicht lösen konnten, weil wir nicht wußten, wie die bewilligenden Behörden, das Regierungspräsidium, sich dazu stellen würden, haben wir uns nicht gescheut, nach Karlsruhe zu fahren und mit den Kundigen zu sprechen, ihren Rat einzuholen und ihnen damit auch das Gefühl zu geben, an der Planung beteiligt zu sein. Somit haben sie sich auch als Mitverantwortliche gefühlt, und die Genehmigung ist dadurch wesentlich beschleunigt worden. Wir haben also keinerlei Hemmnisse, Schwierigkeiten oder gar Verzögerungen beim Genehmigungsverfahren erlitten, haben die Planung in kürzester Frist vom Regierungspräsidium mit dem Genehmigungsvermerk zurückbekommen und konnten an die Verwirklichung gehen.«

1.7 Erfahrungen und Bewertung der »Väter« – Erreichtes und Nichterreichtes

Gespräch mit Prof. Dr. Ludwig Ratzel Oberbürgermeister a.D.

Irion: Selten ist es möglich, eine Stadt planen, bauen und erleben zu können. Was haben Sie in Vogelstang nicht erreicht, was wurde nicht ausgeführt? Gab es im Laufe der Zeit Veränderungen in der Planung?

Ratzel: »Vogelstang haben das Stadtplanungsamt und die ›Neue Heimat‹ gemeinsam geplant. Peter Dresel wurde im Frühjahr 1962 von dem damaligen Chef der ›Neuen Heimat‹ von Hamburg nach Mannheim versetzt. Bei dieser Planung wurden natürlich auch die Erfahrungen sowie die Fehlplanungen in anderen Gebieten bedacht, sowohl in Mannheim als auch in anderen Städten. Aus heutiger Sicht sind uns nicht viele Fehler unterlaufen. Eines haben wir vielleicht vergessen, und zwar die Wirtshäuser. Da besteht ein Mangel, und das ist jetzt auch schwer korrigierbar. Vielleicht trägt besonders das Fernsehen dazu bei, daß man heute nicht mehr so viele Gaststätten benötigt. Einen Marktplatz haben wir auch. Dort werden Flohmärkte abgehalten und auch die Kirchweih oder ›Kerwe‹ gefeiert. Das war in der Planung von Anfang an vorgesehen. Die Planung war eben deshalb intensiv, weil wir keinen Wettbewerb ausgeschrieben haben. Wir haben uns zusammengesetzt, und zwar diejenigen, die Erfahrungen haben: als Maßnahmeträger, als Planer und als Bauherren, die über die Finanzierung Bescheid wissen.

Mannheim-Vogelstang

Die Grünanlagen, das Wohnumfeld und die Landschaftsgestaltung sind ein wesentliches positives Merkmal Vogelstangs (links und unten).
Planung: Wolfgang Tiedje, Richard Schreiner.

Dadurch ist das Ganze relativ gut gelungen; aber es hat viel Zeit erfordert. Wir haben Besprechungen durchgeführt, manchmal im Rahmen von dreißig, vierzig Personen und dort war natürlich Disziplin nötig. Damals hat man nicht alles zerreden wollen, sondern man hat sich auf das Wesentliche konzentriert, und es haben vor allen Dingen diejenigen an der Diskussion teilgenommen, die etwas zu sagen hatten, und nicht immer diejenigen, die alles besser wissen.
Ursprünglich hatten wir nur an ein reines Wohngebiet gedacht, da in der Nähe genügend Industrie- und Gewerbegebiete sind. Aber es bot sich dann an, in Vogelstang in Richtung Autobahn einige Gewerbebetriebe anzusiedeln.«

Irion: Zu dem Erfolg des Vogelstang hat Ihre Belegungspolitik wesentlich beigetragen. Wie haben Sie die Belegung kontrolliert und beeinflußt?
Ratzel: »Mit der Belegung waren wir natürlich an die Grenzen des § 25 des Wohnungsbaugesetzes gebunden. Dies hätte aber bei strenger Anwendung dazu geführt, daß wir eine sozial einseitige Bevölkerungsstruktur bekommen hätten. Wenn man 6000 Wohnungen baut – und damals kostete eine Wohnung 50 000 Mark, das waren also 300 Millionen, die zu investieren waren – schädigt man eine solche Investition nicht dadurch, daß die engen Grenzen des § 25 nicht eingehalten werden. Ich hatte zusammen mit meinen Mitarbeitern, vor allem mit meinem Vorgänger Dr. Reschke, den Mut, zu sagen, daß wir eben nicht richtig hinsehen wollten, was die Einkommenshöhe angeht; uns war die Entwicklung der Stadt wichtiger.
Wir haben in der ersten Zeit mindestens bei 2000 Wohnungen jeden Fall einzeln durchgesehen. Wir hatten Mieterakten und haben meistens die Mieter aus unserer städtischen Wohnungsbaugesellschaft genommen, deren Akten wir kannten, um beurteilen zu können, ob sie in das Wohnbaugebiet paßten. Wenn ich das vergleiche mit dem einen oder anderen Wohnbaugebiet, über das geklagt wird, weil die sozialen Verhältnisse nicht ausgewogen sind, dann denke ich gerne daran, daß wir solche Klagen in Vogelstang nicht gehört haben. Es war die Basis für einen positiven Bürgergeist, der heute noch sehr lebendig ist.«

1.8 Planer und Träger

Gespräch mit Dipl.-Ing. Peter Dresel Architekt

Irion: Wenn ich mit den Menschen, die an der Entstehung des Vogelstangs beteiligt waren, spreche, dann empfinde ich eine Art Zufriedenheit. Sie haben nach Vogelstang vieles andere gebaut, wie ist ihr Verhältnis zu Vogelstang? Wie bewerten Sie den Vogelstang?
Dresel: »Ich habe ein ganz persönliches Verhältnis dazu, weil auch heute noch erkennbar ist, wie damals geplant und gebaut wurde. Ich sehe als erfolgreich an, daß deutlich feststellbar ist, daß es keine sozialen Probleme gibt, daß die Bewohner des Stadtteils sich wohlfühlen und daß die ursprünglich gestellte Zielsetzung, eine Bevölkerungsstruktur zu haben, die der von Mannheim entspricht, d. h. wohlhabendere Leute und weniger wohlhabende dort anzusiedeln, gelungen ist. Außerdem finde ich heute das Bild der Außenanlagen gut, die Siedlung wird durch diese stark bestimmt, und ich meine, daß diese raumbildenden 4geschossigen Elemente auch heute noch als Wohnform Gültigkeit besitzen. Im übrigen haben wir in Vogelstang eine hohe

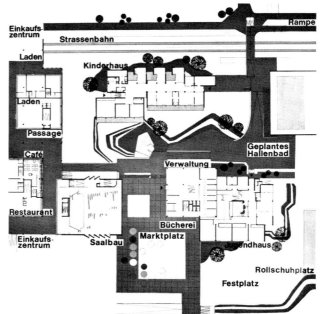

*Zentrum Vogelstang
Modell.
Planung:
Prof. Helmut Striffler.*

Wohnzufriedenheit der verschiedenen Bevölkerungsgruppen. Auch Leute, die sich relativ teure Häuser gekauft haben, fühlen sich in diesem Gebiet mit 80% Sozialwohnungen sehr wohl.

Die öffentlichen Grünflächen, auf den Südrand der Siedlung konzentriert, und die große Wasseranlage schaffen das Kleinklima der Siedlung.

Wenn man heute einen Stadtteil für 20 000 EW planen sollte, würde man wahrscheinlich vieles anders machen, aber man würde auch gewisse Erfahrungen und positive Merkmale, die man heute erkennt, übernehmen, z. B. eben diese angenehmen Proportionen, die sich zwischen den Häusern ergeben, diese grünen Wohnhöfe, die ausgewogene Dichte. Für das Zentrum mit seinen ungefähr 600 Wohnungen und den Einkaufseinrichtungen haben wir damals einen Planerarchitektenwettbewerb veranstaltet und uns für den Architekten Striffler entschieden. Er hat unserer Meinung nach ganz geschickt die Existenz der Straßenbahnlinien und der Einkaufseinrichtungen verbunden, indem er eine Einkaufsstraße über die Straßenbahn geplant hat. Im Detail gibt es einiges, das man sicher nicht als optimal bezeichnen kann, z. B. weist dieses Einkaufszentrum zu viele Betonflächen auf, die schwer zu unterhalten und zu pflegen sind und eine Außenerscheinung abgeben, die heute nicht akzeptiert wird.

Man hätte die Hochhausanteile reduzieren und in der Bauausführung manches anders machen können. Heute würde man wahrscheinlich weniger Beton verwenden.«

Kommunalzentrum.

*Gespräch mit Rolf Becker
Stadtplanungsamtsleiter a.D.*

Irion: Welches von den ursprünglichen Zielen und Vorstellungen wurde nicht erreicht. Welche Gründe, Erkenntnisse oder Erfahrungen führten zu den Veränderungen?

Becker: »Etwas, das ich mir gewünscht hatte, ist nicht gelungen, und zwar die evangelische und die katholische Kirche davon zu überzeugen, ein kirchliches, ein ökumenisches Zentrum auf dem Vogelstang zu bauen, d.h. den Kirchen eine gewisse städtebauliche Dominanz zuzuerkennen, vielleicht mit einem evangelischen und einem katholischen Kirchenschiff und einem gemeinsamen Turm und gemeinsamen drumherum gruppierten Räumen für die Gemeindearbeit. Ich bin zu diesem Gedanken besonders ermutigt worden, weil in Mannheim eine gegenseitige Toleranz der Konfessionen immer schon üblich war und eine lange Tradition hat. Leider haben beide Kirchen auf ihrer Selbständigkeit beharrt, und dadurch ist ein gewisser Makel entstanden.«

Irion: Wurden die Gewerbegebiete in dem Umfang, wie es geplant war, auch realisiert?

Becker: »Wir haben zwei Gewerbegebiete auf der Ostseite des Vogelstang. Wir hofften damals, einen Großteil der zwischen diesen beiden Gebieten liegenden Kasernen mit in das Gewerbegebiet einzubeziehen, zumal dieses Areal, das zu der Kaserne gehört, praktisch von den Amerikanern nicht genutzt wurde. Die Amerikaner haben aber trotz jahrelanger intensiver Bemühungen das Gelände nicht hergeben können, weil sie dort eigene Entwicklungsziele verfolgten, da-

Mannheim-Vogelstang

*Zentrum.
Einkaufszentrum (links).*

Die Hochhäuser prägen das Stadtbild (rechts).

durch blieb das Gewerbegebiet kleiner, als wir uns das ursprünglich vorgestellt hatten. Aber wichtig ist, daß ein Großteil der auf dem Vogelstang wohnenden Bevölkerung, vor allem der weiblichen berufstätigen Bevölkerung, in unmittelbarer Nachbarschaft einen Arbeitsplatz gefunden hat und damit sowohl weder mit dem individuellen KFZ-Verkehr die Straßen belastet noch auf das öffentliche Nahverkehrsmittel angewiesen ist. Denn diese Betriebsstätten sind zu Fuß oder mit dem Fahrrad erreichbar.«

Irion: Die Gründe für die Veränderung haben Sie erwähnt. Vielleicht könnte man noch sagen, inwieweit auch andere rezessive Wirkungen auf die Planung gewirkt haben. Nehmen wir beispielsweise die wirtschaftliche Stagnation.

Becker: »Wir hatten uns ursprünglich ein Stadtgebilde mit einem besonders in die Höhe entwickelten Zentrum vorgestellt, das fühlerartig hochgebaute Ausgreifer nach außen streckt. In die dazwischenliegenden Räume schob sich dann eine viergeschossige oder ein- und zweigeschossige Flachbaureihe. Wir hatten den Vogelstang in vier Abschnitte eingeteilt. Die Abschnitte eins und zwei waren bereits gebaut worden. Während der dritten Bauphase trat dann eine Rezession ein, und es war zu befürchten, daß im Abschnitt vier ein Großteil der dort geplanten ein- und zweigeschossigen Ein- und Zweifamilienhäuser nicht mehr absetzbar war. Auf der anderen Seite zeigte sich aber auch, daß der Schlag, den wir gegen die Wohnungsnot tun wollten, zwar von Erfolg war, aber sehr viele Altwohnungen, die aufgegeben wurden, durch die Auflockerung verlorengingen. Die Befürchtung, daß es wegen der Rezession nicht möglich sein würde, sämtliche Ein- und Zweifamilienhäuser zu verkaufen, und der weiterhin große Wunsch, möglichst viele Wohnungen auf kleiner Fläche unterzubringen, haben zu einer Planänderung im vierten Abschnitt geführt, wo anstelle von allen zweigeschossigen Bauten hauptsächlich viergeschossige Bauten errichtet wurden. Der Plan hat dadurch vielleicht etwas an Großzügigkeit, an Weite, an Atem, an Eindeutigkeit verloren, aber es ist dann doch, glaube ich, gelungen, eine weit durchgrünte, räumlich erfaßbare Stadt zu schaffen, eben ein Wohngebiet, mit dem der Bewohner sich identifizieren kann und wo man nicht, um die Wohnungen zu unterscheiden, die Hausnummern in Menschengröße anmalen muß.

Schwierigkeiten bereitete, daß die Stadtwerke nur nach Rentabilitätsgesichtspunkten plante, d. h., sie haben nur den Mittelhochbau und den Hochbau an die Fernheizung angeschlossen. Es war nicht möglich, bei Straßenzügen, wo auf der einen Seite viergeschossig, auf der anderen Seite zweigeschossig gebaut wurde, auch den Flachbau anzuschließen. Erst zu einem sehr viel späteren Zeitpunkt, als die wohltuende Wirkung der Fernheizung in bezug auf die Reinhaltung der Luft erkannt wurde, haben die Stadtwerke auch den Flachbau angeschlossen. Dies hat einiger Überredungskünste und Zeit bedurft, um soweit zu kommen, daß praktisch der gesamte Vogelstang mit Fernheizung versorgt wurde.«

Irion: Unser Gespräch findet am ersten Tag Ihres Ruhestandes statt. Deswegen jetzt die Frage: Was würden Sie heute anders machen, wenn Sie noch einmal vor einer solchen Aufgabe stünden?

Becker: »Das fällt mir jetzt schwer zu sagen. Das Zentrum hätte vielleicht nicht ganz so hoch bebaut werden sollen, nicht 22geschossig, 18 Geschosse hätten eventuell auch gereicht. Der Zentrumsbereich hätte etwas intimer, etwas freundlicher gestaltet werden können. Es fehlt etwas an Nobless.

Ich habe mich gefragt, nachdem ich jetzt nach 35jähriger Tätigkeit im Stadtplanungsamt Mannheim und nach über 25jähriger Leitung des Stadtplanungsamtes aus dem Amt geschieden bin, was denn nun von den Arbeiten in Mannheim geblieben ist und worauf man vielleicht mit Recht stolz sein könnte. Die Antwort darauf unterliegt natürlich einer gewissen Subjektivität. Von allen Dingen, die ich in Mannheim anstoßen durfte, freue ich mich am meisten über die Entwicklung des Südrandes von Vogelstang. Damals bestand die Gefahr, daß Grundstückseigentümer am Südrand des Gebietes neidisch auf die Grundstückseigentümer, die ihren Grundbesitz innerhalb des Vogelstanggebiets verkauft hatten, schauten und hofften, auch ihr Ackerland in Bauland umwandeln zu können und damit einen Riesengewinn machen zu können. Aus dem Gemeinderat

Mannheim-Vogelstang

kam als Anregung, Vogelstang in südlicher Richtung zu erweitern, nach Norden ging es nicht, da die B 38 als Grenze vorhanden ist, im Westen und Osten waren ebenfalls die Randerschließungsstraßen bereits gebaut, auch die konnte man nicht überspringen, aber der Süden war eine weiche Grenze in Richtung Wallstadt. Es kam also der Wunsch auf, auch dieses Gebiet bis nach Wallstadt total zu überbauen. Dadurch wäre Vogelstang mit Wallstadt zusammengewachsen, und die gerade für Mannheim lebensnotwendigen Frischluftschneisen wären zugebaut worden.

Ein reines Grün, d. h. ein Park für die Naherholung der Bevölkerung, war sowieso als Südrand vorgesehen, aber es hat sich oft genug gezeigt, daß dies Gebiet bedauerlicherweise als Baulandreserve angesehen wurde. Um die Bebauung zu verhindern, wurden dort zwei große Weiher geplant. In Form eines Wettbewerbs ist die große Umgestaltung mit den Weihern erarbeitet worden, wodurch schnell alle anderen Bestrebungen vergessen waren. Das ist eigentlich eine der erfreulichsten Erinnerungen an meine vergangene Amtszeit, und ich könnte mir vorstellen, daß gerade dieses Gelände südlich des Vogelstang mit den beiden Weihern im Jahre 2007, zum 400. Geburtstag unserer Stadt als Bundesgartenschaugelände herangezogen wird.«

1.9 Erfahrungen und Bewertung der Fertigbauweise

Irion: Meine Frage bezieht sich auf die vorgefertigte Bauweise. Sie haben diese Bauart damals ganz bewußt gewählt. Sie haben ja sogar die Abnahmeverpflichtung und Koordinationsfunktionen auf sich genommen. Haben sich die Erwartungen gegenüber der Fertigbauweise bestätigt?

Ratzel: »Die Fertigbauweise hat, vom Wirtschaftlichen her, nur dann eine echte Begründung, wenn man auch preisgünstig bauen kann. Das bedeutet natürlich, daß bestimmte Stückzahlen an Wohnungen jährlich produziert werden. Wir mußten also dem Bauunternehmen zusichern, daß wir jedes Jahr eine bestimmte Anzahl an Wohnungen erstellen würden. Ich glaube, es war eine richtige Entscheidung. Wenn wir nicht von bestimmten Baukosten hätten ausgehen können, wären wir gar nicht so mutig gewesen, ein solches Vorhaben in einer bestimmten Zeit durchzuziehen.«

Dresel: »Das vorproduzierte Bauen war eine Möglichkeit, den Bauvorgang zu rationalisieren. In Vogelstang ist aber der reine Fertigteilbau nur bei 23geschossigen Hochhäusern zur Anwendung gekommen, die in Großtafelbau gebaut wurden. Die viergeschossigen Häuser sind an Ort und Stelle in Beton gegossen worden. Dafür hat man eine sehr rationalisierte Bauweise entwickelt, bei der die wesentlichen Elemente die vorproduzierten Schalungselemente waren, die Querbänder und die Decken sind an Ort und Stelle gegossen worden. Das war damals billiger als reiner Fertigteilbau, nur die Fassadenteile, die Treppen und andere kleinere Teile sind in der Fabrik gefertigt worden. Das Ziel, rationell zu bauen, ist bei diesen viergeschossigen Häusern wirklich perfekt erreicht worden. Die waren zu ihrer Zeit außerordentlich preiswert. Von den Kosten her waren sie sehr viel günstiger als die Hochhäuser, was dazu führte, daß man zum Teil Hochhäuser und viergeschossige Gebäude in einer Finanzierungseinheit zusammengefaßt hat, um die Hochhäuser mit dem preiswerten viergeschossigen Wohnungsbau subventionieren zu können, denn die Baukosten lagen damals etwa bei 400 Mark pro m² Wohnfläche, die Herstellungskosten mit Grundstück usw. Das waren auch damals sehr günstige Preise.«

Knoblauch: »In diesem Zusammenhang gibt es selbstverständlich keine Maxime. Es ist in meinen Augen fraglich, ob die Anwendung von präfabrizierten Bauteilen oder die von uns angestrebte Art im Wohnungsbau überhaupt zukünftig möglich ist. Unsere vermeintliche Kostenersparnis hat sich später und wird sich in Zukunft als durchaus zweischneidig erweisen.«

Die städtebauliche Anordnung der »Schlangenhäuser« bilden Räume und Höfe, in denen Kinder gefahrlos spielen können.

1.10 Veränderungen und Probleme

*Gespräch mit Einald Sandreuther
Architekt*

Irion: Sie sind vom Anfang der Planung bis heute stark mit dem Vogelstang verbunden, einmal durch Ihre Planungstätigkeit im Planungsbüro der Neuen Heimat in Mannheim und auch durch die Betreuungsfunktionen der heutigen Hausverwaltung. Sie kennen die Kehrseite und besonders auch die Anfangs- wie auch die heutigen Probleme. Was können Sie von diesen Erfahrungen kritisch vermitteln?
Sandreuther: »Die Planung war in Bewegung, sie war in Richtung Realisierung orientiert, der Planstand deckt sich mit der Ausführung. Als einziges haben wir bedauerlicherweise ein Einfamilienhausgebiet umgeplant, weil man meinte, diese seien nicht absetzbar. Und das ist eigentlich mißlungen, und zwar, weil sich ein kommunalpolitisch starker Mann von der Gartenstadtgenossenschaft das ganze Quartier angeeignet hat und diesen für unsere Verhältnisse relativ sturen und qualitativ schlechteren Zeilenbau in einer ganz brutalen Weise umgesetzt hat. Er hat sich zwar vom Oberbürgermeister deswegen öfter beschimpfen lassen müssen, was allerdings an der Situation nichts geändert hat. Aus diesen Erfahrungen hat man nicht viel gelernt, auch heute trifft man viele Entscheidungen mit dem Vermerk ›nicht absetzbar‹. Das war eine kurze Konjunkturschwankung, die dann wieder in einen Einfamilienhausboom umgeschlagen hat.

Wir in Mannheim mußten ja auch zu der Zeit im eigenen Haus Kämpfe führen gegen die Neue Heimat. Der Quadratmeter Außenanlage kostete damals zwischen 8 und 10 DM, und da wir eine solch große Wirtschaftlichkeit bei den Gebäuden erzielten, brauchten wir für die Außenanlage 35 DM. Das war eine heiße Diskussion. Damals war Herr Geigenberger das zuständige Vorstandsmitglied. Er war ein Kaufmann mit Verstand. Vogelstang ist für die Neue Heimat ein großer Schritt gewesen, zumindest was die Außenanlagen betrifft.
Wir hatten in Vogelstang noch nie einen Leerstand. Das ist eigentlich das beste Ergebnis, im Gegensatz jetzt z. B. zum Emmertsgrund. Die eigentlichen Probleme, die wir hier haben, sind keine Vogelstang-Probleme, sondern das sind Zeitprobleme. Die Belegungsdichte und damit auch die Bevölkerungszahl sind zurückgegangen, und eine Grundschule haben wir umfunktionieren müssen. Die viergeschossigen Schlangenhäuser haben fast überhaupt keine Höhenvorsprünge. Das ist bis zu einem gewissen Grad orientierungsfeindlich. Deswegen haben wir farbliche Unterscheidungen angebracht.
Daß unsere Hausverwaltung hier vor Ort war und daß wir immer schnell reagieren konnten, ist eigentlich etwas sehr Wesentliches gewesen. Wir haben pro 300 Wohnungen einen Hausmeister, der verantwortlich ist für das Haus und die Außenanlagen. Z. B. dürfen heute alle Leute über den Rasen laufen, sie dürfen dort lagern usw. In den Erdgeschoßwohnungen haben wir die Terrassen schützend ausgebaut. Heute geben wir Sondernutzungsrechte bis zu fünf Meter vor solch einer Terrasse. Das war damals neu. Diese Maßnahmen führen eine Zufriedenheit der Bürger herbei.
Kritisch ist für mich das Zentrum. Obwohl es einen Wettbewerb gab und Striffler auch den Hugo-Häring-Preis bekommen hat, ist es weder ein offenes noch ein geschlossenes Zentrum. Man sollte sich bei der Planung zu einem von beiden bekennen. Unser Zentrum hier war ursprünglich ein offenes und ist zu weiten Teilen geschlossen worden, und zwar so weit geschlossen, wie der TÜV mitgemacht hat. Diese Zugluft, die jetzt in dem Zentrum ist, hat der TÜV gefordert. Das schlimmste darin ist aber der Fußbodenbelag. Er funktioniert nicht, weil es ein Gartenbelag ist und der gehört beregnet. Das Zentrum ist mir eigentlich zu trist, es hat keine Ausstrahlung.
Aber es funktioniert, obwohl wir einen Umsatzeinbruch hatten als ›Wertkauf‹ und das Rhein-Neckar-Zentrum eröffnet haben. Aber mittlerweile haben sich die La-

Den Erdgeschoßwohnungen wurden nachträglich Terrassen zugeordnet.

denbesitzer eingelebt. Sie haben Kontakte zur Bevölkerung. Vogelstang ist eines der wenigen Gebiete in der Bundesrepublik, die ausgezeichnet wurden. Wir haben diese kammförmige Erschließung, das Radburn System, mit der nur sehr stark eingeschränkten Möglichkeit, das Zentrum zu durchfahren. Dieses Verkehrssystem hat zwar alle Vorteile der Sicherheit, auch eine gewisse Überschaubarkeit, bringt aber natürlich für den Kraftfahrer erhebliche Umwegfahrten mit sich. Das muß in Kauf genommen werden. Die freie Führung der Straßenbahn wurde leider nicht erreicht. Sie müssen also immer wie ein Maulwurf an verschiedenen Stellen unten drunter oder oben drüber. Es ist eine klare Trennung. Diese Schranken sind eine Veränderung des Ursprungskonzeptes.

Es ist möglich, daß im Jahr 2000 vielleicht das Ganze wieder abgeräumt und der Grund und Boden anders bebaut wird. Ich glaube, der Standard ist eigentlich schon durch den sozialen Wohnungsbau vorgegeben gewesen, z. B. haben wir aus Kostengründen die Bäder mit Kunststoffliesen ausgestattet. Jedes Haus hat eine eigene Antennenanlage usw. Die Zukunft wird eine Kostenfrage sein. Wir mußten lernen, im Anfangsstadium Unwirtschaftliches zu tun, denn Unwirtschaftliches kann letztendlich sehr wirtschaftlich sein.«

1.11 Zukunftsperspektiven

Becker: »Die Entwicklung des Vogelstang sehe ich praktisch als abgeschlossen an. Vogelstang ist fertig gebaut. In der Umgebung ist eine Erweiterung von Wallstadt im Interesse der besseren Ausnutzung der Infrastruktur möglich. Man sollte hier auf jeden Fall einen Wettbewerb ausschreiben, und es ist sicherlich ein reizvolles Thema, für ein immerhin etwa 60 ha großes Gelände eine Bebauung zu finden, die sowohl zum Vogelstang, also einem Neubaugebiet der sechziger und siebziger Jahre, als auch zu einem alten gewachsenen Kern eines Dorfes wie Wallstadt den richtigen Bezug nimmt und den richtigen Maßstab einhält.«
Irion: Haben Sie auch Lösungsvorstellungen, Perspektiven, vielleicht Wünsche, Prognosen für die Zukunft Vogelstangs?
Becker: »Ich hätte den Wunsch, daß an dem augenblicklichen Erscheinungsbild des Vogelstang möglichst wenig geändert wird. Ich kann mir allerdings eines vorstellen, und das würde eine Änderung des bisherigen Konzeptes bedeuten: Die Flachdächer der Ein- und Zweifamilienhäuser sind in den letzten Jahren immer häufiger reparaturanfällig geworden. Vielleicht sollten diese Flachbauten mit Satteldächern versehen werden. Ich habe angeregt, daß in der Form von Bebauungsplanänderungen oder gar neuen Bebauungsplänen die rechtlichen Voraussetzungen geschaffen werden, um auf diesen Flachdachbauten Satteldächer errichten zu können. Eine Schwierigkeit ist damit allerdings verbunden, der gesamte Flachbau ist privatisiert. Es muß also ein Weg gefunden werden, der garantiert, daß zumindest in einer Zeile sowohl nach Art des Baumaterials als auch nach der Form und nach der Farbe und vor allem nach der Zeit einheitlich gebaut wird, daß also zumindest zeilenweise ein einheitliches Bild erhalten bleibt.

Wobei man eines bedenken sollte, es darf nicht dazu führen, daß dieser zusätzliche Dachraum dann ausgebaut wird. Er müßte also eine Dachneigung von etwa 25 bis maximal 32 Grad bekommen, er sollte keine Dachaufbauten oder Dacheinschnitte erhalten und nur als Speicherraum genutzt werden. Vor allem dürfen keine zusätzlichen Wohnungen entstehen, weil es nicht möglich sein wird, die dann auch unweigerlich entstehenden zusätzlichen Parkplätze und Einstellplätze nach Garagenverordnung im Vogelstanggebiet unterzubringen. Der Gemeinderat hat sich mit dieser Änderung einstimmig einverstanden erklärt.

Außer dem geplanten Umbau hat das Stadtplanungsamt am Südrand mit den beiden Seen ein Gelände ausgewiesen, das inzwischen rechtswirksam ist, mit sehr unterschiedlichen Freizeitnutzungen. Man muß abwarten, ob die finanziellen Voraussetzungen in Zukunft auch noch dafür vorhanden sein werden. Zumindest von der Planungsseite ist alles an Voraussetzungen geschaffen worden, um das wachsende Freizeitbedürfnis der Bevölkerung in unmittelbarer Nachbarschaft des Vogelstang zu befriedigen.«
Ratzel: »Bei Überlegungen, ob Vogelstang noch Entwicklungsmöglichkeiten hat, muß man natürlich die Bevölkerungsentwicklung mitbedenken. Wir haben die Siedlung für 20 000 Menschen gebaut; damals sind auf eine Wohnung etwa drei Personen gekommen. Heute ist in Mannheim der Durchschnitt der Personen je Wohnung auf 2,2 abgesunken, gegenüber 4,2 vor dem Zweiten Weltkrieg. Das bringt Probleme mit sich, z. B. in bezug auf die Schulräume.

Im Vergleich mit der europäischen Entwicklung wird der Rhein in Zukunft nicht mehr der ›wunderschöne Rhein‹ sein, wie wir ihn in unserer Jugendzeit noch

Die öffentlichen Grünflächen dürfen zum Spielen genutzt werden.

erlebt haben; sondern er wird, das mag man bedauern, die große Verkehrsader in Europa sein. Er bildet ein großes Städteband von Rotterdam bis Basel. Mannheim ist Teil dieses Gebiets, und deshalb sollten wir unsere Wohngebiete etwas mehr nach Osten verlegen, also auch Wallstadt-Nord bebauen.

Ich glaube nicht, daß wir auf die chemische Industrie in diesem Raum verzichten können, und chemische Industrie braucht Wasser. Die BASF am Rhein beschäftigt immerhin 50 000 Menschen, und keiner wird diese 50 000 Arbeitsplätze in Ludwigshafen abschaffen wollen. Dies führt jedoch zu Belastungen, welche die Umwelt nicht immer erfreulich gestalten.

Eine Stadt ist ein lebender Organismus. Wenn ich heute an die Denkmalschützer denke, dann soll alles erhalten werden, auch das, was wirtschaftlich keinen Sinn mehr hat. Ich meine, daß Wohnungen kommen und gehen, Wohnungen sterben, Stadtteile sterben, auch ganze Städte sterben. Dies haben wir ja aus der Geschichte gelernt. Wir werden deshalb immer die Aufgabe haben, Wohnungen zu bauen. Eine Nachkriegssituation wird sicherlich nicht mehr wiederkommen, wir hoffen dies.

Wir werden immer Aufgaben im Wohnungsbau haben, und wir sollten bemüht sein, diese systematisch anzugehen, so weit es möglich ist, und dann scheint es mir manchmal besser, das eine oder andere heruntergekommene Gebiet zu beseitigen und neu zu erstellen, als dort Nostalgie zu pflegen, die der Wirklichkeit doch nicht mehr entspricht. Wenn ich heute erneut vor der Aufgabe stünde, würde ich, sofern wir das Geld hätten (eigenartigerweise haben wir damals weniger Geld gehabt als heute, und haben den Mut gehabt, es trotzdem zu tun, denn wir haben uns nicht selbst Angst eingejagt, sondern sind vollen Mutes an die Aufgabe herangegangen), in gleicher Weise handeln. Ich wüßte nicht, was ich an Vogelstang viel ändern könnte. Ich würde vielleicht den Autoverkehr etwas strenger regeln, d. h. die Geschwindigkeit drosseln auf 30 km pro Stunde.«

Irion: Ihre Persönlichkeit, diese Verbindung von Politiker, Mathematiker und Städtebauer ist interessant, auch eine Seltenheit. Wie sehen Sie persönlich mit Ihren vielen Erfahrungen in die Zukunft?

Ratzel: »In die Zukunft blicken ist sehr schwierig, auch wenn man die Entwicklung mehr als eines halben Jahrhunderts bewußt miterlebt hat. Von der Zeit 1920 bis 1980 haben wir eine sehr starke technische Entwicklung mit ihren Problemen erlebt. Wir haben einmal nach dem Zweiten Weltkrieg gewissermaßen von vorn angefangen. Es war wirklich eine Stunde Null. Wir haben immer unter dem Eindruck gelebt, daß man jedes Jahr ›Zuwachsraten‹ hat. Wenn also die Gewerkschaften ihre 5 bis 7% heraushandelten, weil die Produktivität gestiegen war, und das war ja auch mit eine Überlegung bei der Finanzierung von Vogelstang, müssen wir heute feststellen, daß diese Entwicklung ziemlich am Ende ist. Es kann auch nicht so weitergehen. Wenn ich als Mathematiker mit der Exponentialfunktion ausrechne, daß bei einem Zuwachs von 5% pro Jahr, wir in 14–15 Jahren eine Verdoppelung haben werden. Das kann ja einfach nicht so weitergehen, irgendwo stoßen wir an die Grenzen der Entwicklung, die sind bei uns in den großen Industriestaaten sicherlich erreicht.

Die Weltbevölkerung wird weiterhin ansteigen. Hier werden neue Probleme entstehen. Welche Auswirkungen sie für uns haben werden, in bezug auf die Rohstoffe, die wir benötigen, das wissen wir nicht. Aber sicherlich wird das Prinzip der Gleichheit sich auch in Zukunft bei den anderen Völkern in den anderen Erdteilen durchsetzen. Jeder wird nach einem Platz an der Sonne streben, natürlich mit Klimatisierung.

In die Zukunft zu spekulieren, ist sehr schwer, ich glaube, wir können im Grunde genommen unsere eigenen Erfahrungen aus der Vergangenheit verwenden und annehmen, daß es in etwa so weitergeht. Die Entwicklung ist nun einmal nicht immer kontinuierlich, sie ist auch ab und zu unstet. Die Entdeckung der Kernenergie hat eine große Unstetigkeit gebracht, und wenn ich die biologische Forschung heute betrachte, dann entstehen auch dort Probleme, deren Auswirkungen wir gar nicht übersehen können. Die Erfahrung zeigt, daß irgendwann unerwartete Dinge geschehen, die wir nicht voraussehen können. Der Mathematiker nennt das Unstetigkeitsstellen. Wir wissen heute nicht, wie es dann weitergehen wird.«

2 Grundlagen und Voraussetzungen für die Entstehung von Heidelberg-Emmertsgrund

So sehr die Universität die Stadt belebte und zu einem geistigen Zentrum großer Ausstrahlung werden ließ, so wenig bewirkten diese hervorragenden geistigen Kräfte eine adäquate städtebauliche Entwicklung.

Vor allem war es aber wohl immer die politische Situation, die eine städtebauliche Entwicklung in Heidelberg, im Gegensatz zu anderen Residenzstädten, von jeher hemmte.

Die Stadt wuchs langsam: 1800 zählte sie 9000 Einwohner, um 1850 etwa 14 000, um die Jahrhundertwende rund 44 000 und heute etwa 125 000 Einwohner. Der geschlossene Kern der Altstadt, voller Romantik und voller Leben, blieb unzerstört. Es war damit unserer Zeit vorbehalten, an diesen Kern und die geistige Potenz der alten Universität anzuknüpfen, die landschaftliche Lage der Stadt zu nützen und erstmals eine großangelegte städtebauliche Entwicklung zu leisten.

Die geographische und topographische Lage Heidelbergs führte die Stadt zur Konzeption des »Schwerpunkt Süden«. Hier wird angestrebt, Wohngebiete mit einem Gewerbe- und Industriegebiet räumlich und zeitlich gemeinsam zu entwickeln. Die Wohngebiete wurden dabei vornehmlich auf den Westhängen des Odenwalds, das Gewerbegebiet etwa 150 m tiefer in der Ebene südlich des Stadtteils Rohrbach, ausgewiesen.

In diesem Entwicklungszusammenhang sind nicht nur die gewünschte Ansiedlung von Industrie und Gewerbe, sondern auch das Image der Stadt sowie auch andere Grundlagen und Voraussetzungen zu sehen wie Bevölkerungszuwachs und Wohnungsnachfrage. Ein entscheidender Faktor für die Entstehung vom Emmertsgrund ist eine damals vorhandene Konstellation von wirkenden Persönlichkeiten, u. a. Alexander Mitscherlich, Oberbürgermeister Zundel und die NH mit ihren Geschäftsführern. Diese drei ambitionierten Kräfte, Wissenschaftler und Kritiker der Städte, Stadt Heidelberg und Großunternehmer NH, wollten eine damals progressive städtebauliche Idee verwirklichen.

Entscheidende Voraussetzungen für die Siedlung war ein unverbautes Gebiet, das im Rahmen der südlichen Schwerpunktplanung liegt: das Gebiet des neuen Stadtteils Emmertsgrund, etwa 6 km südlich der Heidelberger City. Es erstreckt sich auf einer Hangterrasse des Königstuhlmassives, die sich nach Westen in das Rheintal schiebt. Von hier hat man einen freien Blick über die Weinberge und Gärten am Hang nach Westen in die Weite der Ebene. Im Osten und Süden grenzt das neue Wohngebiet an den Stadtwald und schließt im Norden, getrennt nur durch eine kleine Waldzunge, an das bereits fertiggestellte Wohngebiet Boxberg an. Über die am Fuße des Hanges schnurgerade von Süden nach Norden verlaufende Bundesstraße 3 führt die Verbindung zum Stadtzentrum.

Das zum Tal abfallende Hanggelände des Wohngebiets Emmertsgrund umfaßt eine Fläche von rund 61 ha. In Nord-Süd-Richtung mißt es 1250 m, in Ost-West-Richtung 660 m. Zwei Taleinschnitte gliedern das zwischen 200 und 270 m über NN gelegene Areal.

2.1 Gesetzte Ziele

Die Hauptziele für Emmertsgrund kann man in drei Gruppen gliedern, in politische, wirtschaftliche und planerische:
- Lage, Image der Stadt zu nutzen und erstmals eine großangelegte städtebauliche Entwicklung der Stadt zu leisten, Wohnungsfehlbestand zu beseitigen,
- wirtschaftliche Grundlagen der Stadt verbessern – wirtschaftliches Wachstum ermöglichen,
- ein zukunftsweisendes städtebauliches Vorbild zu schaffen.

So ambitioniert die Zielsetzung und die Planung des Emmertsgrunds auch waren, so kontrovers und spannungsvoll sind auch heute die Meinungen der Beteiligten. Die Geburt und das Schicksal des Emmertsgrunds sind von Dramatik begleitet. Nach anfänglicher Bewunderung, als Vorbild im Städtebau geschaffen, wurde es zum Katastrophengebiet abgestempelt. Zwischen diesen Polen versucht dieser Stadtteil zu leben von Emotionen, Ambitionen, Zuneigung und Abneigung. Das Schicksal dieses Stadtteils hat auch menschliche Schicksale entscheidend gestaltet. Die einzelnen Stadtgründer haben heute abhängig von der Rolle ihrer Beteiligung ein unterschiedliches Verhältnis zu diesem städtischen Kind. Ich werde diesen Stadtteil durch Gespräche mit einzelnen darstellen, ohne inhaltlich zu strukturieren, da der Schwerpunkt bei der Entstehung des Emmertsgrunds bei den beteiligten Persönlichkeiten lag. In diesem Projekt waren führende, geistige, politische und unternehmerische Kräfte beteiligt.

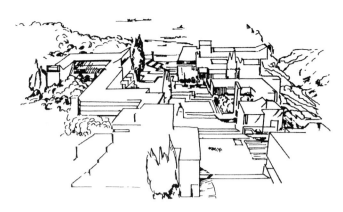

Emmertsgrund: Detail der Pläne – Skizzen der Außenansicht und innere Fußgängerachse. Architekten: Angerer/ von Branca.

Terrassenförmig in die Ebene hinein verläuft zwischen den Wohngebieten das Zentrum, das rechtwinklig von der Hauptstraße abzweigt (rechts).

2.2 Form und Art der Planung – besondere Merkmale

Ein besonderes Merkmal der Planung sind die sozialpsychologischen Überlegungen zum Städtebau von Alexander Mitscherlich, die im Programm, in der Höhenentwicklung, Baumassenverteilung und Gestaltung der architektonischen Räume berücksichtigt wurden.
Wegen der historischen Bedeutsamkeit des Sozialpsychologen und des Städtebaukritikers Mitscherlich, Autor der Abhandlung »Die Unwirtlichkeit unserer Städte«, die eine ganze Generation beschäftigte und auch wegen der Einmaligkeit eines Versuchs, Theorie, Wissenschaft und Planung im Experiment »Emmertsgrund« zu vereinen, möchte ich Auszüge eines Artikels darstellen, der im Zusammenhang mit der Aufgabe Emmertsgrund entstanden ist.
Kurz vor unserem vereinbarten Gespräch ist Professor Mitscherlich gestorben und damit mußte seine persönliche Bewertung dieses Experiments entfallen. Lassen wir ihn aber durch Fragmente seiner Veröffentlichung »Psychologie im Städtebau« Grundgedanken und Anregungen für die Planung Emmertsgrund und seines Werkes sprechen.

Professor Alexander Mitscherlich:
Emmertsgrund als Versuch einer Wechselbeziehung zwischen Planungstätigkeit der Architekten und dem Wissen des Psychologen!

»Kritik, Ziele, Forderungen, Programm und Konzept:
These: Umwelt; die Gestalt der Umwelt hat einen entscheidenden Einfluß auf seelische Grundvorgänge wie etwa die Stimmung und deren Identität und Färbung.
So elementar und so einleuchtend dies ist, trotzdem: Niemand weiß hier genau Bescheid. Von den hochfahrendsten Ideologien großer Baumeister, über gemütvolle Gartenstadt- und Nachbarschaftsideen sind viele, meist ungeprüfte Vorstellungen im Gange.
Meine These geht weiter; sie ist jedoch als Hypothese zu verstehen und bedarf noch vielfältiger Prüfung. Ich meine, daß die ganze Umwelt, die ein Individuum durch seine Aktivitäten berührt, sein Wohnbereich, der Bereich der öffentlichen Verkehrswege und Kommunikationsorte, wie der Bereich der Arbeit, unbewußt als Ganzheit erlebt werden. Das bedeutet einerseits, daß Mankos ausgeglichen werden durch besondere befriedigende Erfahrungen am anderen Platz.
Wenn wir in der Lage eines Wohnbereichs Enttäuschungen vermeiden, können wir unter Umständen zur besseren Bewältigung von Belastungen in anderen Forderungszusammenhängen unseres täglichen Lebens beitragen. Für die Quartiersplanung ist es also wichtig genug, psychische Reaktionsbereitschaften und Reaktionsgesetze zu kennen und in der Planung mit psychologischer Umsicht vorzugehen.

Kritik: Mißlungene Planung ist durch die Mißachtung elementarer individual und kollektivpsychischer Gesetzlichkeiten zustande gekommen ...
Zunächst zur Gruppe der Frauen, die den Beruf der Mutter ausüben:
Für die Ehefrau und Mutter sind Wohn- und Arbeitsplatz noch nicht getrennt. Diese Entmischung von Arbeitsplatz und Wohnstätte, die bei den männlichen Berufen die Regel geworden ist, hat hier noch nicht stattgefunden. Im Leben der Ehefrau findet kein durch die gesellschaftlichen Bedingungen erzwungener täglicher Schauplatzwechsel statt. Die Langeweile des üblichen ›Suburbian environment‹ ist eine Folter, eine Folter, die unter der Herrschaft der Ideologie der Gartenvorstadt, der gesunden Luft und ähnlicher Erquicklichkeiten entstanden ist. In Wirklichkeit scheinen die Ehemänner die Trennung von ihren Frauen nicht ungern zu erleben; ihre tägliche Abwesenheit für die Dauer ihres Arbeitstags gleicht der Abwesenheit in kleinen Feldzügen. Aber die Penelopes sind keineswegs so geduldig in der Erwartung der Rückkehr ihrer Ehemänner, wie dies zu Zeiten der Odyssee der Fall gewesen sein soll. In Wirklichkeit herrscht im Aktionsbereich der Ehefrau und Mutter ein unökonomischer Kräfteverschleiß.
Man sollte dieser Lüge eines reaktionären Herrschaftssystems, das sich auf Kosten einer schwächeren Gruppe – nämlich der Frauen – eine ihm passende Ideologie zurechtmacht, endlich zu Leibe gehen: Mütter sind ausgebeutet, sie sind ausgebeuteter, als es jemals der Fall war. In einer mobilen Gesellschaft sind sie zu einer ganz unzeitgemäßen Immobilität verurteilt.
Bei der Planung des Emmertsgrundgebietes hätte man also zunächst zu bedenken, wie man durch unaufdringliche Planung das Schicksal dieser unterprivilegierten Gruppe zu erleichtern vermag. Denn in Wahrheit lächeln die Mütter keineswegs konstant. Sie sind teils sauer, teils schrumpft ihr Selbstgefühl auf jene puppenhaft zelebrierten Statusrollen ein, die sie unter den Konsumzwängen und dem Einfluß dieses dümmlichen Vorstadtklimas übernehmen.
Das können wir nicht wünschen, da diese Frauen zwangsläufig einen familiären Zusammenhalt ruinieren

müssen, wenn sie nicht standhalten können. Das ist aber nur dann der Fall, wenn diese Frauen am Prozeß der sich entwickelnden Gesellschaft wie die Männer und wie ihre Kinder selbst sich zu beteiligen vermögen.

Planungsziel: Es war eine Wechselbeziehung zwischen der Planungstätigkeit des Architekten und dem Wissen des Sozialpsychologen am Beispiel Emmertsgrund herzustellen. Der Meinungsaustausch sollte bis zur Vollendung des Stadtteils andauern. Das Wohlbehagen der künftigen Bewohner sollte im Plan sichergestellt werden durch viele Möglichkeiten der Begegnung.

Problem: Bei diesem Unternehmen gibt es deformierte Wohngewohnheiten und -vorstellungen der Planer und Behörden.

Forderungen: Pro Person 1 Zimmer. Wo dieses Maß unterschritten wird, treten psycho- oder sozialpathologische Symptome auf. Es gibt drei Gruppen von Bewohnern, die die vorstädtischen Siedlungen benutzen. Alle drei gehören zu unterprivilegierten Minoritäten. Es sind Mütter, die Kinder und die alten Leute. Bei der Planung des Emmertsgrunds ist zu bedenken, wie man das Schicksal dieser unterprivilegierten Gruppen erleichtern könnte durch Bildung und Teilzeitarbeit innerhalb der Siedlung und Wohnung. Im Hinblick auf jene Gruppen ist es erstrebenswert, ein Stück weit städtisches Leben zu fördern und dafür die Grundlagen zu schaffen. Bei der Planung einer zentrierten Vorstadt müssen die Mütter ausreichende Chancen zur Teilnahme an städtischer Öffentlichkeit und zur Weiterbildung erhalten. Diese Forderungen werden im Blick auf die Sozialstruktur des Jahres 2000 erhoben. Es muß im Schulzentrum ausreichend Platz für die Erwachsenenfortbildung mitberücksichtigt werden. Auch Mütter gehen zur Schule. Keine Entwertung des alten Menschen. Im Plan einer Vorstadt müssen ein Betreuungs- und Pflegesystem für die im Wohnbereich verstreut lebenden gebrechlichen alten Menschen vorgesehen sein und bequem erreichbare Wohnungen. Möglichkeiten zu Aktivität, einem Altersberuf, müssen gegeben sein. Es ist also unerläßlich, daß Wohnungen für ältere Menschen leicht auch als Werkstätten, Arbeitsstätten, Verwendung finden können.
Viel Platz für Kinder und Jugend! Kleinere Kindergärten, verteilt im Ort, die konfessionell zentral gelegen und von überall gut erreichbar sind.

Es ist aber noch eine hervorstechende Einrichtung als überörtliche Freizeitattraktion in den Plan mit aufzunehmen, etwa ein Eislaufstadion oder eine Rollschuhbahn oder ein großes Freizeitbad, die auch von anderen Personen außer den Emmertsgründern benutzt würden. Nur auf diese Weise scheint es möglich, daß die traurige Vorstadtisolierung durch spontan sich zur übrigen Stadt herstellenden Verbindung durchbrochen werden kann und die Siedlung in den allgemeineren Kommunikationsbereich von Heidelberg einbezogen wird. Auch hierbei geht es nicht um Luxus, sondern um eine Existenznotwendigkeit des neuen Siedlungsgebildes.

Anregungen zum Konzept: Wenn auch für eine Siedlung im Emmertsgrund mit Heidelberg und Mannheim leicht erreichbare cityartige Zentren gegeben sind, so scheint es mir – vor allem im Hinblick auf jene Gruppen, die dort ganztägig leben werden – überaus erstrebenswert, ein Stück weit städtisches Leben zu fördern und dafür die Grundlagen zu schaffen.
Das abfallende Gelände mit seinem herrlichen Weitblick legt es nahe, einen Platz oder eine Folge von terrassenartig angeordneten Plätzen – nach Westen zur Ebene hin geöffnet – als Stadtmittelpunkt zu planen. Dieser Platz müßte aber durch ein dichtes Wohngebiet begrenzt sein und genügend Anziehungspunkte in Form von Geschäften, Cafes, Restaurants aufweisen, um tatsächlich zu einem unausweichlichen Kommunikationsort zu werden. Dieser Innenbezirk sollte für jeden Fahrverkehr gesperrt bleiben. Bei richtiger Plazierung in den angrenzenden Wohnbezirken würde sich dann über diesen Platz zu allen Jahreszeiten ein lebhafter Passantenverkehr entwickeln können und müssen. An dieser Stelle muß ich in das Loblied Jane Jacobs auf den Bürgersteig einstimmen. Ich möchte, so dringend mir das nur gelingen kann, dazu anregen, ein Experiment zu riskieren! Und zwar schlage ich vor, daß im Emmertsgrund wieder jene Straßen gebaut werden, die durch die Gartenstadtideologie ausgerottet wurden. Wie wäre es, wenn statt ewigen Stichstraßen und Sammelstraßen ein Erschließungssystem geplant würde, das netzförmig ist und den Verkehrsfluß nicht in vorgeschriebene Richtungen lenkt? Wie wäre es, wenn ein Teil der Häuser längs zu den Straßen steht, anstatt nur die abweisende Schmalseite zur Straße hin zu zeigen? Wie wäre es, wenn die Kinder nicht nur auf die Spielplätze verbannt würden und statt dessen sehr breite Bürgersteige, schön mit Bäumen bepflanzt, angelegt würden, auf denen sie sich tummeln könnten?

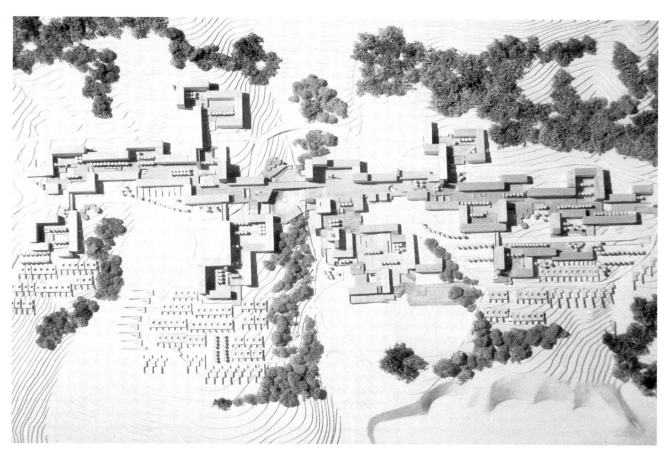

Planungsgutachten 1968, Modell. Architekten: Fred Angerer, Alexander Freiherr von Branca, München.

Bänke gehören auf diese Bürgersteige, damit auch die alten Leute und die Mütter zum gemeinsamen Schwatz zusammensitzen können, während sie gleichzeitig unauffällig das Kinderspiel beaufsichtigen. Könnte ein solches Straßensystem nicht auch für die Jugendlichen eine willkommene Gelegenheit zum Herumflanieren und Flirten bieten? Eng mit dem netzförmigen Straßensystem sollten die Versorgungseinrichtungen verbunden werden. Es spricht einiges dafür, daß die Eintönigkeit von reinen Wohnblocks durch eingestreute Läden aufgelockert wird. Einkaufswege innerhalb der Siedlung keineswegs unter dem Gesichtspunkt des geringsten durchschnittlichen Zeitverlustes für alle anlegen; vielmehr sollte durch die räumliche Streuung der Versorgungseinrichtungen die Möglichkeit geschaffen werden, daß sich die Wege der einkaufenden Hausfrauen des öfteren kreuzen müssen, aber nicht notwendig treffen müssen wie in einem Einkaufszentrum.

Verkehrsanschlüsse: Zum Schluß sei noch vermerkt, daß ein rechtzeitiges Anhängen des Siedlungsbereichs an das Verkehrsnetz überaus wichtig ist, um den dort Einziehenden von Beginn an das Gefühl zu nehmen, dörflicher Vorort zu sein. Die Lage des Siedlungsbezirks ist so schön, daß er von vornherein als ›Attraktion‹ geplant und als ein Teil der Stadt von den übrigen Bewohnern Heidelbergs zur Kenntnis genommen werden sollte, was zum Beispiel von der Nachbarsiedlung Boxberg noch nach Jahren ihres Bestehens kaum gesagt werden kann.

Die Gestaltung der Wohnanlage und die Programmierung der verschiedenen Bauabschnitte müßten unter dem Gesichtspunkt, hier von vornherein eine Nebencity erstellen zu wollen, bestimmt sein. Nur wenn dies im Konzept klar ist und denjenigen, die sich oft dort für eine Wohnung interessieren, deutlich gemacht wird, kann erwartet werden, daß aus dem Emmertsgrund trotz der vorzüglichen Stellung in die Landschaft und den guten Verkehrsmöglichkeiten etwas anderes als die übliche Schlafstadt mit nur mühsam und künstlich aufrechterhaltenem öffentlichen Eigenleben wird. Aber gerade die Entfaltung dieses Eigenlebens als ein Beitrag zum Gesamtleben der Stadt Heidelberg sollte die Aufgabe sein, die in der Planung und dann in einer sorgfältig durchdachten Verwirklichung der Pläne vorauszubedenken gilt.«

Gespräch mit Reinhold Zundel
Oberbürgermeister von Heidelberg

»Der eigentliche Anlaß für den Emmertsgrund – ich kam 1966 hierher – war die Wohnungsnot. Diese Stadt hatte damals keinen Wohnungsbau betrieben, keinen öffentlich geförderten Wohnungsbau, sondern einen Gemeinderatsbeschluß gefaßt, daß öffentliche Förderungsmittel grundsätzlich nicht an die städtischen Gesellschaften gehen dürften.
Das allererste, was ich 1966 veranlaßte, als ich täglich über die vielen Briefe von Wohnungssuchenden erschrak, war die Herstellung einer Wohnungsbedarfsanalyse. Diesen Auftrag haben wir zur Ausführung der GEWOS gegeben. Unsere Not war größer als ich mir vorstellen konnte.

Ursprüngliche Gestaltung der Fußgängerachse, die sich von Norden nach Süden durchzieht.

Die analytische Vorausrechnung des Wohnungsbedarfs, mit der Eigendynamik von Vorausschätzern war für mich für alle Überlegungen und Verhandlungen das beste Argumentationspapier. Das war das eine. Das zweite war, daß die Industrieansiedlung, die Wirtschaftsförderung in der Stadt, nach Grundsätzen betrieben wurde: ›Lieber Gott schicke Geld herunter, den Rest macht die Universität‹. Das funktionierte unter den damaligen Bedingungen nicht. So entstand die Idee, auf dem großen Schießplatzgelände der früheren Reichswehr, später der Amerikaner, oben am Hang Wohnungen zu bauen, um die Wohnungsnot zu lösen. Die Stadt war pleite, sie hatte kein Geld. Gleichzeitig sollte unten an der B 3 in einer Koppelung – auch im Vertrag gekoppelt – eine Wirtschaftserschließung auf 95 ha durchgeführt werden; das war größer als das größte bisher vorhandene Industriegebiet.

Das ist eigentlich kurz umrissen die Geschichte des Emmertsgrunds als eines Demonstrativbauvorhabens bei gleichzeitiger Schaffung von Arbeitsplätzen zu seinen Füßen. So ist es als eine Notwendigkeit geschaffen worden und inhaltlich eigentlich so, daß ich mit Mitscherlich viel Streit hatte, obwohl wir uns beide sehr gemocht haben; wir saßen hier in Heidelberg hautnah aufeinander, und ich kannte ihn schon vor meiner Amtszeit und habe mit ihm geredet, und er hat mir immer vorgeworfen, ich sei ein Alkalde, dies aber immer in Freundschaft. Was machen wir eigentlich falsch im städtebaulichen Konzept? Mitscherlich sagte dann, daß wir nicht an die wirklichen Bedürfnisse der Menschen denken. Wir müssen die tatsächlichen Bedürfnisse der Menschen finden, nicht die scheinbaren. Und daraus entstand das Demonstrativbauprojekt Emmertsgrund mit dem Ziel, den wirklichen Bedürfnissen des Menschen wieder begegnen zu können. Wörtlich Mitscherlich: ›Ihr müßt wieder Begegnungsflächen schaffen, damit die Leute nicht nebeneinander herlaufen in die Stadt. Deshalb baue einmal eine ganze Siedlung, die nach innen gerichtet ist, die quasi ihren Hintern den Berg runterstreckt, weil das den Bewohnern egal ist, wie der unten auf der B 3 Fahrende diese Siedlung ansieht, sondern dem Bewohner ist wichtig, wie er sich fühlt.‹

Und ich stehe auch heute dazu. Ganz vorbehaltlos: Diejenigen, die sich aufregen, weil es vom Tal unten nicht so schön aussieht, die regen mich nicht auf, sondern mir geht es jetzt darum, daß die erste ›Mitscherliche‹ Idee dort gebaute Wirklichkeit geworden ist, nämlich die Passage, in der es kein Auto gibt, in der die Bepflanzung und die Herrlichkeit weg ist, wo die Kinder spielen, wo die Menschen sich begegnen müssen. Und daß abends ein paar Halbstarke sich zusammentun, gehört einfach mit zum sozialen Ablauf, der aufgearbeitet werden muß. Die zweite Mitscherliche Idee war, daß die Menschen zu sehr an ihren Fluchtecken sparen, und das geht nicht. Wenn wir auf zwei Zimmer mit Küche angewiesen wären mit 3, 4 Personen, wir würden blitzschnell miteinander Streit bekommen, viel Energie verbrauchen, ja das Zusammenleben wäre gestört, weil wir keine Fluchtecken haben. Infolgedessen müssen die Wohnungen groß werden oder so gebaut werden, daß für jeden eine Rückzugsmöglichkeit besteht. So ist die Fünfzimmerwohnung mit 130 m² entstanden, die heute derjenige, der einen Wohnberechtigungsschein hat, gar nicht bezahlen kann, etwas, das aber nicht Mitscherlich angelastet werden darf. Ich selbst hätte das sehen müssen. Ich bin 1968–1970 von 130 m² ausgegangen. Mein ehemaliger Chef in Wiesbaden, Lauritz Lauritzen, war Wohnungsbauminister, und der kalte Krieg in der Zeit der siebziger Jahre führte zu einer Preisentwertung von jährlich zwischen 5 und 7% bei einem Lohnausgleich, der über dieser Preisentwertung lag. Die Rechnung liegt darin, daß die Politik, die in den siebziger Jahren betrieben wurde, vornehmend eine Politik war, die unsere Wachstumsraten nach meiner Meinung nicht in den richtigen politischen Kategorien bündelte. Die Kategorie einer Gesellschaft von Arbeitnehmenden ist in erster Linie die Möglichkeit, Miete bezahlen zu können und ihre Nebenabgaben. Alles andere ist zweitrangig, das Dach über dem Kopf zahlen zu können bei einem Durchschnittseinkommen ist die politische Aufgabe Nummer eins.

Nicht so wichtig ist die doppelt verdienende Oberstudienrätin. Dies ist zunehmend in den siebziger Jahren bewertet worden. Und nun sitzen wir auf Leerständen, weil man diese Sache vergessen hatte, weil man jetzt, hoffe ich, erst wieder allmählich begreift, was wir für Mitte der achtziger Jahre produzieren, nämlich Leute, die Wohnen nicht bezahlen können. Ja, Mitscherlich

Heidelberg-Emmertsgrund

Im Südabschnitt wurden im Gegensatz zur ursprünglichen Planung überwiegend Einfamilienhäuser gebaut, die in der baulichen Ausprägung den Wohnungsbau von 1980 repräsentieren (unten).

hat also die richtige Idee gehabt, und die Gesellschaft hat die Rahmenbedingungen nicht erfüllt, weil sie nicht mehr bereit war, dieser Politik wehzutun. Aber wir Bürgermeister mußten und müssen den Kopf hinhalten und durchhalten, sonst wäre auch der Emmertsgrund nicht entstanden. Dies waren eigentlich die Bedingungen. Mitscherlich war ganz toll, später ist er ausgestiegen, weil er Angst vor der eigenen Courage bekommen hat. Ich habe ihm einen Brief geschrieben, und er hat gewußt, daß er kneift. Das tut natürlich weh, wenn dann hinterher die Knoblauchs kommen und vorher die Kidderichs feststellen, daß sich das nicht mehr rechnet. Wenn du dieses so willst, dann rechnet sich das nur, wenn ich nochmal ein Geschoß draufkriege. Wo ist die Grenze? Ich weiß es immer noch nicht; das ist eine der schwierigen Umsetzungsentscheidungen, im Grunde genommen, der entscheidende Satz zum Ganzen, der mir auch für meine Arbeit in der Altstadt sehr viel gegeben hat und dies bei allen Meinungsverschiedenheiten politischer Art mit Mitscherlich in den letzten Jahren seines Lebens.

Diesen Stadtteil aus dem Boden zu stampfen, ist an sich eine gewalttätige Sache. Sie ist jedoch absolut richtig, wenn sie gelingt. Gleichwohl ist sie gewalttätig gegen alles, nicht zuletzt deswegen, weil sie den Ablauf des Geschehens auf den Kopf stellt. Das ist Gewalttätigkeit im Mitscherlichen Sinne, Gewalttätigkeit, nicht Brutalität.

Im Emmertsgrund haben wir das ganz gut empfunden. Hätten wir ein bißchen mehr Mut besessen, dann hätten wir auch zu Beginn die Bauhöhen so strikt heruntergezogen oder jene Einrichtungen installiert, die wir dann in der zweiten Hälfte der Entwicklung bauten. Gute Bekannte von uns wohnen im höchsten Gebäude des Emmertsgrunds, und sie lieben es; es gibt also auch Menschen, die das Hochhaus lieben. Der Emmertsgrund heute (1986 feierte er sein zehnjähriges Jubiläum) ist ein teurer Stadtteil. Ein Stadtteil, der fest entschlossen ist, sich gegen die Denunziation zu wehren. Noch mal 10 Jahre dazu und 10 Jahre Sorgfalt von

uns – und wenn wir dann runtersehen auf diese grauen Mäuschen von Legohäuschen, dann werden wir den Sinn begreifen.

Aber zu diesen Mäusehäuschen muß man etwas sagen. Wir haben bewußt in der Gutachterkommission dazu ja gesagt, weil die Faszination, daß ein solches Haus für 180 000 DM anzubieten sei, uns eine Möglichkeit gab, für eine Familie, die sonst keine Chance hätte, zu Eigentum zu kommen, uns verlockt hat. Das eigentlich Traurige ist, daß diese Legohäuschen jetzt das Doppelte kosten und daß sie noch dazu häßlich sind. Für die Hälfte des Preises hätten auch mal 8 Stück häßlich sein dürfen. Das sind eigentlich die Überlegungen des Emmertsgrunds, den Rest mußte man in die Wirklichkeit umsetzen, d. h. konsequent bleiben, in der Passage dazu lernen wollen, Belegungsfehler ausschließen, die wir gemacht haben. Mein Sozialdezernent hat, so schnell, daß ich es gar nicht gemerkt habe, den Emmertsgrund als Chance begriffen, ein halbes Notwohnungsgebiet auflösen zu können. Das war eine Torheit, wir haben daraus gelernt, wir haben vieles wieder retourniert. Heute wissen wir, daß 1:50, d. h. eine geschädigte Familie zu 50 gesunden Familien, vielleicht eine Chance hat, und daß eine ganz schwierige Aufgabe darin besteht, solche Reintegration sozial gestörter Familien vorzunehmen. In der Aufbruchstimmung, diesem ›Hurra‹ zu Beginn der siebziger Jahre, haben meine Sozialarbeiter mit meiner prinzipiellen Zustimmung – das muß ich deutlich sagen, ich habe gewußt, daß sie das wollen – mich so schnell mit der Belegung der ersten Wohnungen überrascht, daß uns hierdurch fast der Stadtteil und die siedlungspolitische Idee kaputtgegangen wären. Zum Glück haben sie es gemerkt, als es noch nicht zu spät war. Das war sehr schwierig. Korrekturen vorzunehmen – die Sache hat noch heute einige Nachwirkungen – braucht man Zeit, 10, 15 Jahre. Auch die 55 Studentenwohnungen, die wir hier oben haben, sind ein Störfaktor, aber keiner, der das Image zerstört.

Der Emmertsgrund hat im Entstehen sofort einen Bürgerberater bekommen, der unmittelbar mir unterstellt ist. Er hat dort seine Sprechstunden, um den Bürgern den Weg zu uns zu erleichtern. Er regelt, nimmt den Älteren etwas ab, läßt sich aber nicht durch die Vorgänge mißbrauchen. Der Bürgerberater ist ein Einmannunternehmen, der draußen ist, die Antennen ausfährt und Empfänger ist für Sorgen, die die Bürger haben. Er kann auch mal durchgreifen.

Ich möchte sagen, daß der Emmertsgrund durch unsere eigenen Fehler in der Anfangsphase nicht zur Reparaturstrecke wurde, im Gegenteil. Er weist Vorbildliches vor, zum Teil durch die Idee und Arbeit der damaligen Bürgerberater, eine der wenigen Ideen, von der auch Mitscherlich sagte, ich hätte ausnahmsweise auch mal eine gescheite gehabt.«

Irion: Man hat mir viel erzählt über einen Pfarrer, der am Anfang im Emmertsgrund den Bürgersinn weckte – die Menschen aktivierte?

Zundel: »Das ist eine andere Geschichte, das ist politischer Zufall. Ich bin ein engagierter Mann der evangelischen Kirche, aber ich bin kein Kirchengänger. Aber ich habe eine bestimmte Vorstellung von den Dienstboten Gottes auf Erden. Die sollten kein Koppelschloß tragen: ›Gott mit uns‹, sondern sollten gemeinsame Arbeit betreiben im Sinne des Neuen Testaments. Und nun kam mit dem Emmertsgrund ein großes Projekt auf Heidelberg zu, da gab's Kriegszustände, solche gibt es nur hier. Da war ein sehr bedeutender Mann, ein alter Sozialdemokrat, Siegfried Müller. Da war außerdem ein sehr aufgeklärter und tüchtiger Dekan, und auch der Landesbischof war ein Heidelberger. Diese Konstellation ermöglichte die Idee des Bürgerberaters, eine Kirche vor Ort als Gemeindekirche einzurichten. Dies war schwierig in der Synode durchzusetzen, eine Planstelle, die man bewilligen mußte. Ich mußte wiederholt unterstützend eingreifen, um diesen Gemeindepfarrer zu bekommen. Sein Amt wurde eingerichtet und der Bezirkskirchenverwaltung unterstellt, d. h. dem Dekan selbst. Dies geschah nach einer schwierigen Diskussion in der Synode, wo das Engagement vom Landesbischof und Siegfried Müller den Weg bereitete. Die Kirche gab einen solchen Pfarrer, der für die Aufgabe gepaßt hat wie gemalt. Und damit hatten wir da oben unseren Bürgerberater und diesen Pfarrer.

Es gab Situationen, in denen ich unserem Bürgerberater durch meine persönliche Zuwendung das Ertragen von Dominanzen möglich machen mußte. Das war nicht ganz einfach, und ich habe auch respektiert, daß man es bei uns verstand, dieser einmaligen Begabung eines Pfarrers den nötigen Raum zu geben. Nehmen wir das alles als Geschenk Gottes, daß es so geklappt hat. Das System als solches hat sich bewährt, aber es funktioniert natürlich nicht, wenn es nicht die richtigen Leute dafür gibt.«

Irion: Heidelberg war eine traditionsreiche, aber arme Stadt – »sie war pleite«! Es fehlte an Geld für jegliche Entwicklung. Und jetzt kommt das Unwahrscheinliche – eine Stadt, repräsentiert durch Ihre Person, beschließt, ein großes Industriegebiet und einen ambitionierten Stadtteil zu bauen – ohne Geld! Sie als Jurist schließen einen Vertrag mit der Neuen Heimat, der absichert, daß allein durch das Zur-Verfügungstellen des Gründstücks, das Industriegebiet wie auch der Emmertsgrund erschlossen und mit der gesamten Infrastruktur gebaut werden sollen. Bitte versuchen Sie, die Inhalte dieses legendären Vertrages zu erläutern.

Zundel: »Die meisten wissen nicht, daß ich, als ich 1966 nach Heidelberg kam, mit diesen Sachen vorbelastet war. Mein erstes Geschäft in der Kommunalverwaltung, damals war ich 25 oder 26 Jahre alt und gerade Gerichtsreferendar bei der Stadt Langen (in Hessen nahe Frankfurt), war, den Erschließungsvertrag für eine neue Siedlung zu machen, im Zusammenhang mit einem Entlastungsprogramm für die beschlagnahmten deutschen Häuser. Ich war der einzige Jurist in der gesamten Verwaltung, der damals 25 000 Einwohnergemeinde und habe einen Riesenspaß daran gehabt, mit den Beamten von Bonn und den kritischen Neue-Heimat-Leuten einen Vertrag und ein Konzept zu entwerfen, bei dem die Stadt Langen viel Geld verdient hat und eine gute Infrastruktur bekam. Es war alles furchtbar aufregend. So habe ich dort gelernt, was man bei solchen Erschließungsverträgen beachten muß. Ich wußte, als ich hierher kam, daß für die Neue Heimat zwei Dinge interessant sind: Ich mußte der Neuen Heimat Gelände zur Verfügung stellen, weil nur über ihr

Zahlreiche Kinderspielgebiete wurden von Anfang an ausgewiesen und mit der Wohnbebauung erstellt. Die Ausstattung ist attraktiv und räumlich großzügig.

Maximierungsprinzip die Politik stimmen konnte. Und dazu habe ich schon 1966 vor Mitscherlich, Geigenberger, Gillewitsch und Knoblauch gekannt, das sind ja alles Leute, mit denen ich mit Freuden zusammenarbeitete. Ich wußte, die wollten etwas tun, etwas Großes! Und ich wußte um den unbefriedigten Ehrgeiz.

Nun war dieser Vertrag nur die eine Seite der Medaille, gleichzeitig ging es darum, das Demonstrativbauvorhaben durch eine Arbeitsplatzkomponente zu bereichern. Das war das Schöne. Es gab solche Begriffe gar nicht, sondern ich habe mit Gerhard Jahn, den ich wiederum aus meiner Wiesbadener Zeit kannte, und mit dem damaligen Staatssekretär im Bundesverkehrsministerium, Karl Wittrock, den ich kannte, als er noch Regierungspräsident in Wiesbaden war, gesprochen, weil das Wohnen auf der grünen Wiese schlimm ist, weil die Wege zum Arbeitsplatz so weit sind. Man sollte das Wohnen aber nicht zwischen die Arbeitsplätze stecken. Denn wir wollen in Ruhe Wohnen, dabei sollen die Wege zur Arbeit nicht weit sein, und ein Zentrum sollte in der Siedlung sein, das wir für Dienstleistungsberufe vorbehalten. Das ist die berühmte Scheibe im Emmertsgrund, die wir als Luxus vorhalten, bis mal einer kommt und Heidelberg für eine Versicherung oder eine Hochtechnologieeinrichtung entdeckt und im Emmertsgrund stille Arbeitsplätze schaffen will, das ist ganz ideal. Aber der Rest sollte unten zu Füßen liegen. Deshalb haben wir einen zweiten Vertrag geschlossen, nicht nur einen Maßnahmevertrag und Erschließungsvertrag, sondern sogleich diesen gekoppelten mit der Erschließung des in der Ebene sich erstreckenden Industriegebiets. Denn wir hatten kein Geld, doch die Neue Heimat verpflichtete sich, dieses Industrie- und Gewerbegebiet für uns zu kaufen, zu erschließen und abzurechnen – abzurechnen im Jahre 1978. Das war von damals gesehen in 10 Jahren. 10 Jahre haben die das vorgehalten. Unsere Überlegung war, daß bei einem Einstiegspreis von damals (1968) 22,- DM/m² für landwirtschaftliche Flächen und der Umsetzbarkeit zum Zeitpunkt der Abrechnung gegenüber der Neuen Heimat, nämlich zehn Jahre später – 1978 – die Rechnung aufgehen müßte. Natürlich ist das Gebiet heute voll besiedelt, ein kleines Stück ausgenommen. Es ist auch alles gegenseitig abgerechnet. Wir verkaufen heute das Industriegebiet – ohne Erschließung – dort für mehr als das Doppelte des Einkaufspreises von 1968. Die Zinsen sind nicht so hoch gestiegen, und der Erschließungsbeitrag kommt noch voll dazu, so daß es für die Neue Heimat eigentlich interessant war, solch eine Kombination zu beschließen und gleichzeitig Volumen zu haben.

Heute wissen wir, warum das Volumen so nötig war. Damals wurde nur die Maximierungsbestrebung genannt, aber das Ziel war der große Umsatz. So sind wir sehr preiswert zu einer geschlossenen Konzeption gekommen, die am Schluß Minister Lauritzen in die Lage versetzte, die Demonstrativbauförderung auf einen Zuschuß von 8000,- DM pro Wohnung zu steigern. Das war für die Qualität sehr entscheidend.

Meine Liebe zur Neuen Heimat war nicht tot, mein Mißtrauen bestand fort. Das haben wir unter uns immer ganz offen besprochen. An einem Punkt haben wir gesagt, wenn ihr Grundstücke verkauft, dann wollen wir das Stichwort ›sozial‹ empfinden, nämlich daß ihr die Belastungen der Preise, auch die Preise der Eigentumswohnungen, hochlegt und dafür die Preise des Bodens für Sozialwohnungen runtersubventioniert. Darüber machten wir einen Ableitungsvertrag. In ihm haben wir mit Zustimmung des Gemeinderats und des Finanzausschusses für den Fall der Weitergabe die Grundstücksquadratmeterpreise festgelegt, und zwar getrennt nach Eigentumswohnung und Sozialwohnung. Die Grundstückspreise für Eigentumswohnungen waren hoch und die so gewonnene ›Spitze‹ haben wir für den zu subventionierenden Grundstückspreis der Sozialwohnung verwandt. Hier haben wir also eine Bodenwertumschichtung zu Lasten der Eigentumswohnung und zugunsten der Sozialwohnungen vorgenommen. Diese soziale Komponente im Emmertsgrund ist in der öffentlichen Diskussion völlig untergegangen. Schon deswegen, weil wir in eine politische Wende hineinkamen, in der die sogenannten Progressi-

Ein türkisches Kind in der »Achse der Begegnung« (links).

Der nachträglich ausgebaute aufwendige Spielbereich in der Grünachse ist überwiegend leer.

ven in ihrer unkritischen Art die Behauptung wachhalten mußten, daß ich im Grunde ein Reaktionärer sei, sonst stimmte ja deren Vorstellung nicht. Das sind die Verträge mit der Neuen Heimat; wir hatten einen guten Vertrag, obwohl Gilewitsch und Knoblauch wegen dieses Vertrages viel Ärger bekamen. Das war ein schnelles Aufeinanderzugehen, am Schluß wirklich ein atemberaubendes Ringen um die letzten Positionen, die, wie sich jetzt herausgestellt hat, Millionen bedeuteten. Wir alle glaubten damals: Auch wenn die Neue Heimat 500 000 Mark drauflegen muß, geht sie nicht unter. Das hat sich in Größenordnungen entwickelt, die jene Leute nicht kennen, die die Mieterinteressen wahrnehmen. Sie haben nie begriffen, daß die Neue Heimat sich im Emmertsgrund nicht, wie sie glaubten, gesundgestoßen, sondern fast totgeblutet hat. So ist das Faktum, und wollte ich die Verträge noch einmal schließen, würde es die Neue Heimat heute (1983/85) mit Sicherheit nicht mehr machen können, weil sie genau weiß, daß sie sich keine solchen Millionenverluste mehr leisten kann.«

Irion: Zwei technische Anlagen besonderer Art gehörten zu den fortschrittlichsten Einrichtungen der Emmertsgrund-Erschließung. Das gesamte Wohngebiet wird über 6,4 km Kabelleitungen mit Programmen für Hör- und Bildfunk versorgt. Vor allem aber wird der Emmertsgrund durch eine Müllabsauganlage über ein 2,5 km langes Leitungsnetz zentral versorgt. Mit diesen Anlagen zählt der neue Stadtteil Emmertsgrund heute zu den am modernsten erschlossenen Wohngebieten in Deutschland. Bei allem Mangel an Geld – wie kamen Sie dann zu dieser Luxus-Müllanlage?

Zundel: »Diese umweltfreundliche Anlage hat den Vorteil, daß in einem Hochhaus keine Müllcontainer mit Dreck und Ungeziefer sind. In Bonn sagte man, das System sei zwar schön, aber sie hätten keine Mittel. Neue Heimat und Stadt haben ihren Vertrag dahingehend ergänzt, daß die Neue Heimat, ich glaube 3 Millionen, zuschießt zu dieser zentralen Müllsauganlage und wir den Rest über die Müllgebühr finanzieren. Und so entstand die erste deutsche Wohnsiedlung außerhalb des Olympischen Dorfes mit Müllentsorgung und Kabelanschluß.«

Irion: Ein wesentliches Merkmal der Planung ist die 1968 konstituierte Gutachterkommission, die für die planerische Entwicklung Verantwortung trug. Wer hat eigentlich die Idee gehabt, die Gutachterkommission ins Leben zu rufen und bis heute zu behalten?

Zundel: »Wir wollten dieses Stück demokratischer Beteiligung auch für die Bevölkerung behalten. Der Emmertsgrund-Wettbewerb ist ja nicht entschieden worden, bevor wir nicht durch alle Heidelberger Stadtteile gezogen waren mit dem Plan und mit dem Riesenmodell. In allen Stadtteilen, das kann man nachlesen, haben wir Veranstaltungen zum Emmertsgrund mit Informationen über die Planabsicht gemacht, und erst dann wurde entschieden. Daraufhin ist diese Kommission entstanden. Deshalb sind hier nicht nur die Gemeinderäte beteiligt, sondern der Sozialarbeiter, die Neue Heimat, die Stadtteilvereinsvorsitzenden, der Bürgerberater als die Repräsentanten von Gruppen, die dort wohnen. Das ist eine ganz wichtige Sache. Und dadurch vermittelt sich auch alles ziemlich richtig, zumal in der Kurpfalz die Menschen die Neigung haben, aus einer Mücke einen Elefanten zu machen. Das Konzept Emmertsgrund, die Kerngedanken von Mitscherlich, als umgesetzter Städtebau hat sich bewährt. Dies wird sich in wenigen Jahren so durchsetzen, auch in der Zusammenfassung der Bebauung, weil nur so Grünflächen erreicht werden. Es hat sich die Infrastruktur bewährt, die ist aber etwas zu groß, da muß erst die ganze Siedlung bewohnt sein, damit sie richtig paßt; das Forum ist jetzt fast fertig. Und dann werden wir zusammen mit den in der zweiten Hälfte bescheideneren Höhenentwicklungen eine Wohnsiedlung haben, von der man einmal sagen wird: Hier hat Mitscherlichs kritisch analysierte liebensunfähige Gesellschaft versucht, mit ihren Leiden besser fertig zu werden.«

Irion: Wie bewerten Sie Emmertsgrund aus der heutigen Perspektive?

Zundel: »Im Emmertsgrund ist wichtig, wenn man seine Entwicklung und seine Zukunft sieht, daß der Grundgedanke der Konzeption durchgehalten wurde, aber an die neueren Erkenntnisse, soweit sie nicht modischer Natur waren, angepaßt werden konnte. D. h., wir haben erkannt, daß die Weitererziehung der ursprünglich realisierten Höhenentwicklung ein Stück Grausamkeit würde, bei dem ohnehin gewalttätigen Akt im Sinne Mitscherlichs. Deshalb wurde herabgezogen. Das ist dem Emmertsgrund auch in seiner sozialen Strukturierung zugute gekommen, denn mit mehr eigentumsbildenden Maßnahmen und auch mit Einfamilienhäusern – selbst da, wo sie baulich nicht gelungen sind, bekommen wir eine Bevölkerungsstruktur, die nicht einseitig ist, sondern ›durchwachsen‹.

Die Verzögerung in der ursprünglich vorgestellten baulichen Abfolge ist kein Unglück gewesen, sondern sie hat geholfen, die Dinge im Sinne des Ursprungskon-

Heidelberg-Emmertsgrund

»Mit denen da oben kann man nichts anfangen, da werden wir gleich verjagt«, stellen die Kinder im Einfamilienhausgebiet fest.

zepts zu verbessern. Es ist nicht 1978 fertiggestellt worden, wie ursprünglich gedacht, sondern wird wahrscheinlich erst 1990 fertig sein. Wir müssen im Städtebau nach Möglichkeit abgehen von den vierjährigen Wahlterminen der gehetzten Politiker. In Baden-Württemberg, und das kommt uns hier sehr zugute, werden wir durch unser Wahlsystem gezwungen, ein bißchen mehr in historischen Dimensionen zu denken. Es kommt nicht darauf an, in vier Jahren wiedergewählt zu werden, sondern das Organ Bürgermeister weiß nach acht Jahren oder auch noch nach weiteren acht Jahren, 16, 24 Jahren, daß die Arbeit stimmt.

Da kommt viel von der falschen Demokratiehektik zum Vorschein, das muß man sehen, wenn man Emmertsgrund betrachtet und etwa die anderen kommunalen Verfassungssysteme in Deutschland, beispielsweise in Hessen. Nicht auf kurzfristige Ergebnisse achten zu müssen, sondern auf langfristige Verwirklichung hin zu sehen, woran die Bevölkerung mißt, das ist für den Städtebau ein viel bedeutsamerer Faktor, als es die öffentliche Diskussion um Städtebau in der Bundesrepublik überhaupt erkannt hat.

Ich möchte ein Vorhaben wie den Emmertsgrund nicht beginnen müssen, mit vierjährigem Wahltermin. Ich möchte bei der Altstadterneuerung nicht begonnen haben müssen in der Wahlhektik. Man braucht größere Abstände, und in der deutschen Städtebaudiskussion ist diese demokratische Strukturfrage im Hinblick auf andere Kommunalverfassungen überhaupt nicht erkannt. Doch sie haben eine eminente Bedeutung.«

Irion: Auf der Basis der aktuellen Entwicklung und Rahmenbedingungen – wie sehen Sie die Zukunft des Stadtteils?

Zundel: »Die Erfahrung, die wir zeitlich vor dem Emmertsgrund machten, ist die Siedlung Boxberg. Die Siedlung hat an Wohnwert ein verhältnismäßig gutes Image. Und der Emmertsgrund wird die gleiche Entwicklung gehen. Wegen des verzögerten Bauablaufs wird es allerdings länger dauern. Nun kommt hinzu, daß die Grundphilosophie für den Emmertsgrund einen städtebaulichen Durchbruch darstellte. Heute kann man streiten; ich bin mir jedoch sicher, daß 1992 darüber nicht mehr gestritten werden wird, sondern man wird sehen, daß die Grundgedanken richtig übersetzte bauliche Wirklichkeit geworden sind. Das bedeutet ein Durchhalten der Gemeinwesenarbeit, so wie sie konzipiert ist, auch von Seiten der Kirche, auch von Seiten der Stadt, um die Bürgerberatung, die Mieten, die Preissituation auf dem Emmertsgrund zu halten.

Wir haben durch die Möglichkeit des Forums, also des Zentrums genau in der Mitte der Achse, immer noch das Schlüsselgrundstück in der Hand, mit dem wir noch einmal einen Dienstleistungsbetrieb in den Emmertsgrund bringen können, der nicht stört und den dort Wohnenden neue Arbeitsplätze anbietet. Da hat unser Gemeinderat den Mut zur Entscheidung gehabt, dieses Grundstück vorzuhalten und durchzuhalten für die nächsten 10 Jahre.

Wir müssen für die Zukunft das Problem sehen, daß bedingt durch die Anfangsbelegungen der Wohnungen an der Achse und die dabei zutage getretene Einseitigkeit, die heute noch wirkt, und durch den Versuch der Mischung in der sozialen Struktur etwa im Einfamilienhausbereich Brüche entstehen können. Ich habe zwei Argumente, warum ich hier optimistisch bin. Erstens haben wir das Problem erkannt. Und wenn man das Problem gesehen hat, kann man durch flankierende Maßnahmen bewußter daraufhinarbeiten. Das zweite Argument ist süddeutsche Psychologie, ein Erfahrungswert, den wir haben. Der pfälzische Menschenschlag ist von einer solchen Integrationsfreudigkeit, daß sie Bindungen schafft in einer Schnelligkeit, wie wir sie im Hessischen oder im Ruhrgebiet überhaupt nicht kennen. Die Tatsache, daß sich der Stadtteilverein konstituiert hat und daß wir jetzt die ersten gemeinsamen Feste im Emmertsgrund haben, sind Beweise für diese süddeutsche Mentalität des Aufeinanderzugehens, die auch Bindungen gewährleisten kann. Dieses ist keine These, sondern ein Erfahrungswert, den ich bewußt mit einsetze, bezogen auf die Menschen, die hier leben, weil wir hier einen jährlichen Mobilitätsumschlag der Bevölkerung von 10 000 bis 14 000 Menschen haben. Wir haben eine geringe Kernbevölkerung und einen überdurchschnittlich hohen Anteil von mobiler Bevölkerung. Diese Siedlung hat ihr eigenes integriertes Erziehungssystem. Die Kindergärten oder die Grundschulen sind bewußt dort, aber sie liegen im Einzugsbereich der Internationalen Gesamtschule, so daß über die nächste Generation das Zusammenwachsen von alleine kommt. 1992 wird der städtebauliche Entwurf der Philosophie von Mitscherlich und der Planer von Branca und Angerer sich umsetzen als richtiger Städtebau.

Zu der Konzeption gehört bei der Abschätzung der Zukunftsentwicklung auch, daß wir wirklich aus den Fehlern, die gemacht worden sind, die richtigen Konsequenzen ziehen. Die in der Euphorie unter sozialen Gesichtspunkten sozialarbeiterisch entwickelte These,

Die Hauptachse wurde von jeglichem Verkehr freigehalten. Die Ausstattung des Gebiets mit Dienstleistungs- und Gemeinschaftseinrichtungen und die Perfektion der Erschließung führten zu hoher Dichte und hohen Geschoßzahlen.

Notwohngebiete in ein Neubaugebiet integrieren zu können, ist für uns erledigt, abgehakt; sie wird nicht wiederholt. Die Bewohner des Emmertsgrunds sind Heidelberger, und es ist mir egal, aus welchem Land sie kommen oder welche Auffassungen sie haben. Sicherlich haben wir es in Heidelberg relativ leicht. Wir haben insgesamt in der ganzen Stadt noch nicht einmal 10% Ausländer, und die sind zur Hälfte Führungskräfte und Wissenschaftler. Dem Emmertsgrund mit 200 Ausländerfamilien bleibt zwar die Gefahr einseitiger Belegung etwa durch zu viele türkische Familien innerhalb eines kleinen Teils. Man muß sie streuen.

Ich gehe in Heidelberg nicht nur politisch, sondern auch wegen der Identität der Stadt nicht auf ein Thema ein, wenn es nur staatsangehörigkeitsbezogen ist. Das Soziale ist eine Grundsatzfrage. Wir müssen dies lernen und die Distanziertheit abbauen in einer Stadt mit solchen internationalen Beziehungen. Wenn wir es nicht schaffen, wer sollte es dann schaffen?«

Irion: Die extrem unterschiedliche Bevölkerungsstruktur in der »Urbanen Achse« und in den Einfamilienhausgebieten repräsentieren zwei »unterschiedliche Welten«. Diese Pole müssen erst langsam zueinander finden. Begegnungsmöglichkeiten sind geschaffen. Wie wollen Sie dem Emmertsgrund eine Chance für eine Identifikation mit Heidelberg geben? Es ist sicher auch eine Generationsfrage. Wie wollen Sie den Stadtteil besser an die Stadt anbinden?

Zundel: »Die Frage der Anbindung von Außenstadtteilen an das Leben der Gesamtstadt, an die Urbanität, ist im Plankonzept ideal gelöst. Damals waren wir der Meinung, daß ein vom Bundesforschungsministerium finanziertes Projekt ›transurban‹, also Magnetschwebetechnik, das für Heidelberg entwickelt wurde, erfolgreich sei. Als wir in der Mitte der siebziger Jahre feststellen mußten, daß der Versuch der Magnetschwebebahn auf innerstädtischen Strecken technisch und wissenschaftlich nicht bewältigt werden konnte, so daß die Versuchsstrecke in Montreal gebaut werden mußte, was eine große Pleite der deutschen Technologieentwicklung war, mußten wir zugleich sehen, daß das gedachte schnelle Transportmittel für Heidelberg ausfiel. Ich glaube, daß auf Dauer die Anbindung des Emmertsgrunds gelöst werden wird, sicherlich nicht so gut wie es mit der Magnetschwebetechnik hätte gelöst werden können.

Mit Blick zurück auf die Anfänge von 1967/68 und die Wirklichkeit von 1983/85, würde ich mich noch einmal für den gleichen Weg mit der gleichen Entschlossenheit einsetzen. Wir würden die Höhenentwicklung am Achsenanfang in dieser Form nicht mehr wollen. Ich würde mich gegen eine Zersiedlung der grünen Landschaft einsetzen.

Mein Motiv war, daß wir in der Stadt bauen müssen, damit die Menschen in der Stadt leben können, daß wir versuchen, die Fehler, die auf den grünen Wiesen gemacht wurden, nicht zu wiederholen: Für mich ist diese Konzeption Emmertsgrund ohne das, was ich von Mitscherlich gelernt habe oder worüber wir uns gestritten haben, nicht denkbar. Und eine große Zuneigung zu diesem Mann führte dazu, daß ich ihm stärker zugehört habe als anderen Experten. Wenn ich durch den Emmertsgrund gehe, überlege ich: Wenn Mitscherlich es noch erlebt hätte, wie es geworden ist ...

Wir könnten eigentlich beide zufrieden sein, obwohl er ja sehr unzufrieden war mit den Entwicklungen. Die Vorstellung, man müßte einen Stadtteil gebaut haben, damit die Leute später sagen: ›Der ist also während der Zeit des Oberbürgermeisters Zundel gebaut worden‹, die prägt mich nicht so stark, sondern eher die Überlegung, ob im Jahr 2000 die Leute sagen werden, daß es ziemlich viel Blödsinn war, was wir dort gemacht haben. Das ist der persönliche Ehrgeiz, den, so glaube ich, jeder hat, der sich durch die Urwahl 130 000 Menschen gegenüber in die Verantwortung gestellt sieht und sich nicht nur vor der politischen Struktur von 40 Gemeinderäten zu verantworten hat.

Irgendwann wird der Emmertsgrund eine Siedlung, von der man sagen wird, daß man dort ein Stück von Mitscherlichs kritischer Analyse in einer liebesunfähigen Gesellschaft zu verwirklichen suchte, um mit ihren Leiden besser fertig zu werden.«

2.3 Grundlegende städtebauliche Ideen

Die gestellte Planungsaufgabe verlangte viel von den Planern: »Innerhalb von wenigen Jahren einen Stadtteil aus dem Boden zu stampfen mit allen Einrichtungen, aber auch mit spezifischem Fluidum, mit besonderem Charakter und Leben, mit unverwechselbarem Ausdruck, mit einem Hauch von Heidelberger Romantik einschließlich«.

Das Wohnbehagen der künftigen Emmertsgründer sollte im Plan sichergestellt werden. Sie sollten das »soziologisch Nötige und das technisch Mögliche in Einklang bringen«.

2.4 Planungsziele

- Errichten eines städtischen Zentrums, eine verdichtete Stadtstruktur, das der Siedlung urbanen Charakter verleihen soll, um die Öde einer reinen Schlafstadt zu vermeiden.
- Nutzbarmachung der natürlichen und topografischen Vorteile.
- Größtmögliche Anpassung der Straßen und anderer Verkehrswege sowie der Gebäude an den natürlichen Geländeverlauf.
- Erhaltung wesentlicher Landschaftsteile durch konzentrierte Bebauung.
- Kurze Wege zu Folgeeinrichtungen.
- Trennung von Fahr- und Fußverkehr.
- Schaffung von öffentlichen Räumen, die von allen Bevölkerungsgruppen in vielfältiger Weise genutzt werden können.
- Ermöglichen eines größtmöglichen Anteils an Freiräumen mittels Tiefgaragen (Besucherparkplätze ausgenommen).
- Gleichzeitige Realisierung der Wohnbebauung und infrastruktureller Versorgung.

In der Zeit von 1968–1970 wurden 6 Planungsalternativen von führenden Büros entwickelt, unter Berücksichtigung sozialer und psychologischer Gesichtspunkte. Alle Entwürfe von außerordentlicher Qualität mußten begutachtet werden. Die Kommission, auf die Linie der Wohlbehagens-Vorsorge eingeschworen, bewertete die Pläne u. a. nach dem Maß der Möglichkeiten, die Begegnungen der Bewohner herbeizuführen.

Im Juli 1968 wurden zwei Projekte ausgewählt, Angerer/von Branca und Werkgemeinschaft Karlsruhe. Beide wurden zur Überarbeitung aufgefordert. Im September 1968 entschied die Gutachterkommission, wobei zu unterstreichen ist, daß bei der Programmfindung nicht nur die Stadt, sondern auch Alexander Mitscherlich ganz entscheidend beteiligt war, ebenso bei der Entscheidung des Preisgerichts.

»Die Mitscherlich-Norm erreichte der Entwurf der beiden Münchner Architekten, Professoren Fred Angerer und Alexander Freiherr v. Branca. Ihre Grundkonzeption ist mit wenigen Worten leicht zu umschreiben: Das Heidelberger Hauptstraßengewimmel, Hauptschlagader des städtischen Lebens, soll im Emmertsgrund sein maßstabgerechtes Double bekommen.«

Gespräch mit Professor Fred Angerer
Planer des Emmertsgrundes

»Es begann mit einem Wettbewerb. Man zeigte uns das Grundstück, und die Notwendigkeit wurde erläutert, dort Wohnungen für möglichst viele Menschen zu bauen, weil in Heidelberg keine Entwicklungsmöglichkeit mehr war. Für mich war bei dem Entwurf damals ganz wichtig, daß es keinen Sichtkontakt zwischen der Altstadt und dem Neuen gibt. Eine traumhafte Lage über dem Grundstück Wald, unterhalb verwilderte Schrebergärten, wunderschön. Vertretbar und verständlich, daß dieses Grundstück (Westhang) hervorragend geeignet ist für eine Wohnbebauung. Eine enge Integration von Wohn- und Arbeitsstätten war jedoch nie möglich, und das war einer der Konflikte.

Unsere Zielvorstellung: Wir wollten eine Stadt entwickeln, die städtischen Charakter hat und nicht eine Vorstadt ist. Wir wollten keine übliche Wohnsiedlung, sondern ein etwas kompakteres und dichteres Gefüge.

Das Grundstück in Nord-Südrichtung, etwa 1,2 km lang, das ist die Dimension der Altstadt Münchens. In Ost-West-Richtung ist ein Gefälle innerhalb dieses Grundstücks von über 70 m. Das bedeutet, daß, wenn man für ›Fußgänger‹ etwas tun will, man nur in Längsrichtung arbeiten kann, parallel zum Rheinhang, wobei dieses lineare Konzept dadurch noch charakterisiert wird, daß der Hang zwar insgesamt nach Westen zum Rhein abfällt, aber Quertäler, Erosionstäler, hat. Der stärkste Einschnitt ist der Emmertsgrund in der Mitte. Unser Ziel war, eine Achse parallel zum Hang zu haben und dann auf den vorspringenden Hangkuppen, entsprechend der Topographie, jeweils einzelne kleine Teilbereiche so anzusiedeln, daß man sie verhältnismäßig dicht an diese zentrale Achse heranbringt.«

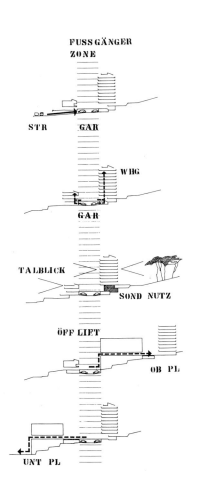

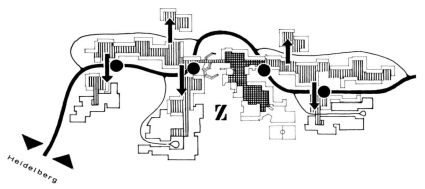

Konzept, Skizzen. Schematische Darstellung der Ausnutzung der Hanglage und der Erschließung. Architekten: F. Angerer/ v. Branca.

— Hauptstraße
— Nebenstraße
● Haltestellen
▥ Fußgängerbereiche darunter Garagen
↕ Anbindung der oberen und unteren Höfe vgl. Schnitte
Z Zentrum (Läden, Bürgerhaus, Kirche, Schule Altenstift)

2.5 Städtebauliches Konzept

Das Planungskonzept der Architektengruppe Angerer – von Branca forderte eine verdichtete Stadtstruktur, sie haben das Soll von 10 000 Einwohnern um 1815 Einheiten überschritten. Ihr Plan sieht eine Bebauung entlang einer Aktiv-Achse vor, die parallel zum Höhenzug verläuft. Diese Achse wird als eine Zone städtischen Lebens abwechslungsreich angelegt. Sie ist in einer Folge von engen Straßenräumen mit platzartigen Erweiterungen geplant, die ihren Höhepunkt im zentralen Bereich erfährt.

An dieser Aktiv-Achse liegen in den Erdgeschossen der Wohngebäude alle Einrichtungen, die nach Mitscherlich-Maß das Wohlbehagen des städtischen Lebens fördern können, das sind Geschäfte, Kleingewerbebetriebe, Werkstätten für alte Menschen, Jugendklubs, Cafes und Kioske und natürlich der »zentrale Bereich«, das Zentrum.

Etwa in der Mitte des neuen Stadtteils zweigt die Platzfolge des kommunalen Zentrums nach Westen von der großen Fußgängerzone der Nord-Süd-Achse ab. Neben der Erholungs- und Grünanlage der Emmertsgrundsenke liegen das Evangelische Gemeindezentrum, das Bürgerhaus, Hallenbad und Bildungszentrum. An der Südseite wird die durch diese Gebäude gebildete Platzfolge durch das Altenheim begrenzt. Das große Einkaufszentrum schließt die Zentrumsanlage im Osten unmittelbar an die große Fußgängerachse ab.

Die Entfernung vom Zentrum zu jedem Punkt des Wohngebiets beträgt maximal 600 m, so daß das Zentrum von allen Bewohnern in höchstens 8 Minuten Fußweg zu erreichen ist. Alle Wege zum Zentrum münden in die Querbalken-Dominante.

Die Raumfolge der parallel zum Hang geführten Achse wird nur durch geringe Höhendifferenzen rhythmisiert. Einige Wohngruppen sind senkrecht zu dieser Längsachse mit starken Höhendifferenzen nach unten und oben entwickelt. Die stadtgestalterischen Qualitäten sind in den Skizzen sichtbar.

Neben der oben ausgeführten Konzepterläuterung müssen Fragmente aus dem Wettbewerbsbericht und einige wesentliche Konzeptinhalte aus der Sicht des Planers Angerer dargestellt werden:

Angerer: »Das Hauptkonzept ist diese Fußgängerachse, die sich von Norden nach Süden durch das Ganze durchzieht und die dem Ganzen das Rückgrat gibt. Die Straße selbst umspielt sozusagen, entsprechend der Topographie, dieses ganze System und kreuzt an insgesamt vier Stellen diesen Fußgängerzusammenhang. Unser Ziel war, daß also dort auch jeweils die Bushaltepunkte sein sollten. Wir hatten in unserem Wettbewerbskonzept ebenerdig, also einebige Tiefgaragen, es hat sich dann später herausgestellt, daß es wirtschaftlicher ist, das Tiefgaragensystem auf zwei Ebenen zu verteilen, einmal, weil sie auf diese Weise billiger zurecht gekommen sind, vor allem aber, weil der Pflanzraum für die Bepflanzung auf diese Weise wesentlich günstiger war. Wir hatten ausreichende Flächen, auf denen man dann wirklich ordentliche Bäume pflanzen kann, die sich im Laufe der Zeit entwickeln können.

Wir wollten, daß von außen her die Landschaft völlig unberührt bis an die Stadt herankommt, daß die Weinberge sozusagen an der Bebauungskante enden und daß dann nur noch die Vorgärten vor den Häusern kommen und die Häuser anfangen, während wir im Innern ganz bewußt nicht Natur im klassischen Sinn, sondern eine relativ strenge gebaute Grünkonzeption anstreben, lediglich die frei geformten Ränder und von Norden her den Wald und von Süden her die Weinberge.

Es gab Probleme mit der Versorgung, weil unser Konzept nicht nur von einer Mitte aus klassisch versorgt werden konnte, die Wege wären viel zu lang. Eigentlich war es unser Ziel, eine Art lineare Struktur zu haben, an der sich die verschiedenen Einrichtungen perlenförmig aufreihen können, wobei es selbstverständlich Schwerpunkte und Verdichtungen im Mittelbereich, nämlich im Emmertsgrund-Zentrum geben sollte. Wir wollten eine Reihe allgemein nutzbarer Räume an der Fußgän-

Heidelberg-Emmertsgrund

*Ausführungsmodell.
Architekten: F. Angerer/
v. Branca.*

*Bebauungsplan.
Planung: F. Angerer/
v. Branca.*

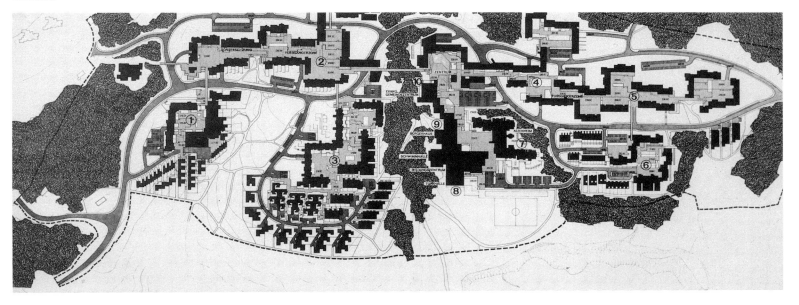

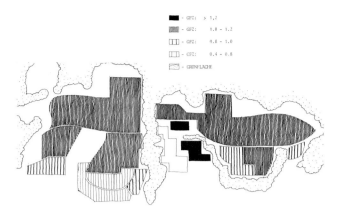
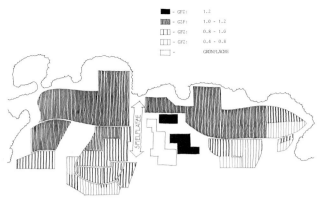

Konzept Bebauungsdichte, Grünstruktur (links).

Veränderung der Bebauungsdichte, Grünstruktur.

gerachse im Erdgeschoß haben, vor allem an der Bergseite.

Wir haben das Projekt Alexander Mitscherlich vorgestellt, er konnte sich das nicht so richtig vorstellen. Wir bauten ein Riesenmodell, um es Mitscherlich zu zeigen.

Ein wichtiger Punkt war die Dichtediskussion. Man hat die Dichte höher geschraubt, man hat auch die Geschoßzahl erhöht. Ich würde mir wünschen, das Ganze wäre nicht so hoch, trotzdem ist für mich die Höhenentwicklung nicht das zentrale Problem, das zentrale Problem ist, daß dieses Konzept, das im Norden noch straff beginnt, sich im Süden sehr diffus entwickelt hat. Es fehlen im Augenblick der westliche und südliche Abschluß.

Mitscherlich forderte, der Emmertsgrund dürfe keine Schlafstadt werden. Ich habe immer befürchtet, daß er doch dazu würde, denn wir werden nicht entsprechende Arbeitsplätze in diesem hängigen Gelände unterbringen können, wir können höchstens im Tal Arbeitsplätze anbieten. Die Zuordnung wird aber nicht so sein, daß Leute, die oben wohnen, auch unten arbeiten, sie werden in ganz Heidelberg arbeiten. Es gab aber eine Forderung, die mir sehr einleuchtete: Arbeitsplätze für Frauen und Teilzeitarbeitsplätze. Wir haben dafür den mittleren Bereich vorgeschlagen. Die Realisierung ist bis heute noch nicht möglich gewesen, dadurch liegt eine Art toter Zone im Zentrum. Es bedarf einiger Phantasie, um sich vorzustellen, wie das Mittelstück, wenn es später zugebaut wird, ausschauen kann. Immerhin kommen sich die zwei Enden von beiden Seiten her schön langsam entgegen.

Sollte man relativ früh auf einen Abschluß einer Entwicklung drängen, wieviel Zeit kann man sich leisten, was sind 10 Jahre für eine Stadt?«

Konzeptveränderungen – Bewertungen aus der Sicht des Planers Angerer

Irion: Die ausschlaggebenden Probleme ergaben sich erst innerhalb der Ausführungsplanung und der Realisierung. Hohe Erschließungskosten, Konjunkturprobleme und überzogene Wohnbedarfsprognosen wirkten stark auf die Entwicklung des Stadtteils. Der Belegungsfehler, ganz zu Anfang eine große Gruppe von Problemfamilien unterzubringen, führte rasch zu einem schlechten Image und zu Sozialproblemen. Große Wohnungen waren schwer zu vermitteln und zu verkaufen. Hohe Unterhaltungskosten der Leerstände und die nicht ausgelastete Infrastruktur, steigende finanzielle Probleme, führten zu Bebauungsplanänderungen. Das räumliche Konzept der verdichteten Stadtstruktur mit harten Kanten zur Landschaft ist durch nachträgliche Änderung teilweise verlorengegangen. Die Einfamilienhäuser und der Flachbau bringen eine Verflechtung mit der Landschaft und erschweren den freien Zugang zu den umgebenden grünen Rändern. Wie sehen Sie die Wirkung der Bebauungsplanänderungen auf das Grundkonzept?

Angerer: »Nach einer Phase eines ersten Booms der siebziger Jahre war plötzlich kein großer Wohnbedarf mehr vorhanden.

Das war für uns die schwierigste Phase, es wurden plötzlich Gebiete, die wir überhaupt nicht bebauen wollten – an den Rändern, wo wir die Natur an die dichte Bebauung herangelassen hatten –, mit vorstädtischen Villen bepflastert. Das war genau die Bebauungsform, die an dieser Stelle unserer Meinung nach gegen die Zielsetzung verstößt. Da hat man nun plötzlich mit dem Einfamilienhausbau eigentlich die Barrieren, die man sich selber gestellt hat, aufgelöst.

Mir wäre wohler gewesen, wenn der Charakter des Einfamilienhauses noch stärker zum Tragen gekommen wäre, aber als verdichteter Flachbau. Es war wohl ein Fehler, daß man sich selbst den Zwang einer starken Konzentration der Bebauung auferlegt hat, man sieht, daß man jetzt Schwierigkeiten hat, das gesamte Gelände zu bebauen. Immer wieder wurde argumentiert, daß die Erschließung in diesem hängigen Gelände sehr aufwendig sei und um vertretbare Preise zu bekommen, wäre die Verdichtung nötig. Das glaube ich nur zum Teil, weil wir, wenn wir etwas weniger Dichte hätten, auch Einsparungen in der Erschließung hätten vornehmen können, wenigstens an einigen Stellen.«

Irion: Dieser Innenbereich, der durch einen dichten Wohnbezirk begrenzt ist, sollte ein Kommunikationsort, eine Begegnungsstätte besonders für Kinder und Mütter werden. In diesem Sinne wurde sie ursprünglich gestaltet. Der Spielraum der Kinder innerhalb der Achse wurde aber von Bewohnern als Belastung empfunden, was zu einem Umbau der Aktivachse führte.

Die Kinder wurden auf Spielplätze in der Grünsenke verbannt, mit langen Rutschen werden sie herausgeleitet aus der Aktivachse, um somit von der Wohnbebauung entfernt zu spielen.

Die Bewegungsflächen der Achse sind mit »Topfbäumen« dicht bepflanzt worden, um z. B. das Ballspielen zu verhindern. Diese Bäume in »Trichtern« auf den

Heidelberg-Emmertsgrund

Die Aktivachse nach der Umgestaltung. Die Bewegungsflächen der Achse sind mit »Topfbäumen« dicht bepflanzt worden, um u. a. das Ballspielen zu unterbinden, es hindert die Kinder nicht, diesen Bereich als Spielfläche zu nutzen.

Tiefgaragen zwingen zum Durchgehen, sie verringern die Flächen und damit den Aufenthalt und die Begegnung.

Angerer: »Ich glaube auch, daß der Anspruch, der hier an Spielflächen usw. angelegt wurde, eher überzogen ist. Die Hauptklage, die wir hörten, ist: In dieser Mittelzone ist es so ruhig, jetzt stören uns die Kinder. Das hat mich am meisten verärgert!

Weil wir es fertigbrachten, die Autos wegzubringen und dort oben wirklich angenehme Verhältnisse zu schaffen, hört man jetzt plötzlich die Kinder, während man in einer normalen Stadt die Kinder gar nicht hört, weil dort der Lärm der Autos so groß ist. Der Lärm der Lastwagen ist ›Gottgegeben‹, der gehört dazu, aber der Lärm spielender Kinder darf nicht sein. Meine Vorstellung war, daß man außerhalb überhaupt keine Spielplätze mehr braucht, denn der Wald und die Wiese sind der schönste Spielplatz, den es gibt.

Wir wollten in der Mitte einen Straßenraum haben, der wirklich zum Spielen einlädt. Jetzt wird alles getan, um zu verhindern, daß die Kinder dort Ball spielen. Auf Wunsch der Benutzer hat man neue Bäume und Kübel hineingestellt, das hat mich am meisten gestört. Nur haben wir festgestellt, daß Vogelgezwitscher nach unseren Normen in Wohngebieten nicht zulässig ist. Das ist über der zulässigen Lärmgrenze. Soll man nun die Lärmgrenze variabel ansetzen und festlegen, daß für Vogelgezwitscher und für Kindergeschrei ein anderer Wert gilt als für Autos?

Ich stehe nach wie vor zu diesem Grundkonzept. Ich bin der Meinung, daß ein Konzept einen längeren Atem haben muß als eine momentane Mode. Ich glaube, daß für die Situation dort oben das lineare Konzept mit punktuellem Ausweiten jeweils entsprechend der Topographie nach wie vor richtig ist.

Für mich war ganz wesentlich bei den allerersten Studien, ob sich die Bebauung gegen den Horizont stellt oder nicht. Wir haben Sichtlinien gezeichnet und festgestellt, daß der wunderschöne Buchenwald so ansteigt, daß die Bebauung sich nicht gegen den Horizont abhebt. So verkratzen wir anderen nicht den Himmel.

Das zweite war die Frage, wie ist das mit der Waldkulisse, wollen wir diese Bebauung betonen oder wollen wir uns stärker an die Umgebung anpassen? Alexander Freiherr von Branca hat den Vorschlag ›Herbstlaub‹ gebracht, das war auch ein Punkt, an dem die Meinungen stark auseinandergingen. Im zweiten Bauabschnitt ist man immer mehr zu helleren und angeblich freundlicheren Tönen ausgewichen. Ich glaube, daß man sich weniger von der Farbe bedroht fühlt, als von der Höhe und der Masse der Gebäude, wobei allerdings zu sagen ist, daß natürlich mit der Masse der Gebäude die Bedrohung durch die Farbe wieder wächst, das gibt eine gegenseitige Abhängigkeit. Trotzdem meine ich, daß diese Farbigkeit gut ist; das Material Eternit ist einfach eine Hilfskonstruktion. Ich meine, daß es gar nicht illegitim ist, die Belastung der Landschaft dadurch zu reduzieren, daß man die Gebäude in der Farbe zurücknimmt.«

Irion: Der Begriff »Herbstlaub« ist eine schöne Idee, aber der Herbst hat unendlich viele Farben. Das Realisierte ist für mich unbefriedigend. Es hat mehr mit militärischer Deckungsfarb-Idee zu tun als mit den wundervollen Herbstlaubfarben. Es wirkt traurig.

Mitscherlich sagte: »Die städtische Landschaft ist in die natürliche Landschaft eingefügt oder überzieht sie. Dieses Verhältnis von Landschaft zu Landschaft hat Rückwirkungen auf die psychische Verfassung der Bewohner dieser Landschaft. Unbestritten hat die städtische Landschaft als ganze einen unmittelbaren Einfluß auf unser Wohl-, aber ebenso auf unser Mißbefinden.«

In der Begründung für die Konzentration der Bebauung war u.a. die Erhaltung von Landschaft entscheidend. Mit der Zugänglichkeit in den Wald gibt es jedoch Probleme. Die heutige Situation steht im Widerspruch zu der ursprünglichen Zielsetzung.

Durch den höheren Anteil an Flachbau und Eigenheimen will man die Bevölkerungsstruktur und das Image aufwerten. Das neue, architektonisch schöne Zentrum wird zur Attraktivität des Stadtteils beitragen. Der hervorragend ausgestattete Stadtteil in schöner Waldlage hat aber auch heute noch das Image eines »Katastrophengebietes«. Die abgelegene Lage und die unbefriedigende Anbindung ans öffentliche Verkehrsnetz wurden als Probleme erwähnt.

Die Höhe der Bebauung, Konzentration, Schall, Dichte, Vandalismus usw. bringen zusätzliche Probleme.

Angerer: »Ein wichtiges Problem sind die Ansätze von Vandalismus, die man an den Aufzügen sieht. Wir wollten die Übergänge vom zentralen Fußgängerbereich zu

Nach dem Umbau der Aktivachse wurde in der Grünsenke ein aufwendiger Spielbereich ausgebaut.

den oberen und unteren Terrassenebenen mit öffentlichen Aufzügen erleichtern, das sind die Punkte, wo es nicht richtig funktioniert, obwohl wir den Weg ganz bewußt in das Haus integriert haben. Das ist bis jetzt nicht voll befriedigend gelungen.«

Irion: Wichtig ist, daß die Verbannung des Verkehrs unter die Erde eine ungewohnte Ruhe um den Raum bringt. Das Fehlen eines als normal empfundenen Verkehrspegels wirkt selektiv auf andere Laute. Der viel angewendete Beton mit seiner reflektierenden Wirkung trägt zu diesen Schalleffekten bei. Ein einzelner Fußgänger wird von weitem schon gehört, ein Tischtennisspiel im Erdgeschoß wird im ganzen Haus wahrgenommen. Diese Schalleffekte würden jedoch nicht so gehört, wenn ein reges Leben in dieser Aktivachse vorhanden wäre, wie es Mitscherlich forderte.

Angerer: »Die Höhe sehe ich nicht als das zentrale Problem, im Moment gibt es Animositäten, das ist klar, ein Haus über 5 Geschosse ist einfach böse. Mir ist die jetzige Silhouette noch etwas zu unruhig.«

Irion: Ein wichtiges Ziel war es, eine Wechselbeziehung zwischen der Planung des Architekten und dem Wissen des Sozialpsychologen am Beispiel Emmertsgrund herzustellen. »Im Falle der Planung und des Baues der Wohnanlage Heidelberg-Emmertsgrund werden neue Wege gegangen. Der Meinungsaustausch zwischen Planer und Wissenschaftler sollte bis zur Vollendung des neuen Stadtteils andauern.« (Zundel)
Was die Wohnungsbaugrößen betrifft, so ist die Neue Heimat damit im wesentlichen der Gutachterkommission und ihrem prominenten Mitglied, Alexander Mitscherlich, gefolgt, der im Zeichen wachsender Freizeit mehr Bewegungsraum auch in den eigenen »vier Wänden« forderte. Weit über dem Landesdurchschnitt lag daher beispielsweise der Anteil der Vier-Zimmer-Wohnungen. Ihre Grundfläche schwankte zwischen 95 und 113 m², bei den Drei-Zimmer-Wohnungen zwischen 82 und 99 m², bei den Zwei-Zimmer-Wohnungen zwischen 66 und 86 und bei den Ein-Zimmer-Wohnungen zwischen 40 und 46 m². Fünf-Zimmer-Wohnungen schließlich sind mit einer Größe zwischen 110 und 130 m² ausgelegt. Für das Wohnen im Freien sind außerdem große Loggien bereitgestellt. Im Elternschlafzimmer ist ein Arbeitsplatz vorgesehen.
Mitscherlich hat soziale Ziele verfolgt, er hat für alle großen Wohnungen Arbeitsplätze für Mütter, für jeden ein Zimmer, um sich zurückzuziehen usw., gefordert. Meinen Sie, er ist nicht eingegangen auf die Bevölkerungsentwicklung, die damals stattgefunden hat?

Was können Sie über die Wirkung und Rolle von Mitscherlich sagen? Wurden diese Ziele erreicht?

Angerer: »Mitscherlich war von Anfang an dabei, schon vor dem Wettbewerb, er hat viel über Städtebau geschrieben, und wir haben alle auf seinen Rat gehört. Das fing damit an, daß wir uns von seiner Argumentation für die Wohnungsgrößen haben überzeugen lassen, daß ein großer Anteil der Geschoßwohnungen zwar nicht marktgerecht, aber wünschenswert sei. Das war das erste, das zweite war die Frage der Altenwohnungen. Über Art und Standort haben wir ausführlich mit Mitscherlich gesprochen. Dann kam das Collegium Augustinum. Er war der Meinung, das würde dazu beitragen, daß es einige Arbeitsplätze mehr gäbe, daß es zu einer zusätzlichen Attraktion würde, und er hat das sehr befürwortet. Ich glaube auch, daß es aus dieser Sicht vernünftig ist, wobei immer noch die Verkehrsanbindung problematisch ist. Das Augustinum bekommt ein zu starkes Gewicht durch die 500 Einheiten.
Die großen Familien, die Geld haben, bewohnten dort alle ein Haus. Die anderen Familien können sich die großen Wohnungen auch nicht zur Miete leisten.«

Irion: Also eine Planung an den Realitäten vorbei?

Angerer: »In diesem Bereich bestimmt.«

Irion: Was für Wünsche, Empfehlungen haben Sie für die Zukunft von Emmertsgrund?

Angerer: »Man sollte das Konzept jetzt nicht vorschnell ändern, besser wird der Abschluß hinausgezögert, als daß man – bloß um zu Ende zu kommen – den nächstbesten Träger nimmt. Die vielgeschmähte Neue Heimat war eine viel solidere Partnerin als mancher private Träger, der nur auf Rendite ausgegangen wäre. Es geht jetzt noch um die Fortsetzung nach Süden, die letzten paar Dinge, die sind aber schon einigermaßen vorprogrammiert. Ich würde es für falsch halten, wenn der Süden nun so ganz runterfallen würde. Ich glaube, daß es auch im südlichen Teil härtere Gerüststangen geben müßte, um eine gewisse Balance in die ganze Geschichte zu bringen. Als zweites würde ich mir wünschen, daß man eines Tages doch noch das Mittelstück zu Ende bringt und daß dieses Mittelstück von hoher

Die Betonflächen in den Fußgängerbereichen provozieren, es gibt bereits zahlreiche Ansätze von Vandalismus.

Der Fußgängersteg durch das Herzstück von Emmertsgrund ist so angelegt, daß der Ausblick auf das Gebiet verbaut ist (rechts).

Qualität wird. Die Grundstückskosten, die hier anfallen, klettern nach oben, und die Stadt ist sehr interessiert an einer Verwertung, und genau davor habe ich Angst, daß das Interesse an der Verwertung dazu führt, daß man – ähnlich wie bei den Einfamilienhäusern – sagt, na gut, wenn du nur baust, sind wir schon zufrieden. Diese Gefahr sehe ich dort oben auch. Es wäre tödlich, wenn das Herzstück der ganzen Anlage zerstört würde.«

Irion: Die Erschließung des Baugebiets durch Straßen und Wege gemäß der städtebaulichen Konzeption umfaßt Straßen, Gehwege, drei Straßenbrücken der Haupterschließungsstraße, eine Fußgängerunterführung sowie einen 80 m langen Fußgängersteg über die Emmertsgrundsenke von mangelhafter Gestaltung. Welche Erfahrungen – erworben bei der Planung und beim Aufbau der Siedlung – möchten Sie vermitteln? Wie bewerten Sie das Projekt aus heutiger Sicht?

Angerer: »Für mich war ein wertvolles Erlebnis, Mitscherlich näher kennenzulernen. Es war allerdings auch manchmal frustrierend, und zwar deswegen, weil er Dinge gefordert hat, von denen er selber wissen mußte, daß sie eigentlich nicht stimmen. Als erstes hat er gesagt, es darf keine Schlafstadt sein. Da haben wir ihn gefragt, wo sollen denn die Leute arbeiten, sagen Sie uns wo? Mitscherlich sagte, da müssen wir was finden. Daß Mitscherlich dann ausgestiegen ist, war nicht gut, denn zusammen wäre für uns vieles leichter gewesen. Mitscherlich hat eine wesentliche Rolle bei allen Entscheidungen gespielt, und als die ersten Einwände kamen, ist er ausgestiegen, das habe ich nicht sehr mutig gefunden. Ausgezeichnet waren die Bürgermeister Zundel und Korz, weil sie zur Sache standen, und in der Neuen Heimat hatten wir einen hervorragenden Partner der uns in allem großzügig unterstützt hat, obwohl auch manches schief ging.

Bei den übrigen Bauträgern waren die Konstitutionen sehr unterschiedlich. Sehr glücklich bin ich über das Schulzentrum von Mutschler. Ich hätte es allerdings in Ziegel und nicht in Beton gebaut. Im Prinzip würde ich heute noch auf unserem Konzept beharren, ich würde die Bauhöhe reduzieren, d. h. nicht so sehr auf wenige Stellen konzentrieren, sondern gleichmäßiger verteilen. Ich glaube nicht, daß am Schluß weniger Dichte für das gesamte Gebiet herauskäme.

Zurückblickend kann ich sagen, das schönste war für mich das Einweihungsfest des Zentralbereichs von Mutschler – bei diesem Fest konnte ich mit einiger Gelassenheit meinen Bauträgern von vor zehn Jahren gegenübertreten, weil ich nicht nur die Dinge sehe, die mir nicht gelungen sind, ich sehe auch viel, was mir doch gelungen ist, das ist doch eine kleine Befriedigung.«

Neue Heimat Baden Württemberg –
Planungsverantwortlicher: Architekt Peter Dresel:
»Das Planungsverfahren war nach den
damaligen Erfahrungen das Optimale dessen,
was man überhaupt tun konnte«.

Peter Dresel war eine der Hauptfiguren beim Emmertsgrund. Seine Rolle war vielfältig – als ambitionierter Architekt und mächtiger Träger hat er nicht nur die Entscheidung für den Emmertsgrund mitgetroffen, sondern das Planungsverfahren und die Planungsinhalte gestaltet und auch teilweise das Risiko getragen.

Aus seiner besonderen Position heraus berichtet er über die Geschichte des Emmertsgrunds, die er vom Beginn bis zum Jahr 1986 intensiv miterlebte und mitgestaltete. Dabei wird auch auf die Schwierigkeiten der Realisierung und deren Ursachen hingewiesen.

»Wir waren mit der Stadt Heidelberg übereingekommen, am Standort Emmertsgrund ein neues Wohngebiet für etwa 10 000 Menschen zu schaffen. Emmertsgrund sollte das vorhandene Wohngebiet Boxberg ergänzen und mit diesem zusammen einen neuen Stadtteil bilden.

Die insgesamt erwarteten 15 000 Bewohner des Boxbergs und des Emmertsgrunds stellten nach damaliger Vorstellung (1967) eine nahezu ideale Stadtteilgröße für Heidelberg dar, ausreichend, um eine gute Ausstattung mit öffentlicher und privater Infrastruktur zu tragen, und ausreichend, um den notwendigen Verkehrsanschluß an die Bundesstraße 3 und damit die Verbindung zum Zentrum Heidelberg und zu den Arbeitsplätzen der Region herzustellen.

Der Planung voraus gingen Untersuchungen zum Wohnungsbedarf in Heidelberg und im Rhein-Neckar-Raum, welche die GEWOS, Hamburg, durchführte und viele Beratungen mit den Vertretern der Stadt Heidelberg, mit dem Ziel, ein Programm für den neuen Stadtteil zu finden. In dieser Phase, Anfang 1968, wurde auch Alexander Mitscherlich, der gerade die Wohnungsbauergebnisse der Nachkriegszeit heftig kritisiert hatte, zur Mitarbeit an dem Projekt Emmertsgrund gewonnen. Er ergänzte das Programm um sozial-psychologische Überlegungen.

Die Planungsphase wurde durch ein Wettbewerbsverfahren eingeleitet. Stadt und Neue Heimat hatten 6 Ar-

chitektengruppen, die stadtplanerische und Wohnungsbau-Erfahrung besaßen, eingeladen, auf der Basis des schon erwähnten Programms Vorschläge zur städtebaulichen Ordnung und zum Wohnungsbau im Emmertsgrund zu machen. Aus dieser Konkurrenz gingen die Architekten Angerer und von Branca als diejenigen hervor, deren Vorschlag Grundlage für die weitere Planung am Emmertsgrund sein sollte.

Die schwierige Topographie des Emmertsgrunds machte es nach unserer Auffassung nötig, die Bebauungsmöglichkeiten vor irgendwelchen Festlegungen im Bebauungsplan oder durch Erschließungsmaßnahmen noch detaillierter zu untersuchen, als dieses in der Wettbewerbsphase möglich war. So beauftragten wir insgesamt 8 Architektengruppen, Teilgebiete des Emmertsgrunds auf der Basis des Gesamtentwurfs Angerer/von Branca zu planen.«

Dieser Planungsvorschlag, d.h. die Untersuchung der Einzelquartiere in bezug auf Erschließung, Parkierung, mit Grundrißvorschlägen und dem Nachweis der Bebauungsmöglichkeit als Grundlage für die Festlegung des Bebauungsplans ist als wesentliches Merkmal der Planungsmethode zu werten. Den genehmigten Bebauungsplan für das Wohngebiet Emmertsgrund beurteilte Alexander Mitscherlich in seiner Stellungnahme: »Die Gesamtgestaltung des Stadtteils scheint mir sehr harmonisch, reich an städtischen Variationen und Überraschungen. Der Monotonie, die bei in einem Zug erstellten Siedlungsplanungen so selten vermieden wird: hier wird ihr mit Erfolg begegnet ... Wenn das Projekt, so wie jetzt geplant, gelingt, wird es exemplarische Bedeutung erlangen – einen Schritt in Richtung auf bessere städtische Lösungen darstellen.«

Während der etwa siebenmonatigen Planungszeit fanden intensive Abstimmungen der Architektengruppen untereinander, der Architekten mit den Bebauungsplanern, den Landschaftsplanern, den die Erschließung planenden Ingenieuren, der Neuen Heimat und schließlich dem inzwischen als Steuerungsgremium etablierten Gutachter-Ausschuß statt.

Das gewählte Verfahren war im Vergleich zu dem bei der Planung anderer Wohngebiete praktizierten aufwendig, in bezug auf den Einsatz von Fachkompetenz, auf die Abstimmungserfordernisse, aber auch in bezug auf das Engagement der Beteiligten, die hier die Chance sahen, an einer beispielhaften Entwicklung mitzuwirken.

Nach vorausgegangener Erschließung des Emmertsgrunds begannen die Hochbaumaßnahmen im Frühjahr

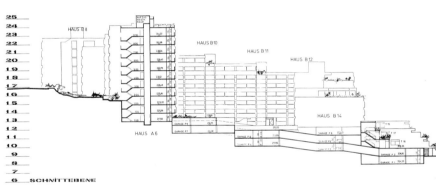

*Teilgebiet I – Innenhof.
Ein gutes Beispiel für eine
Abfolge interessanter
Hof- und Platzräume
(links außen).*

*Bauabschnitt I.
Gesamtplan und Querschnitt durch die Gebäudegruppen, im Hofbereich mit
Blick nach Süden.
Planung: Schröder, Heidelberg
(NH BW, Stuttgart) (links).*

*Teilbereich I – Ansicht
Hangseite (unten).*

1971 – also nach dreijähriger Planungszeit. Die ersten Bauabschnitte waren mit 300–400 Wohnungen im Jahr groß, besonders, da auch in anderen Bereichen Heidelbergs intensiv gebaut wurde. Als sich auch noch die wirtschaftlichen Rahmenbedingungen durch den ersten Ölschock und Maßnahmen zur Konjunkturbremsung 1973 verschlechterten, gab es plötzlich Schwierigkeiten bei der Vermietung von Wohnungen am Emmertsgrund. Das Realisierungstempo mußte verlangsamt werden, über eine Verminderung im Wohnungsangebot wurde nachgedacht.

Diese neuen Anforderungen vertrug weder das Bebauungsplan-Konzept sehr gut noch entsprach es der Finanzierungskonzeption. Die enormen Investitionen in öffentliche Einrichtungen und Erschließung belasteten die Grundstückskosten, durch verzögerte Bebauung entstanden zusätzliche Zinslasten.

Ausbleibende Wohnungsnachfrage führte dazu, daß zeitweise keinerlei sozialplanerische Gesichtspunkte bei der Wohnungsvergabe berücksichtigt wurden, mit dem Ergebnis, daß ein überproportionaler Anteil von sozial Schwachen im Emmertsgrund angesiedelt wurde. Dieses wiederum prägte sehr schnell ein negatives Image mit der Folge, daß die Nachfrage nach Wohnungen im Emmertsgrund immer mehr nachließ. Mitte der siebziger Jahre setzte die Kritik am Hochhaus und an verdichteter Bebauung ein. Der Emmertsgrund, vor wenigen Jahren noch hoffnungsvolles und vielgepriesenes Stadtentwicklungsprojekt, entsprach plötzlich nicht mehr den Vorstellungen des Publikums. Dabei war die Konzeption der Bebauung recht einleuchtend aus der Topographie des Grundstücks abgeleitet. Anstelle einer gleichmäßigen Bebauung der gesamten Fläche, Freihalten charakteristischer Geländeformen und Konzentration der Bebauung auf etwa nur die Hälfte der Grundstücksfläche. Konzentrierte Gruppen von Wohnhäusern sollten jeweils von originaler Landschaft umgeben sein. Diese Konzeption wurde von allen beteiligten Planern, Ökonomen, Politikern als die richtige vertreten. Allerdings war die Dichte auf den einzelnen »Bauinseln« sehr hoch, die Geschoßzahlen teilweise zu hoch. Ambitionierte Zielsetzungen in bezug auf die Ausstattung des Gebietes mit öffentlichen und Gemeinschaftseinrichtungen auf die Perfektion der Erschließung bis hin zum pneumatischen Mülltransport belasteten die Grundstücke dermaßen, daß nur durch hohe Nutzung ein Ausgleich zu schaffen war. So wurden Leistungen für den Emmertsgrund und seine Bewohner mit einer zu großen Zahl von Wohnungen eingekauft.

»Ich glaube, daß wir damals, Ende der sechziger Anfang der siebziger Jahre, zu vieles gleichzeitig mit dem Emmertsgrund erreichen und besser machen wollten:
– Straßen und Plätze – auch im extrem bewegten Gelände schaffen,
– alle Autos in Tiefgaragen unterbringen,
– den Fußgängerverkehr völlig vom Fahrverkehr trennen,
– nicht nur viele öffentliche und private Infrastruktur-Einrichtungen anbieten, sondern diese auch schon für die ersten Bewohner bereithalten,
– Läden und Gemeinschaftsräume in den Erdgeschossen der Wohngebäude haben,
– durch große Wohnungen und viel Wohnfläche ein attraktives Wohnungsangebot schaffen,
– die großen Freiflächen zum Teil für intensive Nutzung anlegen, zum Teil sie in den Zustand von Naturlandschaft verwandeln.

Blickverbindung zwischen dem Nordteil mit homogen gestaltetem Geschoßbau und dem Südabschnitt mit heterogenem Flachbau.

Dieses alles hätte wahrscheinlich bei einem störungsfreien Ablauf und günstigen wirtschaftlichen Rahmenbedingungen erreicht werden können. Schlechte Rahmenbedingungen erschütterten das Konzept erheblich und zeigten seine Anfälligkeit und teilweise auch mangelnde Anpassungsfähigkeit der Finanzierungskonzeption, aber auch der technischen Planungen auf. Zu weitreichende Festlegungen im Zusammenhang mit der Realisierung von Erschließungseinrichtungen und Infrastrukturbauten konnten nicht zur Anpassung der Planungen an veränderte Anforderungen beitragen.

Nach der Fertigstellung der Bebauung am Emmertsgrund werden wir im Gegensatz zur ursprünglichen Planung zwei Wohngebiete mit sehr verschiedenartigen Eigenschaften und Ausprägung haben. Den Nordabschnitt nach der ursprünglichen Planungskonzeption realisiert mit überwiegend Geschoßbau, hoher Dichte, homogen gestaltet, versehen mit allen Merkmalen eines städtischen Wohnungsbaus der Zeit um 1970 und der Südabschnitt mit geringerer Dichte, größeren Einfamilienhausanteilen, heterogen durch verschiedene Bauherren und Architekten, auf der alten städtebaulichen Konzeption in der baulichen Ausprägung eher den Wohnungsbau von 1980 repräsentierend. Wir werden Gelegenheit haben, das Leben dieser beiden Wohnquartiere eines Stadtteils zu beobachten und feststellen können, welche Konzeption und welche Details auf Dauer den Ansprüchen der Bewohner am besten genügen werden.« (Dresel)

2.6 Nicht erreichte Ziele – Erfahrungen – Probleme

Die gesetzten politischen und ökonomischen Ziele der Stadt, eine großangelegte städtebauliche Entwicklung zu leisten, um die wirtschaftliche Lage der Stadt zu verbessern, sind größtenteils erreicht worden. Der Ausbau der Industrie, ein Mehr an Arbeitskräften und Steuereinnahmen sind Tatsachen, die man trotz aller Kritik sehen muß. Allerdings hat die Stadt Heidelberg auch Belastungen und Kosten zu tragen, die aus nicht ausgelasteter Infrastruktur und zahlreichen Gemeinschaftseinrichtungen resultieren.

Die planerisch-konzeptionellen Ziele sind nur in geringem Maße erreicht worden; viele realisierte Grundideen sind im Laufe der Zeit abgebaut worden. Die Aktivachse, als Nebencity Heidelbergs konzipiert, hat mit der Zeit an Anziehungskraft verloren. Die in den Erdgeschossen gewünschten Restaurants, Geschäfte, Cafes, Clubs usw. fehlen.

Der Spielraum der Kinder innerhalb der Achse wurde aber von Bewohnern als Belastung empfunden, was zu einem Umbau der Aktivachse führte.

Auch die Forderung nach Bildungsmöglichkeiten der Mütter und nach Arbeitsplätzen innerhalb der Siedlung und nach großen Wohnungen sind Wunschvorstellungen geblieben.

Das räumliche Konzept »der verdichteten Stadtstruktur mit harten Kanten zur Landschaft« ist durch nachträgliche Änderung teilweise verlorengegangen. Die Einfamilienhäuser und der Flachbau bringen eine Verflechtung mit der Landschaft, Tennishallen und andere Baukörper erschweren den freien Zugang zum Wald und zur Landschaft.

Neben der falschen Belegungspolitik und dem daraus resultierenden schlechten Image wird auch die Größe des Projekts im Verhältnis zu Heidelberg kritisiert. Auch die Entfernung, die schlechte Anbindung und der fehlende Sichtkontakt mit der Stadt bedeuten: »Für die Heidelberger ist Emmertsgrund eigentlich nicht Heidelberg, da es zwischen Wiesloch und Heidelberg liegt. Für jemand, der aus Texas kommt, kann das nah an Heidelberg sein, aber den Heidelbergern fehlen das Schloß und der Neckar.

Das größte Problem sehe ich in der Wirtschaftsberechnung: Die Wirtschaftlichkeitsberechnungen gehen fast alle nicht auf, und deswegen haben wir auch keinen sozialen Wohnungsbau und keinen humanen, privaten Wohnungsbau. In den letzten Jahren wurden von der Neuen Heimat/Gewog nur Eigenheime auf kleinsten Grundstücken gebaut, und das nur noch im Bauherrenmodell, d. h. der Staat ist natürlich mitgefordert.« (Sandreuther)

Man wiederholt jetzt mit einer anderen Wohnform aus kurzfristiger Sicht dieselben Fehler. Es gibt einen Bedarf, einen Trend, man überlegt nie, mit welchen Folgen.

Man versucht immer, sich der momentanen Marktsituation anzupassen, und dies kann im Prinzip solch ein Konzept nicht durchhalten. Zehn Jahre Bauzeit für

Das Terrassenhaus prägt stark das Stadtbild.

»Bei der Ausstattung und der Zahl der Kinderplätze wurde wohl etwas übertrieben.« (Angerer) (rechts)

solch eine städtebauliche »urbane« Konzeption sind eigentlich zu lange. In einer solchen Zeitspanne passiert eigentlich zu viel, d. h. die Leute sind sich entweder ihrer Sache nicht sicher oder sie sind nicht standhaft genug oder es kommt zu extremen Strukturveränderungen wie bei der Neuen Heimat. Die Neue Heimat mußte die gesamte Infrastruktur sichern, und damit sind die finanziellen Mittel eng geworden. Den Kaufleuten fällt jedoch kein neues Finanzierungsmodell ein. Sie sagen nicht, daß die Grundstückspreise oder Geldbeschaffungszinsen zu hoch seien, sondern daß man die Baukosten senken müsse und an den Außenanlagen sparen könne. Dies führt zu einer hohen Dichte und einer höheren Ausnutzung und zwingt zu kostspieligen Nacharbeiten.

»Neben der falschen Belegungspolitik war eigentlich die vom Bund gestellte Forderung, jemanden für die Rationalisierung einzuschalten, der zweite Fehler. Man hat in der Tat die Kosten gesenkt, aber kurzfristig, welches vor allem auf Kosten der Qualität ging.

Auch die Leerstände über Jahre hinweg bringen Probleme, obwohl Wartungen vorgenommen wurden. Der ursprüngliche finanzielle Effekt bei den Investitionen durch Rationalisierung wurde durch die fehlende Vermarktung aufgehoben.

Diese Einsparungen, im Laufe der Planungs- und Bauzeit durch Rationalisierungsfachleute empfohlen und ausgeführt, führten, um teure Außenwandfläche zu sparen, zu ungewöhlich tiefen Häusern. Als Konsequenz daraus ergaben sich große Wohnungen. Trotz niedriger Grundmiete entstehen zu hohe Nebenkosten, die auf die m²-Wohnfläche umgelegt werden.« (Sandreuther)

Diese kritischen Äußerungen sollen aber nicht das Erreichte in den Schatten stellen. Emmertsgrund ist und wird in der Zukunft ein führendes Beispiel seiner Zeit, ein städtebauliches Auswertungsprojekt bleiben. Diese Behauptung möchte ich im folgenden belegen:
– an diesem Projekt waren führende, geistige, planerische und unternehmerische Kräfte beteiligt,
– aus der spezifischen Situation Heidelbergs heraus waren aber diese Kräfte nicht immer vereint. Oft zogen diese Kräfte nicht in dieselbe Richtung (Stadt – Unternehmer).

Emmertsgrund ist ein Spitzenprodukt der Wachstumsperiode – enorme Mittel, Ambitionen und ein harter Wille führten zu seiner Entstehung. Aus der städtebaulichen Geschichte gesehen, ist Emmertsgrund ein Leitbild für städtische Verdichtung auf der Suche nach »städtischem Leben, Urbanität, Kommunikation, Wohlbefinden der Bewohner und moderner Lebensform«.

Das heutige Emmertsgrund ist ein Bilderbuchbeispiel für den Städtebau der siebziger Jahre und liegt im Spannungsfeld zwischen Theorie und Realität, zwischen wissenschaftlich-theoretischen Forderungen von Mitscherlich, dem städtebaulichen Konzept der Architekten und den pragmatischen Ambitionen und Zielen der Stadt. Der verantwortliche Träger der Planung und Ausführung des Stadtteils, die NH-Württemberg, befand sich zwischen den Polen. Der Träger wollte ein zukunftsweisendes Vorbild schaffen. Dafür engagierte er Planungskapazitäten, setzte die sehr hohen Mittel ein und scheute sich nicht vor neuesten technischen Experimenten. Gleichzeitig wollte er ökonomisch bauen, dies führte zur Überhöhung der schon extrem verdichteten Wohnbebauung und zu Sparmaßnahmen bei der Ausführung, die in Zukunft noch bei der Instandhaltung viele Probleme mit sich bringen.

2.7 Aktuelle Situation (1987/88) – Ziele und Maßnahmen

Die bundesweiten Untersuchungen zeigen, daß Heidelberg mit seinem Stadtteil Emmertsgrund nicht alleine steht. Sicher unterscheidet sich der Emmertsgrund in mancherlei Hinsicht durchaus positiv von anderen Großsiedlungen, dennoch sind auch im Emmertsgrund »Nachbesserungen« und neue Weichenstellungen für die Zukunft erforderlich.

Für diese nachträglichen Verbesserungen haben die Behörden des Bundes entschieden, einen Teil der auf-

Heidelberg-Emmertsgrund

Typische Einfamilienhausbebauung in den ersten Jahren der Umplanung.

gestockten Städtebauförderungsmittel auch für die »Nachbesserung« einzusetzen.

Entscheidende Impulse kamen schließlich aus dem Beschluß des Gemeinderats vom 21.10.1986, der es der Stadt Heidelberg ermöglichte, den Besitz der Neuen Heimat im Emmertsgrund zu erwerben.

Die Einwohnerentwicklung läßt sich in verschiedene Wachstumsphasen zwischen 1973 mit 2360 EW und 1984 mit der höchsten Einwohnerzahl von 5310 EW einteilen. Ab 1985 ist ein Einwohnerrückgang (5160 EW) zu verzeichnen.

Realistisch scheint für den Endausbau des Emmertsgrunds die Prognose: rd. 3000 Wohnungen, rd. 6500 Einwohner. 78 Prozent der Bevölkerung leben in den Quartieren mit hoher Baudichte; diese haben an Einwohnern verloren. Der jüngste Stadtteil Heidelbergs hat auch die jüngste Bevölkerung. 73 Prozent der Einwohner sind jünger als 45 Jahre, 21,1 Prozent sind unter 15 Jahre alt.

Der Ausländeranteil ist mit 21,2 Prozent doppelt so hoch wie in der Gesamtstadt. Besonders kritisch ist es in den Hochhäusern mit einer Ausländerquote von 45 Prozent. Im gesamten Wohngebiet gibt es 8,7 Prozent Sozialhilfeempfänger (der gesamtstädtische Mittelwert liegt bei 4,5 Prozent). Es sind in der Hauptsache junge, kinderreiche Haushalte, in der Mehrheit deutsche.

Die hohe Mobilität, die dem Emmertsgrund heute noch die Funktion »Residenz auf Zeit« nachsagt, trifft gegenwärtig für die höher verdichteten Wohnquartiere zu. Festzuhalten bleibt, daß der Emmertsgrund zusätzlich noch einen wichtigen Beitrag leistet, die ungebrochene Wohnungsnachfrage in Heidelberg zu bewältigen.

Um die zukünftige Entwicklung für den Emmertsgrund bewußt zu überdenken, wurden von der Stadt Heidelberg drei Entwicklungsvarianten ausgemalt, in einer pessimistischen, einer mittleren und einer optimistischen Version (drei »Szenarien«). Es wird von der allgemeinen Entwicklung in Heidelberg einerseits und von den Zielen und Maßnahmen für den Emmertsgrund andererseits abhängen, welches Zukunftsmodell wirklich zustande kommt.

Diese Entwicklungsvarianten gehen davon aus, daß es den planerischen Maßnahmen
— nicht gelingt, einen überproportionalen Wohnungsleerstand zu verhindern und damit den Abbau der Infrastruktur und der Arbeitsplätze aufzuhalten,
— gelingt, den Emmertsgrund aus der Randposition zu befreien.

Durch eine Verringerung der Problemgruppen werden neue Nachbarschaften entstehen, die Identifikation wird gefördert.

Der Emmertsgrund wird als Ergebnis der städtebaulichen Diskussion der späten sechziger Jahre im Bewußtsein der Bevölkerung positiv verankert; die darin liegenden Chancen werden durch Stadtumbaumaßnahmen unterstützt. Ein eigenständiges, national übergreifendes Bewußtsein wird gefördert, das eine Vielfalt von Wohn- und Lebensstilen und Arbeitsformen zu integrieren vermag.

Die bereits gegenwärtig eingeleiteten Maßnahmen lassen einen Verbesserungswillen erkennen, der ein Entleerungsszenario als unwahrscheinlich erscheinen läßt. Die städtischen Maßnahmen sind darauf gerichtet, »die vorhandenen Vorzüge zu sichern und vorhandene Nachteile möglichst auszugleichen«. (Bürgermeister Korz)

Der Emmertsgrund wird als Ganzes voraussichtlich in das »Programm Einfache Stadterneuerung« (PES) des Landes Baden-Württemberg aufgenommen und ist als Wohnungsmodernisierungsschwerpunkt anerkannt.

Als planerische Maßnahmen sind in Vorbereitung:
— farbplanerisches Konzept (Friedrich Ernst v. Garnier),
— Rahmenkonzept für die Umgestaltung der »halböffentlichen« Räume wie Passagen, Hauseingänge, Tiefgaragengänge, Begrünung (im Rahmen des PES),
— Wohnungsmodernisierung wie Wärmedämmung, Verkleinerung oder Vergrößerung der Wohnungen, Fassadenbegrünung (im Rahmen des Wohnungsmodernisierungsprogramms),
— Verbesserung der öffentlichen Grünflächen und Rückbau der überbreiten Straßeneinmündungen,
— Planungskonzepte der unbebauten Grundstücke für Eigenheime zur Verbesserung der Sozialstruktur,
— Ansiedlung von nicht störenden Gewerbebetrieben.

Zur Verbesserung der gesamten Wohnsituation und zum Abbau sozialer Mängel wurde die Bürgerberatungsstelle mit 3 1/2 Stellen neu besetzt. Sie sollen die Einwohner motivieren, Aktivitäten fördern und den Gemeinschaftssinn stärken.

Neue Gestaltung der zentralen Fußgängerzone.

3 Mannheim-Vogelstang und Heidelberg-Emmertsgrund: Rückblick, Wertung, Zukunftsperspektiven

Gespräch mit Paul Knoblauch
Geschäftsführer a. D. NHBW

Eine wichtige gemeinsame Voraussetzung für die Entstehung der zwei Stadtorganismen war der politische Wille, repräsentiert durch die Bürgermeister. Das wichtigste Bindeglied der zwei »ungleichen Brüder« war der Träger, die Neue Heimat Baden-Württemberg.
Der Charakter der Städte, ihre Ausgangsposition und ihre finanzielle Basis waren vollständig unterschiedlich, so auch die handelnden Personen, u. a. die beiden Bürgermeister sowie die damit verbundenen Handlungsweisen und Realisierungsmethoden. Beide Städte versuchten, ihre wirtschaftliche Kraft zu stärken und mangelnde Arbeitskräfte mit Wohnungen und Infrastruktur an die Städte zu binden.
Die Stadterweiterung und neue Stadtteile wurden zugleich mit neuem Gewerbe und Industriegebieten realisiert. Der ausschlaggebende stadtbildende Faktor war die Industrialisierung.
Mannheim war von Stadtflucht betroffen. Viele Leute sind weggezogen, um an der Bergstraße zu wohnen. Diesen zusätzlichen Verlust wollte man wettmachen. Die expandierende Industrie brauchte dringend Arbeitskräfte. Das war der wichtigste Anlaß.
Emmertsgrund ist deswegen entstanden, weil die Stadt unter der einseitigen Belastung durch die Universität Schlagseite hatte, sowohl in der Bevölkerungsstruktur als auch in der wirtschaftlichen Kraft. Bei der Verwirklichung der Stadtteile war u. a. die Konstellation der agierenden Menschen ausschlaggebend. Der Repräsentant des Trägers Neue Heimat Baden-Württemberg, Paul Knoblauch, damaliger Geschäftsführer, verantwortlich tätig im Geschäftsbereich Grundstück und Finanzierung, hat bei der Entstehung Emmertsgrunds eine wesentliche Rolle gespielt. Er war durch seinen Vater, einen bedeutenden Autor und Initiator im Wohnungs- und Siedlungsbau in den zwanziger und dreißiger Jahren, vorbelastet. Seine persönliche Lebensgeschichte ist stark mit Vogelstang, aber besonders mit Emmertsgrund verbunden. Er war damals für viele Städte das begehrte »Goldene Fließ«, danach hatte er die Rolle des »Schwarzen Schafs«. Er kennt die Hintergründe und hat den richtigen Abstand, um kritisch die Geschichte der beiden Stadtteile vergleichend zu schildern.

»Die expandierende Stadt Mannheim brauchte Arbeitskräfte. Die Struktur der Stadt Heidelberg ist durch die Universität und durch die schwache Industrieansiedlung allzu einseitig gewesen, und das wollte Zundel im klaren Interesse der Stadt ändern. Und somit hat er auf allen Wegen versucht, Wohnungen zu bauen, um damit Voraussetzungen für eine gewisse Industrieansiedlung zu schaffen. Er hoffte – und dies traf dann auch ein – die Wirtschaft seiner Stadt zu stärken. Wir haben dies im Auftrag der Stadt erfüllt. Die Zielsetzung war verschieden zwischen den Leuten, die dieses alles verwirklichten. Wir sollten einem Wunsch nachkommen, und der Bedarf sollte gedeckt werden – auf wirtschaftliche Art mit politischer Hilfe. Und je nachdem wie diese Hilfe in Form öffentlicher Mittel floß, ist es auch gelungen oder nicht gelungen.
In Mannheim-Vogelstang konnten wir sowohl das Soziologische als auch das Räumliche so gut lösen, daß meiner Meinung nach sich daraus keine zukunftsweisenden Fragestellungen ergeben werden.
Wenn ich jedoch, wie bei Heidelberg-Emmertsgrund, vom Land gezwungen werde, unbebaubares Land im Überfluß zu kaufen, und darüber hinaus gequält werde, auf Kosten der Bewohner des neuen Stadtteils Rathäuser zu bauen und Schulen und Bäder und Verkehrsbauten aller Art, so bin ich vom Gelde her so gedrückt, daß kein zukunftsweisendes Vorbild daraus werden kann.
Diese politische Voraussetzung war der Grund – bei aller Verehrung und persönlichen Verbundenheit mit Oberbürgermeister Zundel –, daß dessen Forderungen überzogen waren. Wir haben nicht abgesagt, sondern wagten, den gordischen Knoten zu lösen. Das war wohl unser Fehler.
Die Krankheit von Heidelberg-Emmertsgrund liegt nicht nur daran, daß es durch Kostenüberladung zu teuer war – und nicht nur in der Planung. Wir sind mit den planerischen Ideen, die zu einer gewissen Zeit richtig waren, in eine falsche Zeit hineingeraten. Es war wie immer: Eine gute Idee braucht den richtigen Zeitpunkt, und das ist in Emmertsgrund nicht geglückt.
Die Lage, der Bau von Emmertsgrund an sich, die

Heidelberg-Emmertsgrund

Menge der Wohnungen hätten nie zu einem Problem führen müssen. Davon bin ich überzeugt. Damals befürchtete man die ›Zersiedlung der Landschaft‹, ein Begriff, der damals von Stuttgart ausging. Urbanität, keine Flächenbebauung mit wenig zusammenhängenden Freiflächen und viel Verkehrsfläche, welche die Landschaft zerstört, war gefordert.

Die Wohnungen sollten konzentriert in großen freien Flächen stehen und die Verkehrsflächen auch zusammengelegt werden. Die Dichte des Emmertsgrunds mit den vielen großen Freiflächen zwischen den Baukomplexen ist nicht hoch und dennoch führten diese Freiflächen zu einer hohen Kummulierung auf den wenigen bebaubaren Flächen.

Der Emmertsgrund ist nicht nur durch die wirtschaftlichen und politischen Faktoren, die ich oben aufzuzählen versuchte, belastet worden, sondern auch durch das eben geschilderte Planungsziel. Der Trend war zu extrem, er überschlug sich. Emmertsgrund ist ein Exzeß des Trends. Es ist trotzdem schön.

Bedrückend ist die Höhe. Aber diese Höhe hätte man mildern können, hätte man sich auf der politischen Seite vernünftig verhalten.

In Heidelberg-Emmertsgrund wird die Zukunft viel schwerer, weil die Mietsteigerungen und Kostensprünge, hervorgerufen durch politisch beschlossene leichtsinnige öffentliche Förderungssysteme, heute und in Zukunft große Probleme darstellen. Man wird hier länger warten müssen, da die finanziellen Probleme eine Lösung erschweren.

Betrachtet man Mannheim-Vogelstang, glaubt man, daß man menschlich der Aufgabe am nächsten gekommen ist. Vogelstang hat das Maß in jeder Hinsicht beibehalten. Dies war möglich, weil die Stadt ihre Aufgabe selbst vollständig erfüllt hat. Sie hat die Straßenbahn auf eigene Kosten hineingelegt. Sie hat selber genügend Schulen gebaut und große Erholungsflächen ausgebaut.

Daran zeigt sich auch, wie tiefgreifend die Folgen einer guten oder schlechten Finanzausstattung einer Gemeinde für jeden einzelnen sind. Der finanzielle Rahmen ermöglichte die Überbauung weiter Flächen in mittelhoher Bauweise mit großen wechselnden, reich begrünten Höfen. Wir sind auch in Vogelstang mit dem finanziellen Aufwand nach oben gegangen, aber in Maßen.

Das Einkaufszentrum ist zu groß geraten, das war eine Fehlplanung. Die Herren, die das Zentrum gebaut haben, waren nie in Istanbul, sonst hätten sie den Basar von Vogelstang maßstäblich richtig gebaut. Hier ging der Maßstab verloren. Das Zentrum wird deshalb für lange Zeit ein Problem bleiben. Ein planerisches Konzept, ein menschliches Konzept, läßt sich nicht durchsetzen, wenn man alleine dasteht, alleine als Architekt, alleine als Kaufmann, als Träger. Das geht nicht.

Solche großen Stadtteile sind eine öffentliche Aufgabe, nicht die Aufgabe eines einzelnen Unternehmers oder eines Architekten. Natürlich sind es einzelne Menschen, die die Absichten und Möglichkeiten irgendwann einmal artikulieren, aber wenn die Gemeinde selber dabei ihre Aufgabe nicht erfüllen kann, d. h. wenn eine Stadt ihre finanziellen Verpflichtungen bei so einer großen Aufgabe nicht übernehmen kann, weil sie zu arm ist, muß ein anderes politisches Konzept erarbeitet und verfolgt werden. Dabei können auch sehr gute Architekten nicht helfen, auch kein großer Psychologe wie Alexander Mitscherlich, der bei der Geburt des Emmertsgrund Pate stand. Für die Beteiligten war es interessant zu erleben, in welchem Ausmaß dauerndes theoretisches Denken die Menschen veranlassen kann, sich vom Erdboden zu lösen. Mitscherlichs Ideen waren gut und überzeugend, doch nur schwer in die Wirklichkeit umzusetzen.«

Irion: Sowohl in Gesprächen mit den Planern als auch dem Träger wird die Richtigkeit der Ideen Alexander Mitscherlichs unterstrichen, doch gleichzeitig wird auch sein Mangel an Verständnis für die Realität oder »Wirklichkeit« angeführt. Im Laufe der Jahre, innerhalb derer ich mich u. a. mit den theoretischen Arbeiten und Forderungen Mitscherlichs für Emmertsgrund befaßte, stehe ich der Argumentation der Wirtschaftlichkeit, »Realisierbarkeit, Finanzierbarkeit« sehr skeptisch gegenüber. Die sogenannte Wirklichkeit von damals, die Realität, die Rahmenbedingungen haben sich im Laufe kurzer Zeit geändert und beweisen, daß die Forderungen Mitscherlichs den Faktor Zeit einbezogen, daß er die Wirklichkeit in anderen Dimensionen gesehen hat. Viele seiner Ideen, wie die Fläche für den Arbeitsplatz innerhalb der Wohnung, das Arbeitsplatzangebot innerhalb der Siedlung, die Größe der Wohnungen, der wachsende Wohnflächenbedarf, ein funktionell-gestalterischer Schwerpunkt als Anziehungspunkt und Einbindungselement in die Gesamtstadt werden durch die laufende Entwicklung bestätigt.

Knoblauch: »Betrachtet man die beiden Siedlungen, so stellt sich die Frage, wie lange ist eine Siedlung oder ein Stadtteil so wirkungsvoll, so gut gestaltet oder wird als so gut gestaltet empfunden, daß der Mensch seiner

Nordabschnitt. Ausgeprägte gestalterische Merkmale eines städtischen Wohnungsbaus aus der Zeit um 1970.

jeweiligen Zeit einen positiven Eindruck dieser Siedlung oder dieses Stadtteils hat, sie akzeptiert und ›Wohlbefinden‹ empfindet?
Sicherlich ist festzustellen, daß eine Siedlung nur dann auf die Dauer menschlichen Ansprüchen gerecht wird, wenn sie im allgemeinen Sinn schön ist. Im Laufe kurzer Zeit hat sich gezeigt, daß das rationale Bauen mit Beton und mit möglichst wenig Fertigteilen die Häuser, Häusergruppen und Stadtteile sehr kalt erscheinen läßt. Dies führte auch zu ersten Gestaltungsmaßnahmen.
Es gibt Siedlungen, die so menschlich gebaut sind, daß diese auch in der weiteren Zukunft bei den Bewohnern oder Betrachtern angenehme Gefühle wecken werden. Von daher wäre wohl folgende Beurteilung abzugeben: Im Vogelstang wird im Bereich der Y-Häuser, sofern sie gepflegt werden, wahrscheinlich über längere Perioden hin ein angenehmes Wohnen vermittelt.
Die wenigen guten Hochhäuser mindern diese guten Erwartungen nicht.
Emmertsgrund hingegen wird es schwer haben, auf die Dauer als angenehm empfunden zu werden, obwohl dieser Stadtteil immer interessant sein wird.«
Vergleicht man die beiden Stadtteile, so ist festzustellen, daß sowohl Mannheim-Vogelstang als auch Heidelberg-Emmertsgrund hervorragend mit Gemeinschaftseinrichtungen ausgestattet ist. Bei der Realisierung Emmertsgrunds baute man jedoch schon von Anfang an die gesamte Infrastruktur parallel zu den Wohnungen. Vogelstang hat ein großes, zentral liegendes, überdimensionales, multifunktionelles Zentrum, das kommerzielle Zentrum in Emmertsgrund wurde erst 10 Jahre nach der Existenz des Stadtteils gebaut und entspricht vom Konzept und der ansprechenden Gestaltung dem Prinzip einer Passage, einer Fußgängerzone.

Ein wesentlicher Unterschied liegt im Grünkonzept der beiden Brüder; Vogelstangs Baustruktur wird von Grün begleitet, durchdrungen und weist noch Merkmale der Gartenstadt auf trotz seiner städtischen Dichte und dem Charakter der Baustruktur. Heidelberg-Emmertsgrund repräsentiert ein vollständig anderes Grünkonzept. Hier werden durch starke Verdichtung entlang der zentralen Achse das Prinzip der »Urbanität«, des »kommunikativen Lebens« und die städtische Verdichtung gezielt verfolgt. Das Grün umschließt die kompakte Stadtstruktur. Trotz sehr guter Planungsideen im Emmertsgrund (zentrale Fußwegerschließung, Garagenlösung und Gestaltung der Hanghäuser) gibt es negative Entwicklungen wie Überhöhung der Bauten und schlechte soziale Struktur der Einwohner gerade entlang dieser wichtigen Fußgängerzone.
Inwieweit solche, baulich kaum in den Griff zu bekommenden Fehler im Laufe der Zeit verbessert werden können oder gar zum Kollaps der Siedlung führen, ist schwer zu beurteilen.
Ein wesentlicher Faktor der die zwei ungleichen Brüder unterscheidet, ist die Belegungspolitik und das daraus resultierende »Image«. Es ist wohl eine der schwierigsten Aufgaben, ein schlechtes Image zu ändern – es ist ein Kampf gegen einen ungreifbaren Schatten.
Noch ist es zu früh, Urteile zu äußern, das möchten wir auch lieber den Lesern überlassen. Als Anregung und Fazit möchte ich nur diesen Anstoß geben: Seit Jahren führte ich Besuchergruppen, Studenten und Architekten durch Vogelstang und Emmertsgrund. Als Vogelstang gebaut wurde, war es in der Mode, als Emmertsgrund gebaut wurde, wurde Vogelstang mit Verachtung betrachtet. Jetzt ist Vogelstang wieder in Mode. Ich kann mich noch gut erinnern, als Emmertsgrund fertig war, haben die Besuchergruppen in einer gewissen Zeit gesagt: »Ihr seid Landverschwender, und die Leute, die im Grünen sitzen, sind grüne Witwen, die nicht miteinander reden.« Danach gingen sie zum Emmertsgrund und waren fasziniert von der Dichte, der Urbanität und vom kommunikativen Wohnen. Und die gleichen Gruppen und Experten kommen jetzt zurück und schimpfen auf Emmertsgrund und loben Vogelstang.
»Für jemand, der den Emmertsgrund nicht kennt, und sein schlechtes Image so im Ohr hat, ist immer überraschend zu sagen ›so schlecht ist der Emmertsgrund – das Katastrophengebiet – gar nicht!‹ Der Emmertsgrund ist mit Sicherheit besser als sein Ruf!« (Sandreuther)

Neue Prinzipien im Städtebau

Frankfurt-Nordweststadt – die »Raumstadt«, Städtebau zwischen Utopie (Ideal) und Realität

Frankfurt-Nordweststadt
Planung: 1959–1962
Ausführung: Anfang der sechziger Jahre bis Anfang der siebziger Jahre
25 000 EW neu / Nordweststadt
25 000 EW alt aus vier umliegenden Ortschaften

Planungsgeschichte

- Februar–Juni 1959; Wettbewerb, Ausloberin ist die Stadt Frankfurt. Walter Schwagenscheidt/ Tassilo Sittmann, der dritte Preisträger, erhält den Auftrag für die städtebauliche Planung. Die gesamtplanerische Verantwortung lag bei der Leitung des Stadtplanungsamts, im Prozeß der Bearbeitung bis hin zur ausführungsreifen Planung oblag dem Baudezernat, als Vertreter der Bauherrin Stadt Frankfurt, die Gesamtleitung und Koordinierung aller an der Planung beteiligten Gruppen.
Die Architektengruppe wurde durch einen besonderen Vertrag dem Stadtplanungsamt eingefügt und bekam als Sonderabteilung die städtebauliche und künstlerische Oberleitung. Der Wohnungsbau ist von der Stadt als Erwerberin und Eigentümerin des gesamten Baugebiets vor allem drei großen Trägern übergeben worden: Nassauische Heimstätte, Neue Heimat Süd-West AG für kleine Wohnungen. Die beteiligten Unternehmen schlossen sich zu einem besonderen Arbeitskreis zusammen.
- 1959–1961: Grunderwerb (ca. 500 Einzeleigentümer).
- 1961: Abschluß der Ausschreibungsarbeiten für den Wettbewerb zum Kultur- und Geschäftszentrum durch das Stadtplanungsamt. Der Wettbewerb wurde unter den Preisträgern und Ankäufen des ersten Wettbewerbs sowie drei aufgeforderten Architekten ausgelobt: 1. Preis: Apel/Beckert/Becker, Frankfurt. Gutachten durch die Gewerbebauträger GmbH Hamburg in Zusammenarbeit mit den Gewinnern des Wettbewerbs.
- 1964: Beschluß der Stadtverordnetenversammlung, die Bewerbung der Gewerbebauträger GmbH um den Bau des Zentrums anzunehmen.
- Ende 1964: bereits 2800 Wohnungen sind fertiggestellt.
- 1963/64: Die endgültigen Bebauungspläne wurden ins Verfahren gebracht und rechtskräftig gemacht, als die Nordweststadt schon längst im Bau war.

Grundgedanken – allgemeine Ziele

Planung einer Wohnstadt, die vier vorhandene Ortsteile zu einem großen Stadtteil zusammenschließt und die die infrastrukturelle Versorgung der gesamten nordwestlichen Stadtregion in einem übergreifenden Kultur- und Geschäftszentrum sichert; Deckung des Wohnraummangels einer expandierenden Großstadt.

Nordweststadt, freigegeben unter Nr. 1246/85 vom Regierungspräsidium Darmstadt

Konzepte

Vorgaben der Stadt Frankfurt:
Die Stadt Frankfurt hatte als Ausloberin die Lage des Zentrums angegeben und die übergebietlichen Verkehrsbeziehungen festgelegt – das Zentrum sollte im Schnittpunkt zweier wichtiger Fernverkehrslinien entstehen und mit dem Stadtzentrum durch eine autobahnähnliche anbaufreie Straße mit parallel laufender Schnellbahn auf eigenem Bahnkörper verbunden werden.
Im Wohnungsbauprogramm waren mindestens 7000 Wohneinheiten gefordert, davon 90% im Geschoßbau
Konzept der Raumstadt mit dem städtebaulichen Grundprinzip Anordnen von Baukörpern in räumlichen Gruppen, die differenzierte räumliche Gruppe wird aus ähnlichen Einzelelementen gebildet, Zusammenfügen der Haus- und Raumgruppen zu aufgelockerten Strukturen; »die Stadt baut sich aus kleinen Zellen zu immer größeren Teilen organisch als Ganzes auf«. (Schwagenscheidt)
Funktionskonzept: klar gegliederter hierarchischer Aufbau; strikte Trennung von Fuß- und Fahrverkehr, Einbeziehung der Natur als städtebauliches Gestaltungsmittel, Versorgung für den täglichen Bedarf in unmittelbarer Wohnungsnähe, qualitativ hochwertiges Außenraummobiliar, Anordnung der Baukörper nach den Kriterien optimaler Besonnung.
Wettbewerbsentwurf:
Klare Gliederung in drei in sich geschlossene Wohnbereiche mit eigenen Zentren, Durchgliederung der Wohngebiete mit Grün und deren Anbindung über kreuzungsfreie Fußwege an das zentrale Grün, Wohnungsbau verschiedener Größe in komplexen räumlichen Gruppen. Räumliches Prinzip – Raumgeflecht.

Allgemeine Daten

Bruttobauland: ca 170 ha
Anzahl der Wohnungen: 8080 gepl.
Einwohnerzahl: 22 573
Nettobauland: für
Eigentumswohnungen und
Mietwohnungen = 617 700 m²
für Eigenheime = 111 000 m²
 728 700 m²

Gliederung der Gesamtfläche

Nettobauland für Schulen und
Kindertagesstätten = 104 800 m²
Nettobauland für Anlagen der
Müllverbrennung = 26 000 m²
Nettobauland für das
Umspannwerk und Fernheizwerk = 19 200 m²
Nettobauland für Kultur- und
Geschäftszentrum = 70 000 m²
Nettobauland für Kirchen und
Gemeindezentren = 33 900 m²
Nettobauland für sonstige
gewerbliche Bauten = 13 400 m²
Erschließungsflächen für:
Straßen und Wege und sonstige
Verkehrsflächen = 382 500 m²
Tiefgaragen = 90 000 m²
öffentl. Grünflächen = 239 599 m²

Netto-Wohndichte:
100 Wohneinheiten pro ha netto
330 Einwohner pro ha netto
150 Einwohner pro ha brutto
GFZ (ohne Garagenanlagen) = 0,85

Wohnformen – Wohngemenge

7578 Wohnungen, davon rund 300 Eigentumswohnungen und rund 575 Wohnungen in Einfamilienhaus-Bebauung durch gemeinnützige Wohnungsbauträger.
80 verschiedene Haus- und Grundrißtypen
90% Geschoßwohnungen
10% Einfamilienhäuser
1- und 1½ ZiWo = 5%
2 Zimmer-Wohnungen 20%
2½- und 3 ZiWo = 60%
3½- und 4 ZiWo = 15%
Miete 1965 DM 2,50, 1980 DM 6,–
Wohnbereich in Zellen/Wohngruppen aufgeteilt. Jeweils alle Haustypen – heterogen.
Jede Zelle/Wohnungsgruppe mit Kinderspielplatz und Kindertagesstätten (9 Stück).

Infrastruktur

Großes Kultur- und Geschäftszentrum und drei Nebenzentren.
Schulzentren, Gesamtschule 2000 Schüler,
2 Kirchenzentren.

Entfernungen – Lage

Nord-West ca. 8 km vom Stadtzentrum Frankfurt entfernt. Stadtautobahn/U-Bahn.

Verkehr

Erschließung vom Zentrum ausgehend über Wohnsammelstraßen und über Stichstraßen. Fußgängerwegenetz 30 km getrennt vom Fahrverkehr, ges. 19 Fußgängerbrücken.
40 Tiefgaragen mit je 60–100 Parkplätzen (2703 Einstellplätze), ges. 3500 Abstellpl.
(Kostenaufwand 6000 DM je Einstellplatz).

Arbeitsplätze im Zentrum und öffentliche Einrichtungen

Zentrum:
Mittelpunkt für 50 000 Menschen
Kaufstätten, Erholung, Kultur, Volksbildung,
Bereich für Fußgänger, Ringstraße,
5 Fußgängerbrücken, Verbindung zum Fußwegenetz,
4 Ebenen:
1. U-Bahn
2. Parken 2300 Plätze
3. Andienung Lager Bus
4. Fußgänger (Hochebene)
Ausdehnung 363 × 218 m (Parkebene)
Bürgerhaus 900 und 300 Gäste
Ärztezentrum, Sozialstation, Polizeirevier, Postamt, Feuerwache, Hallenschwimmbad, Kino, Stadtbücherei, Fachschulen.

Das multifunktionale Zentrum:
Landfläche 700 ha
urbane Nutzungsfläche 9,5 ha
für menschliche Kommunikation 2,6 ha
Anlieferstraßen/Parkflächen 9,3 ha

Energieversorgung Müllverbrennungsanlage:
Zentralheizung, Heißwasser, Strom, Verkehr.

Quelle:
Daten vom Amt für kommunale Gesamtentwicklung und Stadtplanungsamt Frankfurt.

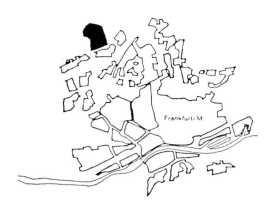

1 Nordweststadt und Stadtideologie

Die Jahre zwischen 1920 und 1930 waren in Deutschland im Hinblick auf neue Ideen im Wohnungs- und Städtebau sehr schöpferisch und zukunftsweisend. 1919 hatte Walter Gropius das Staatliche Bauhaus gegründet und 1925 das Bauhaus in Dessau gebaut. May und seine Mitarbeiter, die dort studierten, arbeiteten im Sinne dieses Bauhauses. Die neue Richtung, der »Funktionalismus«, die »Neue Sachlichkeit« oder funktionelle Bauart war ihr Ziel. Man suchte nach Wahrheit und Übereinstimmung von Form, Material und Funktion.

In den zwanziger Jahren wollte man in der UdSSR neue Städte und Industrien bauen und für diese eine neue Gestaltungsweise finden, als Ausdruck neuer Gesellschaftsformen. May, der damalige Stadtrat von Frankfurt, wurde mit einem ausgewählten Team 1930 in die UdSSR berufen und mit der Aufgabe betraut, neue Industriestädte und Wohnungsgebiete zu planen. Er hatte ja schon in Frankfurt Erfahrungen im »sozialistisch« orientierten Siedlungsbau gemacht.

Die Aufgabe war die Planung von neuen Industriestädten, die Ausdruck der neuen Wirklichkeit sein sollten, die von einer westlichen »Avantgarde« geplant wurde. Die Erfahrungen, die nach dem abenteuerlichen Unternehmen in Rußland den Städtebau in Deutschland prägten, schildert Fritz Jaspert:

»Neben ideologischen und sozialen Zielen haben sie damals nach einer Identität mit einer Ästhetik gesucht, nach einer Relation zwischen sozialen Verhältnissen und der physischen Gestaltung. Ein wichtiger Aspekt war der soziologische. Die Wohngruppe wurde als die notwendige Primärgruppe in der Stadt gesehen. In den Primärgruppen Familie, Wohngruppe und Nachbarschaft entwickelte sich ein Wir-Bewußtsein, und man hegte die Auffassung, daß die dortigen Bewohner im Verlauf der Zeit eine soziale Einheit bilden würden. Diese Gruppenbildung ist sowohl in den sozialistischen Konzepten wie in der Raumstadt und dann in der Nordweststadt das Grundelement der Stadt-Konzepte. Es war bei Schwagenscheidt deutlich sichtbar, daß er in seinem Konzept anfangs durch Homogenität und dann in der Heterogenität der Wohnbebauung usw. soziale Ziele verfolgte. Der Weg von sozialer und formaler Gleichheit der Gesellschaft durch die Raumstadt ist sowohl formal als auch inhaltlich erkennbar. Die Grundelemente der ›Gruppen‹ sind jedoch, auch wenn sie ›räumlich‹ anders gegliedert sind, in der Raumstadt

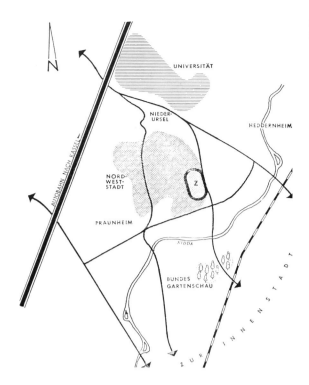

Lage der Nordweststadt in Frankfurt.

durchgängig erkennbar, sowohl in den Wettbewerben für die Nordweststadt als auch für Mainz-Lerchenberg, die den Städtebau für die pluralistische Gesellschaft repräsentieren.«

Den Aufbruch der »Gruppe May« in die Sowjetunion haben Fritz Jaspert und Walter Schwagenscheidt als Beteiligte und Freunde miterlebt. Sie sind diesen dreijährigen Weg über das kommunistische Rußland, von Novosibirsk über Moskau bis zum Ural, gegangen.

»Diese Gruppe, die nach Moskau ging, alles wunderbare Leute, die Architektengruppe um May, wir waren alle Kommunisten, als wir dahin gingen, aber wir waren völlig geheilt, als wir zurückkamen. Und was wir denen bringen wollten, das haben sie gar nicht angenommen. Wir haben es versucht, es war gar nichts zu machen. Bei ihnen kam nachher der Zuckerbäckerstil heraus und die Stalinära.

Den Russen war auch die kühle, rationale Formgebung des Bauhauses zu fremdartig. Die Menschen dort sind mehr vom Gemüt her beeinflußt als durch Ratio oder das Herausstellen des Funktionellen in allen Lebensbereichen.

Was Schwagenscheidt in der Nordweststadt entworfen hat, finde ich sehr gut, aber er hat viele Ideen nicht richtig durchsetzen können. Die damalige Stadtverwaltung von Frankfurt hat zu viel Einfluß genommen. Die Nordweststadt ist nicht so vorbildlich geworden, weil z. B. nicht genügend Einfamilienhäuser gebaut wurden, deshalb konnten wir sie auch nicht als Demonstrationsvorhaben fördern.

Der neue Städtebau, den wir damals ausführen wollten, haben wir in Rußland in keiner Weise durchführen können. Später haben wir ein paar ähnliche Sachen in der Bundesrepublik gemacht, und hier haben wir es oft auch nicht so durchsetzen können, wie wir es wollten. Wir sind im großen und ganzen nicht ganz gescheitert, aber in vielem.

Frankfurt-Nordweststadt

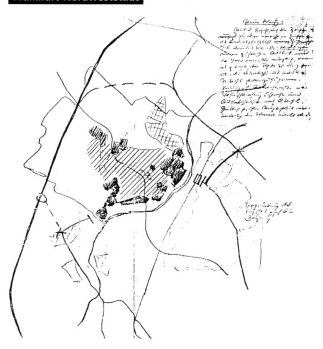

Die verkehrsmäßige Verbindung der Nordweststadt mit der Innenstadt. Skizze: W. Schwagenscheidt.

Unsere Arbeiten sieht man heute als veraltet an, die Frankfurter Römerstadt oder die Nordweststadt Praunheim sind veraltet. Ich denke trotzdem heute immer noch, daß unser Städtebau nicht so schlecht war.« (Jaspert)

Die Idealvorstellungen im Städtebau, moderne zukunftsweisende Vorbilder, wurden nicht im Sinne der Entwerfer realisiert, sie sind vielmehr Spiegelbild und Ausdruck der gesellschaftlichen Verhältnisse. Es ist erstaunlich, was in der kurzen Zeit an städtebaulich unterschiedlichen Grundkonzepten realisiert wurde, an Organisations- und Steuerungsinstrumentarien und Planungsverfahren und an stadträumlichen und stadtgestalterischen Qualitäten entstanden ist.

Alle Siedlungen/Stadtteile werden als durchgeführte Experimente geeignete Lehr- und Studienobjekte sowie Aufgaben für zukünftige Planer, Architekten und Ingenieure darstellen.

Trotz aller Kritik an den neuen Großsiedlungen/Stadtteilen muß man sie als Fortschritte betrachten, als Schritte zur Verbesserung der Lebensqualität. Es ist eine Entwicklung, die von einer Wohnung mit Bad ausgehend nun auch die gesamten gemeinschaftlichen Belange erfaßt.

Dieses ist in der aktuellen Situation mit restriktiven Rahmenbedingungen im Städtebau kein populäres Thema. Die Nostalgiewelle oder Postmoderne sind keine Weiterentwicklung der Moderne.

»Wenn man wieder etwas erfindet, was im vorigen Jahrhundert entstand, dann kommt nichts dabei heraus.« Das Theorisieren, dieses Zuwenden zum Alten ist in der Geschichte der Baukunst ein sich immer wiederholendes Phänomen. »Es müßten in der Zukunft neue Ideen entstehen, nur sollten sich die Jungen nicht dem vorigen Jahrhundert, sondern diesem Jahrhundert zuwenden. Das Thema und die Fragen der Siedlungs- und Stadtformen des Städtebaus sind schon vor 30 und 100 Jahren entstanden und immer noch nicht geklärt.« (Jaspert)

1.1 Städtebau zwischen Utopie und Realität oder das Werk von Idealisten und Realisten

Gespräch mit Dr. Hans Kampffmeyer Stadtrat a. D.

Irion: Über die Nordweststadt ist schon einiges veröffentlicht worden, meistens sind es jedoch breite oder partielle Betrachtungen, die sich auf einzelne Gebiete konzentrieren und wenig über die Rolle der Beteiligten aussagen. Sie haben die Nordweststadt ins Leben gerufen, aber auch die Inhalte geprägt und den Aufbau intensiv begleitet. Als Bau- und Planungsdezernent der Stadt Frankfurt hatten Sie auch eine vielschichtige und umfassende Perspektive in solch einem »Städtebau-Prozeß«. Diese möchte ich gerne als Erfahrung, als das Gelernte festhalten und weitergeben.

Bitte schildern Sie aus Ihrer persönlichen Sicht Ziele, Wege und Mittel, die zur heutigen Nordweststadt geführt haben.

Wie war die Situation damals in Frankfurt am Main in der zweiten Hälfte der fünfziger Jahre, als Sie Stadtbaurat wurden, wie stellt sich Ihnen und wie stellten Sie die Aufgabe?

Kampffmeyer: »Damals war nach einem Jahrzehnt der Überwindung der schlimmsten Kriegsschäden, des ›Wieder‹aufbaus, des Kampfes um ein menschenwürdiges ›Dach über dem Kopf‹ in oft sehr einfachen Siedlungen und Wohnanlagen, die gemeinnützige Wohnungsbaugesellschaften und -Genossenschaften im Rahmen des öffentlich geförderten sozialen Wohnungsbaus errichteten, die Zeit reif für etwas Großes und Neues.

Im Grunde begann das bereits mit der ›Dornbuschsiedlung‹. Reinhold Tarnow und ich leiteten zu dieser Zeit die Gewobag, das gewerkschaftliche Wohnungsunternehmen für Südhessen. Mit ihr bauten wir nicht einfach 800 Sozialwohnungen, sondern unter ihnen 170 Einfamilienreihenhäuser mit kleinen Gärten, die wir grüne Zimmer nannten. Mitten hinein stellten wir ein Wohnheim für junge Arbeiter und Studenten, eine Kirche, einen Kindergarten, Grund-, Real-, Höhere- und Sonderschulen, einen kleinen grünen Anger als öffentlichen Park und als Mittelpunkt des ganzen Viertels das erste städtische Bürgergemeinschaftshaus in Hessen.

Damals sahen wir es noch nicht so, aber später empfanden wir die Dornbusch-Siedlung als ersten Schritt, als ›Vorübung‹ zur Nordweststadt.

Frankfurt-Nordweststadt

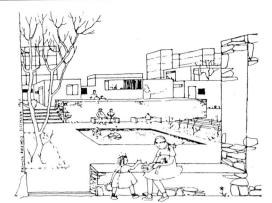

Zeichnungen aus dem Buch »Die Nordweststadt« von W. Schwagenscheidt (s. auch rechts außen).

›Nordweststadt‹, das hieß für mich, für uns, die alten Ideen der ›Wohnungsreformbewegung‹ und der ›Gartenstadtbewegung‹ in einem großen Gemeinschaftswerk verwirklichen.

So sehr Frankfurt – bis heute tut es das – unter der Vertreibung und Ermordung seiner großartigen jüdischen Bürger-Kaufleute, Industriellen, Mäzene, Gelehrten, Künstler, Journalisten, Vermittler nach allen Richtungen gelitten hat, seine soziale und liberale Tradition war nicht verlorengegangen. Trotz der ganz anderen Menschen, der Neubürger, die in Massen in den neuen wirtschaftlichen Mittelpunkt der Bundesrepublik strömten, waren die Frankfurter und gerade auch die Sozialdemokraten, die damals die absolute Mehrheit in Stadtverordnetenversammlung und Magistrat hatten, ansprechbar, besonders wenn man sie an die große Frankfurter wohnungsreformerische Tradition der Zeit vor dem Ersten Weltkrieg erinnerte und dazu herausforderte, an die Frankfurter Wohnsiedlungen Ernst Mays und sein damit entwickeltes Städtebaukonzept anzuknüpfen.

Ich will die Frankfurter Bürger von damals, die Kommunalpolitiker und alle, die wir Verantwortung trugen für die Neugestaltung der Stadt, nicht besser machen, als wir waren. Die Stadtverordneten, auf vier Jahre gewählt, nur nebenberuflich als Kommunalpolitiker tätig, hatten es schwer, sich in die Handlungsbedingungen und Entscheidungskriterien eines solchen Riesenbauvorhabens wie die Nordweststadt mit ihrer Bauzeit von zehn Jahren immer wieder einzudenken und hineinzufinden. Zusammenarbeit unter allen demokratischen Parteivertretern wurde geübt, Solidarität war kein leerer Begriff und im Magistrat – jeder Dezernent war nach der Hessischen Gemeindeordnung für sein Dezernat der Stadtverordnetenversammlung verantwortlich – wurde fruchtbar diskutiert. Dafür sorgte schon Werner Bockelmann, den ich für den bedeutendsten Frankfurter Oberbürgermeister nach dem Zweiten Weltkrieg halte.

Aber Demokratie, Kommunaldemokratie vor allem, war damals leichter. Niemand verlangte von uns, die 25 000 künftigen Nordweststädter, die ja noch niemand kennen konnte, zu fragen, wie sie ihr Wohnviertel und ihre Wohnung denn haben wollten. Niemand dachte daran, dem Bau- und Planungsdezernenten (Planungs- und Bauämter lagen damals noch in einer, meiner Hand) seine Aufgabe, als oberster Repräsentant der Stadtbauherrschaft zu wirken, zu bestreiten. Natürlich mußte und muß er das tun im Zusammenwirken mit den städtischen Gremien, mit allen Partnern der Stadt-Gesellschaft und -Wirtschaft und in ständiger Unterrichtung und Einbeziehung der Bürger – nicht nur auf Bürgerversammlungen. Ich stehe aber noch heute zu meiner Äußerung von damals: ›Demokratie kann nicht funktionieren ohne eine ganze Menge aufgabenbezogenes obligatorisches Verhalten!‹«

Irion: Schwagenscheidt und sein Partner Tassilo Sittmann haben den Wettbewerb zwar nicht gewonnen, seine Planungen wurden jedoch dem Bau der Nordweststadt zugrunde gelegt. Welche Ideen und Inhalte waren ausschlaggebend für diese Entscheidungen?

Kampffmeyer: »Sicher kennen Sie Schwagenscheidts Schlüssel-Buch ›Die Raumstadt‹, das schon ein paar Jahre nach Kriegsende erschienen ist. In diesem liebevollen zeichnerischen Ausmalen und der dazugehörenden Beschreibung in der schon damals für uns schwer zu lesenden ›Sütterlin-Schrift‹ seiner Vision humanen Städtebaus steckt der ganze Schwagenscheidt: ein entzückender, liebevoller, warmherziger, eher introvertierter und versponnener Einzelgänger, aber nicht unbedingt ein praktisch-technisch versierter Architekt, keiner, dem es leicht fiel, sich in Handlungsvoraussetzungen eines Großbauherrn einzufühlen oder gar Großbauherr zu sein. Ich denke, wir werden noch auf Verfahren und Organisation zu sprechen kommen, aber vielleicht sage ich schon jetzt, daß wir Schwagenscheidt und seinen jüngeren Freund und Partner Sittmann aus diesen Gründen als ›städtebauliche Berater‹ ins Nordweststadtteam eingebunden haben und zusammen mit Gartenarchitekt Hanke durch einen Vertrag mit der ›städtebaulichen und künstlerischen Oberleitung‹ betrauten.

Zur Ideengeschichte: Da muß ich auf das geistige Erbe meines Vaters verweisen, der vor dem Ersten Weltkrieg Mitgründer und viele Jahre lang Generalsekretär der deutschen Gartenstadtgesellschaft gewesen ist, ›Die Gartenstadtbewegung‹ und die ›Friedenstadt‹ geschrieben hat und das große Gedankengut der deutschen und europäischen Wohnungsreform-Bewegung als neuen, humanen Städtebau verstand. In der Verbindung der Idee menschlichen humanen Wohnens in enger Beziehung zur Natur, der Zusammenführung von Menschen aller gesellschaftlichen Gruppen und Schichten und Familienstrukturen in einem Siedlungsbereich, in der Koppelung des Gartenstadtgedankens mit den Ideen der Bodenreformbewegung ebenso wie mit dem Gedankengut der Gemeinwirtschaft, praktisch besonders im Prinzip der ›Hilfe durch Selbsthilfe‹, wie

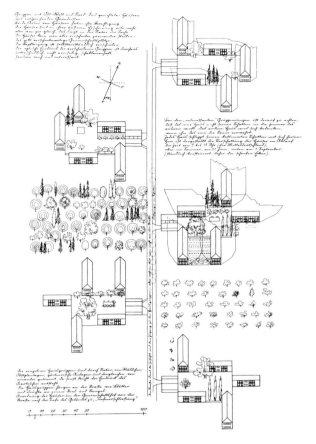

*Die Raumstadt 1949.
Architekt:
Walter Schwagenscheidt.*

es in den Baugenossenschaften und ähnlich den gemeinnützigen Wohnungsunternehmen überhaupt verwirklicht wurde, war er sicher ein Pionier und Wegweiser. Für mich war er es jedenfalls und ich habe schon damals gesagt und halte es auch heute noch für richtig: Mein Vater hätte die Frankfurter Nordweststadt als die unserer Zeit gemäße Verwirklichung des Gartenstadtgedankens anerkannt. So wie ich also abgelehnt habe, die alte Gartenstadtgesellschaft nach dem Kriege neu zu beleben, den neuen Städtebau für spätindustrielle Gesellschaften unter das Signum einer Ideologie zu stellen, habe ich die Nordweststadt nie als Gartenstadt gedacht, sondern als offenen Lebensraum für alle vorhersehbaren, aber auch noch nicht denkbaren künftigen Bedürfnissen und Entwicklungen der Bürger — im persönlichen Bereich der Wohnungen und ihres Umfeldes, ebenso wie in der sozialen Infrastruktur.

Beim Nachlesen der Ausschreibung des Ideenwettbewerbs für die Nordweststadt würde sich sicher herausstellen, wie sehr die in der Auslobung dargestellte Konzeption auf Schwagenscheidts städtebauliche Gestaltungsideen zulief. Wir wollten in einem neuen großen Wohnviertel alle Schichten der Bevölkerung durch eine Vielfalt von Angeboten des Wohnens, der Umwelt, der Versorgung und Entfaltungsmöglichkeiten, besonderer Reize also, zusammenbringen. Wenn die damalige Integration, die starke Identifikation der ersten Nordweststädter mit ihrem Stadtteil, heute nicht mehr erkennbar ist, so liegt das weder an unserer Konzeption noch an Schwagenscheidts städtebaulichem Entwurf. Da spielt der Generationswechsel, die nostalgische Sehnsucht der Jüngeren nach Atmosphäre und Geborgenheit der alten Stadtviertel, die neuen Ansprüche der wohlhabender gewordenen ehemaligen Anwärter auf Versorgung im sozialen Wohnungsbau eine Rolle. Ich bin eigentlich gar nicht traurig, daß aus der Nordweststadt ein ganz normales Stadtviertel geworden ist, in dem alles eingewachsen ist, die Bäume, die Menschen und die Gewohnheiten.

Wir wollten nach besten Kräften mit unserem Städtebau neue Lebens- und Entfaltungsmöglichkeiten bieten. Dazu bot sich die beinahe klassische Raum- und Baustruktur des Schwagenscheidtschen Wettbewerbsentwurfs mit seiner Mischung von höheren und flachen Baukörpern, seiner Ausbildung hofartiger Wohnzellen und der fast kristallinen Gesamtgestalt an. Obwohl Schwagenscheidt den Nordweststadtwettbewerb nicht gewonnen hat, wurde trotzdem sein Entwurf realisiert. Die ersten — entscheidenden — Weichen für Gelingen oder Mißlingen eines Bauvorhabens werden bestimmt durch die gute Durcharbeitung ihres Programms und der das Vorhaben bestimmenden Voraussetzungen und Rahmenbedingungen zum einen, aber auch durch die Zusammensetzung der Jury, die sich mit der Ausschreibung identifizieren muß. Die Jurybildung war schwierig: Wir konnten Ernst May, den Motor des ›neuen Frankfurt‹ der zwanziger Jahre mit der großartigen Niddatal-Randsiedlung und damit der ›Römerstadt‹, deren Fortsetzung in das Gebiet der späteren Nordweststadt er damals schon vorgesehen hatte, nicht ausschließen. Aber die Befürchtung, daß er in seiner manchmal vereinfachenden und zuweilen gewalttätigen Art sich in die Differenzierungs- und Einfühlungsvermögen erfordernde Aufgabe nicht einfinden könnte, hat sich bestätigt. Unter den Fachpreisrichtern waren auch Rudolf Hillebrecht, Hannover, und Franz Schuster, Wien, beide mit Frankfurt fachlich und persönlich freundschaftlich und verständnisvoll verbunden, und ich selbst. Es gelang uns, zusammen mit Oberbürgermeister Bockelmann und Jurymitgliedern und Gutachtern aus dem Kreis der später am Bau beteiligten gemeinnützigen und nichtgemeinnützigen Gesellschaften und Verwaltungen, unser Konzept durchzusetzen. May protestierte gegen die Straßenanbindung der Nordweststadtmitte (er wünschte eine periphere Anbindung), bis wir ihm nachweisen konnten, daß er diese Straßenanbindung 40 Jahre zuvor selbst geplant hatte; er plädierte auch für einen ersten Preis. Einen der dritten Preise erhielt dann Schwagenscheidt, das konnte ich erreichen und damit in den folgenden Monaten intensiver Verständniswerbung für Idee und Struktur seines Entwurfes diesen als Grundlage des Baus der Nordweststadt durchsetzen.«

Preisgekrönter städtebaulicher Entwurf für die Nordweststadt der Gruppe Schwagenscheidt/ Sittmann/Hanke/Leuner.

Irion: Ich möchte eindringlich darauf hinweisen, daß die Fähigkeit zur schöpferischen Gestaltung der städtischen Organismen, eines neuen Stadtteils, davon abhängt, die kleinen Bestandteile meistern zu lernen, um das gesamte Konzept aus den Bausteinen bilden zu können. Welche Ideen, welche Inhalte und Bestandteile sind im Gesamtkonzept der Nordweststadt die interessantesten?

Kampffmeyer: »Am meisten Leben entsteht, wenn man in der pluralistischen Gesellschaft möglichst viel Berührung, Spannung, Begegnung ermöglicht und gleichzeitig – verbunden damit – die Privat-, die Persönlichkeitssphäre der einzelnen, der Familien, der Gruppen optimiert.

Die unverwechselbare eigene Hausgruppe als Wohnzelle wurde bis ins Detail der Bepflanzung, der Anordnung der Trockenplätze und der Abstellplätze, der Müllcontainer auf die Wohnungsorientierung der Umwohner abgestimmt (das machten u. a. die städtebaulichen Berater). Das gleiche galt für die Einrichtung der zahlreichen ganz verschiedenartigen Kinderspielplätze. Jede Wohnung, jedes Haus war, abgekehrt von den autobefahrenen Straßen, nur von den Wohnwegen her zugänglich. Natürlich gibt es Leute, die angesichts des heute fast überwältigend herangewachsenen Grüns, angesichts der Überfälle auf Frauen und Mädchen meinen, wir hätten mit unserem Bemühen um ›Intimität‹ fast zuviel des Guten getan. Ich halte trotzdem das großartige Fuß- und Radwegenetz, das auf zahlreichen Brücken die Fahrstraßen überquert, für eine sehr gute Sache.

Das Entstehen der Nordweststadt war ein langdauernder Prozeß und das ›Gesamtkonzept‹ stand keineswegs in seiner Vielfalt und Interdependenz von Anfang an fest. Es hat sich vieles, manches inhaltlich Bedeutende und Entscheidende, miteinander, gegeneinander oder auch nacheinander entwickelt. So ist der Zeitpunkt erster Überlegungen auf das Jahr genau zu nennen (1957), als mich der Leiter der Grundlagenplanung im Stadtplanungsamt, Karl-Adolf Schmidt, auf den leeren, allmählich von allen Seiten her angeknabberten Raum zwischen Praunheim – Römerstadt – Heddernheim – Niedenau – Niederursel aufmerksam machte. Bis zur Ausreifung der Gesamtvorstellung des künfti-

Erste Gesamtschule in Hessen. Architekt: Franz Schuster, Wien.

gen Wohnviertels im Rahmen der Stadtentwicklung und der örtlichen Gegebenheiten, ohne die ja der im ersten Halbjahr 1959 ablaufende Ideenwettbewerb nicht ausgeschrieben werden konnte, vergingen noch anderthalb Jahre. Herausbildung, Konkretisierung und Verwirklichung einiger wichtiger Ideen brauchten weitere Zeit: Die Verkehrsanschließung, die Wärmeversorgung, die Gesamtschule, das Nordwestzentrum.

May hätte mit seiner Forderung nach peripherer Straßenanbindung den Wettbewerb beinahe umgestoßen. Als diese Klippe glücklich umschifft war – das Rahmenwerk des Verkehrsstraßendreiecks zwischen den bestehenden umgebenden Wohngebieten ebenso wie der ovale Straßenring um das künftige Zentrum, auf das hin die spätere Nordweststraße zulaufen sollte (so ist sie später auch gebaut worden) – ergaben sich neue Schwierigkeiten. Der Verkehrsplaner der Schwagenscheidt-Gruppe hatte, den großen Wurf Schwagenscheidts gefährdend, entlang den Erschließungsstraßen tiefgestaffelte Parkflächen geplant, welche die reizvolle Anbindung aller Wohnbauten an Wohnstichstraßen und das locker geführte Wohnwegenetz durch die Parklandschaft der Nordweststadt entwertet hätten. Wir mußten uns deswegen von diesem Verkehrsplaner ganz trennen, die Schwagenscheidt-Gruppe wurde gebeten, ein Netz von Tiefgaragen zu entwickeln, gleichzeitig mußten wir aber in langwieriger und mühseliger Argumentations-, Begründungs- und Überzeugungsarbeit, fundiert durch umfassende technische und kostenmäßige Prüfungen, Magistratskollegen und Stadtverordnete davon überzeugen, daß die notwendigen Mehrkosten sich am Ende rechtfertigen würden. Das bedeutete die Durchsetzung, daß die Abstellplätze in den Tiefgaragen von den Nutzern bezahlt werden müßten.

Niemand zweifelte daran, daß die Nordweststadt eine Schienenverbindung zur Innenstadt erhalten müsse. Daß und wie diese Anbindung als erste U-Bahn-Trasse von der Hauptwache im Stadtzentrum über Heddernheim zum Nordwestzentrum erfolgen würde, entschied sich erst nach Beendigung des großen Kampfes um den U-Bahn-Bau. Eine von uns von Anfang an gewollte und erkannte Konsequenz des Schwagenscheidtschen Erschließungsprinzips war die Sicherung klarer Stadt- und Stadtteilgrenzen nach innen und außen. Das war eine hervorragende, für Frankfurt hoffentlich für alle Zeit verbindlich bleibende Leistung der Mayschen Stadtentwicklungsplanung. Durch Zugrundelegung eines inneren Erschließungsstraßensystems mit von ihnen ausgehenden Wohnstichstraßen werden Wohngebiete auf Dauer an dem Ausufern in die Frei- und Grünräume gehindert.

Für beinahe unsere wichtigste Pionierarbeit in der Nordweststadt halte ich die Lösung des Wärmeproblems. Die kristalline Gesamtform der Nordweststadt wird – entsprechend Schwagenscheidts Raumstadt-Idee – in einfachen Baukuben verwirklicht, die durch ihre Beziehungen und Zuordnungen raumbildend wirken. Sie bedingen Flachdächer, die nur sinnvoll erschienen, wenn man Schornsteine, also Einzelheizungen, vermeiden konnte. Wir mußten deswegen Fernwärme vorsehen. Ursprünglich war ein ölbefeuertes zentrales Heizwerk für die Nordweststadt geplant. Da protestierte die Industriegewerkschaft Bergbau: Die gewerkschaftseigene gemeinnützige Wohnungsbaugesellschaft GEWOBAG (mit der ›Nassauische Heimstätte‹ und der städtischen ›Aktienbaugesellschaft für kleine Wohnungen‹, die alle Nordweststadtwohnungen bauen sollten) dürfe sich nicht beteiligen, wenn das Heizwerk nicht mit Koks befeuert würde: Nach eingehenden Untersuchungen schlugen wir den Gremien vor, ein Fernheiz-Kraftwerk am Nordwestrand der Nordweststadt zu bauen und darin – als Energiequelle – den gesamten Müll der Stadt und eines Teils der Umlandgemeinden zu verbrennen. Kein Experte konnte uns damals sagen, daß der überhohe Schornstein angesichts der hier vorherrschenden Westwinde die Abgase zwar weit ins wenig bebaute Umland streuen würde, die Schadstoffwirkungen aber blieben. Kaum war die erste Klippe umschifft, baute sich eine neue vor uns auf: Nach der ›Hessischen Landes-Bauordnung‹ mußte in jeder Wohnung Küche und ein Wohnraum an einen eigenen Kamin mit Schornstein angeschlossen werden. Nach langen schwierigen Verhandlungen wurde unsere Lösung als ausreichend anerkannt: die zweischienige Versorgung mit Strom- und Fernwärme (+ Heißwasser) und ohne Gas. Ich denke, wir waren damals mit dieser großflächigen Realisierung der Kraft-Wärme-Koppelung unserer Zeit weit voraus.

Die erste Gesamtschule in Hessen ist die Ernst-Reuter-Schule in der Nordweststadt. Wir fanden – und mußten das dem Schuldezernenten und dem Schulamt erst dringlich nahelegen –, daß sich die neue, erst noch zu integrierende Stadtteilbewohnerschaft besonders gut dazu eigne, in den Großversuch eines neuen, größeren Chancengleichheit versprechenden, verschiedenen Entwicklungen und Begabungen der Schüler besonders Rechnung tragenden Schulsystems einbezogen zu werden. Die weitere tatsächliche Entwicklung, der Schule und der Schulgesellschaft, hat manches schwieriger gemacht. Trotzdem hat sich der Versuch wohl gelohnt. Prof. Franz Schuster, Wien, eine große Architekten- und Lehrerpersönlichkeit, hat zusammen mit seinem Frankfurter Juniorpartner, Günter Silz, sehr feinfühlig und gestalterisch überzeugend, das Gehäuse für den neuen Schultyp geplant und gebaut. Hier haben wir die schwierige Kunst lernen müssen, mit dem Fach-Bauherrn, der eigentlich keiner war, weil ihm die Vorstellung von Idee und Anforderungen des neuen Schultyps fehlte, wiederum so etwas wie ein ›offenes System‹ zu konzipieren.«

Irion: Das multifunktionelle Zentrum ist ein neuer Bautyp, der auf dem Konzept und den Erfahrungen seines Vorläufers, des Einkaufszentrums, aufbaut und sich auf Leitbilder in den historischen multifunktionellen Stadtkernen bezieht. Viktor Gruen, als ›Vater des Einkaufszentrums‹ und später der Fußgängerzone apostrophiert, schreibt, daß das Zentrum keine City für den Nordwesten von Frankfurt ist. ›Zu Recht kann man behaupten, daß Nordweststadt eine gute, ziemlich dichte, neue Satellitenstadt nun ein kompaktes multifunktionelles Zentrum besitzt, für dessen dreidimensionale Planung, Mehrzweckflächennutzung und das Plattformprinzip herangezogen wurden.‹ (Gruen)

Eine Verständnisfrage zum Nordwestzentrum, das Sie als vierte große Idee des Nordweststadtkonzeptes nannten: Welche Überlegungen haben zu diesem großen und funktionellen Zentrum geführt? Ist es nicht überdimensioniert?

Kampffmeyer: »Die alten umgebenden Stadtgebiete, in die hinein die neue Nordweststadt mit ihren etwa 25 000 neuen Menschen gebaut wurde, hatten in etwa noch einmal die gleiche Anzahl von Bewohnern. Dazu

Übersichtskarte Nordweststadt.

Multifunktionelles Zentrum. Teilansichten.

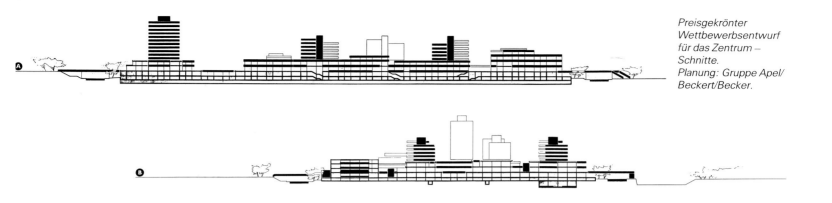

Preisgekrönter Wettbewerbsentwurf für das Zentrum – Schnitte. Planung: Gruppe Apel/Beckert/Becker.

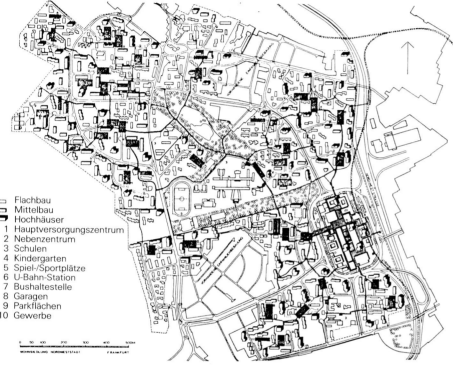

Zwischenstadium in der Ausführungsplanung.

Das Nordwestzentrum vor den Reparaturarbeiten (oben und rechts).

hätte der lange Zeit hindurch verfolgte Plan, die zweite Frankfurter Universität auf dem Niederurseler Hang, der nördlich an die Nordweststadt angrenzt, zu errichten, dem neuen Zentrum ein weiteres großes Einzugsgebiet zugestellt. Wir meinten, daß hohe Qualität der Angebote verbunden mit viel Wahlmöglichkeiten Kunden anziehen würden.

Zudem ist ja das Nordwestzentrum kein reines Einkaufszentrum: Wir haben es von Anfang an als den Mittelpunkt, das kulturelle Zentrum des ganzen großen Stadtviertels mit seinen über 50 000 alten und neuen Bewohnern gedacht. Nicht alles, was wir vorhatten, konnten wir erreichen: Das Museum für Vor- und Frühgeschichte war nicht durchzusetzen. Aber wir haben ein großes Bürgerhaus, ein Schwimmbad, ein Jugendzentrum, eine große Zweigstelle der Stadtbücherei, eine höhere Wirtschaftsfachschule und eine Sozialarbeiterschule geplant, eine zentrale Feuerwache für den Frankfurter Norden geschaffen, Polizei und Postamt einbezogen. Die Einzelhandelsläden wurden auf zwei Ebenen in enger Sichtverbindung zwischen den peripheren Kaufhäusern angeordnet, unter dem Zentrum liegt die U-Bahn und verbindet die Nordweststadt in zwei Richtungen mit der Stadt, alle Wege und Straßen laufen auf das Zentrum zu, die Omnibusse, die die verschiedenen Einzugsgebiete erschließen, halten mitten darin, 2000 PKW-Parkplätze (lange noch nicht alle ständig genutzt) sollten auch Umschlagplatz für das erstrebte ›park and ride‹ werden.

Nur wie dies Bauwerk, diese Aufgabe, nach und nach entwickelt und zum Leben gebracht worden ist, das ist schon etwas Besonderes: Wir schrieben den Wettbewerb erst aus, als die Nordweststadt schon im vollen Bau war, 1961. 1965 wurde mit dem Bau begonnen, 1968 wurde es zugleich mit der ersten U-Bahnstrecke eingeweiht. Wir fanden alle damals den preisgekrönten Entwurf der Frankfurter Architekten Apel-Beckert-Bekker als neue ›Stadtteilkrone‹ überzeugend und schön. Nach lebhaften sachlichen und politischen Auseinandersetzungen – am liebsten wäre mir gewesen, wenn die der Stadt gehörende ›Frankfurter-Aufbau-AG‹ die Trägerschaft übernommen hätte, fanden wir in der ›Gewerbebauträger GmbH., Hamburg‹, einer ›Neuen-Heimat‹-Tochter, den Bauträger, der die Gesamtfinanzierung übernahm. Die besondere Konstruktion, die öffentlichen Bauten der Stadt oder der Bundespost in einer Art ›Leasing-System‹ zurückzuübertragen (das Gelände, auf dem das Zentrum errichtet wurde, hatte ja zunächst die Stadt erworben), mußte ausgetüftelt werden. Für die ersten Jahre des Betriebs, für Auswahl und – differenziert – für die verschiedenen Läden festzusetzenden Mieten wurde ein Ausschuß von je drei Vertretern des Bauträgers und der Stadt gebildet. Wenn Sie heute zur Einkaufszeit ins Zentrum fahren, finden Sie eine ›Normal-Situation‹: ein buntes Einkaufsgewimmel, Schwierigkeiten, ein befriedigendes Speiselokal zu finden, und am Abend Stille, zuweilen Theateraufführungen im Bürgerhaus. Das große Ärztezentrum ist eher zu klein geworden und überlaufen. Mit der Wasserisolierung des Gesamtbauwerks gibt es Probleme, mühselige und kostspielige Reparaturarbeiten laufen, der graue Sichtbeton mit seinen Wassernasen gefällt niemandem mehr, das Zentrum ist in die ›Neue Heimat‹-Krise verwickelt und leidet darunter.

Eigentlich müssen wir uns vor niemandem verstecken: Ohne dieses Nordwestzentrum, ohne dies Stadtteilherz, was allen Attacken zum Trotz doch ganz munter schlägt, wäre die Nordweststadt nicht das, was sie noch immer ist: eines der bedeutendsten neuen Stadtteile in Europa, mit dem die Bundesrepublik Deutschland zum Beispiel auf der Internationalen HABITAT-Konferenz in Vancouver recht erfolgreich aufgetreten ist.«

Irion: Sie haben ja gerade die Baumängel des Nordwestzentrums erwähnt. Nun haben Sie im gesamten Nordweststadt-Wohnungsbau das industrielle Bauen gefördert. Geschah das aus Überzeugung? Wie werten Sie die angewendete industrielle Bauweise?

Kampffmeyer: »Ich bin kein Techniker. Aber das von einem der großen Nordweststadt-Bauträger eingesetzte Verfahren ›Holzmann-Coignet‹, das mit Schwerbeton-Großbauteilen arbeitet, hat sich, gerade auch in seinem damals neuartigen Einsatz für Hochhausbauten, gut bewährt. Insgesamt habe ich aber stets dafür gekämpft, bei der Bewältigung des Massenproblems ›Wohnungsnot‹ alle Möglichkeiten der Normung, Typisierung, Rationalisierung, der industriellen Massenproduktion einzusetzen. Das muß keineswegs, wie immer wieder behauptet und vorgeworfen wird, zu öden, langweiligen, monotonen Gestaltungen führen. Man kann, je nach gestalterischer Kraft und Fähigkeit der Architekten und Phantasie und Initiative der Bauherrn, differenziert und sogar schöne Raumgefüge und reizvolle Baukörper schaffen. Ob das in der Nordweststadt überall gelungen ist, kann ich nicht entscheiden. Mir gefällt sie natürlich, sie ist ja mein Kind!

Nach meinen Erfahrungen würde ich das Frieren und die Ängste der heutigen Gesellschaft, der Menschen, stärker in Rechnung stellen, d. h. ich würde künftig bewußt und gewollt noch viel mehr Romantik schaffen, ich würde also Vielfalt versuchen in bezug auf die Versetzung von Baukörpern, auf engere Kombinationen verschiedener Typen. Auch in den Details würde ich möglicherweise neue Wege suchen.

Reinhold Tarnow und ich haben einmal zum Jubiläum unserer damaligen Gesellschaft Gewobag eine Schrift herausgegeben, die wir ›Im Kampf gegen die Vermassung‹ genannt haben. Wir behaupteten damit, daß wir mit kollektiven Mitteln, mit Massen-Organisation und Massenproduktion, nicht nur der sozialen Bestversorgung, sondern auch der persönlichen Entfaltung der Menschen als Einzelwesen dienen können. So denke ich auch heute noch.«

Irion: Sie haben, als Sie am Anfang dieses Gesprächs von der Beauftragung Schwagenscheidt/Sittmanns mit der städtebaulichen und künstlerischen Oberleitung sprachen, das Nordweststadt-Team erwähnt. Haben Sie damit auf Organisation und Verfahrensweisen der Vorbereitung und Durchführung eines solchen städtebaulichen Großvorhabens hinweisen wollen?

Kampffmeyer: »Ja, das habe ich getan. Wenn der damalige Oberbürgermeister Willi Brundert im Vorwort zu unserem Nordweststadt-Buch 1968 von der Lösung der Aufgabe des ›Städtebaulichen Managements‹ spricht, so habe ich ihm diesen Begriff in den Mund gelegt. Er soll genau das erfassen, was Sie bereits richtig verstanden haben: die Steuerung städtebaulicher Prozesse. Hier, im Falle unserer Nordweststadt, handelte es sich um das Gesamtvorhaben von damals rund einer dreiviertel Milliarde, das wären heute gewiß mehr als anderthalb Milliarden Mark, das auf einer Gesamtfläche von etwa 170 ha unter der Oberbauherrschaft der Stadt von verschiedenen Bauherrn-Unternehmen,

*Architektonische Vorstellungen, Modell.
W. Schwagenscheidt/T. Sittmann.*

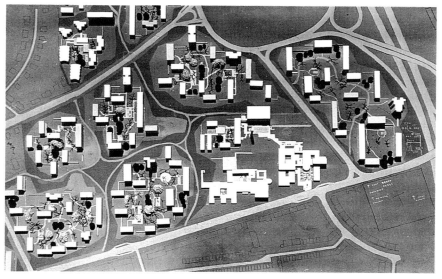

Vielfältige Raumgruppen. Modell. Architekten: W. Schwagenscheidt, T. Sittmann.

Kirchen, Privaten im Laufe eines Jahrzehnts verwirklicht werden sollte und verwirklicht wurde.

Wir haben mit für die jeweiligen besonderen Aufgaben und Arbeitsphasen gebildeten ›Arbeitsgruppen‹ gearbeitet, und wir haben, das scheint mir das Entscheidende, aus allen Stellen, Ämtern und Unternehmen immer nicht die Leitenden aus der Hierarchie, sondern die unmittelbar mit einer Nordweststadt-Aufgabe Befaßten herangeholt, in den Arbeitsgruppen kooperieren lassen, umfassend informiert und mit größtmöglichen Entscheidungskompetenzen ausgestattet. Es war das wirklich praktizierte Prinzip der Subsidiarität. Der Dezernent, d. h. ich, konnte überall dabei sein, wurde angesprochen, wenn Grundfragen entschieden werden mußten, er wurde beteiligt, wo immer Synchronisation zwischen Planern, Machern, Verwaltung, politischen Gremien und Bürgerschaft herzustellen war. Und er wurde regelmäßig und zuverlässig informiert.

Zur Koordinationsgruppe gehörte beispielsweise der Ingenieur Siegfried Boldt vom Stadtplanungsamt, der in mühseliger Kleinarbeit die gesamten Erdbewegungen auf dem Gelände kalkulierte, so daß die geringstmöglichen Erdbewegungen und Transportleistungen erforderlich und die Kosten minimiert wurden. Am Ende ging zu aller Überraschung trotz mancher Planungsänderungen die Gesamtrechnung auf. Auch ein Teilstück des städtebaulichen Managements.

Vielleicht sollte ich gerade noch die Bodenordnung erwähnen, weil das ein so häufig übersehener Bereich ist. (Ich halte es übrigens für eine große Tragik unserer gesamten gesellschaftspolitischen Entwicklung nach dem Kriege und der Nazizeit, daß die Bodenreform trotz manchen guten Willens und verschiedener Ansätze niemals wirklich praktisch wurde!) Verantwortlich für die Bodenordnung und damit Mitglied der engsten Teams war der Amtmann aus dem Liegenschaftsamt, Anatol Gauger. Unterfranken ist, im bäuerlichen Erbgang, Realteilungsgebiet. Das bedeutet, auch in landwirtschaftlich-gärtnerisch genutzten Lagen viele schmale Parzellen. Im Nordweststadtgebiet waren das 1500 Einzelparzellen, die rund 500 Besitzern gehörten, worunter drei Dutzend Niederurseler Bauern waren, aber auch Ziegeleibesitzer und zahlreiche Eigentümer kleiner Obstbaum- und Gartenparzellen. Wie vielfältig verschieden die berührten Interessen und wie schwierig die Verhandlungen und die Interessenausgleiche sich gestalteten, kann sich jeder vorstellen. Das Preisangebot erforderte ein schwieriges Lavieren zwischen den Forderungen der Grundstückspreisstoppverordnung von 1936 und den eingeholten Gutachterpreisen. Irgendwann wurde auch mit Enteignung gedroht. Daß diese Riesenaufgabe am Ende bewältigt wurde, erscheint noch heute beinahe unwahrscheinlich.

Die Steuerung der Prozesse lief gleichzeitig, nebeneinander und auf verschiedenen Arbeitsebenen und in verschiedenen Arbeitsbereichen ab. Während das Vermessungsamt Bauparzellen vermaß, die Bagger anrückten, um Kanal- und Straßentrassen auszuheben, wurden gleichzeitig mitten im Lehmschlamm die ersten Häuser errichtet. Ganz schwierig wurde es aber, wenn bei Staat und Banken Finanzierungsmittel zum Weiterbau abgerufen werden mußten, obwohl die Bauparzellen vielleicht gerade vermessen, aber noch nicht im Grundbuch eingetragen waren und daher auch Baukredite nicht im Grundbuch gesichert werden konnten. Da überforderten wir beinahe Stadtkämmerei und städtische Gremien, schafften es aber, ganz schnell einen Beschluß herbeizuführen, aufgrund dessen die Stadt eine Ausfallbürgschaft für die Baukredite übernehmen konnte. Es entstanden daraus übrigens keine Verluste. Vieles ließe sich noch über den Fleiß, die Improvisationsfähigkeit und Verantwortungsbereitschaft der Mitarbeiter sagen.«

»Das Gestalten hat ja immer noch ein Ziel, und das Ziel ist der Mensch, der Mensch, der sich irgendwie bewegt in seinem Leben und der Bedürfnisse hat, und diese Bedürfnisse sollen eben in einer würdigen und

Wettbewerb. Nordweststadt. Ein Geflecht von Raumgruppen.

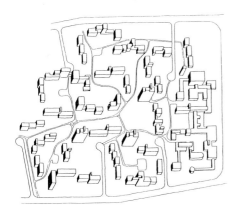

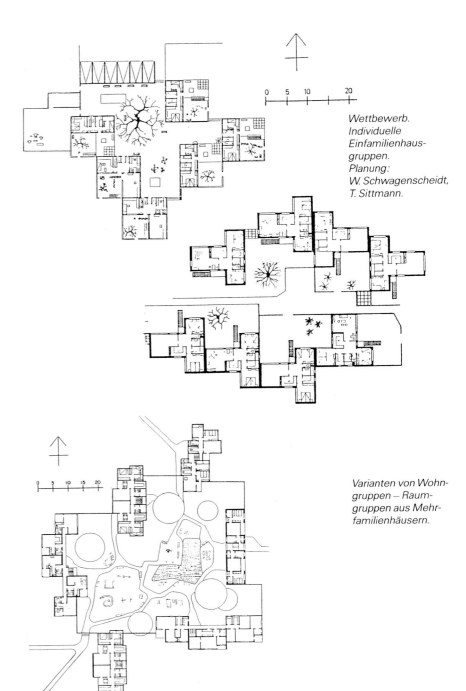

Wettbewerb. Individuelle Einfamilienhausgruppen. Planung: W. Schwagenscheidt, T. Sittmann.

Varianten von Wohngruppen – Raumgruppen aus Mehrfamilienhäusern.

schönen Form befriedigt werden, so daß sein Leben, seine Sehnsüchte und seine Art zum Ausspielen kommen.« (T. Sittmann – Planer der Nordweststadt)

Gespräch mit Tassilo Sittmann, Architekt

Walter Schwagenscheidt konnte 1949 seine immer vollkommeren Raumvorstellungen, seine städtebaulichen Theorien in dem grundlegenden Werk »Die Raumstadt« veröffentlichen und damit nicht nur Anregungen, sondern auch grundsätzlich neue städtebauliche Ideen und Gestaltungsprinzipien vorstellen. Im damaligen Aufbauboom war Ihre planerische Tätigkeit, verstanden als »gestaltungsorientiertes Bauen«, in einer Welt der renditeorientierten Architektur nicht zu Hause.

1959 kommt mit dem Wettbewerb Nordweststadt Frankfurt die große gemeinsame Chance Schwagenscheidts und Sittmanns, »den Individualismus in den Städtebau einzubringen und die Gestaltungsgrundsätze für die einer pluralistischen Gesellschaft entsprechenden Stadt zu finden«. Welche wichtigsten Planungsziele und Vorstellungen führten zu der umfassenden städtebaulichen Leitidee beim Wettbewerbskonzept für die Nordweststadt?

Sittmann: »Der neue Stadtteil Nordweststadt sollte eine möglichst große Vielfältigkeit erhalten, sowohl in der Form als auch in der sozialen Struktur. Aufbau und Funktion der Gesellschaft sollte sich in der Gestaltung der Stadt manifestieren. Wir hatten bestimmte Vorgaben des Auslobers zu berücksichtigen, die uns teilweise einengten, teilweise unseren Vorstellungen entsprachen. Das erklärte Ziel des Auslobers war, daß der soziologische Aufbau der Gesamtstadt Frankfurt kongruent sein sollte.

Diese Forderung kam uns gerade recht, vielleicht ist sie aber auch angeregt worden durch unsere früheren Stadtplanungen, die ja vom Formalen her sehr stark differenziert waren. Für uns war es selbstverständlich, daß die äußere Form der Stadt aus der soziologischen Struktur ihrer Bevölkerung hervorgehen muß. Die Verteilung von Arbeitern, Angestellten, Unternehmern, Künstlern, Beamten, der jungen Familien mit großer Kinderschar, Einzelstehenden, kinderlosen Ehepaaren und kleinen Familien, sollte in räumlich zusammengestellten, abwechslungsreichen Gebäudegruppen aus den verschiedensten Wohnhaustypen stattfinden. Die soziologische Mischung der Bevölkerung sollte in der Vielfältigkeit der Raumgruppen ihren Ausdruck finden.

Unsere Wettbewerbsarbeit zeigte eingeschossige Teppichbebauung aus unterschiedlichen Atriumhaustypen für große, kinderreiche Familien. Wir planten kleine Einfamilienhäuser – Minimalhäuser, zum Teil als zierliche Winkelhäuschen, die verschränkt aneinandergesetzt nestartige Hausgruppen ergaben. Die Mehrfamilienhäuser wurden in Form von räumlich angeordneten Hausgruppen zusammengestellt, bei denen immer

Frankfurt-Nordweststadt

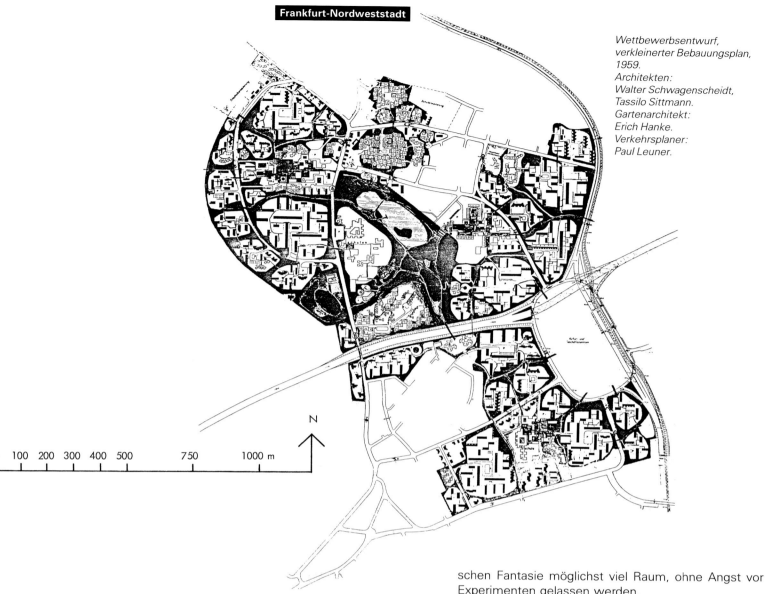

*Wettbewerbsentwurf, verkleinerter Bebauungsplan, 1959.
Architekten: Walter Schwagenscheidt, Tassilo Sittmann.
Gartenarchitekt: Erich Hanke.
Verkehrsplaner: Paul Leuner.*

wieder abwechselnd individuell Punkthäuser mit kürzeren und längeren Hauszeilen gemischt wurden. Die Silhouette war von Raumgruppe zu Raumgruppe unterschiedlich gestaltet und sollte Gliederung und Individualität in die einzelnen Wohnviertel hineintragen. Zum großen Teil mischten wir im Wettbewerb die Mehrfamilienhäuser und Einfamilienhaustypen. In diesen Zeiten war das Mischen von verschiedenen Baukörpern und Bauhöhen verpönt. Damals waren die Gebiete mit zweigeschossiger Bebauung, mit viergeschossiger, mit sechsgeschossiger usw. streng voneinander getrennt.

Uns erschien das Mischen interessanter, es versprach auch größere Lebendigkeit. Das, was uns damals wie heute immer wieder beschäftigte, war, wie können wir die soziologischen Fragestellungen im architektonischen und städtebaulichen Bereich am besten lösen? Wir planen ja nicht nur Formen, sondern beschäftigen uns genauso mit der Soziologie der Gesellschaft. Wir werden ja täglich mit soziologischen Aufgaben konfrontiert, wir haben die soziologische Literatur gelesen, verschlungen. Auf dem, was die Soziologen zusammengetragen haben, kann Städtebau wohl basieren, doch um einen Schritt weiterzukommen, muß der schöpferischen Fantasie möglichst viel Raum, ohne Angst vor Experimenten gelassen werden.

Unser Wettbewerbsvorschlag war die plastisch, räumlich aufgebaute Stadt, im Detail stark gegliedert, mit Naturzonen aus grüner Wildnis, Hügel und Teich, die sie durchzogen. Die Gebäude im Grundriß und Aufriß stärkstens gegliedert, Vielfältigkeit nicht nur in den Formen, sondern auch ausgeprägt in der Farbgebung, wie es das Wettbewerbsmodell dokumentiert. Strenge Trennung von Fußwegen und Fahrverkehrsstraßen. Naherholungsbereiche und Spielbereiche auf Schritt und Tritt. Die Naherholung und das Spielen der Kinder sollte direkt vor der Haustüre beginnen und sich durch die Gesamtstadt auf mannigfache Weise hindurchziehen. Dichte und Weite nebeneinander, d. h. städtische Dichte in den Nebenzentren und im Hauptzentrum, räumliche und optische Weite in einem großen Teil der Wohnbereiche. Der grüne Freiraum war uns genauso wichtig wie der architektonisch gefaßte Raum. Bau und Freiraum waren in ihrer wechselseitigen Entsprechung Grundelement unserer städtebaulichen Konzeption.

Im Gegensatz zur Ausschreibung haben wir im Wettbewerb einen größeren Anteil unterschiedlicher Formen von Einfamilienhäusern vorgesehen. Noch heute halte ich einen mindestens 25%igen Anteil von Einfamilienhäusern für erstrebenswert. Der eigene Wohnhof oder Wohngarten, mag er noch so klein sein, ist für die kinderfreundliche Familie unbedingt nötig. Die städtischen

Einer der 80 Kinderspielplätze.

Programme haben demgegenüber nur ca. 10% Einfamilienhausbebauung vorgesehen. Eine spätere, begrenzte Erweiterung am Südwestrand der Nordweststadt hat diese Gedankengänge bestätigt.«

Irion: Wie wurde bei der Planung und Ausführung der Nordweststadt gearbeitet? In welcher Form wurden die Aufgaben geteilt und wie wurden die Arbeiten koordiniert? Wie erfüllen Sie die Aufgabe der städtebaulichen Oberleitung?

Sittmann: »Nachdem wir, das Architekturbüro Walter Schwagenscheidt und Tassilo Sittmann, in Gemeinschaft mit dem Gartenarchitekten Erich Hanke und dem Verkehrsplaner Paul Leuner, aus dem städtebaulichen Wettbewerb für die Nordweststadt als 3. Preisträger hervorgegangen waren, entschied sich die Stadtverwaltung von Frankfurt, deren zuständiger Dezernent Stadtrat Hans Kampffmeyer war, unseren Wettbewerbsplan als Grundlage für die Realisierung der Nordweststadt auszuwählen.

Die Stadt ließ am Rande des Nordweststadtgeländes Baracken errichten, in denen die verschiedenen Planungsbüros und Bauleitungsbüros wie Straßenplanung, Vermessungsamt, die Planungsgruppe für die Ausführung der Fernheizung und unser Planungsbüro für die städtebauliche und künstlerische Betreuung der Nordweststadt auf engstem Raume und in nächster Nähe der zukünftigen Baustellen beisammen waren. In diesen Räumen wurde dann tagtäglich mit einer ganz bestimmten Anzahl von Architekten und Ingenieuren die gesamte Planung und Ausführung als Prozeß betreut. Die enge Nachbarschaft der verschiedenen Architekten und Ingenieurbüros ermöglichte ein jederzeit kurzfristiges Abstimmen und Entscheiden der vielfältigen anfallenden, zum Teil komplizierten Aufgaben und Fragen. Diese Organisationsform hat sich bestens bewährt.

Obwohl Walter Schwagenscheidt und ich freie Architekten sind, betrachtete man unsere Planungsgruppe als verlängerten Arm des Stadtplanungsamtes Frankfurt. Das Dezernat für Stadtplanung hatte einen Verbindungsmann, der fast täglich zu unserer städtebaulichen Beratungsgruppe in die Nordweststadt kam und die Verbindung zwischen dem Stadtrat, dem Stadtplanungsamt und anderen Ämtern der Stadt Frankfurt und uns aufrecht hielt. Mit dieser Funktion war Amtsleiter Boldt betraut.

Außerdem wurde ein Koordinierungsausschuß gegründet, dem alle beteiligten städtischen Ämter, die verschiedenen Planungs- und Ingenieurbüros sowie zu einem späteren Zeitpunkt auch Vertreter der drei am Aufbau der Nordweststadt beteiligten großen Siedlungsgesellschaften angehörten. Durch ihn wurden alle Aufgaben der Planung, der Umplanung und Ausführung koordiniert. Der Koordinierungsausschuß tagte jeden Freitag. Von unserer Seite waren meistens Walter Schwagenscheidt und ich anwesend. Die Leitung der Gespräche lag in den Händen von Hans Kampffmeyer.«

Irion: Wie sah Ihre Rolle in der Realisierungsphase aus? Wie haben Sie die sich ergebenden Forderungen nach Veränderung in der Realisierungsphase beeinflussen können?

Sittmann: »Unsere Aufgabe war städtebaulicher und künstlerischer Art; wir entwarfen keine Häuser. Wir berieten aber die Architekten der Siedlungsgesellschaften, die hier bauten. Da aufgrund unseres Wettbewerbsentwurfs die Stadt ausgeführt werden sollte, wurden das Straßennetz, so wie wir es vorgeschlagen haben, die Grünzonen und Erholungs- und Spielbereiche gebaut. Wir hatten ungefähr 80 Kinderspielplätze vorgesehen, große und kleine, die alle realisiert wurden. Die raumbildende Beziehung zueinander schaffende Gruppierung aller Gebäude wurde im allgemeinen ausgeführt. Die für die separate Führung von Fuß- und Radwegen notwendigen Brücken und Unterführungen über die Hauptverkehrsstraßen wurden fast alle ausgeführt. Insgesamt wurden 17 Brücken und eine Unterführung realisiert.

Trotz all unserer Bemühungen hatten wir so gut wie keinen Einfluß auf die Haustypen. Die Mehrfamilienhäuser und ein großer Teil der Einfamilienhäuser wurden von drei großen Siedlungsgesellschaften Neue Heimat, Nassauische Heimstätte und AG für kleine Wohnungen gebaut oder betreut. Zwei dieser Gesellschaften beauftragten zum Teil freie Architekturbüros,

Frankfurt-Nordweststadt

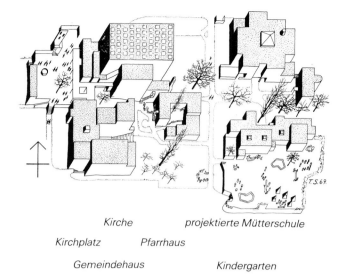

Kirche   projektierte Mütterschule
Kirchplatz   Pfarrhaus
Gemeindehaus   Kindergarten

Evangelisches Gemeindezentrum, im Vordergrund Kindergarten mit Spielplatz. Architekten: Walter Schwagenscheidt, Tassilo Sittmann.

die Neue Heimat ließ ihre Wohnhaustypen intern planen.

Obwohl wir in unserem Wettbewerbsvorschlag unter allen Wettbewerbsbeteiligten die meisten Beispiele an Wohnhaustypen brachten, hatten wir doch zum Schluß keine einzige Raumgruppe als Auftrag bekommen. Uns wurde wohl zum Beginn der Nordweststadtplanung vom Direktor der Neuen Heimat die Planung für ein Drittel seiner Bauten in der Nordweststadt versprochen, die als beispielgebende Pilotobjekte für die hochbauliche Gestaltung der Nordweststadt gelten sollte, aber dieses Versprechen wurde nicht gehalten. Eine ausgeführte Veranschaulichung unserer Ideen hinsichtlich des Hochbaus fand nicht statt.

Als der Aufbau der Nordweststadt seinem Ende zuging, hat unser Büro für die Neue Heimat ein Mehrfamilienhaus mit zwei Arztpraxen entworfen und ein Nebenzentrum geplant, dessen Ausführung ohne unsere bauleiterische Mitwirkung erfolgte. Die einzigen architektonischen Beispiele, für die ich voll verantwortlich zeichne, sind zwei Kirchenzentren und mein eigenes Wohnhaus. Wirklich ein ganz minimales, kaum nennenswertes Maß an Anregungsmöglichkeit durch beispielgebende Objekte, wenn man bedenkt, daß in der Nordweststadt 9200 Wohneinheiten und eine Reihe von Zentren und Folgeeinrichtungen gebaut wurden. Wir gingen anfangs davon aus, daß wir außer unseren rein städtebaulichen Planungen und städtebaulichen und künstlerischen Beratungen aller Beteiligten und Betroffenen auch Beispiele von Raumgruppen bauen könnten, um damit auch mehr Einfluß auf das Stadtbild ausüben zu können. Nur an sehr wenigen, vereinzelten Stellen deckt sich in der ausgeführten Nordweststadt unsere Vorstellung von der äußeren Erscheinung des Gebauten mit der städtebaulichen Konzeption. Die konsequente und detaillierte Verwirklichung unserer eigenen, im Wettbewerb ausgezeichneten, architektonischen und künstlerischen Vorstellungen sind in reiner Form kaum zu finden.

Das Machtpotential, das für die Verwirklichung des stadtbildprägenden Hochbaus der Nordweststadt notwendig war, lag nicht bei uns freien Planern, sondern bei den großen Siedlungsgesellschaften. Es hätte schon eine einzige Raumgruppe, ausgeführt von Walter Schwagenscheidt und mir, genügt, um allen Kollegen und den Gesellschaften zu zeigen, wie wir uns das auch im Detail, bis hin zum gestalterischen Auflösen des Flachdachs, vorgestellt hatten. Leider ist es nicht dazu gekommen.«

Irion: Hans Kampffmeyer als engagiert, stark städtebaulich orientierter Realist hat aus seiner persönlichen Erfahrung gesagt, er hätte romantischer bauen wollen. Er hat dabei unterstrichen, daß Schwagenscheidt ein Träumer, Idealist und sehr begabter Architekt war. Das hätte doch zu einem Kompromiß führen müssen, zu einer kreativ positiven Synthese. Warum ist es nicht so gewesen?

Mir fällt beim Vergleich Ihrer Wettbewerbsvorschläge für den Hochbau und Ihrer Beratungsvorschläge während des Planungsprozesses mit den später von dritter Seite ausgeführten Hochbauten auf, daß ein Kontrast besteht zwischen der lockeren Art Ihrer Hochbauvorschläge, die mit den städtebaulichen Strukturen übereinstimmen, zu den von dritter Seite ausgeführten Hochbauobjekten. An letzteren hat sich, wie Sie selbst wissen, die Kritik der Allgemeinheit immer wieder entzündet. Empfinden Sie ebenfalls einen solchen Kontrast?

Sittmann: »Wenn Kampffmeyer behauptet, daß Walter Schwagenscheidt ein nachdenklich Suchender gewesen ist, dann war es ein Suchen nach gestalterischer Vielfalt. Diese Vielfalt fehlt der realisierten Nordweststadt im Hochbau, obwohl wir in unserer Flut von Hochbauvorschlägen in unseren Wettbewerbsplänen diese Vielfalt vorführten. Kampffmeyer hätte eigentlich, wenn er heute von Romantik spricht, uns die Chance geben sollen, auch den Hochbau stärker zu beeinflussen. Er hätte also die Macht auf uns übertragen müssen, die er gehabt hat. Aber die Gesellschaften, das hat

Frankfurt-Nordweststadt

sich herausgestellt, waren vielleicht nicht nur mächtiger als wir, sondern auch als Kampffmeyer und vielleicht ist er von den Gesellschaften in manchem doch auch überfahren worden, so daß mancher Traum, der ja zumindest im Wettbewerb sichtbar wurde, in der Nordweststadt gestalterisch keinen Raum finden konnte.

Von Anfang an konnten mich die Haustypen, welche die Siedlungsgesellschaften und Bauträger verwirklichen wollten, zum weitaus größten Teil nicht überzeugen. Ich erkannte, daß sie weniger auf die vielfältigen Bedürfnisse des Menschen ausgerichtet waren als auf rein wirtschaftliche Überlegungen und rationalisierende Produktionsmethoden.

Wir reagierten hierauf mit Gegenvorschlägen und haben eine Unzahl von Tekturzeichnungen über Fassaden und Grundrisse geliefert. Im besonderen für die Mehrfamilienhäuser der Neuen Heimat und die Mehrfamilienhäuser der Nassauischen Heimstätte im Betonfertigteilbau der Firma Holzmann-Coignet. Unsere Anregungen wurden jedoch bei der Ausführung nicht berücksichtigt. Hierbei war unser Bestreben stets, möglichst viel Abwechslungsreichtum in Grundrisse, in den Aufbau der Haustypen und die Gestaltung der Fassaden zu bringen. Erlebnisreichtum auf Schritt und Tritt, auch in einem Wohnbau, der sich sozial nennt.

Unsere städtebaulichen Vorstellungen sind ja ganz realistisch aufgezeichnet, sogar zum Teil mit Maßen und Detailangaben, darunter fällt auch die Komposition und Höhenentwicklung der Gebäudekörper sowie deren starke Gliederung, dafür sind Schwagenscheidt und ich verantwortlich. Aber für die einzelnen Gebäude, die ausgeführten Baukörper mit ihrer jeweiligen Architektur, muß ich jede Verantwortung für uns ablehnen, soweit die ausführenden Bauträger nicht auf unsere Gegenvorschläge eingegangen sind. Die Kritik am Hochbau übe ich auch, vielleicht noch schärfer als alle Kritiker, die ich kenne. Für die rein städtebauliche Struktur sind wir, kann man sagen, die Väter. Für den Hochbau sind wir das nicht. Mich schmerzt ganz besonders, daß der Hochbau dem Städtebau nicht stärker entspricht. Das ist nicht nur ein Wort eines der Planer, sondern das hat auch der bedeutende amerikanische Architekt Louis Kahn, Nachfolger von Gropius, empfunden. 1973, ein Jahr vor seinem unerwarteten Tode besuchte er mich in der Nordweststadt. Er war seinerzeit einer der internationalen Juroren, die die Nordweststadt, als einziges deutsches Objekt, 1969 als Vorstellungs- und Diskussionsobjekt unter 13 Objekten aus aller Welt für den internationalen Architektenkongreß in Buenos Aires auswählten. Ich bin mit ihm kreuz und quer durch die Nordweststadt gegangen. Er lehnte die Architektur der Wohnbauten ab, als dem Niveau der städtebaulichen Konzeption nicht adäquat.«

Irion: Im Wettbewerbsentwurf der Nordweststadt haben Sie deutlich dargestellte, räumlich zusammengefaßte individuelle Gebäudegruppen vorgeschlagen, die Sie Raumgruppen nennen. Im endgültigen Bebauungsplan kann ich die räumlich definierten Gebäudegruppen, das Grundelement der gegliederten Stadt nicht mehr deutlich erkennen. Können Sie dann noch von der Nordweststadt als Stadt aus Raumgruppen sprechen?

Sittmann: »Im Laufe des Planungsprozesses für die endgültige Gestalt der Nordweststadt haben sich die Programme immer wieder geändert. Diesem Wechsel von Programmen oder Ausweiten derselben mußte sich die städtebauliche Planung ständig anpassen. Dies war in dem von uns vorgeschlagenen Gestaltungsprinzip leicht möglich. Gebäudetypen der unterschiedlichsten Größe, Höhe und Gliederung wurden dabei ohne Kompromiß immer wieder in räumliche Beziehung gebracht. Hierbei hatte für uns nicht eine scharf abgegrenzte Gruppenbildung, sondern die Raumbildung den Vorrang.

Die Freiräume, die durch die ganz bewußte Anordnung der einzelnen Baukörper entstanden, hatten ersten Stellenwert. Der letzte und endgültige Bebauungsplan für die Nordweststadt zeigt als Ordnungsprinzip ein Freiraumgeflecht. Ein Freiraum fließt in den anderen. Dies könnte sich endlos fortsetzen. Für die räumliche Gestaltung sind viele Möglichkeiten gegeben.

Der notwendigen Flexibilität während der Planungsphasen kam unser städtebauliches Ordnungssystem auf der Grundlage von Freiraumkompositionen entgegen. Planung und Realisierung der Nordweststadt waren ein langer Prozeß und gingen zum Teil jahrelang nebeneinander her.«

Irion: Ein wesentlicher Bestandteil des städtebauli-

Raumgruppe – Komposition der Freiräume und der Gebäudekörper.

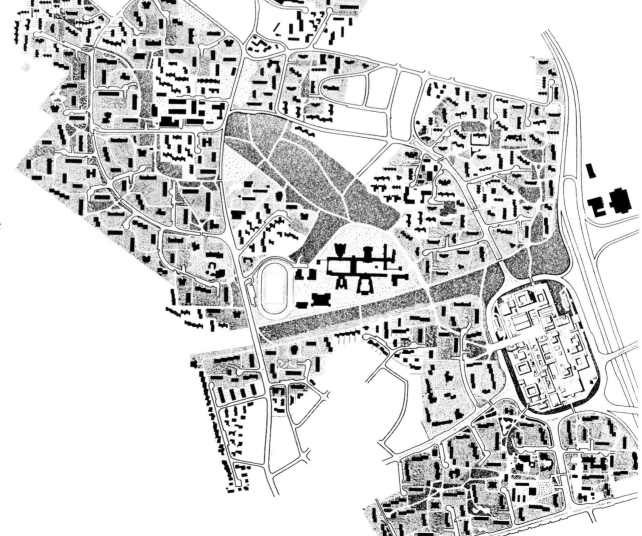

Gesamtplan, Ausführungsplan. Architekten: W. Schwagenscheidt T. Sittmann

119

Frankfurt-Nordweststadt

chen Konzepts der Nordweststadt ist das Verkehrs- und Wegekonzept als das städtebauliche Grundgerüst. Das Erschließungssystem der Nordweststadt weist eine konsequente Trennung des motorisierten Verkehrs von den Fußgänger- und Radfahrwegen auf. Das Charakteristische für die Nordweststadt ist das netzförmige Wegenetz, das von Radwegen begleitet die einzelnen Kinderspielplätze verbindet. Ohne Gefährdung durch den Verkehr ist jeder Zielpunkt, d. h. Haupt- und Nebenzentren, Schule, Kindergarten, Kirche, Gemeindezentren, zu Fuß oder mit dem Fahrrad zu erreichen.

Versuchen Sie die wesentlichen Merkmale, Erfahrungen und Wertungen dieses Verkehrssystems zu nennen! Haben sich die doch finanziell aufwendigen Brücken, Untergänge und Tiefgaragen bewährt? Ist dieses netzförmige Wegesystem nicht orientierungsfeindlich? Wollten Sie mit der Idee einer vielfältigen netzförmigen Fußwegeführung und Grün erreichen, daß das Leben in der Stadt verbleibt?

Sittmann: »In der Wettbewerbsausschreibung waren Straßenanschlüsse vorgegeben. Es waren die bestehenden Hauptverkehrsstraßen, die die Nordweststadt tangieren oder in die am Rande der Nordweststadt liegenden bestehenden Siedlungen führen. Ferner war vom Auslober ein Kultur- und Geschäftszentrum vorgegeben worden, für das in einem späteren Wettbewerb eine Lösung gefunden werden sollte. Autostraßen und ein Massenverkehrsmittel sollten dieses Hauptzentrum direkt mit dem Stadtkern von Frankfurt verbinden.

Außer dem Standort war die ovale Form des Kultur-

Gerippe der Fahrstraßen.

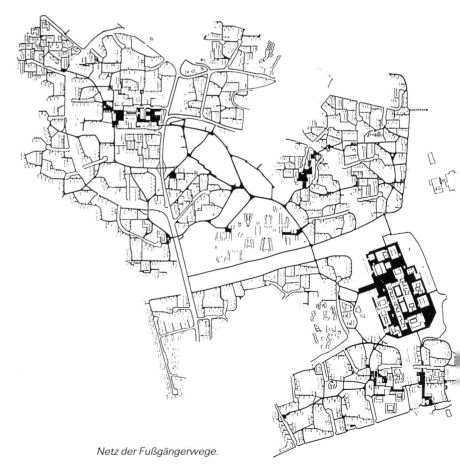
Netz der Fußgängerwege.

Die Hauptfußwege liegen in Grünzonen und tangieren die verstreut liegenden Kinderspielplätze.

und Geschäftszentrums bereits in den Unterlagen für die Nordweststadt bindend eingetragen. Anknüpfend an diese Festpunkte, haben wir uns bemüht, in die freien Flächen, die die neuen Wohn- und Einkaufsbereiche aufnehmen sollten, Straßenschleifen zu legen, die sich der gegebenen Topographie und bereits vorhandener Bebauungen anpaßten. Von diesen zweigen in die einzelnen Wohngruppen Sackstraßen ab.

Das Sackstraßensystem garantiert ein Minimum von Verkehrsbelästigung. Dies erschien uns als eine sehr einfache Lösung für die Trennung von Fahr- und Fußgängerverkehr, die uns eines der wichtigsten Anliegen war.

Mit dem Auto erfolgt die Erschließung völlig anders als zu Fuß: Die Autos können nicht überall hindurchfahren, wogegen der Fußgänger sich auf einem kommunizierenden Netz von Fußwegen zu jedem Ziel bewegen kann. Man kann kreuz und quer durch die Nordweststadt wandern und auf dem Hinweg einen anderen Weg wählen als auf dem Rückweg.

Man kann auf diesem Fußwegenetz ca. 30 km durch die Nordweststadt und deren ausgedehnten Freiräume wandern oder Rad fahren, ohne mit Autos in Berührung zu kommen.

Die Fußwege führen an die Brennpunkte der Nordweststadt, aber sie enden dort nicht, sondern verbinden sich netzförmig. Der Fußgänger will ja nicht nur sein Ziel ansteuern, sondern er will sich vielleicht auf dem Weg erholen, die Kinder wollen ihn als Spielweg benutzen. Die Fußwege haben viele Funktionen, und sie geben uns in der modernen Stadt das zurück, was wir in früheren Zeiten in Dorf und Stadt hatten. Wenn Sie alte Stadtkerne untersuchen, finden Sie außer den Straßen und Gassen schmale Verbindungsgänge, die oft nicht einmal einen Meter breit sind, sich durch historische Ortskerne schlängeln und öffentliche Bereiche auf kürzestem Weg miteinander verbinden. Die Fußwege sind zum größten Teil nur 1,50 m breit und bilden ein Spielwegeeldorado, auf dem die Kinder Rollschuh, Dreirad, Go-Kart, Roller und Fahrrad fahren können. Sie sind breit genug, daß nicht nur zwei Personen aneinander vorbeigehen, sondern auch Kinderwagen einander passieren können.

Neben schmalen Fußwegen haben wir auch breitere Wege durch die Nordweststadt geführt, die Hauptwege, die von den Haltestellen der Massenverkehrsmittel zu den Nebenzentren führen, zum Hauptzentrum, zu den Schulen, den Kindergärten, den Läden und anderen Brennpunkten in der Nordweststadt. Diese breiteren Wege sind zum größten Teil im Notfalle auch von Arztwagen und Möbelwagen befahrbar.

Ein Fremder kann sich anfangs in der Nordweststadt

Durch das Verlegen der Autoabstellplätze unter die Erde werden große Grünflächen zwischen den Gebäuden und innerhalb der Erholungszonen gewonnen.

Inmitten der Nordweststadt wurde – als Bindeglied zwischen den drei größeren Wohnquartieren ein Erholungspark mit künstlichem See und großzügigen Wiesen angelegt.

nicht so leicht orientieren. Das liegt aber weniger am Straßennetz als an dessen Bezeichnung. Z. B. haben alle Sackstraßen denselben Straßennamen wie der zu ihnen gehörende Erschließungsring. Von einem Erschließungsring geht ca. ein Dutzend Sackstraßen ab und alle heißen Gerhart-Hauptmann-Ring. D. h. ungefähr ein Drittel der Nordweststadt heißt Gerhart-Hauptmann-Ring. Warum hat man nicht die Erschließungsschleife Gerhart-Hauptmann-Ring genannt und jede einzelne davon abzweigende Sackgasse vielleicht, wie ich es vorgeschlagen hatte, nach einem Drama von Gerhart Hauptmann benannt? Bei der derzeitigen Straßenbenennung kann man sich schwer orientieren!
Sobald sie dann aber etwas heimischer geworden sind, finden sie Ihre Wohnung sofort.
Fußwege führen auch von den Wohnhäusern zu den unterirdischen Sammelgaragen. Bis zu 200 m muß man von seiner Haustüre bis in seine Tiefgarage laufen. Natürlich hat man sich damit erkauft, daß man in Ruhe wohnt und in einem Park lebt. Auf dem Weg in die Tiefgarage streift man an Vorgärten, Wohngärten, Höfen, öffentlichen Grünzonen und Spielplätzen vorbei. Die Nordweststadt gehört optisch allen Bürgern. Auf dem Weg von der Wohnung zur Tiefgarage durch die begrünten Räume, kommt einem das so recht zu Bewußtsein. Die Bedürfnisse des Menschen haben sich nicht grundlegend verändert. Auch heute brauchen wir Bereiche, wo wir uns erholen und Kontakte zu unseren Mitbürgern aufnehmen und pflegen können.
Es ist die Zielsetzung unserer städtebaulichen Planungen der modernen Stadt, neben dem Platz für das Auto, auf das wir heute nicht mehr verzichten wollen, die ebenfalls unverzichtbaren Freiräume zu sichern.«
Irion: Das städtebauliche Konzept basiert auf der wechselseitigen Beziehung zwischen architektonischen Bauelementen und Freiraum. Ein kontinuierliches Geflecht an Grünräumen zieht sich durch die ganze Stadt. Die Außenräume charakterisiert eine große Variationsmöglichkeit und Vielfalt, dadurch wirken sie einer Monotonie des Erscheinungsbilds entgegen und steigern den Erlebniswert. Inmitten der Nordweststadt liegt ein weitläufiger, schöner Park, der mit seinen Wiesen, Hügeln und dem Teich ein wesentlicher Identifikationspunkt ist und zur Erholung der Bevölkerung direkt innerhalb der Siedlung dient. Wie ist es Ihnen gelungen, die Wiesen und das Grün von den Bewohnern frei nutzen zu lassen, den Zugang ans Wasser, den See zu geben und dabei ein reiches Leben und eine vielfältige Vegetation zu erhalten?

Sittmann: »Zur Zeit der Wettbewerbsausschreibung für die Nordweststadt standen allenthalben zwei Städtebautheorien gegenüber. Die eine Tendenz befürwortete die Stadt mit der grünen Mitte, die andere Richtung vertrat ausschließlich die Forderung: ›Gesellschaft durch Dichte‹. Beides konnte uns in seiner Einseitigkeit nicht überzeugen, denn das Wohlbefinden des Bürgers verlangt nach beidem.
In unserem Konzept sollten sich städtische Dichte und grüne Weite miteinander verbinden. Die Häuser sind um grüne Räume angeordnet, in denen Spielplätze oder Tummelwiesen mit begleitender, dichter Bepflanzung liegen. Die Quartiere der Nordweststadt sind von Grünzonen mit üppiger Bepflanzung durchzogen, die in der Mitte der Nordweststadt in einen weitläufigen Erholungspark mit künstlichem See und künstlicher Hügellandschaft münden. Um den See breiten sich Tummelwiesen aus, die ausdrücklich betreten werden dürfen. Man gelangt nicht über Pfade, sondern stapft über den Rasen, wenn man sich zur Bank begibt, um sich dort ausruhen zu können. Die Anpflanzungen sind zum Teil schon 20 Jahre alt und haben sich zu waldartigen Gehölzstreifen entwickelt. An vielen Stellen der Nordweststadt wohnt man fast wie an einem Waldrand. Die

Gehölze sollten keinesfalls aus Zierpflanzen bestehen, sondern aus robusten, möglichst einheimischen Gehölzen in Strauch- und Baumform. Alleine in einem Pflanzjahr wurden über 40 000 Gehölze gepflanzt. Sie bilden zusammenhängende, waldrandartige Dickichte, in denen die Kinder sich ihre Wigwams und Höhlen bauen dürfen. Sie dienen den Nordweststadt-Kindern als Spieldschungel. Meine stete Forderung ist, in die städtischen Grünzonen gehört ein Übermaß an Gehölzen, so daß Kinder und Jugendliche auch einmal einen Ast abschneiden oder abbrechen können, ohne dabei den Unwillen der Erwachsenen zu erregen.

Inmitten des Erholungsparks, am Abhang des Rodelhügels, befindet sich ein undurchdringliches Vogelschutz- und Brutgehölz. In den Hecken sind Kaninchen und Igel zu Hause. An den Ufern wimmelt es von Fischen und Kaulquappen, die die Kinder für ihre Aquarien fangen dürfen.

Dadurch, daß wir die meisten Autos zum Parken unter die Erde gebracht haben, ca. 5000 Autos in den Wohnbereichen und 2000 Autos im Hauptzentrum, konnte wertvolle Freifläche für die Erholung der Bevölkerung erhalten bleiben. Die Idee, Tiefgaragen vorzusehen, hatte Hans Kampffmeyer, wir fanden diesen Vorschlag besonders gut, ich möchte sagen ideal, weil sie unserem Raumgruppenprinzip entgegenkam. Wir entwickelten sofort Vorschläge für Sammelgaragen unter der Erde. Der Vorschlag, die Tiefgaragen unter die Grünräume zwischen den Wohngebäuden zu legen, wurde realisiert. Auf die Dächer der Tiefgaragen planten wir Kinderspielplätze und Liegewiesen. 40 bis 60 cm Mutterboden bedeckte diese Tiefgaragen, so daß sie zum Teil mit Gehölzen, die nicht höher als 5 m werden sollten, bepflanzt wurden. Diese Gehölze säumten die Spielplätze und gaben den Kindern den erwünschten notwendigen Schatten.

Leider wurde hinsichtlich der Anzahl der unterirdischen Autoabstellplätze mein Vorschlag nicht akzeptiert. Ich halte 7000 unterirdische Abstellplätze anstatt nur 5000 für notwendig, weil dann jeder der 7000 Wohneinheiten in der Nordweststadt zwangsmäßig ein unterirdischer Einstellplatz hätte zugeordnet werden können.

Die Tiefgaragen wurden von einer städtischen Gesellschaft gebaut und werden vermietet. Die Wohnungen wurden von anderen Gesellschaften gebaut. Jedem steht es frei, eine Garage zu mieten oder nicht.

Die Ausnutzungsziffer der Nordweststadt ist 0,85–1,0, im Durchschnitt 0,7–0,8, also 1,0 ist selten erreicht.

Dadurch, daß die meisten Autos unter der Erde untergebracht sind, in Tiefgaragen, vor allem im Innenbereich, in den Hofgruppen, wirkt die Nordweststadt verhältnismäßig weiträumig und locker, ich glaube, daß wir beides brauchen, aufgelockerte und enge Teile.«

Irion: Die Wohnbebauung wurde in der Höhenentwicklung mit differenzierten Gebäuden zu gegliederten Hausgruppen und Raumgruppen kombiniert. Sie haben bei der Planung der Nordweststadt das Prinzip der modernen kubischen Bauform verfolgt. Diese formalen Gestaltungsprinzipien haben sich gewandelt. Wie sehen Sie heute diesen Formenkanon, u. a. das Flachdach?

Sittmann: »Wir haben in unseren architektonischen Vorschlägen einen Formenkanon vorgeschlagen, der ermöglicht, unterschiedliche Bauaufgaben in einer harmonischen Formensprache zu verwirklichen. Es war die kubische Bauweise, welche die gesamte Stadt zu einer formalen Einheit zusammenfügen sollte. Innerhalb dieser Bauweise konnten Niedrig-, Mittel- und Hochhausbau frei miteinander kombiniert werden. Die kubische Bauweise erlaubte auch für spätere Zeiten individuelle Ergänzungen und Veränderungen und Komplettierung von Stadtteilvierteln, ohne Gefährdung des Gesamtbildes. Tatsächlich wurden dann seit den siebziger Jahren zahlreiche Wohngebäude und ein Kindergarten in diesen Gestaltungsrahmen erweitert. Das gleiche gilt für die Neubauten einer späteren Randbebauung mit Ein- oder Mehrfamilienhäusern sowie einer Schule. Innerhalb des vorgegebenen Formenkanons empfahlen wir immer wieder, möglichst viele vertikal und horizontal gegliederte Gebäudetypen in mannigfacher Anordnung.

Ursprünglich beabsichtigten wir, die Nordweststadt vielfarbig zu gestalten. Sowohl das Modell zum Wettbewerb als auch verschiedene Arbeitsmodelle während der Entwurfsphase zeigten eine Fassung in verschiedenen Farben. Als es zur Realisierung der Nordweststadt kam, trennte man sich von der Idee der farbigen Nordweststadt. Angesichts der negativen Beispiele der Nachkriegszeit, insbesondere der Farbgebung amerikanischer Kasernen und Wohnsiedlungen mit ihren giftigen Farben, ist man später von jenem Konzept abgekommen.

Aus dieser damals zu Recht begründeten Furcht vor farblichen Entgleisungen entstand die weiße Nordweststadt mit einigen höheren Gebäuden aus roten Ziegelsteinen. Schwagenscheidt schwärmte dann von der weißen Stadt. Als sich nach einem Jahrzehnt die Luftverschmutzung negativ auf blendend weiße Fassa-

Über die Hauptsammelstraßen und die Ringstraße wird der Fußgängerstrom über Brücken geführt. Die Straßen liegen teilweise vertieft im Gelände, dadurch konnte der Verkehr optisch und akustisch gut abgeschirmt werden.

*Farbleitplan.
Architekt: Tassilo Sittmann.*

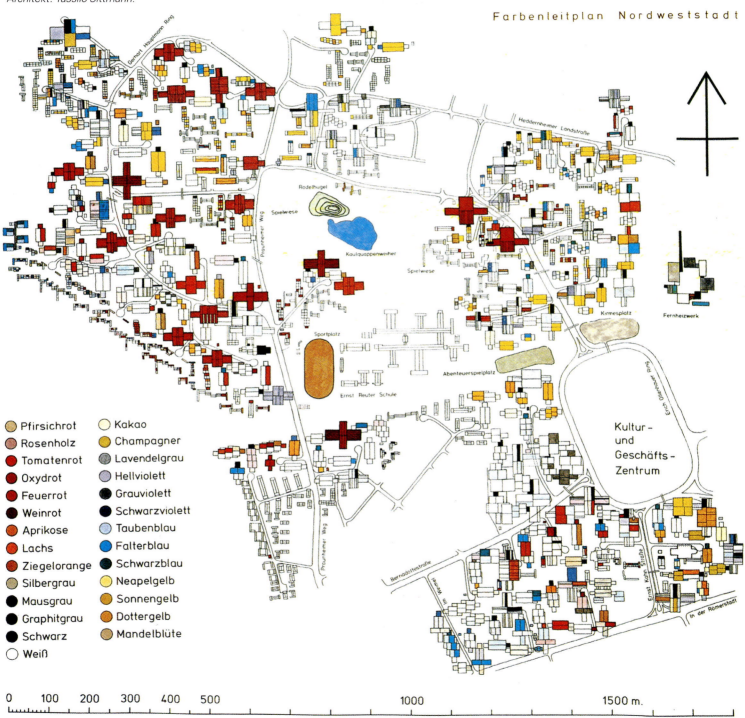

Im Plan sind nur Leitfarben, und zwar symbolisch dargestellt. Diese Leitfarben werden bei der Verwirklichung der farblichen Umwandlung der Nordweststadt in eine Vielzahl von einander verwandten Farbtönen aufgefächert, die wesentlich dezenter als die Symbolfarben sind. Alle Hausfassaden sind im Plan in die Ebene geklappt.

Frankfurt-Nordweststadt

den auswirkte, erhielt ich im Jahre 1972 von der Stadtverwaltung Frankfurt den Auftrag, einen Farbleitplan auszuarbeiten. Von jeher war für uns die farbige Gestaltung von Architektur ein legitimes und kostengünstiges Mittel, die Vielfältigkeit im Erscheinungsbild einer Stadt zu bereichern.«

Irion: Wie weit ist die Nordweststadt von dem »sozialistischen städtebaulichen Gedankengut« und der Tradition Frankfurts geprägt, die Schwagenscheidt in seinem Buch »Die Raumstadt« beschrieb. Die Ausschreibung und das Programm des Wettbewerbs und die Zielsetzung waren stark politisch und sozial orientiert. Welche Ideen der »Raumstadt« sind in das Konzept der Nordweststadt eingegangen?

Sittmann: »Die Nordweststadt und die Raumstadt sind nicht ohne weiteres miteinander vergleichbar. Im Buch ›Die Raumstadt‹, das 1949 verlegt wurde, ist teilweise sozialistisches Gedankengut ganz stark ablesbar. Walter Schwagenscheidt hatte Ende der zwanziger, Anfang der dreißiger Jahre sozialistische Städte geplant. Ich denke vor allem an seine Zeit mit der Planungsgruppe um Ernst May in Sowjet-Rußland, wo das dortige sozialistische Gesellschaftssystem den Auftrag gab: ›Sozialistische Städte‹ zu entwickeln. Ich weiß, daß Walter Schwagenscheidt zu jener Zeit in verschiedenen Städten Lichtbildervorträge hielt, mit dem Titel: ›Über sozialistischen Städtebau‹.

Die Nordweststadtplanung gründet wohl auf der Raumstadtidee, repräsentiert jedoch keinesfalls sozialistischen Städtebau. Unser Nordweststadtentwurf hatte als Zielsetzung ›Die Stadt für eine pluralistische Gesellschaft‹. Den Individualismus, den wir immer wieder trotz Vorschlägen von einfachsten Typen überall einfließen ließen, widerspricht im Grundsätzlichen allem sozialistischen Gedankengut.«

Irion: Versuchen Sie mir das funktionelle Konzept in Verbindung mit der Funktion des Hauptzentrums und allen untergeordneten Unterzentren zu erläutern. Welche Auswirkungen hatte das multifunktionelle Hauptzentrum auf das funktionelle Gesamtkonzept und auf das Programm der Nebenzentren?

Die Schulen, Kindergärten und Gemeinschaftseinrichtungen für menschliche Kontakte ziehen sich wie ein Rückgrat durch die Stadt, verbunden durch Zielwege, und bilden so an bestimmten Stellen eine Konzentration an notwendigen Funktionen. Die Stadt hat einen polyzentrischen Aufbau, aber nicht die Gliederung in Nachbarschaften ist ihr räumliches und funktionelles Grundprinzip, sondern die stark gegliederten Raumgruppen, die der kontrastreichen Struktur der Stadtbevölkerung entsprechend das gesamte, lebendige Geflecht der Raumstadt bilden. Steht dieses kompakte Hauptzentrum nicht im Konflikt mit dem bewegten Erscheinungsbild der Nordweststadt?

Sittmann: »In den Wettbewerbsunterlagen war der Standort des Hauptzentrums, das als Kultur- und Geschäftszentrum für die Nordweststadt vorgesehen war und das darüber hinaus Einwohnern aus dem Taunusbereich dienen sollte, vorgegeben. Das war eine sehr einengende Vorgabe.

Die Straßenschleife wirkt im Bebauungsplan optisch wie eine Abschnürung. Jedoch nicht durch die Schleife, sondern durch den architektonischen Aufbau, der sich nicht in das Gestaltungsprinzip der Nordweststadt einfügt und im Detail Material und Farbe unseren Intentionen entgegensteht, wirkt das ausgeführte Zentrum im Weichbild der Nordweststadt als Fremdkörper. In dem Wettbewerbsentwurf hatten wir – im Gegensatz zum ersten Preisträger – das Prinzip der Freiraumbildung, wie wir es im Entwurf für die Wohnbereiche vorgeschlagen hatten, beibehalten, jedoch in verdichteter Form. Ein Geflecht von ineinanderfließenden Freiräumen, von denen jeder eine andere Größe, Form und Funktion hatte. Auch hier war unser Ziel, größtmögliche Vielfältigkeit. Durch Freiräume sollte die Entstehung von zugigen Windschneisen verhindert werden. Ohne Festsetzung hätte ich das Zentrum als Rückgrat durch die Nordweststadt geführt, eventuell an seinen

Arbeitsmodell Nordweststadt. Ursprünglich vielfarbig gestaltet.

Ausläufern die Nebenzentren gehängt, so daß die Einrichtungen des Hauptzentrums und die der Nebenzentren als eine Kette ineinanderfließender Freiräume mitten durch die Nordweststadt verlaufen wären.
Die Nebenzentren beherbergen die Einrichtungen für den täglichen Bedarf. Zugeordnet sind ihnen die Kirchenzentren mit Kindergärten oder Kindertagesstätten, sozialen Einrichtungen und Versammlungsräumen.
Die Schulen liegen an den Rändern von Grünzonen, um sie möglichst von Störquellen fernzuhalten. Hinzu kommt noch der Vorteil, daß sie durch ihre Lage ohne weiteres über Fußgänger- und Radfahrwege zu erreichen sind.«
Irion: Wenn Sie noch einmal vor solch einer Aufgabe stünden und frei wären in Ihren Handlungen, wie würden Sie eine Stadt heute bauen?
Sittmann: »Ich möchte sie bauen ohne Zwang durch Gesellschaften, durch mächtige Kräfte, die immer wieder auf einen einwirken und die besten Ideen in kürzester Zeit verwässern können.«
Irion: Verstehen Sie darunter auch die Mitwirkung der Bürger zum Beispiel?
Sittmann: »Ob die Mitbürger oder die Bank oder die Nassauische Heimstätte mitsprechen, wäre für mich aus meiner Erfahrung dasselbe.
An den Gestalter sollte die Aufgabe delegiert werden, dem gewählten Architekten die vollen Freiheiten zu gewähren. Das wünschte ich mir eigentlich von der Kommune wie von den einzelnen Bauherren, wie von den Parteien, daß sie, wenn sie mit mir bauen wollen, nachdem sie sich für mich entschieden haben, mir volle Freiheit lassen, in einem finanziellen Rahmen, und nicht, daß jeder Laie mitspricht.
Man sollte nicht diese Scheinspiele mit der Öffentlichkeit treiben, sondern lieber unter den Fachleuten in der Konkurrenz den Besten auswählen.
Wenn auch nicht alle Blütenträume reiften, so sind doch viele neue Gedanken in der Nordweststadt zum Tragen gekommen. Dies war nur möglich durch das Engagement von partnerschaftlich arbeitenden Politikern und Fachleuten. Als eine glückliche Konstellation bei der Verwirklichung der Nordweststadt sehe ich an, daß in unserem Architektengespann der Seniorpartner mit seiner Erfahrung und Weisheit sich mit dem drängenden, und experimentierenden Jüngeren verband und daß dieses Gespann das Vertrauen eines klarsehenden Politikers gewinnen konnte, der durch Tatkraft und Einfluß Ungewohntes durchzusetzen vermochte.

Ein Jahrzehnt meines beruflichen Lebensweges, währenddessen die Nordweststadt entstand, bin ich mit Hans Kampffmeyer verbunden gewesen. Unser Zusammenwirken beim Aufbau der Nordweststadt wurde gewürdigt durch die Verleihung des Heinrich-Plett-Preises an uns beide im Jahre 1970.

1.2 Die Entwicklung der Nordweststadt seit ihrer Fertigstellung

Aus der Sicht des Stadtrats Küppers, 1987

Demografische Entwicklung

Die Nordweststadt ist eines jener typischen Neubaugebiete, die Mitte der sechziger Jahre in einem Zuge gebaut und von einer in der Altersschichtung relativ homogenen Bewohnerschaft bezogen wurde. Zwar liegt hier die Abnahme der Bevölkerung, rein rechnerisch gesehen, noch über dem Durchschnitt, aber dies ist nicht mit der allgemein beobachteten »Stadtflucht« zu erklären. Vielmehr hat der fast gleichzeitige Bezug des Stadtteils mit überwiegend jungen Familien dazu geführt, daß er bald einer der kinderreichsten in Frankfurt wurde. Die meisten der hier aufgewachsenen Jugendlichen haben die elterliche Wohnung inzwischen verlassen und in anderen Stadtteilen einen eigenen Haushalt gegründet. So liegt die Abwanderung der Jugendlichen mit 53% auch signifikant über dem »Verlust« der gleichen Altersklasse in der Gesamtstadt (25%).
Die Altersklasse der über 65jährigen hat im gleichen Zeitraum um 77% zugenommen.
Durch den Auszug der inzwischen herangewachsenen Jugendlichen hat sich das Verhältnis von Einwohnern zu der zur Verfügung stehenden Wohnfläche ganz erheblich verbessert. Der gestiegene Wohnkomfort hat die um 1960 gebauten für heutige Verhältnisse relativ kleinen Wohnungen sich den heutigen Standards annähern lassen. Sie sind noch immer – oder wieder – sehr gefragt, was heute selbst im sozialen Wohnungsbau keine Selbstverständlichkeit mehr ist.
Das Zahlenverhältnis zwischen Deutschen und Ausländern ist in dieser Zeit dem allgemeinen Trend folgend von 0% auf 12% gestiegen, liegt aber noch immer deutlich unter dem der Gesamtstadt mit 22%.

Erscheinungsbild Nordweststadt – farbige Gestaltung 1977.

Öffentliche Einrichtungen

Im allgemeinen liegt ein Problem solcher kurzfristig entstandenen und gleichzeitig von einer homogenen Bevölkerungsschicht bezogenen Siedlung in der nach ein bis zwei Jahrzehnten wegen der abnehmenden Bevölkerung rasch nachlassenden Ausnutzung aller öffentlichen Einrichtungen. Die Nordweststadt war schon kurz nach ihrem Bezug von einer erheblichen Überlastung aller Schulen und anderen Einrichtungen für die Jugendlichen betroffen, so daß jetzt nach Abnahme der Bevölkerung nur eine nachträglich errichtete von den fünf vorhandenen Schulen zur Disposition steht. Damit haben sich die besonders in der Gesamtschule eine Zeitlang schwierigen Verhältnisse – die Schule hatte für einige Jahre bis zu 3000 Schüler in teilweise 12 Parallelklassen – wieder normalisiert. Die Kindertagesstätten haben um 23% gegenüber der Zeit ihrer stärksten Belegung abgenommen.

Wohnzufriedenheit und bauliche Qualität

Die Zufriedenheit der Bevölkerung mit ihrem Stadtteil ist, wie eine wenige Jahre nach der Fertigstellung angefertigte Studie zeigt, immer gut gewesen und unterscheidet sich eher, wenn auch geringfügig, positiv gegenüber der in alten »gewachsenen« Stadtteilen.
Der bauliche Zustand der Wohngebäude, der – nicht zuletzt wegen der sehr kurzen Baufertigstellungszeit – einige Mängel und Putzschäden aufwies, ist inzwischen aus den Unterhaltungsrücklagen der Wohnbaugesellschaften in Ordnung gebracht worden. Er entspricht nun auch den Anforderungen des heute üblichen Energieeinsparungsstandards. Bei dieser Gelegenheit konnte der Architekt Sittmann als einer der beiden Planverfasser der Nordweststadt seine Idee von der farbigen Stadt mit einem eigenen Farbkonzept für die renovierten Bauten vollenden.

Nordwest-Zentrum

Das sehr monolithisch gebaute Zentrum der Nordweststadt, das erstmals in Deutschland einen großen Anteil öffentlicher Einrichtungen mit dem üblichen Handelsteil verbunden hat, ist inzwischen in die Hand eines privaten Betreibers übergegangen. Es soll nun umgebaut und erneuert werden. Unter anderem sollen die bisher offenen Fußgängerbereiche überdeckt werden, um die heute für solche Einkaufszentren übliche Passagenform herzustellen. Außerdem soll eine Erweiterung der Geschäftsflächen, die Ansiedlung eines Großmarkts und die Erweiterung des Sortiments den seit einigen Jahren stagnierenden Umsatz fördern.

Zusammenfassung

Die in der Mitte der sechziger Jahre gebauten Stadtteile haben für fast ein Jahrzehnt in einer herben Kritik der Medien gestanden. Da war von unerträglichen Betonburgen, von »Massenmenschhaltung«, von trostlosen »Schlafstädten« die Rede. Heute, wo sich der erste Überschwang von Begeisterung und Kritik gelegt hat, kann man einigermaßen nüchtern konstantieren, daß sich das Leben in den neuen Stadtteilen der sechziger Jahre nicht wesentlich von dem in gewachsenen Wohnstadtteilen unterscheidet. Weder sind die großen Hoffnungen der in der Nachfolge des Bauhauses stehenden Architekten auf eine bessere Gesellschaft durch bessere Städte eingetreten noch haben sich die neuen Stadtteile als so unbewohnbar herausgestellt, wie ihre Kritiker das prophezeit haben.
Die Nordweststadt ist inzwischen mit zwei U-Bahnlinien sehr gut an die Innenstadt angebunden, so daß alle Einrichtungen dort gut erreichbar sind. Das Leben im Stadtteil selbst hat sich wie überall »eingespielt«. Das Wohnen in einer stark durchgrünten Stadtlandschaft hat sich weder als so eintönig noch als so wenig urban herausgestellt wie die Kritiker meinten. Auch hat dieser Stadtteil wie die meisten anderen Frankfurter Ortsteile ein ausgeprägtes und lebendiges Vereinsleben, das sich in den Einrichtungen wie Bürgerhaus, den Schulen und den Sporthallen weiter entwickeln kann.
So kann man feststellen, daß dieser, wie die meisten anderen neuen Stadtteile längst in den Gesamtorganismus der Stadt eingewachsen ist und dort seine Rolle zum Wohnen übernommen hat. Es gibt andere Stadtteile mit anderen Aufgaben und mit anderen Charakteristiken ihrer Funktionen und sicher auch einer anderen Zusammensetzung ihrer Einwohnerschaft. Aber der Streit um die Vorzüge und Nachteile von gemischten und reinen, alten und neuen Wohngebieten könnte eigentlich langsam beendet werden. Jedes der Gebiete hat seine Vorzüge und jedes von ihnen ist inzwischen für viele Menschen eine Heimat geworden, aus der sie ohne Not nicht mehr wegziehen möchten.

Zwei Städte – Stadteinheiten in Finnland:
Rücksicht auf den »Genius loci«

**Tapiola:
Die Stadt, in der der Waldgott (Tapio)
und die Menschen zu Hause sind.**

Tapiola
Planung: 1951–1962
Ausführung: 1952–1970
1952–1970 sollte der Bau der Siedlung abgeschlossen sein, heute (1983) Erweiterungen und Ergänzungen geplant für 17 000 Einwohner

Planungsgeschichte

Der Standort des heutigen Tapiola wurde bereits 1918 in Saarinens Plan für die Region Helsinki als Entwicklungsstandort ausgewiesen.
Aus dem Jahr 1945 datiert ein Übersichtsplan (Generalbebauungplan) für die Region Hagalund von Prof. O. I. Meurmann, der ebenfalls für den Standort eine Besiedlung vorsah.

- 1951: Das gesamte Planungsgebiet wurde von der Wohltätigkeitsorganisation »Finnische Liga für Familienhilfe«, d. h. auf Initiative des Vorsitzenden Heikki von Hertzen hin von privater Hand erworben. Vorangegangen waren 8monatige Verhandlungen über die Finanzierung. Nach dem Landerwerb schlossen sich die Liga für Familienhilfe und 5 weitere Organisationen zu einer gemeinnützigen Wohnungsbaustiftung, Asuntosäätiö, zusammen, die als privater Bauträger von Tapiola verantwortlich war für den Wohnungsbau sowie für die Erschließung und Ver- und Entsorgung. Der Bau Tapiolas wurde durch den Verkauf der Grundstücke finanziert.
Planung: 1951 beauftragte »Asuntosäätiö« eine Gruppe bekannter Architekten, in Teamarbeit detaillierte Pläne für die erste Bauphase – Ost Nachbarschaft – auszuarbeiten.

- 1952: begann unter der Direktion von Asuntosäätiö die Erschließung. Der Meurmann-Plan war die einzige Planungsunterlage. Asuntosäätiö beauftragte eine Gruppe bekannter Architekten, detaillierte Pläne für die erste Bauphase auszuarbeiten und die notwendigen Änderungen im Übersichtsplan vorzunehmen. An der Gesamtplanung waren rund 20 Architekten beteiligt. Ihre Arbeit wurde von einem von der Wohnungsstiftung einberufenen Fachausschuß überwacht. Dieser Ausschuß bestand aus Architekten, Ingenieuren, Soziologen, Landschaftsgestaltern, Volkswirten, Haushaltsfachleuten und Hausfrauen. Bereits 1952 wurde der Bau der ersten Nachbarschaft begonnen, in die 1953 die ersten Bewohner einzogen.

Tapiola – zentraler Teilbereich.

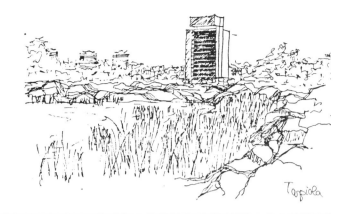

Tapiola

- Nov. 1953: wurde für das Zentrum ein Wettbewerb ausgeschrieben, waren die ersten Wohnungen fertig.
- Juni 1954: Arne Ervi gewann den ersten Preis, mit dem Bau des Zentrums wurde erst 4 Jahre später begonnen.
- 1956: wurde ein Wettbewerb veranstaltet, um der neuen Stadt einen Namen zu geben. Der Bau der ersten Nachbarschaft abgeschlossen.
- 1963: wurde Espoo zur Stadt und berechtigt, über die Bebauungsplanung zu entscheiden.
- 1972: Politische Entscheidung über die Bildung einer Regionalstadt Espoo. Nach der Eingliederung Tapiolas zu Espoo wurde seine Dienstleistungskapazität auf 80 000 EW ausgebaut. Erweiterung wird heute noch durchgeführt.

Grundgedanken – allgemeine Ziele

Mit dem Bau Tapiolas sollte ein Gemeinwesen geschaffen werden, in dessen Mittelpunkt der Mensch steht. Hauptziel war es, eine vom sozialen, biologischen und gesundheitlichen Standpunkt her gesehen einwandfreie Umwelt zu schaffen. Alle anderen Ziele und Mittel waren diesem Hauptziel untergeordnet. Es wurde angestrebt, eine selbständige Stadt zu bauen, die dem Menschen und seinem häuslichen Leben, seiner Freizeit und Erholung gewidmet ist, wobei die ursprünglichen Formen der Natur und der Baumbestand erhalten bleiben sollten. Kinder und Jugendliche sollten in einer ungefährdeten Umgebung aufwachsen; der Verkehr keine vorrangige Bedeutung haben. Vom soziologischen Standpunkt aus gesehen war Tapiola als Stadt für alle sozialen Gruppen geplant. Arbeitsplätze sollten ebenfalls an Ort und Stelle bestehen. Es sollte eine blühende selbständige Gemeinschaft entstehen, mit einem vielseitigen Geschäfts-, Verwaltungs- und Kulturzentrum, um so den Bedarf der Bewohner und der weiteren Umgebung (ca. 70 000 EW) an kulturellen und sozialen Veranstaltungen zu befriedigen.

Konzept

Die Dichte wurde auf 65 EW/ha festgesetzt. Es wurde das Prinzip verfolgt, Geschoßbauten, Flachbauten und Einfamilienhäuser zu mischen, um Weite und Abwechslung zu schaffen. Dadurch konnten alle Gebäudetypen an das gleiche Versorgungsnetz angeschlossen werden. Geschoß- und Flachbau sollten ihre Vorteile gegenseitig genießen. Durch die Mischung der Gebäudetypen sollte auch auf der Ebene der Gebäudegruppe soziale Mischung erreicht werden. Die einzelnen Gebäudegruppen mit den unterschiedlichen Haustypen wurden jeweils als soziale und gestalterische Einheiten betrachtet. Tapiola ist in drei Nachbarschaften gegliedert. Aus dem Stadtkern führen Fußwege zu den drei Nachbarschaften, die aus losen Gruppen von Geschoßbauten, Reihenhäusern und Einfamilienhäusern gebildet werden und jeweils 5000 bis 6000 EW haben. Jede Nachbarschaft besitzt ein eigenes Zentrum mit Gemeinderäumen, Grundschule, Geschäften und Gaststätten. Sämtliche Nachbarschaften sind durch Grüngürtel voneinander und vom Zentrum getrennt.

Allgemeine Daten

Bruttobauland: 270 ha
Anzahl der Wohnungen: 4580
Einwohnerzahl: 16 000–17 000

Gliederung der Gesamtfläche

Von Gesamtfläche:
Bauland: 36,3%
Verkehrsfläche: 9,5%
Grünfläche: 54,2%
heutige Fläche: ca. 50%
von Bauland:
Wohnbauland: 67%
Gemeinbedarfsfläche: 17%
Gewerbefläche: 16%

Dichtewerte

Einwohnerdichte:
Siedlungsdichte: 53,7 EW/ha Baugebiet
Festgel. Grenzwerte
Wohndichte: 65 EW/ha Wohnbauland
Wohndichte 1983: 45 EW/ha

Wohnformen

	Zahl	WE
Einfam.Häuser	132	133
Reihenhäuser	90	513
Lamellenhäuser	74	2278
Punkthäuser	16	781
Hochhäuser	19	841

(Mehrgeschossige 85%, Einfamilienhäuser 15%)
90% der Wohnungen sind Eigentumswohnungen, die Eigentümer sind gleichzeitig Aktionäre der selbstverwalteten Wohnungsgesellschaften ihrer jeweiligen Nachbarschaft.

Infrastruktur

ein Stadtzentrum, gleichzeitig regionales Zentrum, 3 Nachbarschaftszentren

Entfernungen

Tapiola ist 10 km vom Stadtzentrum Helsinki entfernt.

Arbeitsplätze

4200 (1976)
7482 (1983)
Mehr als 50% der arbeitenden Bevölkerung sind in Tapiola beschäftigt,
davon (1976): 25% in Industrie
34% in Büros
14% in Geschäften
27% im Versorgungssektor
(Ziel ist es, für 80% der arbeitenden Bevölkerung Arbeitsplätze zu schaffen).
Aufteilung der Arbeitsplätze:
Tapiola: 40% Dienstleistungen
33% Büros
27% Industrie, Versorgungseinrichtungen, Verkehr.
Zahl der Arbeitsplätze in Tapiola Nov. 1983:
7482 Arbeitsplätze, davon:
25% der Arbeitsplätze haben Tapiola-Einwohner
31% die Espoo-Stadt-Einwohner
56% Arbeitsplätze haben die Menschen, die innerhalb des Stadtgebietes Espoo wohnen,
44% Arbeitsplätze haben Menschen, die außerhalb der Grenzen der Stadt Espoo wohnen.

Probleme:
Durchfahrtsverkehr
Technischer Zustand der Bausubstanz – umfangreiche Renovierungsarbeiten

Quelle:
»Die Nahumwelt der Wohnung«
»Building a New Town«
Planungsbüro Asuntosäätiö Tapiola
Stadtplanungsamt Espoo

**Kivenlahti, Espoo:
Eine Küsten- und Freizeitstadt im Werden.**

Kivenlahti

Planung: 1966–1970
Ausführung: 1974 – bis heute
Espoonlahti geplant für 40 000 EW bis 2000,
Teilgebiet Kivenlahti für 14 000 EW

Planungsgeschichte

- 1965/66 wurde der Generalplan für das Teilgebiet der Espoobucht von Alvar Aalto angefertigt. Dieser Plan wurde später durch den Generalplan des Planungsamtes von Espoo ersetzt, wobei der Aalto Plan als grundlegendes Konzept beibehalten wurde. Vorher bestand bereits ein Plan für eine Zwillingsstadt an der Bucht von Espoo, wovon Espoonlahti den östlichen Teil darstellt.
- 1966 wurde für die Planung und Ausführung von Espoonlahti ein Planungsvertrag zwischen den drei zu einem Konsortium zusammengeschlossenen Wohnungsbaugesellschaften und der Stadt Espoo abgeschlossen. Die Wohnungsbaugesellschaften übernahmen die Verantwortung für den Wohnungsbau, die Stadt für Erschließungsarbeiten und technische Infrastruktur.
Der Plan für Kivenlahti entstand in enger Kooperation der Planungsabteilung der Wohnungsbaugesellschaft Asuntosäätiö und dem Planungsamt der Stadt Espoo, d. h. dem Planer Brör Söderman. – Zwei Gutachten über die Bebauung entlang der Autobahn und Standortuntersuchungen gingen der Planung voraus.
- 1966–1970 wurde der Plan für Kivenlahti vom Stadtrat Espoo akzeptiert und rechtskräftig.
- Sommer 1974 wurde mit dem Bau des Zentrums im unteren Stadtteil von Kivenlahti begonnen.
- 1983 wird das kommerzielle Zentrum, der Marktplatz, gebaut.

Grundgedanken – allgemeine Ziele

Die Planungsgrundsätze für Kivenlahti sind die gleichen wie für Tapiola: Im Mittelpunkt soll der Mensch und seine Bedürfnisse stehen. Großer Wert wurde gelegt auf die Einbeziehung der vorhandenen topographischen und landschaftlichen Elemente (Verbindung von Stadt und Meer), die natürlichen Elemente Meer und Küste hatten bei der Konzeption einen hohen Stellenwert.
Ein grundlegendes Ziel war es, ein gutes und attraktives Stadtmilieu zu schaffen, das von den Voraussetzungen des Geländes, der Natur und dem Klima herauswächst, und ein hervorragendes Freizeitangebot für die Bewohner.

Konzept

Kivenlahti ist in Unter- und Oberstadt getrennt, der untere Teil (Ziel 6000 EW) liegt auf ebenem Gelände am Meer, der obere Teil (Ziel 8000 EW) liegt 20 Meter höher auf felsigem Gelände. Der zum Meer gewandte Teil ist stark durch maritime Anlagen geprägt.
Das »Zehn-Finger«-Verkehrssystem von Alvar Aalto war seinerzeit der interessanteste Teil des Gesamtplans von Kivenlahti. Das Fußwegesystem breitet sich von der Küste landeinwärts fingerförmig aus. Der Fahrverkehr verteilt sich entsprechend von der Zubringerstraße fingerförmig in die Siedlung. Der obere und untere Stadtteil ist über einen Tunnel verbunden.
Fußgängerwege und Fahrverkehr sind getrennt und kreuzen sich nur an wenigen Stellen.
In Anlehnung an die positiven Erfahrungen mit Tapiola wurden kleine Hausgruppen und Reihenhäuser in Kombination mit mehrgeschossigen Wohnhäusern geplant.

Allgemeine Daten

Einwohnerzahl 6000 (1. 1. 1975)
Espoonlahti 1983 – 29 500 EW
Prognose 1990 – 33 500 EW
Kivenlahti 1983 – 7000 EW
Kivenlahti 1984 – 8500 EW,
davon ca. 2500 bis 18 Jahre alt.

Dichte

135 EW/ha bezogen auf die bebaute Fläche
Einwohnerdichte 1984:
Siedlungsdichte 78 EW/ha Baugebiet
Siedlungsdichte ursprünglich geplant:
135 EW/ha
Flächenrelationen/Person:
Bauland/EW 57 m²
Verkehrsfläche/EW 18 m²
Grünfläche/EW 32 m²
Wohnformen:
1980 waren 2142 Wohnungen,
Wohnfläche 146 110 m²,
davon 139 193 in Mehrfamilienhäusern

	Wohneinheit/WE	Einwohner/EW
freist. Einfam.Häuser (15% geplant)	5,5%	6,4%
Reihenhäuser	5,1%	5,9%
Mehrfam. Häuser	89,4%	87,7%

Wohnungsproduktion:

	Mietwohnungen	von Gemeinde gef.
1983	151	–
1984	25	98
1985 (geplant)	79	–

ca. 3000 FMark 1 m² Mehrfamilienhaus
ca. 4000 FMark 1 m² Einfamilienhaus
Flächenrelationen/Person:
Wohnfläche/EW 25 m²
Wohnfläche/WE 71 m²
überwiegend 2, 3 Zimmer + Küche.

Infrastruktur

Durch die geplante hohe Bevölkerungszahl ist ein hohes »Serviceniveau« möglich.
Im unteren Stadtteil befindet sich ein Geschäftszentrum, das mit der Küste in Verbindung steht.
Pro Wohnung sind 5 m² Kinderspielplatz, ein qm Jugendraum geplant. Im Park sind Spielanlagen mit Betreuung.
Alle Schularten sind vorhanden, unmittelbar an das Zentrum schließt ein Schul- und Sportzentrum von ca. 40 ha an. Sie liegen in den zentralen Grünanlagen der Oberstadt. An der Küste: Schulungszentrum für Städtebau.

Entfernung – Standort

Kivenlahti liegt an der Südwestküste von Espoo 18 km von Helsinki entfernt. Grenzt an die Bucht von Espoo. Günstig zu zwei Industriegebieten gelegen.

Wege

Das Verkehrssystem für Fußgänger beginnt am Strandpark mit einer Achse, die durch das Zentrum läuft und am Marktplatz endet.

Ruhender Verkehr

Parkplätze, 1,0/WE geplant, maximale Entfernung von der Wohnung 200 m maximum.
Parkplätze 0,60/Wohnung (1984) geplant 1,0 WE

Arbeitsplätze

Für ein Industriegebiet sind 90 ha bereitgestellt, die dort angesiedelten Betriebe sollen 5000 Arbeitsplätze bieten, vorgesehen sind u. a. Brauerei, metallverarbeitende Fabriken, Druckerei.

Bevölkerungsstruktur/Beruf 1982

Beschäftigte	3124
Arbeiter	2,49%
Höhere Angestellten	21,93%
Niedrigere Angestellte	43,89%
Arbeiter/Facharbeiter	31,02%
Andere	0,67%

Quelle:
Daten vom Stadtplanungsamt der Stadt Espoo, Asuntosäätiö.

Kivenlahti/Espoo 1983

**1 Welchem Geheimnis verdankt Tapiola seine Ausstrahlung?
Wie soll ich die Wahl Tapiolas für diese Arbeit rechtfertigen?**

Oft werde ich nach der Begründung für die Wahl der untersuchten Städte gefragt; man erwartet genaue Auswahlkriterien. Gerade im Falle Tapiolas sind neben den rationalen Gründen doch hauptsächlich irrationale Wirkungen und Gefühle, die man bei der Begegnung mit der Stadt empfindet, ausschlaggebende Faktoren.

Tapiola ist eine Stadt, in der man bleiben möchte, in der man sich wohlfühlt. Meine erste Begegnung mit der Stadt war vor 20 Jahren, in dieser Zeit der Faszination von neuen Bausystemen, Bautechnologien, der Urbanität und der Dichte, erlebte ich plötzlich eine grüne, blühende, technisch und architektonisch einfache Stadt, in der Stille und Frieden herrschten, inmitten der Stadt, im Kontakt mit Natur und kommerziellem Zentrum, konnte man schwimmen und sich erholen. Bei der Besichtigung vieler Baustellen überraschte und beeindruckte die Art der Behandlung von Bäumen und der Natur im wahrsten Sinne. Jeder Baum war umwickelt und geschützt, für die unmittelbar an der Grenze stehenden Fundamente ausgeformt, und das in einem Land mit so vielen Bäumen. Beeindruckt zeichnete ich viel und schrieb einen Artikel mit dem Titel: »Architektur in der Landschaft«, der mit einigen Skizzen in der Fachzeitschrift »Architektura« in Polen erschienen ist und großes Echo hervorrief.

Diese liebevolle Handhabung der Natur, diese Städtebauart, in der die Natur das übergeordnete, wichtigste Element war, dem sich alle anderen unterordnen mußten, ist der wichtigste Grund dafür, daß Tapiola für die Untersuchung ausgewählt wurde.

Aber auch noch andere Gründe sprechen für Tapiola:
- Unter den neuen Siedlungen war Tapiola eine der ersten Gartenstädte, die nach dem Zweiten Weltkrieg geschaffen wurden.
- Nach dem Willen ihrer Initiatoren sollte die Stadt »ein Vorbild für eine Gartenstadt, ein Beispiel des neuzeitlichen Städtebaus« werden, eine vollständige Planung und Realisierung mittels neuer Finanzierungs-, Organisations- und Planungsmethoden. Die angestrebten Ziele stellen im wesentlichen eine Weiterentwicklung (d. h. eine Anpassung an aktuelle Bedürfnisse) der Gartenstadtideale dar.
- Bauherr war ein privates Unternehmen ohne Gewinnzwecke – »Asuntosäätiö« – Stiftung für Wohnungsbau; Tapiola verdankt seine Entstehung dem außerordentlichen Umstand, daß ein bemerkenswerter Mann, Heikki von Hertzen, nach mehreren vergeblichen Kreuzzügen für einen menschlicheren Wohnungs- und Städtebau begriff, daß nur das praktische Exempel den Beweis für die Durchführbarkeit seiner Konzeptionen erbringen konnte. Zu unterstreichen ist die Tatsache, daß es keine politischen oder wirtschaftlichen Ziele gab (Asuntosäätiö), dafür wurden klare, soziale Ziele gesetzt. »Tapiola sollte eine Gemeinschaft für jedermann, eine Mustergemeinde sein, wo verschiedene soziale Alters- und wirtschaftliche Gruppen sich vermischten.« (H. von Hertzen)
- Tapiola ist ein Beispiel einer vollständigen Planung im Städtebau; es ist ein Markstein in der Entwicklung der Planungsmethoden.
- Aufgebaut auf ökologischen und sozialen Prinzipien war Tapiola von Anfang an das Ergebnis einer hochentwickelten interdisziplinären Zusammenarbeit – vielleicht der ersten dieser Art – mit Beteiligung aller interessierten Kreise. Im weiteren Verlauf ergaben sich die einzelnen Viertel aus Städtebau- und Architekturwettbewerben, für welche der Bauherr klare, präzise und funktionelle Programme aufgegeben hatte.
- Tapiola als Ganzes ist das Ergebnis enger und kreativer Teamarbeit unter strikter Leitung von Heikki von Hertzen.

In Tapiola kam es zu der Begegnung mit einem Menschen, der zwei Städte baute und sagte: »Wir waren Idealisten und das will ich bis zum Ende meines Lebens sein. Es ist der Sinn meines Lebens.«

Tapiola kannte ich seit vielen Jahren, aber dem Erbauer, Schöpfer, Vater dieser Stadt sollte ich jetzt begegnen – dem Menschen, Kämpfer, Bankier, Idealisten und Realisten.

Von Hertzen fuhr mit mir nach Tapiola, wir gingen in eine Fußgänger-Passage, von der aus die weiten Wiesen herum sichtbar sind.

Die großzügigen grünen Wiesen, Blumen, das Wasser und der weite Himmel beeindruckten.

H. v. Hertzen: »Dies sollen grüne Wiesen sein bis ans Ende der Welt. Keine Sportplätze, kein Park, nichts dergleichen, ganz einfach grün. Die Natur ist ein Wert an sich. Man soll die Natur nur als Grundstoff nehmen. Es muß alles der Natur zurückgegeben werden. Es ist das grüne Stadtzentrum in einer Gartenstadt, und das muß auch so bleiben.

Dies ist das endgültige Stadtzentrum, und es ist groß.

Zentrum Tapiolas.

Aufbewahrungsplätze für Kinder...

...Autos

...Hunde.

Sie können sehen, wir als private Organisation haben es geschafft, ohne Geld und Fonds.
Daß wir eine Gelegenheit hatten wie kein anderer auf der Welt, das ist nicht wahr. Holz ist die Hauptenergiequelle in Finnland. Wir haben aber noch zwei weitere Hauptenergiequellen, die eine ist der Kaffee, die andere der Feind. Man hatte zehntausend Treffen und hatte sie mit Kaffee und der Rest wurde vom Feind getan. Sie sind die Hauptenergiequellen in Finnland, in Deutschland, überall auf der Welt.
Es sind Wiesen, auf denen die Leute spazierengehen können oder spielen können mit Ausnahme von 2–3 Wochen im Frühling, wenn der Schnee geschmolzen ist.
Wir schufen auf diese Weise Raum, nicht nur Straßen, Geschäftsgebiete, Parks, Spielplätze etc., und dies war nicht billig und nicht einfach.«
Irion: Beeindruckt von der Schönheit, Weiträumigkeit, natürlichen Waldumgebung sowie den ausgeprägten architektonischen Kombinationen, kommen mir einige der gedruckten Kommentare ins Gedächtnis, die diese Stimmung widerspiegeln. All dies ruft Assoziationen wie »zu schön, um wahr zu sein«, »Traum-Stadt«, »Märchenland« usw. hervor, oder sachliche Kommentare: Stadtzentrum – Tapiolas Zentrum ist nicht nur gewerblich geprägt, es ist vielmehr der kulturelle und politische Brennpunkt der Stadt. Dabei herrscht Vielfältigkeit und hohe Qualität der öffentlichen Einrichtungen, die nicht mit Steuern, sondern mit vertraglichen Gebühren betrieben werden.
Dabei ist alles so einfach zugänglich! Jeder kann kommen, gehen, baden, sonnen, ausruhen und schauen.
Es gibt keine Zäune!
Tapiola ist eine Stadt der Stimmung, schön, gesund, erfrischend, mit einmaliger Lebensqualität, Umwelt und Gemeinschaft. Tapiola unterscheidet sich erheblich von den meisten Städten oder Siedlungen in Stadtregionen, die mir bekannt sind. Dieses betrifft auch die Konzeption des Stadtzentrums.
H. v. Hertzen: »Wir leben in den Straßen und Räumen und haben Kontakt zu anderen Menschen. Die Straße ist nicht gefährlich, sondern gemütlich. Das ist die Konzeption eines Stadtzentrums und muß folglich eine höhere Dichte haben. Auch eine Gartenstadt, in der es so viel freien Raum gibt, braucht ein Stadtzentrum mit engen Geschäftsstraßen und Räumen, die Kontakt, Kommunikation ermöglichen, auch Ruhezonen mit einigen Sitzgelegenheiten. All dies ist zu einem bestimmten Zweck gebaut worden.«

Hauptfußweg zwischen Zentrum und Nachbarschaft (links).

Einheit aus natürlicher und menschengeschaffener gebauter Umwelt.

Irion: In Tapiola ist es gelungen, die Außenräume, Wege in dem ursprünglichen und natürlichen Waldcharakter zu erhalten.
Wie können Sie es vermeiden, daß die Bewohner ihre eigenen Vorstellungen, z. B. in den Vorgärten, ausführen?
H. v. Hertzen: »Wir hatten bereits am Anfang die Tapiola-Zeitung. Wir bauten zwei Gruppen Reihenhäuser. Bei der ersten Reihe gestalteten wir den Außenraum konventionell – Zäune, Blumenrabatten usw. In der anderen ließen wir den Wald und die Wiesen sich mit den Häusern verbinden.
Die Zeitung stellte unsere Prinzipien vor. Die Leute wurden aufgefordert, die beiden Reihenhäusergruppen zu besichtigen und ihre Meinung zu äußern.
Alle waren für das ›natürliche‹ Konzept. Die Menschen, die in Tapiola wohnen, möchten diese Einheit von natürlicher und gebauter Umwelt. Deswegen brauchen wir keine bürokratischen Zwangsmaßnahmen.«
Irion: Seit 30 Jahren wohnen Menschen in dieser Stadt.

Die Natur, die Häuser und die Menschen sind hier eine Einheit. Überall, vor den Häusern, den Garageneinfahrten, an der Hauptkreuzung, wachsen Pilze, auch Steinpilze; Gift wird hier nicht gebraucht.
Es ist die innige Mischung aus natürlicher und menschengeschaffener Umwelt, von der Ebenezer Howard als »Ehe von Stadt und Land« sprach.
Trotz der geringen Größe der Stadt und der ungewöhnlichen Schönheit der natürlichen Umgebung, erlebte ich Tapiola als wirklich urbane Stadt, wenn man die Kriterien Erreichbarkeit, Interaktion, Vielfalt und Aktivitäten, Zugänglichkeit, Möglichkeiten, Einrichtungen und Menschen berücksichtigt. Die Bequemlichkeit, die Unabhängigkeit vom PKW sowie der ökonomische Umgang mit Zeit, Geld, Natur und Aufwand für das tägliche Leben sind bemerkenswert.
Tapiola hat keine Kleinstadt-Atmosphäre, läßt sich aber auch nicht als typisch städtisch bezeichnen, da viele der sonst oft üblichen Assoziationen wie Verkehr Schmutz, Lärm, Hektik und Abgase, wenig Natur hier nicht zutreffen.

Stadtbild Tapiola.

Das erste Kaufhaus in Tapiola: Der Innen- und Außenraum sind voller Leben und Atmosphäre.

Marktplatz im Zentrum (rechts).

H. v. Hertzen: »Die normale Art zu leben sollte die folgende sein: Wenn man morgens aufwacht und aus dem Fenster schaut, soll man ein herrliches Stück Natur sehen, das einen daran erinnert, daß man ein Teil der Natur ist, daß man denselben Gesetzen unterliegt und frische Luft braucht. All dies findet man in einem Wohngebiet in einer Gartenstadt und nicht im Zentrum. Wenn man von der Arbeit zurückkommt, sich etwas ausruht und gegessen hat, hat man vielleicht das Bedürfnis nach Kontakt zu anderen Menschen. Man muß 400 m gehen, um im Stadtzentrum zu sein und dort findet man alle verschiedenen Einrichtungen, alle Lebensstile. Die Leute dominieren in den Straßen. Man trifft alte Leute, Fremde, neue Leute, in den Cafes, Kneipen und Bars. Man kann auch in eine kulturelle Einrichtung gehen. Dann später, wenn man genug erlebt hat, geht man zurück in eine friedliche Umgebung zu seiner eigenen Familie. Jedes Mal, wenn man geistige Aktivitäten braucht, geht man ins Stadtzentrum. Ich sage nicht, daß wir kein Auto brauchen, aber wir brauchen es nicht obligatorisch, sondern fakultativ, z. B. dann, wenn wir uns die Landschaft oder großen Sportwettkämpfe ansehen wollen.«

Die Planer von Tapiola versuchten, menschliche und soziale Ziele zu verwirklichen, schufen aber gleichzeitig eine auffallend schöne Umgebung. Die Wahrnehmung dieser Umgebung bewirkt bei oberflächlicher Betrachtung fälschlicherweise den Eindruck, die sozialen Ziele wären ignoriert. »Eine bedeutende Leistung Tapiolas besteht in der funktionsfähigen sozialen Mischung. Statistisch gesehen, ist die demographische Struktur Tapiolas in etwa gleichzusetzen mit der Helsinkis, mit Ausnahme eines geringeren Anteils hochqualifizierter oberer Einkommensgruppen. Tapiola ist dennoch von allen sozialen Schichten bewohnt, oft in der gleichen Nachbarschaftseinheit. Es ließ sich feststellen, daß eine eindeutige Zuordnung von gegebenen Haustypen zu jeweils einer bestimmten sozialen Schicht nicht existiert, wie verschiedenen empirischen Untersuchungen zu entnehmen ist. Augenscheinlich besteht zwischen den Schichten guter Kontakt und gegenseitiges Einvernehmen und Toleranz« (C. Heideman).

Fußgängerwege und Straßen sind getrennt.

1.1 Kivenlahti, Espoo:
Eine Küsten- und Freizeitstadt im Werden

*Gespräch mit
Professor Heikki von Hertzen
(Tapiola, Kivenlahti)*

»Der beste Planer in der Welt ist der Herrgott. Es ist sinnlos zu versuchen, besser sein zu wollen als er. Sie können ein berühmtes Stück Natur von meinem Balkon aus sehen. Ein schönes Stück vom Golf von Finnland, vier Inseln, einige Halbinseln, Wasserstraßen, dazu alle Arten von Wald, Granitblöcke, und vor diesem extrem schönen Hintergrund kann man sehen, wie die Stadt wächst. Hier können Sie sehen, was ich die kommende Stadt nenne. Auf der einen Seite, die beste Seite, die wir seit zehn Jahren bauen und die halb fertig ist! Auf der anderen Seite sehen wir den zukünftigen Teil, die Buda; ein gutes und schönes Stück Arbeit für die kommende Generation. Es wird ungefähr 30 Jahre dauern. Wenn wir dem ursprünglichen Plan folgen, wird es die beste Stadt in ganz Europa werden. Hier kann der Mensch sein, was er sein soll, ein Teil der Natur«.

Irion: Dies erinnert an Goethe: Faust I, Osterspaziergang, »Hier bin ich Mensch, hier darf ich's sein«. Die individuelle Gestaltung der Gebäude, Plätze und somit der Städte war und ist eins der Hauptziele der Stadtplanung von Tapiola und Kivenlahti. Aus welchen Gründen werden jetzt immer noch wie in der letzten Zeit z. B. Amfi, wenn auch formal gesehen sehr gut, so viele Häuser in der Fertigbauweise und mit Flachdach gebaut?

H. v. Hertzen: »Weil alles in der Hand der Ingenieure lag. Die Ingenieurausbildung in Finnland ist wie in allen anderen Ländern falsch. Sie werden stark technisch ausgebildet. Sie haben keine Vorstellung von menschlichen Aspekten, ideologischen Aspekten.

Die fast schwierigste technische Frage war für uns die des Flachdachs. Nicht wegen der Isolation, sondern wegen der Ventilation. Schon sehr lange besteht die Meinung, daß wir zu weit gegangen sind bei der Favorisierung des Flachdachs. Wir sollten aus Gründen des guten Geschmacks andere Arten von Dächern benutzen, mit Mansarden und mit Ziegeln. Es ist viel romantischer. Wir sollten nicht die guten alten Tage vergessen und alle die Erfahrungen, die wir gemacht haben. Es gibt ein exzellentes standardisiertes Material, und das ist der Ziegel. Damit kann man Kirchen, öffentliche Gebäude, private Häuser und sogar Kathedralen bauen. Das letzte, was man standardisieren sollte, ist die Fassade. Man kann sehr leicht die Grundkonstruktion, die Stützenkonstruktionen oder das Treppenhaus standardisieren, aber dies sollte nie mit der Fassade geschehen.«

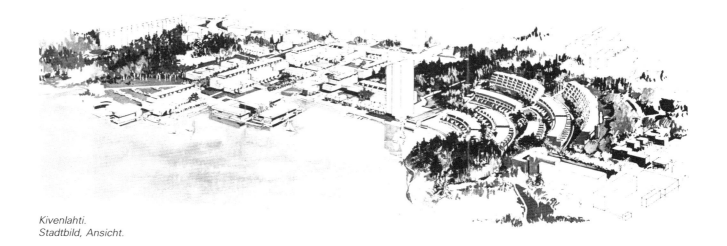

*Kivenlahti.
Stadtbild, Ansicht.*

»Sie sind einmalig, ich bin einmalig, wir sind Individuen. Es sollte mit den Plätzen genauso sein. Sie sollten auch individuell sein, nicht gleich, wie die Menschen auch.
Es muß eine gewisse Konformität bestehen in der Architektur. Die Schwierigkeit bei der Städteplanung ist es, faszinierende Städte zu bauen, mit vielen Aspekten, die geistige Inspiration geben; aber gleichzeitig muß man versuchen, architektonische Konformität zu erlangen. D. h., man muß zu starke Standardisierung vermeiden. Man muß sehr vorsichtig sein bei der Wahl des Materials. Es müssen hier Wechsel (des Materials) stattfinden, aber nicht zu viele.«

H. v. Hertzen.

Kivenlahti. Modellfoto.

Kivenlahti ist durch die topographischen Verhältnisse in eine Unter- und Oberstadt getrennt. Der untere Teil liegt auf ebenem Gelände am Meer, der obere ist durch einen Tunnel mit dem PKW erreichbar.

Die Hauptfußgängerachse verbindet die beiden an der Küste und auf dem Felsen ca. 20 m höher liegenden Stadtteile.

Kivenlahti

»Wenn man in diesen Wohnhäusern wohnt, dann sitzt man in den vier Gebäuden, welche die Silhouette der kommenden Stadt Kivenlahti bilden werden. Es wird eine sehr schöne Silhouette der kommenden Stadt sein. Ursprünglich glaubte man, sie werde nur vom Meer aus zu sehen sein, aber sie ist auch von der Fußgängerbrücke aus und von der Autostraße aus sichtbar.«
H. v. Hertzen

Stadtansicht – Teil der Unterstadt.

Der Hafen von Kivenlahti bietet Möglichkeiten zum Wassersport.

*Heikki von Hertzen.
L. L. B. Professor, Dr. sc. h. c.,
Präsident der Tapiola Stiftung
Gestorben 10. 4. 1985
im Alter von 72 Jahren.*

H. v. Hertzen: »Ich wurde in Viipuri, der wichtigsten Stadt im finnischen Karelien geboren. Dieser Teil Finnlands ging nach den zwei schweren Kriegen 1939 und 1941–1945 an die Sowjetunion über. Das ist sehr schade, denn Viipuri war ohne Zweifel die interessanteste Stadt in Finnland. Sie war ein Punkt, an dem sich vier Kulturen trafen: die finnische, die schwedische, die russische (denn es ist nur etwas mehr als 100 km von Leningrad entfernt) und die deutsche. Aus diesem Grunde war Viipuri eine sehr aufgeschlossene, kosmopolitische Stadt mit mittelalterlicher Bautradition, schönen Plätzen, kleinen Straßen, einem Hafen, Wasser und wunderschönen Parks. So war meine Umgebung von Anfang an sehr schön und menschlich.

Im Laufe meines Lebens habe ich gelernt, daß Stadtplanung die schwierigste aller kreativen Arbeiten ist und nur durch das Zusammenwirken aller Beteiligten möglich ist. Die Architekten schaffen es nicht alleine. Wir haben ein besonders gutes Beispiel in Brasilia, der Hauptstadt von Brasilien. Während es ein glänzendes Beispiel dreidimensionaler Architektur ist, so haben doch die beiden Architekten, die den Wettbewerb für Städteplanung gewonnen haben, ihre Pläne ohne die Hilfe von Soziologen oder anderen Fachleuten erarbeitet. Es war ein Reinfall. Ich besuchte Brasilia drei Jahre, nachdem sie mit dem Bau begonnen hatten. Alle großen Regierungsgebäude standen bereits, aber man konnte sehen, daß es nicht gut gehen würde, denn während sie einen Teil der Stadt für 30 000 Leute bauten, entstand ein Slumgebiet für 70 000 Leute, die Brasilia bauten.

Ich hatte mein Jurastudium beinahe abgeschlossen, und das Datum meines letzten Examens war der 4. 12. 1939. Fünf Tage vorher wurde Helsinki zerbombt und die Universität geschlossen. Trotz meiner Jugend wurde ich 1941 Direktor einer Bank – erst in Helsinki, später im Tampere. Dies war für mich eine sehr große Erfahrung, eine sehr gute Schule für meine Zukunft.

Während des Krieges beschäftigte ich mich mit den ökonomischen und den Wohnproblemen der einfachen Leute. Ich verspürte eine Verpflichtung, mein bestes zu tun, wenn ich auch nicht an der Front kämpfte. Die wichtigste Aufgabe war, nach Kriegsende für alle Arbeit und Wohnraum zu beschaffen. Ich begann Artikel zu schreiben, zwei umfangreiche veröffentlichte Finnlands größte Zeitung, der Helsingin Somat. Nie in meinem Leben hatte ich größeren Erfolg. Der Premierminister bestellte mich nach Helsinki und sagte, daß er großes Interesse an einigen meiner Ideen hätte. Er erzählte mir, daß man eine neue Organisation für Familienpolitik und Demographie geschaffen hatte und daß einige Leute mich für den passenden Leiter hielten.

Als ausführender Direktor der Vereinigung für Familienwohlfahrt begann ich zu verstehen, daß Wohnen der Schlüssel zu aller Sozialpolitik war.

Man kann keine Erfolge auf irgendeinem sozialen Gebiet erreichen, wenn der Bereich des Wohnens nicht in Ordnung ist. Folglich begann ich 1945 die Problematik des Wohnens zu studieren. Mit einem Assistenten reiste ich durch ganz Finnland, von Helsinki im Süden bis Rovaniemi im Norden. Ich traf Stadtdirektoren, Architekten und Ingenieure und bat sie, mir ihre Pläne zu zeigen und zu erklären, wie sie die Stadtplanung und Wohnbedürfnisse angingen. Danach verließ ich Finnland und verbrachte einige Zeit in Schweden und Dänemark, die zu dieser Zeit die ›Avantgarde‹ in Skandinavien waren, in bezug auf Städteplanung und auf dem Gebiet des Wohnens. Schweden insbesondere war in einer guten Position, da es nicht in den Krieg verwickelt gewesen war.

Die Schweden hatten eine Menge gebaut, und von 1944 bis in die fünfziger Jahre hinein hatte Schweden auf diesem Gebiet einiges erreicht. Sie hatten damit begonnen, gartenstadtähnliche Gemeinden zu bauen, die man ›open air towns‹ nannte. Sie hatten eine sehr gut organisierte Ausstellung in Göteborg, die sich ›Auf eine bessere Art leben‹ nannte. Planen und Wohnen wurde zu dieser Zeit von Bürgern und Bürgerorganisationen geleitet – nicht von Politikern. Alles war in den Händen von Idealisten. Sie waren die ›Avantgarde‹ nicht nur in Nordeuropa, sondern in ganz Europa.

Ende der fünfziger und in den sechziger Jahren wurde die Wohnungs- und Städteplanung in Schweden sehr konservativ. Die Schweden machten einen großen Fehler, der wohl sehr verbreitet ist auf der ganzen Welt, wenn die Politiker die Führung in dieser Sache übernehmen. Die Politiker schieben den Idealismus zur Seite und wandeln Wohnen und Planen in praktische, pragmatische politische Situationen um.

Schweden, das führende Land in Europa, wurde innerhalb von 10 bis 15 Jahren zu dem Land, das die größten Fehler in der Städteplanung machte – besonders wenn man ihre idealen und exzellenten Bedingungen in Betracht zog. Sie hatten das Kapital, die Technik und die Kultur. Aber Städte- und Wohnungsplanung wurde politisiert und bürokratisiert, und hochstehende Technokraten übernahmen die Leitung.

Das Buch ›Koti vaiko kasarmi lapsillemme‹ (Ein Zu-

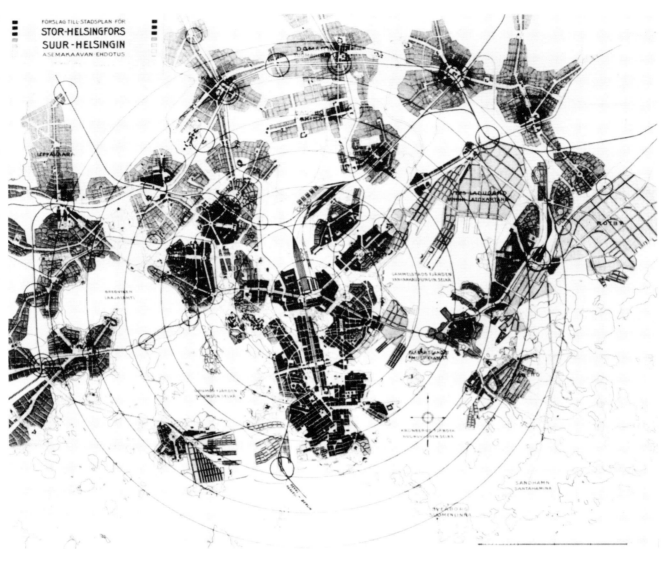

E. Saarinens Plan für Groß-Helsinki.

Eliel Saarinens Satellitenstadtkonzept, erster Wettbewerbspreis 1918. Die Satelliten sind durch Grünzüge getrennt und durch ein Straßenbahnsystem verbunden. Das heutige Tapiola ist hier unter dem Namen »Hagalund« ausgewiesen, der 1950 durch Tapiola ersetzt wurde.

hause oder Baracken für unsere Kinder) habe ich als Pamphlet geschrieben, weil ich einen Durchbruch im allgemeinen Denken erzielen wollte; deshalb durfte es nicht zu anspruchsvoll geschrieben sein. Ich richtete es nicht an den typischen Architekten oder Planer, sondern hauptsächlich an solche Leute, die Wohnungen brauchten, und an Leute, die denken konnten, die beeindruckt sein konnten und die bereit waren, sich für eine neue Lösung einzusetzen.

Das Ergebnis war eine sehr beeindruckende und lebhafte Diskussion in der finnischen Presse in jenen Jahren. Gerede, Gerede, Gerede, aber sonst nichts. Daraufhin versuchte ich selbst zu zeigen, was getan werden konnte. Deshalb mietete ich mit einigen anderen aus der Vereinigung für Familienwohlfahrt einen Lastwagen, nahm Landkarten und fuhr mit ihnen im Großraum Helsinki herum. Wir stellten fest, daß Helsinki, das auf einer engen Halbinsel liegt, durch unsaubere Planung leicht verletzbar war. Falls die Bevölkerungsdichte zu hoch würde oder falls die Konzentration von Verkehr auf der engen Halbinsel zunähme, würde die schöne Stadtstruktur, die im 19. und frühen 20. Jh. entstanden war, zerstört. Wir verstanden, daß strenge Beschränkungen in bezug auf die Bevölkerungsdichte auf der Halbinsel eingeführt werden mußten, obwohl wir den Umzug vom Land in die Stadt nicht verringern konnten. Wir konnten es nicht vermeiden, aber wir konnten den Bevölkerungszuwachs in neue Städte um die Hauptstadt herum leiten. Ich wurde zuerst Jurist, dann Bankier, und im Anschluß daran verstand ich, wie ungeheuer wichtig es war, Städteplanung von sozialen, ökonomischen und kulturellen Gesichtspunkten her zu betrachten. Obwohl ich erst einmal mit Wohnen zu tun hatte, sah ich später, daß es kein vernünftiges Wohnen gibt, ohne eine gesunde Planung.

Natürlich habe ich Bücher von Lewis Mumford gelesen, aber den größten Eindruck hinterließ sein Film, ›The City‹ in mir. Ich sah ihn zum ersten Mal, als mich der finnische Botschafter nach Dänemark zu einer Vorführung einlud; er erzählte mir, daß er einen extrem interessanten Film gesehen hatte, der von einem der besten Urbanologen in der Welt gemacht worden wäre, von Lewis Mumford. Seit jenem Zeitpunkt habe ich sehr oft das Thema dieses Films dazu benutzt, zu unterstreichen, daß wir biologische Wesen sind und daß die wichtigste Umgebung für die Mehrheit der Menschen die Stadt, d. h. die Großstadt ist. Deshalb muß diese Umgebung nach biologischen, soziologischen und geistigen Gesichtspunkten gestaltet werden. Und nach diesen Gesichtspunkten geurteilt, ge-

Der Generalbebauungsplan (1945) von Otto I. Meurmann für das Gelände Hagalund sieht einige durch Grünzüge voneinander abgegrenzte Nachbarschaften vor. Er unterstellt einen geringen Motorisierungsgrad und plant ein Straßenkreuz aus Haupterschließungsstraßen, was sich für die zukünftige Planung als Mangel herausstellte. Der im Generalbebauungsplan festgelegte Nachbarschaftsgedanke und die Festsetzung einer maximalen Einwohnerdichte wurden in die Planung von Tapiola übernommen.

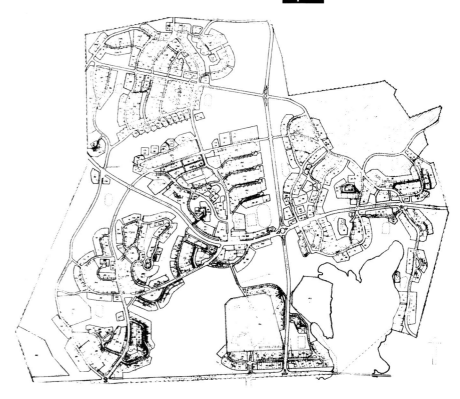

ben unsere Städte nicht die richtigen Impulse für ein glückliches Leben. Der Mann, der mich wirklich beeindruckte, war Mumford. Er vereinfachte das Problem so, daß es ganz offensichtlich wurde.

Erst lernte ich durch Lesen, später durch das Zusammentreffen mit sehr interessanten Leuten. Einer von ihnen war Clarence Stein. Radburn war eine der führenden Gemeinden, die Fußgänger- und Autoprobleme in die Planung einbezogen, und die Grüngürtelstädte beschäftigten sich mit dem offenen Raum. Es war schade, daß das gleiche wie in Schweden passierte.

Die Bedingungen waren nicht besonders günstig auf lange Sicht in solchen ›Avantgarde‹-Städten. Die Politiker übernahmen das Ruder und begannen die städtische Entwicklung und Planung zu leiten. So wurde alles Erreichte zerstört.«

Irion: Um der dynamischen Entwicklung zu begegnen und die Wohnungsprobleme zu lösen, schien es von Hertzen nötig, neben den öffentlichen Organen einen privaten Bauträger zu schaffen. Ein spezielles Organ wurde gegründet: Am 27.9.1951 unterzeichneten sechs Unternehmen des sozialen wie auch des wirtschaftlichen Sektors die Gründungsurkunde von Asuntosäätiö, der Wohnstiftung.

Der Urheber war die Liga für Familienfürsorge, deren Leiter von Hertzen war, der Initiator des Tapiola-Gedankens. Politisch gesehen waren drei dieser Organisationen konservativ und drei sozialistisch. Sie sind repräsentativ für die gesamten finnischen Verbraucherkreise auf dem Wohnungssektor wie auch für das finnische politische Spektrum.

Ziel der Wohnungsbaustiftung war es, den Wohnungsmangel zu beseitigen, das gesamte Wohnungsniveau zu heben, den sozialen Wohnungsbau zu fördern und integrierte Wohnanlagen mit Parks und Grünanlagen gemäß moderner Bebauungspläne zu errichten, welche den Bedürfnissen der Bewohner und dem Wohlergehen der Kinder Rechnung trägt.

Asuntosäätiö betätigt sich landesweit mit dem Ziel, sozialorientierte Planung zu betreiben. Schwerpunkt hierbei ist der soziale Wohnungsbau in Kombination mit Freiraum- und Grünplanung. In diesem Zusammenhang betreibt und publiziert Asuntosäätiö eigene Forschungsarbeiten.

Um ein Projekt ihrer Zielsetzung entsprechend durchzuführen, beschafft die Gesellschaft das erforderliche Bauland und kontrolliert die Ausführung der Planung. Sofern notwendig, übernimmt sie auch anfangs die Trägerschaft für Infrastruktureinrichtungen.

Asuntosäätiö, die Stiftung für Wohnungswesen begann dann, Pläne für eine Gartenstadt zu entwerfen.

Der gedankliche Ursprung der heutigen Planung von Tapiola ist in den theoretischen Modellen in der Mitte des 19. Jh. und in den Idealentwürfen des Funktionalismus zu finden, vor allem aber ist er manifestiert in der großzügigen und weit vorausschauenden Entwicklungsplanung für Helsinki von Eliel Saarinen. Der Plan für Groß-Helsinki ist ein von der Gartenstadtidee inspirierter Entwurf, der im privaten Auftrag 1918 entstanden ist, welches wohl als ein wesentliches Merkmal angesehen werden muß.

In Anlehnung an die Ideen von Howard ist der Plan konsequent nach dem Prinzip der Dezentralisierung angelegt. Auf der Grundlage einer Prognose über die Bevölkerungsentwicklung und einer den modernen Erfordernissen entsprechenden Verkehrskonzeption entstand zum ersten Mal die Vorstellung einer klar gegliederten, die Stadt und das Umland umfassenden Gesamtheit.

Im Jahre 1945 wurde von Professor O. I. Meurmann ein Generalbebauungsplan für das Gelände »Hagalund« ausgearbeitet, der offiziell genehmigt worden war und somit Rechtsgültigkeit erworben hatte. O. I. Meurmann hat in einem Gespräch die Rolle des Bebauungsplans »Hagalund« für die Entstehung von Tapiola schlicht als unwesentlich beurteilt: Der Generalplan »Hagalund« sah eine andere Baustruktur und ein unterschiedliches Erschließungssystem vor. In der Literatur wird die Rolle von Prof. Meurmann, des 90jährigen Nestors finnischen Städtebaus, kontrovers dargestellt. Es ist wohl von historischer Bedeutung, dies zu klären.

H. v. Hertzen: »Die Hauptquellen für die Pläne von Tapiola waren sicherlich Radburn und die Grüngürtelstädte in Amerika und Howards Vorschläge für neue

Brief von Otto Meurmann.

Karkku 27. 6. 1983

Sehr geehrte Frau Architektin Dr. Ilse Irion

Was Ihre Fragen betrifft, kann man mich keineswegs Vater Tapiolas nennen, ich war nur ein Konsult, nicht der Planer. Lass mich es näher erklären.

Nach dem Kriege, war Professor Heikki von Hertzen Direktor in Bevölkerungsbund, und meinte man müsste ein neues Städtchen bauen, welches alle Forderungen der Gesundheit und soziale Verhältnisse füllen sollte. Er kam zu mir, und ich rekommandierte ihm eine Reise zu den modernsten und städtebaulich besten Siedelungen in Skandinavien und England. Er fuhr auch hinaus, und als er zurückgekehrt hatte, schrieb er ein Buch: "Das Heim oder eine Kaserne für unsere Kinder." So fragte er wo könnte man die neue Siedelung bauen, und ich habe vorgeschlagen, dass er könnte fragen, ob Doktor Arne Grahn sein Gut "Hagalund" vielleicht verkaufen würde. Von Hertzen bildete sogleich Asuntosäätiö, eine kräftige Stiftung, welche diese Idee verwirklichte. – Tapiola wurde geboren.

Auf irgendeine Weise gehörte ich zu dem Beratungskomitee, wo ich die Architekten vorgeschlagen habe, welche die Bauaufgaben lösen sollten. Die waren Aarne Ervi, Viljo Revell, Aulis Blomstedt und Markku Tavio. – Es war klar, dass mein Plan für Hagalund jetzt nicht präsent war. Man müsste sogleich ein Zentrum schöpfen, wo das wichtigste zu finden war, was die ersten Einwohner für das tägliche Leben brauchten, also Geschäfte, Sammlungslokale, Kindergarten u.s.w. Eine genügend grosse Einwohnerzahl war auch sogleich nötig um diese Einrichtungen zu unterstützen, und um gemeine Verkehrsmittel, Autobusse zu benutzen. Deswegen baute man das östliche Zentrum mit Stockwerkshäusern, und nur einige Eigenheimhäusern. Asuntosäätiö müsste alles selbst realisieren, die Gebäude, Strassen, Wasser und Abwasserleitungen, Elektrizität, Bepflanzungen und deren Unterhaltung. Alles wurde gut organisiert. – Meine Hauptarbeit war der Lehrstuhl in der finnischen Hochschule, konnte deswegen nicht die Planung übernehmen. Die Planung kam auf den Schulder mit Städtebau vertraut war. Ich zog mich zurück teilweise auch deswegen, dass wir betreffend die gegen Norden leitende Hauptverkehrsader besondere Anschauungen hatten. In anderen Hinsichten fand ich Ervis Pläne ausgezeichnete, aller feinst die Planung des Hauptzentrums, welche leider in letzten Jahren mit entsetzlichen Gebäudemassen verdorben wurde. Die passen ja garnicht in eine Gartenstadt.

Nun denke ich dass das obengesagte meine Teilnahme in Realisierung Tapiolas deutlich klargelegt wurde.

Indem ich Ihnen alles Gutes wünsche sowohl in Ihrer Arbeit als in Ihrem Leben, sende ich Ihnen meine wärmsten Grüsse und bleibe

Ihr ergebener

Otto-I Meurman

Städte in Großbritannien. Letchworth und Welwyn Garden City sind die besten Beispiele für neue Städte in Großbritannien. Sie waren die ersten und hatten die meisten guten Ideen.«

Irion: Das Hauptziel bei der Erbauung Tapiolas war, »eine vom sozialen, biologischen und gesundheitlichen Standpunkt her gesehen einwandfreie Umwelt« zu schaffen. Alle anderen Ziele und Mittel waren diesem Hauptziel untergeordnet.

Das Ziel war, Tapiola zu einer blühenden, selbständigen Gemeinschaft entfalten zu lassen. Das bedeutete, eine Verbindung von Wohnung und Arbeit und eine größtmögliche Zahl an Arbeitsplätzen an Ort und Stelle zu sichern.

Um die notwendige Voraussetzung für die Realisierung der Ziele zu schaffen, trat die Stiftung als Träger für sämtliche Maßnahmen im Hoch- und Tiefbau, der Erschließung und Versorgung sowie der Gestaltung der Außenanlagen auf.

Am Anfang Tapiolas stand die Idee, eine Gartenstadt zu bauen. Ein Territorium außerhalb der Grenzen Helsinkis wurde ausgewählt, um relativ frei von bürokratischen Hindernissen und Vorurteilen planen zu können. Dies kann man in der Literatur nachlesen.

Was für Ideen und Ziele waren für Sie die wichtigsten als Sie anfingen, Tapiola zu konzipieren? Mit welchen Methoden haben Sie diese Ziele realisiert?

H. v. Hertzen: »Wir wollten etwas ganz Besonderes bauen, um die Wohnungs- und Städteplanung zu verbessern. Das erste Ziel war aber doch, etwas Normales zu bauen. Nicht eine Stadt für reiche Leute. Wenn man die Wohnungs- und Stadtplanungsprobleme aufzeigen will, dann muß man für eine Gemeinde mit einem Bevölkerungsquerschnitt bauen. Wir wollten die erste moderne Stadt im unabhängigen Finnland errichten. Wir schufen ein System, das es auch Leuten mit niedrigem Einkommen ermöglichte, eine Wohnung in Tapiola zu kaufen. Wir glaubten an Eigentumswohnungen und nicht an Mietwohnungen.

Denn gemietete Häuser führen dazu, daß die Mieter sich wie die Bauern im Feudalsystem fühlen, denen das Land, das sie bestellen, nicht gehört. Sie waren Sklaven, und die Leute in Mietwohnungen sind auch die Sklaven der Politiker. Aber Leute, die ihr Haus besitzen, haben etwas, das ihnen gehört, und das ist eine wichtige Sache in einem demokratischen Land. Wir haben gezeigt, daß alle Bevölkerungsschichten eine Wohnung in Tapiola kaufen konnten. Wir hatten ein gutes Sparsystem, um das Geld für die Wohnung zu sparen.

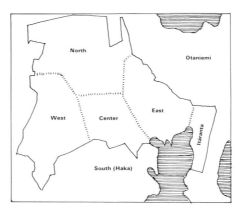

Wir handelten eine Dreiecksübereinkunft zwischen dem Käufer, der Bank und uns aus. Wenn man wollte, konnte man sich eine Wohnung aussuchen in einem Gebäude, das im festgelegten Jahr gebaut wurde. Man mußte ein Sparkonto einrichten und jeden Monat eine bestimmte Summe einbezahlen. Wenn man regelmäßig jeden Monat über eine Zeit von drei Jahren das Geld auf dieses Konto bezahlte, so konnte man sicher sein, daß man auch die ausgewählte Wohnung zum vereinbarten Preis bekam. Etwas ganz Phänomenales! Auch andere Unternehmer hatten unterschiedliche Systeme, aber diese hatten große Schwächen. Sie bauten 1000 Wohnungen und nahmen über 10 000 Bewerber. Für 9000 war es ein großer Bluff. Wir spielten die ganze Zeit über fair. Wir nahmen nur einen Bewerber für eine Wohnung, und wenn er die Sparbedingungen erfüllte, dann war er 100% sicher, daß er die Wohnung auch bekam. Aber es gab ein Risiko. Die Statistiken zeigten, daß nicht alle Bewerber das Sparprogramm auch erfüllen würden, nicht alle besäßen den Charakter, es auch durchzuführen. Wir kalkulierten 20% Abspringer. Wir nahmen also 20% mehr Bewerber, sie waren die Vizekandidaten, wenn jemand absprang. Wir nahmen also für 500 Wohnungen 600 Bewerber, und es zeigte sich, daß, als die Wohnungen fertig waren, 490 Bewerber übrig blieben. Dies bedeutete einen sehr hohen Grad an Sicherheit.

Als wir anfingen, Tapiola zu bauen, wurden wir so bekannt mit diesem System, daß wir 5- bis 10mal mehr Bewerber hatten, als wir nehmen konnten und hatten deshalb die Wahl. Damit niemand uns vorwerfen konnte, daß wir einen mehr begünstigten als den anderen, entwickelten wir auch hier ein System, um die kommenden Bewohner von Tapiola auszuwählen. Dies ist sehr wichtig! Wir schufen ein Komitee, in dem Repräsentanten aus den Gewerkschaften, der Mietervereinigung, aus dem Staatsdienst und der finnischen Familienorganisation, die sich um Familien mit vielen Kindern kümmerte, saßen. Das Komitee hatte 6 Mitglieder, die die zukünftigen Bewohner auszuwählen hatten, nicht die Stiftung, das Team oder sonst jemand. Diese Organisation war 100% sicher, weil weder ich noch meine Mitarbeiter eine Rolle darin spielten. Sie war dafür verantwortlich, daß die Leute gleich behandelt wurden. Das Ergebnis war, daß 75% der Häuser mit Hilfe von staatlichen Subventionen gebaut wurden, obwohl der Staat natürlich versucht, die Kosten so niedrig wie möglich zu halten, weil er kein Gefühl für eine gute Umgebung hat. Wir gingen darauf ein, denn wir legten Wert auf eine vernünftige Sozialstruktur. Einen Bevölkerungsquerschnitt in einer Stadt zu haben, ist wichtiger als ein schönes Erscheinungsbild. So mußten wir weniger attraktive Dinge akzeptieren und darauf vertrauen, daß man in 20 Jahren die Oberfläche verändern konnte, man besseres Material nehmen und Veränderungen durchführen könnte, aber die Sozialstruktur ließ sich nicht mehr verändern.«

Irion: Die Planung Tapiolas sollte die Individualität des einzelnen und die Nähe der Natur unterstreichen. Die Schönheit der Natur, die Bäume und die ursprüngliche Topographie der Umgebung sollte erhalten bleiben. Das Gebiet ist größtenteils mit Birken- und Kiefernwäldern bedeckt. Bei der Anordnung der Bauten wurde der natürliche Rahmen soweit wie nur irgend möglich geschont und erhalten. Die Grünanlagen wurden mit Ausnahme der Eigenheimgärten nach einheitlichem Plan gestaltet und werden von einer zentralen Stelle unterhalten, so daß in der äußeren Erscheinung der Siedlung eine bestimmte Einheit und Großzügigkeit zum Ausdruck kommt.

Es ist interessant, daß, obwohl es in den frühen fünfzigern Jahren relativ wenige Landschaftsarchitekten gab, das Landschaftsdesign so erfolgreich gehandhabt wurde. Glauben Sie, daß sich die finnischen Architekten der Überlegungen über die Landschaft bewußt waren oder war die natürliche Umgebung von Tapiola einfach so hervorragend?

Stimmt es, daß kein einziger Baum gefällt werden durfte ohne Ihre persönliche Erlaubnis?

Tapiola

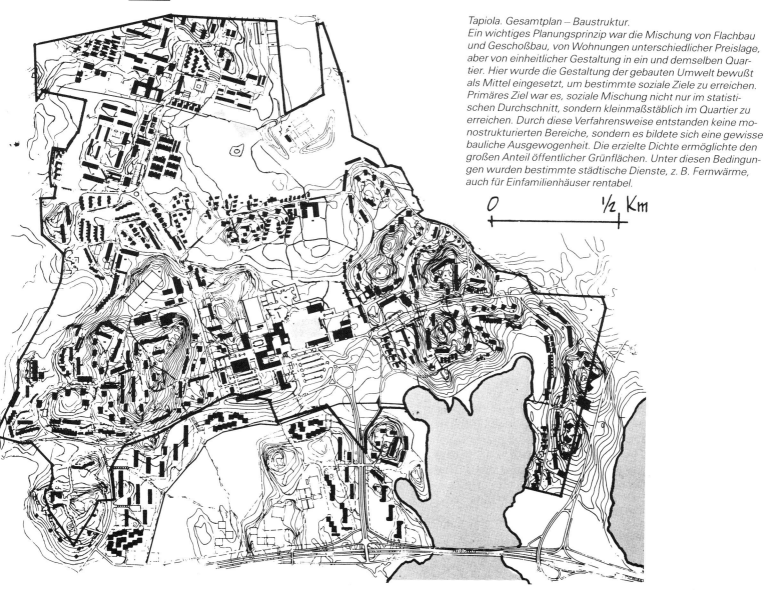

Tapiola. Gesamtplan – Baustruktur.
Ein wichtiges Planungsprinzip war die Mischung von Flachbau und Geschoßbau, von Wohnungen unterschiedlicher Preislage, aber von einheitlicher Gestaltung in ein und demselben Quartier. Hier wurde die Gestaltung der gebauten Umwelt bewußt als Mittel eingesetzt, um bestimmte soziale Ziele zu erreichen. Primäres Ziel war es, soziale Mischung nicht nur im statistischen Durchschnitt, sondern kleinmaßstäblich im Quartier zu erreichen. Durch diese Verfahrensweise entstanden keine monostrukturierten Bereiche, sondern es bildete sich eine gewisse bauliche Ausgewogenheit. Die erzielte Dichte ermöglichte den großen Anteil öffentlicher Grünflächen. Unter diesen Bedingungen wurden bestimmte städtische Dienste, z. B. Fernwärme, auch für Einfamilienhäuser rentabel.

Tapiolas Nachbarschaften
abschnittsweise Realisierung 1952–1970
und beteiligte Architekten

Nachbarschaft Ost   1952–1956
Arne Ervi, Viljo Revell, Aulis Blomstedt, Markus Tavio

Nachbarschaft West   1957–1960
Ervi, Malmio, Sipari, Revell, Siren, Jarvi, Blomstedt, Tavio, L. R. Pinomaa

Zentrum   1958–1961–1970
Arne Ervi

Nachbarschaft Nord   1958–1967
Pekki Ahola

Itäranta   1958–1964
Arne Ervi, Heikki Siren, Keikki Koukelo, Markus Tavio, Alvar Aalto

Nachbarschaft Süd   1961–1965

Tapiola

H. v. Hertzen: »Es gab in Finnland andere Gegenden, die zehnmal schöner waren als der Standort von Tapiola, und sie wurden zerstört, als sie bebaut wurden. Das Lauttasaari-Gebiet von Helsinki (ein Inselwohngebiet innerhalb der Stadtgrenzen von Helsinki) ist ein sehr gutes Beispiel dafür.

Wir waren erfolgreich, weil der Architekt Ervi das Zentrum u. a. von Tapiola entwarf. Er hatte gute Vorstellungen, die Natur zu skizzieren, sogar wenn das ursprüngliche Gebiet von Kiesgruben übersät war. Ervi lehrte mich, wie richtig es war, die Landschaft zu beachten. Deshalb erkannte ich, daß das Design der Landschaft ein Schlüsselfaktor in der Städteplanung ist. Ich hatte auch einen der besten finnischen Landschaftsarchitekten, der für mich während der ersten 7 Jahre der Entwicklung von Tapiola arbeitete. Aber zweifellos war der Hauptfaktor, der zum Erfolg führte, Ervis Disziplin und die Sensibilität bezüglich der Landschaft.

Die Baufirmen im ganzen Land hatten keinerlei Vorstellung, wie man das Land respektieren soll. Gebäude war Gebäude, und das war alles. Die größten Schwierigkeiten hatten wir mit den Ingenieuren, denn sie hatten absolut kein Verständnis für Landschaft oder Natur. Sie dachten nur an die praktische Seite des Häuserbaus; was am einfachsten und angenehmsten getan werden konnte, das war ihre Lösung. Ich hatte viele Kämpfe mit ihnen, besonders, wenn es um Genehmigung ging, Bäume überall in Tapiola zu fällen. Zu Beginn unserer Zusammenarbeit wollten sie mir nicht zuhören. Schließlich war ich Jurist und konnte wohl nichts über Städteplanung wissen. Sie sahen es einfach als ihr Pech an, daß gerade ich ihr ausführender Direktor war. Aber ich blieb sehr hartnäckig. Als wir mit den ersten Fertigbauten in Tapiola begannen, war ich sehr auf der Hut, denn ich bemerkte sofort, daß dies ein schwieriges Experiment war. Vor dem Baugelände standen wundervolle Birken, die die Ingenieure fällen wollten. Aber ich weigerte mich. Diese Ingenieure waren unnachgiebig, denn sie wollten ihre Bauausrüstung dort hinstellen, wo die Birken standen. Ich riet, die Ausrüstung auf die andere Seite zu stellen, aber das war nicht so bequem. Ich war jeden Morgen um 7 Uhr auf der Baustelle, um sicher zu sein, daß den Birken nichts passieren würde, wenn sie anfingen zu arbeiten. Aber sie waren so versessen darauf zu tun, was sie wollten, daß sie eines Morgens um 6 Uhr zur Baustelle kamen, und als ich eine Stunde später ankam, waren die Birken weg. Die Ingenieure hatten damit gerechnet, daß – obwohl ich wütend sein würde – ich nicht die Energie und Zeit besäße, in dieser Art mehr als eine Woche lang weiterzumachen. Aber ich sagte kein Wort. Als das Gebäude fertig war, wurde es überall kritisiert in der Presse und in der Öffentlichkeit und wurde ›Traktorfabrik‹ genannt. Später, sagte ich immer, daß es drei Ingenieure gibt, die für diese Traktorfabrik verantwortlich sind. Ich hielt diese Kampagne drei Jahre lang am Leben, und danach gab es in Finnland keinen Ingenieur mehr, der gleiche Erfahrungen machen wollte.«

Irion: Dies bestätigt Ihr »Rezept« für Erfolg: »Die Hauptvoraussetzung dafür ist Verfügung über die notwendige Entscheidungsgewalt, um die Planung so schnell wie möglich ausführen zu können und um die Kontrolle über den Verlauf der Realisation nicht zu verlieren, denn, wie Sie sagten, beginnt erst mit der Ausführung die wesentliche Planungsarbeit.«

Das Architektenteam Arne Ervi, Viljo Revell, Aulis Blomstedt und Markus Tavio erarbeiteten den Lageplan, Haustypen und Landschaftsplanung. Um eine soziale Mischung innerhalb der Nachbarschaften zu erreichen, wurden verschiedene Haustypen entwickelt, wobei preisgünstige und aufwendigere Typen einer Hausgruppe jeweils von demselben Architekten entworfen wurde, mit der Intention, auch gestalterisch einen Zusammenhang herauszustellen. 1953 waren die ersten Wohnungen fertig, 1956 war die erste Nachbarschaft erbaut. Können Sie Ervi als Architekten-Stadtplaner charakterisieren?

H. v. Hertzen: »Arne Ervi gehörte zu dem Team aus vier Architekten, die von Asuntosäätiö mit der Planung der ersten Nachbarschaft Tapiolas 1952 betraut wurden. Der Wettbewerb für Tapiolas Zentrum wurde 1954 entschieden, und insgesamt wurden drei Teilnehmer mit einem Preis ausgezeichnet sowie drei weitere Arbeiten angekauft. Insgesamt war das Niveau der eingegangenen Arbeiten sehr hoch, wie Prof. Otto J. Meurmann anläßlich der Preisverleihung bemerkte. Die Rangfolge der Preisträger festzulegen, war für die Jury eine schwierige Entscheidung, aber schließlich ging eine Arbeit als eindeutig beste hervor, die sogar als eine brilliante Lösung angesehen werden konnte.

Ervi wurde ein großer Architekt und Stadtplaner in den fünfziger Jahren, obwohl man ihn unter Kollegen nicht schätzte. Er war eine herausragende Person in der finnischen Architektur aufgrund seiner besonderen Verwendung von Licht. In Finnland sind das Klima und die Natur sehr hart. Besonders in der Winterzeit brauchen wir Beleuchtung, um die Dinge heller erscheinen zu lassen. Ervi hatte dieses Gefühl für Licht, Atmosphäre,

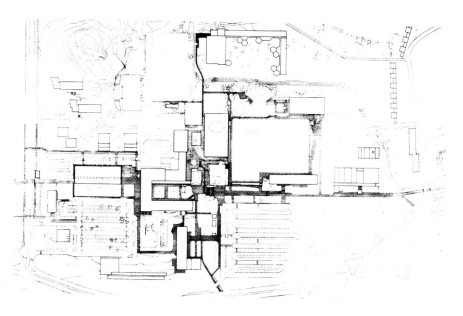

*Arne Ervi, Zentrum von Tapiola, 1. Preis 1954.
Das Zentrum sollte durch ein 14geschossiges Bürogebäude beherrscht werden.
Ervi hat die Verkehrsführung Meurmanns korrigiert: Die Ost-West-Verbindung wurde nach Süden verlegt, ein Teil der Nord-Süd-Trasse fortgelassen. Das Programm für das Zentrum als lebendiger Mittelpunkt der Gartenstadt sieht eine vielfältige Nutzung vor.*

Ein wichtiges Merkmal Ervis Planung ist die Bildung eines charakteristischen Stadtbilds durch einzigartige identifikationsfördernde Gestaltungselemente.

Raum — er war ein Perfektionist. Er kannte sich nicht besonders gut aus mit der Arbeit von Ingenieuren, Soziologen, Experten auf den unterschiedlichen Gebieten, aber er unterstrich die Tatsache, daß eine Stadt eine totale Einheit bildete und daß man ständig die Aufmerksamkeit auf alles richten muß, sogar auf solch kleine Details wie Kioske, Abfallbehälter, Bänke etc. Wenn mit ihnen falsch umgegangen wird, wird auch alles andere zerstört. Durch seine eigene Arbeit inspirierte er alle. Heute wird von Tapiolas Zentrum behauptet, es sei beispielhaft für eine menschengerechte Planung. Die Fußwege, die offenen Lichthöfe, die menschliche Architektur sowie die feinfühlige Ausführung der Rahmenplanung tragen zu einem lebendigen und funktionellen Ganzen bei. Er war ein Mann mit Idealen, der keinen Neid kannte. In seinen Augen war ein gutes Ergebnis immer Anerkennung wert, egal wer der Verantwortliche war. Ervi war auch als Person modellhaft. Er besaß die Demut, die angesichts einer enormen Herausforderung nötig ist.«

Irion: Tapiola ist geplant und gebaut worden von einem privaten Unternehmen ohne Gewinnzwecke: Asuntosäätiö. Anfang der fünfziger Jahre war Espoo ein ländlicher Bezirk mit weniger als 25 000 EW. Während der ersten Verhandlungen zwischen Vertretern der Wohnungsbaugesellschaft und der Stadt, wurde deutlich, daß Espoo gegen die Pläne der Gesellschaft nichts einzuwenden hatte, sich aber an der Finanzierung des Projekts nicht beteiligen wollte. Die Gesellschaft hatte somit völlige Planungsfreiheit, mußte aber auch für die Finanzierung selbst aufkommen.

Wer finanzierte Tapiola? Sie haben am Anfang doch kein Kapital gehabt. Wie haben Sie das Geld beschafft?

H. v. Hertzen: »Wir finanzierten den Bau während der ersten fünf Jahre, indem wir Kredite aufnahmen. Die Kommune gab uns keine einzige Mark. Sie sagte, wir könnten bauen, aber ohne ihre finanzielle Hilfe. Als wir das ökonomische Leben schafften, mußten wir das gegen den Willen des ökonomischen Lebens tun und unsere größten Opponenten waren die drei größten Banken von Finnland. Ich bekam bei Baubeginn einen sehr ernsten Brief von den dreien. Sie verlangten von mir, daß ich den Plan verändere, weil die Maßstäbe der Planung nicht zu akzeptieren seien; was ich forderte, sei zu hoch, und die Maßstäbe bezüglich der architektonischen Konformität seien nicht zu akzeptieren. Die Banken wollten selbst die Planung übernehmen. Sie sagten, daß sie bereit seien, über die Finanzierung zu verhandeln, wenn ich ihren Vorstellungen folgen würde. Und ich dachte, daß das Befolgen ihrer Vorschläge das Ende von Tapiola bedeuten würde. Ich zeigte die Briefe nur dem Vizepräsidenten. Dann unternahm ich eine formale Sache. Wir hatten den besten Architekten, einen Schüler von Saarinen, der uns den ersten Plan gemacht hatte. Wir sind diesem Plan nicht gefolgt, ich erklärte meinem Team, daß ich es aufgrund der ökonomischen Krise von 1957 als notwendig ansah, die Planung einzustellen. Wir zahlten den Mann aus, er willigte ein, unter der Bedingung, daß er in diesem Zusammenhang nicht erwähnt würde, und setzten die Planung auf eigene Faust sehr langsam in unserem Büro selbst fort.

Danach gab es eine sehr ruhige Zeit von einem halben Jahr. Dann begann ich mit dem Gegenangriff gegen die drei großen Banken. Diese hatten 5 Jahre lang versucht, die kleinen Banken daran zu hindern, nach Tapiola zu kommen. Daraufhin bot ich einer kleinen Bank dieses beste Baugelände in der Nähe der Mitte des Stadtzentrums an, unter den zwei Bedingungen, daß sie sofort zustimmten und wir das Design machen konnten. Sie willigte ein, und das war die erste Sache, die die großen Banken schockierte. Der beste Bauplatz war außerhalb ihrer Kontrolle, und ihr Feind hatte ihn bekommen. Dies war der erste Schritt. Dann begann ich mit den drei großen Banken zu verhandeln, aber sie

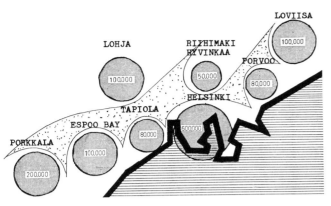

*Sieben-Städte-Plan.
Vorschlag H. von Hertzens für eine zukünftige Regionalentwicklung, mit der eine Auswucherung und Überzentralisierung der Metropole Helsinki und der Zersiedlung ihres Umlands begegnet werden soll.*

reagierten nicht, weil sie den Befehl hatten, nichts zu akzeptieren.

Ich schickte ihnen einen Brief, der besagte, daß ich ein halbes Jahr versucht hatte, mit ihnen zu verhandeln, auf der Grundlage der Preise von 1955 und daß ich diese nicht aufrecht erhalten konnte. Sie lachten darüber. Ich wartete 14 Tage. Dann teilte ich ihnen mit, daß bezugnehmend auf meine vorausgegangene Information, nun der Preis der zur Diskussion stehenden Bauplätze gestiegen sei, und zwar um 10%, aufgrund der Inflation. Sie wurden wütend. Ich wußte, daß die drei Bankleute nicht die härtesten Kerle waren, sondern daß diese im Staatsministerium saßen. Ich befürchtete, daß sie sagen würden, man solle das geliehene Geld zurückbezahlen. Ich riet, daß sie so etwas tun würden und rannte am folgenden Tag zu den Leuten im Team, und sprach mit ihnen. Und ich hörte später, daß sie wirklich gekommen waren und das Team baten, mir Schwierigkeiten zu machen.«

Irion: Neben Baufirmen und Politikern gab es in den sechziger Jahren auch finnische Architekten, die sich in Opposition zu Tapiola stellten. Was war der Grund für diese Opposition?

H. v. Hertzen: »1967 organisierte die Gesellschaft der finnischen Architekten eine Internationale Konferenz unter dem Titel ›Was können wir von Tapiola lernen?‹. Der Zweck dieser Konferenz war es jedoch, die Tapiola-Idee zu zerstören. Die Konferenz konnte nicht gehalten werden, ohne mir das Wort zu erteilen, und ich startete einen Gegenangriff. Ein Hauptgrund für diese Opposition war, daß alle 5 bis 7 Jahre eine neue Architektengeneration die technische Universität verläßt. Und alle jungen Leute glauben, daß es vor ihnen nichts gab. Sie wollen alles erneuern und das Werk früherer Generationen umkehren. Sie wollten über die dichtbevölkerte Stadt und die Spielfeldplanung sprechen – das genaue Gegenteil von Tapiola. Es gab ungefähr 1300 Architekten in Finnland, aber nur 10% waren außergewöhnlich begabt. Dies trifft für jedes Land zu, sogar für jeden Beruf. Hinzu kommt, daß 9 von 10 Architekten Gebäudearchitekten sind, d. h., daß nur einer von hundert Architekten eine vernünftige Stadt bauen kann. Ein Gebäude ist eine Masse, aber das Design für eine erfolgreiche Stadt erfordert eine Komposition des Raums: Straßen, Plätze, Geschäftspassagen etc. Wenn sie eine Stadt entwerfen und sie bauen, dann brauchen sie dafür vielleicht 50 Jahre. Ich habe Tapiola in 30 Jahren gebaut, und es ist fast fertiggestellt. Es wird vielleicht noch ungefähr 5 Jahre dauern.

Ein Mann, der den Bau einer Stadt organisiert und leitet, muß 30 oder 40 Jahre im voraus planen können.

Am Anfang machten wir sehr gute Schritte, eine Gemeinde zu schaffen, die einen Querschnitt der finnischen Gesellschaft repräsentieren sollte. Ursprünglich war dies machbar, da die Regierung Subventionen zur Verfügung stellte, die es Leuten mit geringem Einkommen möglich machte, eine Wohnung zu kaufen. Wir hatten eine sehr gute Gesetzgebung. Ich war einer der drei Männer, die 1948 die ersten Gesetze in der Städteplanung geschaffen haben, und zwar nach folgenden Prinzipien: Wenn die Leute ihre Wohnung verkauften, war ihnen nicht erlaubt, Spekulationen zu betreiben. Die Eigentümer mußten ihre Wohnung an die Regierung oder Stadtverwaltung zurückverkaufen, und sie erhielten ihre ursprüngliche Investition, die Zinsen, die sie bezahlt hatten, und eine Inflationsangleichung zurück. Einer der schwierigsten Augenblicke kam dann 1967, als die Regierung das Gesetz änderte. Jetzt war es den Leuten möglich, ihre Wohnungen ohne irgendwelche Auflagen zu verkaufen, falls sie die Staatsanleihen zurückzahlten. Da nach 15 Jahren diese Staatsanleihen praktisch nichts mehr wert waren, war es also sehr einfach, sie zurückzuzahlen. Die Bewohner konnten die Eigentumswohnungen mit einem Profit von 300 oder 400% verkaufen, und diese Leute mit einem ziemlich niedrigen Einkommen konnten dieser Versuchung nicht widerstehen. Sie hatten eine gute Wohnung, aber zum ersten Mal in ihrem Leben konnten sie mit Profit etwas verkaufen. Zu dieser Zeit hatte eine Menge intelligenter Leute herausgefunden, daß die Wohnqualität in Tapiola sehr hoch war, und war bereit, einen hohen Preis für eine Wohnung dort zu bezahlen. Man kann eine phantastische Stadt bauen mit phantastischen Bedingungen, man kann aber nicht verhindern, daß dumme Politiker diese phantastischen Bedingungen zerstören. Hier geschah die größte Dummheit, die mir in einem westlichen Land begegnet ist. Der Fehler liegt nicht bei den Planern, sondern er wurde von der Regierung und dem Parlament begangen. Sie müssen die Verantwortung übernehmen.

Obwohl es heute Versuche gibt, die Situation zu berichtigen, haben die Politiker nicht den Mut, neue rückwirkende Gesetze zu erlassen. Deshalb durften die Leute seit über 15 Jahren spekulieren.

Durch diese Verkäufe hat sich die ursprüngliche Sozialstruktur geändert. Dies zeigt auch, daß die Menschen neben einer Wohnung auch eine angenehme Umgebung zu schätzen wissen. Sie bezahlen sehr viel dafür.

Tapiola – das erweiterte Zentrum.

Es ist nicht schwierig, eine Stadt für reiche Leute zu bauen; es ist falsch, eine Stadt nur für die Arbeiterklasse zu bauen, denn sie wird in 20 Jahren ein Slumgebiet sein. Die einzig akzeptable Lösung ist, daß alle verschiedenen Bevölkerungsgruppen Seite an Seite leben. Das ist die wahre Herausforderung.«

Irion: Glauben Sie, daß es einfacher ist zu experimentieren, z. B. eine Gemeinde mit einem Bevölkerungsquerschnitt aufzubauen in solchen Ländern wie Finnland oder Skandinavien als in den großen und reichen Ländern, z. B. USA, weil in den erstgenannten die Gesellschaft homogener ist?

H. v. Hertzen: »In den USA war es schwieriger, da die Kontraste größer sind. Die menschliche Geschichte zeigt, daß die wichtigsten Durchbrüche alle in kleinen Einheiten erzielt wurden. Menschen können Ereignisse nur in einem angemessenen Maßstab kontrollieren und falls diese Art von Denken Erfolg haben soll, dann muß das in kleinen Ländern stattfinden. Wir haben auch eine sehr wichtige Rolle.

Besonders in Experimentiergebieten. In einem totalitären System gibt es nur einen Kanal, den politischen, und kein anderer wird akzeptiert. Aber wir sind demokratisch. Erst die sekundären Dinge werden von den Politikern erledigt. Wenn wir uns an die Geschichte von Finnland erinnern, dann sehen wir, daß alle großen Leistungen von den Bürgern getan wurden. Sie organisierten die Feuerwehr, das Gesundheitswesen etc.«

Irion: Während der gesamten Planung und Ausführung zog Tapiola feindselige Kritik auf sich. Nachdem sich nationale und internationale Anerkennung einstellten, verdoppelte sich der Groll der frustrierten Skeptiker, und eine Kampagne der Gegenpropaganda begann. Besonders Sie, Ihre öffentlichen Äußerungen über Bürokratie und Behörden, Ihre Empfehlungen für regionale Planungspolitik und der Erfolg boten hierzu Anlaß.

Die Argumente der Opposition, des Ministeriums:
— es sei sinnvoll, Städten dieser Größenordnung keine politische Selbstverwaltung zuzugestehen, sondern sie größeren Stadtgebieten anzugliedern.
— Tapiola dürfe nicht sich selbst überlassen bleiben, da es ansonsten die Entwicklung der benachbarten Gemeinden behindere (zu diesem Zeitpunkt war Tapiola die einzige Gemeinde mit städtischen Funktionen in dieser Gegend), führten zu konkreten Maßnahmen. Anstelle Tapiola städtische Selbstverwaltung zuzugestehen (wie ursprünglich vorgesehen), wurde beschlossen, Tapiola Espoo einzugemeinden.

Sie und die Vereinigung für regionale Planung in Helsinki hatten mehrere Meinungsverschiedenheiten in der Vergangenheit. Sie bezeichneten einmal deren Vorschlag, der eine hohe Dichte entlang der Hauptverkehrsader beinhaltete, als »Amöbenplan«. Sie boten einen Gegenvorschlag an – den Sieben-Städte-Plan –, der die Errichtung von Satellitenstädten mit geringerer Dichte an der Peripherie von Helsinki vorsah.

Ihr Vorschlag für eine zukünftige Regionalplanung sollte eine Auswucherung und Überzentralisierung der Metropole Helsinki und der Zersiedlung des Umlandes verhindern. Das war in den sechziger Jahren. Konnten die beiden Ideen irgendwie zusammenfinden?

H. v. Hertzen: »Diese beiden Ideen haben sich nicht besonders angenähert. Dennoch hat die Vereinigung für regionale Planung einige meiner Ideen angenommen, obwohl sie das nie in der Öffentlichkeit zugeben würde. Die Bürokraten dieses Vereins hatten einen sehr schlechten Plan ausgearbeitet, und ich kritisierte ihn öffentlich und machte einen Gegenvorschlag. Das war etwas, was nie passieren durfte. Sie glaubten, daß ein Mann wie ich zum Schweigen gebracht werden sollte, weil die Bürokratie heilig ist. Viele Gegenmaßnahmen und politische Entscheidungen waren Ergebnis dieser Kritik, aber auch eine modifizierte Regionalplanung.

Interessant waren die Erfahrungen mit den Städteplanern und Politikern aus dem Ausland, die als Besucher nach Tapiola kamen.

Mit der Infrastruktur für Tapiola begannen wir 1952, mit dem Wohnungsbau 1953. Nach 3 Jahren war der östliche Teil fertiggestellt, 1956 konnten wir die erste Nachbarschaft zeigen, und wir hatten den ersten Staatsbesuch in Tapiola. Dann kamen viele Besucher aus der ganzen Welt, der Schah von Persien, Königin Juliana und auch ein sehr interessanter Besucher aus dem deutschen Parlament, Eugen Gerstenmaier. Er war sehr beeindruckt. Er war der verantwortliche Leiter für eine Wohnungsbaugesellschaft in Deutschland. Er sagte, daß er in Finnland sehr viel gelernt habe und mir deshalb sehr dankbar sei, und fragte, ob er mir irgendwie behilflich sein könnte. Das Beeindruckendste war für mich die Beleuchtung in Deutschland, die Art, wie man hier die Parks beleuchtete. In Finnland hatten wir so etwas nicht. Er schickte uns dann die berühmtesten Beleuchtungsfachleute nach Finnland, und wenn Sie Tapiola heute bei Nacht sehen, erinnern Sie sich daran, daß dies mit der Hilfe dieser exzellenten Experten geschehen ist. Gerstenmaier war kein Politiker, sondern

Tapiola.

ein Staatsmann. Es war ein sehr interessanter und lohnender Besuch.

Ich glaube, der Mann, der Tapiola ›eingeführt‹ hat, d. h. die Person, die Tapiola auf die Weltkarte gebracht hat, war der Amerikaner Frederick Gutheim. Als er nach Finnland kam, um Aalto zu treffen, entdeckte er Tapiola, er fing an, sich sofort dafür zu interessieren. 1963 organisierte er eine Tapiola-Ausstellung in New York und Washington, D.C. Ich fuhr hin, um sie zu eröffnen.

Ein großes Ereignis war ein Reiseseminar ›Neue europäische Städte‹, das 1965 stattfand und von der Universität von Pennsylvania gefördert wurde. Noch nie war solch eine prominente Delegation nach Tapiola gekommen. Die Mitglieder dieser Delegation verbrachten eine Woche in England und Schottland, eine weitere Woche in der Gegend um Stockholm und die dritte Woche in Tapiola. Am Ende der Woche gaben 4 von ihnen in der finnischen Presse ihre Meinung über die Architektur kund und drei weitere über Städteplanung. Zu dieser Zeit hatten wir viele Schwierigkeiten in Tapiola, denn je mehr Erfolg wir hatten, desto mehr Eifersucht entstand.

Es war keine simple Eifersucht, sondern basierte auf den übergangenen Interessen einiger anderer Baufirmen. Sie liebten den Erfolg von Tapiola ganz und gar nicht, und sie bedienten sich Mitteln, die keine Mafia besser hätte anwenden können. Sie verstehen ihre Reaktion, als alle diese international berühmten Leute Tapiola in der finnischen Presse lobten. Ich war Chefherausgeber von vier finnischen Wohnungs-, Planungs-, und Sozialpolitikmagazinen und sorgte dafür, daß alle Interviews publiziert wurden.

Indirekt gab es dieses allgemeine Wissen, daß Tapiola auf einer ziemlich hohen internationalen Ebene Anerkennung gefunden hatte. Eine weitere Stufe der Anerkennung kam von den Brüdern Rouse, die die neue Stadt Columbia, Maryland, entwickelten. Sie schätzten besonders unsere Verwaltungsstruktur, weil sie glaubten, unsere Gemeinde arbeite wie eine Bürgerorganisation. Sie hatten die gleichen Zielvorstellungen in Columbia – die Bürokratie zu entfernen, die mit dem Staat und der Stadtverwaltung zu tun hat. Ich habe in Tapiola einfach die Progressiven gesammelt, da sie zusammenarbeiten können.«

Irion: Einige Forscher, Planer und Sozialwissenschaftler sagen heute, daß physikalische Planung nicht so stark zur geistigen Gesundheit, dem Wohlbefinden und der Zufriedenheit der Leute beiträgt, als man es in der Vergangenheit annahm. Sie scheinen aber immer noch eine starke Verbindung zu sehen.

H. v. Hertzen: »Absolut. Je mehr ich gereist bin – und ich bin über 180 Mal außerhalb von Finnland gewesen –, desto mehr habe ich darüber gelernt. Als ich anfing zu reisen, begann ich mit dem Ansehen von Gebäuden, dann betrachtete ich die ganze städtische Umgebung, aber nach architektonischen Gesichtspunkten. Als nächstes sah ich das städtische Milieu als eine arbeitende Einheit und schließlich als eine Umgebung – Umwelt –, in der die Leute die meiste Zeit ihres Lebens verbringen. Ich bin der grundlegenden Überzeugung, daß die städtischen Umgebungen, wie sie seit der industriellen Revolution geschaffen wurden, die falsche Art von Umgebung sind. Es gibt Grenzen, die die Leute akzeptieren, und wenn eine solche Grenze erreicht ist, müssen enorme Summen Geld ausgegeben werden, um die Situation zu erleichtern. Die Evolution von Tapiola zur Gemeinde, so glaube ich, war ganz erfolgreich. Als wir mit dem Bau begannen, sagten Soziologen und andere erfahrene Leute, daß wir keinen Erfolg haben würden, weil wir eine künstliche Stadt bauten. Sie behaupteten, daß es dort keinen Gemeinschaftsgeist geben würde, da Tapiola nicht wie eine normale Stadt natürlich wachsen könnte.

Vor längerer Zeit beklagten sich jedoch einige Nachbarstädte, daß die Einwohner von Tapiola zu viel Gemeinschaftsgeist entfalten würden.«

Irion: Über das neue erweiterte Zentrum Tapiola habe ich kontroverse Meinungen gehört. Zum Beispiel von Veikko Riikonen, dem geschäftsführenden Direktor von Asuntosäätiö: Das Zentrum von Tapiola vereint alle Nutzungen und hat eine große Anziehungskraft, es ist die erste funktionierende Fußgängerzone! O. I. Meuermann hat die Bebauung des erweiterten Zentrums kritisiert.

Das Stadtzentrum bekam die Funktion eines regionalen Nebenzentrums für eine Bevölkerung von 80 000 zugewiesen. Daraufhin wurde es vergrößert und erweitert. Beabsichtigten Sie eine solche Entwicklung, als der anfängliche Teil in den fünfziger Jahren gebaut wurde?

H. v. Hertzen: »Das anfängliche Konzept ist heute immer noch offensichtlich, sogar wenn die Größe und Details sich verändert haben.

Einige Leute werfen uns vor, daß wir den Gartenstadtcharakter von Tapiola durch die Expansion des Zentrums zerstören, aber das ist nicht wahr. Wir haben nie vorgeschlagen, ausschließlich eine Wohngegend zu bauen. Wir waren und sind immer noch an vollständigen Gemeinden interessiert, denn zeitgenössische

Tapiola

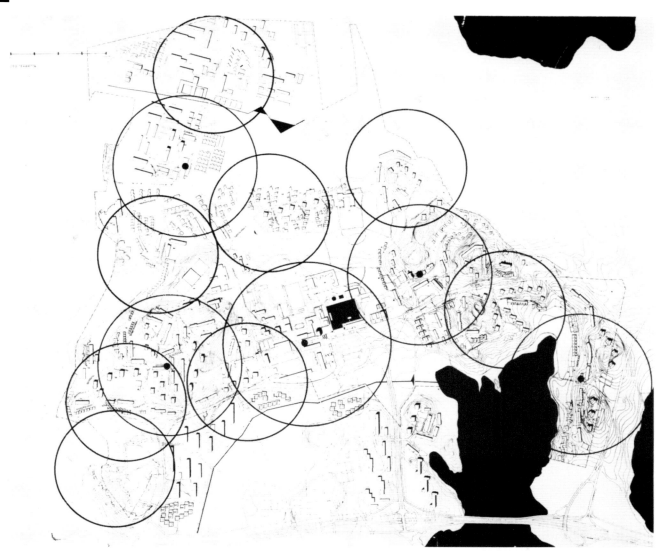

*Einzugsbereiche des Zentrums und der Nebenzentren. Der Radius um die Geschäfte des täglichen Bedarfs beträgt max. 230 m. So wird eine flächendeckende Versorgung erreicht.
Ergänzt wird dieses System durch Nachbarschaftszentren für jeweils 5000–6000 EW. Von jedem dieser Zentren führen kreuzungsfreie Fußwege in das Hauptzentrum. Jede Nachbarschaft besitzt Spielplätze, Kindergärten und Schulen.*

städtische Probleme können nicht dadurch gelöst werden, daß man Wohnungen zur Verfügung stellt. Solche Probleme können nur gelöst werden, indem man einen Stadtplan von hoher Qualität zur Verfügung stellt und dem ursprünglichen Planungsschema konsequent folgt. Dies war unsere Philosophie von Anfang an. In Finnland ist, wie in den Vereinigten Staaten, die städtische Tradition sehr neu. Als wir Tapiola bauten, mußten wir diese Tradition schaffen. Auch eine Gartenstadt, in der es viel freien Raum gibt, braucht ein Stadtzentrum mit engen Geschäftsstraßen und zusätzlich noch einige Plätze mit Sitzgelegenheiten. Heute haben manche Schwierigkeiten zu verstehen, daß wir eine Art kompaktes Stadtzentrum brauchen. Aber wenn es fertig sein wird, wird es Erfolg haben und akzeptiert werden.

In einer guten Stadt ist die Hauptfunktion erst einmal das Leben, d. h. Wohnungen, und dann alle anderen Einrichtungen, Arbeitsplätze, Freizeiteinrichtung, Bildungsstätten, die eine gute Stadt anbieten muß. Während der menschlichen Evolution ist die Stadt immer mehr zum wichtigsten Platz geworden, wo die Leute einander dienen können, wo jeder ein Spezialist werden kann. Das ist nicht möglich, wenn jeder überall auf dem Land verstreut ist. Die Stadt ist der beste Ort zum Leben, denn hier gibt es alles, um die kulturellen Bedürfnisse zu befriedigen, aber sie ist auch der Ort, wo man solche Leistungen wie Krankenversorgung und Geschäfte vorfindet. Alles! Unsere Prinzipien waren die, daß die Leute ein Gebiet für die Wohnungen aussuchten, das nahe an den Naturelementen war. Denn der Mensch ist schließlich ein Teil der Natur.

In allen Städten der westlichen Welt ist der Verkehr ein großes Problem. 75% allen Verkehrs ist nicht notwendig und deshalb nicht zu akzeptieren. Wir brauchen nur 25%. Was wir den Stadtverkehr nennen, ist nicht nötig und ist nur durch falsche Planung entstanden. Sie planten folgendermaßen: Man baute das Wohngebiet in

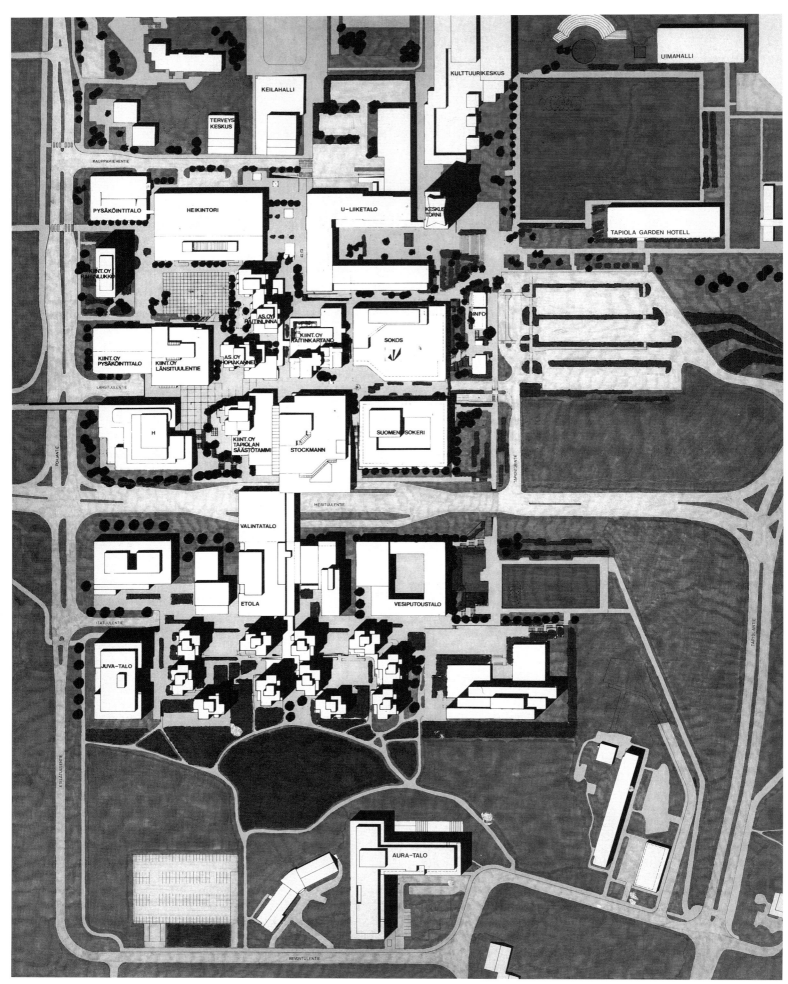

Zentrum von Tapiola, 1983.

Tapiola Suvikumpu. Architekten: Raili und Reima Pietilä.

den Westen, die Arbeitsplätze in den Osten, die Kultureinrichtungen in den Norden und die Freizeitstätten in den Süden der Stadt. So läuft der Stadtverkehr Tag und Nacht von der Wohngegend zum Gebiet, wo die Arbeitsplätze sind und umgekehrt; von der Wohngegend zu den Freizeitstätten und zurück. Dies ist eine große Dummheit. Meine erste Regel ist die, daß es in Finnland keine Stadt mit mehr als 100 000 Einwohnern geben sollte. Innerhalb eines Radius, wo diese Leute leben können, muß es Arbeitsplätze, Kultureinrichtungen etc. geben. Dann können die meisten Entfernungen zu Fuß erledigt werden. Ein gutes Beispiel ist das Stadtzentrum von Tapiola. Innerhalb eines Radius von 150 m kann man alle Banken, Versicherungen, alle Geschäfte, das Schwimmbad, die Kirche, das Krankenhaus und die Apotheke erreichen. Was sehr wichtig ist, ist die Tatsache, daß die Stadt in guten Zeiten ein Ort für menschlichen Kontakt darstellte, der in den Straßen und an Straßenecken stattfand. In allen modernen Städten in ganz Europa sind die Straßen zu gefährlichen ›Flüssen‹ geworden.«

Irion: Oft unterstreichen Sie die Bedeutung der kreativen ›Teamarbeit‹ bei dem Bau einer Stadt. Wie sehen Sie die Rolle der Bevölkerungsbeteiligung im Planungsprozeß?

H. v. Hertzen: »Es klingt wie eine große Provokation, wenn ich sage, daß die Bevölkerungsbeteiligung ein großer Unsinn ist. Stellen wir uns vor, der Komponist einer Symphonie würde eine gewisse Beteiligung zulassen. Wissen die Leute tatsächlich etwas von Planung? Sie glauben etwas zu wissen. Später erkennen sie die Fehler. Aber am Anfang können sie keine Hilfestellung geben.
Aber das ist ein großes Problem, das gelöst werden muß. Wir errichteten ein bestimmtes Gremium. Hierzu luden wir erfahrene Hausfrauen ein, aus allen Vierteln, eine führende Sozialdemokratin, die über alle Aspekte informiert war, Mütter mit kleinen Kindern, mit einer großen Familie der Arbeiterklasse und ältere Leute, Familien mit akademischem Hintergrund, auch junge Hausfrauen, diese steuerten altmodische Ideen zu den Plänen einer total neuen Stadt bei.
Um diesem entgegenzuwirken, wählten wir von der Universität Helsinki die dynamischsten Kandidaten auf dem Gebiet des Haushaltens, die Radikalen. Wir hatten konservative Hausfrauen neben radikalen Theoretikern im selben Gremium, und wir lernten, daß wir kein Wissen erhielten, indem wir den Leuten Fragen stellten.«

Irion: Von Anfang an wurde eine Zeitung herausgebracht, um die Bevölkerung gut zu informieren nach dem Motto: »Ein Finne, der gut informiert ist, gibt keinen Widerstand.« Ziel dieser Zeitung war, bewußt Identifikation und positives Image zu bilden.

H. v. Hertzen: »Gewiß, um der Bevölkerung das Gefühl zu geben, daß sie am Bau der Stadt beteiligt ist. Der Name der Zeitung war ›Tapiola heute‹. Sie ist heute das Hauptverständigungsmittel. Die Auflage der Zeitung war über 50 000. Sie hatte aber auch eine wichtige Bildungsaufgabe.«

Irion: Typisch für finnische Architektur und Design ist die Kreativität, die ständige Suche nach einfachen funktionellen Formen. Die Natur, die Form sind das Generelle, das in der Planung des einzelnen Architekten und Künstlers gestaltet wird. Warum gibt es gerade in Finnland diese kreative Fähigkeit, aus billigem Material Kunstwerke zu schaffen, im Design, in der Architektur?

H. v. Hertzen: »Der Ursprung ist sehr einfach. Er kommt von der asiatischen Kultur, einer Kultur, die bald so alt ist wie die chinesische. Ausdruck dieser zu gestaltenden Kulturaufgabe der Gegenwart und Zukunft sind die finnischen Mythen. Sie haben eine recht junge Vergangenheit und kämpfen immer noch. Nicht wie die anderen Mythen auf der Welt, wo die Hauptfigur ein Krieger war, wie in den Nibelungen, ist die führende Person des Nationalepos der Finnenkönig von Kalevala ein weiser Mann, ein Humanist, kein Krieger. Sein jüngerer Bruder Ilmarinen war der Schmied, kein gewöhnlicher, sondern der technische Mann, der den Himmel gestaltet hat.
Die Geschichte wird in den Runen aus dem 16. Jh. erzählt. Kulturell und geistig haben sie ein hohes Niveau. Es ist auf diese alte Kultur zurückzuführen, daß ein Land wie Finnland, dessen Unabhängigkeit erst 60

Kivenlahti. Wohnbebauung (links).

Jahre alt ist, solch kluge Dinge wie die Architektur oder das Design schaffen kann.«

Irion: Nach Tapiola haben Sie mit dem Bau einer zweiten Stadt begonnen: Kivenlahti. Welche grundlegende städtebaulichen Ideen unterscheiden die zwei Stadteinheiten?

H. v. Hertzen: »Der größte Unterschied zwischen Tapiola und Kivenlahti ist zuerst einmal die Dichte. Sie ist in Kivenlahti zweimal so hoch wie in Tapiola. Wenn man die Karte von Tapiola betrachtet, wird sichtbar, daß es hier nur einen kleinen Fleck Wasser gibt. In Tapiola haben wir eine riesige Grünfläche, mehr als 25 ha grünes Land. Es sind Wiesen, wo die Leute spazierengehen können, spielen können etc.

Aber in Kivenlahti, wo es enorme Wasserflächen gibt, ist das Wasser ein großer entscheidender Aspekt. Wenn Sie eine individuelle Stadt bauen, sollten Sie die besten Dinge nehmen, die zur Verfügung stehen. In Tapiola sind es die Grünflächen, deshalb ist es eine Gartenstadt, und Kivenlahti ist eine Küstenstadt.«

Irion: Die Standorteigenschaften sind in Kivenlahti nicht zu überbieten. Sie sind einmalig. Es ist auch ein sehr interessantes städtebauliches Projekt, aber meiner Meinung nach ist die in den letzten Jahren gebaute Architektur der Wohngebäude nicht befriedigend. Der größte Teil ist als schematische Großblockarchitektur angelegt und wahrscheinlich qualitativ auch nicht die beste, aufgrund der Schäden, die nach kurzer Zeit sichtbar werden. Wie war es möglich, an einem so zukunftsorientierten, hervorragenden Standort eine in großen Teilen unbefriedigende Architektur entstehen zu lassen?

H. v. Hertzen: »Sie hätten über Tapiola vor 15 Jahren vielleicht dasselbe gesagt. Wenn man eine Stadt ohne Steuergelder baut, muß man damit anfangen, sie zu verkaufen. Dann muß die Infrastruktur finanziert werden. Alles ohne Hilfe der Steuergelder. Sie müssen Schulden machen, und es dauert eine sehr lange Zeit, bevor sie das Geld bekommen. Deshalb muß man beim Bau einer Stadt bestimmte Regeln befolgen.

Zuerst muß man die billigsten Sachen bauen, darum wurde zu Beginn der bescheidenste Teil von Tapiola bezugsfertig. Nachdem wir so verfahren mußten, konnten wir so schnell wie möglich das Geld bekommen, und das kam von den Bürokraten in Form von Staatssubventionen für Wohnungen geringsten Grades. Wir mußten damit anfangen, danach kam die Landschaftsgestaltung.

Zweitens hatten wir eine sehr langsame und kurzsichtige Wohnungsbürokratie. Dies bedeutete, wenn man einen extra Balkon haben wollte, dann hatte man 2 Alternativen. Man baute das Haus nach den Bedingungen der Bauautoritäten oder man baute nichts. Das ist die erste Phase. Die zweite ist, mit Hilfe der Landschaft Gärten zu bauen. Dann kommt die letzte Phase, das Stadtzentrum zu bauen. Das kann man jetzt in Tapiola sehen.

Das Wohngebiet ist hauptsächlich mit niedrigen Häusern bebaut und einer hoch stehenden Landschaft. Es fehlt immer noch sehr viel in Kivenlahti, und man kann nur raten, wie es aussehen wird. Aber auf dem Plan ist die Komposition sichtbar. Nach der Phase des Bauens für die niedrigen Einkommensklassen unter den Bedingungen der Bürokraten und der Wohnungsverwaltungen, kam der Augenblick, in dem man anfing, die großen Türme zu bauen und dann ›Alfi‹. Wenn man in diesen Wohnhochhäusern sitzt, betrachtet man in den vier Gebäuden den ersten Schritt, sieht die Silhouette, die die ›kommende‹ Stadt Kivenlahti bilden wird. Es steht jetzt von dem Geplanten ca. 45%–50% (1983).

Und das entstand innerhalb von mehr als 10 Jahren. Ich finde diesen Zeitplan zu langsam. Ich glaube aber, daß man, wenn man eine Stadt plant und baut, sieben oder acht Dinge gleichzeitig tun muß, weil sonst der Zeitverbrauch enorm hoch ist. Viele Leute und ihre Ideen können in der Zwischenzeit sterben. Deshalb muß man sich beeilen, Arbeitsplätze und Einrichtungen zu schaffen, die Landschaft zu gestalten und hart zu arbeiten.

In Tapiola ist der Prozentsatz an Eigentumswohnungen 90%, und 10% sind Mietwohnungen. Es wurde gesagt, und ich stimme dem zu, daß der Prozentsatz der Mietwohnungen zu niedrig ist. Er könnte leicht auf 20–25% erhöht werden. Aber ich bin gegen einen Prozentsatz von Hausbesitzern, der 75% untersteigt, denn sie sind die Elemente in einer Gemeinde, die fortschrittlich sind. Sie übernehmen Verantwortung.

Sie fragen, wie ich die Zukunft sehe. Das größte Problem nach dem Zweiten Weltkrieg war die Wiederaufbauperiode. Man baute innerhalb von 20 Jahren Dinge, die man besser nicht hätte tun sollen. Und die erste weltkluge Generation nach uns wird das meiste in die Luft blasen.

Spätestens die zweite Generation nach uns wird kommen und uns sagen, daß sie eine neue Umgebung will. Sie werden nicht alle die Fehler, die die Generationen vor ihnen gemacht haben, akzeptieren. Wir werden eine neue Art von Umgebung haben. Es wird viel Arbeit getan werden in alten und neuen Städten auf der gan-

Tapiola.
Wohnbebauung.

zen Welt, wenn sich meine Prophezeihungen bewahrheiten.

Wenn man heute etwas tun will, dann sind die Umstände andere, doch viele glauben, daß frühere Mittel und Wege heute auch noch anwendbar sind. Man kann dies ganz klar sehen. Die beiden Länder in Europa, die auf dem Gebiet der Städteplanung sehr konservativ sind, sind Westdeutschland und Großbritannien.

Ich verstehe, daß Sie in Deutschland während der ersten 5 oder 10 Nachkriegsjahre die Industrie und die Wohnungen aufbauen mußten und nicht viel Zeit zum Denken hatten. Aber nach 1955 hätte eine versprechendere Stadtgestaltung anfangen müssen, aber nichts dergleichen passierte.

Ich vertraute darauf, daß die Leute, die sich auf mein Werk konzentriert hatten, Tapiola fertig bauen könnten, nach meiner eigenen Arbeit von 30 Jahren. Wir hatten eine Stadt erbaut und dachten nicht, daß die Stiftung eine zweite Stadt bauen könne. Es war schon eine große Errungenschaft, zwei Städte zu bauen. Ich kann in Zukunft diese Organisation nicht mehr leiten. Es müssen neue Leute kommen, die im besten Fall in einer Generation eine weitere Stadt bauen können.«

Irion: Sie sind ein erfolgreicher Mann. Eine sehr seltene Erscheinung im Städtebau, daß man rückblickend sagen kann, ich bin mit meinem Werk zufrieden. Ich habe etwas geschaffen, gehe in die Geschichte ein, die Leute sind zufrieden, obwohl Sie innerhalb ihrer Tätigkeit bestimmt vieles falsch gemacht haben wie jeder Mensch. Das müssen nicht alles Fehler gewesen sein, sondern es kann damals richtig gewesen sein, und heute bewertet man es anders.

Wenn Sie noch einmal eine solche Aufgabe hätten, Städtebau zu betreiben, neue Städte zu bauen aus der heutigen Sicht, was möchten Sie dann anders machen.

H. v. Hertzen: »Nichts. Man muß sich im menschlichen Leben stets der Tatsache bewußt bleiben, daß nie etwas hundertprozentig ist. Wären wir hundertprozentig, dann wären wir keine Menschen. Wir wären etwas anderes, Engel vielleicht, Wesen aus dem Universum. Es ist die größte Dummheit zu sagen, entweder ich mache es hundertprozentig oder gar nicht. Keiner fragt uns, mehr zu tun als wir können. Ich baute Tapiola und Kivenlahti, ich hatte gute Architekten und war überhaupt nicht unzufrieden, aber ich glaube auch nicht, daß sie die besten waren, die es gab.

Und der Architektenstand ist gesunken wie überall in der Welt. Ich versuchte, die besten Architekten, Soziologen etc. zu finden, und niemand kann mehr verlangen. Wir erreichten das größtmögliche Ergebnis, das in der Lebenszeit einer Generation zu erreichen war, mit dem Wissen dieser Generation.

Als ich durch die Welt reiste, versuchte ich ähnlich erfolgreiche Beispiele zu finden, aber ich habe sie nicht gefunden. Ich gebe immer zu, daß wir Grenzen haben, wir können nicht unmögliche Dinge tun. Man muß ein Gefühl für Proportionen wahren. Wir waren Idealisten, und das will ich bis zum Ende meines Lebens bleiben. Es ist der Sinn meines Lebens.«

Irion: Die Städte und die Gesellschaft »Asuntosäätiö« waren sehr stark auf Sie fixiert. Als der Mann, der am engsten mit Tapiola identifiziert wird auf der ganzen Welt, waren Sie, auch der Kopf und die Seele der Gesellschaft und des Teams. Haben Sie Leute, die Sie vertreten können, die Ihr Werk zu Ende führen? Ich sehe die Gefahr, auf eine Person fixiert zu sein. Haben Sie da keine Sorgen, wie es weitergehen wird?

Tapiola, ist doch eine intakte Stadt. Sie ist lebensfähig und kann sich gefahrenlos weiter entwickeln. Kivenlahti ist aber noch ein Säugling. Es kann noch nicht von alleine laufen?

H. v. Hertzen: »Ich habe große Sorgen. Ich glaube nicht, daß ich der einzig fähige Mann bin, es gibt noch andere. Ich habe meine Zweifel, und dies kann nicht durch einen Generationswechsel gelöst werden. Die gehende Generation denkt, daß die kommende nicht fähig sein wird; dies ist die übliche Art zu denken. Aber es kann passieren, daß sie fähiger ist, als man es erwartet hätte. Es kann aber auch passieren, daß sie alles zerstört. Die Bewohner von Finnland werden es im Jahr 2000 herausgefunden haben.

In Kivenlahti war die Situation vielleicht dreimal günstiger als in Tapiola. Es ist die beste Lage, die man in Europa finden kann. Wenn sie nicht fähig sind, daraus etwas zu machen, dann ist es die Engstirnigkeit und der Fehler ihrer Generation. Aber wir können keine Sicherheit für die nächste Generation übernehmen.

Ich sagte meinen Nachfolgern in Kivenlahti, daß diese Stadt eine feuchte, fast salzige Luft hat und daß die Instandhaltung der Gebäude hier zehnmal wichtiger ist als in Tapiola. Aber sie haben es bis jetzt noch nicht verstanden. Als Tapiola fertig war, glaubte jeder, daß jetzt alles 100 Jahre halten würde. Deshalb schickte ich den Bewohnern eine Nachricht, in der es hieß, daß es notwendig ist, die Häuser alle fünf Jahre neu anzustreichen in einem Land mit solch einem Klima, wie wir es in Finnland haben. Es wird einige Zeit dauern, bis die

Tapiola. Zentrum, umgeben von großzügigen grünen Wiesen.

Leute, die neuen ›Städter‹ es verstehen werden, aber sie lernten und lassen ihre Häuser alle fünf Jahre anstreichen. Man muß viel Geduld haben, wenn man Leute vom Land lehren will, wie man in der Stadt richtig leben kann.

Einer unserer ersten Schritte, als wir anfingen, Tapiola zu bauen, war, der Öffentlichkeit eine Erklärung abzugeben, in der es hieß: ›Wir, die neue Wohnungsgesellschaft, sind nicht daran interessiert, nur Wohnungen oder Häuser zu bauen, sondern unser Interesse besteht in dem Bau einer Stadt, einer städtischen Umgebung für jedermann und seine Familie.‹ In den 60 Jahren von Finnlands Unabhängigkeit hatte es solches nicht gegeben. Wir hatten schöne alte Städte.

Wir aber wollten eine total neue Stadt bauen, die ganz eigenständig war. Und dies würde eines der größten Probleme dieser Generation eliminieren, nämlich den Verkehr, besonders den Stadtverkehr. Kein Pendelverkehr innerhalb der Stadt, in der man lebte und arbeitete. Alles mußte in derselben sein. Aber als wir mit Tapiola anfingen, verstanden wir, daß wir sehr bald eine weitere Stadt bauen mußten. Wir entwickelten neue Ideen auf dem Gebiet der regionalen Planung. Die Prognose war, daß die Leute vom Norden in den Süden abwanderten, und daß im Jahr 2000 mehr als 1,5 Millionen Leute um Helsinki herum leben würden. Aber auf der engen Halbinsel von Helsinki können höchstens 500 000 bis 600 000 Menschen untergebracht werden. Die restliche Million mußte irgendwo anders wohnen.

1962 veröffentlichte ich meinen nächsten Schritt. Es war der Plan, der vorsah, 500 000 Menschen in der Hauptstadt unterzubringen, den Rest in kleinen unabhängigen Städten mit einer Einwohnerzahl zwischen 50 000 und 200 000. Dies formte mit Helsinki zusammen ein metropolitanisches Gebiet. Da die Entfernung zwischen Helsinki und diesen Städten nicht größer als eine halbe Stunde ist, entstand ein Gebiet großer Kommunikation. Wir bauten keine Wohngegend, keine Nachbarschaft, sondern eine Stadt, mehrere Städte.

Sie sagen und bedauern, daß Tapiola heute nicht mehr als Stadt unabhängig ist. Wir bauten Tapiola innerhalb einer Generation. Das Schaffen einer Stadt erfordert eine lange Zeit. Das Schema für die sieben Städte wird immer noch entwickelt.

Man kann das nicht in einigen Jahren schaffen. Ich kannte die Probleme in unserem Land und auf der ganzen Welt. Deshalb sah meine Philosophie folgendermaßen aus: Während meiner eigenen Generation und den drei folgenden gibt es drei Hauptprobleme, die gelöst werden müssen, die enorme Bevölkerungsexplosion, die die gesamte menschliche Kultur zu zerstören vermag, die Frage von Krieg und Frieden und die Verstädterung, denn die Bevölkerung der Welt wird früher oder später in den Städten leben.

Ich hatte in den sechziger Jahren eine interessante demographische Kalkulation in den Händen, die besagte, daß jede Stadt, wenn man sie in Ruhe ließe, nach drei Generationen nur noch 25% ihrer Population, die sie im Moment hat, haben würde, z. B. London oder New York. Die Städte leben von der ständigen Einwanderung vom Land. Gleichzeitig sind aber die Leute, die in die Städte ziehen, die dynamischsten, kreativsten etc. Die großen Städte sind zu einem Moloch geworden, der oft die kreativsten Seiten und andere Qualitäten der Bevölkerung zerstört. Das Ergebnis ist natürlich auch Kriminalität. Die Stadt zerstört gerade den Teil der Bevölkerung, der am dynamischsten ist und der vom Land kommt. Aus diesem Grund muß die Stadt zu einer richtigen Umgebung werden, in der der Mensch leben kann, nach biologischen, klimatologischen, soziologischen und geistigen Gesichtspunkten. Wenn der Mensch in einer falschen Umgebung lebt, kann er nur sterben. Für mich gibt es jedoch keinen aufregenderen Job, als damit zu beginnen, eine Stadt zu bauen und dann zuzuschauen, wie sie sich entwickelt.«

1.2 Tapiola – Kivenlahti: Probleme, Erfahrungen, heutige Situation

Gespräch mit Veikko Riikonen, geschäftsführender Direktor von Asuntosäätio, und Heikki Kaskelo, leitender Planer von Asuntosäätio

Tapiola ist geplant und gebaut worden von Asuntosäätiö, der 1951 auf Initiative von Heikki von Hertzen gegründeten Wohnstiftung. Sie traf die Tapiola betreffenden Planungsentscheidungen. Anfang der fünfziger Jahre war Espoo ein ländlicher Bezirk mit weniger als 25 000 Einwohnern.

1951 beauftragte »Asuntosäätiö« eine Gruppe bekannter Architekten damit, in Teamarbeit detaillierte Pläne für die erste Nachbarschaft auszuarbeiten und die notwendige Änderung des Bebauungsplans vorzunehmen. Der Bebauungsplanentwurf für Tapiola wurde der Bezirksverwaltung von Uusimaa zur Genehmigung vorgelegt. Bevor der Plan als solcher bestätigt wurde, hatten alle Betroffenen das Recht, ihre Standpunkte vorzu-

Beide Seiten des Zentrums verbindet eine Brücke mit Geschäften. Hier befindet sich auch der Busbahnhof.

Zugänglichkeit und Vielfalt der öffentlichen Räume prägen die Stimmung in Tapiolas Zentrum.

tragen. Danach wurden die Stadtregierung Espoos und verschiedene Ausschüsse von der Bezirksregierung gebeten, ihre Berichte vorzulegen. In manchen Fragen wurden auch die städtischen Behörden Helsinkis um Stellungnahme gebeten.

Diese Arbeit wurde von einem von der Wohnstiftung einberufenen Fachausschuß überwacht. Der Ausschuß setzte sich aus Architekten, Ingenieuren, Soziologen, Landschaftsgestaltern, Volkswirten, Hausfrauen mit langjähriger Erfahrung zusammen. Für jede Nachbarschaft wurden verschiedene Teams gebildet, deren Mitglieder hauptsächlich durch Wettbewerbe ermittelt wurden.

Auf der Suche nach neuen Lösungen wurden bereits ab 1953 Versuchsbauten in vorgefertigter Bauweise erstellt, technische Neuerungen beim Straßenbau, bei der Wärmeversorgung, bei der Straßenbeleuchtung etc. angewandt und neue Schulhaustypen ausgeführt, die auf dem Wege von Wettbewerben gewonnen worden waren.

Während der ersten 10 Jahre bestand noch keine gewählte Stadtregierung, vielmehr fungierte »Asuntosäätiö« als Quasi-Regierung. Sie entwickelte Tochtergesellschaften für Hausverwaltung und Versorgung mit beschränkter lokaler Selbstverwaltung, um der Bevölkerung die Möglichkeit zu bieten, mittels einer Art Teilhaberschaft die laufenden Dienstleistungen zu kontrollieren. »Asuntosäätiö« behielt somit lange die Kontrolle über die Entwicklung Tapiolas.

Die Struktur und Organisation der Wohnungsbaustiftung ist dreiteilig und gliedert sich in Planungs-, technische- und Verwaltungsabteilungen. Der Planungsabteilung obliegt die gesamte Planung: Bebauungsplan, Grundrisse, öffentliche Gebäude sowie Landschafts- und Grünplanung. Die technische Abteilung führt diese Planungen aus. Viele Arbeiten werden auch an Büros direkt vergeben, oder es werden Wettbewerbe ausgeschrieben. Wettbewerbe gab es für folgende Planungsaufgaben: Nachbarschaftsentwürfe, Stadtzentrum, öffentliche Gebäude, Wohnungstypen. So waren über zwanzig Architekturbüros an der Planung Tapiolas beteiligt. Ihre Arbeiten wurden nachträglich von der Planungsabteilung begutachtet, die Entwürfe der Wohnungen ebenfalls von einem interdisziplinär besetzten Gremium beurteilt.

Kontinuierliche Planung und Verwaltung durch eine kleine Kerngruppe, die Entwurf und Konstruktion durch Wettbewerbe oder Auftrag an auswärtige Unternehmen vergibt. Gemeinsame Ausschüsse von Bewohnern und Planern zur Kriterienfestsetzung und Bewertung der Planung wurden gebildet.

Diese Planungsverfahren hatten den Zweck der Effektivitätssteigerung und Flexibilität sowie Unkosten durch einen zu großen bürokratischen Apparat zu vermeiden. Ein weiterer Vorteil dieser Organisationsform für das Endergebnis ist die Kontrolle über die anfängliche Entwicklung der neuen Stadt. Hierdurch konnten Fehlentwicklungen, die von der ursprünglichen Planung abweichen, vermieden werden.

Alle Entscheidungen während des Planungsprozesses von Tapiola 1951–1962 wurden innerhalb des organisatorischen Rahmens der Wohnungsbaugesellschaft getroffen. Anfang 1963 wurde Espoo zur Kleinstadt und somit laut staatlichem Baugesetz berechtigt, über die Bebauungsplanung zu entscheiden. Zu diesem Zeitpunkt war die nördliche und gleichzeitig letzte Nachbarschaft Tapiolas gerade im Bau. Stadt und Wohnungsbaugesellschaft vereinbarten, daß die Stadt für Lageverbesserungen und Kosten der technischen Versorgungseinrichtungen die Verantwortung übernehmen wird.

In den fünfziger Jahren war die ländliche Gemeinde Espoo nicht an der Entwicklung Tapiolas interessiert, da eine Eingemeindung Tapiolas nach Helsinki nicht ausgeschlossen schien. Dieser Zustand der Ungewißheit verschlechterte sich gegen Ende des Jahrzehnts, als die Einwohner Tapiolas Interesse zeigten, ihre Stadt zur Selbständigkeit zu erheben.

Die staatliche Behörde war jedoch nicht mit der Teilung Espoos einverstanden, vielmehr wurde der gesamten ländlichen Gemeinde Espoo die kommunale Unabhängigkeit verliehen; Tapiola verblieb lediglich als ein Teil dieses sich rapide verstädternden Bezirks.

Der Beibehalt Espoos als Einheit hatte Einfluß auf den Generalbebauungsplan Espoos und den Entwurf des letzten Bebauungsplans Tapiola. Es wurde entschieden, daß die zukünftige Stadt auf vier gleichgroßen regionalen Zentren aufbauen soll, wovon eines als administratives Zentrum fungiert. Aufgrund einer Entscheidung des Stadtrates von Espoo sollten Tapiola und Kivenlahti (das nächste Projekt der Wohnungsbaugesellschaft) zu regionalen Zentren entwickelt werden. Heute ist Espoo das viertgrößte städtische Gebiet in Finnland mit ca. 160 000 Bewohnern (1984).

Die Verstädterung begann mit Tapiola und setzte sich in verschiedenen Teilen von Espoo fort. Eine Prognose für das Jahr 2000 sagt eine Bevölkerungszahl von ca. 300 000 voraus.

Die geplante neue Bebauung Tapiolas, 1980.

Ursprünglich ist Tapiola eine der von der »Asuntosäätiö« vorgeschlagenen sieben neuen Städte, um dem Bevölkerungszuwachs der Hauptstadt zu begegnen (das Sieben-Städte-Projekt stellt einen Gegenvorschlag zum Projekt, das von den Behörden aufgestellt wurde, dar, d. h. Bildung einer Regionalstadt).

Das Sieben-Städte-Projekt von 1962 strebte eine Regionalisierung und Rollenverteilung einzelner Städte mit weitgehender politischer Selbständigkeit an. Die zukünftige Entwicklungsvision von H. von Hertzen nimmt die Form von »Uusimaa 2010« an, dem eine weitere Entwicklung des Sieben-Städte-Gedankens mit der Mutterstadt »Capitol City« Helsinki als Basis zugrunde liegt. Mit der politischen Entscheidung über die Bildung einer Regionalstadt Espoo (1972 Stadtrechte) – als Nachbar von Helsinki (1980 – 133 000 EW) – von 47 km² Fläche wird versucht, die unkontrollierte und unkoordinierte Entwicklung der Stadtregion zu verhindern. Nach der Eingliederung Tapiolas zu Espoo wurde seine Dienstleistungskapazität auf (80 000) eine größere Einwohnerschaft als seine eigene (17 000) ausgebaut. Bei der in den letzten Jahren vorgenommenen Erweiterung des Geschäftszentrums hat man sich bemüht, auf die ursprüngliche Zentrumsplanung von Arne Ervi einzugehen.

Nach dem Gespräch über die Entstehungsgeschichte, die Planungsinhalte, Planungsmethoden mit dem »Vater« der Städte Tapiola und Kivenlahti, H. v. Hertzen, habe ich u. a. Gespräche mit dem geschäftsführenden Direktor, Veikko Riikonen, seit 23 Jahren für Asuntosäätiö tätig, Produktionsdirektor Matti Järiinen und einem Direktor eines der mitwirkenden Großunternehmens in Kivenlahti, Kalle Heikki Narinen, Keskus-Sato Oy und dem aktuellen führenden Planer von Asuntosäätiö, Heikki Koskelo, geführt, um die aktuellen Ziele, Probleme, Lösungen und eventuelle Zukunftsplanungen aus den unterschiedlichen Positionen zu erfahren. Besonders aufschlußreich waren die Erläuterungen zur Regionalplanung von Architekt Narinen, welche die kontroverse konkurrierende Position zwischen Helsinki und Espoo klar darstellten. Leider kann hier aus Platzmangel nicht auf diese »nachbarschaftliche Liebe« des Giganten Helsinki und des jungen Streber »Espoo« eingegangen werden.

Tapiola

In Zusammenarbeit mit der Stadt Espoo plant Asuntosäätiö weitere Veränderungen in Kivenlahti und Tapiola. Die aktuellen Probleme in Tapiola sind übergreifende strukturelle und charakteristisch für viele junge Stadtorganismen, aber auch Probleme, die aus der veränderten politischen Situation Tapiolas resultieren.

Koskelo: »Zwischen den zwei planenden Partnern, d. h. Espoo und Asuntosäätiö, besteht eine hervorragende Zusammenarbeit; die Spannungen sind hauptsächlich zwischen der politischen Seite und den Planenden; dabei müssen die Planer in Espoo die Politiker anhören.

Heute sind in Tapiola die wesentlichen Probleme:
- Bevölkerungsrückgang,
- die Veralterung der Bevölkerung,
- Bevölkerungsstruktur – zu viele Akademiker, Beamte, gehobener Stand,
- der Verkehrszuwachs – Durchfahrtsverkehr,
- wesentliche Stadtbildveränderungen im Laufe der Zeit. Das Resultat dessen ist, daß das Stadtzentrum Tapiolas zu einem von vier Regionalzentren Espoos weiterentwickelt wurde.
- Bevölkerungszuwachs in der Umgebung der Gartenstadt Tapiola.

Tapiola war ursprünglich für etwa 17 500 EW geplant, heute leben im ursprünglichen Tapiola vielleicht 12 000. Grund: größerer Wohnflächenbedarf. In den Jahren 1955–1960 waren es 17–19 m²/EW, heute sind es zweimal soviel und in 10 oder 20 Jahren wird die Zahl dreimal so hoch sein.

Aus diesem Grund hat man mehrere Wohnhäuser im Zentrum und in Tapiola gebaut, mit dem Ziel, die Infrastruktur besser auszulasten und die Bevölkerungsdichte zu bewahren und zu verjüngen. Zu diesem Zweck hat man ergänzende Teilbebauungspläne ausgearbeitet.

Bei der Planung Tapiolas hatte man in Espoo mit 40 000 EW gerechnet, heute leben dort 160 000 EW. Die Einwohner von Tapiola haben die Erweiterungen des Zentrums anfangs nicht positiv gesehen; aber jetzt akzeptiert die Mehrzahl der Einwohner Tapiolas das neue große Zentrum und den besseren Dienstleistungsservice. Zusätzliche Arbeitsplätze wurden geschaffen.

Das Design des Zentrums und der Autoverkehr sind Probleme dieser Entwicklung. Wir haben versucht, das Design vom Material und den Maßstab der Häuser abzustimmen, die Höhe und Breite der Masse, wir haben uns bemüht, dies zu kontrollieren.«

Irion: An der Baustruktur Tapiolas ist die vergangene Zeit sichtbar – der technische Zustand, die Materialien, z. B. Eternit, unterliegen sichtbarer Erosion. Sogar das Warenzeichen, der Tapiola-Turm, trägt das Zeichen der Zeit.

Riikonen: »Finnland hat einen strengen und langen Winter. Deswegen führt man jetzt viele Grundrenovierungen durch, um Energie zu sparen. Aufgrund von Erfahrungen in Tapiola und neuen Normen wird in Kivenlahti besseres Material verwendet, u. a. mit besserer Wärmeisolierung, kein Eternit – der ist in Finnland ganz verboten!«

Irion: Die heutigen Probleme Tapiolas resultieren hauptsächlich aus der Entscheidung, Tapiola Espoo einzugliedern und als regionales Zentrum auszuweisen. Dieser große Einzugsbereich des Zentrums, eine maßstabssprengende Erweiterung und die Attraktivität des Zentrums sind heute ein Problem, weil daraus hauptsächlich Verkehrsprobleme resultieren.

Neue Wohnbebauung Tapiolas 1983.

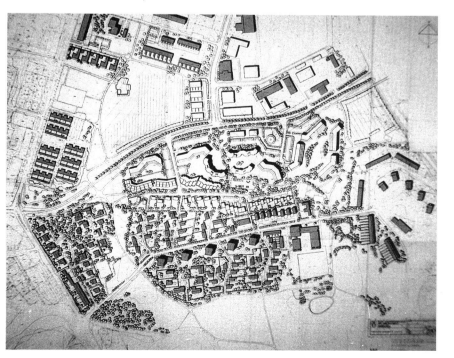

Tapiola. Einheit von natürlicher und gebauter Umwelt.

Riikonen: »Mit der neuen Funktion Tapiolas als Regional-Zentrum traten Lärm- und Umweltverschmutzungsprobleme auf. Tapiola war ein Anziehungspunkt für viele Menschen, für die ›alten‹ Bewohner von Tapiola sind die neuen Durchgangsstraßen von großem Nachteil, und ›Asuntosäätiö‹ hat Widerstand geleistet, aber man braucht die Straßen, um in das Zentrum zu gelangen. Es gibt zu wenig Parkplätze. Wenn man die Atmosphäre, das Milieu, die Attraktivität des Zentrums erhalten will, kann man nicht zu viele Parkplätze bauen – dies ist der Konflikt.

Den Durchgangsverkehr kann man vielleicht durch neue Umgehungsstraßen eliminieren, aber es leben schon so viele Menschen in den Gebieten und möchten natürlich in das Zentrum kommen, und das bedeutet immer Verkehr. Tiefgaragen sind zu teuer. Die Zahl der Autos wird wahrscheinlich noch steigen.

Man muß eine demokratische Lösung finden, bei der die Bewohner für ihr Haus gemeinsam die Lösung suchen – Nachdemokratie nennen wir das. Tapiola ist für die aus dem Land ausgewanderten Menschen ideal, weil unsere Wurzeln in der Erde und im Wald liegen. Tapiola ist nicht Dorf und nicht Stadt – es liegt dazwischen, es vereint beides. Für die Finnen ist es besser als für andere in der Welt, weil wir isoliert leben wollen, mehr mit der Familie. Wir suchen keine Nachbarschaft – wir wollen nicht nahe beieinander wohnen. Urbanisierung ist in Finnland eine neue Erscheinung.«

Die Planer Tapiolas stellten sich die Stadt als ein im Gleichgewicht stehendes System vor, das den Menschen dient, ihnen Unterstützung und Sicherheit bietet, ihren Bedürfnissen im hohen Maß entgegenkommt, ohne die natürliche Umwelt zu zerstören. Es wurde ein Grenzwert für die durchschnittliche Einwohnerdichte angenommen. Um diese Ziele zu erreichen, mußte die Bevölkerungsdichte gering bleiben. Die maximale Dichte wurde auf 25 Personen pro Morgen Land (65 Personen/ha) festgesetzt, d.h. das vorgesehene Gelände von 600 Morgen (ca. 240 ha) konnte 16–17 000 Bewohner umfassen.

Kaskelo: »Die Dichte 65 EW/ha ist nicht erreicht worden. Die höchst erreichte Dichte war 58 EW/ha. Heute ca. 45 EW/ha. Man begann 1951, und die letzten Wohnungen von dem ursprünglichen Stadtplan sind Mitte der sechziger Jahre entstanden, beinahe 20 Jahre später. Der Lebensstandard ist gestiegen, in dieser Zeit haben wir meistens 70 m² große Wohnungen gebaut, die Belegung ist heute viel geringer. Ein weiteres Problem ist, bei Wachsen oder Verkleinern der Familie innerhalb Tapiolas in eine entsprechend größere Wohnung umzuziehen.

Es sind zu wenig Mietwohnungen für untere Einkommensgruppen vorhanden. Verantwortlich hierfür sind die Finanzierungsmethoden, die zu der hohen Eigentumsquote geführt haben.

Der Anteil an Einfamilienhäusern ist ebenfalls zu gering, dies ist wiederum auf die Finanzierung zurückzuführen, von Arava wurden bevorzugt Mehrfamilienhäuser gefördert. Allerdings sind die nicht subventionierten Wohnungen und öffentlichen Einrichtungen ausgesprochen teuer.«

Der beträchtliche Anteil an Mehrfamilienhäusern entspricht den Planungsgrundsätzen hinsichtlich Dimension und Dichte, dies begünstigt eine gewisse Kompaktheit der Besiedlung an den Rändern ausgedehnter öffentlicher Grünflächen. Die meisten Wohnungen sind klein. Hier besteht ein Zusammenhang zu den Kreditvergabebedingungen der Arava (staatliche Organisation für die Vergabe langfristiger Kredite mit niedrigen Zinsen).

Trotz des geringen Anteils an Einfamilienhäusern und überwiegend kleinen Wohnungen ist Tapiola attraktiv, weil die Menschen in schöner Umgebung und gesunder Umwelt wohnen möchten. Das bestätigt die These von von Hertzen, daß das Schwergewicht der Bedürfnisse, die in einer Siedlung erfüllt werden müssen, außerhalb der Wohnung liegt.

Das Ziel war, eine Stadt zu bauen, die dem Menschen und seinem häuslichen Leben, seiner Freizeit und Erholung gewidmet sein sollte. Kinder und Jugendliche sollten in einer ungefährdeten Umgebung aufwachsen. Dem Verkehr wurde keinerlei Vorrang eingeräumt, er mußte im Gegenteil Einschränkungen hinnehmen und durfte nur den Interessen der Bevölkerung dienen. Es galt, eine Stadt zu schaffen, in der alle notwendigen Funktionen vereinigt sind und im Einklang miteinander stehen.

Um Luftverschmutzung und andere Belastungen zu vermeiden, wurde in Tapiola nur leichte Industrie zugelassen, z.B. hat einer der bedeutendsten Verlage Finnlands seinen Sitz dort. Anfangs schritt die Entwicklung der Wohnquartiere schneller voran, als die der Arbeitsplätze. Mittlerweile wurden aber in zunehmendem Maße Arbeitsplätze im Dienstleistungs- und Handelssektor geschaffen. Allmählich nähert sich die Zahl der Arbeitsplätze der erwerbstätigen Bevölkerung, obwohl immer noch ein beträchtlicher Pendleranteil zu verzeichnen ist.

Tapiola

Trotz steigender Verkehrsbelastungen funktioniert in Tapiola ein harmloses vom Fahrverkehr getrenntes schönes Fußgängerwegesystem. Keine mehrgeschossigen Bauten, Untergänge und Brücken – mit einer Ausnahme im Zentrum – mußten vorgesehen werden.

Tapiola ist in Finnland ein besonders erfolgreiches Beispiel, sowohl aus unternehmerischer Sicht als auch hinsichtlich der erreichten biosozialen Ziele und der offenkundigen Umweltqualität. Tapiola (nach Tapio dem legendären Waldkönig genannt) ist eine richtige Stadt, in der Menschen im Walde wohnen können, wie die Urfinnen in den vergangenen Jahrhunderten.

Im Gegensatz zum klassischen städtischen Milieu wurde in Tapiola der Natur der Vorrang eingeräumt. Die Architektur mußte sich trotz ihrer wichtigen, zentralen Funktion unterordnen.

Tapiola hat stark experimentellen Charakter und ist dementsprechend auch als Pilot-Projekt konzipiert. Mißt man Tapiolas Grundzüge an ursprünglichen Zielsetzungen, so kann man von einem beispiellosen Erfolg sprechen. Wie bei keinem anderen Projekt sind hier die Gartenstadtideale verwirklicht worden; fast alle Ziele wurden erreicht.

Tapiola ist ein wichtiges Modell der Stadtentwicklung, über die Grenzen Finnlands hinaus. Es steht exemplarisch für die Möglichkeiten einer privatunternehmerisch betriebenen Stadtplanung, die unter Marktbedingungen bestehen muß, aber zugleich primär bewohnerorientiert ist.

Die intensive Fallstudie weist darauf hin, daß viele der Ziele und Vorgehensweisen in Finnland und in anderen Ländern gültig und allgemein anwendbar sind. Trotzdem wird in manchen Aussagen die Bedeutung dieses Ergebnisses bestritten, von bestimmten führenden Regierungsmitgliedern wird nachdrücklich behauptet, Tapiola sei einzig dem Zufall bestimmter Umstände zu verdanken, u.a. staatlicher Unterstützung, und ließe sich demzufolge nicht mehr wiederholen. Diese Angriffe sind wohl Ausdruck psychologischer und politischer Dynamik.

Als Modell ist es unter Berücksichtigung und Anpassung an lokale Besonderheiten anwendbar, denn die Gemeinsamkeiten und Parallelen zu anderen Orten sind vielfältig und überwiegen die Unterschiede.

Riikonen: »Nur eine spezielle Organisation kann einheitliche selbständige Gartenstädte schaffen, nicht das Kommunalwesen (Gemeinde) oder der Staat.

Die Voraussetzungen für die Übertragung als Modell einer Stadt sind:

– nicht zuviel Bürokratie,
– nicht zuviel Demokratie,
– öffentliche Finanzierung,
– genügend Kapital,
– genügend Amortisationszeit eines Darlehens,
– zum großen Teil Eigentumswohnungen und einige Mietwohnungen.

Die Finanzierung des Wohnungsbaues ist sehr schwer, Kapital wird von den Verbrauchern gesammelt.

Man sollte im voraus die Entwicklung der Umgebung von Tapiola durch eine Vorplanung beeinflussen, einen Flächennutzungsplan, um den heutigen Druck auf Tapiola zu vermeiden. Die Ränder sollten klar definiert sein.«

Das Fehlen eines ausreichend dimensionierten Grüngürtels oder einer anderen definierten Grenze, um zukünftige Zersiedlung zu verhindern, wäre angesichts gegenwärtiger Entwicklungen eine überzeugende und unbedingt nötige Maßnahme. Somit ist ein wichtiges theoretisches Ziel einer Gartenstadt nicht erreicht worden, d.h. nach der Erreichung der optimalen Größe darf es »keine Konzentration der Bevölkerung oder Zersiedlung am Rand geben, sondern eine neue Stadt müßte gebildet werden«.

Tapiola bietet einen hohen Qualitätsstandard hinsichtlich der Umwelt und der lebendigen Gemeinschaft, eine Anregung, um die stereotype Vorstellung über Urbanität zu überdenken. Tapiola ist auch ein Vorbild der Organisation, Planung und Verwaltung.

Mit Worten H. von Hertzens läßt sich die Erfahrung mit Tapiola wie folgt zusammenfassen: »Gute Planung hat sich als ökonomisch erfolgreich erwiesen. Es ist die bestmögliche Investition..., die Probleme der modernen Stadtplanung sind nicht ökonomischer Natur. Das Hauptproblem sind die Einstellungen der politisch Verantwortlichen.«

Ende der sechziger Jahre kamen aber die Kritik an Tapiola und der Trend zum urbanen kompakten Städtebau. Es war eine Modewelle – der Geist der Zeit. In Kivenlahti wurden diese Ideen aufgegriffen, und bewußt wurde eine urbane Stadt konzipiert. 1961 hatte die Wohnungsbaugesellschaft mit der Planung einer neuen Gemeinde, Kivenlahti, begonnen, und zwar um der Planungsfreiheit willen in einer ländlichen Gegend. Anfang 1966 bekamen die finnischen Städte Planungshoheit.

Die Wohnungsbaustiftung Asuntosäätiö begann mit diesem neuen Projekt 1961, nachdem sie das Stensvik-Gelände erworben hatte und lieferte hierzu umfas-

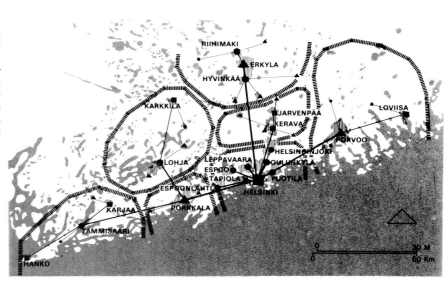

Plan Uusima 2010.
In dieser Studie von Asuntosäätiö wurden die Grundprinzipien des Sieben-Städte-Plans bekräftigt und mit Veränderungen weiterentwickelt.
Die Region wird in acht Verwaltungsgebiete untergliedert. Unter diesen acht Bezirken dominiert die Stadtregion Helsinki, die sich wiederum aus acht Teilgebieten zusammensetzt; das Oberzentrum Helsinki wird durch sieben Städte, darunter auch Tapiola, entlastet und ergänzt. Im Gegensatz zu dem Sieben-Städte-Plan sind aus den sieben Städten sieben Subregionen mit jeweils einem städtischen Zentrum geworden.

■ Zentren 1. und 2. Ordnung
▲ Zentren 3. Ordnung mit direkter Verbindung nach Helsinki
● Zentren 4. Ordnung
▶ Zentren 5. Ordnung
▲ Zentren 6. Ordnung
• Zentren 7. Ordnung
⫶⫶⫶ Begrenzung einer Subregion (insgesamt sieben)

sende Vorstudien, u. a. ›Uusima 2010‹. Grundlegend für die Planung einer Zwillingsstadt an der Espoo-Bucht waren die Erfahrungen mit Tapiola.
In Kivenlahti wurden jedoch hohe Dichtwerte festgesetzt. Das Ziel waren 135 EW/ha, dies ist mehr als zweimal so viel wie in Tapiola. Ein Grund war, kompakt urban zu bauen, aber auch die Zentralisierung, bessere Dienstleistungen und Ausnutzung des Zentrums, Aktivitäten und kurze Wege.
Riikonen: »Dies waren Pseudo-Argumente nach den guten Erfahrungen mit Tapiola. Die hohe Dichte, die Kompaktheit des Konzeptes sind Ausdruck des damaligen Trends, d. h. Urbanität, Faszination an Bautechnologien, großen Flächen und Maßstäben.«
Die Wertung muß noch offengehalten werden. Eine plausible und überzeugende Begründung für die festgelegte Dichte wurde mir von H. v. Hertzen gegeben, d. h. die Tatsache, daß die Dichtewerte sich nur auf das Grundstück beziehen und nicht auf die Bucht Espoo, die eine enorme zusätzliche Fläche den Bewohnern zur Verfügung stellt. Außerdem wurde die festgelegte Dichte nicht erreicht.
Das Kivenlahti-Projekt ist weit umfangreicher als Tapiola. Die Wohnungsbaugesellschaft ist dabei, eine Stadt zu planen und zu bauen, die im Jahr 2000 etwa 40 000 EW haben soll.
Zu planerischen Zwecken war bereits vor einigen Jahren die Einteilung des Gebiets von Espoo in vier städtische Einheiten beschlossen worden: Tapiola, Leppävaara, Muurala und Espoonlahti-Kivenlahti mit zentraler Verwaltung in Muurala. Für jede Stadt wurde die maximale Bevölkerungszahl fixiert. Neben Dichte und Planungsverfahren wurden neue kooperative Organisations- und Ausführungsmethoden ausgearbeitet.
Asuntosäätiö bot zwei weiteren Wohnungsbaugesellschaften (Keskus-Sato Oy und Polar Rakennusosakeyhtiö, die einen beträchtlichen Teil des Gebiets an der Bucht von Espoo besitzen) die Möglichkeit zur Mitarbeit.
Diese drei Organisationen und die Stadt Espoo schlossen 1966 einen sogenannten regionalen Bauvertrag für das Projekt.
Durch diesen Vertrag wurde eine neue Phase in den Beziehungen zwischen der Wohnungsbaugesellschaft und der Stadt eingeleitet. Aufgrund der Vereinbarungen wurde es der Wohnungsbaugesellschaft ermöglicht, nach der Fertigstellung Tapiolas, den Bau Kivenlahtis weiterzubetreiben, wobei im Falle Kivenlahtis die Situation eine andere ist wie in Tapiola, da Stadt und Asuntosäätio mit beiderseitigem Einvernehmen miteinander kooperieren.
In Kivenlahti beruht die Kooperation auf Vereinbarungen, die man als »Magna Charta« des Bauens in Finnland bezeichnen kann. Ausschlaggebende Gründe für den Miteinbezug von weiteren Unternehmen zur Realisierung Kivenlahtis waren politischer und wirtschaftlicher Art.
Riikonen: »Wir hätten Kivenlahti allein planen und bauen können, es war aber politisch nicht möglich. Diese Zusammenschließung an Kräften und die Zusammenarbeit waren eine wichtige und gute Entscheidung. In der Gesamtplanung waren wir uns einig, und dies ermöglichte die Realisierung Kivenlahtis nach ursprünglichen Zielen.
Kivenlahti ist heute ein Stadtteil von Espoonlahti, und innerhalb von Espoo sind die Positionen und Rollen Tapiolas und Kivenlahtis vollständig anders. In Tapiola war Asuntosäätiö die planende und ausführende Macht, in Kivenlahti hat das Planungsmonopol die Stadt Espoo. In Espoonlahti gibt es verschiedene Grundbesitzer, aber in Kivenlahti besitzen hauptsächlich wir das Land.
Das wichtigste war, daß die verschiedenen Teile richtig zusammen spielen, die Ausgewogenheit der unterschiedlichen Interessen zu erreichen, ohne die wichtigsten Ziele zu verlieren.
Die wichtigsten Errungenschaften sind, daß es Asuntosäätio gelungen ist, ein solchermaßen schönes einheitliches Grundstück für eine zukünftige ›Stadt‹ – heute Stadtteil Espoonlahti – zu erwerben.
Durch seinen Standort vereint Kivenlahti die Funktio-

Kivenlahti

Lage – Verbindungen – Schwerpunkte – Skizze.

Plan für die Zwillingsstadt an der Espoo-Bucht.
Die neue Doppelstadt an der Süd-West-Küste von Espoo sollte zu beiden Seiten der Espoo-Bucht gelegen sein. Sie weist einige hervorragende Standortbedingungen auf – Vorzüge der außergewöhnlichen naturräumlichen Situation für Wohnen und Freizeit – expandierende Industriegebiete entlang der Eisenbahnlinie von Espoo nach Kirkonummi bieten für die Bevölkerung der neuen Stadt Arbeitsplätze in geringer Entfernung.
Drei weitere Gewerbegebiete waren vorgesehen, davon eines in Kivenlahti.

Topographie, ist ein hervorragendes Stück modernen Städtebaus.
Einige Probleme haben sich dennoch ergeben. Die Pläne für Kivenlahti waren die letzten vor der großen Ölkrise, und man hat das Programm, Konzept und die Realisierungszeit auf Wachstum ausgerichtet. Die Rahmenbedingungen haben sich geändert.«
Koskelo: »Wir versuchen, kleine Änderungen mit kleinen Schritten, um die großen Züge des Stadtkonzeptes zu erhalten, und wir haben heutzutage die schwierigste Baustelle in unserer Hand und können diese realisieren, es ist nicht so schwer, Wohnungen dort zu verkaufen, aber es ist viel schwerer als in Tapiola.
Kivenlahti ist etwas weiter entfernt von Helsinki, es ist ein neuer Stadtteil und hat noch nicht den hohen Status wie Tapiola. Das Zentrum wurde jetzt gebaut, es gibt keinen so guten Service.
Natürlich sind einige Sachen sehr gut in Kivenlahti, so zum Beispiel das Meer, der Standort. Kivenlahti ist eine kompakte Stadt, das ist eine andere Form. In der Zeit, als man Kivenlahti plante und zu bauen angefangen hat, dachte man, daß die Menschen gerne kompakt-urban wohnen. Aber nachher hat sich gezeigt, die Menschen möchten mehr die lockere, durch Natur durchdrungene Bebauung.«
Auffallend in Kivenlahti ist die Konzentration von Parkplätzen in den ersten realisierten Wohngebieten. Es widerspricht der Zielsetzung, »Auto und Straße dürfen die Landschaft nicht beherrschen«.
Ca. 30% der Familien besitzen ein Boot. Die heute in Kivenlahti vorhandenen Bootsplätze reichen nicht aus – es ist ein enormer Bedarf vorhanden.

nen, Wohnen und Freizeit, wunderbare Natur und Landschaft.
Die reichlich ausgewiesenen Flächen für Arbeitsplätze und Dienstleistungen im Gebiet, gute Erschließung durch vorhandene Autobahn sind ein Entwicklungspotential, das selten irgendwo zu finden ist.
Die Einbeziehung von Alvar Aalto u. a. in die Vorplanung Kivenlahtis war eine wichtige Entscheidung.
Die gute Zusammenarbeit der Planer mit der Stadt Espoo und Asuntosäätiö führten zu einem qualitativ hohen städtebaulichen Konzept. Das Eingehen auf die Lage, die Verbindung von Stadt und Meer, Stadtbildqualitäten, fußgängerläufige Entfernungen zu Arbeitsplätzen und Freizeit, das Respektieren von Natur und

163

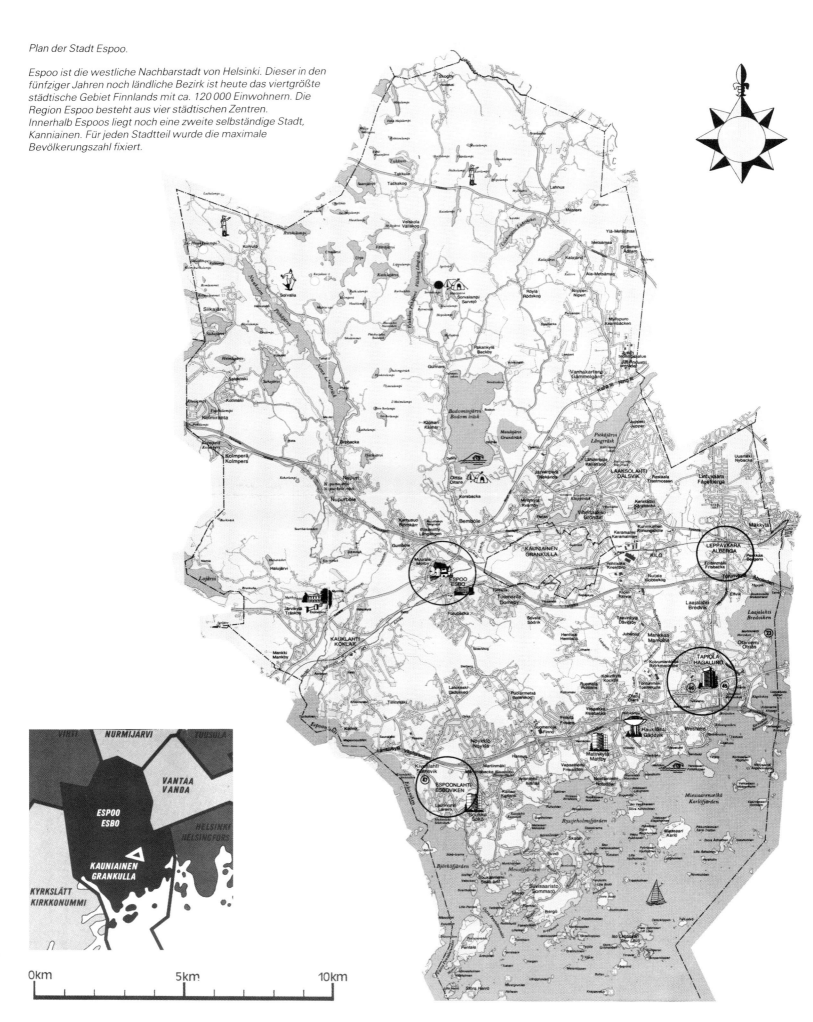

Plan der Stadt Espoo.

Espoo ist die westliche Nachbarstadt von Helsinki. Dieser in den fünfziger Jahren noch ländliche Bezirk ist heute das viertgrößte städtische Gebiet Finnlands mit ca. 120 000 Einwohnern. Die Region Espoo besteht aus vier städtischen Zentren. Innerhalb Espoos liegt noch eine zweite selbständige Stadt, Kanniainen. Für jeden Stadtteil wurde die maximale Bevölkerungszahl fixiert.

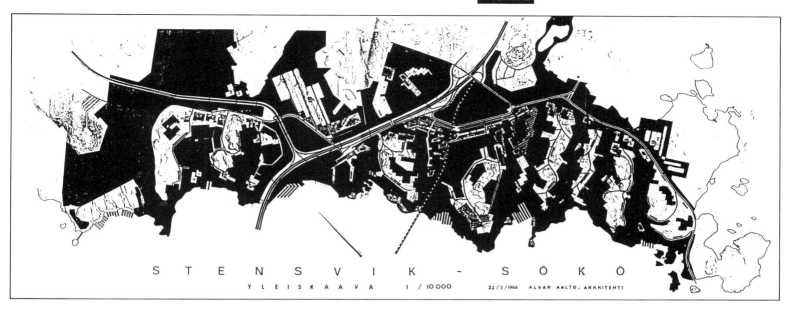

Generalplan für Kivenlahti, Plan des Abschnittes der Espoo-Bucht, Alvar Aalto, 1966. Er zeigt eine interessante Lösung für die Organisation des Fuß- und Fahrverkehrs, beide Verkehrssysteme greifen fingerförmig ineinander über und kreuzen sich an nur wenigen Stellen.

Südwestküste von Espoo. Espoonlahti besteht aus 3 Einheiten; Soukka, Kivenlahti und Laurenlahti, denen insgesamt 11 km Küste zugeordnet ist.

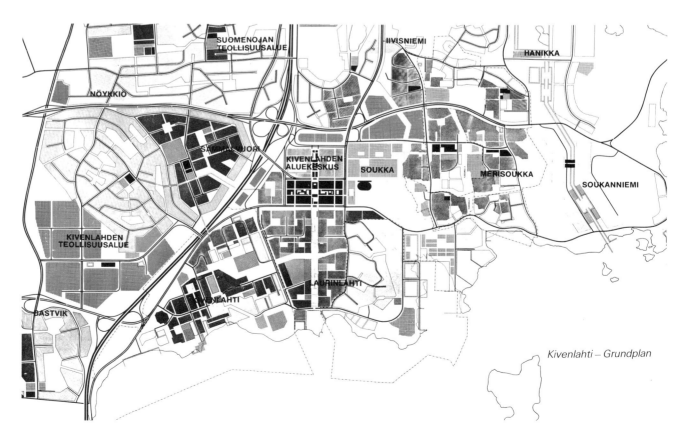

Kivenlahti – Grundplan

*Kivenlahti. Planung.
Der Plan für Kivenlahti wurde im
Planungsamt Espoo von Bror Söderman
erarbeitet und ist das Ergebnis einer engen
Zusammenarbeit zwischen der Stadt
Espoo und dem Planungsteam der Wohnungs-
baugesellschaft Asuntosäätiö.*

Amfi Kivenlahdessa. Terrassenförmige Wohnanlage.

Ein Problem ist die mit manchen Ausnahmen sehr uninteressante Bauform. Der Hauptfußweg wird in die Wohnblocks integriert.

Riikonen: »Die Bauformen sind leider dominierend! Es war ein Schnitt ins eigene Fleisch. Aber heute nicht mehr – jetzt sucht man gestalterische Qualität, z. B. das neue Zentrum Kivenlahtis oder Amfis.
In Tapiola findet man nicht viel interessante Wohnhaus-Architektur. Die Natur schafft die Qualität, nicht die Häuser.
Finnland ist ein kleines Land mit wenig Geld. Die Herstellungskosten müssen so niedrig wie möglich gehalten werden, denn wir mußten jede Wohnung verkaufen. Die heute gebauten Häuser sind schön, aber teuer. Wir haben aber keine leerstehenden Wohnungen wie in anderen Ländern.
In Kivenlahti wurde mit 70–80% staatlichen Darlehen gebaut, aber nicht so günstig wie früher – das Geld ist teurer.«

Die heutige Bauphase bringt strukturelle gestalterische und funktionelle Attraktivitäten. In Kivenlahti sind Zukunftsperspektiven, d. h. Entwicklungsperspektiven vorhanden.
Im Sinne der Gartenstadtidee wurde in Tapiola erfolgreich eine Reihe von Zielen verwirklicht, aber auch darüber hinausgehende Neuerungen wurden angestrebt. Im Vergleich zu anderen New Towns ließ sich in Tapiola ein hohes Maß sowohl an praktischem unternehmerischem Erfolg als auch eine beachtliche Qualität des natürlichen und sozialen Milieus erzielen, u. a.: Erhalt und Schaffung einer hohen Qualität der natürlichen Umgebung, 50% der Fläche Tapiolas besteht aus öffentlichen Grünflächen, wobei eine Vielfalt in Größe und Art der öffentlichen Räume erreicht wurde. Maßgeblich für die natürliche Umgebung ist die beispiellose Art, in der die Wohngebiete von Waldzonen durchdrungen sind. Abgesehen von funktionalen Kriterien wurde großer Wert auf gestalterische Qualität gelegt, und zwar unter größtmöglicher Bewahrung und Integration natürlicher und gebauter Umgebung.

Einrichtungen, welche die soziale Interaktion und den Gemeinschaftssinn der Bewohner unterstützen: Informations- und Bildungsprogramme, Freizeitaktivitäten sowie hohe Zufriedenheit, die sich auch in der politischen Vitalität und Einigkeit widerspiegelt, geringe Kriminalität und demzufolge keine Polizei.
Angesichts der hohen Anteile an Arbeitsplätzen läßt sich Tapiola nicht als Schlafstadt bezeichnen. Die sozialen Schichten, die Mischung der Wohnformen und die Vielfalt der Aktivitäten weisen Tapiola als sehr städtisch aus. Es bestätigt sich die Howardsche Annahme, daß eine optimale Stadt weder zu groß noch zu klein ist. Die Kombination dieser Qualitäten mit der Größe, Dichte und Einwohnerzahl gibt Anlaß zur Reformulierung dessen, was städtisch ist.
Trotz Betonung der funktionalen Ziele ist es den Planern von Tapiola gelungen, zugleich ein großes Kunstwerk, das Sinne, Gefühle und Verstand erfreut, zu schaffen. Wahrscheinlich ist dies einer wahrhaft breiten Definition dessen, was menschliches Wohlbefinden ausmacht, zu verdanken, aber auch dem Einsatz

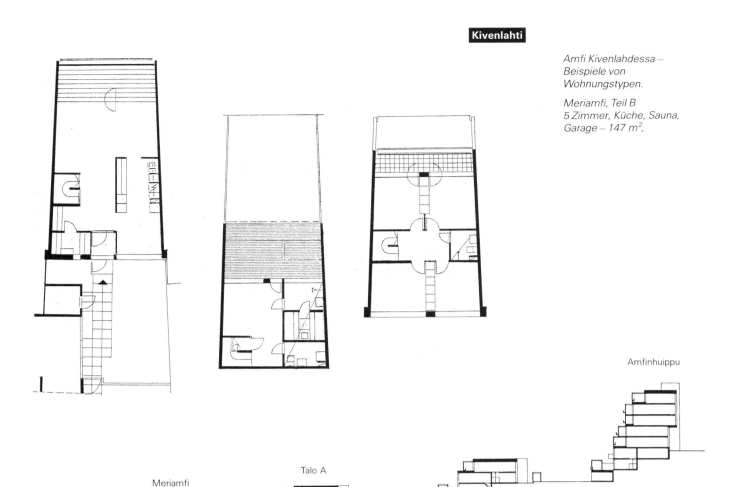

Kivenlahti

Amfi Kivenlahdessa – Beispiele von Wohnungstypen.

*Meriamfi, Teil B
5 Zimmer, Küche, Sauna, Garage – 147 m²,*

von starken Persönlichkeiten und hochqualifizierten Gestaltern sowie der Erhaltung der Natur und Integration von natürlicher und gebauter Umgebung.
Die Erhaltung dieser Qualitäten Tapiolas in der Zukunft ist eine wichtige Aufgabe.
Riikonen: »Das wichtigste für die Zukunft Tapiolas ist, das Gute an dieser Stadt nicht zu verderben. Es wäre wünschenswert, daß alles so bliebe wie es jetzt ist, d. h. das Bild der Gartenstadt zu bewahren und den Durchfahrtsverkehr zu begrenzen. Die größte Gefahr ist, daß Espoo in Zukunft den Boden besitzt und dann neue Grundstücke für Bebauung ausgewiesen werden. Es wird notwendig, die Wohnungen zu renovieren und zu erneuern. Geplante Maßnahmen für die Zukunft in Tapiola und Kivenlahti:
— durch Begrenzung der Geschwindigkeit und andere Maßnahmen den Verkehrslärm zu eliminieren,
— mehr Arbeitsplätze zu schaffen,
— mehr Handwerk und Wohnservice, Industrie im Stadtviertel,
— zukünftige Wohnform: Einfamilienhäuser und mehrgeschossige Wohnhäuser, auf drei Stock beschränkt,
— Freizeiträume für alle Altersstufen.
Wenig Entwicklung und geringe Veränderung; im Prinzip sollte es so bleiben – man muß die Qualitäten Tapiolas überwachen und schützen.
Zukunftsprognose: Im Hinblick auf die elektronisch-technische Entwicklung ist es möglich, größtenteils zu Hause zu arbeiten, das wird den Wohnflächenbedarf steigern und viele Veränderungen mit sich bringen.«
Tapiola ist die erfolgreiche Realisierung der Vorstellung Ebenezer Howards, daß die Stadt ein lebendiger Organismus ist, der nicht nur nach innen funktioniert, sondern sich äußerer Bedrohung erwehren kann und der anpassungsfähig ist.

Kivenlahti. Die Gestaltung der Uferzone.

Tapiola als urbaner, multifunktionaler Mittelpunkt in einer ländlichen, rasch verstädterten Gegend, ist gegenwärtig das dominante attraktive städtische Zentrum in Espoo. Mit der weiteren Verstädterung und Konsolidierung der vier Stadtzentren Espoos kann Tapiola allmählich seine Position verlieren. Das wird aber letztendlich von den politischen Kräfteverhältnissen in Espoo abhängen.

Kivenlahti wurde relativ früh planerisch und politisch integriert – es kann eine Chance, aber auch ein Entwicklungshindernis werden. Die zukünftige Entwicklung Kivenlahtis und Tapiolas innerhalb von Espoo mit seiner enormen Fläche ist offen. Das Konzept Espoo ist auf großes Wachstum bedacht gewesen.

Koskelo: »Tapiola hat aufgrund seines Images eine besondere Stellung, auch das Zentrum wird ein Kaufzentrum von Espoo bleiben. Das Verwaltungszentrum baut man im Espoozentrum.«

Erfahrungen mit Tapiola zeigen, daß ein derartiges Projekt nicht nur auf lokaler Ebene, sondern auch im regionalen und nationalen Maßstab zu politischen Auseinandersetzungen führt, deren Verlauf entscheidend das Ergebnis der Planung beeinflußt.

Für eine Bewertung Kivenlahtis ist es noch zu früh. Man kann bloß ahnen, wie sich die Entwicklung vollziehen wird. Allein die Tatsache, daß Asuntosäätiö eine neue zweite »Stadt« oder einen Stadtteil bauen kann, ist ein Beweis für Flexibilität, Durchsetzungsvermögen und Weitsichtigkeit von Asuntosäätiö. Neue Strategien wurden entwickelt, um gesetzte Ziele zu realisieren. Die neuen politischen Kräfteverhältnisse wurden in Form von neuen kooperativen Arbeitsmethoden und in Verträge umgesetzt, und die Zielstrebigkeit und die Zielsetzung bleiben durch die Verbindung mit anderen Baugesellschaften erhalten.

Im Hinblick auf die finanzielle, politische, organisatorische und ökonomische Durchführbarkeit ergeben sich jedoch die heutigen Hauptprobleme – Ausdruck dessen sind die Baustruktur, Wohnform und Bautechnologien. Dies hat sich letztens in Richtung Qualität positiv verändert. Kivenlahti wird immer schöner!

Kivenlahti hat die Stellung einer Strandstadt und, wenn alle Strandhäuser gebaut werden, steigt die Attraktivität, die Wasserelemente sind ein wichtiger zukunftsweisender Entwicklungsfaktor.

Riikonen: »Kivenlahti ist noch nicht fertig gebaut. Unser Ziel ist es, die Stadt fertigzustellen und eine gut funktionierende und schöne Gemeinde zu schaffen. Wir wollen dort noch mindestens 5–10 Jahre bauen und daraus eine Gemeinde bilden, die neben anderen Stadtfunktionen, Wohnen und Freizeit miteinander verbindet. Kivenlahti ist einzigartig in Finnland, nicht bloß wegen der einmalig schönen Lage. Es wird so etwas wie Kivenlahti in der nächsten Zukunft nicht geben. Heute gibt man solchen Organisationen wie Asuntosäätiö diese Art Aufgabe nicht mehr. Die politischen Kräfte werden es nicht mehr ermöglichen – unser politischer Einfluß wird immer kleiner. In der Zukunft trägt die Stadt Espoo die Verantwortung für Tapiola und Kivenlahti.«

»Ich bin überzeugt, daß im Städtebau der Standort entscheidend ist und das Ergebnis nicht nur von der allgemeinen Entwicklung Espoos und dem politischen Kampf abhängig sein wird, sondern dieses Gebiet durch den einmalig schönen Standort Kräfte in sich trägt, die sich in Zukunft durchsetzen werden.« Diese Hoffnung und positive Zukunftsperspektiven von Heikki von Hertzen haben sich bestätigt. Asuntosäätiö plant und baut u. a. weitere neue Wohngebiete in kleinerem Maßstab, die sich durch hohe funktionelle und gestalterische Qualität auszeichnen.

Wohnanlage »Amfi«. Geparkt wird im Erdgeschoß.

Sechs Großsiedlungen in Schweden:
Drei Generationen modernen Städtebaus in Stockholm

Stockholm-Vällingby
Planung: 1950–1956

Planungsgeschichte

Um der Wohnungsnot der vierziger Jahre zu begegnen, wurde beschlossen, selbständige Stadtteile mit guten Verkehrsanbindungen zur City zu bauen. Die Stadtteile sollten neben Wohnungen auch Arbeitsplätze und umfangreiche öffentliche Einrichtungen und Dienstleistungen enthalten.
Voraussetzungen:
– Bodenpolitik – umfangreicher Bodenbesitz der Stadt Stockholm,
– neue städtebauliche Ideen – inhaltlich wurde die Planung durch Veröffentlichung Lewis Mumfords beeinflußt,
– die staatliche Wohnungspolitik,
– politische, gesellschaftliche und wirtschaftliche Entwicklung,
– leistungsfähige Verkehrsbedingung durch die U-Bahn.
Die Grundprinzipien für die neuen Stadtteile sind im Generalplan für Stockholm von 1952 enthalten.
Leitidee:
– Planung von Nachbarschaftseinheiten für ca. 50 000 Einwohner mit Stadtteilgruppenzentren,
– alle Funktionen zu vereinen.
Der erste Plan dieser Art ist der von Vällingby (ABC-Stadt)   A – Arbeit (Arbete)
                            B – Wohnung (Bostad)
                            C – Zentrum (Centrum)
Der Zeitraum zwischen Beginn der Planung und der Fertigstellung der Siedlung betrug ca. sechs Jahre.
Die Vällingbygruppe umfaßt die Stadtteile: Racksta, Grimsta, Vällingby, Hasselby Gard, Hasselby Strand, Blackeberg.
Schon in den vierziger Jahren war dieses Gebiet Gegenstand von Planungen.
Planrevisionen: 1946, 1948, 1949, 1952
Die Planrevision 1952 beinhaltet eine größere Verdichtung (durch verringerten Anteil an Einfamilienhäusern), und zwar auf 44 000 EW (1946 42 000 EW).

- 1950 – wurde der Generalplan angenommen
- 1951 – Svenska Bostäder erhält Auftrag, das Zentrum von Vällingby zu planen und zu bauen
- 1954 – Einweihung und Eröffnung des Zentrums
- 1956 – Einzug der Bewohner
- 1962 – Fertigstellung der Wohnungsquartiere
- 1966 – Ausbau der Zentrumsanlage Vällingby

Grundgedanken – allgemeine Ziele

Der Bau des Stadtteils Vällingby steht als Anfang eines neuen Stadtprogramms von Stockholm. Dieses sieht ein Netz neuer Stadtteile vor, die verkehrsmäßig mit der City verbunden sind. Ziel war es, lebendige Vororte zu schaffen, ohne die soziale und kulturelle Verbindung mit der Mutterstadt abzuschnüren. Nicht Satelliten- oder Trabantenstädte sollten entstehen, sondern Stadtteile, die eine teilweise Autonomie hinsichtlich der sozialen Institutionen, des kommerziellen Zentrums und der Arbeitsplätze beinhalten.
Die grundlegende Idee für das räumliche und funktionelle Konzept ist das Prinzip der fußläufigen Erreichbarkeit von U-Bahn und allen Einrichtungen.

Konzept

Vällingby befindet sich im westlichen Vorortgebiet von Stockholm und wurde als erste Stadtteilgruppe gemäß den neuen Prinzipien gebaut. Jeder Stadtteil der Vällingbygruppe ist in Nachbarschaftseinheiten von 2000–4000 EW aufgeteilt und mit einem kleinen Zentrum ausgerüstet. Jede Nachbarschaftseinheit ist eine funktionelle Einheit. Die Nachbarschaftseinheiten sind von den Verkehrsadern begrenzt, die jede für sich ein Nahzentrum mit Park und Spielplatz, Schulen und Kinderheimen hat. Am Rande dieser Einheiten liegen Parkplätze, Spielplätze für Kleinkinder sind in unmittelbarer Nähe der Wohnhäuser gelegen. Die Gebäude sind vom Zentrum zu den Randgebieten hin abnehmend gestaffelt.
Die höchsten Häuser liegen direkt rings um das Zentrum herum. Niedrige Mehrfamilienhäuser – überwiegend mit drei Stockwerken – befinden sich innerhalb eines Kreises von 500 m, den äußeren Ring bilden Einfamilienhäuser (ca. 1000 EH) in einer Entfernung bis zu 900 m vom Zentrum und der U-Bahn.
Durch eine umfassende Verkehrsdifferenzierung sollte ein minimaler Verkehr innerhalb der Wohngruppe erreicht werden.

Allgemeine Daten

Entwicklung der EW-Zahl während der sechziger Jahre:

Groß Väll.	84 011	84 027	91 250	–	–
V. Gruppe	58 321	57 217	51 150	47 988	–
Kerngebiet	23 502	23 018	20 450	–	15 000
	1962	1964	1969	1970	1977

Wohndichte

	Kerngebiet[1] Vällingbys	Vällingby-gruppe[2]	Groß-Vällingby
Einwohnerzahl	23 700	58 700	82 500
Anzahl der Wohnungen	7 390	18 850	26 500
Fläche	528 ha	1 092 ha	5 500 ha
Grad der Ausnutzung	45 EW/ha	54 EW/ha	15 EW/ha
Fläche pro Einwohner	223 m²	186 m²	665 m²
Wohndichte pro Zimmereinheit	0,96 Pers.	0,92 Pers.	0,89 Pers.

1) Einschließlich Freiluftgebiet Grimsta, 200 ha
2) Einschließlich Industriegebiet Johannelund.

Die Bevölkerungszahl Vällingbygruppe war am 31. 2. 1970: 47 988. Die Anzahl der Wohnungen ist etwa 19 050, davon 8% in Einfamilienhäusern. Problem: Die Anzahl der Wohnungen ist gestiegen und die Einwohnerzahl gesunken.

Zahl der Arbeitsplätze:
1960 – 9 000 (Vällingbygruppe)
1966 – 13 000
Vällingby-Zentrum – 2 200 Arbeitsplätze

Einkaufszentrum mit Gemeinschaftseinrichtungen.
Schulen:
Unterstufe	13
Mittelstufe	11
Oberstufe	10
Gymnasien	2
Kindertagesstätten:	1 748 Plätze
Spielplatz:	11 Spielgebiete mit Spielleitung

Vällingby-Zentrum

Die Zentrumsanlage von Vällingby kann als eine Synthese aus den mehr traditionellen Stadtkernen und den Einkaufszentren nach amerikanischem Vorbild betrachtet werden. Es bietet der stadtteileigenen Bevölkerung sowohl

	Wohnungen
	Öffentliche Einrichtungen
	Schulen, Kindertagesheime
	Arbeitsplätze
	Hauptstraßen, Parkplätze
	Parkanlagen
	Spielplätze
	Geh- und Fahrradwege
	U-Bahnhaltestellen
	Stadtteilgrenze

1:10000 0 500 m

kommerziellen als sozialen Service und kulturelle Einrichtungen, ist aber gleichzeitig eine bequeme und konkurrenzfähige Ergänzung zur Stockholmer City. Einzugsbereich von ca. 100 000 EW, U-Bahnhaltestelle und Autobuszentrale befinden sich im Zentrum.

Programm:
Parkplätze	etwa	1 250
Detailhandel (einschl. Lagerräume)	etwa	31 500 m²
Apotheke, Post, Banken, Friseure	etwa	8 000 m²
Ärztehaus, soziale und kulturelle Anlagen	etwa	6 500 m²
Büros (mit Lagerräumen)	etwa	20 000 m²
Restaurant und Konditoreien	etwa	4 500 m²

Gesamter Rauminhalt einschl. Kirche, Kollektivhaus-Gemeinschaftshaus, Hochgarage, Polizeirevier usw. etwa 102 000 m²
wovon Svenska Bostäder 87% verwaltet.
Baukosten: I + II Ausbaustufe 85 Millionen Kronen.

Verteilung der Wohngrößen:

57% 2 Zimmer und Küche oder kleiner
28% 3 Zimmer und Küche
10% 4 Zimmer und Küche
 5% 5 Zimmer und Küche oder größer
Problem: Die meisten Wohnungen sind klein und entsprechen nicht dem heutigen Standard.

Wohnformen:
1- u. 2geschossig – Flachbau
3- u. 4geschossig – Mittelhochbau
5geschossig u. höher – Hochbau

Entfernungen – Lage

15 km nordwestlich der City
Mehrfamilienhäuser – U-Bahn 500 m
Einfamilienhäuser – U-Bahn 900 m
Die Fahrzeit mit der U-Bahn in die City beträgt 27 Minuten.

Quelle:
Stockholms Stadsbyggnadskontor

Stockholm – Tensta/Rinkeby

Planungsgeschichte

- 1964 wurde der Generalplan angenommen
- 1967 begann in Tensta der Einzug
- 1970 wurde das Tensta-Zentrum eröffnet

Grundgedanken – Allgemeine Ziele

Tensta und Rinkeby wurden etwa zur gleichen Zeit wie Bredäng (Skarholmengruppe) geplant, jedoch in anderer Form. Es sollte ein neuer Typus eines Vorstadtmilieus geschaffen werden, der die Vorzüge von Stadt und Land miteinander verbindet (Dichte und Geräumigkeit).

Konzept

Dichte Bebauung (als Grundlage für Infrastruktur), um gleichzeitig Freizeitgebiete zu ermöglichen.
Getrennte Straßensysteme für PKW und Fußgänger wurden hier konsequent durchgeführt. Die Hierarchie der Wege und Straßen ist durch Bebauung und Grün klar definiert.

Wohnhäuser: Im Norden 6geschossige Mehrfamilienhausbebauung, nach Süden abgestuft.
Das Zentrum Tensta ist als langgestrecktes Band ausgebildet und von geschlossener Bebauung begleitet. Typische halboffene Hofbebauung.

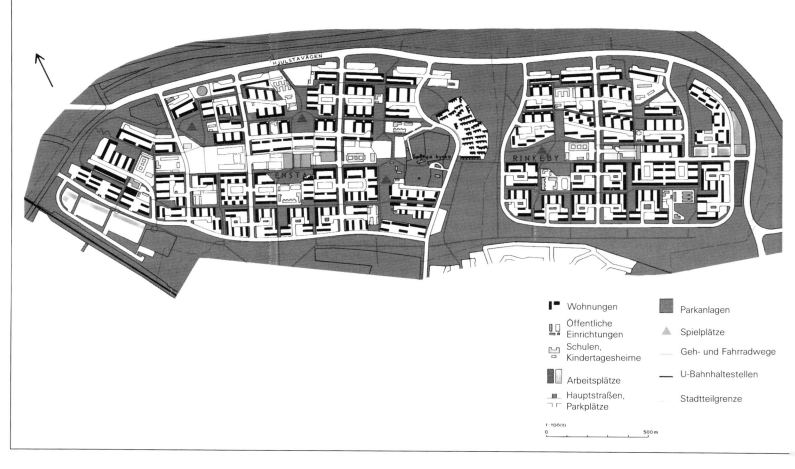

Legende:
- Wohnungen
- Öffentliche Einrichtungen
- Schulen, Kindertagesheime
- Arbeitsplätze
- Hauptstraßen, Parkplätze
- Parkanlagen
- Spielplätze
- Geh- und Fahrradwege
- U-Bahnhaltestellen
- Stadtteilgrenze

1:10000 0 – 500 m

Zentrum Tensta (links).
Zentrum Rinkeby (unten).

A2 1:200

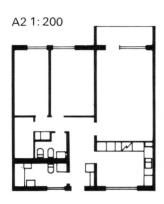

Typ A2.
Planung: Ab Svenska
Bostäder, 1967
Sechsgeschossiges
Laubenganghaus, 1971
85,1 m²,
875 Kronen Miete monatlich
inklusive Heizung

B 1:200

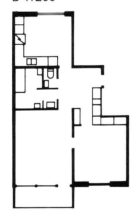

Typ B.
Planung: Ab Stockholmshem
Dreigeschossiges Lamellen-
haus, 1971
66 m²,
552 Kronen Miete monatlich
inklusive Heizung

Allgemeine Daten

Bevölkerungszahl: 21 077 (Dez. 70)
Anzahl der Wohnungen
bei vollem Ausbau: 11 000
davon: 3,5% Einfamilienhäuser
96,5% Mehrfamilienhäuser

Infrastruktur

Einkaufszentrum mit
Gemeinschaftseinrichtungen
Schulen:
Unter- und Mittelstufe 8
Oberstufe 3
Gymnasium 1
Kindertagestätte 1050 Plätze

Verteilung der Wohnungsgrößen:
25% 2 Zimmer und Küche oder kleiner
50% 3 Zimmer und Küche
25% 4 Zimmer und Küche oder größer

Entfernungen

Die Fahrzeit mit der U-Bahn Tensta-T-Centrale
dauert 20 Minuten. Es dauerte 10 Jahre, bis die
U-Bahn ausgebaut wurde.

Probleme

Isolierung und falsche Belegungspolitik.
Extreme, soziale Probleme, schlechtes Image.
Konzentration von Ausländern.

Quelle:
Stockholms Stadsbyggnadskontor

Kista. Zentrum.

Stockholm – Järvafältet
Planung: 1968–1975

Planungsgeschichte

Järvafältet war seit 1905 ein Armee-Übungsgebiet von ca. 5000 ha Größe und liegt zwischen den Gemeinden Stockholm, Sundbyberg, Solna, Sollentuna, Järfälla. Der Verkauf dieses Gebietes durch den Reichstag ermöglichte 1961 die Überplanung der Fläche für zivile Nutzungen. Die Planung erfolgte in Zusammenarbeit mehrerer Gemeinden.

- 1962 – Entwurf eines Development-Plans
- 1963 – wurde beschlossen, die U-Bahn bis nach Järvafältet zu verlängern
- 1965 – Das Planungskomitee Järvafältet wird gebildet
  Master-Plan (Generalplan) für Husby, Akalla und Kista.
- 1970 – Erster Area-Plan
- 1972 – Area-Plan »Kista working area«
- 1973 – Area-Plan »Kista residential area«
- 1974 – Einzug der ersten Bewohner in Husby und einige Monate später Akalla
- 1975 – Area-Plan »Akalla working area«
- 1976 – Einzug der ersten Einwohner in Kista.

Planungsstufen:

A – Development-Plan
  M 1:20 000, 1:10 000, legt allg. Flächennutzungen fest, durch den Stadtrat 1969 verabschiedet.

B – Master-Plan
  M 1:4000. Das Gebiet des »Development-Plans« enthält 4 »Master plan areas« – 4 Master-Plan-Gebiete. Detailliertere Darstellung als A. Verschiedenartige Wohngebiete werden dargestellt. Grundlage für die Ermittlung der Wohnungsanzahl und die Dimensionierung der verschiedenen Einrichtungen. Verabschiedet durch den Stadtrat 1970/71 und durch die Regierung bestätigt.

C – Area-Plan/Gebietsplan
  Für jede städtische Einheit wurden auf der Grundlage des Master-Plans 4 Area-Pläne von Wohngebieten entwickelt. Drei umfassen jeweils einen Bezirk mit 10 000 Bewohnern, der vierte umfaßt 3 000 Bewohner und zusätzlich gibt es einen Area-Plan für die Gewerbegebiete von Kista und Akalla sowie einen weiteren für die Erholungsgebiete. Der Area-Plan stellt ein kommunales Entwicklungsprogramm für die physische Umwelt dar sowie eine Zusammenstellung der diese Entwicklung betreffenden städtischen Vorstellungen. Dieser Plan soll zeigen, wie der Stadtteil im Endeffekt aussehen und funktionieren wird:
  - Straßenführung,
  - Gebäudegrenzen,
  - Freiflächen,
  - Öffentliche Einrichtungen und Dienstleistungen

  verabschiedet durch den Stadtrat 1970.

D – Town-Plan
  Hier werden technische und administrative Belange in Übereinstimmung mit den Bestimmungen des Baugesetzes geregelt. Zunächst wird auf der Grundlage des »Area-Plans« ein vorläufiger »Town-Plan« erstellt. Daraufhin wird vom Amt für Planung und Baukontrolle ein genauer Plan für die Technische Prüfung erstellt. Bevor eine endgültige Fassung beschlossen wird, werden durch das Bauamt Fragen der Baugenehmigung erörtert. Town Plan Husby 1 wurde 1972 verabschiedet.

Grundgedanken – allgemeine Ziele

Aufteilung von Norra Järvafältet in drei Stadtteile: Husby, Akalla, Kista.

- Bewahrung der wertvollsten Teile des Geländes und der alten Besiedlung,
- Schaffung von wohnungsnahen Arbeitsplätzen,
- Angebot eines vielfältigen Wohnungsbaus mit Hochhauswohnungen, mittelhohen Gebäuden und »erdnahem« Flachbau,
- möglichst kurze Entfernungen zu den Freizeiteinrichtungen und den Haltestellen der U-Bahn (500 m) und Busse (Gehabstand für die Einfamilienhäuser 300 m bis zur Bushaltestelle),
- flexibles Serviceangebot – Gebäude nutzungsflexibel,
- geringe Entfernung von den Wohnungen zu Läden des täglichen Bedarfs,
- Schaffung eines vielfältigen Wohnumfeldes,
- Trennung von PKW und Fußgängerverkehr,
- zusammenhängendes Netz von Fußwegen für Behinderte,
- hoher Verdichtungsgrad in den einzelnen Gebieten, um den Anteil der bebauten Flächen zu reduzieren.

Konzept

Konzept 1968
- ein Dispositionsplan sah eine Bebauung für ca. 100 000 Personen vor,
- 1/3 der Gesamtfläche als Freifläche
- und ca. 70 000 Arbeitsplätze.

Im weiteren Verlauf der Planung wurden die Bevölkerungszielzahlen reduziert.

Jeder Bereich hat zentrale Versorgung mit kommerziellem Sektor, öffentlichen Einrichtungen, Freizeiteinrichtungen und U-Bahn-Station.

Ein neues Konzept in der Wohnungsbauplanung stellte das »residential recreation« dar. Die Spiel- und Freizeitzentren liegen in Grünflächen zwischen den Wohnquartieren. Teil der Kinderbetreuungseinrichtungen und Freizeiteinrichtungen für die einzelnen Blocks sind auch für Benutzung durch Erwachsene offen.

Mit dem Ziel einer leichteren Identifikationsfindung der Bewohner mit ihrem jeweiligen Stadtteil, sollte jeder Teil einen spezifischen Charakter erhalten.

Husby – Das Charakteristische an Husby ist eine ins Gelände eingeschnittene, tiefergelegte Hauptdurchgangsstraße mit Stichstraßen in die Wohnquartiere. Der Wohnungsbau ist homogen 5geschossig und in Hofform angeordnet. Die Gebäude sind farblich unterschiedlich gestaltet, um jeder Hausgruppe ein eigenes Gesicht zu geben.
Anzahl der Wohnungen: 2985; Geschoßfläche der Wohnhäuser: 254 070 m^2; Wohnfläche: 208 440 m^2; Nebenflächen, Garagen: 68 000 m^2; Nebenflächen, übriges: 18 000 m^2; Produktionskosten: 347 Mill. Kronen; Bauherr: AB Sfenska Bostäder: Architektur, Bauleitung.

Akalla – 13geschossiger Wohnungsbau nahe der U-Bahn und dem Zentrum über einer Tiefgarage. Wohnblöcke mit 2 oder 4 Geschossen sind um diese Gebäude gruppiert. Akalla hat etwa 4 200 Wohneinheiten, wovon 25% in 1- u. 2geschossigen Gebäuden und 40% in Hochhäusern (10- bis 13geschossig) liegen.

Kista – Beinhaltet das Hauptzentrum. Die Wohngebiete sind möglichst nahe dem Zentrum angegliedert. Dahinter Gruppen kleinerer Häuser verschiedener Art. In dem Kista-Wohngebiet wurden etwa 3 600 Wohnungen gebaut. Davon befinden sich etwa 800 in dem sogenannten »Kleinhaus«-Gebiet. Die Gesamtzahl der Parkplätze im Zentrum beträgt 1 168, wovon 600 unter dem Zentrum liegen.

Im Zentrum Kistas befindet sich auch eine Kirche, ein Sportzentrum, eine Schwimmhalle, ein Sportplatz und Schulen. Kindergärten liegen teilweise an Spielgebiete angrenzend oder direkt im Wohngebiet.

Husby – charakteristische
Hofbebauung (links).

Akalla – Zentralachse
(unten).

Technische Infrastruktur:

Ver- und Entsorgungsleitungen in zwei separaten unterirdischen Tunnelsystemen – flexibel gegen zukünftige Veränderungen. Das ganze Norra Järvafältet-Gebiet ist mit Druckluftabfalltransportsystem versehen.

Stadtteilzentrum-Kista:
Der Geschäftsteil des Zentrums enthält u. a. zwei Warenhäuser und ca. 40 Fachgeschäfte sowie Apotheke, Post, Monopolgeschäft, Restaurant, Kino und Kinderladen. Die überdachte Innenanlage umfaßt 38 550 m^2, davon 5 300 m^2 Gehfläche, Plätze. Unterhalb der Verkaufsetage – Lager, Parkplätze u. a. 3 200 m^2. Der soziale Teil besteht aus verschiedenen Einrichtungen des öffentlichen Dienstes, u. a. Wohlfahrtsamt, Krankenkasse, Gesundheitszentrum mit Ärzten und Zahnarztpraxis. Das Treffzentrum enthält Bibliothek, Cafeteria, Restaurant, Klubräume, Versammlungsräume für Vereine, Filmvorführungen und Theater.

Entfernungen

Die Fahrzeit mit der U-Bahn in die City beträgt 21 Min. für Akalla und 24 für Kista.
Kista 12 km, Akalla 14,3 km.
Der innere Teil von Norra Järvafältet ist ca. 8 km vom Zentrum Stockholms entfernt.

Arbeitsplätze:
25 000 Arbeitsplätze für eine Bevölkerung von ca. 30-35 000.
Die Hauptstraßen und Verbindungsstraßen im Abstand von mindestens 300 m zu den Wohngebieten.

Flächenbilanz:
Der Master-Plan legte ein Bezirks-Zentrum in Kista fest. Insgesamt sind es ca. 250 ha Gewerbegebiet, 200 ha Wohngebiet, 330 ha Erholungsfläche und 70 ha Verkehrsfläche, zusammen etwa 850 ha.

Allgemeine Daten

Bevölkerungszahl bis 1978 (geschätzt) 30 000
Zahl der Wohnungen (geplant) 13 100
davon: 9,5% Einfamilienhäuser
       90,5% Mehrfamilienhäuser.
Wohnform-Gebäudehöhe:
1- u. 2geschossig   30%
4- u. 6geschossig   50%
9- u. 12geschossig   20%
Wohnungsgröße:
2 Zimmer und Küche   30%
3 Zimmer und Küche   50%
4 Zimmer und Küche   20%

Infrastruktur

Zentrum mit teilweise integrierten Einrichtungen (Einkaufszentrum mit Gemeinschaftseinrichtungen)
Schulen (geplant)
Unterstufe, Mittelstufe   7
Oberstufe   3
Gymnasium   1
Kindertagesstätten (geplant 3 550 Plätze)
Spielplätze: 11 Spielplätze mit Spielleitern.

Quelle:
Kista, Husby, Akalla, A digest for planners...! Stockholm 1976
Husby, Wohnsiedlung...! Architektur 5/1975
Daten:
Stockholms Stadsbyggnadskontor

1 Einführung und Begründung der Auswahl der Stadtteile für diese Studie

Diese Studie befaßt sich u. a. mit dem Bauen neuer Vororte in zwei großen Städten Schwedens der Nachkriegszeit.

Schweden hat während der Nachkriegszeit ein neues Stadterweiterungskonzept geschaffen, auf den der schwedische Sozialstaat einen ausschlaggebenden Einfluß ausgeübt hat.

Bis Anfang der siebziger Jahre wurden 27 neue Stadtteile Stockholms fertiggestellt, im großen und ganzen den Gedankengängen entsprechend, welche im Generalplan des Jahres 1952 für Stockholm gesammelt sind.

Die Gründe für die Entstehung dieses neuen Stadterweiterungskonzeptes Stockholms waren die Wohnungsnot und die Bevölkerungsprognosen.

Die große Wohnungsnot um die Mitte der vierziger Jahre machte einen raschen Bau neuer Wohngebiete in großem Ausmaße notwendig. Ein wichtiger Grund für die Entscheidung, neue Stadtteile zu bauen, war die Veröffentlichung von neuen Bevölkerungsprognosen in der Mitte der vierziger Jahre. Man setzte damals voraus, daß die Bevölkerung von Groß-Stockholm viel schneller zunehmen werde, als man früher glaubte, und daß man innerhalb von 25 Jahren, d. h. bis 1970, für 400 000 Menschen neue Wohnanlagen mit allem, was dazu gehört, zu bauen habe.

Darum wurde beschlossen, den Wohnungsbestand zu vergrößern, indem man verhältnismäßig selbständige Stadtteile mit raschen und bequemen Verbindungen zur inneren Stadt erbaute. Das Stockholmer U-Bahnsystem war bereits beschlossen, als man dieses Planprinzip annahm.

Diese Stadtteile sollten sowohl Wohnungen als auch Arbeitsplätze enthalten, und sie sollten ihren Einwohnern auch umfangreichen sozialen, kommerziellen und kulturellen Service anbieten. Durch die Planung neuer Arbeitsgebiete hoffte man, einem Teil der berufstätigen Bevölkerung Arbeitsmöglichkeiten anbieten und dadurch die Anzahl der Pendelfahrten vermindern zu können.

Das neue Stockholmer Stadterweiterungskonzept, dieses funktionalistische Stadtkonzept, hat eine bedeutende Wirkung auf andere Länder gehabt, besonders in den fünfziger und sechziger Jahren. Vorbildlich war die Intensivität, neue Ideen zu realisieren, Zahl und Tempo der gebauten »Vororte«.

Wir nahmen eine stratifizierte Auswahl vor und untersuchten Stadtteile, die den Trend vom schwedischen Städtebau deutlich charakterisieren. Die ausgewählten drei Generationen von Vororten der fünfziger, sechziger und siebziger Jahre sind aufgrund von theoretischen Planungsprinzipien aufgebaut, aber es gibt zwischen ihnen große Unterschiede in der Skala, Form, Dichte, der räumlichen Gestaltung und ästhetischen Prägung.

Die ausgewählten Untersuchungsgebiete sind:

1. Vällingby – ein führendes Beispiel der fünfziger Jahre. Ausdruck von Zukunftsoptimismus und Enthusiasmus für die funktionalen und soziologischen Überlegungen im Städtebau.

2. Tensta/Rinkeby – Ausdruck der planerischen und architektonischen Ideale der sechziger Jahre wie »Brutalismus«, »urbanes Leben«, Dichte, Geometrie, Technisierung; geprägt hauptsächlich durch Verkehr und »ökonomisches« Bauen.

Tensta/Rinkeby ist ein wichtiges Auswertungsprojekt. Es ist ein typisches Beispiel für die zweite Generation. Kritik und Erfahrungen führten zum Umdenken im Städtebau, im Bereich der Planung, Programmierung und besonders des Realisierungsverfahrens. Hier werden nun neben kurzen Grundinformationen hauptsächlich die gewonnenen Erfahrungen dargestellt.

3. Norra Järvafältet – Husby, Akalla, Kista.

Typische Nachbarschaftsgruppen der siebziger Jahre, die auf der Basis massiver Kritik (u. a. von Tensta/Rinkeby) entstanden sind. Jede der drei Nachbarschaften hat eine andere Form. Ein neuer Aspekt ist die Rolle des Sozialarbeiters – die Nachbarschaftsarbeit, bei der Entstehung der einzelnen Nachbarschaftseinheiten.

Anhand dieser ausgewählten Nachbarschaftsgruppen stellen wir einen Teil der gesamten Entwicklung und Verwandlung der schwedischen Stadt exemplarisch dar.

Ziel dieser Studie ist neben der geschichtlichen Darstellung der drei Generationen von ausgewählten »Vororten« – Nachbarschaftsgruppen – auch die Vorstellung der Gründer-»Väter« der Stadtteile.

2 Voraussetzungen für die Entstehung von neuen Stadtteilen (Vororten) Stockholms

Bis Anfang der siebziger Jahre wurden 27 neue Stadtteile Stockholms fertiggestellt, im großen und ganzen den Zielen und dem Stadterweiterungskonzept entsprechend, welche im Generalplan des Jahres 1952 für Stockholm dargestellt sind.

Die folgenden Voraussetzungen waren wesentlich für den Bau dieser Stadtteile:
a) die Bodenpolitik – die Stadt besaß ausreichend unverbauten Grund und Boden,
b) neue Ideen, vor allem angelsächsischen Ursprungs,
c) die staatliche Wohnungspolitik.

Eine wichtige Grundlage war die Voraussicht der Stadtväter seit 1904, Grundstücke, Bauernhöfe und Waldgebiete außerhalb ihrer damaligen Grenzen einzukaufen. Diese Grenzen zog man nach und nach weiter nach außen. Die Stadt besaß oft den Boden 20 Jahre, ehe sie ihn für die Bebauung benötigte.

Um 1930 herum begründete man den intensiveren Bodenerwerb damit, daß man auch für Rekreationszwecke Gelände reservieren mußte. Spätere Änderungen in der Bevölkerungsprognose und damit auch in den Generalplänen, hatten zur Folge, daß große Teile von diesen ursprünglich für Freiluftleben eingekauften Gebieten bebaut werden durften. Neue Gemarkungen für Freizeitleben wurden als Austausch weiter draußen erworben.

Nach sechzig Jahren besaß die Stadt Stockholm etwa 70% allen Bodens außerhalb der inneren Stadt und innerhalb ihrer neuen Grenzen. Ein Gesetz aus dem Jahre 1953 räumte der Stadt die Möglichkeit von Enteignung unverbauten Bodens ein, der für die Bebauung mit Wohnhäusern im Erbbaurecht erforderlich sein könnte, und 1967 kam das Gesetz betreffend des kommunalen Vorkaufs von Grund und Boden zu gleichen Zwecken. Diese beiden Gesetze haben den Bodenerwerb der Stadt erleichtert.

Schon von Anfang an hat man für den Wohnungsbau Grundstücke mit Erbbaurecht verpachtet. Seit über zwanzig Jahren gilt dies auch für Industriegelände.

Der Ideeninhalt der Pläne
Die zweiten, wesentlichen Voraussetzungen waren die neuen städtebaulichen Ideen, sie fanden in Schweden einen schnellen und begeisterten Eingang und führten zur Realisierung.

Eine Planung in sogenannten Nachbarschaftseinheiten wurde gegen Ende des Zweiten Weltkrieges aktuell und gründete sich u. a. auf Lewis Mumfords »The Culture of Cities« (Kultur der Städte), die im Jahre 1938 in USA erschienen war. Die Entwicklung des neuen Vorortbaus in Schweden wurde durch die Tatsache angeregt, daß 1942 das Buch Lewis Mumfords ins Schwedische übersetzt und von dem kooperativen Verband herausgegeben wurde. Dies bedeutete u. a. eine weite Verbreitung des Begriffs und der Idee der Nachbarschaftsplanung.

Die Zeit war für diese Ideen reif. Die Nachbarschaftsplanung in den vierziger Jahren war eine Idee, welche sowohl der Entwicklung expansiver Kräfte der Nachkriegszeit in Schweden entsprach als diese auch beinhaltete.

Die Nachbarschaften wurden von drei Gesichtspunkten aus betrachtet. Markelius und seine Mitarbeiter redeten über die »funktionelle Einheit«, womit verstanden wurde, daß die Bewohner der Vorortssiedlungen billigerweise über Schulen, Läden, Erholungsflächen, öffentliche Verkehrsmittel und womöglich auch Arbeitsplätze verfügen können sollten. Beim Anordnen der Wohngruppen sollte also unbedingt Rücksicht genommen werden auf die Möglichkeit, diese Anlagen leicht erreichen zu können.

Der zweite Aspekt war der soziologische. Die Nachbarschaft wird als die notwendige Primärgruppe in der Stadt gesehen. In den Primärgruppen Familie und Nachbarschaft entwickelte sich ein Wir-Bewußtsein, und man hegte die Auffassung, daß die dortigen Bewohner im Verlauf der Zeit vielleicht das Gefühl einer sozialen Einheit entwickeln würden. Dieser soziale Aspekt war somit Begründung Nummer zwei.

Der dritte Aspekt war der architektonische. Es war den Stadtplanern sehr wichtig, daß die Nachbarschaftseinheit, wie es später Professor Kevin Lynch vom Massachusets Institute of Technology ausgedrückt hat, »eine deutbare Gestaltung mit Umrandung und Kern haben soll«.

Es wird nach einer Identität mit einer Ästhetik gesucht, eine Relation zwischen sozialen Verhältnissen und der physischen Gestaltung formuliert.

Der funktionalistische Aspekt hat in Schweden bestimmte humanistische Züge, besonders in seinen Motivierungen. Die schwedische Nachbarschaftseinheit unterscheidet sich in einer wichtigen Hinsicht von der Perrys: der Handel und Community-Centre sind verbunden.

Die Größe der Nachbarschaftseinheit, ihre Dimensionierung, ist hauptsächlich durch zeitgebundene Normen bestimmt und dadurch historisch variabel. Die Nachbarschaftseinheit ist in erster Linie für Familien mit Kindern und Alte gedacht, sie ist dem individuellen Verkehr angepaßt, mit dem Ziel die Bewohner zu schützen.

Seit 1945 wurde das Prinzip von der Trennung der Verkehrsarten, das sogenannte Radburn-Prinzip, Vermeidung von Kreuzung des Fußgängerverkehrs mit dem Schnellverkehr, mit ungleichen Mitteln und unterschiedlichem Erfolg angewandt.

Zu dieser Zeit hatte Schweden einen Kraftwagenbestand von 45 Wagen auf 1000 EW. Aber diese Zahl stieg bald auf 200 Wagen per 1000 EW (1962).

Sven Markelius unterstreicht auch Zusammenhänge zwischen Größe und Nachbarschaftseinheiten und funktionsfähigen Zentren:

»Eine wichtige Bedingung für den Bau neuer Gebiete ist, daß sie hinsichtlich ihres Umfangs und ihrer Einwohnerzahl groß genug sein müssen, denn der Fehler der älteren Vororte ist vor allem ihre zu geringe Größe.«

»Der innere Ring der Vororte ist mit wenigen Ausnahmen aufgeteilt in viele kleine Einheiten mit bis zu 10000 EW, schlecht ausgestatteten Zentren, es besteht nicht die Möglichkeit einer Gruppierung um ein größeres Zentrum herum.

Wenn so ein Zentrum mit Kaufhäusern, Geschäften für den gehobenen Bedarf, Freizeiteinrichtungen, Theater und Kino ausgestattet sein soll, dann muß die Planung auf einer anderen Basis erfolgen.«

(Sven Markelius, in: The Structur of the Town of Stockholm in: Byggmasteren 1956, A 3, S. 73.)

»Um 1950 war man sich im klaren über die Tatsache, daß ein Einzugsgebiet von 10000 Einwohnern nicht groß genug war für ein vollständiges Zentrum mit einer guten und variierten Reihe von Läden. Man kam zur Schlußfolgerung, daß man wenigstens 25000 Menschen dafür brauchte.« (G. Sidenbladh)

Seit 1950 plante Stockholm Nachbarschaftseinheiten in Gruppen für etwa 50000 Einwohner.

Neben den Erkenntnissen über den Zusammenhang zwischen funktionsfähigen Zentren und der Zahl der Einwohner hatten auch die Bevölkerungsprognosen in der Mitte der vierziger Jahre eine ausschlaggebende Bedeutung auf die Gesamtkonzeption. Man hat vorausgesetzt, daß bis 1970 für 400000 Menschen neue Wohnanlagen mit allen Dienstleistungen etc. zu bauen sind.

Der ursprüngliche Plan sah vor, die Stadt als einen zentralen Bezirk von großer Wohndichte mit einem Ring von Vororten mit niedriger Wohndichte und vorwiegend mit Einfamilienhäusern zu umgeben. Man mußte diesen Plan ergänzen durch einen äußeren Ring von neuen Vorstädten von ziemlich großer Bebauungsdichte. Die Durchführung setzte die Anbindung dieser neuen Einheiten an die Stadtmitte durch U-Bahn und anschließende Vorortslinien voraus, für die Fahrt zum Stadtkern, wo stets ein bedeutender Teil der Arbeitsplätze, der Büros und der Läden bleibend ihren Platz haben werden.

Wenn auch der Privatwagen mehrere grundsätzliche Auffassungen, die ursprünglich das Gebilde der Vorortsiedlungen motivierten, zerstört hat, sind durch ihn doch einige der Probleme der Nachbarschaftsplanung gewissermaßen noch wichtiger geworden. Um die zukünftigen Verkehrsprobleme zu lösen, heute und morgen, mußten den Pendlern öffentliche Verkehrsmittel zur Verfügung gestellt werden.

Diese schnellen Verbindungen zur Stadt müssen von der Wohnung aus in kurzer Entfernung zu Fuß erreichbar sein. Also wurden weitere neue Wohnsiedlungen gebaut, die wie Nachbarschaftseinheiten aussehen, aufgebaut auf der Grundlage allgemeiner Planungsprinzipien. Das Zentrum bei der U-Bahnstation wurde kleiner angelegt als vorher, und die wichtigste Geschäftstätigkeit für die größeren Wohneinheiten werden in größeren Zentrumsanlagen im Stadtteilgruppenzentrum gesammelt. Natürlich liegen auch diese an einer Station der schnellen U-Bahn und sind umgeben von ausgedehnten Parkplätzen und Parkhäusern.

Die dritte ausschlaggebende Voraussetzung für die Entstehung der großzügigen Stadtplanung Stockholms ist die politische, gesellschaftliche und wirtschaftliche Entwicklung.

Die Wissenschaftler Mals Franzen und Evo Sandstedt fassen ihre Forschungsergebnisse zu diesem Thema wie folgt zusammen:

»Diese Entwicklung beginnt bereits am Ende des 19. Jh., und mit der Zunahme staatlicher Eingriffe beginnt die Barriere zwischen der privaten Sphäre und der Öffentlichkeit zu schwanken, und ein neues soziales Feld, die Sozialsphäre, entsteht. Der liberale Rechtsstaat geht in den Sozialstaat über.

Der Eingriff des Sozialstaates, in seinem Verhältnis zur Nachbarschaftseinheit, berührt verschiedene Seiten der Wohnungspolitik, Familienpolitik, Baugesetzstiftung, Verkehrspolitik, die Rationalisierung sowohl des

Professor Göran Siedenbladh (rechts) erläutert ein städtebauliches Vorhaben vor den Fernsehkameras.

Einzelhandels wie der Baubranche, die Unterstützung von Gemeinschaftsanlagen wie Versammlungsräumen, von Kindergärten, Schulen und Spielplätzen. Die Nachbarschaftseinheit setzt eine sozialstaatliche Koordinierung der verschiedenen Kräfte, die auf diesen verschiedenen Gebieten wirksam sind, voraus, eine Koordinierung bestimmter Art. Und diese Politik, die berührt wird, erweist sich auch als eine Koordinierung zur Förderung der Nachbarschaftseinheiten, auch wenn die staatliche Politik dieses Ziel nicht explizit ausgedrückt hat.«

Die Faktoren, welche am meisten zum Baumuster beigetragen haben, waren der Privatverkehr und die Wohnungspolitik. Die staatlichen Maßnahmen, welche die Nachbarschaft während der Nachkriegszeit gefördert haben, können folgendermaßen zusammengefaßt werden:

– Die Baugesetzstiftung des Jahres 1947 gibt den Gemeinden die Möglichkeit zu bestimmen, wann und wo gebaut werden darf. Gleichzeitig wird das Normsystem vereinheitlicht. Dies trägt zum Bauen eines relativ großen Wohngebietes bei, einheitlich geformt – zur Nachbarschaftseinheit.

– Die Wohnungspolitik, welche in den vierziger Jahren Form annimmt, trägt zu einer rationellen und großzügigen Produktion von Wohnungen bei, vor allem in dem sogenannten Millionenprogramm der sechziger Jahre. Die staatlichen Wohnungsdarlehen regulieren diese Produktion sowohl quantitativ als auch qualitativ. Allgemeinnützliche und kooperative Verwaltungsformen werden begünstigt. All das erleichtert das Bauen großer Wohngebiete. Durch Mietregulierung und Wohngeld kann auch die Nachfrage nach den neugebauten Wohnungen befriedigt werden.

– Die Rationalisierung der Bauproduktion ist auf direkte Weise dadurch unterstützt worden, daß ein Zuschuß von seiten des Staates Anfang der fünfziger Jahre geleistet wurde. Sie ist weiterhin erleichtert worden durch die Normierung des Wohnungsstandards, durch die Unterstützung großer, expandierender Betriebe, die Einführung von Forschungseinrichtungen und experimenteller Tätigkeit.

– Für Wohnkomfort wurde dadurch gesorgt, daß den Gemeinden auferlegt wurde, die Bewohner mit den notwendigen Dienstleistungen zu versehen. Hierfür gibt es staatliche Darlehen, und zentrale Normen wurden ausgearbeitet, welche die Lage und Dimensionierung von Freizeitflächen, Versammlungsräumen, Schulen und Spielschulen betreffen. Staatliche Unterstützung wird auch für den Unterhalt dieser Anlagen gewährt, aber eine Koordinierung erfolgt erst in den siebziger Jahren.

– Die Organisation des Handels wird dadurch beeinflußt, daß der Staat die Rationalisierung und Großunternehmensbildung der fünfziger Jahre begünstigt. Regelungen, welche die Konkurrenz erschweren, werden abgeschafft. Die Steuerpolitik begünstigt die großen Lebensmittelhandelsketten. Zu dieser Entwicklung gehört, daß eine kleine Anzahl größerer Geschäfte in die Zentren der Nachbarschaftseinheit verlegt werden.

– Die Verkehrspolitik unterstützt den privaten Autoverkehr, dessen Expansion in den fünfziger Jahren beginnt. Durch Normierung ist der »Verkehrsapparat« dieser Entwicklung angepaßt worden, darin hat die Nachbarschaftseinheit einen selbstverständlichen Platz gefunden mit ihrer Verkehrsaufteilung und ihren Parkflächen.

Diese staatlichen Maßnahmen waren äußerst abhängig von der bemerkenswerten wirtschaftlichen Expansion der Nachkriegszeit. Das Land, vom Kriege verschont, wenig urbanisiert, verfügte über ein bemerkenswertes Potential und Voraussetzungen für diese Entwicklung.

3 Die neuen Stadtteile aus der Sicht ihrer Väter

Interview mit Professor Göran Siedenbladh

Professor Siedenbladh, der eine entscheidende Rolle bei der Entstehung des Stadtentwicklungskonzeptes und neuer Vororte Stockholms hatte, schildert die Hintergründe dieser intensiven Stadtentwicklungsphase:

»Ich bin Architekt, 1944 wurde ich Mitarbeiter bei der Erstellung der Generalbebauungspläne. Dies war eine Woche nachdem Sven Markelius seinen Dienst als Stadtplanungsdirektor begonnen hatte. Markelius war ein großer Architekt, und man konnte ihn nicht leicht zufriedenstellen. Seine Anforderungen an die Mitarbeiter, eine Gruppe von Planungsleuten, waren sehr hoch. Die erste Planungsgruppe setzte sich zusammen aus: Sven Lundberg, einem Verkehrsplaner, C. F. Ahlberg aus Göteborg, Erland Hofsten, einem Soziologen und Statistiker aus Stockholm, und mir. Das Resultat unserer Arbeit ist in dem 1952 erschienenen Buch ›Generalplan für Stockholm‹ veröffentlicht.

Es beinhaltet die Gedanken der Planungsverwaltung,

Stockholm-Vällingby

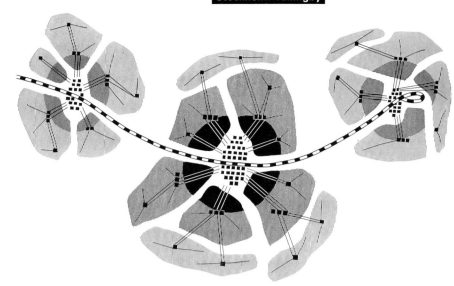

Allgemeines Planungsprinzip der neuen Vororte, Ideenskizze. Im Brennpunkt eines jeden Gebiets, d. h. in der Nähe der U-Bahnhaltestellen, sollte das Zentrum entstehen. Gleichzeitig sollte die Bebauung um dieses Zentrum herum konzentriert sein, um eine Atmosphäre ähnlich der Kernstädte zu schaffen. Ein Abnehmen der Dichte zur Peripherie hin war vorgesehen. Zur Ergänzung des Hauptzentrums eines neuen Vororts wurden mehrere kleine Nachbarschaften geplant.

die zur Ausführung an die verschiedenen Verwaltungen, die sich mit dem Städtebau Stockholms beschäftigten, gereicht wurden.
Zehn Jahre danach, als Markelius Stadtplanungsdirektor wurde, hat man die Organisation geändert. Die Planung wurde zusammen mit der Bauinspektion, der Baupolizei und dem Vermessungswesen in einem Amt zusammengefaßt, und ich wurde der erste Direktor dieser neuen Stelle. Dies hatte zur Folge, daß ich mich nur wenig den wirklichen Planungsaufgaben widmen konnte, sondern sehr viel Zeit für Verwaltungsarbeit opfern mußte. Leicht übertrieben könnte man sagen, daß ich die Produkte, die die verschiedenen Büros des technischen Amtes produzierten, an die politischen Gremien und die Presse verkaufte.
Ich möchte Igor Dergalin erwähnen. Seit 1972 ist er Professor an der Technischen Hochschule. Er kam ziemlich früh zu uns. Damals hatte er eine besondere Stellung in bezug auf die Vorortsiedlungen. Er war der verantwortliche Architekt, als wir Skärholmen mit Bedräng und Varberg in den späten sechziger Jahren bauten. Als mit Rinkeby und Tensta begonnen wurde, war Dergalin der Projektleiter dieser Vorstädte. Er wurde durch Hans Brattberg abgelöst, der der führende Architekt in Järvafältet war. Er blieb bis 1984.
Für Akalla, Husby und Kista wurde 1966–1967 ein inter-nordischer Wettbewerb durchgeführt. Anschließend konnte mit der weiteren Planung begonnen werden. Es handelte sich um ein ehemaliges militärisches Übungsfeld, das sich über mehrere Gemeinden erstreckte. Ein gemeinsamer Plan wurde ausgearbeitet, der von den fünf Gemeinden genehmigt wurde. Bevor ich 1973 die Stadtverwaltung verließ, waren wir mit dem Bau von Akalla und Husby halb fertig. Kista wurde 1977 fertiggestellt. Das überdachte Zentrum wurde feierlich eröffnet. Das ist in raschen Schritten die zeitliche Entstehungsgeschichte und das wichtigste über die handelnden Personen.
Eine besondere Bedeutung hatte die Bodenpolitik für die Stockholmer Stadtentwicklung. Die Überzeugung, daß die Stadt den Grund und Boden beherrschen muß, um eine gesunde, funktionsfähige und schöne Stadtbebauung zu ermöglichen, geht auf die ersten Jahre dieses Jahrhunderts zurück.
Eine wichtige Grundlage war die Voraussicht der Stadtväter, seit 1904 Grundstücke außerhalb der damaligen Stadtgrenze einzukaufen. Diesen intensiven Bodenerwerb begründete man damit, daß man für Rekreationszwecke Gelände reservieren mußte. Hohe Bevölkerungsprognosen waren zusätzliche Argumente für weiteren Bodenerwerb.
Diese konstante konsequente Bodenpolitik war unabhängig von den politischen Kräfteverhältnissen in den Stadtverordnetenversammlungen. Die Bodenpolitik war unter einer Periode mit klarer konservativ politischer Leitung in Gang gekommen. Um 1919, als die Sozialdemokraten zum ersten Mal eine Stimmenmehrheit unter den Stadtverordneten erreichten, war kaum eine Veränderung zu bemerken.
Die Resultate, die Stockholm auf dem Gebiet des Städtebaus aufweisen kann, beruhen hauptsächlich darauf, daß sich die Stadt Verfügung über den für die Plandurchführung notwendigen Grund und Boden geschaffen hat. Nicht die außerordentliche Qualität der Pläne oder die große Weisheit der Gesetzgebung hat es ermöglicht, solche Ergebnisse zu erreichen, sondern weil die Stadt als Grundstücksbesitzer bestimmen konnte, wann und wo das Gelände bebaut werden soll.
1944 wurde Sven Markelius zum Stadtplanungsdirektor ernannt unter der Führung eines sehr geschickten und weitsichtigen Bürgerrates, Dr. Yngve Larson. Diese Ernennung war der Ausgangspunkt einer neuen, modernen Epoche in der Stadtplanung.
Sven Markelius erkannte die Probleme der damaligen Stadtentwicklung und forderte:
›Stadtteile, nicht Satellitenstädte‹
Diese neuen Gebiete sind als unabhängige Gemeinden

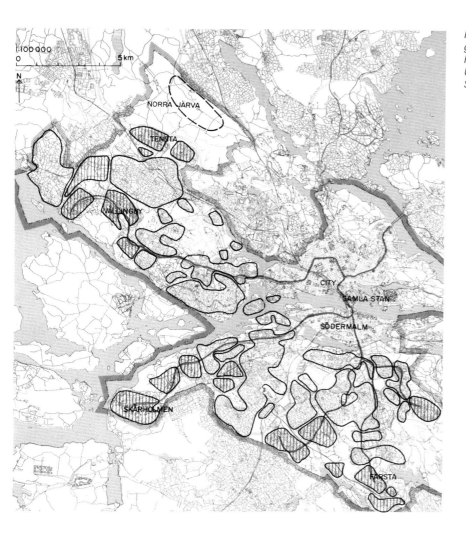

Neue, nach 1950 gebaute Vororte, sie haben jeweils eine U-Bahnverbindung nach Stockholm.

und falscherweise als Satellitenstädte bezeichnet worden...

Wir, die verantwortlich waren für die Planung..., haben von Anfang an betont, daß man nicht erwarten kann, daß diese Stadtteile oder Vorortgruppen als Satellitenstädte im Sinne des Wortes funktionieren werden.

Die Entfernung... zu dem großen Magnet Stockholm City ist zu klein. Viele Dinge, die hier lokalisiert sind, ... werden sowohl der gesamten Stadt als auch der Region und in gewisser Weise auch als dem ganzen Land zugehörig empfunden werden. Aus diesem Grund gehen wir davon aus, daß in wesentlichen Aspekten die Stadt als eine Einheit funktioniert, auch wenn sie aus unabhängigen Teilen besteht. Die Unabhängigkeit ist eine Frage... rationeller Organisation, bedeutet aber nicht Isolation. Der Stockholmer in Vällingby bleibt ein Stockholmer..., und die schnellen und bequemen Verkehrsmittel machen es für beide gleich einfach, sich in der großen Stadt zu bewegen«
(Sven Markelius, in:
The Structure of the Town of Stockholm
in: Byggmasteren 1956 A3 S. 74.)

Wir kannten alle die Radburn-Einheit außerhalb New Yorks. In den ersten Planungsprogrammen von 1945 sind die Pläne von Radburn als Vorbild gezeigt worden. Radburn war von Clarance Stein, dem amerikanischen Architekten, geplant worden. Stein war ein Freund vieler Leute in Stockholm, auch der Bürgermeister für Planungsfragen (1924–1946) war sehr gut mit Stein befreundet.

Ich war 1938 in Amerika gewesen und kannte Stein ebenfalls. Als wir 1945 mit den neuen Stadtteilen begannen, war es eine selbstverständliche Bedingung, daß wir die Trennung der Verkehrssysteme planten mit Gehwegen für die Fußgänger und Wegen für die Autos. Västerop ist ein Stadtteil, von dem sehr wenig gesprochen wird. Er liegt südwestlich von Stockholm und wurde 1947 fertiggestellt. Er war der erste Stadtteil Stockholms, in dem die Fußgänger ein eigenes Wegesystem erhielten. Das Zentrum hat eine Hauptstraße, wo Autos und Fußgänger zu finden sind, aber es war das letzte Mal, daß so etwas geplant wurde. Damals hat man nicht gewagt, eine Geschäftsstraße ohne Autos zu bauen. Seit 1949 sind sämtliche Vorortpläne nach dem obengenannten Verkehrsprogramm entwickelt worden.

Wir hatten große Schwierigkeiten mit dem Liegenschaftsamt. Der alte Direktor befürchtete, daß auf den Gehwegen nachts keine Frauen alleine gehen könnten, ohne daß ihnen die Tasche gestohlen oder sogar Schlimmeres passieren würde. Das Straßenbauamt, das die Kosten übernehmen mußte, hielt Brücken und Unterführungen für zu teuer.

Die Verkehrsunfallstatistiken der Orte, in denen man dieses System baute, wurden mit den Statistiken der Vororte, die in den dreißiger Jahren gebaut worden waren, verglichen, und man hat zeigen können, daß in den neugebauten Vororten mit getrennten Verkehrssystemen der Prozentsatz der Unfälle wesentlich niedriger war. Wir fragten die Straßenbauer, was eigentlich das Leben eines Kindes kostete.«

Weitere Planungsprinzipien und Merkmale der Stockholmer Entwicklung nach dem Zweiten Weltkrieg sind in zahlreichen Veröffentlichungen zu finden und werden u. a. in den Erläuterungen einzelner Stadtteile dargestellt. Abschließend kurz einige wichtige Konzepterläuterungen:

Stockholm – Entwicklung nach dem Zweiten Weltkrieg
»Nach dem Zweiten Weltkrieg war der Bevölkerungszuwachs in Stockholm größer als erwartet, und die Bevölkerungsdichte in den Vororten wuchs. Die Planer schlugen die Entwicklung suburbaner Einheiten (die man Nachbarschaftseinheiten oder Semi-Satellitenstädte nennen kann) vor. Jede Einheit sollte ein eigenes Einkaufszentrum und kulturelle Einrichtungen haben und mit dem Zentrum der Stadt durch Erweiterun-

Stockholm-Vällingby

Die Hauptfußwege verbinden das Zentrum mit der Wohnbebauung. Die Wege sind abwechslungsreich und vielseitig gestaltet. Die Orientierung innerhalb der Wohngebiete ist schwierig.

gen des örtlichen Schienenverkehrssystems verbunden sein.
Für die Entwicklung dieses Konzeptes wurde 1952 ein Generalplan veröffentlicht.
Ursprünglich sollte jede dieser Städte nicht mehr als 10 000 EW haben, diese Zahl stellte sich im Nachhinein als zu gering heraus, um angemessene Einkaufsmöglichkeiten und kulturelle Einrichtungen zu unterstützen, folglich wurden einige Nachbarschaften für etwa 25 000 EW geplant.
Ein wichtiger Einflußfaktor bei der Planung neuer Vororte war das Automobil... Damit Bahn oder U-Bahn eine attraktive Alternative zum privaten PKW darstellen, müssen die Menschen in fußläufiger Entfernung zu den Haltestellen leben, daher wurde es zum Planungsprinzip, daß die Geschoßwohnungen in den Vororten eine viertel Meile (400 m), Einfamilienhäuser eine halbe Meile (800 m) von den Haltestellen entfernt sind. In den meisten Planungen nach 1950 wurde dieser Standard erreicht.
Eine weitere Möglichkeit, das Verkehrsproblem zu lösen, ist die Dezentralisierung von Arbeitsplätzen, so daß ein Großteil der Bevölkerung in der eigenen Gemeinde arbeitet... der Generalplan für Vällingby sieht vor..., daß die Hälfte der zu erwartenden Erwerbstätigen in dort ansässigem Gewerbe und Dienstleistungen beschäftigt wird. Aus verschiedenen Gründen wurde dieses Ziel nicht erreicht, ein Großteil der Bevölkerung pendelt zum Arbeitsplatz in die Innenstadt, da außer ungelernten Arbeitern alle anderen Kategorien von Arbeitnehmern die gesamte Stadt als Arbeitsmarkt betrachten.«
(Göran Siedenbladh, in: Stockholm a planned City in: Scientific American, September 1965, Bd. 213, Nr. 3

3.1 »New Town« – Vällingby – ein europäisches Vorbild

Neben den Erkenntnissen über den Zusammenhang zwischen funktionsfähigen Zentren und der Zahl der Einwohner hatte das Prinzip der fußläufigen Erreichbarkeit der U-Bahn und aller Einrichtungen auf die Gesamtkonzeption ausschlaggebende Bedeutung.
Seit 1950 plante Stockholm Nachbarschaftseinheiten in Gruppen für etwa 50 000 EW. In einer dieser Einheiten befindet sich ein sogenanntes Stadtteilgruppenzentrum. Dorthin sammelt sich ein immer größerer Teil von kommerziellem und nichtkommerziellem Service. Der erste Plan dieser Art enthielt Vällingby im westlichen Vorortgebiet.
Vällingby war der erste Versuch, in Stockholm einen lebendigen Vorort zu schaffen, ohne die sozialen und kulturellen Verbindungen (Nabelschnur) mit der Mutterstadt abzuschnüren. Die Fahrt mit der U-Bahn zur Stockholm-City dauert 23 Minuten. Vällingby gehört verwaltungsmäßig zu Stockholm.
Das Ziel der Vällingby-Planer war nicht, selbständige Ortschaften – sogenannte Satelliten- oder Trabantenstädte – zu schaffen, sondern sie wollten den Stadtteilen eine gewisse Selbstversorgung geben hinsichtlich kultureller und sozialer Institutionen, eines kommerziellen Zentrums (für etwa 50 000 EW) und nicht zuletzt hinsichtlich einer größeren Anzahl von Arbeitsplätzen. Eine der Zielsetzungen bei der Planung der Vällingbygruppe war, ein Gleichgewicht herzustellen zwischen dem Angebot an Wohnungen und den Arbeitsmöglichkeiten. Etwa 50 Prozent der Erwerbstätigen sollten innerhalb des Gebietes Beschäftigung finden können.
Der Begriff der A-B-C-Stadt wurde geschaffen – A für

Die Wege zu den Schulen sind überschaubar, großzügig gestaltet und orientierungsfreundlich, dank der Unterführungen sind sie gefahrlos zu begehen (links).

Felsen, Wiesen und Hügel unterstreichen den Charakter der einfachen Fußwege in den Wohnquartieren.

Geparkt wird in Garagenhöfen, durch sie erreicht man die Häuser.

Die Wohngruppen und Hochhäuser sind von großzügigen öffentlichen Grünflächen umgeben.

Arbeit (Arbete), B für Wohnung (Bostad) und C für Zentrumanlage (Centrum). Den ersten Plan einer ABC-Stadt erhielt Vällingby. Die beiden wesentlichsten Neuigkeiten in der Planung waren das Großzentrum für eine ganze Stadtteilgruppe und Arbeitsplätze in Gestalt von Industrie verschiedener Art, Büros, Behörden und Institutionen.

Milieu zu erreichen mit einem Minimum an Verkehr innerhalb dieser Wohnungsgruppen, wurde durch ein sogenanntes »Von-außen-nach-innen-System« gelöst. An geeigneten Stellen der Verkehrsstraßen wurden Unterführungen angelegt, damit die Bewohner ohne Kontakt mit dem Kraftwagenverkehr zu ihrem Zentrum, ihrer Schule, der gemeinsamen Grünanlage mit dem Freiluftbad Grimsta oder den verschiedenen Stadtteilen gelangen können. Vällingby war eine der ersten Städtebildungen der Welt mit einer so umfassenden Verkehrsdifferenzierung.

Irion: Vällingby wurde zum internationalen städtebaulichen Vorbild. Welche Aspekte waren ausschlaggebend für den enormen Erfolg Vällingbys?

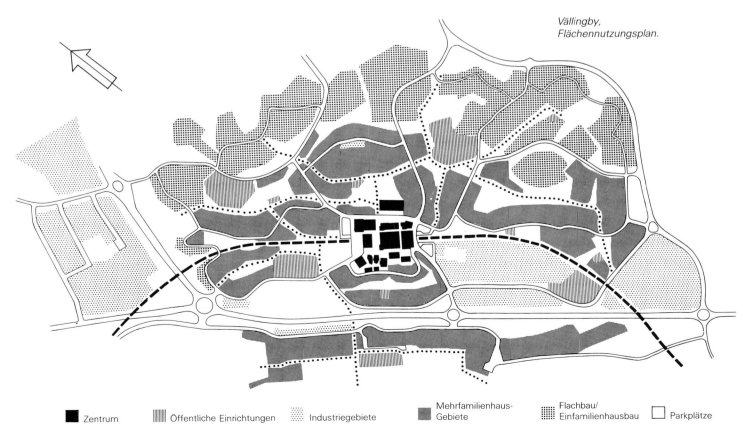

Vällingby, Flächennutzungsplan.

■ Zentrum   ▥ Öffentliche Einrichtungen   ⋮ Industriegebiete   ▦ Mehrfamilienhaus-Gebiete   ▦ Flachbau/Einfamilienhausbau   □ Parkplätze

Hofinnenraum (links).

Die geschlossenen Höfe sind durch einen Fußweg verbunden.

Siedenbladh: »1944/45 fingen wir an, Vorortsiedlungen zu bauen. Im westlichen Vorortgebiet gab es kein freies Land, das innerhalb der Stadtgrenze lag. Das Gebiet Vällingby wurde erst um 1949 von Stockholm eingemeindet. Nur im Süden gab es freies städtisches Land. Die südliche Hälfte Stockholms war schon immer ein Arbeiterstadtteil. Die bürgerliche Bevölkerung Stockholms konnte sich nicht vorstellen, südlich der Slussen (Schleusen) zu leben. Es gab eine Menge Leute, die eine Wohnung suchten, und sie hätten eine neue Wohnung in den neuen südlichen Vororten bekommen können. Sie lehnten es jedoch ab. 1949, als das Vällingbygebiet eröffnet wurde, standen diese Menschen auf der Warteliste, und sie bekamen sofort eine Wohnung in Blackeberg, dem ersten Teil Vällingbys. Somit hatten wir in Vällingby kaum Problemfamilien, denn diese waren bereits alle in die südlichen Vororte gezogen. Gesunde soziale Verhältnisse von Anfang an, das war wichtig. Ein anderer Aspekt ist, daß in den südlichen Gebieten einige Einheiten für 10 000 Leute gebaut wurden, und sie funktionierten nicht gut. 1950 wurde Vällingby von Markelius geplant. Es war eine Konzeption eines großen Vorortzentrums mit mindestens 20 000 Menschen. Damals bestand eine gute Zusammenarbeit der Politiker und der Handelskammer, der Vereinigung der Geschäfts- und Industrieleute.

Innerhalb dieser Gruppe gab es einige Engagierte, die besonders an der Vällingby-Idee interessiert waren. Sie konnten die Mitglieder nicht zwingen, nach Vällingby zu gehen, aber sie überzeugten sie. Als das Vällingby-Zentrum eröffnet wurde, waren dort nicht weniger als 40 der besten Geschäfte Stockholms mit einer Zweigstelle vertreten.

Ein weiterer wichtiger Aspekt muß Erwähnung finden: Die Vorortbahn nach Vällingby war 14 Tage vor der Eröffnung in Gang gesetzt worden. Der Bahnhof war zwar noch nicht fertig, aber man baute eine provisorische Station 100 m entfernt vom eigentlichen Bahnhof. Man konnte also von Anfang an mit der U-Bahn nach Vällingby fahren. Es war ein großer Erfolg. Dies zeigte sich auch, als 10 Jahre später die Geschäftsbodenfläche um 50% erweitert wurde.

Als Vällingby gebaut wurde, war bereits klar, daß wir getrennte Verkehrssysteme bauen durften. Ein Architekt, der unter der Leitung Markelius an den Detailplänen arbeitete, war Bertil Karlen. Ich war damals mit den Bodennutzungsplänen beauftragt. Bachström und Reinius arbeiteten mit, und Svenska Bostädter haben ihre eigenen Architekten gestellt. Der Direktor Albert Aronson hatte Mut, den Plänen zu folgen, auch wenn er nicht ganz glücklich über sie war.

Er hat die Bildung des Zentrums durchgesetzt. Damals war die Frage der Haustypen ungelöst. Markelius setzte sich für eine niedrige Bebauung ein. Er hatte aber auch das Programm und die Bedingung, daß das Zentrum innerhalb eines Radius von 900 m für 20 000 Bewohner erreichbar sein mußte. Diese Forderung hatte die Vereinigung der Geschäftsleute gestellt. Eine hervorragende politische Begabung hatte der Jurist Gosta Bohman, der spätere Leiter der konservativen Partei Schwedens. Ich habe in meinem Buch ›Planering for Stockholm, 1923–1958‹ geschrieben, daß der Erfolg Vällingbys teilweise das Resultat dieses konservativen Juristen war, der sich damals mit den Sozialdemokraten verstand. Die Politiker stritten sich in der Öffentlichkeit, aber wenn sie an einem Tisch saßen, konnten sie miteinander reden und haben Lösungen gefunden, die Vällingby brauchte, um eine erfolgreiche Vorortsiedlung zu werden. Obwohl sie sich in den Zeitungen bekämpften, wußten sie, daß jeder auf seiner Seite eine gewisse Anzahl von Stimmen in der Stadtversammlung hatte; nach der nächsten Wahl konnte das anders aussehen. Von den 9 Bürgermeistern Stockholms waren 5 aus der Majoritätspartei und 4 aus den Minoritätsparteien. In dieser ausgewogenen Situation von 1950 kam es zustande, daß nur 8% Einfamilienhäuser gebaut wurden. Doch waren die Verhältnisse so, daß es in einem älteren Vorortgebiet 100% Einfamilienhäuser und Reihenhäuser gab. Vällingby bekam anfangs solche Vororte, die Villengebiete waren, und die Leute dort waren begeistert darüber, daß sie nur in einem »Fahrradabstand« zum Geschäftszentrum wohnten. In den großen Gebieten, die in den dreißiger Jahren bebaut worden waren, gab es nur sehr spärlich ausgerüstete Zentren.

Versammlungssäle und Kinos gab es überhaupt nicht. Dann wurde Vällingby gebaut, teilweise mit 10stöckigen Häusern, aber mit einer Mehrheit an Mittelhochbau, und ganz in der Nähe gab es ein Villengebiet.

All dies bildete eine heterogene Struktur. Es gab eine

Stockholm-Vällingby

An der äußeren Erschließungsseite eines Wohnhofes liegen die in die Bebauung integrierten Geschäfte.

Schwierigkeit: Der Direktor des Liegenschaftsamtes wollte keine ausgedehnten Grünflächen. Wir waren gezwungen, ihm einen Generalbebauungsplan vorzulegen, auf dem die ganzen vorgesehenen Grüngebiete mit Villen übersät waren. Wir hatten jedoch intern eine Vereinbarung getroffen, daß diese Villen nicht gebaut würden, solange er da war. Diese Grünflächen sind heute sehr schöne Gebiete mit altem Baumbestand und einem Jagdgebiet für die Grafen von Hässelby. Von Anfang an wollte der Direktor des Liegenschaftsamts dieses Gebiet von 1 mal 2 km Ausmaß als Grünanlage einsparen, d. h., er wollte es bebauen.

Bei der Verwirklichung der Zielsetzungen stieß man auf verschiedene Probleme. Es gelang nicht, die Arbeitsplätze im gleichen Tempo wie die Wohnungen zu bauen, und das sollte Nachteile für die Funktion des Stadtteils als eines Arbeits- und Wohnbereiches haben. Als dann Industrien und Büros etabliert wurden, hatten viele der dort Wohnenden bereits Arbeit in der inneren Stadt oder anderswo im Gebiet von Groß-Stockholm erhalten, und die Angestellten dieser Unternehmen hatten Schwierigkeiten, in der Nähe der Arbeitsstätte Wohnungen zu bekommen.

Bei der Eröffnung Vällingbys wurde gesagt, daß es dort Wohnungen, ein Zentrum und auch Arbeitsplätze gäbe, für jede Einheit war ein bestimmter Standort vorgesehen. Man hatte ebenfalls ein Grünprogramm mit großen Waldflächen. Es gab große Schwierigkeiten, die versprochenen Arbeitsplätze wirklich zu beschaffen. Die staatlichen Behörden brauchten einen neuen Hauptsitz für die Wasserkraftverwaltung (diese ist eine ungeheuer wichtige Behörde in Schweden). Es stand nicht genug staatlicher Grund und Boden zur Verfügung. Die Stadt hat dann ein Gebiet, das für ein Krankenhaus vorgesehen war, angeboten. Es liegt in der Nähe der U-Bahnstation Racksta. Dort konnten sie ihren Bürokomplex bauen. Die staatliche Bauverwaltung kaufte das Krankenhausgebiet für 5 Mill. Kronen mit Vollrecht, nicht mit Erbrecht, und das Verwaltungsgebäude wurde gebaut. So kamen Arbeitsplätze nach Vällingby.

Markelius konnte die A-B-C-Stadt erfolgreich durchführen, da er teilweise eine große Unterstützung des Staates bekam.

In den fünfziger Jahren war man, wenn man Arbeitsplätze schaffen wollte, gezwungen, bei staatlichen Behörden eine Genehmigung zu beantragen. Wollte man 15 km aus Stockholm herausziehen, wurde man gefragt, warum man nicht 150 km entfernt ziehen wollte, dorthin, wo es einen Mangel an Arbeitsplätzen gab und wo die Arbeitslosigkeit hoch war.

Es war sehr schwierig, die Industrie von Stockholm nach Vällingby zu bringen. Es war eine langwierige Geschichte, ein Teil von Markelius »Evanglium« zu verwirklichen. Er war im Herbst 1954 bereits 65 Jahre alt und ist in die Privatwirtschaft zurückgekehrt. Die letzte Phase Vällingbys hat er nicht mehr geleitet. Eine große Enttäuschung für ihn war, daß nur wenige Leute, die in Vällingby arbeiteten, dort auch wohnten, d. h. viele, die in Vällingby arbeiteten, kamen aus anderen Stadtteilen.

Um diese Erfahrung waren wir reicher, als wir die anderen neuen Städte planten. Wenn man von den ersten Plänen von Vällingby, die unter Markelius Leitung 1949 und 1950 entstanden, ausgeht bis zu den Plänen von Kista, dann liegt eine Zeitspanne von über 20 Jahren dazwischen. Es dauerte 26 Jahre bis Kista fertig war. Natürlich haben uns die Erfahrungen, die wir machen mußten, hin und wieder erschüttert, doch teilweise waren wir sehr froh darüber. Wir haben im allgemeinen versucht, aus den Fehlern zu lernen. Aber das war nur teilweise möglich. Der Druck in den fünfziger und sechziger Jahren war so stark, daß wir die Erfahrung von Vällingby nicht erst auswerten konnten, bevor wir mit Farsta anfingen. Das Zentrum von Vällingby wurde im Herbst 1954 eröffnet, zu einem Zeitpunkt, als wir mit Farsta schon sehr weit fortgeschritten waren. Es wurde von privaten Baugesellschaften gebaut. Dies war eine wichtige politische Entscheidung. 1959 fanden die Wahlen zum Stadtparlament statt, und die Liberalen und Konservativen gewannen die Mehrheit. Es hieß, falls Farsta gebaut würde, sollte eine Gruppe von Bauunternehmen den Auftrag erhalten, obwohl auf städtischem Boden gebaut wurde.

Lars Persson führte eine große Untersuchung über die Handlungen der Wirtschaft in Vällingby durch. (›Kunderna in Vällingby‹, meddelande für FFI 1960.) Als diese Publikation erschienen war, hatten wir erst die endgültigen Erfahrungen über Vällingby.

Wenn man die verschiedenen Vorortsiedlungen vergleichen will, muß man wissen, daß es große Schwierigkeiten in bezug auf Tensta und Rinkeby gegeben hatte. Die Gründe für die Schwierigkeiten und Kritik waren uns nicht klar, als wir mit Husby-Akalla begannen. Die Zeit war knapp, und die Pläne mußten zu bestimmten Terminen fertig sein. Laut Wohnungsbauamt in Stockholm gab es 100 000 Menschen, die auf eine Wohnung warteten.«

Spånga. Zwischen Rinkeby und Tensta liegt eine Grünfläche mit einer erhaltenen Kirche, einem Bauernhof und Einfamilienhäusern. Zwischen den einzelnen Stadtteilen gibt es gute Wegverbindungen.

3.2 Die Reaktion auf die Gartenstadt

Tensta und Rinkeby – die »Steinstadt« – Rückkehr zu Dichte und Geometrie

Tensta und Rinkeby sind das Ergebnis der Forderung der sechziger Jahre nach höherer Bebauungsdichte und größerer Wohndichte – die Begriffe »Urbanität – urbanes Leben« und die Kranbauweise, die »Wohnproduktion«, prägen den Stadtteil. Gleichzeitig wurden die Forderungen nach einer wirkungsvolleren Ausnutzung des Bodens stärker. Es handelt sich hier nicht um »Häuser in der Natur«, sondern die kompakte bandförmige Stadtstruktur ist von unberührter Natur umgeben.

Man wollte einen teilweise neuen Typus eines Vorstadtmilieus schaffen; ein Wohnmilieu, das die Intensität der Steinstadt, ihre Konzentration und rechtwinkelige Regelmäßigkeit mit dem Grünen, mit Geräumigkeit und Freiheit von Störungen vereinigt. Man nützte jeden Bodenfleck intensiv aus und baute die Häuser dicht beieinander, um eine Grundlage für die U-Bahn, für Schulen und Geschäftslokale zu erhalten. Gleichzeitig wurden Gebiete für einen Park, für Freizeitbetätigung, Spiel und Sport ausgespart. Es waren finanzielle Mittel vorhanden, um diese Konzentration durchzuführen, beispielsweise die Autos in mehreren Niveaus zu parken und Fußgängerbrücken zu bauen.

In Tensta und Rinkeby wurde versucht, ein neues Vorstadtmilieu zu schaffen, das städtische Dichte und Landschaft miteinander verbindet. Das Prinzip der Verkehrstrennung wurde hier weiterentwickelt und konsequenter durchgeführt als in den früheren neuen Vorstädten.

Die Bebauung besteht aus sechsstöckigen Mehrfamilienhäusern im Norden und stuft sich dann nach und nach mit immer niedrigeren Häusern nach Süden ab.

Das städtebaulich-räumliche Prinzip, d. h. die Suche nach differenzierten halboffenen Höfen oder Bildung von Wohngruppen entlang einer Fußgängerachse, ist in beiden Einheiten ähnlich. Zentral durch die Stadtteile läuft ein Band von Serviceeinrichtungen und Schulen. Dieses langgestreckte »Zentrum« unterscheidet sich von den Stadtkernen früher erbauter Stadtteile. Der wichtigste Unterschied in dem Hauptkonzept Vällingby und der Stadtteile auf Järvafället ist, daß die Bebauung näher an den U-Bahn-Eingängen und somit konzentriert ist. Mehr Menschen wohnen näher an der U-Bahn. Die wichtigsten Planungsziele waren funktioneller Art.

Die Reaktionen auf die rationale Bauweise und auf den Städtebau nahmen zu, und Tensta und Rinkeby waren besonders stark von dieser allgemeinen Kritik betroffen. Am häufigsten wurden der Mangel an Dienstleistungsangeboten, sozialem Service, Arbeitsplätzen und die Mängel des Milieus kritisiert.

»Vor einigen Jahren wurden Gelder-Zuschüsse für Ausbesserung der Wohngegebiete, die schwierig zu vermieten waren, zur Verfügung gestellt. In Rinkeby/Tensta wurden in diesem Rahmen viele Wohnumfeldverbesserungsmaßnahmen durchgeführt. Bepflanzung und andere kleine Arrangements. Das größte Problem war das Defizit von sozialen und kulturellen Einrichtungen. Es wurden Lokale für Kinderfürsorge und kulturelle Aktivitäten gebaut. Fluktuation, Leerstände und Vandalisierung belasten das Wohngebiet auch heute noch.« (G. Lantz)

Trotz aller Verbesserungsmaßnahmen, die u. a. eine neue Identität und ein Selbstbewußtsein des »Viel-Völker-Stadtteils« schaffen sollten, ist das Image dieser Vororte schlecht.

Wohnungspolitik

Irion: Die staatlichen Maßnahmen wie Auftragsvergabe und damit verbundene Belegungspolitik waren unterschiedlich abhängig von den politischen Kräfteverhältnissen. Wie waren diese, als Tensta und Rinkeby entstanden? Welche Gründe führten zu dieser schlechten Popularität der sogenannten »Schlafstadt«?

Getrennte Straßensysteme für Autos und für Fußgänger wurden in Tensta konsequent durchgeführt.

In dem Vielvölkerzentrum Tensta wird die Mischung der Kulturen auch durch das Wandmosaik deutlich.

Fußgängerbrücke Tensta. Milieu der Steinstadt (rechts).

Siedenbladh: »Es gibt zwei Umstände von wesentlicher Bedeutung. Der erste ist, daß die kommunalen Bauunternehmen alle Leute nehmen müssen, die privaten jedoch haben Möglichkeiten, den problematischen Familien zu entgehen.
Betrachten wir die südwestliche Entwicklung: Bredäng wurde von den Kommunen und der HSB gebaut, Sätra, die nächste Station der U-Bahn, von privaten Unternehmen, und Skärholmen wurde hauptsächlich von den Kommunen errichtet. In Bredäng und Skärholmen gibt es große soziale Schwierigkeiten, in Sätra nicht. Alle Leute, die auf städtischem Boden mit Erbrecht bauen, müssen ihre Mieter von den Listen des Wohnungsamtes nehmen. In den Vororteinheiten, in denen die private Bebauung dominiert, hat man geringe Schwierigkeiten oder Probleme.
Als Tensta und Rinkeby gebaut wurden, gab es wieder eine sozialistische Mehrheit, und die Privatunternehmen bauten nur einen geringen Anteil. In Tensta/Rinkeby hat man den Privatunternehmen, nicht wie in Farsta freie Hand gelassen. Es gab wieder eine Anzahl von Problemfamilien. Tensta und Rinkeby wurden hauptsächlich von gemeinnützigen Bauunternehmen (Svenska Bostädter, Familie Bostädter und Stockholmshem) gebaut, die in der Stadt ansässig waren. Alle hatten eine politische Richtung.

Die differenzierten halboffenen Höfe bilden ruhige kleine Innenräume.

In Rinkeby hatte man sehr früh die größte Konzentration von nicht schwedisch-sprechenden Einwohnern und Sozialschwachen. Es wird behauptet, daß in den Schulen von Rinkeby vierzig verschiedene Sprachen gesprochen werden. Viele dieser fremdländischen Familien finden die Lebensart der schwedischen Jugend entsetzlich! Griechische Mädchen beispielsweise dürfen nicht auf der Straße spielen.
Die größte Gruppe der fremdsprachigen Gastarbeiter kommt aus Finnland. Nur wenige von ihnen sprechen schwedisch. (Von der Gesamtbevölkerung Finnlands sprechen weniger als 6% schwedisch.) Man hat Kindergärten, Tagesheime und Schulklassen eingerichtet, in denen nur finnisch gesprochen wird. Kriminalität, Alkoholismus und Drogensucht führten zu zusätzlichen Problemen. Diese betrafen aber nicht nur die Fremdarbeiter, sondern auch die Schweden selbst. Eine Situation, wie sie in Rinkeby, aber auch in Tensta bestand, wollte man nicht noch einmal erleben.
Die U-Bahn war ebenfalls ein wichtiger Aspekt. Tensta/Rinkeby hat lange eine schlechte Verbindung zur Stadt gehabt – es dauerte zehn Jahre, bis die U-Bahn ausgebaut wurde. Diese Isolierung und falsche Belegungspolitik unterstützten die schlechte Popularität der sogenannten ›Schlafstadt‹.
Man mußte die ganze U-Bahn-Strecke von der Stadtmitte bis nach Rinkeby auf dem ehemaligen Militärgebiet bauen, die teilweise durch zwei fremde Gemeinden lief. In den Gemeinden Sundyberg und Solna konnten keine Steuermittel aus Stockholm verwendet werden, sondern das Geld mußte von anderer Stelle beschafft werden. Der damalige Leiter der Verkehrsorganisation, Helge Berglund, war früher ein fähiger sozialdemokratischer Bürgermeister von Stockholm gewe-

sen und hatte anschließend die Leitung des Vorortverkehrs als Aufgabe zugewiesen bekommen. Ihm gelang es auch, vom Staat Gelder für den Bau der U-Bahn zu erhalten. Es war eine politische Heldentat. Die Linie konnte durch Sundyberg und Solna gebaut werden. Aber der Bau dauerte sehr lange. Aus diesem Grund hatten Rinkeby und Tensta anfangs verkehrsmäßig einen sehr schlechten Ruf. Man mußte mit den Zügen der Staatsbahn fahren und in Busse umsteigen und in Regen und Kälte warten. Das ganze war eine Zumutung.

Als Husby/Akalla gebaut wurden, zogen einige Leute, die es sich finanziell leisten konnten und bisher in Rinkeby und Tensta wohnten, um. Dies bedeutete eine Segregation in negativer Richtung. Dadurch ist der Anteil an Problemfamilien gewachsen. Man kann dies auf die Schulen übertragen: Viele Lehrer, die ursprünglich in den Schulen Rinkebys unterrichteten, suchten sich eine neue Anstellung in Akalla und Kista. Eine Entwicklung mit negativen Folgen, d. h. die Qualität der Lehrer an den Schulen Rinkebys ist gesunken. Man versuchte, planmäßig die Anzahl der Problemfamilien zu senken, indem man ihnen bessere Wohnungen in einem Gebiet, indem die Konzentration an Problemfamilien niedrig war, anbot; man wollte die Problemfamilien dezentralisieren.

Dabei stieß man auf neue Schwierigkeiten: Bewohner aus einem bestimmten Mittelmeerland fühlten sich in Rinkeby sehr wohl, denn man hatte sich in Vereinen und Gruppen organisiert, es gab die Lebensmittel aus dem Mutterland. In den Vororten, in die sie ziehen sollten, gab es das nicht. Man hat planmäßig an diesen Umsiedlungen gearbeitet, und die Situation in Rinkeby ist verbessert worden.

Über Skärholmen, wo es große soziale Schwierigkeiten gab, hat die konservative Morgenzeitung Stockholms, Svenska Dagbladet, einen großen Artikel geschrieben. Es hieß, Skärholmen sei ein interessanter Stadtteil, denn es gebe dort Menschen aus allen Teilen der Welt. Man könne dort südamerikanisch speisen, griechische Tänze sehen etc. Man hat also die Mischung der verschiedenen Bevölkerungsgruppen als etwas Positives aufgefaßt. Das Leben in diesem Vorort wird reicher durch die Mannigfaltigkeit an Kulturen. Skärholmen wurde 1968 eröffnet, und damals waren die Zeitungen voll mit Negativkritiken über diese Vorortsiedlung. Es war ein anderer Blickpunkt. Man war überrascht, daß eine Mischung der Kulturen das Leben reicher machte.«

3.3 Städtebau als »Produktionsplanung« – Norra Järvafältet

Irion: Die Erfahrungen und massive Kritik brachten aber ein Umdenken im Städtebau, besonders in Hinsicht der zeitlichen Ausführung und des Milieus.

Das Bauen neuer Siedlungen in den siebziger Jahren erforderte eine andere Art der Planung als bisher, da immer umfangreichere Gebiete innerhalb immer kürzer werdenden Zeitspannen gebaut wurden. Die Anforderung an Koordination, Planung, Ausführung und Finanzierung sind erheblich gestiegen. Für die Betreuung von Norra Järvafältet wurde eine spezielle Gruppe gebildet, die interdisziplinär mit anderen beteiligten Ämtern zusammenarbeitete. Dieses Projekt-Management hatte als Aufgabe, ständig die Entwicklung und den Zeitplan zu beaufsichtigen. Das Projekt-Management erarbeitete kontinuierlich Netzwerk-Pläne, die sämtliche Aktivitäten von Planung bis Ausführung enthielten. Für das Projekt bestand ein fester Finanzierungsrahmen.

Siedenbladh: »Der Direktor der Grundstücks- und Wohnungsverwaltung und des Liegenschaftsamtes war anfangs der Koordinator. Er war der Vorsitzende dieser Programmkommission.

1970 wurde man sich dann bewußt, daß der Ausbau eines großen neuen Vorortes nicht ein technisches Problem, sondern ein finanzielles war. Deshalb wählte man einen neuen Koordinator, jemanden aus der Finanzverwaltung – Sven Hanson. Er hatte die Dinge sehr gut im Griff und setzte sich stark bei den verschiedenen Verwaltungen durch, nach der Devise, entweder sie machten es so oder sie bekamen kein Geld. Er konnte auf Tensta und Rinkeby verweisen, wo es 22 verschiedene Bauorganisationen gab und jede versuchte, das Richtige zu finden und zu tun, aber ohne Erfolg. Diese neue Organisation bestand zu der Zeit, als wir mit Akalla begannen. Seine Leitung war sehr bestimmt. Ein Beispiel: Die Leute, die für die Kinderfürsorge verantwortlich waren, zwang er, mit denen von der Parkverwaltung zusammenzuarbeiten. Man projektierte sogar gemeinsame Bauten. Es waren ja auch dieselben Kinder, die dort spielten, und es waren die Probleme der Kinder, die dort gelöst werden mußten.

Die Planung von Järvafältet unterscheidet sich weitgehend von der früheren Vorortplanung und den Realisierungsmethoden. Im Februar 1966 wurde ein Ideenwettbewerb über das nördliche Gebiet (Norra Järvafältet) ausgeschrieben, zu dem etwa 50 Arbeiten einge-

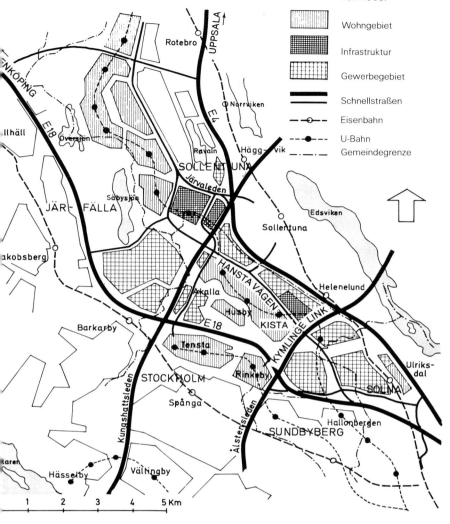

Generalplan – entsprechend dem Developmentplan von 1968.

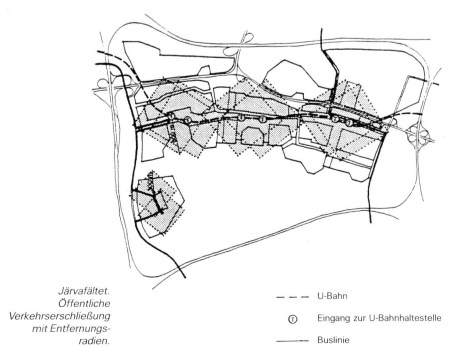

Järvafältet. Öffentliche Verkehrserschließung mit Entfernungsradien.

reicht wurden. Nach der Entscheidung bildete der Järvafältet-Ausschuß einen gesonderten Planungsausschuß, mit der Aufgabe, einen Development-Plan für Norra Järvafältet zu entwickeln. Der endgültige Development-Plan wurde von der Stockholmer Planungsbehörde aufgestellt, allerdings mit Beratung durch den Planungsausschuß und unter Einbeziehung der Wettbewerbsergebnisse.

Diese Verschiedenheiten der Bauzeit in früheren Vororten und Fertigstellung hat man versucht, verwaltungstechnisch zu lösen. Durch strikte Organisation sollte der Stadtteil geplant und bebaut werden, so daß alle Funktionen ungefähr gleichzeitig fertig sind.

Hier liegt ein großer Unterschied zwischen dem Bau der älteren Vororteinheiten und den späteren. In Vällingby warteten die Leute 15 Jahre auf die Sporthalle. In Akalla und Husby war die Sporthalle fertig, als die Bewohner einzogen.«

Programme und Ziele

Die Leitlinien für die Arbeit am Master-Plan finden sich vollständig im Development-Plan, dessen Hauptziele waren: Der Master-Plan soll große Gebiete für Wohnungsbau (50 000–60 000 EW/25 m²/Zi.) benennen, die so angelegt sind, daß alle Wohnquartiere in angenehmer fußläufiger Entfernung zur U-Bahn liegen. Die Wohnungen sollen in kurzer Entfernung zu großen zusammenhängenden Freiflächen liegen und zudem frei von Verkehrslärm und Luftverschmutzung gehalten sein.

Wohngebiete von geringer Dichte sollen an das öffentliche Nahverkehrssystem angeschlossen sein, das wiederum verbunden ist mit dem Schienenverkehr.

Der Master-Plan enthält ebenfalls große Gewerbeflächen (24 000–37 000 Arbeitsplätze), die nahe zu den Verkehrsadern gelegen sein sollen. Der Master-Plan soll den gleichzeitigen Ausbau von Wohnen und Arbeit fördern, die Gewerbegebiete sollen gleichfalls an den öffentlichen Nahverkehr angeschlossen sein.

Der Master-Plan sieht außerdem ein Bezirkszentrum in Kista vor, das zwischen dem Wohngebiet und dem Gewerbegebiet auf beiden Seiten der Järva-Highay liegt. Insgesamt sind ca. 250 ha Gewerbegebiet, 200 ha Wohngebiet, 330 ha Erholungsfläche und 70 ha Verkehrsfläche vorgesehen, zusammen etwa 850 ha.

Norra Järvafältet wurde als »hochverdichtete Stadt« konzipiert. Die konzentrierte Flächennutzung reduziert den Anteil der bebauten Flächen. Dadurch konnten auch für die Mehrfamilienhäuser die fußläufigen Entfer-

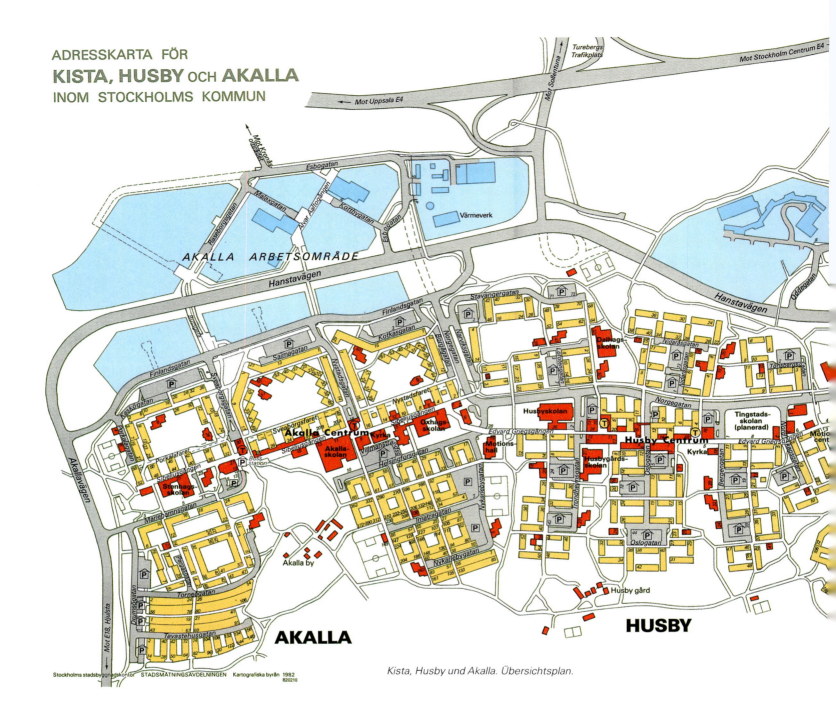

Kista, Husby und Akalla. Übersichtsplan.

nungen auf 500 Meter reduziert werden (vorher 700–800 m).

Sämtliche nicht bebauten Flächen können so als Erholungsgebiet genutzt werden. Die Bewohner sollten in der Nähe von Parks und Grünzonen leben, dabei blieb wenig natürliche Umgebung zwischen den Gebäuden erhalten.

Mit dem Ziel einer leichteren Identifikationsfindung der Bewohner mit ihrer Umgebung hat jede städtische Einheit einen spezifischen Charakter und Erschließungssysteme.

Die U-Bahn wird von Buslinien ergänzt, um die entfernten Wohngebiete an die U-Bahn anzuschließen und um die Verbindung zu anderen Stadtteilen herzustellen. Die Bebauung findet in langgestreckter Bandform statt, eingeschlossen von den Verkehrssystemen. Ziel war die Verbindung von Bebauung und Verkehr, so daß eine klare Struktur mit konsequenter Trennung vom Verkehr entsteht.

Angestrebt war eine Struktur, bei der die flexiblen, d. h. sich verändernden Funktionen – Infrastruktureinrichtungen zentral angeordnet und nutzungsflexibel sind und die bebauten Gebiete durch klare Grenzen gegenüber den Freiflächen definiert sind.

Die Versorgungseinrichtungen teilen sich in zwei Kategorien: diejenigen, die direkt auf ein Wohnquartier be-

Stockholm-Järvafältet

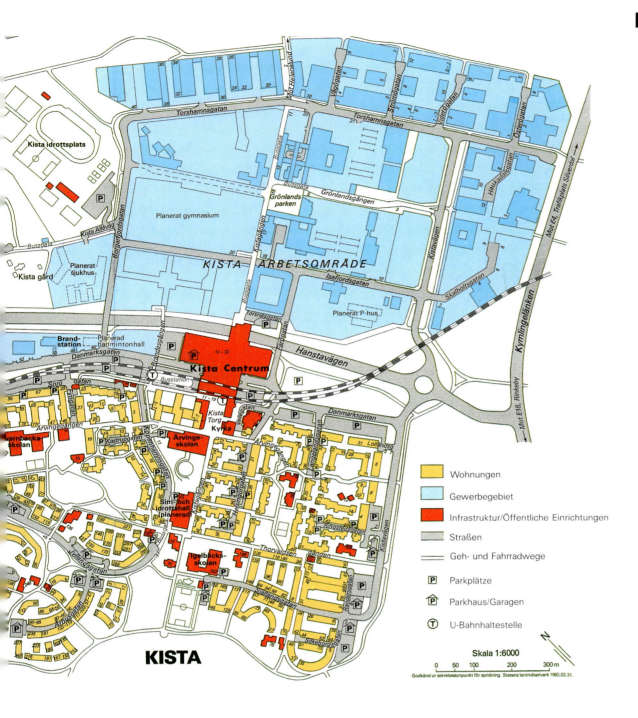

KISTA

- Wohnungen
- Gewerbegebiet
- Infrastruktur/Öffentliche Einrichtungen
- Straßen
- Geh- und Fahrradwege
- Ⓟ Parkplätze
- 🅟 Parkhaus/Garagen
- Ⓣ U-Bahnhaltestelle

Skala 1:6000
0 50 100   200   300 m

Godkänd ur sekretessynpunkt för spridning. Statens lantmäteriverk 1982.03.31.

Die zentrale Hauptfußgängerpromenade verläuft quer durch das Gebiet, sie ist gleichzeitig die zentrale Achse Husbys.

Hauptfußwege in Husby verbinden das Zentrum mit den Wohngebieten.

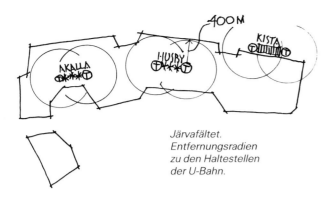

Järvafältet. Entfernungsradien zu den Haltestellen der U-Bahn.

Stockholm-Järvafältet

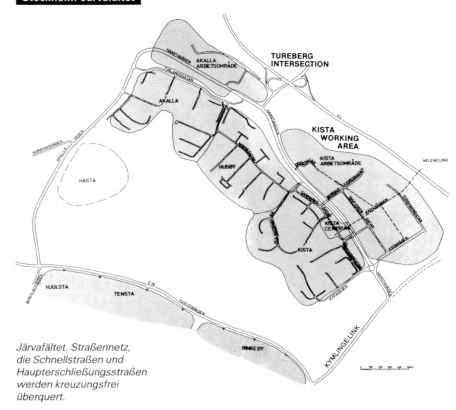

Järvafältet. Straßennetz, die Schnellstraßen und Haupterschließungsstraßen werden kreuzungsfrei überquert.

zogen sind im Sinne von Gemeinschaftsanlagen, für die der Bauträger verantwortlich ist, und die städtischen und kommerziellen Dienstleistungen.

Die Einrichtungen befinden sich hauptsächlich entlang der zentralen Fußgängerzone, die durch die drei Stadtteile verläuft, dort wo auch die U-Bahn-Stationen gelegen sind. Erholungszentren und Kindergärten liegen in den einzelnen Wohnquartieren. In den zentralen Gebieten wurden Schulen, manche Kindergärten, integrierte Dienstleistungszentren, Sporteinrichtungen, Gesundheitsdienst, Kirchen und Läden angesiedelt. Neben dem Ziel, öffentliche Verkehrsmittel von hohem Standard von Anfang an zu bauen, waren auch Arbeiten und Wohnen am selben Ort ein weiteres wichtiges Ziel.

Eine der grundlegenden Ideen bei der Planung von Norra Järvafältet war, Wohnen und Arbeiten gleichzeitig anzubieten, damit ein wesentlicher Teil derer, die einen Arbeitsplatz in den neuen Gewerbegebieten haben, in der Nähe wohnen können. Geplant wurden ca. 25 000 Arbeitsplätze innerhalb des Planungsgebietes für eine Bevölkerung von 30–35 000, wovon etwa die Hälfte erwerbstätig sein wird. Voraussetzung für die Erfüllung dieser grundlegenden Idee war der gleichzeitige Ausbau von Wohnungen und Arbeitsplätzen. In allen Gebieten wurden keine umweltverschmutzenden Industrien zugelassen.

Um dem Verkehrslärm-Problem zu begegnen, wurde schon im Development-Plan vorgesehen, daß die Hauptstraßen und Verbindungsstraßen nicht in unmittelbarer Nähe der Wohngebiete verlaufen. Der Abstand beträgt mindestens 300 m. Das sekundäre Straßennetz wurde so geplant, daß Lärmschutzmaßnahmen nicht notwendig sind.

Die Hauptverbindungsstraßen wurden tiefer gelegt und mit Lärmschutzwällen umgeben.

Das Fußwegesystem ist als zusammenhängendes Netz entworfen und verläuft kreuzungsfrei zu den Hauptverkehrsachsen.

Typisch für die dritte Generation ist die aufwendige technische Infrastruktur. Norra Järvafältet hat alle Ver- und Entsorgungsleitungen in zwei unterirdischen Tunnelsystemen zusammengefaßt. Ein System enthält Schmutzwasserleitungen, das andere Fernheizungsleitungen, Wasserzulauf, Elektrizität und Telephonleitungen.

Dieses relativ teure System soll flexibel gegenüber zukünftigen Veränderungen sein. Das ganze Norra Järvafältet-Planungsgebiet wurde mit einem sogenannten Druckluftabfalltransportsystem versehen.

Bei der Planung von Norra Järvafältet wurden folgende Plan-Kategorien angewendet:

Development-Plan

Der Development-Plan zeigt die Flächennutzung im groben: Wohngebiete, Arbeitsgebiete, Erholungsgebiete usw. sowie die wichtigen Kommunikationssysteme.

Master-Plan

Das Gebiet, das durch den Development-Plan abgedeckt wird, ist in 4 Master-Plan-Gebiete gegliedert. Der Master-Plan für Kista-Husby-Akalla zeigt im groben die Gliederung der Wohngebiete, Freiflächen und die Verkehrseinrichtungen (Verlauf der Hauptverbindungen und Sammelstraßen). Wohnungen, Arbeitsplätze und Dienstleistungsgebiete werden genauer angezeigt.

Area-Plan

Aus planerischer Sicht ist es die Hauptabsicht, daß der Area-Plan Auskunft gibt über Gestalt und Funktion des Gebietes, ohne technische Zwänge zu bewirken. Andererseits wäre es aus rein zeitlichen Erwägungen wünschenswert, daß bestimmte Elemente des Plans exakt festgelegt werden (z. B. der Verlauf der Sammelstraßen).

Schulen, Kindertagesstätten, Läden und andere Einrichtungen sind ebenfalls Bestandteil des Area-Plans, der für diese Bereiche auch die Funktion eines Entwicklungsplans hat.

Die vorderen Grenzen der Wohngebäude, die Lage von Spielplätzen, Parkplätzen und allgemeine Freiraumgestaltung werden genau dargestellt.

Järvafältet. Kompositionsplan 1975.

Town-Plan

Town-Pläne basieren auf Area-Plänen. Jeder Wohnbezirk im Gebiet des Area-Plans besteht aus fünf bis sieben Town-Plänen. Diese regeln hauptsächlich technische und administrative Angelegenheiten in Übereinstimmung mit den Bestimmungen des Baugesetzes. Zusätzliche Elemente, wie Spielgebiete, Feuerwehrzufahrten und Angaben zu Farbgebung und Material werden dargestellt.

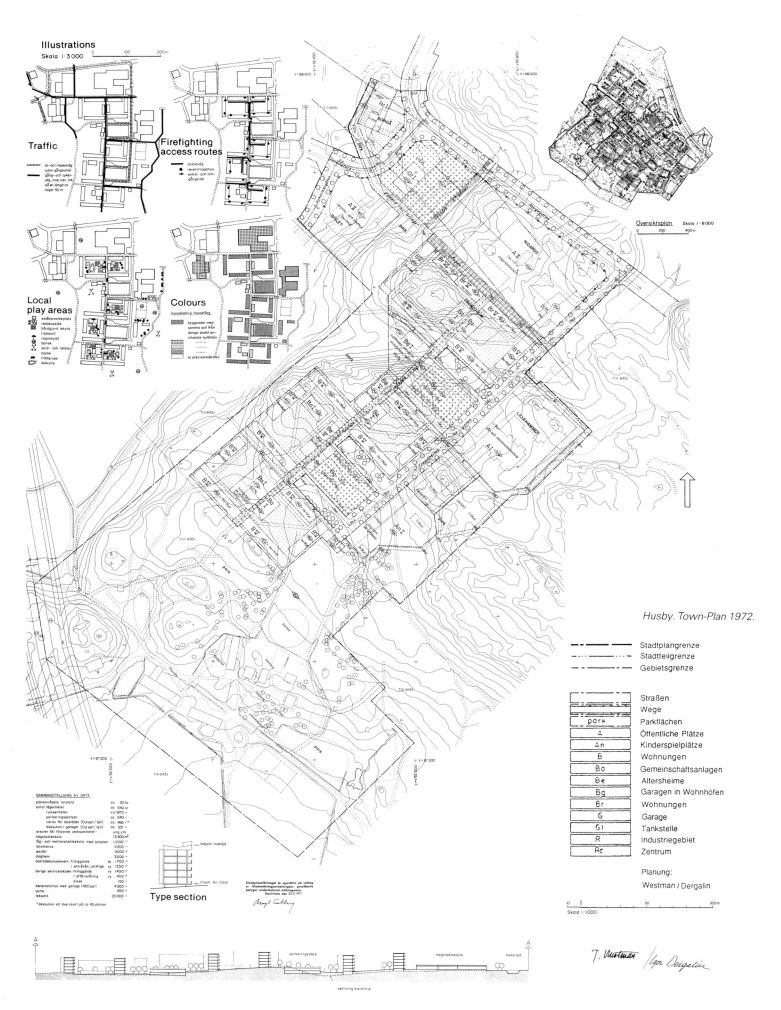

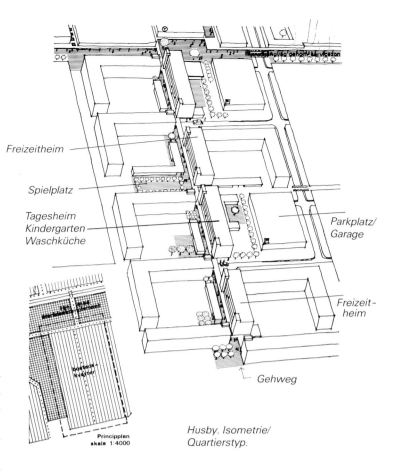

Husby. Isometrie/Quartierstyp.

3.3.1 Husby – die Rasterstadt – als direkter Ausdruck der Planideologie, der Administration – Besinnung auf das Prinzip »Straße und Hof«

Nach dieser Übersicht über Norra Järvafältet sollen die einzelnen städtischen Einheiten behandelt werden. Für die erste Wohnsiedlung Husby war die wichtigste Zielsetzung, die Qualität und Anziehungskraft einer fertiggebauten Stadt von Anfang an zu erreichen.

Mit dem Bau des Stadtteils Husby nördlich im Järva-Gebiet wurde 1972 begonnen. Der Anteil von AB Svensky Bostädter an diesem Projekt umfaßt die Stadtkernbebauung und ein Wohngebiet von ca. 3000 Wohneinheiten, das sich in vier Teilgebieten um den Stadtkern gruppiert. Das Wohngebiet wurde Anfang 1977 fertiggestellt. Es wurde vom Architekturbüro der Svenska Bostädter entworfen.

Die Zusammenarbeit mit dem Ersteller des Bauleitplanes, dem Stadtbauamt der Stadt Stockholm, begann schon im Stadium der Übersichtsplanung. Der Vorschlag des Stadtbauamtes zur verkehrstechnischen Lösung mit einem Wegsystem für Fußgänger, das durch Überführung über abgesenkte Fahrstraßen zusammengehalten wird, wie auch das Motiv der von fünfgeschossigen Wohnhäusern umschlossenen großflächigen Hofbildungen liegen dem Stadtplan zugrunde.

Die Struktur von Husby ist homogen. Eine Hauptfußgängerpromenade verläuft quer durch das Gebiet, sie ist gleichzeitig Hauptversorgungsachse.

Die einzelnen Wohngruppen sind einer übergeordneten Gesamtstruktur untergeordnet, dies bildet deutlich das Rastermuster. Nur die Gebäude entlang der Fußgängerzone fallen aus diesem Rahmen.

Die Gebäude der zentralen Zone enthalten Dienstwohnungen und Altenwohnungen. Im Erdgeschoß dieser meist 8geschossigen Gebäude liegen verschiedene städtische Einrichtungen. Hier befinden sich auch zwei Eingänge zu den U-Bahn-Stationen.

Zusätzlich gibt es im Zentrum eine Altenschule mit Sporthalle, die auch der allgemeinen Öffentlichkeit zugänglich ist und eine Unterstufen- sowie eine Mittelstufen-Schule und ein Gesundheitszentrum.

Die Wohngebiete bestehen hauptsächlich aus 5geschossigen Gebäuden mit Laubengangerschließung um einen geschlossenen Hof herum. In diesen Höfen befinden sich Spielplätze, einige Versorgungseinrichtungen und manchmal auch Kindergärten.

Die Kindergärten liegen in den Wohngebieten. Insgesamt gibt es 4 große Spielgebiete mit Feldern für Rasensport, welche die einzelnen Teilgebiete verbinden.

Kinderkrippen, Freizeiträume, Fahrradabstellräume und dergleichen sind in freistehenden eingeschossigen Gebäuden aus Holzelementen untergebracht. Das stark hügelige Gelände und die niedrigen Holz-Bauten, Mauer, Einrichtungen, zusammen mit den Gartenanlagen, tragen, trotz homogener Wohnbebauung, zu einem relativ abwechslungsreichen Stadtbild bei.

Schulen, Kinderkrippen und andere soziale Einrichtungen konnte die Gemeinde im gleichen Tempo ausbauen, wie der Einzug der Bewohner erfolgte.

Autoabstellflächen wurden in dreigeschossigen offenen Parkbauten angeordnet, deren oberstes Geschoß für Besucher reserviert ist und deren leichte Aufbauten zur Unterbringung des Mopeds und für trokkene Abfälle aus Holz erstellt wurden. Alle verkehrsintensiven Funktionen konnten auf die Fahrstraßen konzentriert werden, und da das Gebiet mit einer Abfallabsauganlage ausgerüstet ist, blieben große zusammenhängende Flächen innerhalb der stadträumlichen Wohnviertel frei von jeglichem Verkehr.

Die Parkhäuser, in denen auch die Luftschutzräume untergebracht sind, bestehen aus Ortbeton sowie durchbrochenen Fassadenelementen.

Die Wohnhäuser mit ihren intensiven dunklen, satten Farbtönen stehen im Kontrast zu dem hellen Stadtkern, ein farblicher Kontrast wurde zwischen den verschiedenen Teilgebieten angestrebt.

Da Svenska Bostädter selber baute und auch die Bauten verwaltet, kann man das Baugeschehen verfolgen und Erfahrungen im Kontakt mit den Mietern sammeln. Bei Zusammentreffen mit Mietern wurden z.B. ergän-

Entlang der Fußgängerzone konzentrieren sich Dienstleistungen, Geschäfte, Bildungs- und Freizeiteinrichtungen. Die höheren Gebäude der zentralen Zone werden für Dienst- und Altenwohnungen genutzt, in den Erdgeschossen sind verschiedene städtische Einrichtungen.

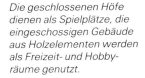

Die geschlossenen Höfe dienen als Spielplätze, die eingeschossigen Gebäude aus Holzelementen werden als Freizeit- und Hobbyräume genutzt.

zende Maßnahmen für die Verbesserung der Freiflächen diskutiert, wofür ein bestimmter Geldbetrag reserviert worden war. Dies war eine Art Partizipation, d. h. die Mieter wurden aktiviert und nachbarschaftliche Beziehungen in neuen Wohngebieten gefördert.

Die negativen Erfahrungen, schlechte Verbindung, falsche Belegungspolitik und daraus resultierende Probleme von Tensta und Rinkeby, waren bekannt. Später entstanden Husby, Akalla und Kista, und sie wurden ein ungeheurer Erfolg. Wenn man aber die homogene Bebauung, die Haustypen in Husby und teilweise in Akalla betrachtet, und wenn man die Konzeption sieht, dann ist es für einen Fremden, der die Hintergründe nicht kennt, sehr schwierig, den Unterschied zwischen den Siedlungen Husby und Tensta zu verstehen, denn es sind dieselben Häuser, die lediglich städtebaulich anders zugeordnet sind. Von der Bebauung her ist es nur ein minimaler Unterschied. Dazu eignet sich der Laubenhaustyp schlecht, er ist ungeeignet für das Klima Schwedens.

Auf die Frage, welche Argumente für den Bau dieser Häuser sprachen, war die Antwort des Planers Gunar Lantz: »Das Laubenganghaus war ein Weg, die Wohnungsproduktion zu verbilligen. Man wollte die Kosten der teuren Aufzüge und Treppen auf mehr Wohnungen verteilen, man wollte auch durchgehende Wohnungen haben.

Wir waren damals in Schweden inspiriert von Sheffield in England, dort baute man einen großen Block mit der Erwartung, daß sich auf den Laubengängen eine Art soziales Leben abspielen könnte.

Die in Schweden gebauten Laubenganghäuser sind ein schwacher Schatten dieser Idee, und es spielt sich natürlich kein soziales Leben ab, dafür sind sie zu lang und zu schmal. Heute baut man sie nicht mehr.«

Stockholm-Järvafältet

Dreigeschossige offene Parkhäuser (oben und Seite 196 unten)

Die äußere Randbebauung wirkt monoton und geschlossen (oben).

Die Fußwege werden von der Bebauung begleitet.

Zum Thema »Haustypen« in Husby
Siedenbladh: »Diese Laubenganghäuser sind zu 75% von Svenska Bostädter gebaut worden. Sie wurden zum Standardtyp, da Albert Aronson von ihren Vorteilen überzeugt war. Sie galten als billiger und besser. Er ließ sämtliche Untersuchungen über diese Häuser durchführen. In dem Teil von Husby, auf den Aronson keinen Einfluß hatte, hat die HSB (Hypesgästernes Sparkasse och Byggnadsförning) gebaut. Beide Baufirmen versuchten, die Mieter so auszuwählen, daß es keine Konzentration von Problemfamilien gab. Man wußte aus Erfahrungen, daß ca. 10% an Problemfamilien ein ganzes Gebiet in Verruf bringen.
Mit Hilfe der Sozialverwaltung der Stadt schaffte man eine Mischung von Mietern, in der diese 10% nicht überschritten wurden.«
Diese Aussagen bestätigen die Kritik und Bewertung der beiden Planer des Stadtbauamtes der Stadt Stockholm. Zusammenfassend haben sie festgestellt:
»Husby ist der Ausdruck dieser Zeit, in der Verwaltung und die Experten bestimmen konnten, das ist ein typisches Ergebnis einer bürokratischen Planung. Man hat einen Plan in kurzer Zeit verwirklicht, man hat mit den besten Vorsätzen auf der Basis von Planzielen, Prognosen und sogenannten Bedürfnissen geplant und gebaut.
Das beste Beispiel für diese Zeit ist vielleicht die Planung des Husby-Gebietes als direkter Ausdruck der Planideologie, der Administration.
Der wichtigste Unterschied von Husby im Verhältnis zu früheren Planungen ist ein größeres Verständnis oder eine größere Bereitwilligkeit, eine Stadt mit Qualität für die Einwohner zu bauen.
Neben den früheren funktionellen Qualitäten versuchte man, mit sogenannter Husby-Gestaltung, Husby-Straßen und -Höfen, eine geschlossene Stadt zu schaffen, ein Stadtbild, das nicht nur einer technischen Konzeption entspricht, sondern einer menschlichen Erwartung. Die Hauptrolle bei dem anfänglichen Erfolg haben die gleichzeitig ausgebauten Sozial- und Fürsorgeeinrichtungen wie auch die fertige und qualitativ bessere Wohnumfeldgestaltung und Belegungspolitik gespielt. Die Architektur hatte keinen großen Einfluß. Nach einigen Jahren hat man erkannt, wie so ein Stadtteil verwaltungstechnisch aussieht.
Diese ›Produktionsplanung‹ hat sich gegen das Aussehen gerichtet, plötzlich erkannte man die Monotonie der fantasielosen Häuser, differenziert nur durch Farbe.
Diese Erkenntnisse führten in den anschließend gebauten Vororten Alkalla und Kista schrittweise zu einer immer stärkeren Differenzierung der Baustruktur und der Gestaltungsvielfalt. Husby ist exemplarisch für den ersten Schritt im Städtebau der siebziger Jahre mit dem Ziel, eine höhere Qualität einer Stadt zu erreichen.«

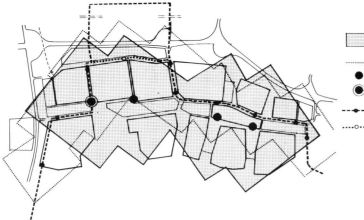

Husby, Akalla. Öffentlicher Nahverkehr.

| | Zonen in 500 m Entfernung zur U-Bahnhaltestelle |
| | Zonen in 300 m Entfernung zur Bushaltestelle |
● | U-Bahnhaltestelle
◉ | Busbahnhof
---◆--- | Buslinie mit Haltestellen
····o···· | Alternative Strecke

3.3.2 Akalla – Stadt des hoch verdichteten linearen Zentrums und baulicher Kontraste, Stadt der perfekten städtebaulichen Systeme und Prinzipien

Die wichtigsten neuen Aspekte bei der Planung Akallas waren:
— die noch stärkere Verkürzung der Wege zur U-Bahn und Bushaltestelle und damit verbundene extreme Konzentration der Bebauung im Zentrum,
— gemischte Wohnhaustypen, d. h. »erdnaher« Flachbau, Mittelhochbau und Hochhäuser in räumlichen Einheiten,
— Arbeitsplätze in der Nähe der Wohnungen,
— das Gelände um einen historischen Weiler herum zu bewahren und für Erholungszwecke wiederherzustellen.

Akallas räumliches Konzept kann man als Zwischenphase auffassen. Von städtebaulichen Ideen, vom Inhalt und von zeitgemäßer Gestaltung liegt es zwischen Husby und Kista.

Aus umweltschützerischen Erwägungen heraus wurden angrenzend an den Weiler die niedrigen Häuser errichtet. Zur zentralen Fußgängerzone hin staffeln sich die Gebäudehöhen bis zu 4 und 6 Geschossen. Im Zentrum wurde eine intensive Bebauung realisiert, nördlich der Fußgängerzone gibt es 17-, 11- bis 13geschossige Hochhäuser, von denen zwei Altenwohnungen enthalten. Im Erdgeschoß liegen Läden und Dienstleistungen.

Akalla

Das Gebiet ist für ca. 4200 Wohneinheiten geplant. Eine Reihe paralleler 13geschossiger Wohngebäude mit Tiefgaragen durchzieht das Gelände von Ost nach West.

Zwischen den beiden U-Bahn-Haltestellen liegen die Hauptversorgungseinrichtungen.

Im nördlichen Teil von Akalla sind etwa 4–6000 Arbeitsplätze vorgesehen, das Gewerbegebiet ist direkt an die U-Bahn nach Stockholm angeschlossen.

Die Hochhäuser bilden die Grundstruktur der drei großen Wohnquartiere. Jede dieser Hochhausgruppen ist von einem Ring 4- bis 6geschossiger Gebäude umgeben. Innerhalb dieses Rings wiederum befinden sich 2geschossige Häuser, die um jeweils ein großes Spielgebiet herum gruppiert sind.

Akalla hat etwa 4200 Wohneinheiten, wovon 25% in 1- bis 2geschossigen Gebäuden und 40% in Hochhäusern (10- bis 13geschossig) liegen.

Husby, Akalla. Erschließungssystem.

▬▬▬ Übergeordnete Straße Typ I
═══ Übergeordnete Straße Typ II
━━━ Sammelstraße
─── Lokalstraße Typ I
─── Lokalstraße Typ II
······ Buslinie

In Akalla wurden 175 Einfamilienhäuser schlüsselfertig als Miethäuser erstellt. Auf diese Weise wurde diese Wohnform auch niedrigeren Einkommensgruppen zugänglich gemacht. Das bandförmige Zentrum wird von einer Reihe paralleler 13geschossiger Wohngebäude mit Tiefgaragen begleitet, was die monumentale fließbandartige Wirkung unterstreicht.

Um die Eingänge zur U-Bahn herum befinden sich mehrere Läden. Zwischen den beiden U-Bahn-Haltestellen sind ein Einkaufszentrum, ein Jugendzentrum, Bibliothek, Schulen und mehrere Einzelgeschäfte zu finden. Ein weiterer Spielpark und ein Sportzentrum sind angrenzend an den historischen Weiler Akalla gebaut worden.

Das Gelände um den historischen Weiler Akalla wurde von der Bebauung freigehalten und als Erholungsgebiet wiederhergestellt und genutzt. Die Entfernung nach Stockholm beträgt 14,3 km, die Fahrzeit mit der U-Bahn 22 Minuten.

Das äußere, zangenförmige Erschließungssystem ist von einem konsequenten zusammenhängenden Fußwegsystem getrennt. Dieses Prinzip des Erschließungssystems kann man anhand eines Quartiertyps nachvollziehen.

Kritik: Die Konzentration gleicher Hochhäuser entlang der zentralen Fußgängerachse ist im Maßstab und der Konzentration sowie in ihrer Wirkung dominierend, so daß die niedrigere Bebauung nicht mehr zur Geltung kommt. Die bandförmige Achse des Zentrums wird durch Details, z. B. Stege und Überdachungen, noch

*Akalla – Baustruktur.
Übersichtsplan.*

*Akalla.
Bandförmiges Zentrum.*

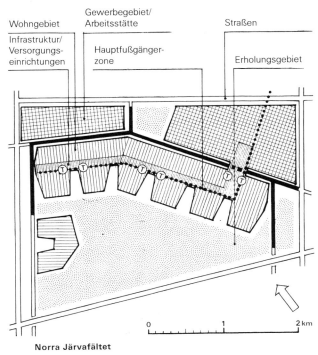

*Järvafältet.
Schematischer
Masterplan.*

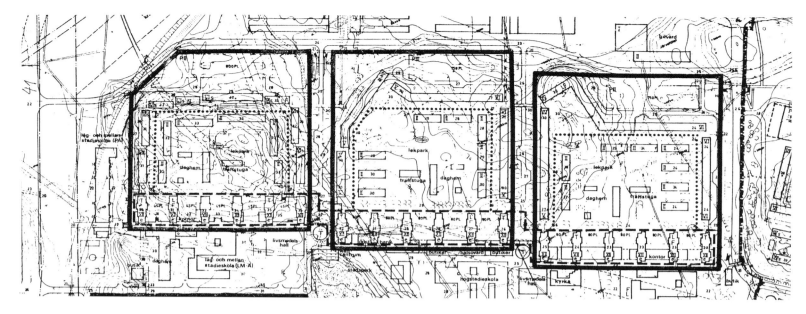

unterstrichen, welches den Eindruck von Fantasielosigkeit und Monotonie hervorruft. Die heterogene Wohnbebauung und Farbgebung innerhalb der einzelnen Wohnquartiere tragen zu einem variierten »Nahmilieu« bei.

Die großen Höhenunterschiede der verschiedenen Wohnbebauungen, die teilweise kleinen Abstände und die hohe Dichte, im Gegensatz zu großen Grünflächen innerhalb der Wohnquartiere sind als problematisch zu sehen.

Diese kritischen Bemerkungen sollen jedoch nicht die Qualitäten des Stadtteils verringern. Akalla ist eine relativ problemlose Stadteinheit mit hervorragendem Image. Die Gründe für diesen Erfolg erläutert Professor Sidenbladh: »Akalla wurde hauptsächlich von privaten Bauunternehmen gebaut. Damals hatten wir eine

Akalla Nord. Baustruktur. Die Hochhäuser der zentralen Achse und ein Ring 4- bis 6geschossiger Wohngebäude umschließen ein großes Grün- und Spielgebiet. In dem inneren Bereich befinden sich 2geschossige Einfamilienhäuser, Kindergärten und Freizeiteinrichtungen.

Die unmittelbare Nachbarschaft von hoher und niedriger Wohnbebauung in den Randgebieten steht im Gegensatz zu großen Grünräumen innerhalb der Wohnquartiere.

Die Einfamilienhäuser haben fast keine Gärten, lediglich kleine gut gestaltete Terrassen. Die Lage dieser Häuser in inneren Grünräumen der Quartiere ermöglichen zahlreiche Freizeitaktivitäten.

Die Terrassen und Balkone der mittelhohen Wohnbebauung sind tangiert von Fußgängerwegen und damit Störungen ausgesetzt.

Akalla. Zentrum, die bandförmige Achse wird durch eine Reihe von Geschäften und Serviceeinrichtungen unterstrichen.

leichte Mehrheit von nichtsozialistischen Parteien im Stadtparlament, und die Bauten wurden an verschiedene Privatunternehmen vergeben. Man baute eine Anzahl von sogenannten Baurechtswohnungen. Es sind keine Eigentumswohnungen im deutschen Sinne, sondern die Erwerber müssen einen Einsatz zahlen und bilden eine ökonomische Gemeinschaft, wenn sie eine Wohnung bekommen. Es handelt sich dabei nicht um Eigentum im eigentlichen Sinne, da sie es nicht verkaufen können. Ihr Wohnrecht jedoch können sie verkaufen.

Hierfür gibt es verschiedene Regelungen: Wenn sie z. B. 15 Jahre in einer Wohnung gewohnt haben und 50 000 Kronen bezahlen, so können sie das Wohnrecht unter Berücksichtigung der Inflationsraten zu 200 000 Kronen verkaufen. Die jetzigen Steuerrechte sind so formuliert, daß sie diesen Gewinn nicht als Einkommen versteuern müssen. Das wird sich aber bald ändern. Genauso wird es sein, wenn man ein Einfamilienhaus verkaufen will. Dann muß man in Zukunft den Gewinn versteuern.

In Süd-Akalla, in der Nähe des alten Dorfes Akalla, gibt es eine große flache Bebauung. Dort sind Mietwohnungen in Wohnrechtwohnungen verwandelt worden. Es wurde auch ein Gebiet mit Reihenhäusern von Privatunternehmen gebaut und später in Wohnrecht vergeben.

Die Bedingung, daß man eine Einzahlung leisten muß, um eine Wohnung zu bekommen, hat sich als wichtige Steuerungsmöglichkeit der Belegungspolitik erwiesen. Familien mit großen sozialen Schwierigkeiten gibt es in Akalla nicht.«

Akalla. Ansicht von Nordwesten.

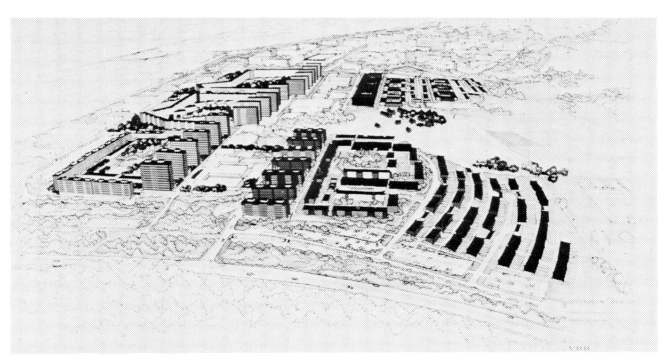

Kista. Gebietsplan, die Wohngebiete von Kista für ca. 3600 Wohnungen liegen südwestlich des Zentrums, die Geschoßbauten mit höherer Dichte in der Nähe des Zentrums. Eine zentrale Zone mit Infrastruktureinrichtungen erstreckt sich vom Zentrum im Nordwesten bis zum Südwesten.

3.3.3 Kista – Besinnung auf gestalterische Vielfalt, Tradition, Umwelt, Qualitäten und Abkehr von städtebaulicher Eindeutigkeit

Kista war zeitlich der letzte der drei Vororte – Husby, Akalla, Kista.

Man hat versucht, die Kritik, die sich gegen die Vororte richtete, aufzugreifen und die besten Kräfte mittels eines Wettbewerbs für Kista zu mobilisieren. Das hat sich auch in der ausgewogenen Gestaltung durch »neue« Wohntypen und ein neues Wohnumfeldkonzept ausgedrückt. Die Programmierung und Planung von Kista ist weiter nach den Prinzipien des Funktionalismus der sechziger Jahre entstanden, d. h., daß ein Stadtteil nach Planzielen, Prognosen usw. berechnet wurde. Die Forderungen nach einer grüneren Stadt, gestalterische Vielfalt und nach der Rücksichtnahme auf die Naturwerte sind jedoch noch in die Planung eingeflossen.

Eine zentrale Zone mit Infrastruktureinrichtungen erstreckt sich vom Kista-Zentrum im Nordwesten bis ins Tal des Igelbäcker-Flusses im Südwesten. Kista-Zentrum ist das Nahzentrum von Kista, aber außerdem ist es ein Stadtteilgruppenzentrum für diejenigen, die auf dem Järfavältet wohnen. Das bedeutet auch Zentrumsfunktion für Husby und Akalla. Als solches ist es flächenmäßig größer und hat ein bedeutend umfangreicheres Angebot an Einkaufsmöglichkeiten und Dienstleistungen als ein normales Nahzentrum. Es ist als eine große integrierte Anlage unter Dach gebaut und enthält auch einen Untergrundbahnhof, der das Gewerbegebiet, das Zentrum Kista und die zentrale Fußgängerzone verbindet. Der Blick vom oberhalb des Zentrums liegenden Untergrundbahnhof gewährt Orientierung und stimuliert den Menschen, in die Stadt und in das Zentrum zu gehen.

Der Anteil an Einfamilienhäusern ist gestiegen, bei den meisten war ein Selbsthilfeanteil vorgesehen. Die ca. 800 Einfamilienhäuser liegen am nächsten zu den Erholungsflächen. Das gemischte Erschließungssystem erschwert die konsequente Trennung der Fußwege vom Fahrverkehr. Die Parkierungen sind differenziert, abhängig von der Baustruktur. Interessant erscheinen die zweigeschossigen Sammelgaragen für Einfamilien-

Das Stadtbild wurde lebendig gestaltet. Die Vielfalt der Dachlandschaft, der Haustypen, Materialien und Farben prägen das Wohngebiet.

hausgruppen bei insgesamt harmlosen und unaufwendigem Ausbau und Führung der Fußwege.

Das Zentrum ist aufwendig gestaltet und konzipiert – es strahlt Behaglichkeit aus und Schutz vor Wettereinfluß. Die integrierte U-Bahnstation bringt Menschen und Leben ins Zentrum, unabhängig von der Tageszeit. Restaurants und andere Einrichtungen tragen zur Lebendigkeit, auch außerhalb der Geschäftszeiten bei.

Der Geschäftsteil des Zentrums enthält u. a. zwei Warenhäuser und ca. 40 Fachgeschäfte sowie Apotheke, Post, Restaurant, Kino und Kinderladen.

Es gibt verschiedene soziale Einrichtungen des öffentlichen Dienstes, u. a. Wohlfahrtsamt, Krankenkasse, Gesundheitszentrum mit Ärzten und Zahnarztpraxis. Das Treffzentrum enthält Bibliothek, Cafeteria, Restaurant, Klubräume, Versammlungsräume für Vereine, Filmvorführungen und Theater.

Kista-Zentrum wurde als separater Abschnitt betrachtet, sowohl administrativ als auch von der baulichen Realisation und Finanzierung her.

Die Gesamtzahl der Parkplätze im Zentrum beträgt 1168, wovon 600 unter dem Zentrum liegen.

Kista-Zentrum, 12 km nördlich von Stockholms Innenstadt (19 Min. Fahrzeit) gelegen, wurde im Frühjahr 1977 eröffnet.

Man hat versucht, den Wünschen nach einem lebendigen Stadtbild zu entsprechen; z. B. die alten Bauernhöfe zu erhalten, um mit Kindergärten und Freizeitaktivitäten Akzente zu setzen. Man hat einen Wettbewerb für die Farbgestaltung der Fassaden organisiert. Die Dächerlandschaft, die Vielfalt der Haustypen wie auch »menschlicher Maßstab« prägen die Wohngebiete.

Ungefähr 2500 Wohneinheiten liegen in einem Mischgebiet, mit 3- bis 4geschossigen und 2- bis 8geschossigen Mehrfamilienhäusern sowie 2geschossigen Reihenhäusern. Diese Gebäudetypen sind gleichmäßig über das gesamte Gebiet verteilt mit einer gewissen Konzentration in Richtung Zentrum. Die restlichen 300 Wohneinheiten befinden sich in einem Altenwohnheim im Kista-Zentrum.

Ein wichtiges Ziel war es, vielfältige Arbeitsplätze (18 000) direkt am Wohnort zu bieten.

Die Flächen von Kistas Gewerbegebiet sind in drei verschiedenartige Zonen eingeteilt aufgrund der unterschiedlichen und hervorragenden Lage zum Schienenverkehrssystem, zum Zentrum Kistas und zur zentralen Fußgängerzone.

Zone 1 ist hauptsächlich für Arbeitsplätze des tertiären Sektors vorgesehen in Verbindung mit einigen Hotels. Zone 2 ist ein Gewerbemischgebiet (Industrie und Büroflächen) Zone 3 ist als Industriegebiet mit einigen Bürogebäuden ausgewiesen. In allen Gebieten werden keine umweltverschmutzenden Industrien zugelassen.

Professor Siedenbladh schildert, wie es gelungen ist, in dieser konjunkturschwachen Zeit, Kista mit dem großen Gewerbegebiet zu realisieren.

»Die Lage und Anbindung des Gewerbegebietes Kista ist hervorragend, sie ist von Stockholms Innenstadt 12 km entfernt. In Kista haben wir deshalb eine große ›Arbeitseinheit‹ zwischen den Bahnhöfen der staatlichen Eisenbahn und der städtischen U-Bahn geplant, so daß die Arbeiter die verschiedenen Verkehrsmittel benutzen konnten, wenn sie von außerhalb kamen. Mit der Zeit wurden es dann doch immer mehr Leute, die in die Nähe ihres Arbeitsplatzes zogen. Umgekehrt stellten die Fabriken, Unternehmen und Büros auch gerne Leute ein, die aus der Gegend kamen.

Dazu kam der Qualitätsunterschied von Kista. Als die Leute sich entscheiden konnten, nach Husby zu ziehen, war Akalla schon zur Hälfte bebaut. Die Bauzeit war sehr komprimiert, da man damals noch Mangel an Wohnungen hatte. Als 1972 die Nachfrage umschlug, fragte sich die Stadtverwaltung, ob es sinnvoll sei, Kista fertig zu bauen oder besser, einige Jahre zu warten.

Albert Aronson führte das alte Programm Vällingbys vor und forderte eine bessere Qualität zum selben Preis. Da Stockholm ein hohes Steuereinkommen hatte, war es möglich, in diesen schlechten Zeiten Kista zu bauen. Die Bauunternehmen waren sehr darum bemüht, an diesem großen Projekt beteiligt zu sein. Um der Arbeitslosigkeit ihrer Arbeiter entgehen zu können, machten sie sehr niedrige Angebote, die 2500 Mietwohnungen zu bauen. Die Erfahrungen, die die HSB von Verwaltung und Wohnrechtsystem gesammelt hatten, waren von großem Nutzen.

Sämtliche Mehrfamilienhäuser in Kista waren ursprünglich als Mietwohnungen von dem privaten Bauherrn Platzer-Bygg gebaut worden. Danach sind alle Häuser von der HSB gekauft worden, mit der Zusage, daß von den 2500 Wohnungen 500 als reine Mietwohnungen vermietet würden. Die restlichen 2000 wollte die HSB mit ›Wohnrecht‹ auf dem Wohnungsmarkt anbieten. Die dominierende Bevölkerungsgruppe waren Leute mit einer guten ökonomischen Situation, die für ihre Wohnungen bezahlten. Die Verwaltung dieses Gebietes ist eine ökonomische Einheit, die die HSB bilden. Wenn ein HSB-Gebiet fertig ist, wird per Verwal-

Der Anteil der Einfamilienhäuser ist gestiegen.

tungsauftrag das Wohnrecht an die Bewohner übergeben. Die Reparaturen innerhalb der Wohnungen müssen sie selbst tragen, nur Dach, Treppenhaus und Vorgarten werden gemeinsam bezahlt. Natürlich achten die Bewohner darauf, daß nichts beschädigt wird. Vandalismus gibt es hier weniger als in Mietwohngebieten.
Kista mit dem attraktiven Zentrum wurde zum Aushängeschild und Anziehungspunkt vieler älterer und neuer Vororte.«

Irion: Nach den einfachen überschaubaren Zentrenlösungen der sechziger Jahre, kamen die technisch aufwendigen Lösungen der siebziger Jahre, z. B. Kista. Die feste Gruppierung der Bebauung, das hierarchische System der Dienstleistungsangebote, die strikte Normierung und die Verkehrsseparation bringen jedoch auch Probleme mit sich. Da die Bevölkerungsdichte aufgrund der Erhöhung des Lebensstandards abnimmt, verringert sich auch die Grundlage für Dienstleistungen und die Kaufkraft. Wie sehen Sie die aktuelle und zukünftige städtebauliche Entwicklung?

Siedenbladh: »Ein Aspekt war uns anfangs nicht klar, und zwar der Rückgang der Bevölkerung. Die Bevölkerung nahm anfangs zu, denn die jungen Familien und die Kinderzahl stiegen. Nach zehn Jahren wurde diese anfängliche Entwicklung rückläufig, und zwar um ca. 2% pro Jahr. Um das Zentrum von Vällingby herum, das sogenannte Kerngebiet Vällingbys, lebten anfangs 20 000 Leute, 1977 waren es noch 15 000. Dies stellt ein Problem für die Geschäfte dar. Die Gewohnheiten beim Einkaufen änderten sich ebenfalls mit der Zeit. Ganze Familien kaufen mehr und mehr am Samstag morgen ein. Sie kaufen dann den Vorrat für eine ganze Woche, da sie zu Hause alle Kühlsysteme besitzen. D. h. die Geschäfte mußten zusätzliches Personal einstellen, um diesen Andrang zu bewältigen.

Die Energiedebatte hat das Radfahren modern gemacht. Die Einrichtung von Fahrradabstellräumen ist kürzlich zu einem Problem geworden. In den fünfziger und sechziger Jahren hatte man nur das Auto berücksichtigt. Vor einigen Jahren wurde ein großes Programm für neue Radfahrwege, die durch die ganze Stadt führen, erstellt.
Ich habe sehr wenig an den letzten Planungen teilgenommen, sondern hauptsächlich darüber gelesen. Es scheint, man sieht heute große Siedlungen nicht mehr gerne, ›small is beautiful‹. Die Erfahrungen von Tensta/Rinkeby, Skärholmen und Botkycka, wo es soziale Unruhen gab, lehren uns, daß man heute nicht zu große Einheiten bauen soll, sondern besser kleinere Ergänzungen zu den älteren Stadtteilen baut, also Stadtteilerweiterungen.
In bestimmten Wohnbezirken hatte man vor zehn Jahren Tausende von leeren Wohnungen. Ganze Blöcke waren fast ohne Mieter. Man siedelte die Leute um und schloß einige Gebäude. Bei dieser Konjunkturlage war es recht einfach, keine neuen Einheiten zu bauen. Merkwürdigerweise war der Bau Kistas erfolgreich, obwohl ganz im Süden, in Botycka, viele Wohnungen leer standen. Die reiche Stadt Stockholm konnte ein großes Angebot an Schulen, Spielplätzen und Sportstätten verzeichnen und die Leute aus den armen südlichen Vororten ließen sich gerne nach Akalla, Husby und Kista umsiedeln. Dort gab es bessere Verkehrsbedingungen, bessere Schulen, eine bessere Kinderbetreuung etc.
Husby hatte trotz der billigen Laubenganghäuser einen guten Ruf, was sicher an der Nähe zu Akalla und Kista liegt. Hätte es isoliert gelegen, dann gäbe es dort vielleicht heute dieselbe Bevölkerungsstruktur wie in Rinkeby. Die Mehrfamilienhäuser in Kista haben sogar einen Preis bekommen, da sie architektonisch sehr gut sind. Akalla, Husby und Kista werden in der Umgangssprache Övre Järva genannt. Die ganze Gegend heißt Järva, der Name deutet aber auch an, daß hier die oberen Schichten leben. Husby allein hätte es nicht geschafft, so genannt zu werden. Zusammen mit Kista, dem Zentrum, den Arbeitsplätzen und Akalla war dies möglich.
Städtebau, d. h. Städte bauen, das ist Gruppenarbeit, und Einzelpersonen spielen nur eine geringe Rolle. Städtebau ist möglich durch die Zusammenarbeit eines Teams von 10–20 Fachleuten und 15 Politikern.
Ab 1955 war ich Stadtbaudirektor und hauptsächlich mit dem Planungsprozeß beschäftigt. Ich brauchte wirklich gute Architekten in meiner Nähe. Es war schwierig, in dem bürokratischen Apparat geniale

Stockholm-Järvafältet

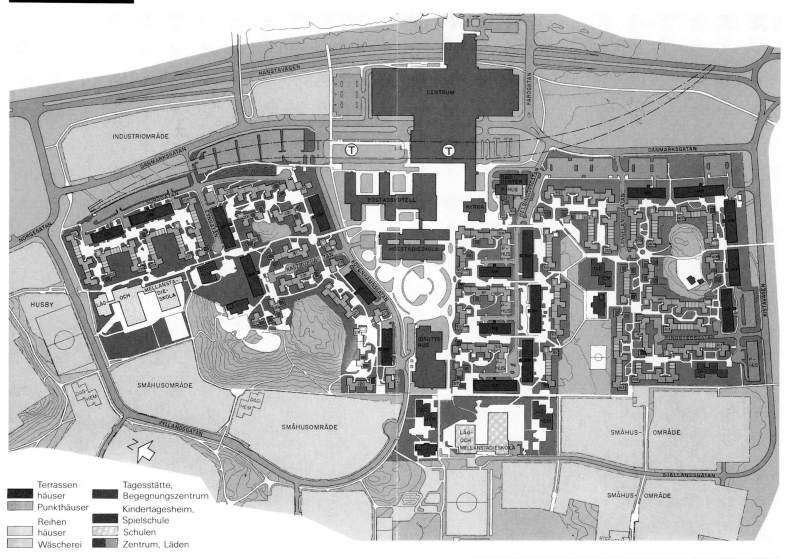

	Terrassenhäuser		Tagesstätte, Begegnungszentrum
	Punkthäuser		Kindertagesheim, Spielschule
	Reihenhäuser		Schulen
	Wäscherei		Zentrum, Läden

Kista. Zentraler Bereich. Er besteht aus drei verdichteten Wohnquartieren sowie einem Stadtteilzentrum.

Der Blick von der ins Zentrum integrierten U-Bahnhaltestelle in die zentrale Fußgängerzone (unten rechts).

Direkt an die Fußgängerzone schließen sich großzügige Grünräume an (rechts).

Ideen durchzusetzen. Es ging darum, die Freiheit der herausragenden Architekten zu schützen. Unter meinen Mitarbeitern und den freien Architekten gab es viele gute Leute. Es machte mir Freude, für diese als Verteidiger zu ›kämpfen‹. Ich war keineswegs ein solcher Künstler wie Markelius, aber ich habe doch einiges von ihm gelernt. Wenn Sie sich ernsthaft die Qualität der Stockholmer Planung betrachten, können Sie feststellen, daß nach 1954, als Markelius die Stelle verließ, viele Teile qualitativ schlechter sind. Ich bin froh darüber, daß ich mit der Fertigstellung Akallas, Husbys und Kistas meinen Abschied nahm. Sie sind mein ›Abschiedssalut‹, sie sind gelungen. Die Durchführung dieser drei Siedlungen, bis hin zu ihrer Fertigstellung, leiteten Torsten Westman, der jetzige Stadtbaudirektor, und Lars Brattberg. Sie kämpften hart und mit viel Durchsetzungsvermögen und hatten somit einen großen Anteil an dem Erfolg.

Brattberg ist ein harter, aber erfolgreicher Mann. Ich mußte die Pläne, die mein Büro gezeichnet hatte, vertreten, mußte für sie kämpfen, mußte die Politiker davon überzeugen, daß die Pläne gut waren, und oft führte das dazu, die Stadt zu verteidigen und das Stockholmer Stadterweiterungskonzept. Manche glaubten den Zeitungen, die Anfang der siebziger Jahre schrieben, daß es nicht sinnvoll wäre, weiterhin große Einheiten zu bauen. Dies läßt sich leicht behaupten, wenn keine Nachfrage an Wohnungen besteht. Es wird aber die Zeit kommen, daß die Verhältnisse dazu zwingen werden, wieder große Einheiten zu bauen.

Zur Zeit wird in Stockholm weiter geplant. Außerhalb Akallas gibt es einen Stadtteil, Hansta, für den mehrere Alternativen gezeichnet sind. Die Stadt hat das Gelände von der Nachbargemeinde erworben. Es heißt, daß die sozialdemokratische Mehrheit im Stadtrat verlangt, daß eine höhere Anzahl an Kleinwohnungen gebaut werden soll. In den letzten 70 Jahren wurden sehr viele Einfamilienhäuser in der Stockholmer Gegend gebaut, und die jungen Leute, die kein Kapital von einer halben Million besitzen, belagern den Vorraum des Büros für Wohnungsfragen und verlangen eine zwei Zimmer-, Küche-, Bad-Wohnung, die es leider nicht gibt. Es kommt eine neue Generation von jungen Ehepaaren, die nicht karrierefixiert ist, sondern einfach leben will. Sie sind sehr zahlreich. Sie wollen nicht an die Amortisation von Anleihen gebunden sein. Sie wollen kein zwanghaftes Leben führen und eine Wohnung abbezahlen. Sie wollen kleinere und billige Wohnungen und andererseits auch reisen und frei leben können.«

Area-Plan
Kista
Gewerbegebiet

Gebäude mit

1–3
3–6
6–8
8–12 Geschossen

Kulturzentrum, Dienstleistungen
Parkhaus, Garagen

*Interview mit Albert Aronson,
Oberbürgermeister von Stockholm*

Albert Aronson begann als Steinarbeiter, später wurde er Journalist, von 1943 bis 1971 war er Unternehmer und von 1971 bis 1974 Oberbürgermeister von Stockholm, danach war er bis 1976 Vorsitzender der Gemeinde Stockholm (Komun Vermegte).

Irion: Inwieweit waren Sie an der Entstehung der Stadtteile Vällingby, Tensta/Rinkeby und Järva (Husby, Akalla, Kista) beteiligt, erst als Leiter des größten Bauunternehmens und dann als Oberbürgermeister? Welche Zielsetzungen, Ideen und Inhalte waren die wichtigsten, und mit welchen Methoden wurden diese Ziele in die Realität umgesetzt?

Welche Parallelen gab es diesbezüglich bei den drei

Stockholm-Vällingby

Albert Aronson 1983.

Städten? Sie sind in der Konzeption, Planung und Ausführung unterschiedlich. Die Verhältnisse veränderten sich im Laufe der Zeit, beginnen wir deshalb mit Vällingby. An Vällingby sind besonders die neuen städtebaulichen Ideen, die dort eingebracht wurden, interessant.

Inwieweit wurden diese wesentlichen Neuigkeiten in der Planung, d. h. das kulturelle, soziale und kommerzielle Großzentrum, Arbeitsplätze verschiedener Art, Erschließungskonzept, von neuen Ideen, vor allem angelsächsischen Ursprungs, geprägt?

Aronson: »Stockholm war von Anfang an (1910–1920) am englischen Städtebau, d. h. den ›New Towns‹ interessiert. Man studierte ›Welwyn Garden‹ und hat Gartenstädte in Stockholm gebaut. Es besteht jedoch ein wichtiger Unterschied zu den englischen Vorbildern, es entstanden keine ›Städte im Garten‹, sondern ›Gärten in den Städten‹ von Stockholm.

Während des letzten Krieges wollte man in Stockholm große Zentren, d. h. kulturelle, kommerzielle und soziale bauen. Wieder studierte man die ›New Towns‹ in England, die Satelliten von London im besonderen. London jedoch hat 8 Mill. Einwohner, Stockholm hat 600 000. Die Satellitenstädte Londons hatten 30 000–50 000 Einwohner, heute haben sie sogar 100 000. Die Tatsache des enormen Größenunterschieds zwischen Stockholm und London führte bei den Stockholmer Politikern und Architekten zu dem Schluß, daß man hier entsprechend kleinere Zentren in den neuen Siedlungen bauen müsse. Das war Anfang 1940. Bald machte man die Erfahrung, daß diese Lösung nicht funktionierte: Die Bewohner wollten in der Innenstadt einkaufen, dort ins Kino oder in die Gaststätte gehen etc. Die Gemeinde Stockholm entwickelte ein neues Konzept, einen neuen Plan: Die kleinen Zentren mußten durch ein größeres attraktiveres Zentralzentrum, sogenanntes Stadtteilgruppenzentrum, ersetzt werden. Die Landeigentümer in Stockholm waren am meisten exploartiert. 1948 entschied man sich für Vällingby. Es gab Wohnungsmangel, und die Politiker waren gern bereit, Wohnungen zu bauen. Wir hatten zwei ›weiße‹ Flecken, zwei Äcker, Vällingby und Farsta. In Vällingby sollte also ein Großzentrum für Blackeberg, Hässelby etc. entstehen. Markelius und seine Mitarbeiter mußten die Planung in einem Jahr fertigstellen. Die Verbindung Vällingbys mit dem Zentrum von Stockholm war gut. Stockholm hat 300 000 EW, die alle innerhalb der Brücken, innerhalb der Grenzen der Mutterstadt leben. Die U-Bahn gab es noch nicht. Wuchs die Bevölkerung, so mußten die großen Siedlungen außerhalb der Brücken gelegt werden, d. h. nach Traneberg, Vällingby etc. Die Menschen aber pendelten nach Stockholm, weil sie in der Stadt arbeiteten. Dadurch wurde das Wohnungsproblem in Stockholm ein Verbindungsproblem. Die Abgeordneten hatten zu entscheiden. Wären sie dagegen gewesen, so hätten wir keine Wohnungen bekommen. Sie mußten dafür stimmen. Die ersten Wohnungen waren am 1. 7. 1951 fertiggestellt. Es war ein enormer politischer Druck.

Die wichtigsten Ziele waren: Arbeit und ein kulturelles, kommerzielles und soziales Zentrum, das so groß und attraktiv sein mußte, um die Menschen davon abzuhalten, nach Stockholm zu fahren. Das große Kaufhaus im Zentrum konnte aber erst 1954 fertiggestellt werden. Die Menschen mußten drei Jahre ohne gute Kommunikation und Versorgung leben. Wir bereiteten eine Propaganda vor, um die Leute zu überzeugen, daß das Vällingby-Zentrum besser als das in Blackeberg werden würde. Wir bereiteten eine Ausstellung über das alte Vällingby vor, zeigten die ersten Einwohner etc. Die neuen waren zufrieden und warteten ruhig. Danach planten wir ein Industriegebiet. Den Vorsitzenden und Direktoren der Stockholmer Industrie boten wir an, wenn sie nach Vällingby kämen, würden den Arbeitern sofort neue Wohnungen zur Verfügung gestellt. Wir brauchten die Industrie in Vällingby.

Ziel war eine gemischte Bevölkerungsstruktur, d. h. soziale sowie Altersstratifikationen.

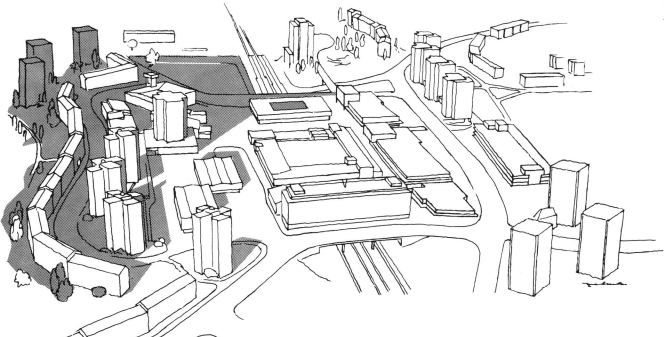

Vällingby. Zentrum, Isometrie.

Die meisten neuen Einwohner Vällingbys waren Industriearbeiter, jedoch Stockholmer, arbeitende Stockholmer. Hinzu kamen aber auch Pensionäre. Die Bevölkerungsstruktur war gemischt, beinahe dem Durchschnitt Stockholms entsprechend. Dies war ein großer Vorteil. Wir konnten zwei Angebote machen. Zum einen boten wir Wohnungen, zum zweiten boten wir der Industrie Grundstücksvorteile während der ersten zwei bis drei Jahre.

Durch Mietregulierung und Wohngeld kann die Nachfrage der meisten nach entsprechenden Wohnungen befriedigt werden, um somit eine soziale Heterogenität zu erlangen, die unabhängig von der Wohnform ist.

Für dieses gesamte Konzept gab es keine Vorbilder, weder im Lande noch auf dem Kontinent, selbst nicht in den USA.

England vollführte entschlossen den Ausbau seiner Trabantenstädte. Amerika baute seine Shopping-Center ohne soziales Leben oder kulturelle Züge. Vällingby war anders mit seinem kulturellen und sozialen Inhalt.

Die englischen New Towns sind Satelliten, mit Absicht isoliert von der Großstadt und mit einer schlechten Verbindung nach London. Im Jahre 1951 besuchte ich einige dieser New Towns, um Erfahrungen zu sammeln und Anregungen für Vällingby zu erhalten, das damals in Form eines Stadtplans vorlag.

›Der Plan für Vällingby ist mißglückt‹, war der offenherzige Bescheid eines Chefarchitekten einer dieser New Towns. Vällingby sollte mit Stockholm durch eine erstklassige U-Bahn verbunden werden, diejenigen, die in Vällingby wohnen, würden ihrem eigenen Zentrum den Rücken kehren und die U-Bahn zur City nehmen.

1953 führte ich ein Gespräch mit dem Architekten Adams, dem ›General Manager of the Development Corporation Harlow‹. Ich bekam Angst, als er mir sagte, daß es ein Fehler wäre, eine U-Bahn zwischen Vällingby und der Stadtmitte Stockholms zu bauen. Die Bewohner Vällingbys führen sofort nach Stockholm, und Vällingby würde eine tote Siedlung.

Das war ein schwarzer Tag. Das Urteil galt im Grunde genommen nicht nur für Vällingby, sondern für das gesamte neue Stadtprogramm mit einem Netz von Stadtgebieten um Stockholm herum, verkehrsmäßig mit der City verbunden. Nach einigen Jahren der Spannung erwies es sich jedoch, daß unsere Städteplaner die soziale Organisation unseres Landes, die Wünsche und Bedürfnisse der Menschen richtig beurteilt hatten. Die neuen städtebaulichen Prinzipien erwiesen sich als haltbar.

In vier Jahren wurde dieses Neuartige der Stadtplanung von der Idee in die Wirklichkeit umgesetzt. Das Ausbautempo war hektisch.

Im Juni 1951 erhielt Svenska Bostäder den Auftrag, das Zentrum in Vällingby zu planen. Projektierung und Ausbau des neuen Stadtkerns geschah gleichzeitig mit dem Emporwachsen der Wohnhäuser ringsherum. Während dieser Jahre hing das Risiko eines Mißlingens wie ein Damoklesschwert über allen, die schnelle Entschlüsse fassen mußten. Das Planen mußte ohne tiefschürfende Penetrierung vorgenommen werden, gewissermaßen dem Gefühl nach. Möglichkeiten lokaler Marktuntersuchungen fehlten. Die primäre Unterlage dafür – die Menschen – fehlte. Die Studien in England und die Prophezeihungen der englischen Städteplaner schufen wahrlich kein Gefühl der Sicherheit für die Zukunft des Projektes.

In einem Punkt waren wir jedoch überzeugt: Wenn das Zentrum nicht zur gleichen Zeit, in der die ersten Menschen herauszogen, erstellt und in Funktion gezwungen würde, war das Risiko eines totalen Mißlingens groß. Für Projektieren und Bauen hätte eine Zeitspanne von sechs bis sieben Jahre zur Verfügung stehen müssen, jetzt mußte jedoch alles in drei, vier Jahren geschehen. Es gab keine Zeit zu Meditationen, auch nicht für lang hingezogene Verhandlungen oder Reifeprozesse. Dem Ergebnis fehlt vielleicht die Perfektion, eventuell war der Zeitmangel der beste Gestalter.

Stockholm-Vällingby

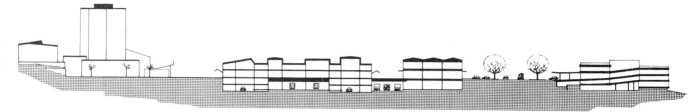

Vällingby. Zentrum, unterirdische Andienung. Schnitt.

Schon von Anfang an stand fest, daß die Zentrumsanlage Vällingby wie ein undichter Ballon in sich zusammensinken würde, wenn es uns nicht gelänge, das Tempo und den Rhythmus, die ein richtiges Stadtleben kennzeichnen, zustandezubringen. Es gab Alternativen für den, der sich in Vällingby niederließ. Die U-Bahn verbindet Vällingby schnell mit Kungsgatan, der Königstraße und ihrem Spiel von Licht und Farben, ihren Schaufenstern, Kinos, Theatern und Gaststätten. Die U-Bahn hätte die Achillesferse von Vällingby werden können.

Natürlich hatte ich Angst vor einem Mißerfolg, denn es war doch ein enormes Risiko damit verbunden. Auch das neue Zentrum konnte ein wirtschaftliches Abenteuer werden!

Ich war Politiker und Unternehmer. Als Politiker konnte ich die anderen Politiker überfahren. Man hatte ein Komitee aus Politikern gebildet, das Vällingby-Komitee, dem ich als Mitglied angehörte. Das besondere daran war, daß das Komitee keine Konferenzen abhielt, sondern mit den einzelnen Personen sprach. Als Vällingby fertig war, hielt es eine einzige Sitzung ab – ein Mittagessen.

Ich verfügte über Geld, mein Geschäft erledigte die Arbeit. Geld war nicht nur für die Häuser notwendig, sondern auch für die U-Bahn und für die Infrastruktur. Ich sprach mit einem Vertreter der Stadt, einem Mann namens Jungberger. (Er war damals 85 Jahre alt.) Ich sagte ihm, die Kosten würden 30 Millionen betragen. Falls sie nur 29,8 Mill. betrügen, blieben 200 000 übrig. Diese galt es dann aufzuteilen. Es war eine Entscheidung zwischen zwei Menschen. Dies war aufgrund des großen politischen Drucks möglich.

Die Prophezeihungen, was aus Vällingby werden sollte, waren nicht eindeutig, Schwarzseher unkten über das neue Zentrum. Die Spannung vor dem Tag, als die Anlage in Gebrauch genommen werden sollte, war groß. Aber es gelang uns. Die Menschen kamen nach Vällingby – ein Drittel per Auto, ein Drittel per U-Bahn, ein Drittel zu Fuß – schauten und fanden das meiste gut. Sie kamen aus allen Teilen der Stadt, fühlten sich wohl, kauften ein, fuhren heim und kamen wieder, kauften 1955 für 40–50 Millionen Kronen. Diejenigen, die befürchtet hatten, daß der Menschenstrom mit der U-

Die Grünanlage, die die Wohngebiete und das Zentrum verbindet, wird von mittelhohen Wohnhäusern umgeben.

In direkter Verbindung mit dem Marktplatz liegen u. a. kulturelle Einrichtungen, ein Jugendclub, ein Bürgerhaus und Restaurants.

Vällingby. Zentrum. Es ist das erste Regionalzentrum in der »Region Stockholm«.

Bahn stadteinwärts fließen würde, entdeckten zu ihrer Freude, daß der Strom in die andere Richtung ging. Die U-Bahn wurde eine Stütze. Und dann kamen die Autos, viel mehr als berechnet.
Selbstverständlich gefällt Vällingby nicht allen.«
Irion: Um die Entwicklung Vällingbys besser verstehen zu können, möchte ich Fragmente Ihrer Publikation ›Vom Bauerndorf zu Groß-Vällingby‹ vorstellen, die mich zu Ihnen führten.
Am 14. November 1954, an dem Tag, als Vällingby im Beisein von 75 000 Menschen eingeweiht wurde, veröffentlichte die Tageszeitung Stockholm-Tidningen einen Artikel von Ihnen, der mit den folgenden Worten schloß:
»Aber wann wird Vällingby ganz fertig? Nie! Wenn der Gedanke, der hinter Vällingby liegt, richtig ist, und wenn Vällingby das wird, worauf man hofft, wenn man die Erwartungen so hoch wie möglich stellt. Keine lebende Stadt wird jemals fertig. Je reicher das Leben in Vällingby, desto größer der Bedarf an stetigen Ergänzungen, Ausbauten und Erweiterungen.
Jetzt erwarten wir, daß die sozialen Spannungen und Konflikte, welche die industriellen Tätigkeiten, die konkurrierenden Geschäfte, Institutionen und der Kampf um die Seelen hervorrufen drohen, so groß werden, so lebhaft und abwechslungsreich, daß dadurch ein lebendiges Drama geschaffen wird – ein Drama, das verhindert, daß Vällingby ein Mustervorort wird! Das wäre das schlimmste, was passieren könnte.«
Nach 12 Jahren, als Vällingby Regionalzentrum wurde:
»Ich kann diese Ausführung mit den gleichen Worten schließen, womit ich Vällingby 1954 vorstellte und womit ich heute begann, aber heute ohne ein Zittern in der Stimme: Vällingby wird immer wachsen, seine Lebenskraft vergrößern und mehr Menschen mehr von allen Dingen bieten, die ein reicheres und besseres Leben schaffen. Deshalb wird Vällingby nie fertig. Meine Hoffnungen von 1954 sind 1966 zur Gewißheit geworden. Aus Vällingby ist Groß-Vällingby geworden.«
Vällingby ist keine ›Musterstadt‹ geworden, ist aber ein internationales Vorbild im Städtebau der fünfziger Jahre gewesen, von großer Ausstrahlungskraft. Die ersten Veränderungen, Erweiterungen und der Ausbau sind innerhalb weniger Jahre unternommen worden. Vällingby ist gewachsen, hat sich räumlich ausgedehnt und viele kleine Siedlungen u. a. durch ein immer größer gewordenes Zentrum integriert.
Aronson: »Recht bald, viel zeitiger als wir zu hoffen gewagt hatten, wurde es zu eng in Vällingby. Meine Hoffnung, daß Vällingby nie fertig würde, erfüllte sich zeitiger als ich damit zu rechnen gewagt hatte. Die Entwicklung ist explosionsmäßig gewesen.
Der Kern in Vällingby – die Stadtteile Vällingby, Racksta und Grimsta – war zu Beginn der fünfziger Jahre ein Ackerbaugebiet. Die letzte Ernte wurde 1951 eingebracht. Dort wohnen jetzt etwa 23 000 Menschen. Zur Vällingbygruppe gehört auch das alte Spanga sowie die Stadtteile Hässelby Gard, Hässelby Strand und Hässelby Villastad. Zu Groß-Vällingby zählen wir auch die Stadtteile Blackeberg und das südliche und nördliche Ängby. Die Grenze ist willkürlich gezogen, doch liegen einige weitere Stadtteile im Kräftefeld Vällingbys. Die angeführten geben jedoch ein einigermaßen richtiges Bild von dem Groß-Stadtteil, der in einem Jahrzehnt im Nordwesten Stockholms emporgewachsen ist. Innerhalb dieses Gebietes lebten 1948 22 500 Menschen – jetzt sind es 85 000. Der Bevölkerungszuwachs ist dynamisch gewesen.
Das ursprüngliche Zentrum Vällingbys, die erste Etappe, wurde 1954/55 fertiggestellt und umfaßte etwa 24 000 m² für Läden, Gesundheitswesen, soziale Institutionen, Versammlungslokale usw. Es zeigte sich bald, daß eine Vergrößerung nötig war, nun hat man es zu doppelter Größe ausgebaut. Der Umbau umfaßte mehrere Kaufläden, ein Warenhaus, ein Bürohaus, ein Polizeirevier, ein Kollektivhaus für Krankenpfleger und eine Hochgarage für 600 Autos, das erste seiner Art in Europa außerhalb eines Innenstadtgebietes und Erweiterung der unterirdischen Zubringerstraße und später den Bau einer Klimaanlage. Den 40 Millionen Kronen, die das Vällingby-Zentrum 1954 kostete – ganz Vällingby kostete eine halbe Milliarde – sind weitere 40 Millionen für Gebäude hinzugefügt worden.
25 Jahre später kann man feststellen, daß der ursprüngliche Plan im großen und ganzen verwirklicht wurde und daß er den Anforderungen genügt hat. Die

Vällingby. Zentrum, Modellfoto.

Die hohen Punkthäuser markieren das Zentrum. Abwechslungsreich und lebendig ist die Architektur der Landschaft angepaßt.

Einwände betreffen in erster Linie gewisse Verkehrspunkte, Parkplätze und Bodenreserven für das Zentrum. Das alles ist jedoch eine Folge des Erfolgs, des Zentrums, ein Erfolg, der alle Erwartungen übertroffen hat. Es ist aber auch eine Folge der Entwicklung im großen, besonders auf dem Gebiet des Kraftfahrwesens und der Kaufkraft.

Als der Stadtplan entstand, gab es noch nicht viele Autos. Anfang der fünfziger Jahre gab es dann eine Explosion. Das Problem ist nicht gut gelöst. Es gibt nur ein Parkhaus dessen Einfahrt beschwerlich ist.

Ich habe viel von der kommerziellen Entwicklung in Vällingby gesprochen. Sie ist selbstverständlich das Rückgrat in der Aktivität des Zentrums. Jedoch ist das soziale Leben in weiterer Bedeutung der Lebensnerv in jeglicher Form von Gesellschaft. Es fußt auf allem, was im einzelnen Heim geschieht, in der Nachbarschaftseinheit, zwischen alt und jung, zwischen verschiedenen Sozialgruppen – denn einen Unterschied gibt es immer noch, trotz einer wohltuenden Nivellierung betreffs der Einkünfte, der Ausbildungs usw.«

Irion: Wenn man das soziale Leben als Barometer einer Nachbarschaftseinheit betrachtet, so war Vällingby nie mit Problemen belastet. Anders ist es in den nach Vällingby gebauten Nachbarschaften z. B. Tensta und Rinkeby. Welche Rolle und welchen Einfluß haben Sie bei Tensta/Rinkeby und bei den realisierten Stadtteilen auf Järvafältet, d. h. Husby, Akalla, Kista, gehabt?

Es hat sich sehr viel seit dem Bau von Vällingby verändert. Damals war der einzelne Beteiligte noch stark, man konnte noch individuell wirken. Der liberale Rechtsstaat ging in den Sozialstaat über. Das politische System ist sehr verzweigt, und heute spielt das Mitwirken der Bevölkerung eine wichtige Rolle.

Aronson: »In Vällingby war die Wirkung und Verantwortung eindeutig, deswegen ist alles gut.

In Rinkeby habe ich mitgewirkt, nicht aber in Tensta. Es war eine politische Periode in Stockholm, während der ich nicht so großen Einfluß hatte. In Tensta war ich Unternehmer. Bei Järvafältet war ich als Oberbürgermeister zwar der Vertreter der Majorität, aber unser politisches System ist so angelegt, daß die Verwaltung von Stockholm sehr dezentralisiert ist und daß Planungskommissionen über die zu bauenden Wohnungen entscheiden.

Es gibt Fehler in Vällingby, z. B. das Parkproblem, die äußere Verbindung, die Nord-Südachse. Die Hauptfußgängerachse ist nicht gut. Aber die Menschen finden hier alles gut. Es war Propaganda, verordnete Informationen. Ein Beispiel soll dies erläutern: Lesen Sie das erste Kapitel der Bibel über das Paradies. Gott sagte zu Adam, er müsse nicht von dem Apfel essen. Das war Information. Hätte er gesagt: Sieh wie gut der Apfel ist, dann wäre es Propaganda gewesen.

Ein unbenutzter Spielplatz macht die Überalterung des Gebiets deutlich.

Aber was waren bestehende Bedürfnisse? Die Propaganda für Vällingby reichte geographisch viel weiter als notwendig oder beabsichtigt – die amerikanische Presse widmete Vällingby viele Spalten, Filme wurden im amerikanischen Fernsehen gezeigt usw. Es herrscht kein Zweifel darüber, daß ein Teil dieses Lebens, das während der ersten Jahre in Vällingby erlebt wurde, ein Produkt der Propaganda war. Aber als diese Propaganda ausklang, ging das Leben in Vällingby weiter, nicht nur wie es angefangen hatte, sondern reicher und intensiver. Was am Anfang möglicherweise das Ergebnis von Reklame war, wurde zu einem Bedürfnis.«

Irion: Wenn ich Sie richtig verstanden habe, dann haben Sie durch bewußte Propaganda das Image von vornherein positiv beeinflußt. Sie versuchten Hoffnung zu schaffen. Ist dies ein neues Rezept für das Gelingen eines Stadtteils?

Aronson: »Ich habe Broschüren geschrieben. Als erstes muß ein Gefühl für Heimat erzeugt werden. Nach der Ausstellung über das alte Vällingby, die die ersten Einwohner, die vor 900 Jahren dort lebten, zeigte, sprachen wir über die Herren von Vällingby, und arbeiteten die Geschichte auf. So wurde ein Geschichtsbewußtsein erzeugt, und die neuen Einwohner Vällingbys konnten über ihre Heimat sprechen. Mit dieser Methode wollten wir den Plan lebendig machen. Anfangs fragten die vielen Besucher, ob es hier Geschäfte, Schulen und einige andere Dinge geben würde. Zur Zeit kauften sie ihre Milch eben noch dort, ihre Kleider anderswo etc. Sie hatten Hoffnung und Vertrauen zu den Politikern und Unternehmern, zwei wichtige Faktoren, ebenso wie die Kommunikation.«

Irion: Sie waren als Unternehmer und Bürgermeister am Bau mehrerer Stadtorganismen beteiligt. Können Sie das Bild von den einzelnen untersuchten neuen Stadtteilen schildern und sie bewerten, aus den Erfahrungen und Erkenntnissen heraus, die Sie heute haben: Eine Stadt muß sich ständig verändern, denn dies ist Ausdruck ihrer Lebenskraft. Wie sehen Sie diese Wandlungen in den einzelnen untersuchten Stadtorganismen?

Aronson: »Die Wertung ist schwierig, denn die Leute sind nicht immer zufrieden. In Vällingby waren sie es, aber in Stockholm wollten sie häufig etwas anderes, Besseres, z. B. ein überdachtes Zentrum.
Das Zentrum von Kista ist überdacht. Es war sehr teuer. Man hat große und kleine Häuser gebaut. Die Konzeption war nicht besonders gut. Einige wollten dies, einige wollten etwas anderes. Die Politiker, Architekten, Journalisten und Urbanisten wollten nach den Bedürfnissen der Bewohner bauen. Die Leute haben häufig zuviel zu sagen. Sie drängen die Politiker zu entscheiden. Es gibt keine Ideologie mehr.
Die ›New Towns‹ in England sind nach einer Ideologie gebaut, ebenso Vällingby, Rinkeby nicht. Wie Tensta ist es aus Großelementen entstanden. In Akalla/Kista hat man die Menschen zufriedengestellt. Sie sind jedoch nicht wirklich zufrieden. Die Urbanisten müssen die Menschen verstehen, aber sie müssen ihnen auch eine Ideologie geben. Das ist unbedingt notwendig. Ansonsten fehlt ihnen der Leitfaden.
Eine Stadt muß so groß sein, daß die Menschen schlecht übereinander sprechen können, ohne daß diejenigen, über die schlecht gesprochen wird, es unmittelbar hören. Sie muß jedoch so klein sein, daß das schlechte Sprechen herumgeht, und wiederum auch so groß, daß es nicht bekannt ist, wer schlecht spricht über einen anderen. Es muß rundherum darüber gesprochen werden.
Eine Stadt muß sich immer verändern, denn die Ansprüche der Menschen verändern sich, sie wünschen andere Bedingungen, z. B. neue Häuser, Einrichtungen, Vällingby verändert sich jedes Jahr. Jedes Jahr gibt es neue Häuser, und neue Einwohner haben neue Aktivitäten.
Tensta und Rinkeby verändern sich nicht. Sie sind statisch fertig, erstarrt. In Kista ist es besser.

Um den Bevölkerungsrückgang zu stoppen und die Altersstruktur zu verbessern, werden Einfamilienhäuser gebaut.

Ich habe einmal gesagt, daß ein Plan so aussehen muß, daß es einem Mann möglich ist, in einer Ecke zu stehen und dort ein Bier zu trinken, ohne daß ihn ein Polizist sieht.
Wenn eine Stadt perfekt ist, dann ist das schlecht. Es gibt keine perfekte Stadt. Eine Stadt ist bewohnt. Von Guten und Schlechten. Eine Stadt muß so sein, daß die Menschen so bleiben können wie sie sind.
Wenn eine Stadt expandiert, so wie Stockholm nach dem Krieg, dann muß man neue Zentren schaffen. Es müssen Kerne entstehen. Großstockholm hat nun einen urbanistischen Plan mit mehreren Kernen. Sie können das in dem Buch ›Stadtkultur‹ nachlesen.
Man muß differenzieren. Ich zähle Rinkeby dazu ebenso Tensta, jedoch nicht Kista/Akalla. Wir hatten viel Zeit für Kista und Akalla. Wir sprachen viel darüber, aber letztendlich ist das Resultat nicht gut. Wir strengten uns an, es den Leuten recht zu machen, aber wir verstanden sie nicht. Es gab keine gemeinsame Sprache. Die Architekten und Urbanisten führten viele Konferenzen mit den Bewohnern. Es ging darum, die Planung darzustellen. Die Leute konnten selbst auch planen. Eigentlich ist das eine gute Verbindung, jedoch man verstand sich nicht.
Doch heute wissen die Urbanisten mehr, sie können mehr, sie lernen mehr als früher, sie sind besser. Das neue Element ist jedoch der Wille der Bewohner.«
Irion: Der Städtebau der Nachkriegszeit als Ausdruck von Zukunftsoptimismus-Wachstumsoptimismus und Enthusiasmus für die funktionalen und soziologischen Überlegungen im Städtebau war aber schon von Ahnungen über zukünftige Probleme begleitet. 1966 schrieben Sie:
»Die Menschen, die in Vällingby leben, sind jung – im sogenannten Kerngebiet sind 30% unter 16 Jahren, während die alten Menschen bloß 2,6% ausmachen. Die jüngeren Arbeitsfähigen (Alter 21–43 Jahre) machen nicht weniger als 38% aus. Jedoch kann man Veränderungen in der Bevölkerungsstruktur erwarten: Die Kinder wachsen zu Jugendlichen heran, und aus Jugendlichen werden Erwachsene. Wenn die Kinder groß geworden sind, werden die Haushalte ›auseinandergesprengt‹ und die Wohndichte wird vermindert. Die allgemeine Erhöhung des Lebensstandards beeinflußt selbstverständlich ebenfalls die Bevölkerungsentwicklung.«
Irion: Die Anzahl der Wohnungen in Vällingby ist in den letzten Jahren gestiegen und die Einwohnerzahl gesunken. Bevölkerungsrückgang, wirtschaftliche Stagnation und Veralterung der Bevölkerung und Baustruktur sind allgemeine Erscheinungen.
Aronson: »Es wird zu neuen Veränderungen führen in Richtung Qualitätsverbesserung. Wenn sich Vällingby verändert, dann ist seine Zukunft positiv. Für die Zukunft Rinkebys wäre es am besten, es abzureißen und neu aufzubauen. Tensta hat eine Zukunft, wenn man es ergänzt. Rinkeby ist das Grundstück für das Ergänzen von Tensta. – Über Husby, Akalla und Kista wage ich kaum etwas zu sagen. Sie sind so neu. Viele Wohnungen waren zu Beginn Mietwohnungen, jetzt sind es Eigentumswohnungen. Dies kann bedeuten, daß Kista und insbesondere Akalla ›konserviert‹ werden, d. h. sie werden Städte ohne Veränderung, da jeder Einwohner, jede Familie sehr viel zu sagen hat, bezüglich der Wohnungen. Es gibt solche Beispiele in anderen Siedlungen. Ich habe vor Jahrzehnten gebaut. Man kann kein anderes Vällingby bauen, das ist unmöglich. Die Menschen wollen es mitunter zwar anders, aber man kann Vällingby nicht kopieren, sondern man muß immer etwas Neues suchen. Man muß mit den Leuten sprechen und sie verstehen.
Es ist wichtig, die Wünsche der Bewohner zu berücksichtigen.
1950, als ich es baute, wußte ich nicht viel über die Menschen. Heute weiß ich viel über sie, und das macht mir Angst. Wenn man weiß, was man nicht kann, dann ist es Zeit, als Pensionär weiterzuleben. Die neuen Städte sollen von jungen Leuten gebaut werden, die noch keine Angst haben. Natürlich kann man nicht immer Glück haben, man muß vieles ausprobieren. Es gibt keine Modelle für Urbanisten. Junge Menschen haben eine Ideologie, die wir älteren nicht mehr haben, wir sind desillusioniert. Es gibt auch junge Pensionäre.
Man braucht Illusionen, um eine Stadt zu bauen, wenn man etwas für die Menschen schaffen will.«
Irion: Ich glaube, daß Sie mehr Mut und Ideologie in sich tragen, als so manche junge Studenten, die ich kenne. Ich möchte unser Gespräch mit einem positiven Zitat beenden:
»Die Stadt ist die am reichsten facettierte Gesellschaftsform, die der Mensch geschaffen hat, und vielleicht nach der Sprache das vornehmste Kulturprodukt. Sie setzt das Zusammenleben der Menschen miteinander voraus, Anpassung und Gemeinschaft. Keiner kann für sich alleine auskommen. Im Gegenteil – je mehr sich die Gesellschaft entwickelt, desto komplizierter wird das Dasein. Die Gesellschaft muß selbst einsetzen. Man muß neue Formen der Stadt suchen.«

Industrialisierter Städte- und Wohnungsbau vor der Demontage und dem Recycling

Lövgärdet: hohe Bauqualität, gute Infrastruktur und trotzdem zunehmend verlassen

Lövgärdet
Planung: 1966–1972
Ausführung: 1969–1979
geplant: 3500 Wohnungen

Planungsgeschichte

Die Planung der neuen Wohnbezirke ist wesentlich beeinflußt durch die Konzentration der Wohnungsproduktion auf große Gesellschaften und deren Bedarf an großen zusammenhängenden Gebieten. Bereits im Anfangsstadium der Planung arbeitet das Stadtbauamt mit der jeweiligen Baugesellschaft zusammen. Im Rahmen der Richtlinien der Generalplanung wird ein Planungsbezirk in für die einzelnen Baugesellschaften geeignete Bebauungseinheiten aufgeteilt.

- 1962–1968 Arbeit am Flächennutzungsplan für Angered Bergum, der ausgelegt war auf eine umfangreiche Expansion und ein Großzentrum zur Entlastung der Innenstadt Göteborgs (46–65 000 m² Wg, 300–500 000 m² Zentrumsfunktion, bis zum Jahr 2000 100–300 000 EW, 30 000–70 000 Arbeitsplätze).
- 1966 Bearbeitung des Bebauungsplans für Lövgärdet durch das Stadtplanungsamt in Zusammenarbeit mit freien Architekten, Skizzen verschiedener Planungsprinzipien werden vom Stadtbauamt vorgelegt und im Bauausschuß diskutiert.
Das städtische Bauunternehmen Göteborgshem wird Bauherr für ganz Lövgärdet.
- 1967 Angered Bergum wird Göteborg einverleibt, es erfolgt ein umfangreicher städtischer Bodenerwerb.
- 1968/69 Ein Dispositionsvorschlag für Lövgärdet wird in Zusammenarbeit mit den Architekten dreier Teilgebiete ausgearbeitet. Die Programmarbeit für ein integriertes Zentrum in Lövgärdet beginnt.

Lövgärdets Lage in der Landschaft.

- 1969/70 Konjunkturumschwung, die Pläne für das Großzentrum in Angered werden aufgegeben, ein provisorisches Zentrum an anderer Stelle wird vorgeschlagen.
- 1969 Baubeginn, mit dem Ausbau Lövgärdets wird im Teilgebiet I begonnen.
- 1971/72 Bevölkerungszuwachs stagnierte und die Nachfrage an Wohnungen ließ nach. Die Pläne wurden abgeändert. Nach der Fertigstellung der ersten beiden Teilgebiete – mit Rücksicht auf leerstehende Wohnungen – wurde ein Großteil der Mehrfamilienhäuser zu Reihenhäuser umdisponiert. Man plant und baut weitere Einfamilienhausgebiete.
- 1974/77 Umprojektierung gewisser Teile in Terrassenwohnungen und Einfamilienhausgebiete. Die Planung und Durchführung des Stadtteils haben sich über einen Zeitraum von 10 Jahren erstreckt. Die Verzögerungen, die durch Konjunkturveränderungen und Milieuforderungen entstanden, konnten aufgefangen werden.
- 1983 Bau neuer Wohngebiete in verdichtetem Flachbau.
- 1985–86 Umbau, Demontage. Anpassung an die neuen Wohnbedürfnisse und Präferenzen.
- 1987 Funktionsveränderung von Wohngebäuden, Verkauf von 1281 Wohnungen und das Zentrum an eine private Firma Reinholds aus Stockholm.

Konzept

1968 drei Teilgebiete:
1 halboffene Höfe, 3–4 Geschosse
2 halboffene Höfe mit Aussicht,
3 Ring von Hochhäusern um einen Berg halboffene Höfe außerhalb, Tiefgaragen.

1969 Konzeptänderung:
1 Änderung in 3- bis 8geschossige Häuser, höhere Wirtschaftlichkeit der Aufzüge
2,3 Tiefgaragen werden aus Kostengründen gestrichen, der Hochhäuserring wird in eine Reihe von Hochhäusern entlang dem Fußweg zum Zentrum umgestaltet, die niedrigen Häuser werden um Höfe gruppiert.
Alle Wohnungen sollen zum Zentrum hin eine gleichwertige Lage haben. Die Hochhäuser sollen die geringste Entfernung zur umliegenden Natur haben und werden einen Gehweg zum Zentrum bekommen. Verkehrszufuhr von außen nach innen.

Wohnformen

Gesamte Wohnfläche 305 000m²
2870 Wohnungen in Mehrfamilienhäusern
280 Wohnungen in Reihenhäusern

Allgemeine Daten

Bruttobauland	1977	1984
Einwohnerzahl	6600	6210
Zahl der Wohnungen	3250	3780

Entfernungen

Der Autobus nach Angered Zentrum (10 km) hat Anschluß an die Straßenbahn in die Innenstadt Göteborgs (15 km – 30 Min. Fahrzeit)

Infrastruktur

Zentrum mit Läden, Dienstleistung und Gemeinschaftseinrichtungen (integriertes Zentrum). In den Wohngebieten: Schule, 4 Kindertagesheime, Spielparkanlagen

Bevölkerungsstruktur

Altersstruktur 1977, EW 6600:

	Lövgärdet	Göteborg
0–15	28%	17%
16–64	62%	67%
65–	10%	16%

Ausländische Einwohner:

	Lövgärdet	Göteborg
1975:	23,6%	8,7%
1976:	23,8%	8,9%

Der Anteil ausländischer Staatsbürger 1979 in Lövgärdet ist 26%. Die entsprechende Zahl für die ganze Stadt ist 9%.

Haushalte mit Sozialhilfe:
12,9%   4,3%

Die Einkommen der Bevölkerung liegen unter dem Durchschnitt für Göteborg (1979).

Wohnungsmenge:
1 Zimmer und Küche + Bad	14%
2 Zimmer und Küche + Bad	67%
3 Zimmer und Küche + Bad	30%
4 Zimmer und Küche + Bad und größer	14%

Die durchschnittliche Miete beträgt 180 Skr pro m² Wohnfläche und Jahr, davon betragen die Heizungskosten 29 Skr pro m². Die Finanzierung geschieht durch staatliche Baudarlehen mit garantiert niedrigem Zinsniveau.

Mietbeispiele 1979 in Mehrfamilienhäusern:
2 Zimmer und Küche, 62 m², 930 Skr pro Monat, einschließlich Heizung und Warmwasser.
4 Zimmer und Küche, 97 m², 1385 Skr pro Monat, einschließlich Heizung und Warmwasser.
Wohnung, 3 Zimmer und Küche im Reihenhaus – 86 m²
Miete 1979: 1346 Skr pro Monat.
Wohnung, 5 Zimmer und Küche im Reihenhaus –128 m²
Miete 1979: 1800 Skr pro Monat.

Quelle:
Papersand Proceedings
Göteborg Bygger
Ingebäk System
Stadsbygnadskonoret

Lövgärdet

1 Stadtentwicklung in Göteborg – Voraussetzungen und Grundlagen für die Entstehung von neuen Stadtteilen

Die meisten Wirtschaftswissenschaftler haben nach dem Ende des Zweiten Weltkrieges eine Rezession erwartet. Statt dessen gab es einen wirtschaftlichen Aufschwung, man konnte mit städtischer Bautätigkeit fortfahren, wo 1940 aufgehört worden war. Sowohl die Industrie als auch die Wirtschaft waren gesund, und die politische Situation war stabil.

Die Industrie in Göteborg nahm rapide zu, und die Bevölkerung entwickelte sich so, daß die für 1970 vorhergesagten Zahlen bereits vor 1950 überschritten waren. Am Ende der vierziger Jahre vergrößerte sich das Stadtgebiet um über 50%. Dies war das Resultat eines Eingemeindungsprozesses. Die Stadtbevölkerung stieg von etwa 300 000 1944 auf etwa 400 000 1960.

Die frühere Wohnungsbaupolitik war auf eine Unterstützung derjenigen, die ein niedriges Einkommen hatten, in Form von Wohnungen für kinderreiche Familien und ältere Menschen beschränkt. Nach dem Krieg wurde die Politik so verändert, daß die Regierung und die Gemeinden gemeinsam für die Unterstützung des Wohnungsbaus für alle Gruppen von Bürgern verantwortlich wurden. Das Parlament beschloß, vor 1960 Wohnungsmangel und Überfüllung zu bekämpfen. Im ersten Stadium der Entwicklung des Wohnungsbaustandards hielt man Zweizimmerwohnungen für ausreichend für eine Familie. Die Miete für eine Zweizimmerwohnung sollte nicht mehr als 25% des Einkommens eines Industriearbeiters betragen. Die Verantwortlichkeit für die Wohnungsbaupolitik wurde so unterteilt, daß der Staat für den finanziellen Aspekt und die lokale Behörde für Planung und Durchführung verantwortlich war.

Während der Phase der schwedischen Wohnungspolitik von 1945 bis 1959 wurde in Göteborg eine Anzahl von Baugesellschaften der lokalen Behörde gegründet. Diese Gesellschaften sind verantwortlich für Planung, Bau und Verwaltung von Wohngebäuden. Sie sind unabhängig von der Stadtverwaltung, und der Einfluß der Gemeinde besteht in der Ernennung der Mitglieder der Ausschüsse.

Das bedeutet, der Wohnungsbau wurde hauptsächlich von privatwirtschaftlich organisierten, aber politisch kontrollierten Baugesellschaften fast ausschließlich auf gemeindeeigenem, in Erbpacht vergebenem Baugrund realisiert und verwaltet.

1948 wurde ein Architekturwettbewerb ausgeschrieben, bevor mit dem Bau des großen eingemeindeten Gebietes Västra Frölunda begonnen wurde. Das Programm und das Resultat dieses Wettbewerbs zeigen die Planungsideale, die in dieser Zeit vorherrschten. Das Programm drückte den Wunsch aus, die Stadt zu dezentralisieren, eine Satellitenstadt mit geringer Wohnungsbaudichte zu bauen, in der die Menschen leben, arbeiten und ihre Freizeit verbringen können. Aber bevor der Boden in Frölunda zur Erschließung bereit war, waren diese Ideen von einer rapiden Entwicklung überholt, und Hochbaublocks beherrschten das Gebiet.

Während der gesamten Nachkriegsperiode sah man auch in Göteborg den Boden im Besitz der örtlichen Behörde als entscheidende Bedingung an, den Wohnungsbau in großem Maßstab in rationellen Einheiten planen zu können. Seit dem Beginn der fünfziger Jahre war der Wohnungsbau in Göteborg, d. h. sowohl in der I. wie II. Phase bis vor ein paar Jahren (der III. Phase im Wohnungsbau) durch den Bau großer Einheiten charakterisiert.

Man sah den Wohnungsmangel als größte Behinderung für das Wachstum der Stadt und der Region. 1962 beschloß das schwedische Parlament, daß die örtlichen Behörden Fünfjahres-Wohnungsbauprogramme aufstellen sollten. Dies würde die Schätzung der Wohnungsbauerfordernisse und der Nachfrage nach Wohnungen erleichtern und auch die Koordination mit anderen Investierungsgebieten verbessern.

Zu Beginn der sechziger Jahre war beinahe aller Boden innerhalb der Stadtgrenzen Göteborgs bebaut. Die örtliche Behörde begann daher, große Gebiete in Angered anzukaufen.

1967 war Göteborg in der Lage, Angered und große Gebiete auf der Insel Hisingen einzugemeinden. Auf diese Weise wurde das Stadtgebiet um 150% erweitert, und Entwicklungsgrundlagen für Angered und Lövgärdet wurden in Zusammenhang mit der Gesamtentwicklung Göteborgs geschaffen.

Schätzungen ergaben, daß das Göteborger Gebiet im Jahre 2000 eine Million Einwohner hätte. Das benötigte Entwicklungsgebiet würde das Sechsfache des Stadtgebietes betragen.

Um Planungsgeschichte, Aufbau, aktuelle Entwicklung, Problemkonstellationen der Siedlung Lövgärdet zu verstehen, müssen einige Fakten in Verbindung mit der Entwicklung Göteborgs und Angereds dargestellt werden.

Lövgärdet. Erster Bauabschnitt. So präsentierte sich die Stadt bei einem internationalen Kongress (IFHP) 1979.

Die von Wald umgebenen Hochhäuser bilden kein einprägsames Stadtbild. Der schöne Blick auf Seen, Hügel und Wälder und das Wohnumfeld erhöhen die Qualität dieser Siedlung.

Neben Stockholm zeigt Göteborg als zweitgrößte Stadt in Schweden besonders konzeptionell ausgeprägte interessante Beispiele für Stadterweiterungen, bei denen sich gegenwärtig Verschiebungen in den Wohnpräferenzen mit strukturellen Wirtschaftseinbrüchen zu schwierigen Problemkonstellationen überlagern.

Die Satellitenstadt Angered war Teil der großangelegten zweiten Phase der schwedischen Wohnungspolitik nach dem Zweiten Weltkrieg, die von 1962 bis 1972 mit jährlich 100 000 Wohnungen den Wohnungsbestand um eine Million Wohnungen vermehren sollte, um damit der großen Wohnungsnachfrage gerecht werden zu können.

Die Satellitenstadt Angered wurde auf 65 000 Wohnungen und 30 000 Arbeitsplätze ausgelegt, davon sollten 45 000 Wohnungen bis zum Jahr 2000 mit 125 000 Einwohnern realisiert sein.

Auch eine beträchtliche Erweiterung des Verkehrsnetzes für Kraftfahrzeuge und eine Erweiterung des städtischen öffentlichen Transportsystems wurde geplant.

Die Arbeitsplätze sollten hauptsächlich auf das Zentrum von Angered konzentriert sein. Dieses sollte nicht nur ein Einkaufszentrum sein, sondern auch kulturelle und soziale Funktionen umfassen und u. a. ein Zentrum für höhere Ausbildung werden. 1962, direkt nach dem Ankauf des Bodens, wurde mit der Planungsarbeit für die Nutzung von Angered begonnen. Mit den Bauarbeiten konnte 1966 angefangen werden, das war ein Jahr vor der Eingemeindung.

Der Wohnungsmangel bedeutete, daß sowohl die Planung als auch der Bau in intensiver Weise durchgeführt werden mußten. Die Ausweitung der Arbeitsplätze, welche die örtliche Behörde nicht auf die gleiche Weise regulieren konnte wie den Wohnungsbau, fand nicht statt.

Während der ersten zehn Jahre seines Bestehens war das Gebiet von Angered eine reine Wohn-Vorstadt. Die Entwicklung der siebziger Jahre brachte eine unerwartete Veränderung. Anstelle des rapiden Bevölkerungswachstums, des Wohnungsmangels und des Arbeitskräftemangels während der Nachkriegsperiode trat ein Abnehmen der Bevölkerung und der Arbeitsplätze ein. Heute beträgt die Bevölkerung 30 000 anstelle der geschätzten 125 000 für 1980.

Der Gesamtplan für Angered wurde 1971 angepaßt. Die Pläne für eine große Stadtausdehnung mußten aufgegeben werden. 1987 wurden Zentrum und Brücke von Angered eingeweiht.

Diese Entwicklung, dargestellt von Lars Mellström / Ronny Reinholdsson auf dem Weltkongreß IFHP 1979 zum Thema »Aus Erfahrung lernen: Wohnungsbau und Planung in den achtziger Jahren« und die von Göran Olin aufgezeichnete Planungsgeschichte Lövgardets waren wichtige Gründe für die Wahl – des jüngsten Stadtteils Angereds – Lövgärdets für diese Arbeit.

Dazu kamen weitere Aspekte:

1. Städtebaulich klares ausgeprägtes und konsequentes Konzept, d. h.
   - besonders behinderten- und kinderfreundliches getrenntes Fuß- und Verkehrssystem,
   - voll integriertes Service-System,
   - Freiraumkonzept,
   - gleichzeitige Realisierung von Wohnungen und Infrastruktur, Service.
2. Kurze Planungs- und Realisierungszeit – trotzdem starke Veränderungen aufgrund veränderter Rahmenbedingungen.
3. Konkrete Anpassungsmaßnahmen und Lösungsvorstellungen für heute und für die nähere Zukunft.

Skizzen verschiedener Planungsprinzipien. Architekt: Bengt Forser, April 1969

»Von Lövgardet Zentrum geht ein Weg in einem Bogen rund durch den Stadtteil mit einer schönen Aussicht (Blick) ... über die Landschaft unterhalb des Weges ist das Gebiet schwer zugänglich und deshalb als Zielweg uninteressant.

Kein Zielweg, keine Wegekreuzungen – größere Sicherheit. Von dieser Straße gehen kleine Stichstraßen aus, an denen teilweise die Parkhäuser liegen, und teils ermöglichen sie die Anfahrt bis zu dem Hauptfußweg.
Der »Hauptstegweg« ist das Rückgrat des Planes, an das verschiedene Aktivitäten angeschlossen werden. Deshalb soll man besondere Forderungen stellen, um die verschiedenen Aktivitäten zu erreichen.
Die sollten so kurz und konzentriert wie möglich sein, das bedeutet, daß man Lövgärdet in eine innere Kurve legt.

so   nicht so

Dieser Laufsteg soll möglichst intensiv belegt sein mit Rücksicht auf die natürlichen Gehrichtungen (kürzeste Wege).
Sie sollen bis zu Schulen und Wohnungen führen und Verbindung haben mit dem Zentrum, Kindergarten und Geschäften.
Der Weg soll so interessant sein wie möglich. Den »Gehlaufweg« kann man erweitern oder schrumpfen lassen, er soll Kontakte vermitteln mit Höfen und Spielplätzen, mit Parkplätzen und Aussicht.
Der Weg sollte so weit wie möglich intensiv besonnt sein, warm und einladungsfreundlich.

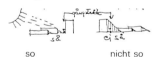

so   nicht so

Offenheit der Planung
Die Suche nach dem Kontakt sowohl zu Aussicht und Grün darf nicht auseinanderfließen, sich ausbreiten.
Die Aussichtspunkte können mit konzentriert werden, die Spannung und Variationen zwischen Offenheit und Geschlossenheit zu erreichen – ein stadtbildmäßiger Rhythmus.

Keine Orientierung, der offene Plan gibt unvollständige Information.

Die Höfe können mit kleinen Variationen, man kann sich orientieren, Koordinaten bekommen, wichtig für die Positionsbestimmung.

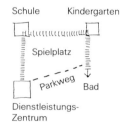

Jedesmal wenn der Laufsteg seine Richtung ändert, geschieht etwas, man erreicht dann ein ›Gehziel‹ ... man kann ein Gebiet mit eigenem Charakter bekommen – denk daran und tu das«.

In Lövgärdet findet man gute Voraussetzungen, die o. g. Ziele zu erreichen.

Verkehrskonzept
Die Lösung des Verkehrsproblems geschieht in einer Kombination von außen nach innen und von innen nach außen. Das Parken ist auf bodenebene Parkplätze und in offene Großgaragen verlegt worden. Der überdachte Hauptweg von 6 km Länge, vom Fahrverkehr getrennt, ist ein wichtiges Orientierungsgerüst und Identifikationsmerkmal. Im Zentrum von Lövgärdet wurden mit Rolltreppen kombinierte Aufzüge zwischen der Gehstraße des Zentrums und dem nördlichen Wohnungsplateau angelegt.

Das integrierte Service-Zentrum
Etablierte Verwaltungen, öffentliche Einrichtungen und Firmen sollten eine integrierte räumliche und finanzielle Einheit bilden mit der Aufgabe, vollen Service zu bieten. Durch rationelle Ausnutzung der vorhandenen Lokale und des Personals sollten breite Dienstleistungen ohne merkbare Mehrkosten geschaffen werden. Das Service-Zentrum ist grundsätzlich als Gruppe von Räumlichkeiten für soziale und gewerbliche Zwecke entlang eines überdachten Gehweges mit zentral gelegener Rezeption aufgebaut.
Entlang dieser Gehstraße befinden sich auch Schulen, Freizeitlokale, eine Kirche, ein Kaufhaus, Restaurants, Post, Bank, Bibliothek usw. und Räumlichkeiten für eine Sanitätsstation, ein Krankenheim und ein Rentnerhotel. Die Rezeption sollte auch Dienstleistungen vermitteln von Krankenhilfe, Botenzentrale, Babysitting, Raumpflegehilfe usw.

Zentrum. Zusammensetzung der Arbeitsgruppe für das integrierte Bauen.

Lage des Servicezentrums.

Um eine weitgehende Koordination für das Programm zu erzielen, wurde auf Initiative des Bauherrn, Göteborgshem, eine Arbeitsgruppe mit Vertretern der Interessenten ins Leben gerufen. Die Arbeitsweise richtete sich auf eine Überbrückung der Verwaltungsgrenzen. Man strebte eine doppelte Nutzung der Einrichtungen und Dienste an.

Die Voraussetzung hierfür war ein Hauptauftraggeber für das Projekt. Eine ausgearbeitete Finanzierungsform für integrierte Zentrumsanlagen lag nicht vor. Das Projekt wurde auf Ministerialebene und vom staatlichen Ausschuß für Mieterangelegenheiten, der sich zu diesem Zeitpunkt mit dem Problem auseinandersetzte, behandelt.

Ein umfangreiches und vielseitiges Zentrum sollte gebaut werden.

Um eine möglichst weitgehende Koordination bei der Programmerarbeitung zu erreichen, wurde von Göteborgshem eine Arbeitsgruppe mit Vertretern der etablierten Verwaltungen, öffentlichen Einrichtungen und Firmen initiiert.

Die Bauten sind mit flexiblem Bausystem erstellt, um die Nutzung nicht festzulegen, Doppelnutzungen sind Bestandteil des Konzeptes.

Grundriß und Schnitt des Zentrums.

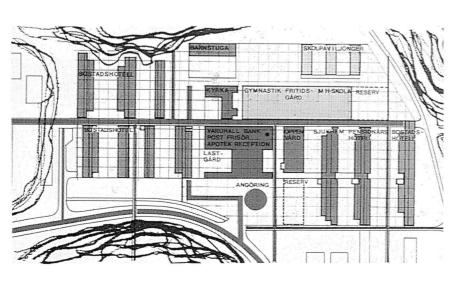

Zentrum vor dem Umbau. Überdachte Gehwege führen zu Aufzügen und Rampen.

Lövgärdet: Reihenfolge der fertiggestellten Teilgebiete.

2 Göteborg-Lövgärdet – Ziele, Programm, Planungsgeschichte

Der Stadtteil Lövgärdet ist ein Teil der Satellitenstadt Angered, etwa 15 km vom Stadtzentrum Göteborgs entfernt. Er zeigt in einer beispielhaften Form den Aufstieg und Abstieg und den Kampf ums Überleben einer großen Siedlung, die sorgfältig und nach den Erfahrungen und Erkenntnissen ihrer Zeit geplant war und trotzdem oder gerade deswegen zu einem schweren sozialen und ökonomischen Problem wurde.

Der Stadtteil Lövgärdet sollte in 3500 Wohnungen – hauptsächlich in Mehrfamilienhäusern – 9500 Einwohner aufnehmen. Er wurde 1966 bis 1968 geplant. Aufgrund der schlechten Erfahrungen mit »reinen Wohnsiedlungen« war von Anfang an die gleichzeitige Realisierung eines mit überdachten Gängen an die Wohnungen angeschlossenen Stadtteilzentrums vorgesehen, für das von einer inter-institutionellen Arbeitsgruppe ein Programm zur Integration zahlreicher öffentlicher und privater Dienstleistungen erarbeitet wurde.

Für den Stadtteil wurde auch ein differenziertes Verkehrssystem entwickelt mit einer Trennung von Fuß- und Fahrverkehr sowie ein systematisches Freiraum- und Spielplatzkonzept.

Die Dienstleistungen sollten im gleichen Tempo wie die Wohnungen ausgebaut werden, ohne Verzögerungen, d. h. von Anfang an sollte ein gut entwickeltes Dienstleistungssystem mit einem vielseitigen Angebot und intensivem Einsatz für Bewohner-Kontakte angelegt werden. Der Aufbau begann 1969 und sollte 1974 abgeschlossen sein.

In 4 Jahren sollte der gesamte Wohnungsbau erstellt werden, dafür wurde ein eigenes Bausystem entwickelt. Die letzte Stufe der Mehrfamilienhäuser war 1977 fertig. 6600 lebten in 2970 Wohnungen, dazu kamen 283 Reihenhäuser.

Die Wohnungen sind nach schwedischem Standard mit Herd, Kühl-, Kälte- und Gefrierschrank sowie Einbauschränken ausgerüstet. Für die Waschmaschine ist Platz im Badezimmer vorhanden.

Bauherr und Treuhänder ist der Städtische Bauunternehmer Göteborgshem. Der Baugrund wurde mit Erbbaurecht zur Verfügung gestellt. Die Wohnungen wurden vermietet. Die durchschnittliche Miete beträgt 180 Skr pro m² Wohnfläche und Jahr, davon betragen die Heizungskosten 29 Skr pro m². Die Finanzierung geschieht durch staatliche Baudarlehen mit garantiert niedrigem Zinsniveau.

Erste Phase des Wachstums (1966–1972)

1968–1969: Die erste Planänderung geschah aufgrund der Fusion der ursprünglich beteiligten drei Gesellschaften. Man erhöhte die Wohnbebauung im ersten Wohngebiet in 3- bis 8stöckige Häuser infolge der Wirtschaftlichkeit der Aufzüge. Die Verkehrszufuhr von außen nach innen bildete die zweite und dritte Planänderung. Die teure unterirdische Parkalternative wurde gestrichen. Der Hochhäuserring wurde in eine Reihe von einzelnen Hochhäusern entlang einem Gehweg zum Zentrum umgestaltet. Die niedrigen Häuser wurden um Höfe gruppiert.

Die Nachbarschaft zu Seen und Wäldern, ein gutes Freizeitangebot und die gleichzeitig mit den Wohnungen errichtete hochwertige Infrastruktur führten anfänglich zu einem schnellen Wachstum der Siedlung (1972–1983). Regression und geschrumpfte Wohnungsnachfrage zwangen zur Umplanung von weiteren vorgesehenen großen Geschoßwohnungsanlagen in Einfamilienhausgebiete und Terrassenhäuser. Tiefgaragen wurden aufgegeben, die geplante direkte ÖPNV-Verbindung wurde nicht realisiert. Das städtebaulich-räumliche Konzept des Architekten und Planers Forser ist in seinen Grundüberlegungen festgehalten.

Ziel des Stadtplans von 1970 ist, den Zugang zu Wohnungen in verschiedenen Haustypen gleichmäßig im Verhältnis zur Stadtteilmitte anzuordnen. Die Hochhäuser wurden nahe der Naturgebiete mit Aussicht über die Umgebung gebaut.

Lövgärdet hat drei ausgeprägte Teilgebiete und in zentralem Bereich das integrierte Service-Zentrum.

Die Idee des integrierten Zentrums ist zwar baulich realisiert, architektonisch aber recht einfallslos; jedoch wurde die organisatorisch-betriebliche finanzielle Integration nicht mitvollzogen, außerdem wurde die erforderliche Konzentration an Kaufkraft nicht erreicht, so daß das Zentrum nicht lebendig wurde und heute (1983) unter Vandalismus und Zerstörung leidet. Die Rolltreppen und Aufzugssysteme waren nicht bequem und müssen wegen Zerstörung abgebaut werden; auch andere Umbauten wurden erforderlich.

Lövgärdet Baustruktur – Konzeptveränderungen. 1979. Nach Fertigstellung der ersten Teilgebiete wurden Mehrfamilienhausgebiete für Einfamilienhäuser umgeplant.

Der Arbeitskräftemangel während des Wirtschaftsbooms, der bis Ende der sechziger Jahre anhielt, förderte die arbeitssparende Industrialisierung des Wohnungsbaus, und diese industrialisierte Herstellung verlangte wiederum aus Gründen der Wirtschaftlichkeit nach einer örtlichen Konzentration der Wohnungsproduktion und stellte auch mit den schweren Kranen und Kranbahnen spezielle Anforderungen an die städtebauliche Gruppierung.

Helmut Junkers, der das in Lövgärdet verwendete Vorfertigungssystem »Ingebäk-System«, für die Firma Göteborgshem entwickelte, schildert die Ausgangssituation folgendermaßen:

»Die Wohnungsnot war groß, und die Politiker verlangten schnellere Baumethoden. Stadtteil und Zentrum sollten in nur vier Jahren realisiert werden, auf der Basis eines eigenen Vorfertigungssystems von sechs Tonnen schweren Platten mit einer maximalen Länge von 4,8 m und einer Deckenspannweite von 3 m bei 18 cm Massivdecken. Mit diesem System – mit offenen Fassadenfugen – ließen sich 700 bis 1000 m² fertige Wohnfläche in fünf Tagen realisieren, was einer Versiebenfachung der konventionellen Bauarbeiterleistung entsprach.

Die Fertigbauweise wurde aus drei Gründen eingesetzt, d. h. erstens aus Gründen der Dimension, zweitens um Zeit zu gewinnen, drittens waren die Arbeitskräfte knapp, besonders die Maurer. In Göteborg haben wir für einen Kubikmeter Volumen eine ›Mann-Stunde‹ gebraucht, und die Arbeitsgehälter waren damals sehr hoch. ›Ingebäk-System‹ ist ein schweres System (6 Tonnen Elemente), und dies hat Einfluß auf die Kräne, daraus resultiert, daß wir am liebsten Lamellenhäuser bauten. Punkthäuser stellen Probleme der Fertigteilbauweise dar. In Lövgärdet hat unsere Firma ›Göteborgshem‹ ein weiterentwickeltes Ingebäk-System angewendet, Punkthäuser und Einfamilienhäuser mit sehr wenig Elementen gebaut und in der Fassade leichte Elemente, mit farbigem Blech verkleidet, eingesetzt.«

Noch während der Bauzeit kam es 1970 zu einem starken Konjunktureinbruch. Die Nachfrage, insbesondere nach größeren Geschoßwohnungen, ging zurück. Es wurden mehr billige und kleinere Wohnungen verlangt, und ein Teil der ursprünglich für Geschoßwohnungen vorgesehenen Flächen wurde zu Einfamilienhäusern umgewidmet.

Zweite Phase: Behandlung von »Krankheitssymptomen« Wohnumfeldverbesserung und Instandsetzung 1970–1980

Die besondere Situation der jungen Siedlung, potentielle Probleme und Lösungen wurden auf dem Kongreß IHVP (G. Olin) dargestellt:
– Schule und Wohnungshotel sind zu groß angelegt,
– Bevölkerungsrückgang, schneller Mieterwechsel, Instandsetzung und Reparaturarbeiten,
– das Hauptproblem ist die Bevölkerungsstruktur, u. a. 25% ausländische Staatsbürger,
– ein Drittel der 6600 EW/1979 waren Sozialhilfeempfänger.

Ein großzügiges Freiraum- und Spielgebietskonzept soll die Wohnqualität erhöhen und das Wohngebiet attraktiver machen, um den Wegzug von Mietern zu verhindern.

Das ganze Gebiet entlang des Gehsteigs, den Höfen und Randgebieten bildet nach schwedischen Richtlinien (siehe Tabelle Seite 223) für die Größe der Lokalisierung der Spielräume einen Spielkomplex mit unterschiedlichen Spielzonen.

Für das Spielen liegen neben abgegrenzten Spielplätzen unmittelbar an der Wohnbebauung individuell kon-

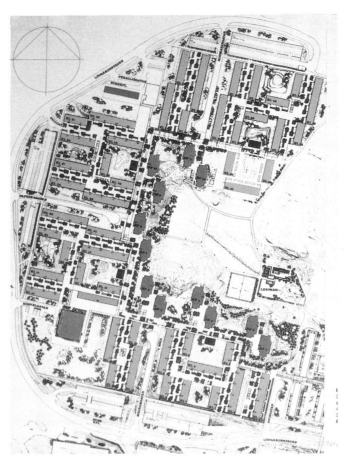

Wohngebiet III, gebaut 1973–1977. Herstellkosten 752 DM/m².

Wohngebiet IIIc.

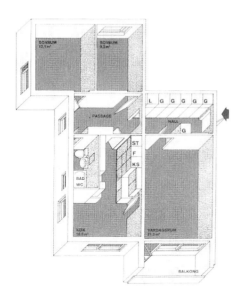

Drei-Zimmer-Wohnung (82,6 m²) mit komplett eingerichteter Küche.

Haustyp IIIc – Radhus. 1975. Erdgeschoß und Obergeschoß. Herstellkosten 800 DM/m².

Lövgärdet

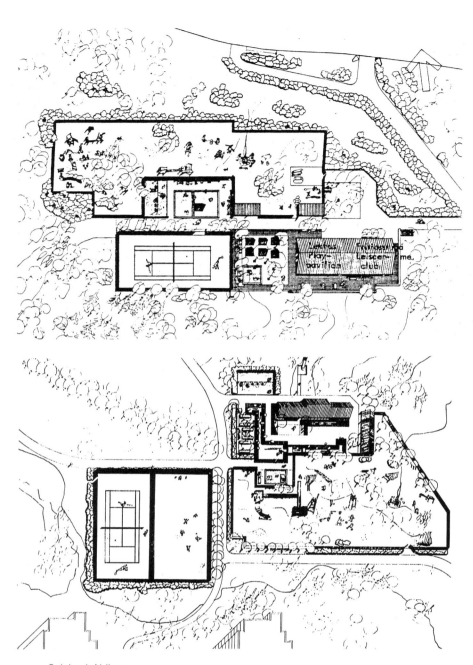

Spielpark N liegt inmitten einer dichten Bebauung und ist ein Sammelplatz aller Altersgruppen.

Dieser Park ist mit einem Lokal und einer Freizeithütte ausgestattet und wird so von verschiedenen Altersgruppen genutzt.

zipierte Spielgebiete, die bereits vor der Haustür beginnen. Jedes Wohnhaus, jeder Kindergarten und jede Schule hat zu diesen Gebieten direkten Zugang. In sogenannten Spielparks gibt es eine pädagogische Betreuung der Spielaktivitäten. Sie sind von jeder Wohnung aus max. 400 m entfernt und direkt mit den umgebenden Naturräumen verbunden.

»Hohes Bautempo und immer billigere Bauweise hatten zu zahlreichen Bauschäden geführt und erzwangen aufwendige Reparaturarbeiten. So wurden die Häuser ursprünglich mit Satteldach geplant, dann jedoch als Flachdachkonstruktion ausgeführt: In kurzer Zeit traten Schäden auf, und die verwandte mineralfiberbewährte Pappe ist durch Eis zerrissen, das Gefälle war zu niedrig. Nachträglich mußten alle Dächer zu Satteldächern umgebaut werden. Es waren 8000 m², die Dächer haben wir in drei Monaten umgebaut. Die aus Kostengründen gewählte kunststoff-gespritzte Holzkonstruktion der Fenster (man wollte die hohen Kosten des Anstrichs alle vier Jahre sparen) erwiesen sich später als problematisch: 50 Prozent aller Fenster mußten ausgewechselt werden.

Es ging um 25 Millionen Kronen. Der Lieferant verlor den von uns geführten Prozeß.

Wir wählen heute Aluminium und Holzkonstruktionen, eine Zweibogenkonstruktion mit drei Gläsern. Im Außenbogen haben wir Aluminium und 1 Glas und im Innenbogen imprägniertes Holz mit Isolierglas. Wir haben aber auch andere Veränderungen durchgeführt. Man hat damals sehr große Wohnungen gebaut, natürlich etwas beeinflußt durch unser System. Es spielte keine Rolle, ob man einige Quadratmeter größere Wohnungen baute. Die Kosten für längere Betonplatten waren minimal.

Diese Wohnungen versucht man zu ändern, man ändert eine Fünf- oder Vierzimmerwohnung in eine Zwei- oder Dreizimmerwohnung, man verkleinert sie also. Im Fertigteilbau sollte man nie ein Detail nachträglich ändern. Die Folgen sind oft unübersehbar.«

(Helmut Junkers)

Lövgärdet
Richtlinien für die Größe und Lokalisierung der Spielräume

Anlagen	Gehweg, Meter	Nettoareal, Quadratmeter	Gesamt-Kinderanzahl 0–15 Jahre	Dimensionen für Kinderzahl
Spielräume im Spielgebiet	−200	2000–4000	−200	
Davon: Kleinere Spielplätze für Kleinkinder	−50	150–200	−50	10
Größere Spielplätze für Kleinkinder	−50	300–500	50–100	25
Spielparks Kleiner Spielpark	−300	2000–4000	−1000	50–150
Großer Spielpark	−500	6000	−1500	100–300
Fußballflächen Rasenflächen	−300	1000		10–20
Kiesflächen	−300	3000–5000		10–20

Lövgärdet

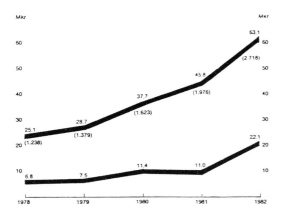

Mietverluste durch leerstehende Wohnungen: Gesamtverluste (in Mill. Kronen), oben, Verluste zu Lasten der Baugesellschaft, unten.

Wohngebiet III. Trotz der vielen architektonisch gleichen Häuser wirkt dieser Teil behaglich.

Irion: Ich finde Ihre Aussage von großer Bedeutung. Warum probiert man nicht durch Korrekturen der Miete die Fläche der Wohnungen zu erhalten – besonders wenn die Herstellungskosten der Wohnfläche so gering waren? Heute sind doch nach den letzten Statistiken gerade die 3-Zimmer-Wohnungen hauptsächlich leer. Von 2946 leerstehenden Wohnungen in Göteborg im Mai 1983 sind 1159 3-Zimmer/Küche/Bad-Wohnungen unvermietet, insbesondere in den Hochhäusern.
Junkers: »Die pro Quadratmeter Wohnmiete liegt in der ganzen Stadt fest und wird vom Mieterverein zusammen mit uns bestimmt. Die großflächigen Wohnungen werden dadurch teuer und schwer zu vermieten.«

Die Lage Lövgärdets (1983):
Aktuelles Bild – Probleme – Lösungsvorschläge
Im Rahmen des internationalen Kongresses (IFHP) 1979 zum Thema »Aus Erfahrung lernen: Wohnungsbau und Planung in den achtziger Jahren« verfolgte ich die Entwicklung des Stadtteils:
Die Entwicklung Lövgärdets, der jüngste Stadtteil Angered-Göteborgs verkörpert die für Schweden typische Verbindung von sozialstaatlicher Daseinsfürsorge mit technokratischer Perfektion, dies hat zu einer besonders »reinen« und teilweise fast »übersteigerten« Perfektion der Planung und Konzeption bei der Verwirklichung geführt – mit der Folge, daß auch die sozio-kulturellen Probleme häufig ähnlich überdeutlich konturiert hervortreten: Der materielle Wohlstand hat früher als andernorts immaterielle Wohnbedürfnisse deutlich werden lassen, die gerade in den neuen Stadtteilen zu besonderen Problemen führen.
Fasziniert von dieser in kurzer Zeit sichtbaren Wandlung habe ich nach dem Weltkongreß in Lövgärdet diese Siedlung in die Forschungsarbeit einbezogen und das aktualisierte Material und die Fakten studiert. Dank der Bemühungen von Helmut Junkers, der mir alles Material zusandte und mich mit Informationen versorgte.
Das Bild Lövgärdets wurde durch meine Begegnung mit der Stadt innerhalb dieser Zeit stark relativiert.
Der Stadtteil hat etwas zutiefst Unpersönliches. Bei aller rationeller Planungsqualität fehlt es ihm an »Seele«, an einer die Emotionen der Bewohner ansprechenden Qualität, die zur Identifikation, zur aktiven Mitwirkung anregt und zum Wohlbefinden beiträgt.
So ist auch eine beherrschende Person mit charismatischer Ausstrahlung, die die immaterielle Gestalt- und

Im Mittelpunkt der Stadt an der Haupterschließungsstraße und Bushaltestelle moderne Kunst.

Lebensqualität kraft Persönlichkeit hätte durchsetzen können, anders als z. B. im benachbarten Finnland mit einer Persönlichkeit wie Heikki von Hertzen in Tapiola, in der Planungsgeschichte nicht zu erkennen.
Die ursprünglichen Überlegungen des Planers Forser hatten zwar durchaus noch »poetische« Gestalt-Qualitäten, sie wurden jedoch in einem gut funktionierenden Planungsapparat perfekt, aber ziemlich »seelenlos« umgesetzt mit der Folge einer Fremdheit, die nach wie vor beherrschend ist und sicherlich einen Teil der Misere ausmacht.
Bei der Fahrt über die neue Brücke, ist von weitem Lövgärdet sichtbar. Eine Silhouette, die leicht mit anderen Siedlungen verwechselt werden könnte.
Die Hochhäuser, von Wald umgeben, bilden kein einprägsames Stadtbild. Der Blick von den Wohnungen auf die Seen, Hügel und Wälder ist sehr schön. Das direkte Wohnumfeld ist von höchster Qualität.

Der überdachte Hauptfußweg zum Zentrum.

Um menschliche Kontakte zu fördern, hat man die Balkons und Terrassen dem öffentlichen Wohnweg zugeordnet.

holt und fantasielos. Trotz unterschiedlicher Bemühungen, Intimität durch raumfassende Spielplätze zu schaffen, ist die Gesamtwirkung monoton.
Es gibt einen wunderbaren Badesee mit schönem Badeplatz, mit Bademeister und Steg. Das geplante Freiluftbad ist nicht gebaut worden.
Das Wasser ist rein, und die Temperaturen laden zum Baden ein. Rote Granitfelsen bilden kleine Inseln, Seerosen am Ufer, Beeren im Walde und kein Badeverbot!
Eine Idylle angelehnt an eine Siedlung mit Tausenden Bewohnern.
Im Wasser und auf kilometerlangen Wanderwegen entlang des Seeufers sind kaum Menschen.
Das integrierte Zentrum, das früher einen lebhaften Eindruck machte, Dank der vielen Besucher des Sozial-

Im Eingang zum Zentrum und dem Mittelpunkt der Stadt ein »Götze« oder Geist, ein Kunstwerk, das stark die Situation prägt. »Es ist das Ergebnis von gesetzlich festgelegtem 1%-Anteil an Baukosten – für künstlerische Arbeiten.« (H. Junkers)
Der erste Eindruck ist Leere. In den Außenräumen gibt es – trotz schönem Wetter und hohen Temperaturen – kaum Menschen.
Die überdachten Gehwege, schönen Gärten der Erdgeschoßwohnungen, die Innenhöfe und Balkons sind ohne Leben.
Die Kindergärten und Tagesheime sind dezentralisiert und liegen in der Nähe des Hauptfußweges, die Wege zu den Kindergärten und Schulen sind klar, orientierungsfreundlich und gefahrlos.
Innerhalb der Siedlung gibt es zahlreiche Spielplätze und Spielgebiete, aber es sind kaum spielende Kinder zu finden. Die Spielgeräte aus Holz sind zu oft wieder-

Lövgärdet ist wie viele Stadtteile Göteborg-Angereds umgeben von Wäldern und Seen.

Zentraler Gehweg vor dem Umbau.

Viele der Altenwohnungen im Zentrum stehen leer (1983, Mitte).

Wohngebiet I: innere Grün- und Spielachse (unten).

und Krankenpflegesektors, den man mit so hohem theoretischem und organisatorischem Einsatz baute, ist dunkel, häßlich und technisch in schlechtem Zustand.
Die Aufzüge und Rampen sind düstere Schluchten von lieblosen Details. Gut funktionieren die Bibliotheken und der Supermarkt.
Das Zentrum leidet unter Vandalismus und Zerstörung. Die Rolltreppen z. B. müssen wegen Zerstörung abgebaut werden; auch andere Umbauten wurden erforderlich.
Auch die Alten sind größtenteils ausgewandert, viele Altenwohnungen im Zentrum stehen leer. Man empfindet Enttäuschung, die durch die zahlreichen Veröffentlichungen erweckten Erwartungen sind nicht erfüllt. Ein gutes Beispiel dafür, daß Gestaltung mindestens so wichtig ist wie funktionelle Ziele.
Viele Fenster sind dunkel – viele Wohnungen stehen leer, auch im Zentrum, im Mittelhochbau, trotz des hervorragenden technischen Zustands der Wohnbebauung, der farbenfrohen Fassaden, Wohnungen, Aufzüge, Eingangsbereiche usw.
Man muß die technische Perfektion von Bausystem, Ausführung, Material und Wartung bewundern, besonders, wenn man die Klimaverhältnisse und die Leerstände berücksichtigt.
Welche Fehler hat man hier gemacht? Wie ist es möglich, daß nach so vielen Bemühungen, Einsatz an Mitteln, Kenntnissen und Erfahrungen die heutige Situation Lövgärdets Trauer hervorruft.

Das Wohngebiet I
mit seiner geradlinigen Grün- und Spielachse wird betont durch die parallele Führung des überdachten Gehwegs und der Wohnbebauung von acht- und viergeschossigen Zeilen.
Die Eingangsbereiche im Inneren der Achse werden von Grün- und Spielplätzen begleitet.
Der Maßstab, die Länge und das Wohnumfeld der achtgeschossigen Zeilen wirkt funktionell, anonym und monoton, trotz farbenfreudiger Fassaden und Orientierungsfreundlichkeit.
Das äußere Erschließungssystem funktioniert gut – die Parkplätze begleiten linear die Bebauung, getrennt durch das Grün der Gärten und der großzügigen Grüngürtel. Die Wege zum Auto sind oft lang, aber diese Funktionstrennung eliminiert Lärm und Abgase.
In der inneren Grün- und Spielachse befindet sich eine Reihe niedriger Gebäude, in denen Waschküche, Trok-

Lövgärdet

Das Wohngebiet I ist geprägt durch ein äußeres klares Erschließungssystem.

Die äußere Seite der viergeschossigen Bebauung hat im Erdgeschoß großzügige Gärten und Terrassen.

Wohngebiet II. Aneignung des Außenraums als Beispiel für Identifikation (Mitte).

Wohngebiet III. Punkthäuser, umgeben von schöner Natur und einem gut gestaltetem Wohnumfeld. Die Hälfte der Häuser wird umfunktioniert und soll demontiert werden (unten).

kenräume und Kindertreffpunkte mit Hobbyräumen untergebracht sind. Diese Einrichtungen sollten den Kontakt zwischen den Bewohnern fördern. Dieses Wunschziel wurde jedoch nicht erreicht. Fluktuation, Leerstände, der große Anteil von Familientrennung, von sozial Schwachen und Ausländern brachte Lebensgewohnheiten, die mit den schwedischen nicht übereinstimmen.

Die Wohngebiete II und III
Trotz vieler gleicher Häuser wird dieser Teil als intimer empfunden. Hierzu tragen die niedrigen Häuser und die mit ihnen geformten halbgeschlossenen Höfe bei. Die Nähe des Waldes und des Sees erhöhen die Wohnqualität.
Nach soziologischen Gesichtspunkten hat man die Balkons und Terrassen dem öffentlichen Wohnweg zugeordnet. Man hoffte damit menschliche Kontakte zu fördern.
Zu diesen großzügigen ruhigen Höfen sind die Wohnräume im Erdgeschoß orientiert. Die Terrassen sind nachträglich ausgebaut worden. Vermißt wird ein Außenraumkontakt/Balkon/Loggia zu den Innenhöfen der über dem Erdgeschoß liegenden Wohnungen. Die meisten Wohnungen stehen leer.

Der Außenraum wird erobert und geformt, nicht bloß im Bereich der zugehörigen Gärten im Erdgeschoß, sondern auch auf umliegenden Flächen, sogar in den Felsnischen werden Blumeninseln geschaffen.
Das äußere Erschließungssystem und die Trennung von Fußweg und Fahrstraßen ist auch hier konsequent durchgehalten.
Das System ist überschaubar, klar und einfach und funktioniert ohne Fußgängerbrücken oder Unterführungen.
Man kommt mit der Hauptsammelstraße zu den Parkdecks oder Garagenhöfen.
Diese internen Wege führen zum überdachten Hauptfußweg, der die Punkthäuser und die niedrige Hofbebauung verbindet und zum Zentrum führt. Die nicht überdachte Fläche des Hauptfußweges dient auch als Notanfahrt für Möbel- und Krankenwagen sowie die Feuerwehr.
Die Punkthäuser in dem bewegten, schönen Gelände sind mit der Natur verbunden. Wegen der schönen Aussicht über das Flußtal, den See und Wald werden die obersten Stockwerke bevorzugt.
Fußwege führen durch Sport- und Spielparkanlagen in den Wald und an den See.

Wohngebiet IIIc. Radhus 1975. Terrassierte Reihenhäuser – eine beliebte Wohnform ohne Leerstände.

Neubaugebiet (1983) mit Einfamilienhäusern. Auf der Suche nach Lösungen greift man zurück auf traditionelle Holzbauweise, Materialien und Farbe.

Die terrassenhaft angelegten Reihenhäuser entstanden anstelle der früher geplanten großen Blockhäuser. Dieses Gebiet, wie auch die heute erweiterten und realisierten Einfamilienhausgebiete, liegen auf der anderen Seite der Straße und sind mit dem Zentrum und anderen Wohngebieten mit einer Fußgängerbrücke verbunden. So wird dieser Teil auch als »Burg der Bürger« benannt. In den mehrgeschossigen Wohngebieten wohnt der größere Teil der Bevölkerung.

Die letzten aktuell geplanten Einfamilienhausgebiete nehmen die traditionelle Form und Holzbauweise auf. Wasser und Wald werden mit der Architektur komponiert – sie bilden eine Einheit.

Trotz vieler Anpassungsversuche, Verbesserungsmaßnahmen und Reduzierungen gelang es nicht, ausreichend Mieter zu gewinnen und zu halten: Statt der geplanten 9500 Einwohner lebten 1977–1979 nur etwa 6600 Einwohner in etwa 3000 Wohnungen; zahlreiche Wohnungen stehen leer, insbesondere in den Hochhäusern. Dies gilt nicht nur für Lövgärdet; von den 41 000 Wohnungen der halbstaatlichen Baugesellschaft stehen insgesamt über 3000 leer, mit verlorenen Kosten von 25 000 Schwedenkronen pro Wohnung pro Jahr. Allein die 4500 in Göteborg insgesamt leerstehenden Wohnungen verursachen Kosten von über hundert Millionen Schwedenkronen jährlich!

Als Ursachen für den sozialen und ökonomischen Mißerfolg werden folgende Gründe angegeben:
– ökonomischer Konjunktureinbruch mit der Folge nachlassender Wohnungsnachfrage,
– schlechte ÖPNV-Verbindung zur Innenstadt (Bus bis zur Straßenbahn in Angered, Straßenbahn ins Stadtzentrum),
– Wandel der Wohnpräferenzen vom Wohnen in der Geschoßwohnung mit guter Aussicht ins Grüne, zum Wohnen in der Kleinwohnung in der Innenstadt mit einer Zweitwohnung in einem Sommerhaus in der freien Landschaft,
– schwierige Sozialstruktur,
– viele Jugendliche ohne Beschäftigung.

So macht die Siedlung 1983 trotz ihres sehr hohen Standards in Bauausführung und Ausstattung, trotz der hervorragenden landschaftlichen Lage und Service-Angebote sowie des gut überlegten Fußwege- und Spielplatzsystems einen deprimierenden Eindruck.

Die für die Misere verantwortlichen Ursachen sind ausnahmslos struktureller Natur und nicht nur in Schweden, sondern auch bei zahlreichen anderen neuen Städten und Stadtteilen zu finden. Deswegen hat die Siedlung Lövgärdet bei aller Einzigartigkeit exemplarischen Charakter.

Lövgärdet, der jüngste Göteborger Vorort, wurde von allen von der Krise zuerst betroffen.

Gleichzeitig – und das macht das Beispiel besonders aufschlußreich – bemüht man sich (wiederum ganz auf der Linie der typisch schwedischen sozio-technischen Perfektion) um ganz neue Wege, die Probleme zu bewältigen, in einer einzigartigen Kombination von sozialen, technischen und wirtschaftlichen Maßnahmen.

Interview mit Helmut Junkers

Dritte Phase: Heilungsprozeß 1983 bis heute

Die Darstellung aktueller Probleme Lövgärdets und die Maßnahmen für ihre Lösungen möchte ich anhand eines Gesprächs mit Helmut Junkers darstellen. Er hat stark das Bild Lövgärdets geprägt und kann außerdem die Probleme sowie die aktuellen Wege erläutern, weil er mit der Suche nach praktischen Lösungen beschäftigt ist und die in kurzer Zeit durchgeführten Umwandlungen und Maßnahmen als dauerhafter Erfolg betrachtet werden können.

Er ist als ihr Projektleiter die treibende Kraft der Wohnungsbaugesellschaft Göteborgshem – ein Neffe des

Lövgärdet

Neue Häuser in Malaysia: montiert aus Bauelementen einer ehemaligen Fabrik in Göteborg.

Ju52 Flugzeugbauers. Ohne seinen persönlichen Einsatz und die Risikobereitschaft der Wohnungsbaugesellschaft wären die Erfolge im Abbau von Leerwohnungsbeständen und das Verhindern von Slumgebieten einzelner Retorten-Vorstädte nicht möglich.

Es ist eindrucksvoll, wie man in Göteborg diese schweren Probleme mit einer ganzen Palette unterschiedlicher Maßnahmen zu bewältigen sucht, kombiniert in einer komplexen, sozialpolitischen, landschaftsplanerischen und technischen Strategie von ähnlicher Perfektion wie die ursprüngliche Planungskonzeption und technische Durchführung.

Junkers: »Unser Bausystem war technisch und ökonomisch erfolgreich, auch deutsche und Schweizer Bankgesellschaften haben sich für unser Ingebäk-System interessiert. Später war auch eine Abordnung aus dem Iran bei uns und hat Lövgärdet gesehen. Wir erhielten einen Auftrag aus Teheran, ein entsprechendes Baugebiet zu bauen, und wir haben nach den gleichen Planlösungen in Tabris gebaut, mit einem eigenen Werk; heute sind in Tabris 6000 Wohnungseinheiten montiert.

In Saudiarabien haben wir das gleiche erreicht. In Dammam steht eine der modernsten Fertigteilfabriken.

Die Entwicklung der siebziger Jahre brachte eine unerwartete Veränderung. Bevölkerungsrückgang, Rezession, Leerstände wurden unser Hauptproblem.

Wir haben in den letzten Jahren nur 200 bis 500 Wohnungen in unserem Werk produziert. Es war ursprünglich für 2000 Wohnungen pro Jahr dimensioniert, und wir konnten bei diesen großen Unkosten und diesen wenigen Aufträgen eine Weiterführung nicht mehr verantworten.

Aus diesem Grunde bestimmte die Direktion eine Stilllegung. Ich war sehr traurig darüber, denn ich hatte mich stark für dieses Werk engagiert und das System während der letzten 25 Jahre mitentwickelt. Es ist uns dann aber geglückt, das gebrauchte Werk nach Malaysia zu verkaufen. Vor drei Monaten wurde das Werk demontiert und verkleinert wieder aufgebaut. Wir haben dort einen großen Auftrag bekommen. Für Knowhow erhalten wir einen bestimmten m²-Preis pro Wohnfläche. Das 4000-Wohnungen-Projekt in Kuala Lumpur startete im Herbst 1983.

Wir hatten vier Fabriken und unser Fertigteilwerk, alle diese Werke existieren heute nicht mehr. Bis Ende 1960 war der Wohnungsmangel ein großes Problem: Man mußte sehr viel Geld auf dem schwarzen Markt bezahlen, um überhaupt eine Wohnung zu bekommen. In jeder Diskussion im Fernsehen oder in der Presse hieß es, daß wir mehr Wohnungen bauen müßten. Dies ist uns gelungen, und ich bin heute stolz darauf. Für Kunden mit entsprechenden Wohnungsnotproblemen erwähne ich, daß wir damals dies hier in Schweden geschafft haben und deshalb auch in dem neuen Land mit gemeinsamen Anstrengungen schaffen können.«

Irion: Das Problem der Wohnungsnot ist heute in vielen anderen Ländern aktuell, und eigentlich wäre es erfreulich und hilfreich, wenn diese Erfahrungen an andere weitergegeben werden könnten und nicht bloß die Technologie.

Nur die Herstellungskosten sind entscheidend. Es ist ein Schein von Fortschritt, oft aber auch reines Geschäft. Die Reparatur von jetzt offenbar gewordenen Bauschäden und die Lebensdauer der Gebäude wird nicht ins Kalkül gezogen.

Junkers: »Aber der Auftraggeber behauptet immer wieder, daß es sehr viel wichtiger ist, Wohnungen zu beschaffen für die Menschen, die noch draußen auf der Straße sitzen, als teuere Idealwohnungen zu bauen.

Leider sehe ich, daß man heute und auch morgen parallel die gleichen Fehler in allen Ländern wieder macht. Der Architekt ist zu schwach, die Politiker sind zu feig, die direkten Baukosten bestimmen, wie die Häuser gebaut werden sollen.«

Die ersten Anpassungsversuche und Reduzierungen konnten den sozialen Verfallsprozeß nicht stoppen, immer mehr Wohnungen standen leer, und der Anteil der Sozialhilfeempfänger stieg. Die Situation und die Gründe dafür erläutert Helmut Junkers:

»In den ersten sechs bis sieben Jahren waren alle Wohnungen vermietet. Wir hatten Probleme mit anderen Wohnungsgesellschaften, die uns kritisierten, daß wir ein so positives Gebiet bauten und dadurch die Menschen in unsere Wohnungen lockten. Trotzdem konnten wir aber die Mieter nicht halten. Lange fehlte die Bus- und Straßenbahnverbindung bis zum Zentrum Angered und zur Stadt Göteborg. Das waren große Probleme. Die Stadt tat alles aufgrund der Proteste, um zu helfen. Man konnte eine Zeitlang mit dem Taxi von Göteborg-City bis Lövgärdet fahren – zum Preis der Straßenbahn- oder Buskosten.

Aber es existiert noch immer keine direkte Straßenbahnverbindung von der City bis nach Lövgärdet.

Das nächste Problem ist die Sozialstruktur. Wir haben in Lövgärdet sehr viele Ausländer und sozial schwache Menschen. Daraus resultierten soziale Probleme. Das

Ansicht.

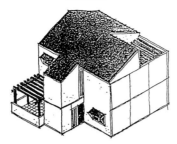

Grundriß.

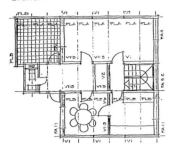

Verwendung von demontierten Elementen des »Inbäck-Systems« für arabische Länder. Trotz der Maße vorhandener Elemente konnte Rücksicht auf die Kultur und Lebensform der Bewohner genommen werden.

Perspektive.

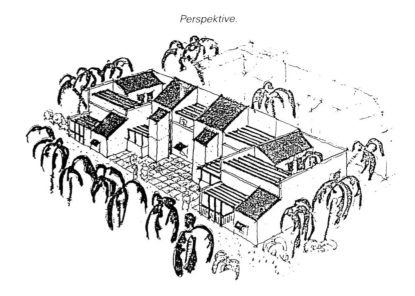

wurde besonders in den Schulen sichtbar. Die schwedischen Eltern zögern, ihre Kinder in die Schulen zu schicken. Die Zeitungen haben sehr viel Negatives geschrieben. Der größte Fehler liegt bei der Presse, die dem Stadtteil einen zu schlechten Ruf geschaffen hat.

Als allgemeinnütziger Bauherr, der mit staatlichen Geldern arbeitet, wählen wir ja nicht unsere Mieter, wir nehmen jeden, der bei uns einziehen will. Dagegen wählt der private Vermieter seine Mieter. Die Migration kostet uns viel Geld.

Aber als gemeinnütziger Bauherr haben wir vor allem auch eine soziale Aufgabe und müssen solche Probleme akzeptieren.

Die Gesamtzahl der Arbeitsplätze hat sich in dem Gebiet (Göteborg) verringert, aber in Angered sind einige Erfolge zu sehen. Im Generalplan für Angered wurden Industriegebiete festgelegt, und die Grundstücke sind sehr billig und umfangreich, dies kann auch Lövgärdet positiv beeinflussen, wenn man mehr Industrien hierher bekommt. Volvo hat eine Anlage und Büros für den Exportverkauf gebaut. Mit der Ansiedlung eines Volvo-Zweigwerks und dem Zustrom vieler Einwanderer wurde ein Bedarf an Neubauwohnungen geschaffen.

Ich glaube an eine Verbesserung für die Zukunft. Die Krone steigt, und unser Export liegt weit über unserem Import. Die zahlreichen Jugendlichen werden wieder Wohnungen suchen. Manche Finnen kommen vielleicht wieder zurück, und wir hoffen auf einen Erfolg der geplanten Maßnahmen.«

Irion: Als Ursachen für die sozialen und ökonomischen Probleme haben Sie hauptsächlich strukturelle Gründe angegeben. Ein Teil der Probleme ist wohl eine Erscheinung des Sozialstaats, u.a. die Belegungspolitik und die Bevölkerungsabwanderung in die Randgebiete. Auch psychologische Faktoren wie Image sind bei vielen Siedlungen entscheidend. Das Image ist ein stabiler Faktor und schwierig zu bekämpfen und zu ändern. Es fängt mit schlechter Belegungspolitik an, und dann wird ein Stadtteil durch die Presse häufig negativ abgestempelt. Die Leerstände sind aber auch Resultat des Bevölkerungsrückgangs und der gewandelten Wohnpräferenzen und des Überangebots an gleichartig qualifizierten Wohnungen.

Junkers: »Wir haben 1983 der Regierung und unserer Gemeinde ein Programm mit 17 verschiedenen Vorschlägen vorgelegt. Man kann die Häuser in Mottentüten stecken und abwarten, bis sich die Situation verbessert, das kostet alles Geld, man kann sie aber auch umfunktionieren, z.B. in Büros, Krankenhäuser, Servicehäuser, Pflegeheime, wir haben Jugendherbergen diskutiert, aber die beste Chance glaube ich ist, die von der Regierung mit 50 Millionen Kronen subventionierte Idee, Häuser zu demontieren. Im Augenblick untersuche ich, ob dies möglich ist.

Es hat sich gezeigt, daß sich die Gebäude dank dieses einfachen Zusammenfügungssystems und der großen Fertigteilsysteme von zimmergroßen Deckenplatten und zimmerlangen Wänden ohne weiteres demontieren lassen. Nicht weit von Lövgärdet haben wir ein anderes Problemgebiet mit vielen leerstehenden Wohnungen. Hier in Bergjön werden wir im Frühjahr 1984 ein Haus mit 107 WE demontieren, um 85% der Fertigteile wieder bei einem Neubau in der Innenstadt zu verwenden. Das restliche Bodengeschoß wird in 35 Reihenhäuser umgebaut, die wir verkaufen.

Am liebsten würde ich in der Zukunft Reihenhäuser bauen in der gleichen Bauweise oder auch Einfamilienhäuser. Wir haben in unserem eigenen Werk einen geglückten Versuch gemacht mit Reihenhäusern in unserer Fertigteilbauweise. Die Nachfrage war unerwartet hoch.

Wir haben bereits Vorentwürfe, die beweisen, daß man mit diesen Elementen auch andere Häuser bauen kann.«

Skizze.

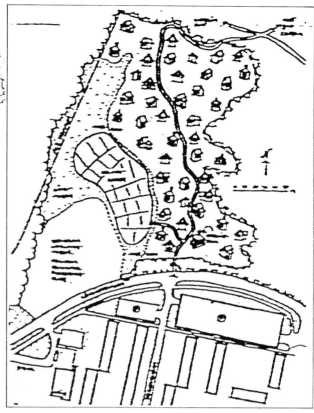

Lageplan.

Wenn man über die zukünftigen Chancen von Lövgärdet sprechen will, muß man die einmalig schöne Lage berücksichtigen. Die gewachsenen Freizeitbedürfnisse sind in Lövgärdet leicht zu befriedigen.

Mehrere der Sanierungsmaßnahmen zielen mit den Ansätzen auf Selbstbetätigung, Stadtteilkultur, Freizeit, Schrebergarten und Umwandlung in Einfamilienhäuser mit Privatgärten mit dem Anreiz von aktiver Aneignung durch die Bewohner, ein Versuch, der auch andernorts zu beobachten ist.

Den gewandelten Wohnpräferenzen soll mit einem großangelegten Schrebergartengebiet mit der Möglichkeit, eigene Sommerhütten zu bauen, begegnet werden, die die Nachteile des Wohnens in Geschoßwohnungen kompensieren sollen. Die gewachsenen Freizeitbedürfnisse werden mit einem großen Freizeitpark mit vielfältigen Betätigungsmöglichkeiten für Sport und Erholung bedient. Der so geschaffene Freizeitwert wurde auch für die Werbung eingesetzt mit dem Ziel, Wohnungen in Lövgärdet als Zweitwohnungen zu verkaufen oder als Ferienwohnungen für den Tourismus zu vermieten.

Ein Teil der Wohnungen soll Alten und Pflegebedürftigen gewidmet werden, mit dazugehörigen Versorgungsstützpunkten und Tagesheimen. Ein großes, leerstehendes Geschoßwohnungsgebäude im Zentrum wurde für kulturelle Zwecke umgenutzt. Man hat sogar erwogen, weitere leerstehende Hochhäuser für Gewerbezwecke zu nutzen, ja sogar die Universität hier unterzubringen. Ein Teil der Gebäude soll — weit unter Herstellungspreis — an Privatunternehmer verkauft werden, die die Wohnungen zum Teil in Eigentumswohnungen umwandeln, zum Teil an selbst ausgewählte Mieter vermieten.

Alle diese Maßnahmen reichen jedoch zur Füllung des Stadtteils nicht aus; ein Teil der Bauten soll deswegen, wie mein Gesprächspartner es nannte, »eingetütet und eingemottet« werden, bis bessere Zeiten kommen.

Zusätzlich wird zum ersten Mal ein besonders interessanter und beispielhafter Plan versucht, den Stadtteil der geschrumpften Nachfrage anzupassen: Der Weg der *Demontage* und des *Recyclings*.

Die technisch hervorragende Vorfertigungsbauweise mit einem einfachen Zusammenfügungssystem und offenen Fassadenfugen erlaubt eine nahezu zerstörungsfreie Demontage und Wiederverwendung der Bauteile, und diese Möglichkeit wird vielseitig genutzt:

Gartenkolonie Lövgärdet.

— 4–5geschossige Wohnblocks werden bis auf zwei Geschosse demontiert, mit Satteldach versehen und zu Reihenhäusern umgebaut.
— Ein Teil der Punkthochhäuser soll vollständig demontiert oder umfunktioniert werden.
— Mit den demontierten Tafeln wird ein Wohnblock in der Innenstadt errichtet und nach außen mit Ziegeln verkleidet.
— Mit einem weiteren Teil der demontierten Tafeln werden Reihenhäuser gebaut.
— Ein dritter Teil der demontierten Tafeln wird nach Nahost oder Fernost exportiert und dort zu verdichteten, möglichst den landesüblichen Gewohnheiten entgegenkommenden Flachbausiedlungen mit folkloristischem Look montiert.
— Zusammen mit den Tafeln wurden auch die Lizenzen und Fertigteilfabriken an diese Länder verkauft.

Lövgärdet

Ansicht der Reihenhäuser nach dem Umbau (1984).

Die offen dargestellten (1983) vielversprechenden und mutigen flexiblen Lösungsversuche der besonders drückenden Probleme sind vorbildlich nicht nur für städtebauliche Sanierungsmaßnahmen, sondern auch für das wirtschaftliche Management.

Es ist beeindruckend, wie man in Göteborg Probleme mit unterschiedlichen Maßnahmen zu bewältigen sucht, kombiniert in einer komplexen sozialpolitischen, landschaftsplanerischen und technischen Strategie.

Die in Göteborg unseres Wissens erstmalig im Wohnungsbau im großen Maße praktizierte Demontage und Wiederverwendung industriell gefertigter Bauteile erscheint dennoch beispielhaft und wegweisend, insbesondere weil hier gezeigt wird, daß sich auch ganz andere Wohnformen mit den gleichen Bauteilen realisieren lassen, wenn die Vorfertigungstechnik den Grad an Perfektion und Flexibilität besitzt wie in diesem Fall.

Dieses Gespräch fand 1983 statt. In dem kurzen Zeitraum von einem Jahr sind die meisten Maßnahmen erfolgreich durchgeführt worden.

Die Nachfrage nach den umgebauten Wohnungen überstieg das Angebot.

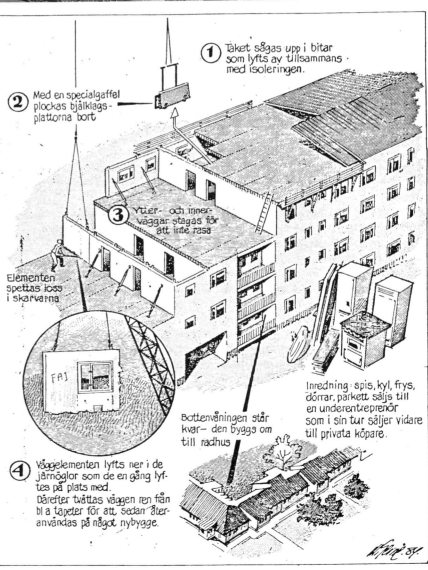

Schemaskizze des Ablaufs der Demontage.

Auch die in einer zweiten Phase umgebauten Wohnungen wurden sofort in Mietrecht vergeben.

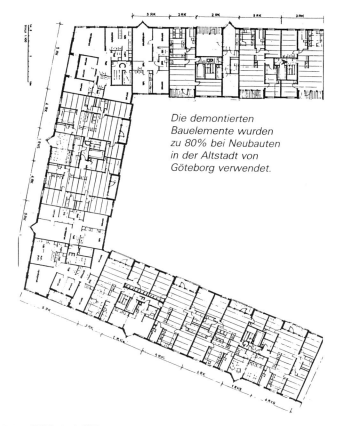

Die demontierten Bauelemente wurden zu 80% bei Neubauten in der Altstadt von Göteborg verwendet.

Lageplan.

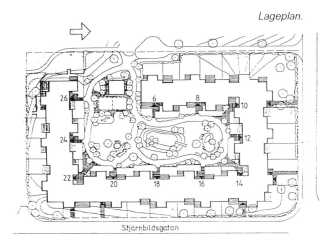

Schnitt. Fassade.

Montage der demontierten Elemente im Hofbereich.

233

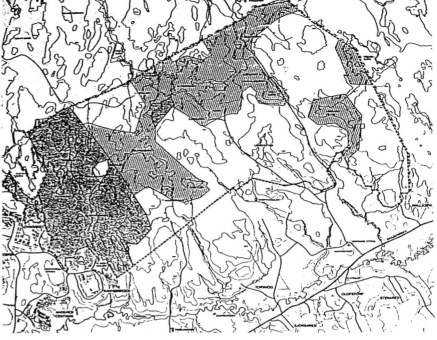

Vättlerjäll.
In unmittelbarer Nähe von Lövgärdet liegt ein ca. 35 km² großes Waldgebiet, das als Erholungs- und Freizeitgebiet für die Region Göteborg ausgebaut wird.

- Naturgebiet
- Naturpflegegebiet
- Waldschutzgebiet

3 Die Situation heute – Schlußfolgerungen

Die Verbesserungs- und Rückbauperiode konnte weitgehend dank des 1983 geschaffenen, national-schwedischen Notstandsprogramms für Wohnraumverbesserung zustande kommen, und dies verhalf vielen Gemeinden und der Bauwirtschaft sowie Wohnungsbaugesellschaften, Mietzinsverluste abzubauen.

Wegweiser für Ideen und ihre Umsetzung in die Realität war Göteborg, unsere Berichte in der Stadtbauwelt 81 und 86 machten dieses Thema zum wichtigen Punkt in der Fach- und Tagespresse. Auch in der Bundesrepublik waren 1984/85 Leerstände ein großes Problem. Innerhalb eines Jahres waren mehrere der seinerzeit 17 vorgeschlagenen Maßnahmen durchgeführt worden, erste Ergebnisse, Erfahrungen liegen vor. Die Bewohner wurden bei Planungsarbeiten beteiligt. Schon ab 1983 wurden an einigen zentralen Gebäuden Umnutzungen und Funktionsveränderungen vorgenommen:

- Der Teil der Wohnungen in Lövgärdet, der in den attraktiven, landschaftlich reizvollen Standorten unmittelbar am Wald und am See liegt, wurde als Ferienwohnungen und Touristen-Hotels angeboten. Die Lage Lövgärdets, eine große Werbekampagne, niedrige Preise, nur 10 bis 15 Minuten Fahrzeit mit dem Auto zur Stadtmitte waren Voraussetzungen, mit denen schon im Sommer 1984 erste Erfolge erreicht wurden.
- Die Punkthäuser im Zentrum Lövgärdets wurden in sogenannte »Servicehäuser« für alte Menschen umgebaut. Um der Anonymität und Vereinsamung der Alten zu begegnen, wurden auch Gemeinschaftsräume vorgesehen und ein gewisser Service im sozialen Freizeitbereich und der Gesundheitspflege.
- Ein leerstehendes Haus wurde zum »Haus der Musik und des Volkes«, zum »Aktivitätshus«.
- 1990 wird eine Filiale der Volkshochschule in Lövgärdet etabliert.
- Ein Problemhochhaus wurde in ein Gemeinschaftswohnhaus mit Freizeiträumen u. a. Bewohnercafe, Werkstätten, Fotolabor, Gemeinschaftswaschküche im Erdgeschoß und anderen gemeinschaftlichen Einrichtungen wie Speiseräume und hauseigener Kindergarten umgewandelt. Obwohl die Hausgemeinschaft (55 Erwachsene, 22 Kinder) für die Miete der Gemeinschaftsräume aufkommen muß, konnte durch die Übernahme der Instandhaltung und Reinigungsarbeiten der Mietzins gesenkt werden. Der entwickelte Gemeinsinn hat positiven Einfluß auf die Nachbarschaft.

Liste der verschiedenen Freizeitaktivitäten.

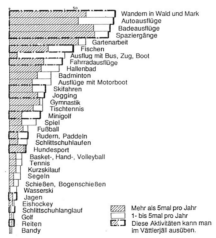

Wanderwege und Ferienwohnungen ziehen die Bewohner Lövgärdets an den See.

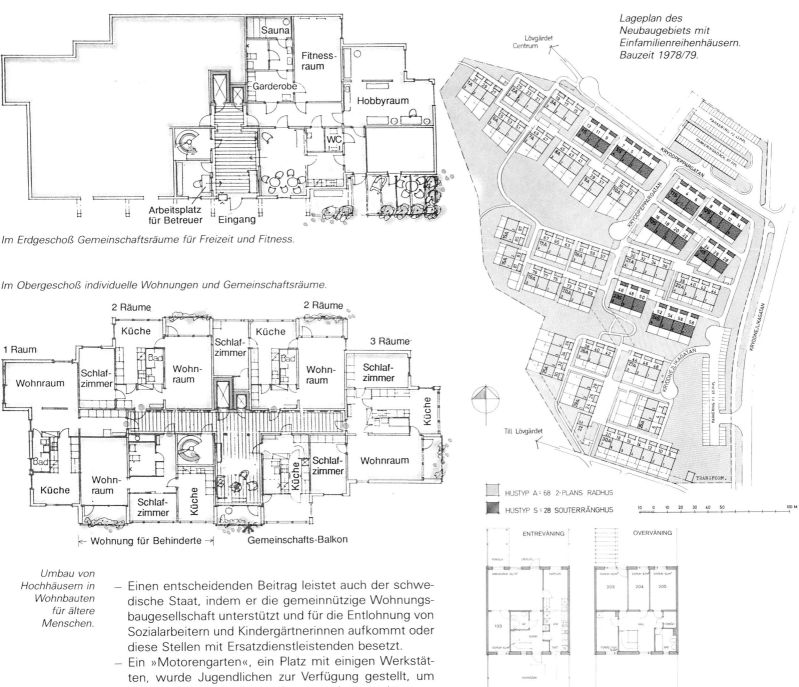

Im Erdgeschoß Gemeinschaftsräume für Freizeit und Fitness.

Im Obergeschoß individuelle Wohnungen und Gemeinschaftsräume.

Umbau von Hochhäusern in Wohnbauten für ältere Menschen.

- Einen entscheidenden Beitrag leistet auch der schwedische Staat, indem er die gemeinnützige Wohnungsbaugesellschaft unterstützt und für die Entlohnung von Sozialarbeitern und Kindergärtnerinnen aufkommt oder diese Stellen mit Ersatzdienstleistenden besetzt.
- Ein »Motorengarten«, ein Platz mit einigen Werkstätten, wurde Jugendlichen zur Verfügung gestellt, um dort ihre Autos und Motorräder reparieren zu können.
- Viele Keller wurden zu Musik- und Jugendlokalen.
- Zwischen Waldrand und Siedlung wurde eine Fläche für eine »Gartenkolonie-Lövkojan« ausgewiesen und sofort angenommen. Bereits die Eröffnungsfeier war ein Erfolg. Die Nachfrage war so groß, daß man ein zweites Gebiet in der Nähe ausweisen mußte. Viele Bewohner konnten ihr »Traumhäuschen« selbst erstellen.
- Den größten Erfolg hatte das durch den Staat mit 50 Millionen Kronen subventionierte Demontage- und Umbauprojekt.
- 1983 wurde bei der Firma Göteborgshem eine technische Projektgruppe gebildet mit der Aufgabe, neue Wohneinheiten aus den Elementen zu entwickeln, die aus den demontierten Göteborgshem-Häusern stammen. Die leerstehenden Häuser werden entweder völlig abgebaut, andere nur teilweise demontiert. Die verschiedenen Elementgruppen werden in Kategorien sortiert und für eine weitere Verwendung aufgelistet.

Demontage und Rückbau von oberen Geschossen und (Umbau) Ausbau der Erdgeschosse in zweigeschossige Reihenhäuser

Im Frühjahr 1984 fing man an, in Bergsjön den ersten Block leerstehender viergeschossiger Wohnhäuser zu demontieren.
Ein Haus mit 107 WE wurde zu 34 Reihenhäusern mit Satteldach umgebaut und mit ergänzenden Holzanbauten versehen. 72 Wohnungen wurden demontiert; 85% der Fertigteile wurden zu einem Neubau in der Innenstadt verwendet, andere Komponenten wurden auf dem Markt verkauft. Es gab sehr viele Bewerber, vor allem ehemalige Bewohner. Das Eigenkapital be-

 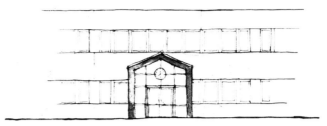

Lövgärdet. Zentrum. Vorschläge für die Gestaltung des Schuleingangs.

trägt 30 000 Kronen (Mietrecht). Die Monatsmiete beläuft sich auf 2900 Kronen (früher waren es für dieselbe Fläche 2400 Kronen). Die Reihenhäuser sind im März 1985 bezogen worden, meist von den ehemaligen Bewohnern.

Im Anschluß an diesen Erfolg wurde der nächste, benachbarte Block umgebaut. Auch diese Wohnungen wurden sofort in Mietrecht vergeben. Die Nachfrage überstieg die Zahl der angebotenen Wohnungen. Dieselben Planungen sind für Lövgärdet und Biskopsgörden ausgearbeitet.

Verwendung von demontierten Elementen im Neubau der Altstadt

85% der demontierten (Tafeln) Elemente wurden in einem neuen Wohnhaus mit 114 WE in der Innenstadt eingesetzt.

Die Straßenseite hat Ziegelverkleidung, die Hofseite wurde hauptsächlich mit demontierten Fertigteilen ausgeführt. Die Eckbereiche sind in konventioneller Bauweise realisiert.

Die demontierten Elemente reinigte man von Farbe und Tapete, und nach technischer Überprüfung transportierte man sie, geordnet nach dem von der Projektgruppe ausgearbeiteten Katalog, zur Neubaustelle in der City von Göteborg.

Der Neubau von Reihenhäusern aus demontierten Elementen

Dieser nicht nur ökonomische, sondern ebenso psychologische Erfolg wurde in der Presse positiv kommentiert, was auch andere dazu ermutigte, einen solchen Weg zu beschreiten. In Lercum (ein anderer Vorort Göteborgs) wurde kürzlich ein solches Umbau-Rückbau-Projekt mit Demontage durchgeführt. In Solstaden wurde nach einem vorbildlichen Rückbaumodell gearbeitet.

Drei private Gesellschaften erwarben drei Scheibenwohnhäuser mit 209 Wohnungen, von denen 190 leerstanden. Ein Rückbauwettbewerb wurde durchgeführt. Gewonnen von B. Forser und Hans Lindgren, die als Rückbaumaßnahmen eine treppenförmige Reduktion ab dem fünften Geschoß vorschlugen, wodurch Terrassenwohnungen für höhere Ansprüche entstanden.

Außerhalb von Göteborg wird die neue Siedlung Södergarden in zweigeschossiger Reihenhausbebauung mit andernorts demontierten Fertigteilen gebaut.

1986 wurden nach der erfolgreichen Durchführung von Demontage, Montage, Rückbau und Recycling weitere leerstehende Häuser zu Gemeinschaftshäusern umgebaut.

Helmut Junkers als Projektleiter sieht die zukünftige Schwerpunkte seiner Tätigkeit in
- der Anpassung vorhandener Baumassen an veränderte Bedürfnisse,
- Umbauten aus gesundheitlicher und ökologischer Sicht, da ein wachsendes Bewußtsein ökologischer und gesundheitlicher Zusammenhänge immer stärker wird. Es werden z. B. alle asbest-eternithaltigen Baustoffe entfernt und durch gesundheitlich ungefährliche Stoffe ersetzt.

Die positiven Erfahrungen mit Rückbau, Umbau, Recycling, Funktionsänderungen und Anpassungsmaßnahmen führten bereits in anderen schwedischen Städten zu Nachfolgeprojekten. Ohne die treibende Kraft und den Erfindergeist des Projektingenieurs Helmut Junkers und ohne die Risikobereitschaft der Wohnbaugesellschaft Göteborgshem wären diese neuen Wege und Erfahrungen nicht möglich.

Die ausgeführten Maßnahmen brachten einen dauerhaften Teilerfolg, konnten aber nicht alle Probleme lösen, besonders die der Sozialstruktur der Mieter. Die am Ort größte Wohnungsbaugesellschaft Göteborgshem – heute unter dem geänderten Namen »Poseidon« bekannt – hat eine wohnungspolitisch in Schweden sehr umstrittene Maßnahme durchgeführt.

1987 hat die Firma Poseidon den unteren Teilabschnitt 1a, b und das Zentrum an eine private Verwaltungs- und Baufirma »Reinolds Fastighets och Byggnads AB« aus Stockholm verkauft – ein vom Wohnungsministerium zu genehmigender Verkauf. Der mächtige Mieterverband kämpfte, die Presse protestierte, aber die Politiker waren sich so einig, daß man den Verkauf verwirklichte. 1281 Wohnungen und das Zentrum wurden für 342 Millionen schwedische Kronen verkauft.

Jetzt werden Untersuchungen und neue Pläne für die Wohnscheiben durchgeführt.

Auch die Möglichkeit einer Überdachung des Zentrums wurde erforscht.

Gestaltungsmaßnahmen, sogenannte Baukosmetik, werden durchgeführt und das gesamte Zentrum mit historisierenden und modernistischen Elementen versehen, mit dem Ziel, das Erscheinungsbild aufzuwerten. Neben individueller Gestaltungsmaßnahmen werden in den Wohnungen Standard-, Ausstattungs- und Wohnumfeldverbesserungen vorgesehen, vielfältige Räume für Freizeitbeschäftigung, Einzelgaragen eingerichtet und danach den Mietern als »Exklusiv-Wohnun-

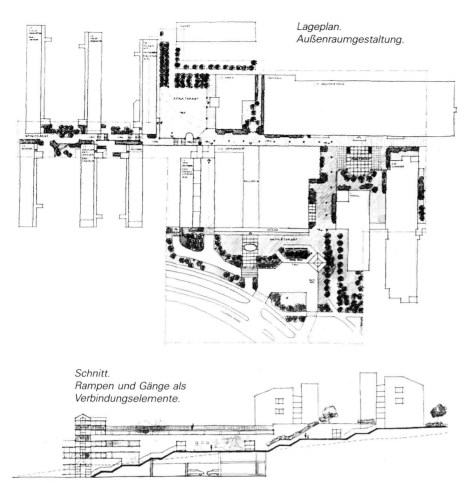

Lageplan. Außenraumgestaltung.

Schnitt. Rampen und Gänge als Verbindungselemente.

Verglasung von Balkonen und Loggien in viergeschossigen Wohnhäusern.

Neugestaltung der Wege. Neue Materialien und Details sollen das Erscheinungsbild aufwerten (rechts oben).

gen« zum Kauf angeboten, was die meisten auch wahrnehmen und dabei ein gutes Geschäft machen, da erfahrungsgemäß nach diesen Maßnahmen nicht nur die Wohnungsgebäude aufgewertet werden, sondern auch die Wohngegend, und das führt zur Steigerung der Wohnungspreise.

Rückbau, Umbau, Sanierung ist sowohl für die Wohnungsbesitzer als auch für die Wohnungsbaugesellschaften ein lohnendes Geschäft, denn diese Maßnahmen werden wie Neubau mit Staatsdarlehen zu 3 Prozent Zins gefördert. Die staatliche finanzielle Unterstützung mit dem Ziel, Probleme in den Großsiedlungen zu lösen, haben oft individuelle ortsspezifische Formen. Die Lövgärdets Folkets Husförening (Volkshausverein) in Angered hat 4 Millionen Skr vom Staat erhalten, um zusammen mit den Wohnenden, dem Personal, den Vereinen während einer Zeit von 3 Jahren den örtlichen (lokalen) Service und die Wohnverhältnisse im Wohngebiet Lövgärdet zu verbessern.

Im Bereich der sozialen Infrastruktur spielt die Versorgung eine entscheidende Rolle. Die Probleme und Nutzungen von Wohnungen, Infrastruktur, von leerstehenden alten Fabriken und Denkmalen aller Art werden sich in der Zukunft drastisch steigern. Das Nachdenken darüber, wie negative Auswirkung der Bevölkerungsschrumpfung innerhalb der Siedlungen und Expansion der Nachfrage, wie Polarisierung sozialer und räumlicher Art zu vermeiden sind, muß schon heute als Zukunftsaufgabe gesehen werden, dabei müssen nicht kurze Rentabilitätsüberlegungen, sondern Kreativität, Innovation und politischer Durchsetzungswille entscheiden, um der zukünftigen Gesellschaft mit vermehrter Freizeit, gleitender Arbeitszeit und neuen Lebensformen eine neue Stadtkultur zu schaffen.

In Göteborg wurden mit großzügiger staatlicher Förderung und mit unkonventionellen Baubewilligungsverfahren Projekte getestet, die langsam in anderen Regionen Schwedens und im Ausland Nachahmung gefunden haben. Die Erfahrungen in der Stadtregion Göteborg können in der kommenden Stadtentwicklungsphase unter der Bedingung der veränderten Bedürfnisse behilflich und wegweisend sein. Der Erfolg wird abhängig von dem Ausmaß an Problemen und der Revidierbarkeit einzelner Großsiedlungen.

Besonders die verdichteten Strukturen der zweiten Generation entstanden unter technisch effizienter Planung und allgemeiner Zustimmung und sind zeitlich den sich wandelnden Rahmenbedingungen zum Irrtum und Problemgebiet geworden.

Umbau und Neubau nicht nur von Baustruktur, Straßen und Landschaft, bedeutet den Versuch, das Gleichgewicht zwischen der Belastbarkeit der natürlichen Lebensgrundlagen und dem Anspruch städtischer Lebensweise in neuer Form herzustellen, das heißt u. a. Grenzen an Verdichtung zu wahren.

Wenn man an die Instrumente für den Rückbau und Umbau in den meisten Ländern der Bundesrepublik denkt, so sind diese schlecht entwickelt, rechtlich, finanziell und organisatorisch. Wer Umbau betreiben will, muß unter gegenwärtigen bodenrechtlichen Bedingungen darauf warten, bis der marktwirtschaftliche Entwertungsprozeß sein Ende erreicht. Rückbau und Umbau sollten nicht Resignation bedeuten, sondern kreative Phantasie, um nach den Wachstumsjahren die zukünftige neue Stadt bewohnbarer, humaner zu machen.

Neue Städte in Polen:
Städtebau im Sozialismus

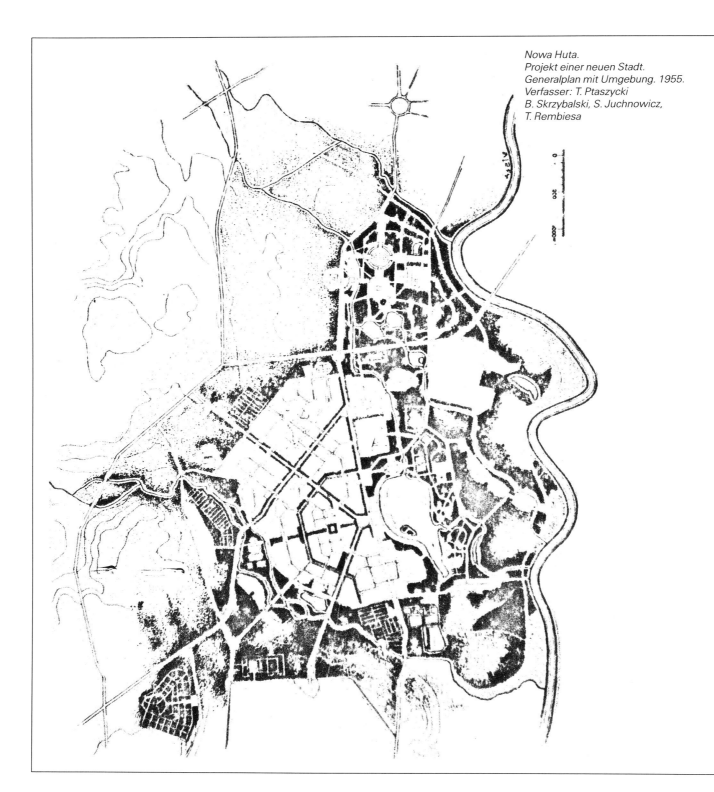

Nowa Huta.
Projekt einer neuen Stadt.
Generalplan mit Umgebung. 1955.
Verfasser: T. Ptaszycki
B. Skrzybalski, S. Juchnowicz,
T. Rembiesa

Nowa Huta

Planung: 1941–1951 für 100 000 Einwohner
Erweiterungsplanung bis heute
Ausführung: 1950: Siedlung A
(in 11 Jahren 53 916 Zimmer)
1966: 130 000 EW
1975: 170 000 EW
1984: ca. 250 000 EW

Planungsgeschichte

- 1949 Beschluß ein neues Stahlwerk zu bauen. Bildung einer Körperschaft für die Entwicklung der neuen Stadt, die direkt dem Zentralen Staatlichen Wohnungsbauministerium untergeordnet ist. Aufgabe der Kommission: Rahmenprogramm zu formulieren. Bildung einer Entwicklungsgesellschaft mit der Aufgabe, Generalplan und architektonische Gestaltung zu erarbeiten. Diese Entwicklungsgesellschaft übernahm für einige Jahre die Verwaltung.
- April 1950: erste Erdarbeiten, Jugend in Zelten, später in Arbeiterhotels. Geschlossener Wettbewerb. Offene Planung mit Landreserven. Tadeusz Ptaszycki – Autor und Generalprojektant der Nowa Huta. Generalplan für 100 000 Einwohner.
- 1951: Siedlung A1, Nowa Huta erhält den Status eines Stadtteils von Krakau.
- 1952: Nach vier Jahren erste öffentliche Verkehrsverbindung.
- 1954: Der erste Hüttenofen wird in Betrieb genommen (10 000 Hüttenarbeiter, 1962 – 21 000 Hüttenangestellte).
- 1955–56: Status einer Kreisstadt. Investitionen für Versorgung der Bevölkerung.
- Achtziger Jahre: Stadtteil Krakau. Neue Siedlungen geplant und realisiert.
- 1985: Realis. Wettb. zentr. Gebiet »SKARPA«

Grundgedanken – allgemeine Ziele

Durch industriestädtische Großinvestitionen sollte der Abzug der Bevölkerungsüberschüsse aus den Landgebieten und deren Beschäftigung in der Industrie erreicht werden (Industrieromantik).
Ziele: Industriealisierung. Gründe ökonomischer und gesellschaftlicher Natur. Hüttenkombinat: größer als alle zuvor. Stadt als Beispiel der Entstehung und Kristallisation einer neuen, sozialistischen Gesellschaft.
Grundlage: »Menschliches Substrat aus den Dörfern, das ohne Belastung eines kapitalistischen, städtischen Lebens war.«

Durch Standortwahl (10 km von Krakow/Krakau) einen starken Arbeitermittelpunkt zu schaffen, der mit der Zeit Einfluß und Veränderung in das bürgerliche Krakau bringt (sozial-kulturelle Umwälzungen).
In den 50er Jahren breite Diskussion und Experimente über Form und Inhalt kultureller Einrichtungen für die zukünftige sozialistische Gesellschaft. Volkstheater -Ziel: »Kultureller Attache«

Konzept

Plan: Strahlenform mit einer starken planerischen Disziplin. Geschlossene, radiale räumliche Komposition nach den historischen Vorbildern.
Die Grundelemente des räumlichen Konzeptes bilden 3 Achsen, die zusammen kommen und einen Platz bilden. Eine der wichtigsten Hauptarterien des Strahls schließt die Silhouette des Haupteingangs zum Hüttenkombinat.
Die 3 Hauptarterien teilen die Stadt in 4 Sektoren: A, B, C, D. Jeder Sektor wird unterteilt in Einheiten mit 2000–5000 Einwohner.
Grundpostulat: Viele einzelne Siedlungen mit eigener Versorgung, Grün, Freizeit und Erholung. Der Hauptplatz und die Achse sind mit einer Randbebauung umrahmt in eklektischer Fassaden-Architektur, d. h.: Kolonaden, Arkaden, Attiken, Portale und Reliefs.
Gestaltungsprinzip eines Kegels: in der Mitte der Stadt hoch, am Rande niedrig.
Formale dekorative Elemente dominieren über die Funktion (z. B. Orientierung der Gebäude).
Auffallend großes Programm: Schulen, Kindergärten, Theater, Kinos, Handel in Achsen.

Allgemeine Daten

Gliederung der Gesamtfläche:
Bruttobauland: 7642,37 ha davon 5000 ha
bebaute Fläche: 160 ha Grün
Einwohnerzahl 1966: 130 000 (14,2% bis 7 Jahre
                                        26,2% bis 21 Jahre)
Einwohnerzahl 1975: 170 000 EW
Einwohnerzahl 1987 ca. 200 000 EW

Realisierung der Nowa Huta in Etappen
/ Flächenberechnung / – Beispiel
1 Etappe für 80 000 EW Siedl. A, B, C, D auf fünfzig Jahre.
Krakow/Krakau hatte ca. 300 000 EW
2 Etappe – Flächenrelationen für 40 000 EW bei Belegung 1,53 EW/Zimmer.

Fläche Wohnbeb.	200 000 ha –	82%
Fl. Versorg. u. Dienstl.	40 000 ha –	16,5%
Fl. Ges. Städt. Dienstl.	4000 ha –	1,5%
	244 000 ha –	100%

dazu 60 ha Grün- u. Rekreation.
sind zusammen ca. 300 000 ha.
das sind für 1 EW 75 m² der Gesamtfläche.

Einwohnerdichte netto
1949–50 ca. 185–270 EW/ha Rand. Siedl.
1960–80 ca. 500   EW/ha
in zentral liegenden Siedlungen über den Werten.

Wohnformen:
1950: überwiegend Mittelhochbau 3–4 Geschosse, Tradit. Bauweise, steile Dächer.
sechziger Jahre: 5, 9, 12 Geschosse
Flächenrelation/Person:
Wohnfläche/EW = 12 m² (Normativ)

Infrastruktur-Programm:
49 Siedlungen davon 1/3 Dörfer, die administrativ eingemeindet wurden (16).
Außergewöhnlich viele Bildungseinrichtungen, viele Schulen für Erwachsene.
    1966:
30 Kindergärten/3360 Kinder
27 Schulen/24 210 Kinder
 2 Gymnasien/1402 Schüler
 1 Gymnasium für 578 Erwachsene
 7 Technische Gymnasien
 5 Technische Gymnasien für Erwachsene

    Zimmerbestand: 80 578 Zimmer
130 Lebensmittelgeschäfte
 25 Restaurants/Cafes
 98 Mensen

    Freizeiteinrichtungen:
  8 Parks
  3 Stadien
124 Sportplätze
  2 Sporthallen
  3 Schwimmbäder
  2 Theater/570 Plätzen
  8 Kinos
  8 Bibliotheken

Entfernungen:
Vom Zentrum Krakows/Krakaus zum Zentrum Nowa Hutas 10 km (Satelliteneindruck)
Erreichbar mit elektrischer Bahn/Tram/Bus.

Quelle:
Roczniki Statystyczne
Daten – Prof. Juchnowicz
B. Bartkowicz: »Probl. Kszt. Osr. Handl. NH«

Nowe Tychy

Planung: 1950 bis heute
Ausführung: 1950 bis heute
geplant: ursprünglich für 100 000–130 000 EW, heute geplant für 350 000 EW

Planungsgeschichte

- 1950: wurde ohne Gesamtkonzeption mit dem Bau des Komplexes A begonnen (T. Teodor-Teodorowski). Gleichzeitig wurde ein geschlossener Wettbewerb (4 Teilnehmer) durchgeführt – gewonnen von Adamczewska/Wejchert
- 1950–1953: Regionalplan GOP wird zwischen den Ministerien abgestimmt und von der Regierung im Juni 1953 bestätigt. Ziel: Entballung des Industriereviers.
- 1951–1960: Generalbebauungsplan. Das Team Adamczewska/Wejchert hat von 1951 bis heute die Oberleitung bei der Planung und Ausführung.
- 1971: nach 10 Jahren Stagnation neue Investitionen: Automobilfabrik, Gruben u.a.
- 1972: Planung für 160 000–200 000 EW, Basis ursprünglicher Generalbebauungsplan, Lösung drei ergänzende Satelliten.
- 1975: administrative Entscheidung – Bildung einer »Regionalstadt« (Eingemeindung), Stadt Tychy mit 350 000 Einwohner.
- 1975 bis heute: Bau neuer »Siedlungen« u. Erweiterung der eingemeindeten Orte.

Grundgedanken – allgemeine Ziele

Kettenglied des Regionalplans für Oberschlesien (GOP) mit dem Ziel Dezentralisation durch einen ungebundenen Komplex von Trabantenstädten, Verlagerung der Bevölkerung aus dem Gebiet A (Schwarzes) in das Gebiet B (Grünes).
Arbeit im Zentrum des Reviers – Pendeln mit Schnellbahn (20 Min).
Deckung des Wohnungsbedarfs der Beschäftigten im südlichen GOP.
Aufnahmen einer bestimmten Anzahl von Betrieben.
Versorgung des eigenen wirtschaftlichen Einzugsbereiches.
Entspannung und Regenerierung der Einwohner (Berg- und Hüttenarbeiter) nach der Arbeit in der verdichteten großindustriellen Umwelt möglich.
Schaffung einer »Sozialistischen Stadt« – keine guten und schlechten Wohnviertel u.a. Räumliches Konzept nach den Regeln internationaler Urbanistik – formale Verbindung zum Eklektizismus-Sozrealismus in den ersten Siedlungen sichtbar. Umwelt und die alte Stadt Tychy wurden ins Gesamtkonzept einbezogen.

Neue Stadt Tychy.
Generalplan-Konzeption.
Verfasser:
Hanna Adamczewska-Wejchert,
Kazimierz Wejchert.

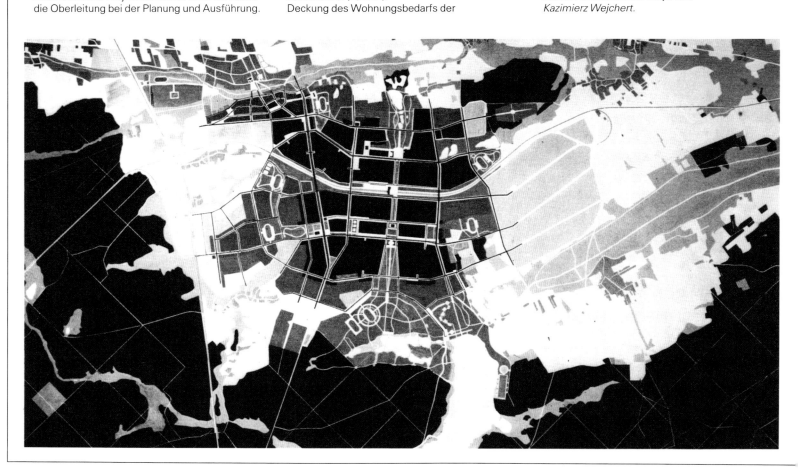

Konzept

Die Basis der Stadtstruktur bilden zwei senkrecht zueinander verlaufende Achsen – die Achse des Zubringerverkehrs (elektrische Schnellbahn im Graben) und die grüne Achse der öffentlichen Einrichtungen, mit dem Ziel, eine übersichtliche und funktionsgerechte räumliche Ordnung zu erreichen.
Die Boulevardanlage der grünen Achse verbindet die Parkanlagen der zwei Städte.
Die Kreuzung dieser beiden Achsen bildet die Grünanlage, auf der sich das den Stadtkern umgebende Viereck der inneren Hauptstraßen befindet. Die Spitzen des erwähnten Vierecks bilden die Mittelpunkte von vier Stadtteilen. Einen fünften Stadtteil bildet das alte Städtchen Tychy sowie die Siedlung A und B. Ein sechster Stadtteil befindet sich in dem für niedrige Bebauung bestimmten Geländeteil des westlichen Stadtgebietes.
Im Osten der Stadt Industrieviertel.
Von der Südseite grenzt das Stadtgebiet an ein großes Waldmassiv mit dem Paprocane See (ca. 100 ha).
Fünf Bahnhöfe sind geplant, die von jedem Punkt der Stadt zu Fuß in 10 bis 15 Minuten erreichbar sein sollen. Der Hauptbahnhof liegt im Zentrum der Stadt.
Bei der Gestaltung wurde konsequent eine Struktur der Stadt angestrebt, die Bindung zu Kulturwerten polnischer Mittelstädte und kleinstädtischer Atmosphäre sucht. Daraus resultiert der verhältnismäßig kleine städtebauliche und architektonische Maßstab und die Vielfalt der Architektur.
Grundprinzip: Gestaltung von individuellen, gut ausgestatteten Wohn-Quartieren.

Allgemeine Daten

Einwohnerzahl:
1950–54:   55 000 EW, darin 10 000 von Alt-Tychy
1961:   130 000 EW
1972:   200 000 EW / mit Satelliten
1981:   166 000 EW, Arbeitsplätze – 38 303
Geburten 15,5/1000 EW.

Gliederung der Gesamtfläche

50% Grünfläche von der Nettofläche
8 Parks – 50,1 ha
Öffentliche Grünanlagen – 121,7 ha
Gesamte Grünanlagen 171,8 ha

Infrastruktur

Ein Hauptzentrum und 5 Quartierszentren. Alle bisherigen Bauabschnitte wurden als einzelne Siedlungen (A, B, C usw.) gebaut, aufgrund von Grundeinheiten 5–6000 oder 10–12 000 EW, abhängig von der Einbeziehung einer oder zweier Schulen in das Programm. Jede Siedlung/Stadtteil besitzt normativ festgelegte Einrichtungen: Kindergarten, Kinderkrippe, Schule, Jugendhaus, Ärztezentrum, Ambulatorium, Postamt, Ladengruppe, Kulturzentrum, Saal für gesellschaftliche Veranstaltungen, Sportanlagen.

Infrastruktur Gesamtstadt 1980/81

Postämter	28
Geschäfte ($322 m^2$/10 000 EW)	63
Gastronomische Betriebe (1 pl 30 EW)	93
Grundschulen (30 Schül./Kl)	34
Berufs- u. Fachschulen	40
Gymnasien	3
Kindergärten (5459 Kinder)	63
Bibliotheken	27
Kinos	6
Hospitäler	2
Apotheken	10
Kinderkrippen (669 Plätze)	12

Dichtewerte

GFZ über 1,0 im Zentrum
GFZ über 0,7 in übrigen Gebieten
(bei diesen Werten ist jedoch nur Netto-Wohnfläche in den Ansatz gebracht)
Einwohnerdichte:
Wohndichte ca. 800 EW/ha im Zentrum
          ca. 600 EW/ha im restlichen Gebiet
1981: 615 EW/km^2

Wohnungsbestand (1981)

4567 Wohnungen = 149 887 Zimmer.
Durchschnittlich 3,42 EW/Wohnung
Durchschnittlich 1,04 EW/Zimmer
Gebaut neue Wohnungen (1980), 1995

Wohnformen

Differenziert abhängig von der Zeit der Entstehung
Siedlung A und B überwiegend Mittelhochbau 3–4 Geschosse.
Im Zentrum Wohnblocks mit 50% 9geschossig und 50% 5geschossig in Blockbauweise, ab 1974 größerer Anteil an Flachbau.
kleine Wohnungen, z. B. Siedlung C:
30% 2 Zimmer und Küche
40% 1 Zimmer und Küche
10% 3 Zimmer und Küche
Rest größere

Flächenrelationen/Person

Netto Wohnfläche/EW $12 m^2$
Grünfläche/EW $8 m^2$ (Normen 7–13 m^2)

Entfernungen

Nowe Tychy liegt 17 km südlich von Kattowitz.
Zeit des Pendelns zur Arbeit: 20 Min. zuzüglich 10 Min. Fußweg zu den in Stadtgebieten befindlichen Bahnhöfen.

Ruhender Verkehr

1966: 40 bis 80 Abstellplätze/1000 EW, d. h. 1 Stellplatz für 4–8 Wohnungen
1972: 48% der Bevölkerung benutzen auf dem Weg zur Arbeit öffentliche Verkehrsmittel, 0,65 mit eigenem Auto (Motorisierungsgrad 1:6)

Probleme

Modernisierung des alten Wohnbestandes.
Gesamtausgaben für Renovierung / Modernisierung und neue Investition.
1981: 65 436 000 Zloty. Renovierungs- u. Modernisierungsanteil 58 236 000 Zloty.

Quelle:
Roczniki Statystyczne
T. P. Szafer
Nowa Architektur. Polska 66–70 u. 71–75
Zeitgen. polnische Architektur. 1978
K. Wejchert

1 Ziele und Methoden zur Durchsetzung sozialistischer »Prinzipien« in den einzelnen Bereichen

Um die Konzeption von neuen Städten der Nachkriegszeit Polens zu verstehen, muß man sich mit einigen theoretischen Betrachtungen befassen. Edmund Goldzamt, »der Pabst« des sozialistischen Städtebaus, schreibt: »Ziel des aus der Gesellschaftsordnung resultierenden rationalen Städtebaus ist die ›soziale Gerechtigkeit (Gleichheit)‹.«

»Auf dem Gebiet des Städtebaus und der Architektur drückt sich die Interpretation dieser Hauptlosung in der Forderung aus, daß die materiellen Güter und höheren baulichen und städtebaulichen Standards allen Werktätigen zugute kommen, die Umweltbedingungen des Menschen verbessert werden. Die Wege zur Durchsetzung dieses Prinzips in den einzelnen Bereichen des Städtebaus sind im besonderen folgende:

Im Bereich der Gestaltung der Besiedlungstypen und -komplexe bedeutet dies die Beseitigung der Gegensätze und wesentlichen Unterschiede zwischen Stadt und Land.

Im Bereich der Strukturgestaltung der Städte ist die Bestimmung der Relation zwischen der Arbeitssphäre und der Freizeitsphäre im Leben des Menschen und der Gesellschaft in Anlehnung an die Prozesse der Humanisierung der Arbeit, der Aufhebung des Gegensatzes zwischen der körperlichen und der geistigen Arbeit.

Im Bereich der Gestaltung der Struktur der Siedlungsgebiete in den Städten bestehen die wichtigsten sozialen Voraussetzungen in der Gleichberechtigung der Frau in Anlehnung an die gewandelte Struktur und Rolle der Familie, in der Beseitigung des Klassencharakters der städtischen Wohngebiete und, davon ausgehend – neben den Selbstverwaltungen der Produktion – auch in der Bildung von örtlichen gesellschaftlichen Selbstverwaltungen. In der Praxis des Wohnungsbaus verbindet sich dies mit der Entstehung einer hierarchischen Ordnung der städtebaulichen Einheiten der Gemeinschaftsversorgung und des gesellschaftlichen Lebens, die sich im Organismus der Stadt integrieren.«

Konzeption einer gesellschaftlichen Siedlung
Ein grundlegendes Element des »sozialistischen Städtebaus« ist die »gesellschaftliche Siedlung«. Ihr konkreter sozialer Inhalt, das innere Programm, bestimmt in bedeutendem Maße die Hauptvoraussetzungen der sozialräumlichen Struktur der Besiedlungssysteme und Siedlungseinheiten.

Der Zentralverband der Wohnungsbaugenossenschaften organisierte (1960–1965) eine Reihe internationaler Seminarsitzungen u. a. zum Thema »Die genossenschaftliche Wohnsiedlung« – dabei wurden die theoretischen Grundelemente und Ziele formuliert:

»Nach den Erfahrungen der polnischen Wohnungsbaugenossenschaften ist die Wohnsiedlung eine in wirtschaftlicher und gesellschaftlicher Hinsicht selbständige, mit den notwendigen Dienstleistungseinrichtungen ausgerüstete sozialökonomische Grundeinheit. Das Siedlungsgelände wird durch die Linienführung der Verkehrsstraßen oder durch die Grenzen von Geländen, die zu anderen Zwecken genutzt werden, begrenzt. Die Größe der Wohnsiedlung, d. h. die Zahl der Bewohner, hängt von den lokalen Bedingungen ab und kann in den Grenzen von einigen bis mehr als zehntausend, im Grundsatz von 4000 bis 12 000 Bewohnern schwanken. Theoretisch wird angenommen, daß, vom wirtschaftlichen Standpunkt aus gesehen, die optimale Größe einer Siedlung etwa 12 000 Bewohnern entsprechen sollte. In kleineren Städten werden auch die Siedlungen kleiner. Die kleinste Stadt sollte indes nicht weniger als 4000–5000 Bewohner haben. Dies wäre dann eine Siedlung, in der sich eine voll besetzte 8jährige Grundschule befände.

Im Programm einer Siedlung sind neben einer bestimmten Bewohnerzahl entsprechende Dienstleistungs- und Sozialeinrichtungen vorgesehen. Hierzu gehören Geschäfte mit Lebensmitteln, Backwaren, Obst und Gemüse, Fleisch- und Wurstwaren, Galanterieartikeln, Möbeln, Papierwaren und Haushaltsartikeln.

Ferner müssen in einer Siedlung Betriebe entstehen, die einfache Handwerksdienste leisten können, eine ärztliche Betreuungsstelle und eine Apotheke. Zum normalen Leben einer Siedlung muß sich dort außer einer Grundschule ein Kindergarten, gegebenenfalls auch eine Kinderkrippe befinden sowie ein Spielgarten für Kinder und Sporteinrichtungen für Jugendliche.

Die Siedlung muß zudem eine Wirtschaftsverwaltung mit Verwaltungsbüros haben und eine Gerätebasis für eine Reparaturwerkstatt, die neben der Instandhaltung von Gebäuden und Kommunalanlagen in der Siedlung

auch Dienstleistungen für die Bewohner ausführen sollte, wie Instandhaltung und Reparaturen von Haushaltseinrichtungen und Ausführung von Malerarbeiten.
Im Zentrum der Siedlung sollte sich auch ein Gemeinschaftshaus, oft Kulturhaus genannt, und in kleineren Siedlungen sollten sich Klubräume mit einer Bibliothek, Leseraum, Aufenthaltsraum für Kinder usw. befinden. Der Bau von Schulen, Kindergärten, Kinderkrippen, ärztlichen Betreuungsstellen, Postämtern und von Einrichtungen anderer Art wird völlig vom Staat finanziert. Zum Bau von Einrichtungen, die der Befriedigung von Bedürfnissen der Bewohner dienen, wie Handelsräume, Handwerkerarbeitsstätten, Tagesaufenthaltsräume, erhält die Genossenschaft einen Kredit in Höhe von 100% der Baukosten. Dieser Kredit wird unter den gleichen Bedingungen getilgt wie der Kredit, der für den Bau von Wohnungen aufgenommen wurde.
Das Siedlungsprogramm wird nicht nur von Architekten und Urbanisten eingehend bearbeitet und diskutiert, sondern auch von Genossenschaftsmitgliedern, den künftigen Bewohnern der Siedlung, und zwar noch vor Bearbeitung der urbanistisch-architektonischen Bauunterlagen. Beim Entwurf einer Siedlung und bei der Bearbeitung der Projektierungsunterlagen sind nicht nur die Kosten der Bauausführung, sondern auch die materiellen und kulturellen Bedürfnisse der künftigen Bewohner zu berücksichtigen.
Mit den Aufwendungen der Baukosten wird gleichzeitig die Höhe der Nutzungskosten berechnet. Bei der Programmierung der Siedlung wird das Programm und die Verteilung der Handels- und handwerklichen Dienstleistungspunkte geprüft.
Der Entwurf einer Wohnsiedlung und deren rechtmäßiger Aufbau bildet erst die materielle Basis für die gesellschaftliche Gestaltung der Siedlung. Über den Inhalt des gesellschaftlichen Lebens der Siedlung entscheiden seine Bewohner. Die Aufsicht über die Wirtschaftsführung der Siedlung, die Arbeit des Verwaltungsapparates und die Organisation des gesellschaftlichen Lebens in der Siedlung stellt der Rat der Siedlung dar.
Die Wirtschaftsführung der genossenschaftlichen Bausiedlung soll sich selbst genügen, ist also nicht auf Gewinn eingestellt. Arbeitet die Selbstverwaltung der Siedlung gut, dann können die Nutzungskosten niedriger und der Befriedigungsgrad der Bedürfnisse höher sein. Dies stellt einen ökonomischen Anreiz für die Aktivierung der Selbstverwaltung dar. Die Siedlungsbewohner sind durch ihre Vertreter Mitverwalter der Stadt.«

Die Industrie und Arbeitsstätte als stadtbildender Faktor
Die Aufgaben der Raumplanung in der Realisierung der sozialistischen Politik der Humanisierung der Arbeit sind offenkundig. Ihr Anliegen ist die gebührende räumliche und ästhetische Organisation der Arbeitszone mit Berücksichtigung aller ihrer sozialen und kulturschöpferischen Einrichtungen. Sie betreffen die Organisation der Wohn-, Versorgungs- und Rekreationszonen.
Diese drei Schwerpunkte zeigen deutlich den Unterschied zu dem Städtebau z. B. in Schweden, wo die Frage des Dienstleistungssektors der Ausgangspunkt für räumliche Konzeptionen ist.
Die Versorgungsgebiete und -zentren sind keine reinen Zonen der Arbeit. Sie dienen vor allem der Versorgung der Bevölkerung und gestalten sich unter dem Aspekt dieser Funktion.
Die dominierende Rolle der Industrie innerhalb der Investitionspolitik führte zu ungünstigen städtebaulichen Erscheinungen. Die industrielle Zivilisation, die »Industrieromantik« der sowjetischen Architektur, wurde Initiator der Neugestaltung des Stadtbildes und damit auch der gesellschaftlichen Einrichtungen und des Wohnungsbaus.
»Die Länder der sozialistischen Gemeinschaft hatten bei der Einleitung des Wiederaufbaus und der Entwicklung der Industrie sowohl die positiven als auch die negativen Erfahrungen der sowjetischen Investitionspolitik hinter sich. Jedoch nicht immer konnten sie diese nutzen.
In Polen, einem vor dem Kriege an agrarischer Überbevölkerung leidenden Land, in dem es Millionen ›überflüssige Menschen‹, d. h. besitzlose und landarme Bauern, Arbeitslose in den Städten, gab, verband sich mit der Errichtung einer neuen Großindustrie die Hoffnung auf Lösung brennender sozialer Probleme. Sie löste Bevölkerungswanderungen aus sowie bevölkerungsmäßige, soziale und kulturelle Umwälzungen. Die Industrie und die Arbeitsstätten waren Motor dieses Prozesses.«
Unter den damaligen Bedingungen gab es in der staatlichen Wirtschaft die Möglichkeiten der Massenbeschäftigung. Innerhalb von 10 Jahren (von 1950 bis 1960) hat sich der Beschäftigungsstand außerhalb der Landwirtschaft in der vergesellschafteten Wirtschaft um 2,2 Millionen Menschen erhöht. Diese auf Vollbeschäftigung und weniger auf Steigerung der Arbeitsproduktivität basierenden extensiven Phase hatte tiefe Auswirkungen in der Urbanisierung, denn sie zog bekanntlich

Hunderttausende oder geradezu Millionen Menschen in den Ausstrahlungsbereich der Städte.
Die Errichtung von neuen Städten ist das die große Veränderung kennzeichnende Hauptthema. Ihre Errichtung verband sich im allgemeinen nicht überall mit einem Ausgleich von Disproportionen der territorialen Entwicklung des Landes. Vielmehr ergänzten die neuen Städte die Zentren des bestehenden Netzes.
In Polen wurde u. a. bei Krakow/Krakau die Stadt Nowa Huta gebaut und entwickelte sich mit der Zeit zu einem großen Bezirk der Agglomeration Krakows.
Durch diese Standortwahl wurde mit Erfolg der Abzug der Bevölkerungsüberschüsse aus den Landgebieten und deren Beschäftigung in der Industrie versucht.
Eine bestimmte Evolution ist bei den Standorten und in der räumlichen Gestaltung der neuen Städte festzustellen. Das prägnanteste Beispiel dieser etwas späteren Generation der neuen Städte ist für Polen die Stadt Nowe Tychy.
Dieses städtebauliche Objekt ist Kettenglied eines größeren Vorhabens, d. h. des Regionalplans des Industriebezirks von Górny Sląsk, kurz GOP genannt (Górnosląski Okręg Przemysłowy). Der GOP-Plan entstand Anfang der fünfziger Jahre. Kennzeichnend für ihn ist der frühzeitige Versuch der Einflußnahme auf die Konzentration des Ballungsraums von Sląsk durch Dezentralisation in Form eines umgebenden Komplexes von Trabantenstädten.
Beide Städte wurden für diese Arbeit ausgewählt – nicht nur wegen ihrer unterschiedlichen, räumlichen Komposition.
Der Plan sah die Ballungsauflösung eines Teils der Bevölkerung vor wie auch die Verlagerung einiger Industriebetriebe aus dem Zentrum des Reviers in die Gebiete am Rande des Steinkohlenreviers, die, wirtschaftlich weniger erschlossen, unvergleichlich bessere gesundheitliche Bedingungen aufweisen. Von acht neuen oder ausgebauter Städten im Stromgebiet des Bekkens sollte ein großer Teil der Bevölkerung zur Arbeit im Zentrum des Reviers unter Benutzung eines weitverzweigten elektrifizierten Schnellbahnnetzes pendeln.
Der Regionalplan GOP war der Stolz des polnischen Städtebaus, wurde jedoch durch Unstimmigkeiten innerhalb der notwendigen Koordinierung gemeinsamer Aktionen mehrerer Wirtschaftszweige nur teilweise realisiert.

1.1 Das Wohnbaugenossenschaftswesen und die Wohnungspolitik in Polen

Die ersten Wohnbaugenossenschaften entstanden auf polnischem Gebiet bereits um 1880, aber eine größere Entwicklung erfolgte erst im unabhängigen Polen in den Jahren 1918–1939. In diesem Zeitabschnitt bildeten sich in Polen zwei Arten von Genossenschaften: die Wohnungsgenossenschaften als Mietergenossenschaften und die Wohnungsbaugenossenschaften als Eigentümergenossenschaften.
Beiden Typen lag der Grundsatz zugrunde, daß das Baugelände und die Wohnbauten Eigentum der Genossenschaft sind. Die Mieten waren in diesen Genossenschaften viel niedriger als auf dem freien Markt.
Die Belegung eines Wohnraums nach dem Krieg betrug auf dem Lande 2,7 Personen und in den Städten 2 Personen. Dieser Nachlaß und die Zerstörungen während des Zweiten Weltkriegs – über 30% der gesamten Wohnbestände im ganzen Lande, wobei die Vernichtung der Wohnungen in manchen Städten, wie in Warschau bis 85% betrug – hatten zur Folge, daß die Wohnungsfrage zu einem schweren Problem für die Polnische Volksrepublik wurde.
Die Besserung der Wohnbedingungen der Stadtbevölkerung in den Jahren 1945–1956 zeigt einen verhältnismäßig kleinen Fortschritt wegen der Notwendigkeit, den größten Teil der Investitionsmittel für den Aufbau und die Industrialisierung des Landes zu verwenden. Das Tempo der Besserung wurde auch durch den hohen natürlichen Bevölkerungszuwachs – 19 Personen auf Tausend – und die Zuwanderung in die Städte, deren Bevölkerungszahl von 8,9 Mio. auf 15,2 Mio. wuchs, erschwert. Im Jahr 1956 wurde klar, daß die Verbesserung der Wohnbedingungen schneller durchzuführen ist durch die Einbeziehung der Finanzierungsmöglichkeiten breitester Schichten der Bevölkerung. So wurden 1957 die Grundsätze der »Neuen Wohnpolitik« ausgearbeitet, welche die Wohnungsgenossenschaften zum Hauptträger der Realisation des Wohnungsproblems – in Anlehnung an die Staatshilfe – bestimmte und vor gesellschaftliche Aufgaben stellte.
»Von 1957 bis 1960 entwickelten sich hauptsächlich zwei Typen von Wohnungsgenossenschaften:
1. Mitgliedergenossenschaften, in denen der Grundsatz des gemeinsamen unteilbaren Vermögens gilt; das Mitglied hat erhebliches Recht auf Befriedigung des Wohnbedarfs seiner Familie.
2. Wohnbaugenossenschaften, die Wohnungen und

Einfamilienhäuser als Eigentum der Mitglieder bauen. Außerdem führen genossenschaftliche Vereinigungen den Bau von Einfamilienhäusern durch. Nach der Übertragung des Eigentums auf die Mitglieder lösen sich diese Vereinigungen wieder auf.

Die Stadt liefert das Gelände einschließlich der Einrichtungen für den Gemeinbedarf. Für den Bau von gewerblichen Gebäuden erhält die Genossenschaft einen Kredit bis zu 100% der Baukosten.

Die Durchführung von Bauvorhaben realisieren staatliche Bauunternehmen. Das genossenschaftliche Bauwesen arbeitet bei diesen staatlichen Unternehmen zu den gleichen Bedingungen und Kostenpreisen wie staatliche Investoren. Wohnungsgenossenschaften sind von allen Steuern befreit.

Das genossenschaftliche Bauwesen erhält Finanzkredite aus drei Quellen: aus Mitteln der Präsidien der städtischen Nationalräte, aus Mitteln der einzelnen Ministerien, aus Mitteln der Betriebswohnungsfonds.

Die Höhe und Bedingungen für die Erteilung eines Bankkredits an eine Genossenschaft sind abhängig:
— vom Ausstattungsstandard der geplanten Wohnungen,
— vom Typ der betreffenden Genossenschaft,
— von der Größe der Stadt,
— vom Standort der Siedlung (oder des Hauses) im Verhältnis zum Stadtzentrum.

Bewerber für eine Genossenschaft erhalten vom Staat und Betrieb weitgehende Hilfe zur Aufbringung der Genossenschaftsanteile.

Die Mieten sind niedrig und werden subventioniert.

Die zunehmende Bedeutung des Genossenschaftswesens bei der Lösung des Wohnungsproblems in Polen bedeutet eine wesentliche Beteiligung der Bevölkerung am Wohnungsbau.«

Die sozialen Entschichtungstendenzen der neuen Wohnungspolitik haben sich mit der Zeit unter dem Einfluß von zwei Faktoren gewandelt: Verbindung der neuen Finanzierungsgrundsätze mit einer Revision der Standardpolitik sowie Verlagerung der Hauptmasse der städtischen Wohnungsbauinvestitionen in den Sektor des Wohnungsbaus aus eigenen Mitteln der Bevölkerung. Diese beiden Erscheinungen verbanden sich mit der Tendenz zur Einführung von Marktmechanismen in die Wohnungswirtschaft.

Die Renaissance der Siedlungskonzeption in den meisten europäischen sozialistischen Staaten fiel in die Zeit der kritischen Auseinandersetzung über die Wege und Formen des sozialen Siedlungsbaus in den kapitalistischen Ländern. Es ist bemerkenswert, daß die Zentren dieser Revision in England, Holland und in den skandinavischen Ländern zu finden sind. Somit gebieten sowohl die neuen Erscheinungen in den sozialistischen Ländern als auch die neuen Tendenzen in den anderen Ländern an dieser Stelle eine Überprüfung der sozialen Motivation der Siedlungskonzeption hinsichtlich ihrer Aktualität in ihren drei Auffassungen: als »Nachbarschaftseinheit«, »sozialer Siedlungsbau« und »Komplex der sozialen Organisation des Daseins«.

Die Konzeption der Nachbarschaftseinheit wurde zum Gegenstand der Kritik der westeuropäischen Soziologen und Städtebauer, die in ihr zuvor einen Faktor der sozialen Integration und das Milieu nachbarschaftlicher Verbundenheit sahen. Da sich diese Erwartungen nicht erfüllten, wurden Stimmen laut, die das Prinzip der Nachbarschaftseinheit voll und ganz in Frage stellten.

In den Jahren 1956 bis 1965 wuchs der allgemeine Wohnungsbau in Polen von 216 000 Wohnungen im Fünfjahresplan 1956–1960 auf 418 000 Wohnungen und auf 607 000 Wohnungen im Fünfjahresplan 1961–1965. Der Volksplan umfaßte für den Fünfjahresplan 1966–1970 den Bau von 730 000 Wohnungen, also weitere 20% mehr. Davon sollen die Wohnbaugenossenschaften ca. 415 000 Wohnungen bauen, was 52% des ganzen städtischen Wohnungsbaus ausmacht. 1980 – 80% des Wohnungsbaus. Die Wohnungsnot ist auch heute (1988) sehr groß.

Das Genossenschaftswesen wird durch den Staat besonders gefördert, insbesondere durch Bereitstellung von erschlossenem Baugelände. Die Genossenschaften erhalten das Gelände in Erbpacht für 99 Jahre oder in »Ewige« Pacht.

Mit Ausnahme von Warschau ist der Grund und Boden privates Eigentum. Er kann allerdings aufgrund eines Gesetzes entschädigungspflichtig enteignet werden.

In der Diskussion über die Nachbarschaftseinheit als Gebiet sozialer Verbundenheit wurde der organisatorisch-räumliche Aspekt übergangen, der über ihren objektiven Wert in der Gestaltung der Wohngebiete entscheidet. Die Bedeutung des Nachbarschaftsfaktors schwindet mit der beruflichen Aktivierung. Die Prämissen der Bildung von lokalen Gemeinschaften, für welche die territoriale Nähe bestimmender Faktor bleibt, sind die Kontakte der Kinder und älterer Menschen.

Die Ideen des sozialen Siedlungsbaus, die sich vom sozial radikalen Siedlungsdenken in Polen, Deutschland und Schweden herleiten, waren besonders aktuell. Der Grundsatz der notwendigsten Wohnung kann als das Prinzip eines einheitlichen Wohnungsstandards ausgelegt werden, der sich aus der Bilanzierung der Möglichkeiten und Notwendigkeiten der Deckung aller Wohnungsbedürfnisse ergibt. Dieser Grundsatz kann sich unter den heutigen Bedingungen der Wohnungsknappheit, die auf das demographische Hoch, zahlreiche Übersiedler und die Rückstände in der Ergänzung der vorhandenen Wohnbausubstanz zurückzuführen ist, als brauchbar erweisen. Die Schaffung von gesellschaftlichen Einrichtungen bildet dabei eine notwendige Ergänzung zum Programm der eigenen Wohnungen.

Der Umfang der Reduzierung der Wohnfunktionen zugunsten von Dienstleistungseinrichtungen schwindet gegenwärtig mit dem technischen Fortschritt und den sozialkulturellen Folgeerscheinungen der Urbanisierung. Als sehr aktuell und zugleich neuer Interpretation bedürftig erweist sich auch die Konzeption der sozialen Umgestaltung des Lebens, die sich von den bekannten Thesen Lenins über die Befreiung der Frau herleitet.

Die Bedingungen der beruflichen Aktivierung der Frauen machen gleichzeitig das harmonische Funktionieren der Familie von dem Mitwirken einer größeren sozialen Organisation, von einem verzweigten System der Gemeinschaftsversorgung abhängig, aber auch von dem Angebot an Waren und Dienstleistungen.

Wie die Erfahrung gezeigt hat, ist die Rechnung mit der völligen Vergesellschaftung einer Reihe von Familienfunktionen, so u. a. die Kindererziehung, Ernährung und Erholung, nicht aufgegangen.

Heute wird die Frau teilweise durch die Technik befreit. Auch die Verlagerung der Erziehungsfunktion aus der Familie hat sich nicht durchgesetzt. Die familiäre und gesellschaftliche Erziehung ist eng miteinander verbunden, und so wird sie in die Programme und Konzepte aufgenommen.

Die gesellschaftlich erwünschte Pflege des familiären Zusammenhalts trotz getrennter Wohnungen der Generationen, erfordert territoriale Nähe und Differenzierung der Wohnungstypen und Gebäude für Alte, Junge, Alleinstehende und kinderlose Ehepaare.

Diese Faktoren sind zusätzliche Elemente der Siedlungsorganisation und städtebaulicher Konzepte.

Die theoretischen Ziele sind durch die allgemeine wirtschaftliche Krise nur langsam realisierbar. Da fast die Hälfte aller Finanzmittel für den Wohnungsbau, die Instandhaltung, für Reparaturen (Verbesserung der Wärmedämmung – Isolierung) und Modernisierung eingesetzt werden, beschränkt sich die Entwicklung im Wohnungsbau immer mehr auf den Bau von Kleinstwohnungen.

1.2 Nowa Huta – eine Stadt des »sozialistischen Realismus« für eine sozialistische Gesellschaft

Nowa Huta – aus der Sicht eines ihrer Planer (1983/84)
Gespräch mit Professor Stanisław Juchnowicz (TH Krakow/Krakau). Teammitglied für die Bearbeitung des Wettbewerbs und Generalplans von Nowa Huta.

Ein international profilierter Planer und Architekt hat die Entstehung der Stadt nicht nur erlebt, sondern auch die Form der Stadt geprägt. Leider ist die Literatur über Nowa Huta nicht sehr umfangreich. Diese interessante neue Stadt ist im Ausland nahezu unbekannt.

Neben der Industrialisierung waren auch gesellschaftspolitische Ziele eine Begründung für die Standortwahl. Lassen Sie mich zitieren: »Der Wille, einen starken Arbeitermittelpunkt zu schaffen, mit einer zukünftigen sozialistischen Gesellschaft, der mit der Zeit Einfluß und auch Veränderungen in der Stadt Krakow/Krakau mit ihrer ansässigen Bevölkerung hervorbringt.«

Welche rationalen Argumente waren wichtig für die Entscheidung, ein Hüttenkombinat und eine Stadt auf

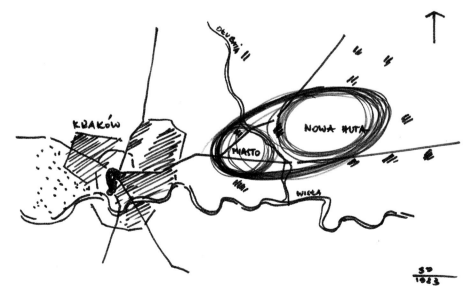

Die neue Stadt und das Hüttenkombinat im Verhältnis zu Krakow/Krakau.
Verfasser: St. Juchnowicz

Stand der Planung 1955. Verfasserarchitekten: Tadeusz Pfaszycki, Bolesław Skrzybalski, Stanisław Juchnowicz, Tadeusz Rembiesa, grafische Bearbeitung: M. Buczakowa

einem Gebiet mit kleinen Dörfern ohne Elektrizität und ohne ordentliche Wege zu bauen?
Der Bedarf für das »Metalurgische Kombinat«, aber auch die Industrialisierungseuphorie führten zur Planung dieser Siedlung. Dies war ein gigantisches Unternehmen, besonders in der kurzen Zeitspanne. Im ganzen Lande wurde die Jugend mobilisiert; es herrschte eine Aufbruchstimmung. Mit diesen industriestädtischen Großinvestitionen hoffte man, die Lösung für brennende soziale Probleme zu finden, z.B. für die Überbevölkerung im ländlichen Raum. Sie löste eine Bevölkerungswanderung und sozial-kulturelle Umwälzungen und damit wohl neue Probleme aus.
Prof. Juchnowicz schildert als Planer die Entstehungsphase der Nowa Huta und erläutert die grundlegenden Ideen und Elemente des Stadtkonzeptes von Nowa Huta und des Generalplans.
»Reale Möglichkeiten für den Bau der Nowa Huta zeichneten sich schon 1948 ab. Erste Konzeptionen entstanden 1949, in derselben Zeit begann bereits deren Realisierung. 1955, das letzte Jahr des 6-Jahres-Plans, wohnten in Nowa Huta schon 80 000 Einwohner. Das Tempo war hektisch — man hatte keine Zeit, viel festzuhalten. Der wichtigste stadtbildende Faktor war die Entscheidung, mit Hilfe der UdSSR ein Hüttenkombinat zu bauen. Auf dem ausgewählten Terrain in der Nähe des Dorfes Czyżyny war eine Zigarettenfabrik, die hauptsächlich Frauen beschäftigte. Die Stadt sollte die Wohnbedürfnisse der zukünftigen, viele tausend Menschen umfassenden Belegschaft des Kombinats — ca. 70 000 EW — wie auch der Bauarbeiter und des technischen Personals befriedigen.
Die wichtigsten Entscheidungsfaktoren für die Standortwahl waren: Ein zusammenhängender flacher, gut tragender Boden in der Nähe der Kokskohlengruben des Reviers Gliwice, Rybnik und Walbrzych — westlich von Krakow/Krakau. Man ging davon aus, daß Krakau am wenigsten von Rauch und Asche betroffen wurde.
Der Bedarf von viel Industriewasser (ca. 20 Tonnen Wasser für 1 Tonne Stahl) zwangen zu einer Lokalisierung an der Weichsel. Der niedrige Industrialisierungsgrad und die hohe Bevölkerungsdichte (Arbeitskraft) in der Region Krakau sowie die vorhandenen qualifizierten

technischen Kräfte in Schlesien und Krakau, die vorhandene soziale und kulturelle Infrastruktur Krakaus und die Möglichkeit einer Anbindung an das regionale Verkehrsnetz Krakaus führten zur Wahl dieses Geländes.
Für die Regierung waren noch politische Aspekte ausschlaggebend. Es handelte sich um eine bedeutende Konzentration der Arbeiterklasse als Avantgarde des Sozialismus in der Nähe Krakaus mit aristokratischer und bürgerlicher Tradition.
Der Bau der neuen Hütte kam nicht nur durch die Notwendigkeit der Erhöhung der gesamten Stahlproduktion im Lande, sondern auch durch die ungenügende Produktion an kleinen gewälzten Stahlartikeln wie Bleche.
Schon in den ersten Plänen für den Ausbau und die Rationalisierung der Stahlindustrie wurde der Bau einer Hütte festgelegt mit einer Produktion von ca. einer Million Tonnen Stahl jährlich.
Man konnte auch mit einer veränderten Situation in der Lieferung von Erz- und Eisenschrott rechnen. Vor und gleich nach dem Krieg war die Stahlproduktion nur auf der Basis von Eisenschrott möglich. Dieser war aber bald verbraucht. Die neue Hütte mußte einen vollständigen Produktionszyklus haben, unabhängig von der Rohstofflieferung.
Die wichtigsten Probleme am Anfang waren:
— ein Mangel an Erfahrungen im Bau von neuen Städten (zwischen den Kriegen baute man die Stadt Gdynia),
— ein Mangel an qualifizierten Bauingenieuren – Bauarbeitern und Baumaterialien. Die ersten Gebäude in Nowa Huta wurden mit den Ziegeln der vom Krieg zerstörten Häuser gebaut,
— das starke Tempo verbunden mit festgelegten Terminen des Produktionsanfangs des Kombinats. Es fehlte Zeit für die Vorbereitung eines Projekts bei ständig wachsendem Wohnungsbedarf der Kombinatsangestellten. Viele Bauarbeiter wohnten in Baracken und Arbeiterhotels,
— ein Fehlen entsprechender Straßen und öffentlichem Verkehr für Transport von Menschen und Material,
— Schwierigkeiten der ländlichen Dorfbevölkerung innerhalb der Grenze des Kombinats und der Stadt. Probleme der Enteignung und des neuen Existenzaufbaus der Bauern brachten eine feindselige Haltung der ansässigen Bevölkerung mit sich.
Die übersiedelte Dorfbevölkerung mußte sich erst an die städtische Lebensform gewöhnen. Die Kaninchenzucht in Bädern, die Vernichtung des Grüns, die Nutzung des warmen Wassers der Zentralheizung zum Waschen waren nur Randerscheinungen. Auch die angesiedelten Zigeuner hatten Schwierigkeiten. Das offene Feuer in der Mitte des Wohnraums auf dem Parkett, die auffallende Dekoration der Wohnung und ihr Eingang gehörten zum Alltag.
Grundsätzliche soziale Probleme wirkten sich auf die Belegschaft der Hütte aus. Die Ingenieure, Techniker und qualifizierten Arbeiter, die aus den alten Hüttenregionen kamen, hatten Akklimatisierungsschwierigkeiten. Der größte Teil der Kombinatsarbeiter lebte bis jetzt ohne Kontakt zu den Industriearbeitern. Das Kombinat wurde zur Schule. Die Fluktuation der Belegschaft und zeitweise ein Zuviel an Arbeitskräften verschärften die Spannungen. Dies alles hatte einen Einfluß auf die Evolution der Verhältnisse zwischen Bewohnern und den einzelnen Siedlungen, die am Anfang viele Mängel aufwiesen. Langsam kamen die Stabilisation und gute nachbarschaftliche Beziehungen bis zur Identifikation. Leider wurden diese Prozesse nicht konsequent untersucht und verfolgt.
Gleich nach der Entscheidung über den Bau der Nowa Huta wurde ein geschlossener Wettbewerb für die Bearbeitung eines generellen Konzepts für die zukünftige Stadt organisiert. Das Ergebnis waren fünf verschiedene Konzepte, die ein breites Band von Ansätzen und Ideen darstellten und als Grundlage für die Bearbeitung des endgültigen Generalplans dienten, der erst 1952 durch die Regierung genehmigt wurde. In der Zwischenzeit wurden in hohem Tempo einzelne Siedlungen geplant und gebaut, die in der Anfangskonzeption festgelegt waren.
Auf die endgültige Form des Generalplans hatte die damals offiziell lancierte Richtung des sogenannten ›sozialistischen Realismus‹ in der Kunst, Literatur und Musik, aber auch in der Architektur und Urbanistik eine ausschlaggebende Wirkung. Lanciert wurden symmetrische Anlagen, die an die barocken Städte anknüpften. Die Architektur schöpfte Inspirationen aus den historischen Vorbildern der Renaissance, des Barock und besonders des Klassizismus, trotz der beachtlichen Höhe der Gebäude, die weit in Masse und Höhe über die historischen Objekte hinausgingen.
Im Laufe der Zeit wandelten und modifizierten sich die Anschauungen und die kritische Haltung der Regierung und der Behörden, was sich trotz des einheitlichen Generalplans in den einzelnen Fragmenten der Stadt niederschlägt.
Der Aufbau des Stadtplans beruhte auf den meist charakteristischen Elementen des Terrains. Der breite Bo-

Gesamtplan (1960) und analysierte Siedlungen.

Nowa Huta

Räumliches Konzept. Verfasser: Architekt Stanisław Juchnowicz

gen einer Böschung von 14 m Höhe, der das ehemalige Ufer der Weichsel umgab, wurde zum hauptsächlichen Element der Komposition des Stadtplans. Fünf Hauptkommunikations- und Kompositionsrichtungen gleiten strahlenförmig aus dem Zentralplatz, der an der Grenze der Böschung liegt und bindet die wichtigsten Schwerpunkte außerhalb der Stadt an die Innenstadt Nowa Hutas an. Erhalten blieben zwei historische Wege, die Krakau mit den umliegenden Dörfern verbindet. Die Ausdehnung der Stadt nach Westen und Norden und die Gestaltung der Grenzbereiche waren verbunden mit dem im Tal verlaufenden Fluß Dłubnia und den Hügeln, die einen grünen Isolierungsgürtel zwischen Stadt und dem Gewerbe darstellen.

Wichtige Aufgaben waren die Silhouette der Stadt und die Zonen-Gliederung der Bebauungshöhe. Ein grundsätzliches Element der vertikalen Komposition, d. h. urbanistisches Ensemble, ist die reich gegliederte, schöne Silhouette der auf der Höhe befindlichen Industriewerke der Nowa Huta Lenin.

Die Höhengliederung der Stadt steigt von außen in Richtung des Zentralplatzes, von den an den Rändern 2geschossigen Häusern bis zu 6geschossigen in der Innenstadt.«

Irion: Die Konstruktion des strahlenförmigen Plans, die Größe der Stadtteile und die Verteilung der Zentren zeigen eine starke planerische Disziplin mit formalem Charakter. Inwieweit konnten die funktionellen und gestalterischen Überlegungen in Einklang gebracht werden?

Juchnowicz: »Die Größe der einzelnen Stadtteile und ihre Form sind eng verbunden mit dem kompositionellen System der Stadt. Das für die Realisierung ausgewiesene Gebiet (bis zur Kocmyrzowska Straße) wird in vier Teile (Sektoren) – Siedlungsgruppen A, B, C, D – unterteilt. Jeder Teil ist für ca. 20000 EW mit einem eigenen Zentrum geplant. Jedes Zentrum enthält die wichtigsten Dienstleistungen entsprechend der Zahl der Bewohner. Jeder der erwähnten vier Teile (Siedlungsgruppen) beinhaltet 3–4 Siedlungen (Blocks) mit 5000 bis 6000 Einwohnern (z. B. der Teil der B-Siedlungsgruppe. B ist zusammengesetzt aus der Siedlung B1, B2, B3.

Die einzelnen Siedlungen haben ihre kleineren Zentren ausgestattet mit Geschäften, Cafes, Restaurants, Handwerksbetrieben usw. Jedes Zentrum besitzt eine individuelle plastische Gestaltung, entsprechend dem Maßstab, Programm, der Lage und der räumlichen Zuordnung. Dieser im Städtebau breit aufgenommene hierarchische Aufbau und die Größe der Siedlungsgruppen (Siedlungsverband) und Siedlungseinheiten sind aufgrund der Erfahrungen in Nowa Huta selbstverständlich. Dieses System ergibt eine gut überschaubare und klare Lösung des räumlichen Aufbaus und garantiert eine befriedigende Versorgung entsprechend den Bedürfnissen der Bewohner. Besonders betrifft es das Funktionieren des Handelsnetzes, der Schulen, Kindergärten und Kinderkrippen. Die etappenweise Realisierung der Stadt bei der angenommenen Teilung ermöglichte eine gute Isolierung der Wohnzone von den Bauzonen.

Die erste Siedlungsgruppe (Sektor) A umfaßt mehrere Siedlungen, die im Zeitraum von 1949 bis 1954 entstanden. Dieses Gebiet kann man in zwei Zonen teilen: ein dreieckiges Gebiet zwischen den Verkehrsarterien und das südliche der Siedlung Ao, die erste projektierte und realisierte Siedlung in Nowa Huta. Die Siedlung Ao nimmt eine große Fläche des Teils der Stadt in Anspruch und zeichnet sich durch einen charakteristischen Aufbau aus. Sie entstand aus der Kristallisierungszeit des Generalplans und repräsentiert die damals herrschende Tendenz zum undisziplinierten, großflächigen, urbanistischen Aufbau. Die inneren Blockräume sind sehr groß, und das Straßennetz wurde nicht als Kompositionselement betrachtet, was die Ori-

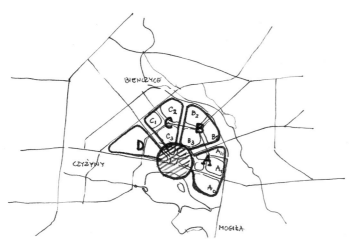

*Struktureller Aufbau der Stadt.
Gliederung in soziale Einheiten:
$A_0, A_1, B_1, B_2 \ldots$ Siedlungen (ca. 5000 EW)
A, B, C, D ... Siedlungsgruppe (ca. 20 000–25 000 EW)
Zentrum ca. 15 000 EW*

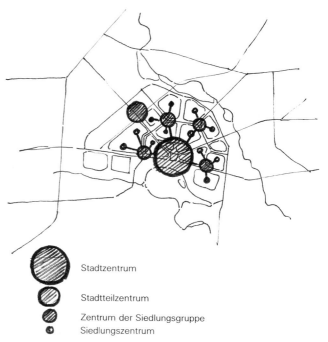

○ Stadtzentrum
○ Stadtteilzentrum
○ Zentrum der Siedlungsgruppe
· Siedlungszentrum

Hierarchie und Verteilungsschema der einzelnen Dienstleistungszentren.

*Siedlung »Wanda«.
Eine der ersten Siedlungen, realisiert 1949/50.
2- bis 3geschossige Wohnbebauung mit steilen Dächern, heute stark durchgrünt.*

Siedlung »Wanda«. Wohnbebauung. Der menschliche Maßstab, die traditionelle Bauweise und die großzügigen Grünräume schaffen Wohnqualität und Behaglichkeit.

entierung erschwert. Aus Zeitnot verwendete man hier Gebäudetypen wie im ganzen Lande. Durch das Fehlen von zweiseitig durchgängigen Treppenhäusern wurden befahrbare Straßen im Innern der Blocks nötig. Äußere Straßen ohne Zugänge zu den Wohnhäusern verloren oft ihre Funktion. Die erwähnten ersten Siedlungen waren eine der größeren Wohnungsbaurealisierungen in Polen. Sie standen lange Zeit ohne Putz und ungeordnete Außenanlagen und vermittelten so das Bild der ›neuen Stadt‹. Die Besucher fragten skeptisch: ›Soll so eine sozialistische Stadt aussehen?‹ Im Rückblick sind diese ersten Wohngebiete anders zu bewerten.

Nach der Projektierung und Realisierung vieler weiterer Siedlungen mit dem Ziel noch intensiverer Bebauung bekommen diese Wohngebiete eine andere Bedeutung. Das Grün füllte und verband viele Fragmente der Siedlung, man empfindet den vielen Freiraum als positiv. Die Bewohner fühlen sich frei. Die Kinder müssen nicht nur auf den Kinderspielplätzen spielen, sie nützen die Rasenflächen, die trotzdem in gutem Zustand sind. Diese Siedlungsgruppe hat ihr Zentrum in Form eines Platzes umgeben von Grün und wichtigen Dienstleistungsgebäuden, wie Post, Geschäften, Handwerksbetrieben und Restaurants. Beim Baubeginn waren in den Wohngebäuden viele Institutionen, die mit dem Leben und dem Aufbau der Stadt verbunden waren, untergebracht. Dieses bleibt nicht ohne Einfluß auf die räumliche Gestaltung.

Die Siedlungsgruppen der Teile B und C, die in den Jahren 1950–1955 entstanden, sind anders aufgebaut und haben eine unterschiedliche architektonische Prägung. Aufgrund der Kritik an den Siedlungen des Stadtteils A, hat man kleinere Räume im Innern der Wohnblocks konzipiert mit dem Ziel, eine bessere wohnliche Atmosphäre zu schaffen. Dabei wollte man auch ökonomischer bauen als in der Siedlung A1. Besonders

*Arbeiterhotel.
Siedlung A.*

revidierte man das Prinzip der Trassierung und Gestaltung von Wohnstraßen durch
- die räumliche Schließung durch quergestellte Gebäude mit exponiertem Parterreerdgeschoß, z. B. Arkaden und Durchgänge zur Siedlung B2, B1. Damit bekam die Straßen- und Wegeführung einen zusätzlichen gestalterischen Effekt,
- bogenförmige Straßen mit rhythmischer Wiederholung von Elementen. Dadurch erreichte man eine optische Kürzung und positive Wirkung (Siedlung B2),
- Vertiefung der Untersuchungen der Proportionen zwischen Länge, Schnitt der Straßen und der Größe der schließenden Elemente und Gebäude,
- den Einsatz schließender Gestaltungselemente bei mehrräumigen Komplexen,
- eine ablesbare und überschaubare Gestaltung des Stadtteilgruppenzentrums und Siedlungszentrums B.

Außerhalb von Fragmenten der Siedlung C2 hat man auf die Verwendung von Typenbebauung verzichtet und ist zu eigenen individuellen Entwürfen übergegangen. Das war nach der Befriedigung der dringendsten Wohnbedürfnisse und der Herstellung von Verwaltungsgebäuden möglich. Im nördlichen Teil der Siedlungsgruppe B und C wurden 1950 zwei Siedlungen (B2 und C2) gebaut. Die Fläche der Siedlungen wurde in zwei kleinere Einheiten geteilt (nach der damaligen Nomenklatur ›Kolonien‹), für ca. 2500 Einwohner.

Die Siedlung B2 hat einen zentralen Bereich mit Geschäften, Handwerksbetrieben und Gastronomie. Dieser zentrale Bereich in Form eines kleinen Platzes liegt in der Mitte der Siedlung an einer gebogenen Straße. Eine wichtige Rolle in der Gesamtkomposition der Siedlung spielen Schule, Kindergarten und die Kinderkrippe in exponierter Lage.

Entworfen wurden sie als freistehende Einzelobjekte, die benachbarten Grundstücke bilden eine großzügige Grünfläche. Das innere Erschließungsnetz betrachtete man als Kompositionselement. Aber auch hier gelang es nicht immer, konsequent das Prinzip, die Gebäudeeingänge an den äußeren Straßen, durchzuhalten. Die weiteren Siedlungen wurden unter dem Zwang gebaut, immer höhere Intensität der Bebauung und ökonomischere Lösungen zu suchen.

Diese Entwicklung charakterisieren einige Zahlen: 1949–1950 waren in den Randsiedlungen 185–270 EW/ha und bis 500 EW/ha in den Siedlungen nahe des zentralen Platzes. Nach 1950 sind diese Dichtewerte weit höher, d. h. in den Randsiedlungen wohnen 700 EW/ha und in den zentralen Siedlungen noch mehr. Die

Nowa Huta

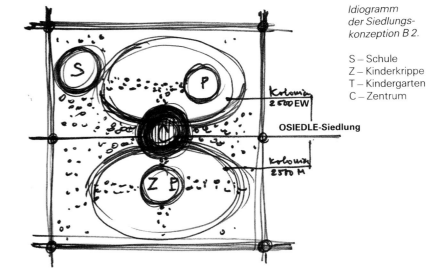

Idiogramm der Siedlungskonzeption B 2.

S – Schule
Z – Kinderkrippe
T – Kindergarten
C – Zentrum

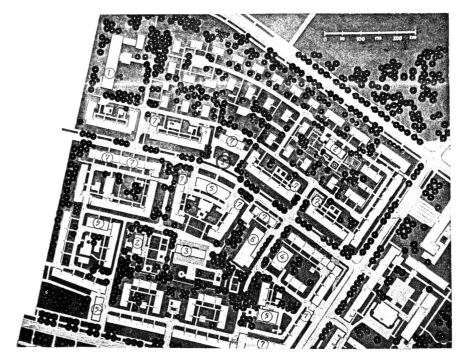

*Fläche: 19,5 ha
Bebauungshöhe:
3- bis 4geschossig
Einwohnerzahl: 5300
Siedlungsdichte: 270 EW/ha*

*Verfasser:
St. Juchnowicz*

*Siedlung B 2
1 Schule
2 Kindergarten
3 Krippe
4 Heizwerk
5 Restaurant
6 Garagen, 2geschossig
7 Geschäfte
I Siedlungszentrum*

252

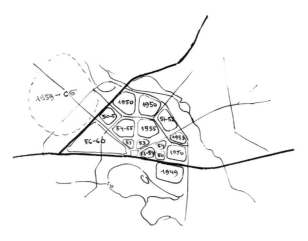

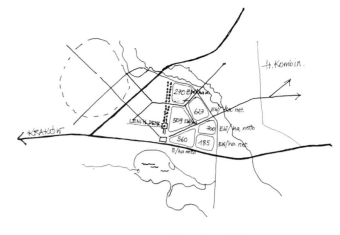

Realisierung in Etappen.

Einwohnerdichte, abhängig von der Zeit der Realisierung.

Zentraler Platz. 1985 wurde ein Realisierungswettbewerb für die stadtbildprägende räumliche Erschließung durchgeführt.

Zentraler Platz aus der Vogelperspektive. Die Zerstörung der ursprünglichen Konzeption durch den Bau von Hochhäusern in den Blocks wird sichtbar (unten).

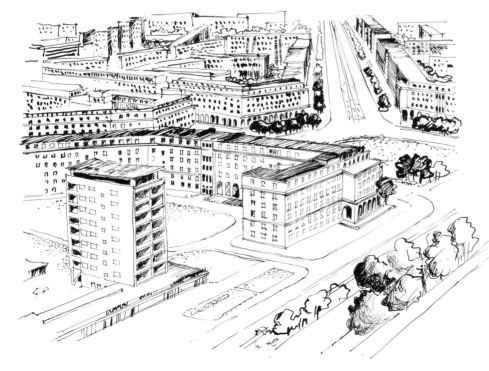

Siedlung D hat 1956 nach dem ›Polnischen Oktober‹ (Polski Pazdziernik) schon eine niedrigere Dichte und einen offeneren Aufbau.

Eine wichtige formale und funktionelle Rolle spielt im Gesamtkonzept das Stadtzentrum Nowa Hutas.

Das Stadtzentrum gestaltete man in Verbindung mit dem zentralen Platz, d.h. um ihn herum und entlang der strahlenförmigen Arterien, die aus dem Platz gleiten. Die Geschäfte und Dienstleistungen lokalisierte man im Erdgeschoß. Die Erreichbarkeit des Zentrums ist bis heute sehr gut, trotz der wachsenden Autozahl. Die strahlenförmigen Arterien sind genügend breit, um alle Verkehrsformen aufzunehmen, darüber hinaus kann man vor jedem Geschäft parken. Schwierigkeiten entstehen am zentralen Platz, der zum Verkehrsknotenpunkt mit einer starken Belastung wurde. Die Architektur im Bereich des Zentrums hat einen ›historisierenden‹ monumentalen Charakter, verbunden mit dem sogenannten ›sozialistischen Realismus‹. Ein amerikanischer Journalist, der 1950 eine der realisierten strahlenförmigen Arterien, die das Zentrum und den Eingang zum Kombinat verbindet, besuchte, schrieb nachher: ›Saugende kommunistische Architektur, zwischen der man marschiert im Takt der Trommeln.‹

Heute ist das üppige Grün entlang der Arterien das dominierende Element des Raumes; der zentrale Platz altert auf schöne Art, und sehr oft gefällt er auch den Nicht-Kommunisten. Die große Zahl von guten Geschäften, ihre Anordnung und Erreichbarkeit ist der Grund, daß viele Krakauer am liebsten in Nowa Huta einkaufen. Von den geplanten Gebäuden im Zentrum wurden das Rathaus und ein Bürogebäudekomplex nicht gebaut. Auf diesem Terrain in der Mitte der Stadt entstand ein schöner Park, was vielleicht auch besser ist.

Mit der Wende im Oktober 1956 ist die Stalinära zu Ende gegangen. Dieses wirkte sich auf die Entwicklung der Nowa Huta aus.

Der ›Październik‹ löste eine Bewegung aus in Richtung schneller Adaptation der Trends der westlichen Architektur und des Städtebaus. Die Siedlung D und die ganze südliche Siedlungswand der Siedlung B3 glänzten plötzlich in neuen architektonischen Farben. Der Architekt war für einige Zeit in Schweden, und bis heute nennt man den Block in der Siedlung B3 ›den

schwedischen Block‹. 1959 wurde ein offener Wettbewerb über ein weiteres Entwicklungskonzept in Richtung des Dorfes Bienczyce durchgeführt. Ich habe an diesem Wettbewerb teilgenommen und mit dem III. Preis einen zweiten Platz eingenommen. Der erste Preis wurde nicht zugeteilt. Diese Wettbewerbsentwürfe verwarfen die Randbebauung entlang der Achsen (Arterien), und die Gestaltung der Dienstleistungszentren wurde anders bewertet und konzipiert.

Realisiert wurde der Entwurf des Architekten J. Guzicka, der damals den II. Preis errungen hat. Durch den Zwang ökonomischer Vorschriften sieht diese Einheit aus wie viele tausend andere Wohnsiedlungen in Polen und anderswo, sie hat keine eigene Prägung. Die ›Alte Huta–Stara Huta‹ hingegen behält ihr Gesicht, sie besitzt einen klaren und ablesbaren Aufbau mit deutlichen Kristallisationselementen. Betrachtet man heute die Pläne, so zeichnet sich neben dem mittelalterlichen Krakow/Krakau nur noch Nowa Huta aus.«

Irion: Im Laufe der Planungszeit mußte über die Bauherrnschaft der neuen Stadt entschieden werden. Ein Bewerber war die Leitung des neuen Stahlwerks, denn sie betrachtete die neue Stadt als Folgeinvestition der Betriebsanlagen. Auch Krakow/Krakau hätte sich als Bauherr angeboten, denn Nowa Huta liegt in ihrem Verwaltungsbezirk und ist somit Teil der allgemeinen Stadtentwicklung Krakaus. Beide Vorschläge wurden abgelehnt. Dem Betrieb unterstellte man ein einseitiges Interesse daran, Wohnraum für die Beschäftigten bereitzustellen, und befürchtete, daß er nicht genug an der Errichtung der notwendigen städtischen Infrastruktur und der Einbeziehung der Mantelbevölkerung in die Planung interessiert wäre. Andererseits wurde befürchtet, die Stadtverwaltung von Krakau könne sich mit dieser zusätzlichen Verantwortung überlasten.

Schließlich kam man überein, für die Entwicklung der neuen Stadt eine neue eigene Körperschaft zu bilden, die dem zentralen staatlichen Wohnungsbauministerium als Außenstelle untergeordnet wurde. Aufgabe

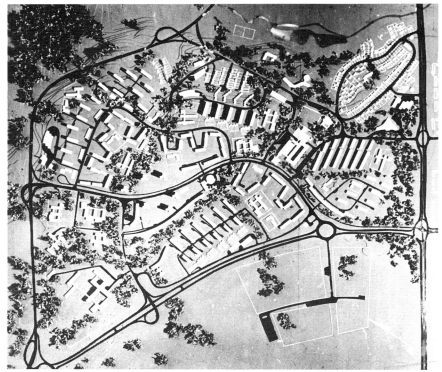

Katholische Kirche in der Siedlung Nowa Huta-Bienczyce Planung: Architekt Wojciech Pietrzyk, 1966–1977 (oben)

Nowa Huta-Bienczyce. Wettbewerbsentwurf des neuen Stadtteils, 1959. Architekten: Andrzej Basista, Stanisław Juchnowicz.

Nowa Huta

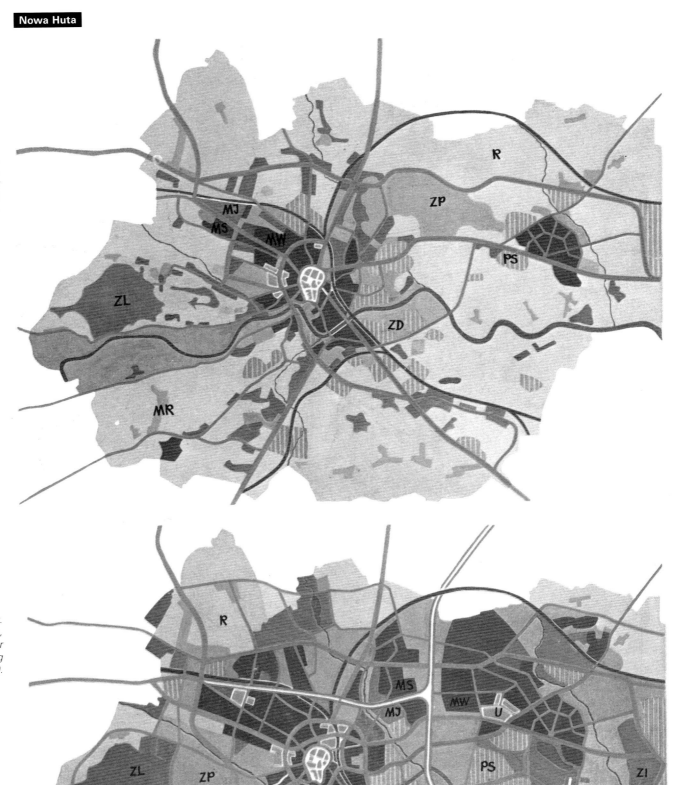

Krakow-Nowa Huta. Generalplan, Stand der Flächennutzung 1960.

Krakow. Generalplan, Stand der Flächennutzung 1980.

Stand der Flächennutzung des städtischen Verbands Krakow, 1980.

■ Bebaute Flächen
▭ Grünflächen
▭ Bebauung mit niedriger Intensität
▬ Grenzen der großen Stadt

dieser Kommission war es, das Rahmenprogramm zu formulieren, den Generalplan und die architektonische Gestaltung zu erarbeiten sowie die Ausführung zu beaufsichtigen. Für einige Jahre übernahm sie zudem die Verwaltung.

Für den Standort kamen verschiedene Alternativen in Betracht, der endgültige Bauplatz liegt nahe der Fabrik, ist aber trotzdem von ihr isoliert. Diese Entscheidung bedeutete die Trennung der neuen Stadt von Krakau, obwohl die anfängliche Planung eine Erweiterung Krakaus mit einem späteren Zusammenschluß vorsah.

Nowa Huta wurde als selbständige Satellitenstadt Krakaus konzipiert. Die Entwicklung und Größe ist anders als geplant. Wie sehen Sie die aktuelle und zukünftige Entwicklung der Nowa Huta?

Juchnowicz: »Die Nowa Huta hat in kurzer Zeit ihre Selbständigkeit als Stadt verloren und wurde zum Stadtteil Krakaus. Ihr Maßstab überschreitet die ursprüngliche Planung von 100 000 EW zur Zeit der Gründung. Heute hat der Stadtteil Nowa Huta ca. 200 000 EW. Die ›Hütte Lenin‹ produziert ca. 6 Millionen Tonnen Stahl gegenüber den anfangs geplanten 1,5 Millionen, und man spricht noch immer über eine weitere Produktionserhöhung.

Es existieren ein gutes Terrain (Fläche, Topographie) und gute technische Voraussetzungen, aber ein grundsätzliches Problem ist die ungeheuer große Umweltvernichtung mit Bedrohung von Natur und Landschaft der Region. Aber auch einmalige Krakauer Kulturwerte, die alte Baustruktur und Denkmäler, sind vom Verfall bedroht. Eine wachsende Zahl vieler Krankheiten wird von Ärzten signalisiert. Im Laufe der Zeit erfolgte eine starke Durchmischung der Bevölkerung. Heute arbeitet ein großer Teil der Bevölkerung der Nowa Huta in Krakau, und umgekehrt arbeiten viele Bewohner Krakaus in Nowa Huta.

Zu Anfang der Realisierung der Nowa Huta war die Integration der neuen Stadtgebilde mit Krakau immer ein planerisches und technisches Problem. Die abschnittsweise Planung und Realisierung der Nowa Huta hat sich negativ ausgewirkt auf diesen Integrationsprozeß, der sich bis heute vollzieht. Im Moment der Entscheidung über den Bau der Nowa Huta war der Regionalplan noch nicht entsprechend vorbereitet für viele zu treffende Entscheidungen. Ein Problem ist die schnelle Adaption der ländlichen Bevölkerung an die städtische Lebensart und städtische Umwelt.

Das aktuelle Ziel ist die weitere Integration mit Krakau, die Sicherung der Grünbereiche durch eine Verhinderung ihrer Bebauung und die Verbesserung der Umwelt.

Was könnte man von Erfahrungen mit Nowa Huta als Gelerntes weitergeben?

Eine Stadt ist ein Produkt der vorhandenen Verhältnisse und der Menschen, die sie bauen. Die Erfahrungen der damaligen Zeit wären schwer auf die heutigen sozio-ökonomischen Verhältnisse in Polen zu übertragen. Man müßte zurück zu der bei der Nowa Huta angewendeten Methode des Aufbaus einer ›Stadt als Ganzes‹ und nicht als eine Gruppe von locker miteinander verbundener Siedlungen, was leider noch 1956 geschehen ist. Nachzuahmen wäre auch die Realisierung des vollständigen und großzügigen sozialen Infrastrukturnetzes. Aus der heutigen Perspektive gesehen, sollte man nicht den Bau eines Hüttenkombinats in unmittelbarer Nähe von Krakau zulassen. Diese Entschei-

Nowa Huta. Die alleenförmige mittlere Achse mit dem am Eingang stehenden Lenin-Denkmal ist als ideologischer Mittelpunkt und Symbol für die sozialistische Stadt erbaut.

Die alte dörfliche Wohnbebauung steht im Kontrast zur repräsentativen Architektur des zentralen Platzes mit sozrealistischen Gestaltungselementen.

dung ist leider nicht rückgängig zu machen, und deswegen wird für die Zukunft der Kampf gegen die Umweltschäden ausschlaggebend sein.

Die zukünftigen Probleme sind ablesbar im Entwicklungsplan des Stadtverbandes Krakaus. Die flächenmäßige Ausdehnung des Stadtteils Nowa Huta umfaßt einen Radius, der vergleichbar ist mit der in 1000 Jahren gewachsenen Stadt Krakau. Eine weitere Ausdehnung ist geplant.

Die Frage, warum Nowa Huta in der zusammenfassenden Betrachtung realisierter Architektur und des Städtebaus als Errungenschaft auch in theoretischem Sinne zu sehen ist, möchte ich mit folgenden Argumenten belegen:

1. Die wichtigsten Entscheidungen über die Planungen und die Realisierung wurden in einem Zeitraum unternommen, der für die Entstehung grundsätzlicher urbanistischer Begriffe für die Gestaltung und den plastischen Ausdruck einer Stadt in neuen sozio-ökonomischen Verhältnissen entscheidend war.

2. Die realisierten Wohnquartiere entstanden von 1949 bis heute; sie reflektieren die veränderten Tendenzen in der Entwicklung unserer Urbanistik, besonders in der Gestaltung der Wohnblocks und der Form der Architektur des Wohnungsbaus. Die einzelnen Stadtelemente der verschiedenen Jahre liegen nachbarschaftlich nebeneinander und sind gleichzeitig Teil einer einheitlich geplanten Stadt, was viele Vergleiche ermöglicht.

3. In der Nowa Huta wurden gleichzeitig Stadtteile gebaut, und bereits fertige wurden bewohnt. Es gab immer 2 Zonen, eine Zone des Bauens und eine Zone des normalen Lebens. Die einzelnen Etappen der Realisierung waren entscheidend für die Gestaltung der ganzen Stadt und ihrer einzelnen Teile. In Nowa Huta gab es nicht nur technische Probleme, sondern auch soziologische, durch die Ansiedlung von ländlicher Bevölkerung. Die Prozesse sozialer Umwandlung, Prozesse der Formierung einer neuen städtischen Gesellschaft in von Architekten geschaffene räumliche Bedingungen machen Nowa Huta zu einem interessanten Studienobjekt.

4. Das aktuelle Stadtbild Nowa Hutas spiegelt unsere technisch-ökonomischen Möglichkeiten wider, es ist das Ergebnis einer straffen Organisation, Planung und Realisierung, das Ergebnis der Vorbereitung und das Kennen einzelner Schöpfer, Ergebnis der Arbeit von Gutachtern und Bewilligungskommissionen sowie einer strikten festgelegten Zeit für die Planung und Realisierung der großen Investition.«

1.2.1 Das heutige Bild und Leben in Nowa Huta vor dem Hintergrund der ursprünglich gestellten politisch-wirtschaftlichen Ziele

Die neue Stadt Nowa Huta wurde erbaut mit dem Ziel: »Ein Beispiel zu sein für die Entstehung einer neuen sozialistischen Gesellschaft, deren Grundlage das menschliche Substrat aus den Dörfern ohne die Belastung eines kapitalistischen städtischen Lebens (ist).« Sie zeichnet sich heute durch reges Leben, gute Versorgung, viel Grün und viele Freizeitmöglichkeiten aus.

Nowa Huta hat ein eigenes Stadtbild, eine charakteristische Form, und die Menschen haben eine besondere Lebensform entwickelt.

Diese geht hervor aus ihrer spezifischen Geschichte. Sie ist beeinflußt durch die Sozialstruktur und durch die demographische Struktur, die irgendwo zwischen den dörflichen in traditionellem Sinne und städtischen anzusiedeln ist. Dieser Dualismus wird zusätzlich unterstrichen durch die eingemeindeten Dörfer, welche die gesamte architektonische und städtebauliche Physionomie prägen.

Die spezifische Vergangenheit der Menschen und die Geschichte der neuen Stadt läßt für die Zukunft erwarten, daß die Inhalte und das Tempo der Entwicklung anders werden. Dies zeichnete sich schon in der Vergangenheit ab und ist auch heute durch die besondere Dynamik der Bevölkerung spürbar, u. a. im Kampf um die Aktivitäten der Kirche und auch bei den letzten Unruhen verbunden mit der Gewerkschaftsbewegung »Solidarność«. Diese Stadt auf einem strahlenförmigen geometrischen Plan, der an absolutistische Barockstädte (Karlsruhe) erinnert, hat mit seinen drei Achsen eine klare Komposition und eine deutliche architektonische Sprache.

Die wichtige Verkehrsachse verbindet das Zentrum mit dem Lenin-Hüttenkombinat. Dieses Foto entstand im November 1982 wenige Stunden nach heftigen Demonstrationen (links).

Erste Bauphase: traditionelle Bauweise, kleiner Maßstab der Wohnbebauung, viel Grün, vorbildlich gestaltet und gepflegt.

Zweite Bauphase: der zentrale repräsentative Teil der Stadt mit sozrealistischer Architektur und aufwendig gestalteten Details.

»Das Stadtbild der Nowa Huta widerspiegelt alle Entwicklungsphasen der polnischen Architektur, ist ein Spiegelbild aller Etappen der Siege und Fehler unseres Bauwesens.«

Erste Phase: Es gibt ähnlich wie in Marienstadt in Warschau, gemütliche 3geschossige Wohnbebauung um einen Platz voller Grün.

Zweite Phase: Der monumentale, massive, repräsentative Teil der Stadt und des Platzes mit soz-realistischen Dekorativelementen bildet das Zentrum.

Dritte Phase: Es entstanden einfache konstruktivistische Elemente. Balkons, Glas, Bandproduktion, außerdem dominiert Grün und Farbe.

Dieses Bild wird ergänzt durch heterogene ländliche Siedlungen mit alten und immer mehr neuen Häusern. Zusammen mit der Umgebung und intensivem Gartenbau und Viehzucht erschließt sich erst das gesamte Bild.

Die einzelnen Achsen machen durch ihre Gestaltung, Führung und die Details eine ideologische Aussage, die alleenförmige mittlere Achse mit dem am Eingang stehenden Lenin-Denkmal ist als ein Symbol für die »sozialistische Stadt« erbaut worden. Die zweite Achse, eine wichtige Verkehrsarterie, die das Zentrum mit dem Lenin-Hüttenkombinat verbindet, hat einen sehr lebhaften Charakter. Sie ist angepaßt an die Gestaltung der Verwaltungsgebäude der Hütte, diese wird spöttisch von den Arbeitern »Dogen Palac« genannt. Das Formale dominiert über die Funktion, welches sich auf die Orientierung besinnt und auf die Masse und die Höhe der Gebäude auswirkte. Es ermöglicht aber ein klares orientierungsfreundliches Verkehrssystem, die Breite sichert Flexibilität und ein Entwicklungspotential.

Diese Achsen und die Symbolfigur, das große Lenin-Denkmal, sind nicht nur Räume mit politischem Akzent für offizielle Paraden, sie waren auch Zeugen großer Protestdemonstrationen und politischer Kämpfe in den sechziger und siebziger Jahren sowie auch in letzter Zeit. Im November 1982, bei den besonders intensiven Demonstrationen, wurde das Lenin-Denkmal mehrmals in Brand gesteckt. Danach wurde es durch Soldaten bewacht. Die ursprünglich gepflasterte Allee wurde asphaltiert, um Steinschlachten zu verhindern.

Daß Nowa Huta zu einem Mittelpunkt politischer Auseinandersetzungen wurde, an denen auch alle Teile der Bevölkerung, Intellektuelle und Arbeiter, sowie Krakauer teilnahmen, ist ein Beweis für die Verflechtung und den gegenseitigen Einfluß. Der traditionsreiche, kulturelle und historische Mittelpunkt Polens – Krakau –

zusammen mit der Dynamik einer jungen, progressiv ausgebildeten Arbeiterschaft des neuen Stadtteils, lösen besondere Kräfte aus und formen eine anders profilierte Gesellschaft. Die sozialen Umwälzungen, Wandlungen, Adaption und Integrationsprozesse verleiten zu einem schnellen Tempo. Lange schon sind die Anfangsprobleme vergessen:

– der Haß und der Unmut der Dorfbewohner, die ihren Boden und ihre Häuser zwangsweise für das Vorhaben hingeben mußten,

– die sozialen Spannungen und die Demoralisierung der aus der tiefen Provinz stammenden unqualifizierten Arbeiter, Abenteurer und Randgruppen, die hauptsächlich aus männlicher Bevölkerung bestand und nur an ihrem Arbeitsplatz orientiert war,

– die verkehrsmäßige und psychologische Distanz zwischen Nowa Huta und Krakau,

– die politische und kulturelle Gleichgültigkeit.

Nowa Huta

Eingang zum Lenin-Hüttenkombinat. Eines der Verwaltungsgebäude im »Zuckerbäckerstil«. Die Gebäudeform ist Ausdruck der sozialistischen Industrieromantik und ein klassisches Beispiel für den sozialistischen Realismus.

Aus der politischen Zielsetzung heraus waren die kulturellen Belange der »zukünftigen sozialistischen Gesellschaft« ein besonders wichtiger Aspekt, sowohl in bezug auf die Programmierung als auch konzeptionell. In den fünfziger Jahren kam die große Bedeutung der Industriebetriebe als kulturbildender Faktor auf. Jedoch herrschte auf diesem Gebiet ein konzeptioneller Mangel. Es fehlte an Erfahrungen. Welche Art von kulturellen Einrichtungen sollte für die zukünftige sozialistische Gesellschaft gebildet werden? In den fünfziger Jahren gab es viele Diskussionen und theoretische Auseinandersetzungen über die Form und den Inhalt der kulturpolitischen Konzeption.

Die Zielsetzung der Kultureinrichtungen war aber klar definiert: Sie sollten »eine städtische Gesellschaft und sozialistische Kultur« bilden. Die anfangs angebotenen kulturellen Einrichtungen in Form von »Roten Ecken« wurden von der Bevölkerung nicht angenommen. Konzeptionelle Fehler wurden gemacht. Die »gemachte Kultur« von Funktionären wurde abgelehnt. Die Räume standen leer. Das erste »Kulturhaus« entstand 1951, das erste Theater 1955. Der Kampf um die Programminhalte führte zu kräftigen Auseinandersetzungen zwischen den Traditionalisten und der Avantgarde.

S. Łastik schrieb: »Hier hilft keine importierte Kultur, wie aus Krakow«. Die erste Direktorin des neuen Theaters, Krystyna Skuszanka, äußerte dazu: »Es ist klar, daß die besondere Sozialstruktur von Nowa Huta der Aufgabe eines Theaters besondere Verantwortlichkeit abverlangt. Das Spezifische der Nowa Huta liegt in ihrer Jugend, d. h. im Fehlen jeglicher Tradition.«

Nach drei Jahren »artigen, elementaren Theaters« schrieb die Direktorin: »Diese Methode ist ohne Erfolg. Wir müssen die elementaren Grundsätze ändern. Es müßte der Grundsatz des Anschlags, der kulturellen Attacke angewendet werden.« Ab dieser Zeit – Schritt für Schritt gegen alle Konventionen und Lenkungsversuche – wurde das Theater in Nowa Huta ein progressives, interessantes, neuzeitliches und lebendiges Theater, in das sich nicht nur die Menschen aus Nowa Huta, sondern auch aus Krakau drängen.

Die im Volkstheater – Teatr Ludowy – aufgeführten Stücke haben trotz Zensur einen aktuellen und politischen Unterton. Das Theater wurde tatsächlich zum kulturbildenden Element der Stadt, welches wohl als eine wichtige Errungenschaft gesehen werden kann. Ein weiteres wichtiges Merkmal der Stadt ist die ungewöhnlich große Zahl an Schulen und anderen Bildungseinrichtungen, nicht nur für die zahlreichen Kinder (21% mehr Geburten als in anderen Städten) und Jugendlichen, sondern auch für die Erwachsenen. Sie sind nicht nur berufsbezogen, sondern es gibt auch Gymnasien und Volksschulen für sie. Die vielen Sporteinrichtungen und -vereine trugen zur Integration der Bevölkerung bei und ermöglichen eine aktive Freizeitbeschäftigung, besonders in Parks und Seen.

Nowa Huta hatte von Anfang an seine eigene Zeitung, erst »Budujemy Sozialism« (Wir bauen Sozialismus), heute »Głos Nowej Huty« (Stimme der Nowa Huta), die ein Identifikationselement der Stadt darstellt.

Eines der wichtigsten Anfangsprobleme war die Demoralisierung; der verlorene religiöse Halt und die nicht mehr vorhandene Kontrolle der Dorfgemeinschaft führten zu Ausschreitungen. »Nirgendwo wie in Nowa Huta, ist so deutlich sichtbar, daß die sozialistische Moral keine Folge sozialistischer Arbeit ist.« Dieses wurde offen in der Presse und Literatur diskutiert – im Gegensatz zur »Stalinära«.

Die Geschichte von Nowa Huta, ihre heutige Gestalt und ihr Inhalt sind oft von Dramatik, ja sogar Tragik gekennzeichnet. Dies betrifft besonders die Entstehung der Kirche in Nowa Huta.

Im Frühjahr 1960, als man beginnen wollte, eine Schule

Dritte Bauphase: Rückkehr zu Internationaler Architektur, d. h. zu einer Reduzierung der Gebäude auf einfachste Formen und Dominanz der Funktionen, große Grünflächen und Differenzierung durch Farbe.

Das Kino »Swit« wurde als Kristallisationspunkt konzipiert, nach demselben Entwurf baute man später noch ein zweites Kino.

auf einem Bauplatz, der ursprünglich für eine Kirche vorgesehen war, zu bauen, kam es zu heftigen Straßenschlachten. In einer veröffentlichten Reportage von J. Lovell sind die Vorgänge wie folgt beschrieben: »Als man das Kreuz, das auf dem Bauplatz stand, abzuräumen begann, versammelte sich in kurzer Zeit eine Masse von Menschen, die meisten waren Frauen. Die Menschenmenge umringte das Kreuz, sang, brannte Kerzen ab, schrie hysterisch. Die gereizten Menschenmassen drängten wie angesteckt durch die Stadt. Jugendliche schlugen Scheiben ein, Steine und Ziegel flogen in der Luft, es brannte. Die hysterische Menschenmenge jagte und schlug die Milizen.

Dieses tragische Ereignis zeigte, daß sich nur die äußere Lebensform, jedoch nicht die Psyche der Menschen geändert hat. Heute hat Nowa Huta schöne Kirchen, u. a. in Bienczyce mit der symbolischen Form eines Schiffs. Von hier aus starteten meistens die Demonstrationen, aber auch die Trauermärsche der letzten Jahre. Alle diese kleinen Revolutionen sind ein Beweis für die politische Lebendigkeit. Sie führen zu einer Kristallisation einer Stadt und zu einer Identifikation der Bewohner mit ihrer Stadt.

1.2.2 Die Bewertungen formaler und funktioneller Werte der einzelnen Phasen unterlagen starken Wandlungen

Die nach 1956 mit Abscheu als minderwertig betrachteten eklektischen Teile der Stadt (A, B, C) mit dem Zentrum empfindet man heute als positiv, dazu trägt sicherlich der aktuelle Historismus bei. Die klare städtebauliche Anlage mit menschlicher, im Maßstab gebliebener Randbebauung strahlt eine gewisse Ruhe und Behaglichkeit aus. Die großzügigen Grünflächen innerhalb der Blöcke – klare Strukturierung in Teile mit eigener Versorgung – und die Flächenreserven erlaubten, die heutigen Motorisierungsprobleme leicht zu lösen. Die im Stadtbild unternommenen »Verbesserungsmaßnahmen«, auf die man so stolz war (nach 1956), sind heute oft zu bedauern. Die als Gestaltungselemente eingesetzten Kolonnaden, Portale, Reliefe usw. sind von hoher Qualität: Natursteine (viel Marmor), Eisendetails, Stuck, hochwertiges Holz und Bronze, Kristall (Beleuchtung) führten zu einer Blüte des Handwerks.

»Die hohe Qualität der Steinmetzarbeiten, Schmiedearbeiten und andere Handwerkerkunst, milderten die Wirkung der eklektisch architektonischen Form.«

Volks-Theater. Für die Gestaltung von Kulturobjekten setzte man hohe Mittel ein. Fassaden und Details zeigen den gestalterischen und finanziellen Aufwand für die Belange einer »neuen Gesellschaft«. Heute beherbergt dies Gebäude ein progressives Theater.

Die später gebauten »rationalen« Teile der Stadt mit industriellen Methoden sind sehr oft von minderwertiger Qualität. Sie haben ein weniger überzeugendes Stadtbild, trotz der städtebaulichen individuellen Besonderheiten. Durch die Typisierung im Wohnungsbau wurde die Bautechnologie zum wichtigsten Gestaltungsfaktor; »als das ökonomische Kalkül zum entscheidenden Kriterium erhoben wurde, kam es zu großen Problemen:

Nichtberücksichtigung der notwendigen Schutzzonen der späteren Siedlungen gegen Industriebelästigung,
Disproportionen zu den demographischen Charakteristiken,
zu hohe Dichte.«

Die jedoch am Anfang arbiträr getroffene Standortentscheidung ist, aus der heutigen Sicht gesehen, das größte Problem, besonders in einem Land, in dem Kulturgüter und historische Städte immer einen enorm hohen Wert hatten und mit Liebe und finanziellem Aufwand behandelt worden sind.

Wir können für die Zukunft nur hoffen, daß das steigende Umweltbewußtsein zur Anwendung neuer umweltfreundlicher Technologien führen wird und Immissionsmaßnahmen den Zerfall von Alt-Krakow stoppen werden. Dem jungen interessanten Stadtteil Nowa Huta möge die Chance gegeben werden, sich weiter zu

Nowa Huta

Die Architektur des »sozialistischen Realismus« schöpfte Inspirationen aus den historischen Vorbildern, besonders des Klassizismus. Schon in den Jahren 1931–1933 kam in der Sowjetunion mit dem Wettbewerb für den Sowjetpalast der Umschwung von der Avantgarde zum Klassizismus. Der »sozialistische Realismus« wurde auch in Polen offiziell lanciert.

Skulptur im Park am See.

konsolidieren und daß ein Nebeneinander zum »Zueinander« führen wird.

Provozierend könnte man sagen: Es ist durchaus möglich, daß der früher verhöhnte alte Teil der Stadt des Soz-Realismus »Alte Huta«, ähnlich wie es dem Klassizismus oder dem Jugendstil gegangen ist, einmal unter Denkmalschutz gestellt wird. So wandelbar und modisch ist unser ästhetisches Empfinden.

Heute ist die Architektur wieder stark historisierend, axiale Anlagen, Alleen, Symmetrie und Blockbebauung hat man »neu entdeckt«. Das Formale dominiert über dem Funktionalen, und vieles ist ökonomisch unbegründbar, wie Marmortreppen in vorgefertigten Holzhäusern, Grundstücke unter 5 m Breite mit 2 Wohnungen – eine im Keller – dafür mit teuersten Keramikplatten und Messingdetails im Bad.

Die Erfahrung mit Nowa Huta zeigt aber auch, daß historisierende Architektur keine Anregung und keine kontinuierliche Entwicklung ermöglicht. Sie beschränkt die Kreativität, wirkt stagnierend.

Aus der ökonomischen Situation eines armen, vom Krieg zerstörten Landes, das sich erst in der Phase der Industriealisierung befand, war die I. Phase Nowa Huta eine Blüte der Industrieromantik, wo jetzt die Menschen gerne wohnen, sogar die technischen Führungskräfte und Wissenschaftler des alten Krakau.

Unabhängig von gestalterischen Verschiedenheiten der beiden neuen Teile – der eklektische, irrationale Teil der Nowa Huta und der rationale, technisch funktionale neue Teil –, haben sie eins gemeinsam: Sie haben eine hervorragende Ausstattung im medizinischen Bereich und ein großes Angebot an Schulen, Kultur, Bildung, Unterhaltung, Gastronomie und Freizeit, denn in dem dort damals herrschenden sozialistischen System – ähnlich wie in Schweden – entscheiden die Bedürfnisse und nicht die Tragfähigkeit eines Geschäftes, Cafés oder eines Schwimmbades. Sie werden vom Staat subventioniert. Dabei sind die privaten Wohnflächen im Verhältnis zu Schweden oder Deutschland viel geringer. Die gesamte Flächenverteilung ist anders. Deutlich ist die unterschiedliche Gewichtung erkennbar, sie ist bereits im Programm festgelegt, das nicht nur aus weniger Mitteln, sondern auch aus dem anderen Lebensstil resultiert. Die Deutschen leben mehr auf die Privatsphäre zurückgezogen; die Polen sind kontaktfreudiger. Dieses hat auch im Städtebau seinen Ausdruck gefunden. Nicht einmal Wien hat so schöne, immer volle Cafés, Künstlerkeller usw. wie Krakow.

Dies alles darf nicht nur politisch gesehen werden. Es unterstreicht auch die Rußlanderfahrungen von Ministerialrat Jaspert, der sagte: »Die Leute dort sind eben mehr vom Gemüt als durch die Ratio bestimmt.«

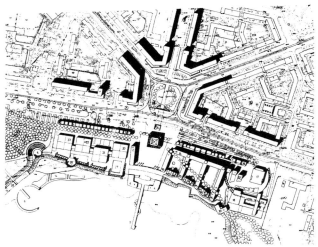
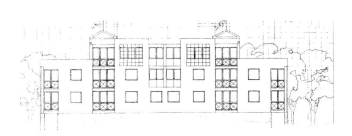

Wettbewerb, 1985, 1. Preis. Ansicht und räumliches Konzept. Der zentrale Bereich »Scarpa« umfaßt das erhöht liegende Gebiet am ursprünglichen Weichsellauf, es war der Schwerpunkt für das räumliche Konzept Nowa Hutas. Architekten: Romuald Loegler, Wojciech Dobrzański, Michal Szymanowski. Mitarbeit: Zbigniew Domański, Barbara Dziewońska i Elżbieta Koterba.

1.2.3 Erfahrungen mit der »Planungsdemokratie« in einem sozialistischen Land

Nowa Huta – das Problem der »Partizipation« – aus der Sicht eines der Bauherrn der neuen Stadt – Gespräch mit Professor Julius Gorynski, bis 1964 leitender Direktor der Bauherrnschaft und der ausübenden Körperschaft der Entwicklungsgesellschaft ZOR.

»Während der ersten Jahre war die Bevölkerung von Nowa Huta hauptsächlich männlich, in erster Linie arbeitsplatzorientiert und wenig verbunden mit der Wohngegend. Alle Versuche, ein Gemeinschaftsleben zu organisieren, scheiterten an dieser Interesselosigkeit. Lediglich auf Betriebsebene gelang es, einige Organisationen zu bilden. Die Delegierten als Berater oder Bevölkerungsvertreter der Stadtverwaltung entstanden, jedoch die Bürgerbeteiligung beschränkte sich auf Ad-hoc-Konsultationen mit diesen Vertretern, aber endgültige Entscheidungen wurden von der Entwicklungsgesellschaft oder der Betriebsleitung getroffen.

Das Beispiel Nowa Huta kann keinesfalls als typisch oder modellhaft für die Entwicklung einer Stadtregierung betrachtet werden, obwohl es einige Parallelen zu anderen neuen Städten gibt. Eines der Probleme läßt sich wohl als typisch für die Entwicklung jeder neuen unabhängigen städtischen Einheit bezeichnen, die Unmöglichkeit einer echten Partizipation der zukünftigen Bewohner in der Planungsphase.

Während dieser Phase müssen zwei Bedingungen erfüllt sein:
– hervorragendes fachliches Können und fundierte Kenntnisse der sozialen Bedürfnisse der Bevölkerung,
– ausreichende Flexibilität bei Planung und Ausführung, um umfassende Korrekturen, die aus Bedürfnissen der Bevölkerung resultieren, zu ermöglichen.

In dieser frühen Phase sind Landreserven von entscheidender Bedeutung, wie die Erfahrungen von Nowa Huta bewiesen. Der ursprüngliche Generalplan war für eine Bevölkerung von 100 000 mit einer zusätzlichen Reserve von 30 000 entworfen worden. 25 Jahre nach dieser Konzeption beträgt die Bevölkerungszahl bereits 40 000 mehr als die ehemals höchsten Schätzungen.

Mit dem Bau des Zentrums von Nowa Huta wurde erst nach vier Jahren begonnen. Bis zur Fertigstellung fungierte der erste Teilabschnitt als provisorisches Zentrum. Während des Baus der weiteren Abschnitte wurden erhebliche Veränderungen hinsichtlich der Gebäudetypen usw. eingeführt. Hier wurde die Erfahrung gemacht, daß man eine neue Stadt nicht von Anfang an ›verplanen‹ sollte, lediglich die Hauptentwicklungsrichtung muß festgelegt werden.«

Nowa Huta war ein nationales Demonstrationsvorhaben; man hatte bewußt durch eine breite Propaganda eine Atmosphäre nationalen Enthusiasmus geschaffen und durch eine Priorität von Materiallieferungen und Arbeitskräften das schnelle Bautempo unterstützt. Trotz des ständigen Wachstums der Stadt war Nowa Huta als Gesamtorganismus in den sechziger Jahren als Thema im Städtebau verdrängt worden. In den letzten Jahren erlebte Nowa Huta jedoch eine Renaissance.

1985 wurde ein städtebaulicher Realisierungswettbewerb für einen zentralen Teil Nowa Hutas, der bis heute nicht bebaut ist, durchgeführt. Zahlreiche Planungen und Wettbewerbe waren in den sechziger und siebziger Jahren vorausgegangen. Dieser zentrale Bereich umfaßt das Gebiet der »Scarpa«, einem erhöht liegenden Teil am ursprünglichen Weichsellauf, und den zentralen Platz. Dieses Gebiet war der wichtigste Ausgangspunkt für das räumliche Konzept Nowa Hutas.

Der zentrale Platz, ursprünglich als »sozialer Raum« konzipiert, ist heute ein Verkehrsknotenpunkt, auch fehlt die stadtbildprägende räumliche Schließung. Ziel des Wettbewerbs war es, eine Wohnbebauung zusammen mit Dienstleistungsgebäuden für das exponiert liegende Gebiet der »Scarpa Wislana« (Weichselanhöhe) zu entwerfen, so daß es ein räumliches Zeichen und Identifikationsgebiet für das ganze Stadtgebiet Nowa Hutas werden konnte.

Alle Arbeiten zeichnen sich durch eine modernistische Architektur und Details aus, die relativ einfach mit der eklektischen Architektur des »Soz-Realismus« harmonieren.

Die für die Realisierung ausgewählte Arbeit geht stark

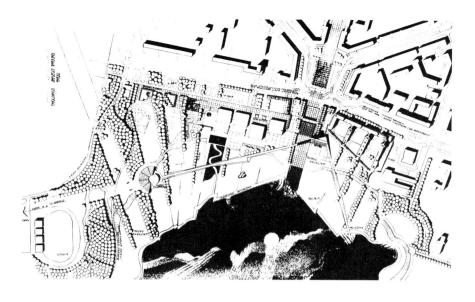
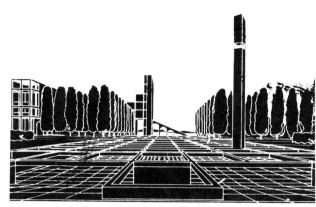

*Wettbewerb. 1985. Auszeichnung.
Räumliches Konzept des
zentralen Platzes,
Ansichten, Perspektiven.
Architekten:
Janusz Barnaś, Wacław Celadyn,
Witold Gilewicz, Marian Żabiński.
Mitarbeit: Magdalena
Rogowska, Studentin WA.PK.*

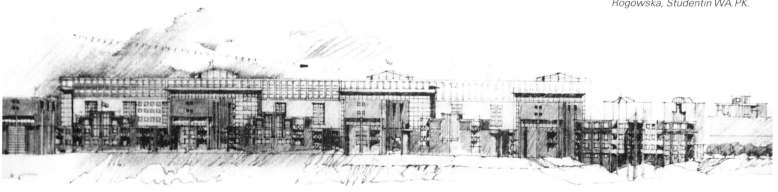

*Wettbewerb. SARP. 1. Preis.
Wohn- und Dienstleistungskomplex.
Konzept. Ansichten.
Architekten: R. Loegler, W. Dobrzański, M. Szymanowski.*

auf das ursprüngliche urbanistische Konzept ein, versucht aber bewußt diesem Raum einen anderen Inhalt zu geben. »Anstelle von Flaggen und demonstrierenden Massen wird ein normaler Mensch gestellt, gereinigt von den ganzen Pompatösen.« (Loegler).

Der Beschluß, in der Zeit der »Krise« diesen großen Wohn- und Dienstleistungskomplex zu bauen, stieß bei der Jury auf Bedenken. Insbesondere galt dies in bezug auf eine zeitgemäße Verkehrslösung und auf die Realisierung des großen Programms stadtgebietsbezogener Dienstleistungen.

Professor Juchnowicz unterstrich als Mitglied der Jury: »Diese komplexe Realisierung mit voller sozialer Versorgung und einem Dienstleistungsnetz, kulturellen Bereichen, Bildungseinrichtungen und einem gut ausgebauten Gesundheitswesen zusammen mit einer individuellen Grüngestaltung der Außenräume kann als vorbildlich angesehen werden. Man kann nur postulieren, daß die Qualität des heute realisierten Teils der des alten Teils entspricht.«

Die besondere historische Bedeutung Nowa Hutas liegt darin, daß die Stadt das erste Experiment darstellt, bei dem man nicht nur eine Stadt und eine große Industrieanlage baute, sondern auch Anstrengungen unternahm, eine neue Gesellschaft in einem anderen politischen System zu formen.

Die Verbindung der alten und der neuen Stadt. Architekten: K. Wejchert und H. Adamczewska-Wejchert.

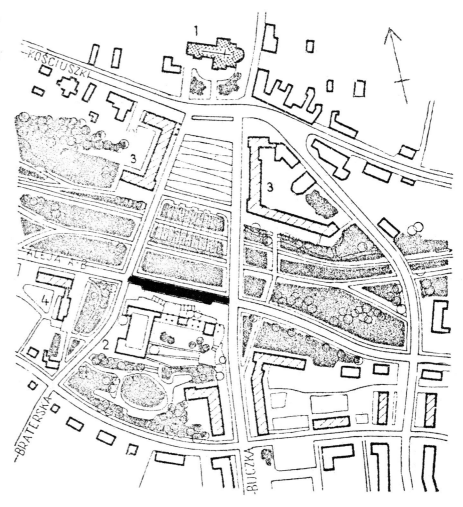

1.3 Nowe Tychy – die Suche nach einer eigenständigen Stadtform als Synthese aus Moderne und Tradition

Die Stadt Nowe Tychy wurde in Anlehnung an die für den »Gornosląski Okręg Przemysłowy« – GOP (Oberschlesischen Industriebezirk) bearbeitete Regionalplanung gebaut. Dieser Plan verfolgte das Ziel einer Dezentralisierung des Ballungsgebiets von »Sląsk« (Oberschlesien) und Verlagerung einiger Industrieanlagen aus dem stark verdichteten und umweltbelasteten Gebiet »A« (Schwarzes Schlesien: Katowice, Zabrze, etc.) in das Gebiet »B« (Grünes Schlesien), das hohe Umwelt-, Rekreations- und Freizeitqualitäten besitzt.

Der Bau neuer Gruben im Süden des GOP (Oberschlesischen Industriebezirks) war für den Standort der neuen Stadt Tychy entscheidend. Der Standort, unmittelbar am Wald gelegen, und der sehr schöne See Paprocane sowie das gute Klima gewährleisten gesunde Rekreationsmöglichkeiten.

»Die für 130 000 Einwohner geplante Stadt soll eine Wohnungsbasis für Industriearbeiter bilden; insbesondere sollte eine Wohnraumversorgung der im Südteil des Industriebezirks gelegenen Kohlengruben geschaffen werden. Grundlage des Zubringerverkehrs bildet eine elektrische Schnellbahn. Die Zeit des Einpendelns zur Arbeit beträgt 20 Minuten zuzüglich 10 Minuten Fußweg zu den im Stadtgebiet befindlichen Bahnhöfen und Haltestellen. Der 1951 fertiggestellte Plan wurde 1953 vom Regierungspräsidium genehmigt.«

Nowe Tychy – Planung und Veränderungen im Laufe der Zeit

Fast zur selben Zeit entstand neben Nowa Huta u. a. eine zweite Stadt am Rande des schlesischen Industrireviers Polen – Nowe Tychy. Die Planung (1951) reicht bis in die Jahre der Raumordnung und Raumgestaltung des neuen Gebietes des jetzigen Polens zurück.

Der Standort Nowe Tychy wurde durch eine großzügige und hochqualifizierte Regionalplanung für das schlesische Industriegebiet vorbereitet (GOP-Plan) mit dem Ziel der Entballung des Industrireviers. Zwei besondere Merkmale charakterisieren die Entstehung von Nowe Tychy:

– Es ist ein urbanistisches Werk, unternommen und kontinuierlich geführt durch dieselben Planer und Architekten: Professor Hanna Adamczewska-Wejchert und Professor Kazimierz Wejchert. Dies ist exemplarisch zu se-

Am Fuße der Anhöhe in der Altstadt entstand ein schöner Platz, der in seiner Dimension und Gestaltung die Kleinstadtatmosphäre ausstrahlt. Die neue Bebauung enthält Geschäfte und Wohnungen, südlich des Platzes befindet sich ein Klubhaus mit einem Saal für Veranstaltungen. Die Straßenführung ermöglicht den Blick auf die auf der Anhöhe liegende Kirche und verbindet so die alte und neue Stadt.

Nowe Tychy

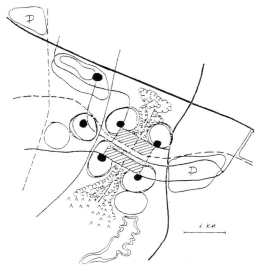

*Nowe Tychy.
Erste Konzeptionsskizze des Stadtplans.*

*Generalplan (unten).
Architekten:
K. Wejchert und
H. Adamczewska-Wejchert.*

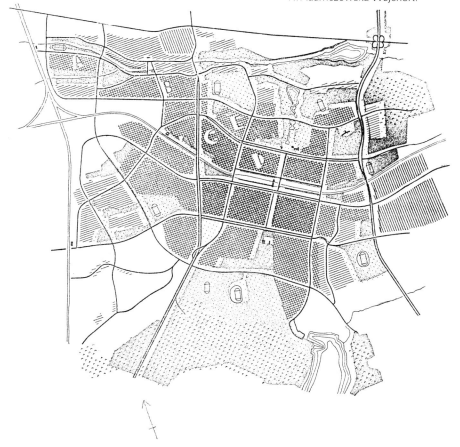

*Generalplan.
Der Generalbebauungsplan wurde in Anlehnung an die beiden folgenden Haupt-Kompositionsachsen erarbeitet: die in Ost-West-Richtung im offenen Tunnel durch das Stadtinnere verlaufende Achse und die Nord-Südachse der städtischen Boulevardanlagen, die die Parkgelände miteinander verbinden. Die Kreuzung dieser beiden Achsen bildet die Grundlage, auf der sich das den Stadtkern umgehende Viereck der inneren Hauptstraßen befindet. Die Spitzen des erwähnten Vierecks bilden die Mittelpunkte von vier Stadtteilen. Einen fünften Stadtteil bildet das alte Städtchen Tychy sowie die Siedlungen A und B. Ein sechster Stadtteil befindet sich in dem für niedrige Bebauung bestimmten Geländeteil des westlichen Stadtgebietes. Im Osten der Stadt hat das Industrieviertel seinen Standort erhalten. Von der Südseite grenzt das Stadtgebiet an ein herrliches Waldmassiv mit dem Paprocany-See (100 ha) an.*

hen und prägt bis heute, wenn man die Zeit von fast 40 Jahren betrachtet, die neue Stadt.

— Das Konzept der Stadt fügt sich nicht dem damals angeordneten Eklektismus und der Fassadenarchitektur, sondern man hat angeknüpft an das, was vom Krieg verschont blieb, an die Tradition und geistigen Werte der Vorkriegszeit — die polnischen Klein- und Mittelstädte.

Beide Städte sollten laut der Zielsetzung »Sozialistische Städte« werden, d. h. sie sollten Ausdruck der neuen sozialistischen Gesellschaftsordnung sein. Ihre formale räumliche Ausprägung ist jedoch sehr unterschiedlich. Nowe Tychy ist das Ergebnis vielfältiger Arbeit und zeigt deutlich die Bedeutung zweier Menschen, die beruflich und privat verbunden sind und konsequent und voller Engagement zusammen mit ihrem Team eine Aufgabe erfüllen: die neue Stadt Nowe Tychy planen, bauen und behüten. Beide sind Professoren an der TH Warschau, praxisbezogene Wissenschaftler, Lehrer und starke Persönlichkeiten mit viel Autorität.

Um das Verständnis für die grundlegenden Ideen und die Entwicklung von Nowe Tychy zu erleichtern und die gemachten Erfahrungen bei einem so großen realisierten Vorhaben weiterzugeben, wird versucht, eine Zusammenfassung der Schilderung der Autoren wiederzugeben. Der Planung von Nowe Tychy gingen Projekte, die Promotion von Wejchert und das Studium von Adamczewska an der illegalen Universität Warschau, die in der Zeit des Zweiten Weltkrieges entstanden sind, voraus. In den Jahren 1940–1945 wurden Diplom- und Forschungsarbeiten auf dem geheimen Politeknikum u. a. über polnische Kleinstädte durchgeführt mit dem Ziel, das gesammelte Material nach dem Krieg zu nutzen.

H. Adamczewska-Wejchert: »Das Thema der Kleinstadt kehrte zurück als Wiederaufbau von Garwolin. Dies war auch meine Diplomarbeit. Es war ein räumlicher Bebauungsplan, in dem ein architektonisches Element, ein eingeführtes Modul der Ziegel, die entscheidende Rolle einnahm. Die Form des Raumes war definiert von Architekturobjekten, was dann später nicht mehr möglich war.

Heute sind die Bebauungspläne mit farbigen Flächen bedeckt, sie informieren nicht über die Form des Raumes, sondern über die Flächendisposition. Wäre das alles so realisiert worden, hätten wir die gewünschte Form erreicht. Überall waren steile Dächer mit Dachziegeln. 1949, als wir die Entwurfsarbeiten beendeten, hörte die Produktion von Ziegeln auf, Holzhäuser wurden verboten, es verbreitete sich der sogenannte Kubus mit flachen Dächern, die mit Pappe gedeckt waren.

Kurz danach fing die wahnsinnige Aktion der vereinfachten Planung für 68 Städte auf den wiedergewonnenen westlichen Gebieten an. Es fehlte an Unterlagen. Wir mußten erst eine Inventarisation durchführen, um ein Konzept zu entwickeln. Die Studenten des 2. und 3. Studienjahres haben es gezeichnet und durchgeführt, alles wunderbare, durch den Krieg ausgereifte Menschen.«

1950 wurde der Wettbewerb für die neue Stadt Nowe Tychy ausgelobt. Das alte Städtchen Tychy mit ca. 8000 Einwohnern mit einer bekannten Brauerei, mit Bergbau, Landwirtschaft, Wäldern und einem wunderschönen See sollte die Grundlage einer der »sozialistischen« Städte werden.

K. Wejchert äußert sich zum Wettbewerb: »Zum Wettbewerb gingen wir zusammen mit Stefan Zielinski, dem leitenden Urbanist in Zarząd Osiedli Robotniczych / Verwaltung der Arbeitersiedlung. In kürzester Zeit zeigte sich, daß wir unterschiedlicher Ansichten waren, so daß wir uns für zwei Versionen entschieden. Wir erarbeiteten zwei Planvarianten, entgegen den Wettbewerbsbedingungen. Die Hauptvariante sollte hauptsächlich die Bahnlinie nach Oswięcin berücksichtigen. Südlich der Bahnlinie sollte die Stadt entstehen. Wir kamen zu der Überzeugung, daß eine (neuzeitige) moderne Stadt nicht an die Bahnlinie angelehnt sein sollte nach der Methode des 19. Jh. Wir entschieden uns für eine innerstädtische Linie – im tiefen Graben. Die wichtigste Bewegungsart in der Stadt ist das ›Zu-

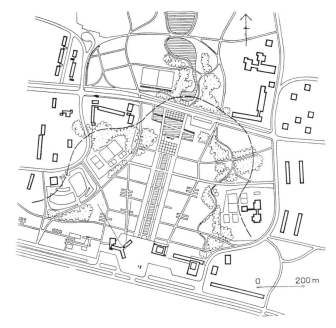

Nowe Tychy. Komposition des Raumes.

Verfasser: Kazimierz Wejchert und Hanna Adamczewska-Wejchert.

Die Bebauung und Begrünung der Grünachse Nord-Süd. Ein wichtiger städtebaulicher Akzent bildet das y-förmige Rathaus Tychys.

Die Achse der Bahnlinie Ost-West mit dem Zentralpunkt Bahnhof.

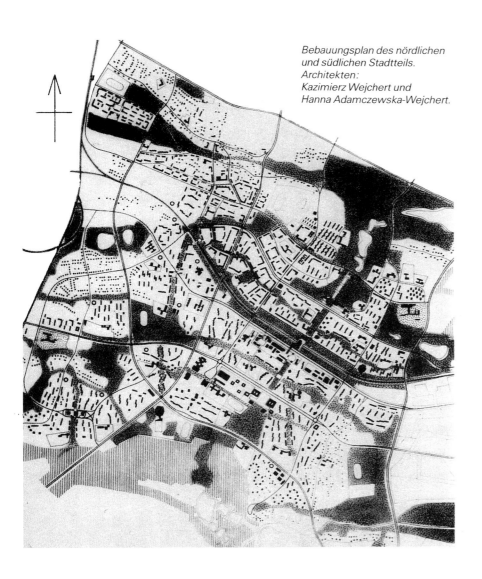

*Bebauungsplan des nördlichen und südlichen Stadtteils.
Architekten:
Kazimierz Wejchert und
Hanna Adamczewska-Wejchert.*

fußgehen«, und somit ist die fußläufige Erreichbarkeit des zentralen Bahnhofs (Isochron von 15 Minuten) wichtig. Diese Variante fand Anerkennung bei der Jury und wurde zur Realisierung bestimmt.«

Eine Gruppe des großen Planungsteams des Lehrstuhls für Urbanistik in Warschau wurde anfangs nach Schlesien delegiert, um die Kontinuität des Regionalplanes für GOP-Görnośląski Okręg Przemysłowy (Oberschlesisches Industriegebiet) zu sichern. Danach bildete man ein eigenes Planungsbüro, und die Generalprojektanten entschieden sich für Tychy als Wohnort, um am Ort die Stadt zu planen, ohne dabei den Kontakt mit der TH Warschau abzubrechen.

H. Adamczewska-Wejchert: »In der ersten Phase, des Entwerfens, einer neuen Stadt sieht man deutlich die früheren beruflichen Schwerpunkte. Wir fingen mit der Gesamtkonzeption der Stadt an, aber der erste Stadtteil für 15 000 Einwohner hatte den Charakter einer Kleinstadt. Diese Konzeption basierte auf dem alten Dorf Tychy. Wir bemühten uns, die alte Bebauung zu erhalten, wir wollten nicht den Bau einer neuen ›sozialistischen Stadt‹ mit der Zerstörung der Häuser von Menschen beginnen.

Es war die Zeit, in der man geometrische, axiale, pompöse Lösungen verlangte. Der Vorschlag der Erhöhung eines Dorfes zum Rang einer Stadt, mit der Ausnutzung der vorhandenen urbanistischen Situation ohne große imponierende Anlagen war schockierend. Wir hatten Schwierigkeiten mit der Genehmigung.«

Die wichtigste Idee bei dem Entwurf für Nowe Tychy war, daß diese Stadt von Grund auf gebaut werden mußte mit einem klaren räumlichen Schema, einem leicht verständlichen und einprägsamen Grundriß. Die erste Konzeptionsskizze des Stadtplans macht das Grundschema der Stadt deutlich, die Kreuzung von zwei Haupt-Kompositionsachsen; der Bahnlinie Ost-West und der Grünachse Nord-Süd. Der Schnittpunkt beider Achsen ist der Zentralpunkt, der Hauptbahnhof. Auf diesem Kreuz entstand ein Viereck der inneren Hauptstraßen, es bestimmt die Innenstadt. An den Ecken des Vierecks entstand je eine Platzgruppe mit Dienstleistungen, also ein Stadtteilzentrum für je 25 000 Einwohner. Die einzelnen Stadtteile sind durch Topographie, grüne Feuchtgebiete mit Teichen deutlich begrenzt.

K. Wejchert: »Jeder Platz an einer Ecke des Quadrats ist anders gelöst und aufgebaut, um die Geometrisierung zu vermeiden. Die Arbeit an Tychy führte uns zu einer Theorie der Kristallisation von Elementen. Bei der Planung Tychys haben wir das anfangs intuitiv gemacht. Als Kristallisationselemente betrachten wir die, die für jeden Abnehmer vollständig verständlich sind. Ein mittelalterlicher Marktplatz, auf die Erde gezeichnet, sagt jedem Betrachter, wie er bebaut sein muß. Egal, ob das der Grand Place in Brüssel oder der Marktplatz im Radom ist, es war nur von dem Reichtum des Bürgertums abhängig. Die Form des Raums jedoch war deutlich definiert.

In der Anlage von Tychy sind diese Kristallisationselemente zwei Achsen und das Quadrat der Innenstadt. Sie sind für die Bewohner lesbar und klar: Sie orientieren sich immer in bezug auf dieses Quadrat. Diese Kristallisationselemente lösen aufgrund ihrer Begreifbarkeit eine Art Sehnsucht aus: Wenn man einen Marktplatz ausweist, entsteht das Bedürfnis, ihn zu bebauen. Wenn dieser dann bebaut ist, kommt die Frage: ›Wie geht es weiter?‹ Das biologische Wachsen führt oft zu unattraktiven räumlichen Komplexen. Die interessantesten Städte sind die mittelalterlichen Städte mit einem Marktplatz; dann kommen die Städte des 17. Jahrhunderts, wo das Kristallisationselement der die Bebauung ordnende Plan war.

Wir wollten eine Stadt bauen und nicht eine Gruppe von Siedlungen. Das Wort ›Osiedle-Siedlung‹ beherrschte Polen. Die Struktur der Stadt wurde hierarchisch aufgebaut, von der Nachbarschaft zur Kolonie,

Nowe Tychy

Zentrum. Aufnahme des Raummodells.

dann über die Siedlung bis hin zum Stadtteil. Wir erkannten an, daß dieser strukturelle Aufbau fortschrittlich war und daß wir ihn erhalten sollten, aber man kann und soll ihn nicht dämonisieren. Unsere Aufgabe war und ist der Bau einer Stadt und nicht eines Verbandes getrennter Siedlungen, die keine städtische Formation bilden.«

H. Adamczewska-Wejchert: »Insofern ist die Form, die Struktur des Planes und die Struktur des Raumes im Gesamtplan städtisch. In dieser Hinsicht unterscheiden wir uns von Professor Hansen mit seinem Linearsystem und von Skibniewska, die mehr zu einem Idealbild einer ›Nachbarschaft‹ tendiert. Es sind hervorragende Siedlungen, aber es muß eine Formation höheren Ranges sein, die das zusammenhält. Eine Stadt ist nicht ein Sammelsurium von Siedlungen mit Zentrum, sondern ein organisches Gebilde; das ist unser Credo.«

Auch in Nowe Tychy baut man Siedlungen, es ist aber eine Arbeitsbezeichnung. Es bedeutet eine Projektaufgabe, die in beschränkter Zeit realisiert wird. Keine von ihnen ist selbstbestehend; sie sind schwer zu bewerten ohne die Verbindung mit der nächsten. Sie müssen immer als Fragment einer Stadt betrachtet werden.

Die ersten Jahre war die Stadt Nowe Tychy von Enthusiasmus und Zustimmung der Gesellschaft und Presse begleitet. Auch die ausländischen Fachleute fanden die Stadt interessant. Um 1958 kam es zur Stagnation – der Bau der Stadt kam fast zum Erliegen. In dieser Zeit führte man eine grundsätzliche Kritik der Konzeption von neuen Städten durch. Nowe Tychys Konzeption wurde als angelsächsisch klassifiziert, und man sah keinen Sinn darin, die Schlafstadt weiterzubauen. Man erwähnte dabei nicht, daß die geplante Bahnlinie, welche die Gruben und die neue Stadt verbinden sollte, nicht gebaut wurde. Dies zwang die Menschen, Stunden zu ihrem Arbeitsplatz zu pendeln. Man ging wieder zu dem alten Konzept über, d. h. werknaher Siedlungsbau in den Städten des Kohlen- und Industriegebietes. Tychy erhielt kaum finanzielle Mittel, und die Planer von Nowe Tychy standen vor der Entscheidung zu gehen oder zu bleiben »... um eine in Lethargie liegende Stadt zu hüten. Dieser Zustand dauerte 10 Jahre; dies ist ein langes Stück Leben. Wir und die ›Tychy Mannschaft‹ entschieden uns, in Tychy weiterzuarbeiten. Wären wir gegangen, wäre die Stadt zerstört gewesen. Es hätte zufällig Investitionen und Standortentscheidungen, Durchsetzungen der privaten Interessen der Einfamilienhausbauer gegeben, und alle hätten vergessen, wie es sein sollte.« Adamczewska-Wejchert

Die Generalprojektanten unterstützten mit allen Methoden die Idee der neuen Stadt. Mit Artikeln, Memorialen und Büchern sowie Promotionen führten sie eine Kampagne, in der sie bemüht waren zu beweisen, daß die Fortsetzung des Baus der neuen Stadt notwendig ist, und den Bau der Werksiedlungen kritisierten. Ein entscheidender Faktor für die weitere Entwicklung von Nowe Tychy war die weitsichtige Politik der städtischen Investitionsdirektion. Überzeugt vom Bau der neuen Stadt gab sie den Auftrag für die Erschließung des Stadtteils »Süd«. 1970 kam eine neue Investitionswelle mit der Entscheidung für die Konzentration der Bautätigkeit auf die erschlossenen Gebiete.

K. Wejchert: »1971 kamen neue Investitionen, besonders die Kleinwagenfabrik ›Fiat‹, hinzu. Wir erlebten eine unwahrscheinlich glückliche stadtbildende Welle. In dem Moment, als die Entscheidung über den Bau der Autofabrik – FSM gefallen war, wußten wir, daß die Stadt entstehen würde.«

Die weiteren Jahre sind gekennzeichnet durch ein rapides Bevölkerungswachstum und eine Flächenausdehnung der neuen Stadt. Der ursprüngliche Plan war für 100000 Einwohner konzipiert. 1961 wurde der Plan aufgrund der demographischen Daten aktualisiert und 1972 eine weitere Version für 160000 Einwohner erarbeitet. Mit der Entscheidung über den Bau neuer Gruben ist auch die Bevölkerung und Wohnungszahl gestiegen. Der alte Gesamtkonzept-Plan konnte die Zahl von 200000 Einwohner nicht durchhalten ohne Nachteile für die Stadt, besonders im Bereich der Umweltqualität.

H. Adamczewska-Wejchert: »Wir entschieden uns für einen anderen Weg; wir entwarfen Satellitenstadtteile der neuen Stadt und bildeten ein Stadtgebiet (eine Stadtgruppe), das zusammengesetzt war aus der Stadt Tychy und drei ergänzenden Stadtteilen – Jaroszowic, Ciemnic, Wyr. Zwei von ihnen sind angebunden an die damals entstandene Bahnlinie, der dritte liegt direkt an der Kohlengrube. 1975 wurde eine neue administrative Teilung ins Leben gerufen. Die Stadt unterlag neuen Umgestaltungen, und wurde zum ›Zespól Osadniczy‹ (Ansiedlungsverband) – Regionalstadt, die 350000 Einwohner haben sollte. Begonnen haben wir die Stadt als eine ›sozialistische Stadt‹, dann überlebten wir die Stagnation, danach entstand die städtische Gruppe (Zespól Miejski) mit Satelliten. Jetzt bauen wir einen (Zespól Osiedlenczy) städtischen Verband, der die städtische Gruppe Tychy und das Städtchen Bierun Stary und Nowy und viele andere Ortschaften zusammenfaßt.«

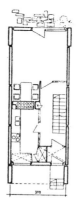 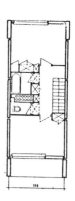

*Planung:
Kazimierz Wejchert,
Hanna Adamczewska-Wejchert mit
Team.*

*Siedlung E 2.
Dreistöckige Reihenhäuser,
Ansicht und Grundrisse,
1- und 2geschossig.
Im unteren Bereich
Maisonettenwohnungen,
im Obergeschoß Wohnungen
für Einzelpersonen.*

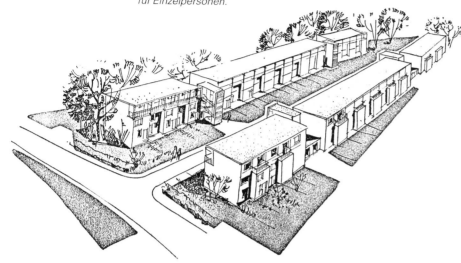

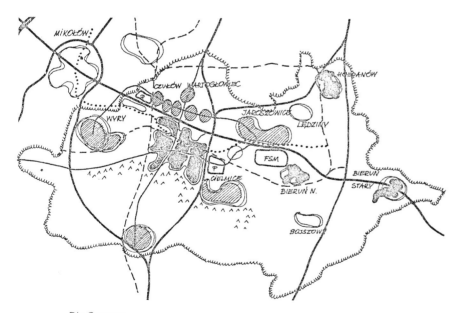

*Die Grenzen
der Stadt von
1976.*

Dies erfordert die Planung und den Bau eines Zentrums für die Gesamtstadt, also ein Regionalzentrum. In diesem Bereich sind durch zu lange Realisierungszeiten viele Defizite sichtbar, hervorragend funktionieren dagegen die Stadtteilzentren. Nowe Tychy ist eine sich ständig entwickelnde Stadt, Werkstadt der Urbanistik. Durch Wettbewerbe, wissenschaftliche Arbeit und Aufgeschlossenheit für neue Ideen werden neue Modelle experimentell eingesetzt und Wege gesucht, um durch optimale Raumgestaltung besser den Erfordernissen des heutigen Lebens zu entsprechen und soziale Probleme zu entschärfen. Durch kleinere Einhei-

ten, Maßstab, Programmergänzungen versucht man die gemachten Erfahrungen einzusetzen, um unterschiedliche Unzulänglichkeiten der früheren Stadtteile zu vermeiden. Für die Planung von Tychy wurden u. a. auch der »Herden Preis« vergeben; die Entwicklung der Stadt ist noch nicht abgeschlossen, eine Chronik des Aufbaus wird von ihren Planern geschrieben.
Dieses Thema wird aber sicher auch noch nachfolgende Generationen beschäftigen als Nachlaß europäischer Kultur ebenso wie als Versuch, neue gesellschaftliche Ideen und Technologien in Form einer Stadt umzusetzen.

1.3.1 Nowe Tychy – bildhafte Darstellung des Entstehens und Wachsens der Stadt

Wichtigste realisierte Komponente des GOP-Planes ist die Stadt Nowe Tychy, die an der Peripherie des Kohlenbeckens größte der geplanten Städte. Die Störungen in der Realisierung des Regionalplanes haben sich selbstverständlich auf die Entwicklung der neuen Stadt ausgewirkt. Ihre Aufgabe sollte – schrieb K. Wejchert – »in der Deckung des Wohnungsbedarfs der Beschäftigten im südlichen Teil des Industriebezirks von Górny Sląsk, in der Aufnahme einer bestimmten Anzahl von Betrieben und in der Versorgung des eigenen wirtschaftlichen Einzugsbereiches bestehen. Nowe Tychy entstand in Anlehnung an die alte Stadt Tychy (10 000 Einwohner) in der Nähe eines großen Waldmassivs mit

*Wohnsiedlung A. Ruhige, grüne Wohnhöfe
strahlen behagliche Atmosphäre aus
und werden von den Bewohnern vielfältig
genutzt, z. B. als kleine Vorgärten.*

Konventionelle Architektur und industrielle Bauweise mit Großelementen (links).

Die Gemeinschaftseinrichtungen, Verwaltungs- und Handelszentren sind großzügig und individuell gestaltet.

dem Paprocanesee. Nowe Tychy wurde ursprünglich für 100 000 bis 130 000 Einwohner geplant, von denen etwa 40 000 Werktätige täglich zu den Arbeitsstätten in den nahe gelegenen Betrieben im Umkreis von 20 km pendeln sollten (Pendlermodell). Diese maximale Entfernung könnte mit der elektrischen Schnellbahn in 20 Minuten bewältigt werden. Im Stadtgebiet waren 5 Bahnhöfe geplant, die von jedem Punkt der Stadt in 10 bis 15 Minuten zu Fuß erreichbar sein sollten. Der Hauptbahnhof liegt im Zentrum der Stadt.

Nowe Tychy hat eine außergewöhnlich übersichtliche und funktionsgerechte räumliche Ordnung. Die Lesbarkeit der Komposition der Stadt geht Hand in Hand mit den logischen Inhalten und nutzungsgerechten Relationen seiner Elemente. Die neue Stadt steht in keiner Diskrepanz zur alten Stadt. Ganz im Gegenteil, letztere wurde erneuert und in den Gesamtorganismus einbezogen.

Bei der Gestaltung der Wohngebiete von Nowe Tychy wurde konsequent eine Struktur der Stadt angestrebt, die bei dem ihr innewohnenden Rationalismus die Bindung zu den Kulturwerten der polnischen Klein- und Mittelstädte und vor allem zur natürlichen Umwelt gewährleisten. Die Stadt sollte ihren Einwohnern – Bergarbeitern und Hüttenwerkern des Industriebezirks Górny Śląsk/Oberschlesien – Entspannung und Regenerierung ihrer Kräfte nach der Arbeit in der verdichteten großindustriellen Umwelt ermöglichen. Daraus resultiert der ursprünglich vorgesehene verhältnismäßig kleine städtebauliche und architektonische Maßstab.

Merkmal der Stadt ist ihr Wachsen in klaren zeitlich differenzierten Siedlungseinheiten mit einer oder zwei Schulen. »Mit der Zeit ist jedoch bedeutend häufiger die Tendenz zur Behandlung von großen Wohnkomplexen als integrale Einheiten festzustellen, in denen das Schulgelände (drei bis vier Schulen) konzentriert wurde und der Dienstleistungsbereich stärker ausgebaut werden kann und die Schaffung eines attraktiven Zentrums möglich ist. In diesen Fällen weisen die unterbezirklichen Wohnkomplexe im allgemeinen eine Strukturteilung in sechs bis acht Wohngruppen (Kolonien) mit einer Bevölkerungszahl von je 2000 Einwohnern auf.«

Die Tendenz zur Konzentration der Einheiten verbindet sich mit der Divergenz zwischen den Größenkriterien der Wohnstruktureinheiten. Vom Organisationsstandpunkt der sozialen und Dienstleistungseinrichtungen wird die Bevölkerung der Siedlung als Grundeinheit in den Grenzen von 5000, 6000 bis 10 000 und 12 000 Einwohnern festgelegt, was von der Einbeziehung einer Schule oder zweier Schulen in das Programm abhängt. Bei Anwendung von 5geschossiger Bebauung und den in den sozialistischen Ländern angenommenen Nutzflächennormen der Wohnungen ergibt dies ein Gelände von 20 bis 40 ha.

Die hier angesprochenen unterschiedlichen Konzeptionen der Siedlungsstruktur kann man nur als Teil von möglichen Lösungen sehen, die zur Modifikation der hierarchischen Wohn- und Dienstleistungseinheiten beitragen.

Aus der Vielfalt der unterschiedlichen Siedlungsformen können wir nur einige für die einzelnen Strömungen darstellen.

Jerzy Hryniewicki verbindet die Phasen der polnischen Architektur und des Städtebaus mit den einzelnen wirtschaftlichen 5-Jahres-Plänen und unterscheidet:
1. Phase (1945–1949) – Kontinuität des Individualismus der Vorkriegszeit
2. Phase (1950–1955) – angeordneter Eklektizismus und Fassadenarchitektur, keine technische Entwicklung
3. Phase (1956–1960) – Rückkehr zur Weltarchitektur, Funktionalismus und Konstruktivismus
4. Phase (1961–1965) – Dominanz der urbanistischen Pläne, Reduzierung der einzelnen Gebäude zu einfachster Form und Funktion

Professor Szafer charakterisiert die weitere Dominanz (1966–1970) der städtebaulichen Pläne mit gleichzeitiger Regression ihrer Qualität.

Jaceh Nowicki formuliert seine Kritik an dieser Phase: »Abgesehen von allen technischen und gestalterischen Mängeln, am stärksten beunruhigt die absolute Nichtberücksichtigung kompositioneller Regeln, mit dem Ziel, eine Kulturlandschaft zu schaffen.« Diese wachsende Kritik zeigt Parallelen in der Entwicklung der anderen untersuchten Länder, insbesondere der Bundesrepublik und Schweden.

Ende der siebziger Jahre bis heute: Suche nach architektonischer, städtebaulicher und gestalterischer Vielfalt, nach menschlichem Maßstab und einer Einheit von gebauter und natürlicher Umwelt.

Die einzelnen Stadtfragmente »Siedlungen« haben besonders in der ersten Phase ein charakteristisches Stadtbild. Sie sind das Spiegelbild der städtebaulichen Wandlungen. Die Bezeichnungen der einzelnen Stadtfragmente A, B, C, die aus der zeitlich stufenweisen Realisierung resultierten, haben im Leben der Stadt eine wichtige Bedeutung.

Nowe Tychy

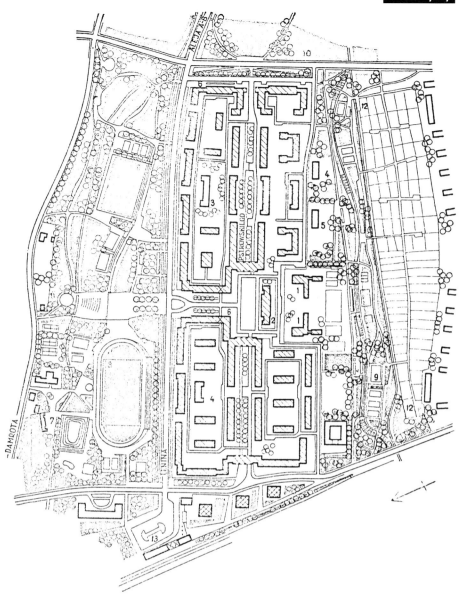

Plan der Wohnsiedlung A. Bauausführung 1951–1954.
1 Schulen, 2 Klub-Kino, 3 Kinderkrippe, 4 Kindergarten,
5 Ambulatorium, 6 Ladengruppen,
7 Schwimmbad, 8 Sportplätze, 9 offene Spielplätze,
10 Park, 11 Kino und Freiluft-Tanzfläche,
12 Kleingärten (Schrebergärten),
13 Eisenbahn-Haltestelle – »Stare Tychy«.

Wohnsiedlung A

Entwurf: Professor Teodorowicz-Teodorowski – gebaut 1951–1954

Die Realisierung der neuen Stadt hat man mit dem Bau der Wohnsiedlung A (Arbeitsbegriff) angefangen. Abseits des Zentrums zwischen der Altstadt und der alten Bahn gelegen, grenzt sie unmittelbar an Park und Sportgelände mit offenem Schwimmbad.

Grünkonzept: Das alleenartige Grün begleitet die Haupterschließungswege, von denen ein direkter Blickbezug in die gemütlichen Höfe führt, mit freigestaltetem Grün, mit Wegen und Spielplätzen.

Infrastruktur: Die Siedlung hat eine vollständige Ausstattung, so im Bereich der Gemeinschaftseinrichtungen, wie auch im Dienstleistungssektor. Die Läden, Kino, Club, Café, Restaurant befinden sich im Erdgeschoß entlang der Hauptachse.

Der Mittelpunkt der Siedlung ist der räumlich geschlossene zentrale Platz mit Klubgebäude als Hauptakzent. Der Raum öffnet sich auf einer Seite zur Landschaft.

Innerhalb der Blocks befinden sich Kindergarten und andere Einrichtungen, aufwendig gestaltet, mit Rampen, Fontainen und anderen Gestaltungselementen.

Das äußere Erschließungssystem: Die Haupterschließungsstraßen werden entlang der Siedlungsränder geführt, mit Einbeziehung des Hauptplatzes. Mitten in der Siedlung läuft die innere Hauptfußwegachse; von der freigestaltete, hierarchisch differenzierte Wege ins Innere der Blocks führen. Der Maßstab der Bebauung, traditionelles Baumaterial, und architektonische Details tragen zu dieser gemütlichen Atmosphäre bei.

Probleme: Die räumlich geschlossene Komposition ermöglicht keine weitere Bebauung. Der Mangel an Stellplätzen führt zum Durchdringen der Siedlung mit Autos.

Wohnsiedlung A. Klare lineare geschlossene räumliche Komposition mit sichtbaren Grenzen und Einführung in die grüne Hauptachse (oben rechts).

Wohnsiedlung. Zentraler Platz.

Das alleenartige Grün begleitet auch die äußere Haupterschließungsstraße und die Wege (rechts).

Wohnsiedlung B

Entwurf: H. Adamczewska, Z. Łuszczynski, K. Wejchert, B. Zwolinski – 1952, Ausführung 1953–1955.

Der Bau der neuen Stadt erfolgt in Anlehnung an das alte, 10 000 EW zählende Städtchen Tychy, das wegen seines bereits seit 330 Jahren bestehenden Brauereigewerbes berühmt war.

Die Siedlung B liegt in unmittelbarer Nachbarschaft des alten Städtchens Tychy. In dem Konzept der Siedlung wurden die alten Wege und Straßen sowie teilweise auch die alte Bebauung erhalten. Im Konzept hat man die alte Stadt und die neue Stadt mit einem Platz (Marktplatz) räumlich verbunden.

Die Art der Verbindung der alten mit der neuen Stadt ist ein Beispiel für Kultur und Können ihrer Planer, aber auch ein Beweis dafür, daß die kreative Umsetzung geschichtlicher städtebaulicher Werte und Vorbilder einer von vielen möglichen Wegen ist und zum hervorragenden Ergebnis führen kann.

Die Hierarchie der Straßen und Wege wird durch differenziertes Grün begleitet. Der individuelle Charakter der Räume wird durch vielfältige architektonische Details und Bepflanzungen unterstrichen.

Der Hauptplatz der Siedlung B ist der »Bolesław-Bierut-Platz«. Hier befinden sich ein Lichtspieltheater, ein Kaffeehaus, ein Restaurant und zahlreiche Läden. Der Platz wurde 1959 mit 20jährigen Linden bepflanzt. Die Treppenhäuser mit den Beleuchtungstürmchen verleihen dem Raum einen einprägsamen Charakter.

Der Stadtteil B ist ein hervorragendes Beispiel für einen originellen, eigenständigen Städtebau, trotz relativ konventioneller Architektur. Der städtebauliche Ansatz und die Zielsetzung ihrer Schöpfer – einer Stadt einen Charakter, Maßstab und die Atmosphäre einer Kleinstadt zu geben – sind hier kreativ umgesetzt worden.

Probleme sind die in die Innenräume eindringenden Autos. Die großen Grünflächen will man jedoch erhalten. Neue Tiefgaragen und Gebäude schließen die Höfe und schirmen von dem Verkehr ab.

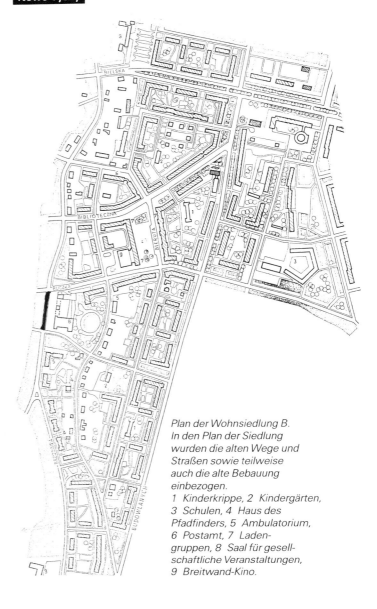

Plan der Wohnsiedlung B. In den Plan der Siedlung wurden die alten Wege und Straßen sowie teilweise auch die alte Bebauung einbezogen.
1 Kinderkrippe, 2 Kindergärten, 3 Schulen, 4 Haus des Pfadfinders, 5 Ambulatorium, 6 Postamt, 7 Ladengruppen, 8 Saal für gesellschaftliche Veranstaltungen, 9 Breitwand-Kino.

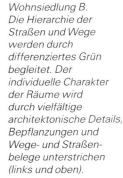

Wohnsiedlung B. Die Hierarchie der Straßen und Wege werden durch differenziertes Grün begleitet. Der individuelle Charakter der Räume wird durch vielfältige architektonische Details, Bepflanzungen und Wege- und Straßenbeläge unterstrichen (links und oben).

Der Hauptplatz der Siedlung B, der »Bolesław-Bierut-Platz«, bildet mit zahlreichen kulturellen Einrichtungen und schönen Geschäften den Mittelpunkt des Stadtteils.

Innenräume der großen Wohnblocks sind Grünräume, in denen sich vielfältige Gemeinschaftseinrichtungen befinden.

Wohnsiedlung C

Planung: H. Adamczewska, J. Czyż, A. Skopinski, Z. Luszczynski, K. Wejchert, T. Bobek, B. Seredynski. Wege: B. Zwolinski, Grün: H. Okolówiczowa.

Der Stadtteil C befindet sich in der Nähe des Stadtzentrums. Dieser Stadtteil wurde in industrieller Bauweise mit Großelementen gebaut – die »Große Plate« setzt sich immer mehr durch. Man hat viele Wohntypen entwickelt und ein differenziertes Erscheinungsbild angestrebt: Die »weiche« Form von Straßen und Blocks wurde erhalten. Die dominierende 4geschossige Bebauung hat noch den menschlichen Maßstab der ersten Stadtteile.

Die Innenräume der Wohnblocks werden größer, so daß man die Geschlossenheit der Räume nicht mehr wahrnehmen kann. In den Innenhöfen erscheinen die ersten Punkthäuser, die oft nachträglich gebaut wurden.

Infrastruktur: Die vielfältigen Gemeinschaftseinrichtungen befinden sich innerhalb der Blocks und gliedern die großen Grünflächen wie das Gesundheitszentrum.

Die großzügigen schönen Grünflächen der Wohnblocks sind durch differenzierte Bepflanzung geprägt, einige werden als »Schrebergärten« genutzt.

Das architektonische Erscheinungsbild wird von industrieller Bauweise geprägt. Der Wohnkomplex A und B wurde in teilweise traditioneller Bauweise gebaut, dieses war zeit- und arbeitskraftaufwendig. Ab 1955 wurde die Präfabrikation im großen Maßstab eingesetzt.

Wichtiger Faktor ist u. a. die sinkende Zahl an angewendeten Bauelementen, es ist der Anfang eines Prozesses in Richtung »Wohnungsproduktion«.

Das Verkehrssystem führt eine weitere Trennung von Fußweg, Fahrradweg und Fahrstraße ein. Die großen Flächen zwischen den einzelnen äußeren Erschließungswegen und die inneren Wege mit ihren Flächenreserven lassen die Motorisierungsprobleme teilweise lösen.

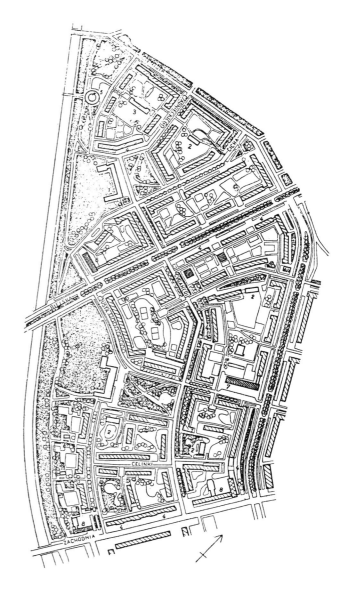

Plan der Wohnsiedlung C.
1 Schulen, 2 Kindergärten, 3 Ambulatorium, 4 Ladengruppen, 5 Haltestelle Tychy-Zachód (Tychy-West), 6–7 zehnstöckige Hochhäuser, 8 Bürohäuser.

Der Stadtteil charakterisiert jedoch ein eigenes individuelles Stadtbild und hohe Wohnqualität.

Schlußbemerkung:

Die städtebaulichen Konzepte der Siedlungen A, B, C werden durch ein geschlossenes räumliches Konzept charakterisiert, unterstützt durch das charakteristische Stadtbild und die individuell gestalteten Außenanlagen von hoher Qualität.

Die zahlreichen Versorgungs-, Gesundheits- und Gemeinschaftseinrichtungen sowie Sport- und Rekreationsmöglichkeiten führen zu einer hohen Wohnzufriedenheit. Probleme entstehen bei der Lösung von Parkierungsmöglichkeiten; die relativ geringe Dichte und die breiten Straßen sind jedoch gute Voraussetzungen für einfache Lösungen.

Konstruktivismus und Funktionalismus prägen die Architektur der Siedlung.

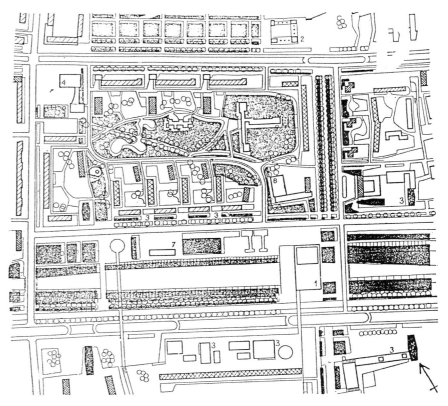

Wohnsiedlung D.
1 Bahnhof Tychy-Zentrum,
2 Rathaus, 3 Verkaufsstellenkomplex,
4 Warenhaus mit Restaurant,
5 Hotel, 6 Stadtbibliothek, 7 Postamt,
8 Hochgarage, 9 Schule,
10 Kindertagesstätte.

Wohnsiedlung D

Entwurf: H. Adamczewska-Wejchert, K. Wejchert, T. Bobek

Dieser Wohnkomplex hat neben der Wohnfunktion auch die Funktion des Stadtzentrums. Das räumliche Konzept mit teilweise differenzierter raumschließender Wohnbebauung und solitären Hochhäusern in einem klaren städtebaulichen Plan ergibt ein vollständig anderes Stadtbild.

Die inneren Räume des Wohnkomplexes sind von Grün definiert. Die Hochhäuser dominieren über die Dienstleistungs- und Handelspavillons.

Die zwei Hauptachsen: Zentraler Bahnhof, Park und Bahnlinie sind im Plan und in der Realität erlebbar. Die Dimension des Straßen- und Bahneinschnitts wirkt trennend.

Hochhäuser im Kontakt mit altem Baumbestand, Kreuz am alten, erhaltenen Dorfweg und traditioneller Markt sind trotz internationaler Architektur stark prägende Erlebnisbereiche. Die deutliche Verbindung zwischen Elementen einer Kleinstadt und Formen einer neuen Wohnstadt prägen das Wohngebiet, hier spielt sich ein großer Teil des städtischen Lebens ab.

Der alte Dorfweg mit Kreuz und altem Baumbestand sowie der traditionelle Markt sind bestimmende Elemente des Raums.

Nowe Tychy

Suche nach neuen Formen, Ende der siebziger, Anfang der achtziger Jahre. Die Gliederung erfolgt durch unterschiedliche Bebauung, Terrassenhäuser, Farbe und Details. Wohnsiedlung »Magdalena« 1971–1974. Eine Wohnbebauung in linearer Form und große innere Grünräume kennzeichnen das räumliche Konzept. Architekten: H. Adamczewska, M. Czyżewska, K. Wejchert.

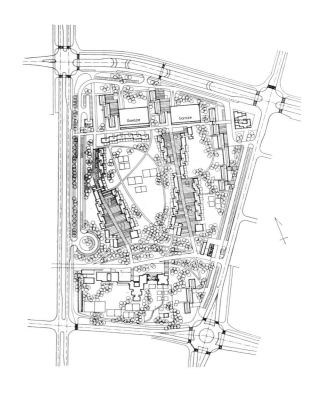

Nowe Tychy – der südliche Teil der Stadt
Der südliche Stadtteil wurde erst nach 1965 in Angriff genommen. Der nördliche, fertig gebaute und der südliche Stadtteil, getrennt durch die im Graben gelegene Bahnlinie, werden durch mehrere Brücken und den Hauptbahnhof verbunden. Die Hochhäuser im zentralen Bereich der Stadt, an der Grünachse, akzentuieren die städtebauliche Komposition. Jedoch die Dimension der Räume ist für einen Fremden orientierungsfeindlich. Die architektonische Form und Details dieser ersten Phase der internationalen Architektur haben oft rationellen-brutalistischen Charakter.

In Tychy wie auch in vielen anderen Städten entstanden Häuserfabriken. »... 1977 produzierte man 12 000 Zimmer pro Jahr. Die ersten präfabrizierten Platten verwendete man in Tychy 1955 bei quergelegten Tragwänden, dabei erreichte man eine große individuelle Gestaltungsfreiheit. Präfabrikation schließt die Individualität der Architektur nicht absolut aus. Die Rolle des Urbanisten ist, individuelle Räume zu gestalten, um vor Uniformierung zu schützen. Die Anonymität der Architektur der siebziger Jahre liegt in den Arbeitssystemen der großen Büros, aber auch in der pseudo-ökonomischen Argumentation, die sich nur auf die Erstellungskosten bezieht und die humanen Aspekte nicht berücksichtigt. Die Organisation der Baudurchführung bestimmt die städtebaulichen Konzepte.« (Wejchert)

Die Siedlung F 2 ist stark durch die Lage der Kräne und die Organisation der Bauarbeiten geprägt. Dies führte zu extremer Kritik vieler Architekten. Wejchert schrieb: »Das Beugen der räumlichen Komposition und der architektonischen Proportionen der technologischen Erfordernisse der Kran-Montage ist eine große Gefahr. Die Tore der Krans verschwinden nach der Bauphase – aber der Raum bleibt die tägliche Umgebung von Menschen...«

Die Kritik und die Erfahrungen führten dazu, daß trotz schwerer Rahmenbedingungen in dem südlichen neuen Stadtteil viele interessante Siedlungen gebaut wurden, die nach T. Schafer zur 2. und 3. Phase gehören. Die Qualität der einzelnen Siedlungen »Olga«, »Natalia«, »Karolina« (Maria i Andrzej Czyzewscy, Anna Kuszewska, Andrzej Ostrowski) ist den Verhältnissen und Normen entsprechend relativ hoch, es sind interessante Beispiele für die Suche nach individueller Gestaltung sowohl mit städtebaulich als auch architektonisch einfachen Mitteln.

Die gewünschte Vielfalt von Formen (trotz 80prozentiger Realisierung mit Großplattentechnologie) wird durch die Modulierung der Masse, die Höhenunterschiede, durch Farbe und Details erreicht. Loggien, Balkons und individuell gestaltete Eingangsbereiche und Dachformen tragen zur Identifikation und Orientierungsfreundlichkeit bei, dies besonders innerhalb der Siedlungsbereiche. Diese Qualitäten sind jedoch durch die Weite des Außenraums und das nicht ausreichend gestaltete Wohnumfeld zu wenig erlebbar.

Hohe Qualitäten zeigt die Wohngruppe »Magdalena« (Planung: H. Adamczewska-Wejchert, M. Czyzewska, K. Wejchert). Dort gelang es, mit inneren Straßen große Räume mit Spielplätzen in der Mitte zu gestalten, die von interessanter Form und freundlicher Farbgebung sind.

Nowe Tychy

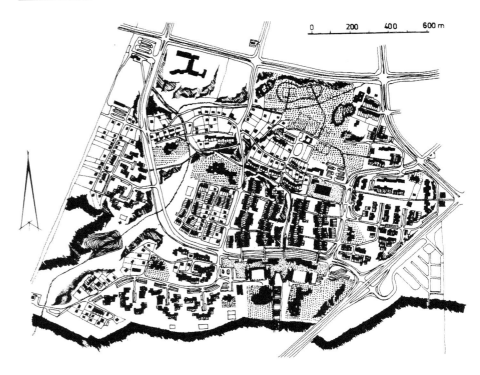

*Wohnkomplex »Stella«
(Planung:
H. Adamczewska-Wejchert,
K. Wejchert, Maria und
Andrzej Czyżewscy,
M. Dziekonski,
J. Włodarczyk u. a.).*

*Die Integration
von natürlicher und
gebauter Umwelt lag
der räumlichen
Komposition zugrunde.
Der alte Baumbestand
wurde sorgfältig
erhalten.*

*Einfamilienreihenhäuser aus
Stahlbetonelementen mit großen
Grundstücken und Mehrfamilien-
häuser im menschlichen Maßstab.*

Ausdruck von neuen Trends im Städtebau und in der Architektur ist der Wohnkomplex »Stella«. Das Wohnviertel »Stella«, aufgebaut in Anlehnung an ein Nest, ist ein Beweis für die Suche nach neuen Siedlungsformen und Modifikation städtebaulicher Tendenzen, man kehrt zum kleineren architektonisch und städtebaulich menschlicheren Maßstab zurück. Die Architektur, trotz industrieller Bauweise, wirkt lebhaft und freundlich. Die städtebaulichen Konzepte und architektonische Gestaltung reflektieren die Aufgeschlossenheit und Suche nach neuen Wegen.

Die breite Kritik der Architekten und Bewohner führte Ende der siebziger Jahre zu neuen städtebaulichen und architektonischen Siedlungskonzepten. Wissenschaftliche Arbeiten wurden zur Grundlage für die Suche nach neuen Siedlungs- und Wohnformen, welche die festgelegten Normen und Vorschriften überschritten. Die Rückbesinnung auf kleine räumlich definierte Einheiten, auf differenziertere architektonische Formen u. a. mit steilen Dächern und höherem Wohnstandard ist nur ein Teil der neuen Trends. Das wichtigste aber ist, daß Planung von Siedlungen als Umweltgestaltung unter ökologischen Gesichtspunkten gesehen wird. Die Integration von gebauter und natürlicher Umwelt ist die Hauptzielsetzung des heutigen Städtebaus. Die dargestellten Städte und Anmerkungen über die Konzeption während eines Zeitraums von vierzig Jahren beziehen sich auf eine Epoche, die in Polen grundsätzliche Veränderungen in ungewöhnlicher Geschwindigkeit brachte. Der Investitionsmaßstab, die sich wandelnden Bedürfnisse und das Tempo des Wachstums der Städte führen zu radikalen Veränderungen der Umwelt. Anstelle der Städte wachsen immer mehr ausgedehnte Stadtagglomerationen, die viele Probleme mit sich bringen, besonders im Bereich der Verkehrssysteme und der Umwelt.

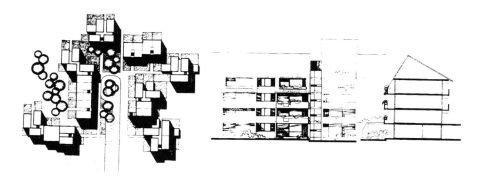

Siedlung Stella. Wohngruppe. Konzept einer Nestbebauung. Ansicht, Schnitt.

1.4 Schlußbemerkung

Die Konzeption der funktionellen und räumlichen Struktur der beiden dargestellten Städte ist unterschiedlich. Dies ist besonders deutlich an der räumlichen Organisation von Arbeit, Wohnen und gesellschaftlichen Versorgungszonen zu erkennen.

Ursprung dieser Konzepte sind Forschungen progressiver Städtebauer des Westens und des Ostens in den zwanziger und dreißiger Jahren, die Protest gegen das funktionelle Chaos der frühen industriellen Städte ausdrücken.

Die vorausgehenden theoretischen Modelle und Projekte der polnischen Avantgarde hatten u. a. auch auf die europäischen städtebaulichen Ideen Einfluß. 1933 fand der IV. CIAM-Kongreß statt, auf dem die Grundsätze der »Städtebaulichen Charta« ausgearbeitet wurden. 1941 wurde im Paris der Besatzungszeit die umfassende »Charta von Athen« erarbeitet und veröffentlicht. Neben vielen progressiven europäischen Architekten leistete auch die große polnische Gruppe ihren intellektuellen Beitrag (u.a. Helena, Szymon Syrkus).

»Das gegenwärtig in der VR Polen übernommene Prinzip der Siedlungseinheit hat seinen Ursprung in mehreren Konzeptionen der Organisation von Wohnkomplexen, wie sie nach dem Ersten Weltkrieg skizziert wurden.« (Goldzamt)

»Die erste Form war die für die angelsächsischen Länder charakteristische Nachbarschaftseinheit (neighbourhood unit) von C. A. Perry.

Die zweite war die Konzeption der sozialen Siedlung, wie sie sich in den Ländern Mitteleuropas und vor allem in Polen und in Deutschland entwickelte. Die in Polen während der Besatzungszeit konspirativ durchgeführten theoretischen Studien ergaben die Definition der Grundsätze der sozialen Siedlung. Diese Formulierungen finden sich in den Arbeiten der konspirativen Werkstatt für Städtebau und Architektur, und zwar in den Ausarbeitungen von Helena und Szymon Syrkus.« (Goldzamt)

Im Verlauf des Wiederaufbaus werden viele vor dem Krieg ausgearbeitete, rationale städtebauliche Grundsätze in die Praxis umgesetzt. Es kommt zu Modifizierungen und zur Revision. Dies betrifft z. B. besonders das Verflechtungsschema der Industrie mit den Wohnzonen, die eine starke Konzentrationstendenz und ein großes Wachstum aufweisen.

Die Zeit zwischen 1950 und 1955 zeichnet sich durch die Industrialisierung und die völlige Zentralisierung des Wohnungsbaus in der Hand des Staates aus.

»Die Okkupation, Kriegszerstörungen, die schweren Verhältnisse, der Pathos des Wiederaufbaus sowie der Glaube an die unbegrenzten Möglichkeiten der Humanisierung des Lebens in einer neuen Wirklichkeit – dies alles gab der Suche nach neuen Wegen in den ersten Nachkriegsjahren den Stempel der Ehrlichkeit, des Engagiertseins.«

Diese extensive Phase führte zu bestimmten sozialen Effekten: »Nach 1955/56 zeichneten sich im Zusammenhang mit der Entwicklung des Wohnungsbaus interessante Konzeptionen der sozialräumlichen Organisation der Siedlungsgebiete ab.« Gleichzeitig »beginnt man, in großem Maßstab das Finanzierungssystem der Wohnungsbauinvestitionen umzugestalten und eigene Mittel aus der Bevölkerung mit einzubeziehen«. (Goldzamt)

Nach der Moskauer Baukonferenz unter Chruschtschow wurde eine Umorientierung eingeleitet, die seither auf eine Rationalisierung und einen Funktionalismus zustrebt. Ähnlich wie in den westlichen Staaten führte die unkritische Zustimmung zu neuen Techniken und Baustoffen sowie zu einer Rationalisierung zu einer Minimalisierung und Reduktion von Formen und Details bis hin zu einem baulichen Vulgärfunktionalismus.

In den letzten Jahren werden intensive Bemühungen sichtbar, durch Kleinmaßstäblichkeit und städtebauliche und architektonische Gestaltung den Wohnkomplexen einen »individuellen« Charakter zu geben. Die finanziellen Möglichkeiten sind allerdings sehr beschränkt.

Übergreifend ist in den dargestellten zwei Städten die Tendenz zur räumlichen Erfassung der funktionellen und sozialen Beziehungen im hierarchischen System der Dienstleistungen sichtbar. Dieses Netz wird von einem gesamtbezirklichen Zentrum zusammengeschlossen, das sich wiederum funktionell und räumlich mit dem gesamtstädtischen Zentrum verbindet.

Nowa Huta und Nowe Tychy sind zwei verschiedene Städte von vielfältigem, konzeptionellem Reichtum. Die Aufgabe dieser Arbeit ist es nicht, Geschichte zu schreiben, damit werden sich zukünftig viele Wissenschaftler befassen, sondern diese beiden originellen Stadtorganismen, die Zeugen des Städtebaus der letzten 38 Jahre sind, einem breiten Kreis von Menschen vorzustellen, denn Architektur und Städtebau sind ein Spiegelbild herrschender Verhältnisse.

Entwicklungsmerkmale der Beispielstädte im Vergleich: Probleme und Zukunftsperspektiven

Die im vorhergehenden Abschnitt dargestellten Beispiele zeigen die jeweils eigene unverwechselbare Geschichte und Eigenart jeder der betrachteten »Neuen Städte«. Dennoch gibt es bei allen Unterschieden in der Ausgangslage genügend gemeinsame Wesenszüge, die auf der skizzierten breiten zivilisatorischen Grundströmung beruhen und die einen systematischen Vergleich lohnend erscheinen lassen.

Dieser Vergleich kann wegen der nicht repräsentativen Auswahl der Beispiele nur qualitativer Natur sein. In den erfaßten verallgemeinerbaren Merkmalen liegt jedoch nach unseren Untersuchungserfahrungen der besonders aussagekräftige Aspekt, weil die spezifischen Einzelmerkmale quantitativ fast nur im jeweiligen örtlichen Kontext interpretierbar sind.

Folgende Merkmale werden diskutiert:
- Einbindung in die Regionalstruktur,
- Organisation der Planung, Durchführung und Verwaltung,
- Rationalisierung und Industrialisierung der Bauproduktion,
- Entwicklungsphasen der Bevölkerung und Infrastruktur,
- Entwicklungsphasen der stadträumlichen Gestalt.

Dabei werden jeweils nur diejenigen der untersuchten »Neuen Städte« herangezogen, die für den diskutierten Sachverhalt besonders bezeichnend sind.

1 Einbindung in die Regionalstruktur

Unter den Anlässen, nicht nur möglichst viele Wohnungen zu bauen, sondern eine »Neue Stadt« zu konzipieren und zu realisieren, läßt sich – wie schon in der Einleitung erwähnt – eine immer wiederkehrende Begründung feststellen: Die Reform der Stadt des 19. Jahrhunderts.

Die Beseitigung der großen Wohnungsnot wurde mit dem Ziel verbunden, die überkommene Stadtstruktur großzügig zu verändern in Richtung einer Dezentralisierung und Auflockerung mit den Mitteln neuer, in sich geschlossener und wenigstens teilweise eigenständiger Siedlungseinheiten.

Dieses stadtregionalplanerische Ziel ist in den verschiedenen Ländern, je nach politischer und ökonomischer Gesellschaftsordnung, politisch unterschiedlich eingefärbt und akzentuiert, so daß man hier durchaus von einer gewissen »Systemkonkurrenz« in der Ausprägung der gemeinsamen zivilisatorischen Grundströmung sprechen kann.

Dabei war der Grad der regionalpolitischen Vorbereitung und Organisation in den verschiedenen Ländern sehr unterschiedlich.

In Skandinavien war die Dezentralisierung der Großstädte Stockholm und Helsinki durch eine frühe und weitsichtige Regionalplanung vorbereitet worden. In Stockholm wurde die Realisierung der »Neuen Städte« besonders durch die vorsorgende Bodenvorratspolitik und Bodengesetzgebung erleichtert – ein fast einmaliger Fall in der Geschichte des modernen Städtebaus.

In Polen wurde der Standort für Tychy durch eine großzügige und für ihre Zeit hochqualifizierte Regionalplanung für das schlesische Industriegebiet vorbereitet (GOP-Plan), während dies für Nowa Huta nicht der Fall war; hier waren neben rational-ökonomischen Begrün-

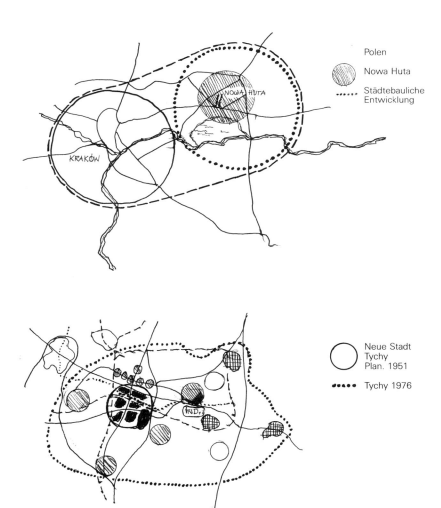

Polen

Nowa Huta

Städtebauliche Entwicklung

Neue Stadt Tychy Plan. 1951

Tychy 1976

278

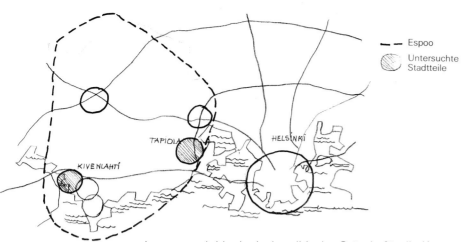

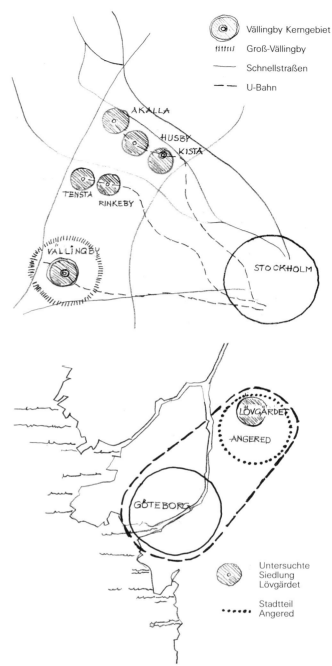

dungen auch ideologisch-politische Gründe für die Konzipierung der Neuen Stadt ausschlaggebend.

Beide Städte sollten Beispiele für die Ausprägung der neuen sozialistischen Gesellschaftsordnung sein. Am Beispiel Nowa Huta, das ganz bewußt als sozialistischer Gegenpol zum traditionsreichen, bürgerlichen Krakow/Krakau gesehen wurde, wird der Aspekt der »Systemkonkurrenz« besonders deutlich.

In der Bundesrepublik hat nur die Neue Stadt Wulfen eine ausgeprägt regionalplanerische Begründung. Mit dieser Neuen Stadt sollte eine neue Generation von Kohlenzechen und zugeordneten neuen Industriezweigen erschlossen werden.

Die jeweils spezifische Lage und Entwicklung in der Region schlägt sich auch nieder in den unterschiedlichen regional-politischen Entscheidungsstrukturen, in welche die Neuen Städte eingebunden wurden: Das anfangs kommunalpolitisch selbständige Tapiola wird trotz enger kultureller und ökonomischer Verflechtungen mit Helsinki in die Flächengemeinde Espoo eingemeindet und wird hier zu einem wichtigen Regionalzentrum.

Nowa Huta ist zwar in Krakau eingemeindet, dank seiner Größe und ökonomischen Potenz sowie seiner sozialen Eigenart ist aber eher von einer politischen Bipolarität zu sprechen.

Nowe Tychy ist umgekehrt zum Ausgangspunkt und Zentrum einer neuen Industrie-Agglomeration geworden: Die umliegenden Gemeinden sind nach Nowe Tychy eingemeindet worden.

In der Nordweststadt Frankfurt waren bei der Konzipierung des Zentrums durchaus stadtregionale Dezentralisierungsziele wesentlich, die sich erst heute, nach Jahren des Mißerfolgs des Zentrums und einem Umbau, zu erfüllen beginnen.

Alle anderen Beispiele in Deutschland und Schweden waren von vornherein als politisch unselbständige Stadtteile einer hochverflochtenen, aber deutlich durch Grünzüge gegliederten Stadtregion konzipiert, freilich fast immer auch mit dem Ziel eigener oder eng zugeordneter Arbeitsbereiche.

Eine Ausnahme bilden die ursprünglichen Überlegungen zur Bildung einer selbständigen Gemeinde Angered-Bergum, das dann jedoch letztlich zu Göteborg eingemeindet wurde.

Trotz dieser Verflechtung ist das Ideal der »Eigenständigkeit« als ein bestimmendes Strukturmerkmal noch bei allen Beispielen deutlich erkennbar: Auch abhängige Großsiedlungen wurden gestaltet wie »Neue Städte« und setzten sich in der Form bewußt ab von den anschließenden Siedlungsgebieten. Eine wesentliche Ausnahme bildet Nowe Tychy, das bewußt in seiner Ausgangsplanung an die Struktur des bestehenden Dorfes anknüpft.

Die Gemeinbedarfseinrichtungen sind meistens nicht als Bereiche ausgebildet, welche die bestehenden älteren Stadtteile mit der Neuen Stadt verbinden, sondern als deutlich ausgeprägtes Zentrum inmitten der Neuen Stadt, das somit deren Eigenständigkeit hervorhebt.

Eine wichtige Ausnahme bildet wiederum Tychy, wo zuerst das Zentrum als bewußtes Verbindungsglied (Stadtteilzentrum) zwischen Alt und Neu eingesetzt ist, als Ansatz für die Neue Stadt, bis es zum Bau des Hauptzentrums kam.

Mit Ausnahme der Stadtregion Stockholm, wo die U-Bahn das grundlegende regionale Strukturelement für die Anlage der neuen Städte darstellt, ist bei allen übrigen Beispielen der öffentliche Nahverkehr zwar vorgesehen, bildet aber meist kein bestimmendes Strukturmerkmal der Planung: Nur in der Waldstadt Karlsruhe und in Mannheim-Vogelstang ist die Straßenbahn von planungskonzeptioneller Bedeutung.

Bei allen untersuchten Beispielen - außer bei Tychy – hat sich die angestrebte »Eigenständigkeit« als wenig tragfähig erwiesen, überall hat sich die arbeitsteilige Verflechtung als dominant gezeigt:

Bei manchen der erfolgreichen »Neuen Städte« ist es zu einer wechselseitigen Verflechtung zwischen den Zentren der »Mutterstadt« oder den umliegenden bestehenden Städten und dem Zentrum der »Neuen Stadt« gekommen. Hierzu gehören z. B. Vällingby und Kista, aber auch Nowa Huta.

In den meisten der untersuchten Beispiele der zweiten Generation bleibt die Funktion ganz überwiegend auf das Wohnen beschränkt, die übrigen Sektoren haben sich nicht im geplanten Sinne weiterentwickelt, und die Zentren haben sich nicht über eine für die lokale Versorgung hinausgehende Bedeutung entfalten können. Hierzu gehören alle deutschen Beispiele, aber auch z. B. Göteborg-Lövgärdet und die Siedlungen aus der Region Stockholm außer Vällingby und Kista. Letzteres war von vornherein als Regionalzentrum konzipiert, während Vällingby sich schrittweise von einem Lokal- zu einem Regionalzentrum entwickelt hat.

Das Ziel der Eigenständigkeit im stadtregionalen Zusammenhang wurde nur in wenigen Fällen erreicht und die problemlosen »Neuen Städte«, die sich nicht zu Regionalzentren entwickeln konnten, sind heute diejenigen, die sich als ganz normale Stadtteile in das arbeitsteilige Gefüge der Stadtregion einfügen konnten. Dort, wo diese Einbindung meist aufgrund mangelnder Anbindung an den öffentlichen Nahverkehr und schlechter Standortbedingungen nicht gelang, bestehen heute die größten Probleme für die Zukunftsentwicklung.

1.1 Organisation der Planung, Baudurchführung und Verwaltung

Für die Planungsorganisation und die Durchführung von »Neuen Städten« gab es nach dem Krieg kaum gebaute Vorbilder. Man bezog sich auf die beiden alten Gartenstädte in England und auf die New Towns des Architekten und Planers Clarence Stein aus der »New Deal Periode« der USA, mußte aber dann wegen der vollständig andersartigen Situation eigene Wege gehen.

Für die Entwicklung der neuen Organisationsformen war jeweils das politische Milieu in den verschiedenen Ländern und Städten prägend. Wir können hier staatlich-zentralistische Entwicklungsgesellschaften (Polen), staatlich-private Mischformen von Planung und Baukonzernen (Schweden), sozialwirtschaftlich-orientierte Stiftungen (Finnland), gewerkschaftseigene, gemeinwirtschaftlich ausgerichtete Unternehmen (Neue Heimat), öffentlich kontrollierte, privatrechtlich organisierte Entwicklungsgesellschaften und kommunaleigenständige Unternehmen (Bundesrepublik) unterscheiden.

In vielen Fällen bot anfangs die Bodenordnung besondere Probleme. Nur in einem Fall konnte die Planung auf einer weitsichtigen öffentlichen Bodenvorratspolitik aufbauen. Das Musterbeispiel hierfür ist Stockholm, und nur in Polen wurde - trotz z. T. heftigen Widerstands der Bauern - der Boden weitgehend enteignet, wobei es gewisse Entschädigungen nach Vorkaufsrecht gab. In allen anderen Fällen mußte der Boden weitgehend auf einem freien Markt aufgekauft werden, weil es besondere gesetzliche Vorkaufsrechte wie in England für die New Town Corporations nicht gab, oder man mußte auf alte staatliche Liegenschaften zurückgreifen, wie dies besonders in der Bundesrepublik der Fall war: Mainz-Lerchenberg ist z. B. auf einem ehemaligen staatlichen Forstgelände entstanden, ebenso Heidelberg-Emmertsgrund und Karlsruhe-Waldstadt.

Die jeweilige Verfügbarkeit des Bodens hat somit die Standortwahl mindestens ebenso stark mitbestimmt wie stadtentwicklungsplanerische Überlegungen, dies gilt insbesondere für die dichtbesiedelte, kleinparzellierte Bundesrepublik mit starker Eigentumsideologie, die in fast allen Fällen zu langwierigen Bodenordnungsverfahren zwang.

Die Gespräche weisen hier eine Reihe von bezeichnenden anekdotenhaften Geschichten auf, die das bis heute ungelöste Problem beleuchten. Die Anfänge der Neuen Städte sind meist untrennbar verbunden mit Tricks am Rande oder außerhalb der Legalität, um die private Bodenspekulation zu überspielen – Geschichten, die kaum je aktenkundig geworden sein dürften!

Diese unterschiedlichen polit-ökonomischen Grundstrukturen in den untersuchten Beispielen haben zwar zu großen Unterschieden in der Organisation der Planung und Durchführung geführt, zurückzuführen auf den unterschiedlichen gesellschaftlichen Reichtum, auf den Grad an politischer Zentralisierung, auf die soziokulturelle Tradition und nicht zuletzt auf das Vorhandensein oder das Fehlen maßgebender Persönlichkeiten.

Deutlich wird aus den Berichten der von Anfang an Beteiligten aber auch, daß der Spielraum für »hoheitliches Handeln«, wenig beeinflußt vom »einfachen Bürger«, in jenen Jahren überall viel größer war, und zwar in allen untersuchten Ländern und Städten, unabhängig von ihrer politischen Verfassung. Deshalb war die Durchführung in allen untersuchten Beispielen, nicht wie heute, geprägt von Bürgerkonflikten – man war in der Not sehr viel dankbarer für das Neue, was zu einer grundsätzlich konstruktiven und positiven Einstellung führte.

Die auf wenige Jahre konzentrierte riesige Wohnungsproduktion führte in der Mehrzahl der Beispiele, unabhängig von der politischen Struktur der Auftraggeber, zur Bildung großer Wohnungsbauunternehmen, die mit dem Eigengewicht ihrer Kapitalkonzentration sowie ihrer bürokratischen Organisations- und technokratischen Produktionsformen die »Neuen Städte« weitgehend geprägt haben, insbesondere die der zweiten Generation, in denen sich die Kapital- und Entscheidungskonzentration mit der Konzentration der Industrialisierung der Bauweise verband und der Einfluß der Architekten immer schwächer wurde.

In vielen Fällen ist es nicht gelungen, die in der Organisation und Produktion enorm leistungsfähigen Apparate auf differenzierte architektonische Gestalt zu verpflichten. Zu diesen Beispielen gehören die meisten schwedischen Siedlungen und die der Bundesrepublik der zweiten Generation.

Dagegen ist es in anderen Beispielen durchaus gelungen, trotz Rationalisierung der Bauproduktion und großer Durchführungsorganisation eine differenzierte Qualität zu erzielen.

Besonders auffällige Ausnahmen von der Übermacht der Apparate bilden Tapiola mit einer von Anfang an dezentralen Durchführungspolitik, die eine kongruente Zielsetzung von Planern, Architekten und Durchführungsapparaten förderte, so wie Tychy, mit starken, durchsetzungsfähigen Planerpersönlichkeiten und besonderen Gestaltungsfragen gegenüber offenen Planungsorganisationen in Form von spezifischen Entwicklungsgesellschaften und Stiftungen (Tapiola).

Das Verhältnis der planenden Architekten zu den Durchführungsorganisationen war durchaus zwiespältig: Einerseits erfuhren sie den schwindenden Einfluß, den sie auf die Durchführung hatten, andererseits kam aber die Machtkonzentration mit ihren zentralen Entscheidungswegen und die kurzzeitigen Realisierungsmöglichkeiten ihrer aufgeklärt-technokratischen Heilsgewißheit und ihrem missionarischen Omnipotenzbewußtsein durchaus entgegen.

Der Übermacht der Apparate standen die Planer häufig auch deswegen so hilflos und zwiespältig gegenüber, weil die Architektenplaner in der Regel von der technischen Entwicklung zu unvorbereitet überwältigt wurden und der vorherrschenden, überwiegend ökonomisch und soziologisch gefärbten Stadtideologie keinen eigenen theoretisch fundierten Standpunkt entgegenstellen konnten, der sich demgegenüber durchsetzen ließ.

Die Machtzusammenballung in Großorganisationen mit ihrer zentralgesteuerten Planung und Wohnungsproduktion setzte sich später fort in der zentralen Verwaltung der Wohnungen und Gemeinbedarfseinrichtungen, die dann letztlich zu den schwerwiegendsten Problemen der »Neuen Städte« geführt hat, zu der Entfremdung der Bewohner von ihrer Siedlung, die weder bei der Planung noch beim Bau, noch bei der Verwaltung und Erneuerung beteiligt sind.

Die Gefahr der Entfremdung wurde jedoch wenigstens zum Teil schon früh erkannt: In Tapiola gab es von Anfang an eine eigene Zeitung, und die Bindung der Bewohner durch modifizierte Eigentumsbildung wurde zu einem durchgehenden Prinzip der Belegung. In Karlsruhe-Waldstadt und Mainz-Lerchenberg wurde versucht, der Entfremdung durch kleine, sich voneinander deutlich unterscheidende Wohn-Gruppierungen entgegenzuwirken. In Vogelstang wurde großer Wert auf eine hochqualifizierte Mieterbetreuung gelegt, in den polnischen Neuen Städten wurden eigene Büros für die Bewohnerunterstützung auf der Ebene des Wohnblocks (Quartier) eingerichtet, in Schweden wurde die Sozialarbeit verstärkt und differenziert.

Ausmaß und Auswirkungen der Entfremdung sind stark beeinflußt von der sozialen Zusammensetzung der Bevölkerung: Je schlechter der Bildungsstand, je niedriger das Einkommen und je höher die Arbeitslosenrate sind – je stärker also die Bevölkerung auf ihr Wohnumfeld unmittelbar angewiesen ist –, desto verhängnisvoller wirkt sich die Entfremdung aus.

Die Konsequenzen bestehen, insbesondere in den Neuen Städten der zweiten Generation, in einer nur sehr lockeren emotionalen Bindung an die »eigene« Siedlung, mit der Folge hoher Fluktuation. Wer dort aus ökonomischen und sozialen Gründen »zwangsseßhaft« ist, kann sogar Haß auf die Wohnumwelt entwickeln, mit der Folge des Vandalismus, denn eine solche entfremdete Umgebung ist eine ideale Projektionsfläche für Mißstände, auch für solche, die ursächlich mit der Siedlung wenig zu tun haben.

Zu den Beispielen mit schlechter Belegungspolitik, in denen Entfremdung und Vandalismus nicht erfolgreich verhindert werden konnten, gehören Heidelberg-Emmertsgrund, Göteborg-Lövgärdet und Stockholm-Tensta-Rinkeby: »Neue Städte« der zweiten Generation, zum Teil mit ausgeprägten städtebaulichen Großformen, die einer sozialen Aneignung besonders großen Widerstand entgegensetzen.

Die Unterschiede zwischen den untersuchten Neuen Städten sind in dieser Hinsicht jedoch sehr groß; in einigen Beispielen sind – wie oben skizziert – die mit der allmächtigen Großorganisation verbundenen Gefahren, zum Teil noch während der Planungs- und Bauzeit, z. T. noch gerade rechtzeitig hinterher, erkannt und neue Formen der Beteiligung der Bewohner entwickelt worden.

Die »Rückführung« der Neuen Städte in das ganz normale, soziale, kommunalpolitische, ökonomische und verwaltungsmäßige Gefüge der jeweiligen Stadtregionen ist jedoch besonders in den kritischen Siedlungen der zweiten Generation häufig eine immer noch anstehende Aufgabe.

1.2 Rationalisierung und Industrialisierung der Bauproduktion

Die Rationalisierung der Bauproduktion war ein wesentlicher Programmpunkt der Charta von Athen und Bestandteil der meisten Planungskonzeptionen der Neuen Städte:
Zur Begeisterung für den Fortschritt und die Technik als Instrument der Menschheitsbefreiung gehörte von Anfang an auch die Forderung, die in ihrer Produktionsweise so rückständige Bautechnik in Richtung Serienfertigung und Montagebauweise zu industrialisieren.
Der Grad der Rationalisierung der Bauproduktion war in den betrachteten »Neuen Städten«, je nach Bauzeit und sozio-ökonomischem Hintergrund, jedoch sehr unterschiedlich.
Die früheren Großsiedlungen der ersten Generation zeigten zwar im Lageplan durchaus industrialisierungsfreundliche Baukörpergruppierungen (Zeilen- und Punkthäuser), über eine serienmäßige Rationalisierung der einzelnen Bauelemente ging es in jener Zeit jedoch selten hinaus: Der Bauvorgang selbst blieb überwiegend handwerklich.

Erst die später konzipierten und geplanten »Neuen Städte« der zweiten Generation in den sechziger Jahren bedienten sich in großem Umfang der industrialisierten Bauweise, vorwiegend in Großplattenmontage, die mit ihren Montagetechniken die städtebauliche Gruppierung entscheidend bestimmten.

Die planenden Architekten hatten meist kaum Einfluß auf die technische Entwicklung der Montagebauweisen, hier werden auch die verhängnisvollen Folgen der Trennung von Architektur und Bauingenieurwesen sichtbar.

Die Gründe für die Industrialisierung des Bauvorgangs selbst lagen weniger im Zweck der unmittelbaren Baukostensenkung, sondern vorwiegend in der damals noch herrschenden Überbeschäftigung, die wegen der geforderten großen Bauleistung zur Erhöhung der Kapazität des Baugewerbes und der Arbeitsproduktivität des einzelnen Bauarbeiters zwang, mit der Folge einer erheblich höheren Baugeschwindigkeit und größeren Witterungsunabhängigkeit.

Alle Länder waren in einer starken industriellen Wachstumsperiode und verfolgten das Ziel, das damals kostbare Potential der Facharbeiter auf die Investitionsgüterindustrie zu konzentrieren und nicht auf den volkswirtschaftlich vergleichsweise unproduktiven Wohnungsbau.

Die meisten Planer und Architekten standen zwar ideologisch dem Prinzip der Rationalisierung der Bautechnik und der Bauproduktion positiv gegenüber, die zur Verfügung stehenden Techniken genügten jedoch ihren Ansprüchen an gestalterische Vielfalt praktisch meist nicht. Deshalb ist ihre Einstellung auch häufig zwiespältig: Die Faszination einer erst noch zu entwickelnden Industrialisierung der Bautechnik mit Serienfertigungs- und Komplexbauweisen stand im Kontrast zum stark ausgeprägten individuellen Gestaltungswillen und zum geforderten Bautempo – es gab auch nicht annähernd die erforderliche Zeit für die Entwicklung, Erprobung und Ausreifung der industrialisierten Bauproduktionstechnik in Abstimmung mit den Anforderungen der Gestaltung: Architektur als Baukunst verschwindet nahezu.

Andererseits entsprachen die neuen Bautechniken mit ihrem enormen Produktivitätszuwachs in der Massenproduktion von Wohnungen und der großen Baugeschwindigkeit durchaus dem Bestreben der Stadtplaner, den großen konzeptionellen »Wurf« möglichst schnell und unverfälscht zu realisieren. So gesehen, gab es ein Bündnis zwischen konzeptioneller Planung und der Organisation und Technik der Realisierung.

Die Folgen dieser zwiespältigen technischen Entwicklung sind heute häufig nicht nur an der grobschlächtigen städtebaulichen Gruppierung und architektonischen Gestaltung nach dem Prinzip »Form folgt Fertigung« abzulesen, sondern auch an schweren Bauschäden: Auch die Baukostenminimierung wurde ohne Zeitperspektive optimiert.

Es ist fast tragisch, daß die industrialisierte Montagebauweise erst zu einem Zeitpunkt technisch perfektioniert wurde, als sie nicht mehr gefragt war, wie das Beispiel Göteborg-Lövgärdet drastisch zeigt.

Die Rationalisierung der Wohnungsbauproduktion ist andere Wege gegangen, nicht weiter in Richtung der seriellen Fertigung großer Elemente, sondern in der Rationalisierung einer individuell gestaltbaren Fertigungstechnik in Verbindung mit standardisierten, aber nicht bausystemgebundenen Ausbauelementen: Die Neuen Städte der dritten Generation können deswegen ohne Einbuße an Wirtschaftlichkeit eine vielfältigere, nicht mehr so penetrant vom Bausystem geprägte Gestaltung zeigen.

1.3 Entwicklungsphasen der Bevölkerung und der Infrastruktur

Die Probleme, die sich aus der Bevölkerungsentwicklung ergaben, wurden anfangs häufig unterschätzt. Dies ist zum Teil auf den Mangel an Erfahrung zurückzuführen, zum Teil aber auch auf die Überschätzung der günstigen Wirkung der gebauten Umwelt auf das Verhalten, die ein wesentlicher Bestandteil der sozialen Überzeugung der Stadtplaner war. Die Unterschätzung der sozialen Eigengesetzlichkeiten in Verbindung mit der Überschätzung der sozialen Wirkung der gebauten Umwelt, hat wahrscheinlich zum Teil zu den für viele Neue Städte heute typischen sozialen Konflikten beigetragen.

In einem Teil der untersuchten Beispiele haben sich die mit dem schnellen Bevölkerungswachstum sowie die mit ihrer altersmäßigen und sozialen Zusammensetzung verbundenen Probleme als so schwerwiegend gezeigt, daß sie zum größten Teil bis heute ungelöst sind.

Dabei sind drei Problemursachen zu unterscheiden, die freilich in den untersuchten Beispielen mit verschiedenem Gewicht auftreten: die unausgeglichene Altersstruktur, die anfänglich mangelnde Ausstattung mit Infrastruktur, insbesondere die schlechte Anbindung an den öffentlichen Nahverkehr und – am schwerwiegendsten – die unausgewogene soziale Schichtung mit einem Übergewicht sozial schwacher Bevölkerungsgruppen und sozialer Problemgruppen in räumlicher Konzentration.

Der von Anfang an unausgeglichene Altersaufbau führte zu dynamischen Veränderungen innerhalb weniger Jahre, denen die normativ festgelegte Infrastruktur nicht gewachsen war.

Die vorwiegend junge Anfangsbevölkerung in der Phase der Familiengründung hatte zahlreiche Kinder zur Folge, die wellenförmig in jeder Altersstufe neue Bedarfsprobleme erzeugten – bis zur Gegenwart, wo sich in den »Neuen Städten« der ersten und zweiten Generation schon die ersten Probleme der Überalterung der Bevölkerung zeigen, verbunden mit einem starken Rückgang der Wohndichte.

Der unausgeglichene Altersaufbau führte in den ersten Jahren in Verbindung mit den Anfangsproblemen, die mit dem Beginn jeder Neuen Stadt auf der »grünen Wiese« verbunden sind, in der ersten Generation Neuer Städte zu einer besonders drückenden mangelhaften Ausstattung mit Einrichtungen des Gemeinbedarfs: Die Zahl der Anfangsbevölkerung war noch nicht ausreichend für eine wirtschaftlich tragfähige Einzelhandelsversorgung, und die unausgeglichene Alterszusammensetzung erschwerte eine der jeweiligen Altersstufe angemessene Versorgung mit Kindergärten, Grundschulen und Jugendeinrichtungen. In den Neuen Städten der zweiten und dritten Generation wurde die Infrastruktur im allgemeinen gleichzeitig mit den Wohnungen errichtet.

Insbesondere in den meisten Neuen Städten der ersten Generation ist anfangs der Ausbau der Versorgungseinrichtungen und die Bereitstellung von Arbeitsplätzen nicht im Einklang gewesen mit den Bedürfnissen der Bevölkerung, dieser Mangel der Unterversorgung konnte erst später korrigiert werden, teilweise zu spät: Die Gewohnheiten der neuen Bevölkerung hatten andere Verhaltensmuster eingeschliffen, die sich nicht mehr korrigieren ließen.

In den später gebauten Beispielen der zweiten Generation wurde dieser Fehler von vornherein, soweit es ökonomisch vertretbar war, vermieden, und heute sind die »Neuen Städte« fast alle mit einer überdurchschnittlich guten Infrastruktur ausgestattet.

Ausschlaggebend für die Situation und bei weitem am schwierigsten zu lösen waren und sind die Probleme, die aus sozialer Unausgeglichenheit, aus überdurchschnittlich konzentriertem Anteil von sozialen Problemgruppen entstanden.

Die dem gesamtstädtischen Durchschnitt entsprechende soziale Mischung gehörte zwar von Anfang an zu den Forderungen des sozial orientierten modernen Städtebaus, dieses Ziel konnte jedoch nicht immer erreicht werden.

In der ersten Generation der Neuen Städte, als die Wohnungsnachfrage aus allen Bevölkerungsschichten sehr groß war, gelang es verhältnismäßig einfach, eine ausgewogene soziale Mischung zu erreichen.

Dies änderte sich bei der zweiten Generation, als sich bei nachlassender Wohnungsnot die Nachfrage nach sozialen Schichten und Einkommensklassen differenzierte und der massierte soziale Mietwohnungsbau überwiegend untere Einkommensschichten versorgte, insbesondere auch die vom Ausland einströmenden Arbeitnehmer.

Verschärft wurde der Konflikt durch die zum Teil einseitige Belegungspolitik der Städte und Gemeinden: Die öffentlich kontrollierten Wohnungsbestände boten die Möglichkeit, auf organisatorisch einfache Weise die Sozialfälle und Randgruppen unterzubringen. Dies führte zu der verhängnisvollen räumlichen Konzentration von sozialen Problemgruppen. Beispiele hierfür sind Heidelberg-Emmertsgrund und Stockholm-Tensta-Rinkeby.

Die hieraus entstehenden Probleme wurden anfangs im Glauben an den wohltuenden Einfluß des neuen besseren Wohnmilieus unterschätzt, und später ließen sie sich kaum noch korrigieren, weil das Image der betreffenden Großsiedlung schon zu tief als soziales Problemgebiet eingefärbt war.

Hat eine Großsiedlung erst einmal einen schlechten Ruf, so läßt sich dieser auch mit objektiv wirksamen Verbesserungen in der Wohnungs- und Infrastrukturausstattung kaum kurz- und mittelfristig verbessern, die Korrektur bedarf der mühsamen, langfristig angelegten Sozial- und Kulturarbeit, die den gewachsenen besonderen sozialen Status der Siedlung erst einmal akzeptiert und sich bewußt ist, daß eine größere soziale Ausgewogenheit nur mit einem sehr langen Atem zu erreichen ist.

In den Neuen Städten der zweiten Generation wurde zwar die Infrastruktur von Anfang an meist in hervorragender Weise mit erstellt, in dieser Zeit war jedoch der Wohnungsmarkt zum Teil schon wieder soweit entlastet, daß es in einigen Fällen – wie oben aufgezeigt – nicht mehr gelungen ist, trotz guter Infrastruktur eine sozial ausgeglichene Bevölkerungsstruktur zu entwickeln, insbesondere in jenen Fällen, denen ein starres Planungskonzept mit hohen Wohndichten keine flexible Antwort auf gewandelte Wohnbedürfnisse gestattete:

Denn es zeigte sich, daß der sich zunehmend entspannende Wohnungsmarkt die sozialen Segregationen unterstützte: Wer es sich leisten konnte, verließ die soziale Geschoßwohnung und zog in ein Einfamilienhaus. Die hohen Baudichten dieser zweiten Generation Neuer Städte und das einseitige Wohnungsangebot (überwiegend Geschoßwohnungen) stellen sich heute deswegen als besonders hartnäckiges Hindernis der sozialen Befriedigung dar.

Bei weitem am erfolgreichsten waren jene »Neuen Städte«, die von Anfang an eine große Mischung von Wohnformen in verschiedenen Eigentums- und Verfügungsformen aufwiesen sowie mit einem offenen Planungskonzept geringerer und mittlerer Dichte auf den Wandel der Nachfrage reagieren konnten. Zum Erfolg trug auch wesentlich bei, daß in diesen Neuen Städten auch keine besonders ausgeprägten sozialen Belegungsbindungen angewandt wurden, sondern im Gegenteil mit einer gezielten Belegungspolitik die zahlenmäßige und räumliche Konzentration von Problemgruppen vermieden wurde.

Zu den in ihrer Belegungspolitik besonders erfolgreichen Neuen Städte gehören Mannheim-Vogelstang, Tapiola und auch die letztgebauten Stockholmer Beispiele: Kista, Husby und Akalla.

1.4 Entwicklung der stadträumlichen Gestalt

Alle Neuen Städte folgen einem übergeordneten idealtypischen Grundprinzip: Der Identität von funktionaler Einheit, soziologischem Zusammenhang und architektonisch-städtebaulicher Form. In diesem Prinzip, das sich in der »Nachbarschaftseinheit« am deutlichsten ausprägte, bleiben die Neuen Städte dem Funktionalismus strukturell verpflichtet; bis in die Entwicklung der Normen und Richtwerte hinein ist dieser Grundzug des funktionalistischen Städtebaus ablesbar.

Das Prinzip der Nachbarschaftseinheit stellt sich als

Grundzelle der Neuen Stadt von 5000–10 000 Einwohnern dar, mit der Grundschule als Bezugsgröße.

Empirisch-soziologische Untersuchungen haben zwar schon in den fünfziger Jahren nachgewiesen, daß dem städtebaulichen Konstrukt der Nachbarschaft die soziale Realität nur sehr schwach entsprach. Diese grundlegende Kritik hat jedoch das Gliederungsprinzip nur schwach beeinflußt – ein gewisser Einfluß ist z. B. in der Aufgabe der kleinen Nachbarschaftseinheiten bei der zweiten Generation der Neuen Städte zugunsten großer Einzugsbereiche zu erkennen. Im übrigen bleibt das funktionale Gliederungsprinzip trotz der soziologischen Kritik gewahrt.

In der konkreten räumlich-gestalterischen Ausprägung dieses strukturellen Grundprinzips jedoch lassen sich deutlich drei Generationen von Neuen Städten unterscheiden:

Die erste Generation, im wesentlichen entworfen worden in den fünfziger Jahren, zum Teil noch früher, folgt am deutlichsten den Prinzipien der Gartenstadt, das heißt der gegliederten und aufgelockerten Stadt.

— Es wird ausnahmslos eine enge, fußläufige Verknüpfung von Wohnen, sozialen und kommerziellen Versorgungseinrichtungen sowie Arbeitsplätzen angestrebt.
— Die Baustruktur ist eng mit einer landschaftlich aufgefaßten Grünstruktur verzahnt, die Natur dominiert im Stadtbild.
— Die Bau- und Wohndichte ist – verglichen mit der kompakten historischen Stadt, wie auch mit der zweiten Generation der Neuen Städte – maßvoll.
— Die verschiedenen Bauformen – Hochbau und Flachbau, Geschoßwohnungen und Einfamilienhäuser – werden in unterschiedlichen räumlichen Gruppierungen gemischt angeordnet.
— Die Nachbarschaftseinheiten gruppieren sich um Kindergärten, Grundschulen und Tagesbedarfsläden, getrennt durch Grünzüge.
— Fußgänger und Autofahrer werden ebenerdig auf verschiedenen Wegen geführt, ohne aufwendige Trennung in mehrere Ebenen.
— Die Fußwegeentfernungen werden je nach Ziel differenziert: Nur wenige hundert Meter zu den Kindergärten und Grundschulen, jedoch bis maximal einen Kilometer zu den Hauptzentren.

Typische Vertreter dieser ersten Generation unter unseren Beispielen sind Vällingby und Tapiola sowie die ursprünglichen Konzepte von Karlsruhe-Waldstadt und Mainz-Lerchenberg.

Die zweite Generation der Neuen Städte – konzipiert in den sechziger Jahren, der Zeit der großen Wachstumserwartungen und des Glaubens an die »Allzuständigkeit« der Planung – ist als eine typische kulturelle Gegenbewegung zu verstehen, sie verwirft das Formideal der gegliederten und aufgelockerten Stadt mit ihrer geringen Dichte und der Dominanz der Natur als anti urban und versucht dagegen, eine neue Art der Urbanität zu setzen mit stark verdichteten Bauformen in geometrisch-struktureller Anordnung als bewußter Kontrast zur umgebenden Natur der offenen Landschaft. Dabei wird das Ziel verfolgt, Fläche zu sparen und durch die Steigerung der Wohndichte und der Anordnung kurzer Wege zu den Gemeinschaftseinrichtungen das städtische Leben zu fördern. Damit wird auch das Ordnungsprinzip der kleinen Nachbarschaft aufgegeben, zugunsten größerer Einzugsgebiete mit größerer Zentralität, ohne das Ziel der Einheit von Form, Funktion und Lebensbezügen zu verlassen, das jedoch stärker als optimierter Versorgungsapparat interpretiert wird, weniger als hierarchisch gegliederter Stadtorganismus.

Folgende Merkmale kennzeichnen diese zweite Generation der Neuen Städte:

— Starke horizontale und vertikale Verdichtung der Bebauung in geometrisch geordneter Baustruktur, bis zur einheitlichen städtebaulichen Großform.
— Bauliche Verknüpfung der Gemeinbedarfseinrichtungen mit der Wohnbebauung, mit dem Ziel kurzer, witterungsgeschützter Wege.
— Vergrößerung der Infrastruktureinrichtungen mit der Folge größerer Einzugsbereiche – räumlich ausgeglichen durch die größere Wohndichte – und mit dem Ziel der betrieblichen Optimierung und der Maximierung der Wahlfreiheit für den Nutzer.
— Natur und Landschaft als Kontrastumgebung, Grün innerhalb der Stadt vorwiegend als geometrisch angeordnetes Stadtgrün.
— Bebauung geprägt durch Industrialisierung der Bausysteme, Bauökonomie als Ausdrucksprinzip: »Form folgt Fertigung«.
— Dominanz der Verkehrssysteme in Form von Straßensystemen und PKW-Garagen in mehreren Ebenen, häufig ergänzt durch die technische Ausrüstung mit zentralen Müllsammelsystemen, Fernheizung und Verkabelung jeder Wohnung.

Zu dieser zweiten Generation gehören von unseren Beispielen: Göteborg-Lövgärdet, Heidelberg-Emmertsgrund und Stockholm-Husby, Tensta und Rinkeby.

Die dritte Generation Neuer Städte stammt aus den

siebziger Jahren und ist noch nicht abgeschlossen, sie ist wiederum eine Reaktion auf die vorhergehende Generation.

Die Eindeutigkeit der beiden vorhergehenden Generationen von Neuen Städten, die gleichzeitig auch Einseitigkeit bedeutete, wird aufgegeben zugunsten größerer Vielfalt und Vieldeutigkeit: Die prägende Kraft der Theorie und des auf ihr beruhenden Gliederungsschemas schwächt sich ab.

Diese Generation Neuer Städte ist in einer Zeit konzipiert worden, als sich, mit Ausnahme von Polen, schon das Ende der drückenden Wohnungsnot abzeichnete und aus einem Angebotsmarkt allmählich ein nachfragebestimmter Markt wurde. Die Planungskonzeptionen mußten deswegen stärker als die vorhergehenden Generationen Neuer Städte die differenzierteren und sich teilweise schnell verändernden Kräfte des Marktes berücksichtigen.

Die Ansprüche an die Qualität und Individualität des Wohnens steigen ebenso wie der Anspruch an das Wohnumfeld und Möglichkeiten der Freizeitbeschäftigung. Die Verkürzung der Tagesarbeitszeit und der Wunsch nach Halbtagesarbeit steigerte die Bedeutung der Nähe attraktiver Arbeitsplätze.

Gleichzeitig ging die Dominanz des ausschließlich öffentlich finanzierten Mietwohnungsbaus zugunsten des Einsatzes von Privatkapital und von Eigentumswohnungen und Einfamilienhäusern zurück.

Die Prioritäten in der Rangfolge der Nachfrage verschoben sich von der Mietgeschoßwohnung über Eigentumswohnungen in unterschiedlichen Verfügungsformen zum Einfamilienhaus als Eigentum. Diese Entwicklung gilt sogar auch für Polen.

Der Charakter dieser dritten Generation Neuer Städte läßt sich infolgedessen nicht mehr so eindeutig auf in sich schlüssige Theorien zurückführen. Trotzdem läßt sich eine Reihe typischer Merkmale feststellen:

– Die Standortqualität ist meistens hervorragend.
– Sie sind überwiegend auch sehr gut mit dem öffentlichen Nahverkehr erschlossen.
– Die Ausstattung mit Infrastruktur ist quantitativ wie auch qualitativ vielseitig und mehr als ausreichend.
– Die Zentren sind meist multifunktional und in architektonisch anspruchsvoller, überdachter Form ausgebildet.
– Die Wohnungen sind in kleineren, informell ausgebildeten Wohngruppen angeordnet, mit differenzierter, häufig traditionelle Elemente und Materialien verwendender Architektur.
– Der Anteil von Eigentumswohnungen und eigentumsähnlichen Verfügungsformen liegt meist bei weit über 50%.
– Die umgebende Landschaft ist meist von besonderer Freizeit-Qualität.
– In der Regel werden den Neuen Städten attraktive Arbeitsstätten zugeordnet.

Zu den Neuen Städten der dritten Generation gehören unter unseren Beispielen Kivenlahti, Kista und die letzten Teile von Nova Huta und Tychy.

Die Einteilung in drei Generationen ist – wie jedes Ordnungsschema – nur bedingt aussagekräftig; natürlich gibt es auch Misch- und Übergangsformen, auch treten – bei jahrzehntelangen Bauzeiten – in einigen der Neuen Städte Merkmale aller drei Generationen in Erscheinung.

Dies gilt insbesondere für die polnischen Beispiele, die wegen ihres ständigen Wachstums den Generationswandel besonders deutlich zeigen.

2 Zukunftsperspektiven: Chancen und Probleme des Erbes der Neuen Städte

Die kurze Epoche der Neuen Städte hat ein breites Erbe hinterlassen, das in der gegenwärtigen Diskussion vorwiegend als soziales und bautechnisches Problemfeld betrachtet wird. Die großen Chancen dagegen, die dieses Erbe für die zukünftige Stadtentwicklung birgt, werden noch nicht gesehen: Die Neuen Städte unterliegen zur Zeit ziemlich einseitig und pauschal der Kritik, die jede Generation an den Werken der vorhergehenden übt. Wahrscheinlich wird erst die nächste Generation wieder die Werte und Qualitäten erkennen können, die das Erbe der Neuen Städte beinhaltet.

Die gegenwärtig so scharf kritisierte Architektur und die Stadtgestalt unterliegen einem erfahrungsgemäß schwer abzuschätzenden Wertewandel:

Die Chancen des Erbes der Neuen Städte liegen in der besonderen Struktur, die ihr Wesen ausmacht, wobei jede der drei Generationen besondere Zukunftspotentiale enthält.

Die großen Chancen der ersten Generation Neuer Städte liegen in der Offenheit der Baustruktur und der vergleichsweise geringen Dichte. Die Offenheit der Struktur gibt die Freiheit baulicher Ergänzungen und vergleichsweise problemlosen Austausches veralteter Elemente. Beides ermöglicht die verhältnismäßig zwanglose Anpassung an gewandelte Anforderungen. Der große Anteil landschaftlicher, offener Freifläche erlaubt im Prinzip sowohl die Anlage privat zu nutzender und zu gestaltender Gärten in verschiedener, den Wohnungen enger und weiter zugeordneter Form als auch die »Renaturierung« der Vegetation und des Wasserhaushalts. Damit kommen die Neuen Städte der ersten Generation den Anforderungen einer ökologisch ausgerichteten Stadtplanung wie auch den Ansprüchen eines Städtebaus entgegen, bei dem Mitbestimmung und kreative Mitwirkung der Bewohner von besonderer Bedeutung sind.

Die zweite Generation der Neuen Städte, die gegenwärtig am stärksten der Kritik ausgesetzt ist und die größten Probleme aufwirft, könnte in Zukunft für bestimmte Gruppen der Gesellschaft, denen weniger an Selbstgestaltung und Mitbestimmung liegt, sondern die in der Stadt in erster Linie einen Service-Apparat sehen, eine Renaissance der Wertschätzung erleben: Für diese Gruppe typischer Städte könnte die Verbindung von hoher technischer Ausrüstung, reichhaltiger Infrastruktur »im Hause« mit großen Wahlmöglichkeiten und großer Dichte dann interessant werden, wenn es gelingt, den Teufelskreis des schlechten sozialen Images aufzubrechen und den Vorteil der baulichen Verdichtung durch Nutzungsmischung und Nutzungsanreicherung (Arbeitsplätze, soziale Dienste) in den bestehenden Gebäuden konsequent zu nutzen. Auch die unmittelbare kontrastierende Nähe, aber nicht bauliche Durchdringung von Stadt und offener Landschaft könnte für diese Nachfragegruppe attraktiv werden.

Die dritte Generation Neuer Städte ist schon weitgehend auf die absehbaren gesellschaftlichen Bedürfnisse ausgerichtet, ihre Zukunft muß zum Teil mit regionalplanerischen Mitteln gesichert werden.

Die Neuen Städte sind heute im allgemeinen hervorragend mit Infrastruktur ausgestattet, zum Teil so gut, daß bestimmte Einrichtungen nicht mehr voll ausgelastet sind. Es wäre ein verhängnisvoller Fehler, diese Einrichtungen wegen der hohen Folgekosten jetzt beseitigen zu wollen, weil sie wahrscheinlich für zukünftige Bedürfnisse im Bereich der Freizeit, der erweiterten kulturellen Betätigung der Bildung und Altenpflege sowie der informellen Arbeit dringend benötigt werden. Die Stärke der Neuen Städte liegt in der funktionellen Struktur der Zuordnung von Wohnungen, Freiflächen und Gemeinbedarfseinrichtungen.

Die Chancen und Entwicklungspotentiale der ersten und zweiten Generation Neuer Städte werden jedoch erst in Zukunft zum Tragen kommen. Gegenwärtig stehen die aktuellen Probleme im Vordergrund der öffentlichen Diskussion.

Zusammenfassend lassen sich folgende Probleme feststellen, die in unterschiedlich gravierender und ausgeprägter Form auftreten:

– Die nach der ersten Entspannung des Wohnungsmarktes einsetzende verstärkte Fluktuation führte zum Teil zur sozialen Segregation, mit einer verstärkten Konzentration sozialer Problemgruppen.

– Die Bevölkerung, besonders der ersten Generation Neuer Städte, zeigt spürbare Überalterungserscheinungen, verbunden mit einer deutlichen Abnahme der Wohndichte.

– Die Abnahme der Bevölkerungszahl führt in Verbindung mit der Alterung und den sozialen Strukturveränderungen zu einem Wandel in der Nachfrage und in der Inanspruchnahme von privaten und öffentlichen Infrastruktureinrichtungen – Läden, Jugendeinrichtungen, Schulen, Schwimmbädern, Sporthallen etc. –, dem diese Einrichtungen wegen ihrer funktional-baulichen Festlegung meist nicht entsprechen können und deren wirtschaftlich noch vertretbarer Betrieb deshalb zum Teil in Frage gestellt ist.

– Die übereilte Bauproduktion hat insbesondere in den Neuen Städten der zweiten Generation mit einem hohen Anteil an industrialisierter Großplattenbauweise zum Teil zu so schweren Bauschäden geführt, daß eine dauerhafte Sanierung zum Teil wirtschaftlich kaum noch möglich ist.

– Diese Neuen Städte der zweiten Generation werden mit der hohen horizontalen und vertikalen Verdichtung gegenwärtig als Wohnform kaum akzeptiert; die mangelnde Akzeptanz verstärkt sich bei schlechten Standorten und fehlender Anbindung an den öffentlichen Nahverkehr soweit, daß es zu erheblicher Bewohnerfluktuation, zu umfangreichen Wohnungsleerständen und zur Verschärfung sozialer Probleme bei den verbliebenen, zum Teil aus sozio-ökonomischen Gründen »zwangsseßhaften« sozialen Problemgruppen kam, Probleme, die gegenwärtig nur durch den akuten Mangel an preiswertem Wohnraum überdeckt werden.

– Die sozialen Probleme werden durch im Vergleich zum Wohnwert zu hohe Mieten verschärft, die zum Teil auf eine falsche finanzielle Förderungspolitik zurückzuführen sind.

– Das zum Teil schlechte soziale Image mancher Neuer Städte stellt sich als das schwerste Hindernis bei der

Weiterentwicklung dar, weil es eine selbstverstärkende Tendenz hat und nur langfristig korrigierbar erscheint.

Die Wohnungsleerstände, die zwischenzeitlich in manchen der Neuen Städte zu großen Problemen geführt haben, sind nicht unbedingt ein Indikator für eine Übersättigung des Marktes: In Göteborg z. B. standen (1983) 2000 Wohnungssuchende 3500 leerstehenden Wohnungen gegenüber.

Die Leerstände haben – nach einer Untersuchung der GEWOS – hauptsächlich folgende Gründe:
- zu hohe und zu dichte Bauformen, insbesondere in den Großsiedlungen der zweiten Generation,
- schlechte Standorte in peripherer Lage,
- Konzentration von sozialen Problemgruppen.

Die sich in den Neuen Städten stellenden Aufgaben sind zu unterteilen in:
- akute Notstände,
- normale Anpassungsprobleme und
- vorsorgende Planungen zur Verhinderung von Notständen und zur langfristigen Werterhaltung unter veränderten gesellschaftlichen Bedingungen.

Die akuten Notstände (leerstehende Wohnungen und Vandalismus) lassen sich kurzfristig fast nur mit ökonomischen und sozialen Maßnahmen lindern.

Anpassung an gewandelte Nachfrage, normale Erneuerungsprobleme und langfristige Werterhaltung bei strukturellen Änderungen der gesellschaftlichen Rahmenbedingungen erfordern dagegen organisatorische und bauliche Maßnahmen unterschiedlicher Reichweite und Eingriffsintensität:
- organisatorische Maßnahmen des Managements und der Nutzungsänderung,
- bauliche Maßnahmen der Umgestaltung,
- regionalplanerische Maßnahmen zur besseren Einfügung in die Stadtregion (öffentlicher Personennahverkehr, Arbeitsplätze, Freizeiteinrichtungen mit Landschaftsgestaltung).

Wollen wir angemessen mit den Neuen Städten umgehen, müssen wir die ursprünglichen Leitvorstellungen – die Vorstellungen der aufgelockerten, durchgrünten und in Bereiche gegliederten Stadt oder der Stadt als verdichteter Dienstleistungsapparat – aus ihrer Entstehungszeit heraus verstehen und aus heutiger Sicht baulich weiterentwickeln.

In einigen Fällen wird man auch den sogenannten Rückbau nicht vermeiden können, um durch teilweisen oder vollständigen Abriß von nicht mehr angenommenen Bauwerken und Straßen das Gleichgewicht zwischen der Belastbarkeit der natürlichen Lebensgrundlagen der Vegetation, des Bodens, des Wassers sowie des Mikroklimas und den Ansprüchen städtischer Lebensweise in neuer Form herzustellen.

Ebensowichtig, ja vielleicht noch wichtiger als die bauliche Ergänzung und Umgestaltung ist die sozio-ökonomische Anpassung an die gewandelten Ansprüche: Die entfremdende Wirkung der zentralen Wohnungsproduktion und Verwaltung durch Großorganisationen muß durch effektive, die Verantwortung der Bewohner für ihre Wohnumwelt fördernde Beteiligungs- und wirksame Verfügungsformen aufgelöst werden, ohne daß durch ein Übermaß an traditioneller zersplitterter und isolierter Eigentumsbildung die großen Vorteile des zusammenhängenden öffentlichen Besitzes des Bodens aufgelöst werden. Die Entwicklung könnte anknüpfen an die Tradition der Genossenschaften wie in Polen; beispielhaft sind auch die schwedischen Traditionen des Wohnrechts, das vererbbar ist und verkauft werden kann, mit dem aber nicht spekuliert werden darf, und die Form des Wohnungseigentums in Tapiola/Finnland, bei dem jeder Wohnungseigentümer gleichzeitig Aktionär des Stadtteils ist.

Man muß die Neuen Städte als wesentliche Markzeichen ihrer Entstehungszeit anerkennen und mit Achtung vor ihren Zielen und Entstehungsbedingungen behandeln: Sie verdienen den Respekt einer wichtigen Epoche der europäischen Stadtgeschichte.

Ein guter und vernünftiger Weg zur Entwicklung besteht in der Ausweisung von Wohnerweiterungsprojekten und Ergänzungsflächen, weil diese Maßnahmen zu einer größeren Ausgewogenheit im Wohnungsgemenge, der Alters- und Sozialstruktur sowie zu einer besseren Auslastung der Infrastruktur beitragen und mit dem Nebeneinander von alter und neuer Bausubstanz die Neue Stadt in den normalen Veränderungs- und Erneuerungsprozeß einbinden.

2.1 Organisatorische Maßnahmen des Managements und der Nutzungsveränderungen

Vor starken, konfliktreichen und kostspieligen baulichen Eingriffen in die Substanz helfen häufig schon organisatorische Maßnahmen, wenn sie unbürokratisch, mit Phantasie, zielgerecht und unter Beachtung der Nebenfolgen miteinander abgestimmt eingesetzt werden. Zu derartigen Maßnahmen können u. U. gehören:

- Mietsenkungen,
- verstärkte soziale Beratung und Betreuung von sozialen Problemgruppen,
- Umnutzungen leerstehender Einrichtungen, z. B. für Altenpflege oder kulturelle Zwecke,
- Zurverfügungstellen von Feiflächen für Kleingärten,
- Beteiligung der Bewohner an der Verwaltung ihres Wohngebietes mit eindeutigen finanziellen und sozialen Anreizen (Mietkauf, Verwaltung und Bewirtschaftung in eigener Regie),
- Dezentralisierung der Eigentümerstruktur, auch durch Verkauf von Eigentumswohnungen,
- vorsichtige Korrektur der Belegungspolitik mit dem Ziel einer ausgeglicheneren Sozialstruktur.

Im Folgenden werden diese aufeinanderbezogen und miteinander verknüpft.

Man versucht in einigen Großsiedlungen in der Bundesrepublik, mit Mietsenkungen das Kosten-Leistungsverhältnis wieder dem Nachfragemarkt anzupassen. Eine solche Maßnahme kann – abgesehen von den finanziellen Defiziten, die entweder mit Miet- oder Verkaufsgewinnen an anderer Stelle oder durch öffentliche Subventionen aufgefangen werden müssen – jedoch zur Folge haben, daß die Konzentration von sozialen Problemgruppen noch weiter zunimmt.

Deswegen muß das Mittel der Mietsenkung fast immer verknüpft werden mit anderen Maßnahmen, wie der verstärkten sozialen Betreuung und Beratung der sozialen Problemgruppen und einer vorsichtigen Änderung der Belegungspolitik.

Das Ziel einer ausgeglicheneren Sozialstruktur wird naturgemäß sehr erschwert durch das einmal entwickelte schlechte Image. Man kann versuchen, dieses Image allmählich auch durch organisatorische Maßnahmen aufzuwerten, indem man die einheitliche Eigentümer- und Verwaltungsstruktur auflöst zugunsten einer Vielzahl von Besitzern, die über das Eigentum oder ein vergleichbares Verfügungsrecht ein erheblich verstärktes Interesse an ihrer Wohnanlage entwickeln. Es könnte sich z. B. längerfristig als vorteilhaft erweisen, über subventionierte Verkaufspreise jüngere, sozial aufstrebende Bevölkerungsgruppen zu gewinnen, die auf andere Weise kein Wohnungseigentum bilden können.

Diese Maßnahmen einer Dezentralisierung der Entscheidungen über Nutzung, Verwaltung, Erneuerung und Umgestaltung müssen in ein Gleichgewicht gebracht werden mit den großen Chancen des einheitlichen Grundbesitzes in kollektiver Hand: Es müssen wieder unterschiedliche Formen des »Obereigentums am Boden« und des »Untereigentums an der Wohnung« realisiert werden, wobei es dafür unterschiedliche Rechtsformen gibt: Verein, Genossenschaft, Eigentümergemeinschaft, Aktiengesellschaft etc.

Derartige Maßnahmen der Dezentralisierung, die den Zielen einer ausgeglicheneren Sozialstruktur und der Stärkung der Bewohnerverantwortung für die eigene Wohnung dienen, bedürfen, wenn sie nachhaltig wirksam sein sollen, der Beteiligung der Bewohner – Mieter und Wohnungseigentümer – an der Verwaltung ihrer Wohnanlage und der sozialen Einrichtungen, wobei diese Beteiligung an der Verwaltung echte Bewirtschaftungs-, Nutzungs- und Investitionsentscheidungen betreffen muß, wenn sie nicht mangels Interesse einschlafen soll.

Die von uns untersuchten Beispiele zeigen hier ein breites Spektrum unterschiedlicher Verfügungsformen der Bewohner über die verschiedenen Ebenen und Bestandteile ihrer Siedlungen. In Schweden gibt es das Instrument des »Wohnrechts«, das auch vererbbar und verkäuflich ist, mit dem aber nicht spekuliert werden kann; in Tapiola sind die 75% Bewohner von Eigentumswohnungen gleichzeitig Aktionäre der Neuen Stadt; in Polen sind nach wie vor die Genossenschaften lebendig. Nur in der Bundesrepublik sind die alten Genossenschaftsformen verkümmert und neue, auf die Neuen Städte und ihre Eigenarten zugeschnittene dezentrale Verfügungsmöglichkeiten kaum entstanden: Die Probleme, die z. B. die Neue Heimat hinterlassen hat, regen auch hier zu neuen Denkmodellen und Experimenten an.

Als ein besonders wirkungsvolles Mittel zur Förderung von Heimischwerden und Verantwortung der Bewohner, hat sich das Zurverfügungstellen von Gartenland in Form von Mietergärten neben den Großsiedlungen erwiesen, weil der Bewohner hier die Möglichkeit der Selbstbestimmung in der Gestaltung seines Gartens und der Gartenlaube besitzt.

In Neuen Städten auf schlechten Standorten, in ökonomisch relativ rückständigen Gebieten kommen derartige Maßnahmen meist zu spät, um die Situation noch nachhaltig stabilisieren zu können. In solchen Fällen lassen sich Leerstände zum Teil durch vollständige Umnutzungen für andere Zwecke auffangen – z. B. für Zwecke der Altenbetreuung, für Verwaltungen oder für gewerbliche Zwecke.

Die organisatorischen Maßnahmen allein reichen meistens nicht aus, sondern bedürfen der Ergänzung durch bauliche Maßnahmen.

2.2 Bauliche Maßnahmen der Ergänzung und Umgestaltung

Ein wichtiger Weg zur Weiterentwicklung besteht in der Ausweisung von Wohnerweiterungs- und Ergänzungsflächen, weil diese zu einer größeren Ausgewogenheit im Wohnungsgemenge, der Alters- und Sozialstruktur sowie zu einer besseren Auslastung der Infrastruktur beitragen. Dieser Weg wird erfolgreich in der Waldstadt (Karlsruhe) gegangen und in Mannheim-Vogelstang sowie in Mainz-Lerchenberg geplant.

Insbesondere die Neuen Städte der ersten Generation erweisen sich als besonders geeignet für unterschiedliche Ergänzungen der Wohngebiete und der Zentren, gute Beispiele hierfür bieten Vällingby und Tapiola.

In Neuen Städten auf schlechten Standorten und mit schlechtem Image ist dieser Weg gegenwärtig kaum gangbar; hier werden bauliche Maßnahmen der Instandsetzung und Modernisierung im Vordergrund stehen müssen: Allzu schnell hatte man besonders in den Großsiedlungen der sechziger und siebziger Jahre mit erstaunlichem Technikoptimismus neue Bautechnologien und Baumaterialien eingesetzt, ohne diese auf ihr Langzeitverhalten und ihre Instandsetzungsfolgen zu prüfen; der vermeintliche ökonomische Erfolg und Rationalisierungsgewinn der Großbauten in Großtafelbauweise hat sich als Scheinerfolg herausgestellt.

Der langfristige Erhalt der Bausubstanz im Hinblick auf Gebrauchsfähigkeit, auf lange Vermietbarkeit und Bewahrung des Anlagevermögens unter Berücksichtigung der besonders an industriell gefertigten Gebäuden massiv auftretenden Langzeit- und Verrottungsschäden, erfordert ein systematisches Überdenken der Maßnahmen. Die teuren Sanierungen, mit trotzdem meist nur mittelfristiger Wirkung von 10–15 Jahren, die steigende Fluktuationsrate, die sich zwischenzeitlich deutlich abzeichnenden Leerstände werden uns dazu zwingen, neue Strategien zu überdenken im Sinne des optimalen Einsatzes der knapper werdenden Mittel.

Bei günstigem Image, stadtplanerischen, sozialräumlichen und architektonischen Voraussetzungen und durch auf Jahre abgesicherte Belegung wird man sicherlich andere Strategien anwenden als bei stark sozial belasteten Gebieten.

Modernisierung und Instandsetzung dürfen nicht dazu führen, unbrauchbare Strukturen zu konservieren, d. h. Restauration um jeden Preis ist falsch. Teilweiser oder vollständiger Abriß oder Teildemontage können auch eine Chance bieten, die städtebauliche Struktur nachhaltig zu verbessern, wie am Beispiel Göteborg-Lövgärdet gezeigt, oder sogar die ursprüngliche städtebauliche Zielsetzung zu verfolgen, die in der Verdichtungswelle der sechziger Jahre aufgegeben wurde. Ein Beispiel hierfür könnte die Nordweststadt in Frankfurt oder Emmertsgrund in Heidelberg sein.

Ein wesentliches Ziel baulicher Umgestaltungsmaßnahmen liegt auch in der Verbesserung der ökologischen Situation, für die die Neuen Städte der ersten Generation mit aufgelockerter Bauweise meist besonders gute Voraussetzungen bieten.

Zu den Verbesserungsmaßnahmen gehören insbesondere:
– der Rückbau der häufig überdimensionierten Straßen,
– die Entsiegelung von im Übermaß asphaltierten Flächen,
– die Renaturierung verrohrter Bäche, mit der Anlage von Feuchtbiotopen für die Aufnahme des Regenwassers,
– die Anlage von begrünten Dächern,
– die Veränderung der Vegetation, mit dem Ziel einer natürlichen und standortgemäßen Bepflanzung, die gleichzeitig den Pflegeaufwand und die Pflegekosten reduziert.

In besonderen Fällen kann es auch aus ökologischen Gründen erforderlich sein, Bausubstanz zu beseitigen und die freigewordenen Flächen zu begrünen oder für andere Zwecke zu verwenden:

Rück-Bau bedeutet den Versuch, das Gleichgewicht zwischen der Belastbarkeit der natürlichen Lebensgrundlagen und dem Anspruch städtischer Lebensweise in neuer Form herzustellen, und das bedeutet Grenzen an Verdichtung zu wahren. Diese These wurde durch die Untersuchungen bestätigt: Die Städte und Siedlungen, die überwiegend von der Gartenstadtbewegung geprägt sind, z. B. Tapiola, Karlsruhe-Waldstadt, Vällingby, sind heute von viel weniger Problemen belastet als Stadtorganismen, die mit dem Mittel der baulichen Verdichtung eine neue Urbanität anstrebten.

Erweiterung, Sanierung und Renaturierung bilden wichtige Aufgabenfelder, die jedoch ergänzt werden müssen durch erhebliche Umbau- und Ergänzungsbaumaßnahmen der vorhandenen Bausubstanz: Hierzu gehören die Zusammenlegungen und Ergänzungen von Wohnungen, bei gleichzeitiger Verbesserung des äußeren Erscheinungsbildes in Verbindung mit der Wohnumfeldgestaltung sowie insbesondere der Umbau und die bauliche Ergänzung der Infrastruktureinrichtungen mit dem Ziel, den aus dem sozialen und ökonomischen Wandel der Bewohner sowie aus dem Wandel der gesellschaftlichen Rahmenbedingungen resultierenden Bedarfswandel gerecht werden zu können, wie es in Göteborg-Lövgärdet angestrebt und teilweise gelungen ist.

Alle baulichen Maßnahmen sollen gleichzeitig dazu beitragen, das Stadtbild zu verbessern: Hierzu gehört das nachdrückliche Herausarbeiten des Prinzips der baulichen Gruppierung, mit dem Ziel, die Baugruppen auch in ihrem Erscheinungsbild individuell zu gestalten, unter Ausnutzung vorhandener landschaftlich-topografischer Besonderheiten.

Dabei sollte der Vorzug der Neuen Städte, insbesondere der ersten Generation, des großen Freiflächenanteils weiterentwickelt werden im Sinne des »Wohnens im Park« und bewußt kontrastiert werden mit einer »Verstädterung« des Zentrums, wobei der Charakter von wirklich öffentlichen Gassen und Plätzen angestrebt werden sollte; die z. T. in den halböffentlichen gedeckten Einkaufszentren aufgegangen sind.

Gute Beispiele für diese gestalterische Weiterentwicklung zeigen Tapiola und Vällingby.

Aber auch die besten baulichen Ergänzungen können u. U. das Ziel der sozio-ökonomischen Stabilisierung und gesunden Weiterentwicklung aus eigener Kraft nicht erreichen, wenn der Standort der Neuen Stadt zu ungünstig ist.

2.3 Regionalplanerische Maßnahmen zur besseren Einbindung in die Struktur der Stadtregion

Die Standorte einiger Neuen Städte sind belastet mit Nachteilen, die sich in Zukunft noch verstärkt auswirken könnten:
- die Anbindung an den öffentlichen Nahverkehr ist häufig nicht ausreichend,
- die natürlichen Erweiterungsflächen werden blockiert durch Gemeindegrenzen und Topographie,
- die erforderliche Selbstbestimmung der Neuen Stadt wird übermäßig eingeschränkt durch die Eingemeindung in eine übergeordnete Gebietskörperschaft,
- die landschaftliche Lage ist nicht attraktiv,
- es fehlen zugeordnete Arbeitsplätze in der Nähe, auch für Frauen.

Besonders bei einer weiteren Verkürzung der Arbeitszeiten könnten Neue Städte auf schlechten Standorten zwischen alle Stühle der Nachfrage geraten, weil sich bei einer Verkürzung der Wochenarbeitszeiten die Standorte von Wohnen und Arbeiten noch weiter polarisieren werden in Richtung kleiner Wohnung neben dem Arbeitsplatz und großer Wohnung in bevorzugter Landschaft und bei einer Verkürzung der Tagesarbeitszeiten, die Tendenz eher in Richtung neuer Mischgebiete gehen wird, mit einer engen räumlichen Zuordnung von Wohnen, Arbeiten und Freizeit zur Minderung der Pendelzeiten.

Aus diesen Gründen kommt den Maßnahmen der Regionaleinbindung eine besondere Bedeutung zu. Hierzu im folgenden einige typische Beispiele:
- Die Probleme von Heidelberg-Emmertsgrund, ebenso wie von Göteborg-Lövgärdet, könnten zu einem erheblichen Teil mit einer besseren Anbindung an den öffentlichen Nahverkehr gemildert werden.
- Das hochkonzentrierte, mehrgeschossige Zentrum der Nordweststadt, dem eine überörtliche Bedeutung zugewiesen ist, hat sich als Fehlplanung erwiesen es ist dementsprechend inzwischen grundlegend umgebaut worden.

Aber nicht nur aus der mangelnden Ausstrahlung auf die Stadtregion können Planungsprobleme entstehen, auch umgekehrt können die über die Planungsziele hinausschießenden Erfolge und Wachstumsschübe zu unerwarteten Planungsproblemen führen:
- In Vällingby und Tapiola führt der Erweiterungsdruck der regionalen Zentren in Verbindung mit dem wachsenden Parkplatzbedarf zu Planungskonflikten.
- Das Wachstum Nowa Hutas ist eine Bedrohung für das historische Krakow/Krakau, und das Aufgehen Nowe Tychys in einer Agglomeration gefährdet die Identität dieser neuen Industriestadt.

Die letzten Beispiele zeigen die grundlegende Bedeutung der politischen Entscheidungsstruktur im regionalen Kontext für das Schicksal vieler Neuen Städte: Mit zunehmender Verflechtung und Arbeitsteilung werden sie in immer stärkerem Maße ökonomisch und politisch von ihrer Region abhängig.

3 Ausblick: Die Bedeutung von Persönlichkeiten und personellen Konstellationen für das Schicksal der Neuen Städte

Bei allen sachlichen Erklärungs- und Bewertungsversuchen im Vergleich der Qualitäten, Probleme und Lösungsansätze bleibt ein großer Rest von materiell unerklärlichen Qualitätsunterschieden: Denn auch bei vergleichbaren Strukturkonzepten und Entstehungsbedingungen sind die Qualitätsunterschiede unter den verschiedenen Neuen Städten sehr groß.

In einigen Beispielen ist es gelungen, trotz der kurzen Realisierungszeit, der Eigengesetzlichkeit großer, bürokratisch organisierter Trägerschaften und trotz Rationalisierung und Industrialisierung der Produktionstechniken große Qualität in gestalterischer und sozialer Hinsicht zu erreichen:

Die Ursachen hierfür liegen zu einem großen Teil bei den beteiligten verantwortlichen Persönlichkeiten und dem Stil ihrer Zusammenarbeit:

In Vällingby wie auch in Tapiola z. B. ist die erreichte Qualität weitgehend auf die großen charismatischen Gründungspersönlichkeiten zurückzuführen, die sich mit kongenialen Planern und Architekten verbanden: Bürgermeister Aronson mit Architekt Sven Markelius und Göran Sidenbladh in Stockholm und Heikki von Hertzen mit Architekt Arne Ervi in Helsinki.

Eine ähnlich prägende Wirkung, feilich unter politisch wie ökonomisch viel schwierigeren Bedingungen, hatte das Ehepaar Wejchert für Nowe Tychy: Ohne die Zähigkeit dieser Persönlichkeiten wären die Grundzüge der Planung nicht realisierbar gewesen.

Mannheim-Vogelstang wie auch Karlsruhe-Waldstadt und Frankfurt-Nordweststadt sind geprägt durch ein Team engagierter Verwaltungsleute sowohl beim Bauträger als auch bei der Stadt: Die Struktur ist geglückt, dank der beteiligten fachlichen Gründungsplaner, die Architektur bleibt jedoch weitgehend schematisch.

In Heidelberg-Emmertsgrund, ein Beispiel zeitlicher Ausprägung von anspruchsvollen theoretischen Überlegungen und klarem Stadtkonzept, wie auch in den schwedischen Beispielen der zweiten Generation wird die Dominanz der zentralisierten Planungs- und Bauapparate unmittelbar spürbar: Die verantwortlichen Personen verschwinden hinter ihren Funktionen, die Städte bleiben eigentümlich anonym und leblos, sie erscheinen als das Produkt eines perfekten Managements, dem Bewohner wie Bauten unterworfen werden. Diese Beobachtung gilt auch für die späteren Stadtteile der polnischen Neuen Städte.

Man kann es an den einzelnen Siedlungen erkennen – zum Guten oder zum Schlechten –, ob es »nur« eine bürokratisch und technokratisch gut funktionierende Planungs- und Durchführungsgruppe gab, mit mehr oder weniger austauschbaren Funktionsträgern oder ob bei der Entstehung und Durchführung engagierte, unverwechselbare Persönlichkeiten mit charismatischer Ausstrahlung und langem Atem oder verschworene Teams von idealistischen Enthusiasten Pate gestanden haben.

Ein weiteres persönliches Merkmal kennzeichnet die politischen Gründungsväter und fachlichen Gründungsplaner. Der Mut zum Wagnis, ein Mut zur ganzheitlich gedachten Stadt, der ein gegenwärtig kaum nachvollziehbares Maß an Selbstvertrauen und Glauben an Fortschritt, Reform und eine bessere Zukunft zeigt. Ein Mut auch in bezug auf das Vertrauen in fachliche Autorität, wissenschaftliche Prognose und Erfindungen, ein Mut, der später freilich zum Teil enttäuscht wurde.

In dieser Hinsicht tragen die Neuen Städte deutlich das Signum ihrer Zeit und das ihrer Väter. Ihre Behandlung und Weiterentwicklung muß in Kenntnis der Entstehungsbedingungen und in Achtung der Ziele erfolgen. Auch als ein zum Teil gescheiterter Versuch zu einem besseren, leichteren und gesünderen Leben und als Marksteine der Stadtentwicklung verdienen sie den Respekt einer wichtigen Epoche der europäischen Stadtgeschichte.

Literaturverzeichnis

**Karlsruhe-Waldstadt,
Mainz-Lerchenberg**

Beller, Max: Waldstadt Karlsruhe, ein städtebaulicher Wettbewerb für eine Stadt von 20000 Einwohnern, Manuskript, o. J.

Erster Spatenstich Waldstadt, Karlsruhe, 3.9.1957, Manuskript

Hofmann, J., Ludwig Kroll, Ulrich Eicheler: Chronik Mainz-Lerchenberg 1961–1976, 15 Jahre Lerchenberg, Mainz 1976

Jaspert, Fritz: Vom Städtebau der Welt, Berlin 1961

Martin, Egon: Landstraße 560 und ihre Anschlußpunkte im Bereich der Stadt Karlsruhe, Stadtplanungsamt Karlsruhe, o. J.

Stadtplanungsamt Karlsruhe: Grundlegende Aussagen für die Stadtteilrahmenplanung Waldstadt-Hagsfeld, Karlsruhe, 2/1976

Stadtplanungsamt Karlsruhe: Jubiläumsausstellung »25 Jahre Waldstadt« 10.9.–19.9.1987, Ablichtung der Ausstellungstafeln

Stadtplanungsamt Karlsruhe: Daten über die Entwicklung der Waldstadt als Grundlage für ein Podiumsgespräch am 14.11.1970, Karlsruhe 9.11.1970

Strassberger, Arne u. a.: Demonstrativbauvorhaben Mainz-Lerchenberg, Untersuchung über die städtebauliche Planentwicklung, Städtebauinstitut, Nürnberg 1968

Verdichteter Flachbau, Studienmaterialien der Fachgruppe Stadt, Nr. 19, Technische Hochschule Darmstadt, Fachbereich Architektur, Darmstadt 1975/76

Versuchs- und Vergleichsbauten und Demonstrativmaßnahmen des Bundesministeriums für Städtebau und Wohnungswesen, Informationen aus der Praxis – für die Praxis, Nr. 24, Teil 1, Bonn-Bad Godesberg, 1970/71

Versuchs- und Vergleichsbauten und Demonstrativmaßnahmen des Bundesministeriums für Städtebau und Wohnungswesen. Informationen aus der Praxis – für die Praxis Nr. 37, Bonn-Bad Godesberg 1972

Wohnen in neuen Siedlungen, Demonstrativbauvorhaben der Bundesregierung, herausgegeben vom Bundesminister für Wohnungswesen, Städtebau und Raumordnung, Stuttgart 1965

**Mannheim-Vogelstang,
Heidelberg-Emmertsgrund**

Aus den Fehlern der Vergangenheit lernen, Jahrestagung der Werkbund–Landesverbände Rheinland-Pfalz und Baden-Württemberg in Speyer, in: Die Rheinpfalz 2.11.1987

Einsele, Martin, Ilse Irion: Mannheim Waldstadt-Nord, Städtebauliche Diplomaufgabe 1978/79, Technische Hochschule Darmstadt, Fachgruppe Stadt, Manuskript

Hall, Otmar: Wohnstadt mit Herz. Mannheim-Vogelstang: Baden-Württembergs wohl geglückteste Großsiedlung, in: Baden-Württemberg-Monatsschrift, 16. Jahrgang 1978

Heidelberg-Emmertsgrund. Ein neuer Stadtteil für 11000 Menschen. Ein Bericht der Neuen Heimat Baden-Württemberg, Stuttgart, September 1971

Irle, Martin: Der derzeitige Wohnungsbedarf der Haushalte in Mannheim, Mannheim 1962, Manuskript

Mannheim-Vogelstang. Ein neuer Stadtteil für 20000 Menschen. Ein Bericht der Neuen Heimat Baden-Württemberg, Stuttgart Mai 1970

Open Space in Housing Areas-Documentation of a Colloqium. National Swedish Institute for Building Research, Lund 1972

Sack, Manfred: Ruhig, aber städtisch wohnen, in: Die Zeit Nr. 50, 12. Dezember 1969

Stadt Mannheim: Daten über Mannheim-Vogelstang. Zusammengestellt vom Stadtplanungsamt Mannheim, Mannheim 1982, Manuskript

Strubelt, W., K. Kauwetter: Soziale Probleme in ausgewählten Neubaugebieten, Bundesminister für Raumordnung, Bauwesen und Städtebau, Schriftenreihe Wohnungsmarkt und Wohnungspolitik, daraus: Die Siedlung Vogelstang, Mannheim, Bonn 7.12.1982

Versuchs- und Vergleichsbauten und Demonstrativmaßnahmen des Bundesministerium für Raumordnung, Bauwesen und Städtebau, Teil 2, Bonn 1974

Ziemsen, K., u. a.: Heidelberg-Emmertsgrund. Bericht über Situation, Ziele und Maßnahmen, Heidelberg 1987

Frankfurt-Nordweststadt

An der Wand hängt die Nordweststadt, in: Neue Presse, 8.2.1968

Architektur Wettbewerbe, 28 Neue Wohngebiete, Stuttgart 1960

Das gibt's doch nicht in der Nordweststadt, Dokumentation der Bürgerinitiative in der Nordweststadt, 1980

Demonstrationszug in der Nordweststadt gegen Strassenbau, in: Frankfurter Nachrichten, 2.12.1972

Die Nordweststadt nicht besonders unsicher, in: Frankfurter Nachrichten 11.2.1982

Einsiedel, Sandro: Idee, Anspruch und Wirklichkeit, die Nordweststadt Frankfurt am Main, in: Stadtbauwelt 63/1979

Fast 450 Bewohner der Nordweststadt trafen sich zum Protest, in: Frankfurter Nachrichten, 6.12.1972

Gruen, Victor: Das Überleben der Städte, Wien – München – Zürich 1973

Jaspert, Fritz: Die Architektengruppe May in Rußland, Deutsche Akademie für Städtebau und Landesplanung, Landesgruppe Nordrhein-Westfalen, Düsseldorf, August 1980

Heinrich, Paula: Nordweststadt, junge Stadt auf altem Boden, Frankfurt am Main 1971

Kampffmeyer, Hans: Die Nordweststadt in Frankfurt am Main – Wege zur neuen Stadt, in: Schriftenreihe der Dezernate Planung und Bau, Frankfurt am Main 1968

Kampffmeyer, Hans, Erhard Weiss: Von der Idee zur Wirklichkeit, in: Frankfurt, lebendige Stadt, Vierteljahreshefte für Kultur, Wirtschaft und Verkehr, 3/4/64

Lehmbrock, Joseph: Schwagenscheidt, der Betroffene, der zum Experten wurde, in: Bauen Konkret, 2/1972

Mehrheit wohnt gern in der Nordweststadt, in: Frankfurter Rundschau, 8.1.1972

Schwagenscheidt, Walter: Die Nordweststadt – Idee und Gestaltung, Stuttgart 1964

Schwagenscheidt, Walter: Die Raumstadt und was daraus wurde, herausgegeben von Ernst Hopmann und Tassilo Sittmann, Stuttgart/Bern 1971

Sittmann, Tassilo: Die farbige Gestaltung der Nordweststadt, herausgegeben vom Stadtplanungsamt der Stadt Frankfurt am Main, Frankfurt am Main 1977

Sittmann, Tassilo: Nordweststadt – Stadt aus Raumgruppen, Sonderdruck aus: Frankfurt am Main – Augenblick und Ewigkeit, Frankfurt am Main 1970

Sittmann, Tassilo: Walter Schwagenscheidt zum 100. Geburtstag, Sonderdruck aus: Deutsches Architektenblatt, 3/1986

Sittmann, Tassilo: Wohnbereich und Erholungsbereich in der neuen Stadt, Lichtbildvortrag, gehalten am 16.5.1971 im Vortragssaal der staatlichen Ingenieurschule in Trier, Manuskript

Tapiola und Kivenlahti, Finnland

Aàrio, Leo: Tapiola, puntarhakaupunki, Helsinki University 1972

Antoniak-Irion, Ilse: Krajobraz naturalny Finnlandii w kompozycji architektoniczenj, in: Architektura 12/1970

Eckhardt, Wolff von: A Place of live, the Crisis of the Cieties, New York o.J.

Heidemann, Lawrence: Tapiola, Model Myth or Happenstance? – a personal investigation, in: Urban Ecology 1/1975

Hertzen, Heikki von: »Aarne Ervi – Pioneering Spirit and Brillant Town Planer«, Finnland, o.J.

Hertzen, Heikki von: How a New Town is born, Kivenlahti, the next New Town Projekt after Tapiola, in: Valtakunnansuunnittelu, November 1970

Hertzen, Heikki von: Practical Problems of New Town Development, University of Pennsylvania European New Towns Seminar, Tapiola 13.8.1965

Hertzen, Heikki von, Paul O. Spreiregen: Building a New Town, Finnlands New Garden City Tapiola, Cambridge und London 1971/73

HSKL Helsingin Seutukaavaliitto/Helsingfors Regionplansförbund, Broschüre, Helsinki 1975

Itkonen, Uolevi: Keskipisteenä ihminen eivätkä institutiot, in: Amfion 2/1988

Itkonen, Uolevi: The organisational Set Up of the Housing Foundation Asuntosäätiö and its Cooperation with the Municipality in the Process of Building Tapiola and Kivenlahti, Manuskript

Itkonen, Uolevi: Tapiolan työpaikat, Tapiola: Asuntosäätiö, 1965, Manuskript

Kivenlahti Yhdyskunta Meren Ranulla, herausgegeben von Asuntosäätiö, Tapiola 1978

Koskelo, Heikki, Simo Järvinen: Amfi-Kivenlahti, Espoo 1984, Espoo 1984

Markelin, Antero: Onko ajatuskin jo kaavoitettu, in: Amfion 2/1987

Penttilä, Timo: Kaupunki ei ole projekt, in: Amfion 2/1987

Sonderdruck TAPIOLA: Die Nahumwelt der Wohnung, Jüngere städtebauliche Leistungen. Ständiger Ausschuß Miete und Familieneinkommen IVWSR-Internationaler Verband für Wohnungswesen, Städtebau und Raumordnung, 1976

Tapiola, in: AIA Journal, American Institute of Architects, Juli 1967

Tapiola, Open Space in Housing Areas-Documentation of a Colloqium. National Swedish Institute for Building Research, Lund 1972

Tapiola Suvikumpu, Neue Wohnbebauung im Zentrum, Espoo/Asuntosäätiö 1979

Stockholm, Schweden

Aronson, Albert: Vom Bauerndorf zu Groß-Vällingby, Manuskript

Atmer, Thomas: Raumordnung in Schweden, in: Aktuelle Informationen aus Schweden, Nr. 88, September 1975

Beschreibung von Vällingby und Farsta, Stadtplanungsamt Stockholm, Stockholm, Mai 1968

Fakta och Fragestellingar, Bladder-Glimtar av Översiktliga Fraagor Stockholms Stadsbyggnadskontor Utredningsbyran, Stockholm 1980

Flemström, Carin: Rinkeby- Tensta- en spännande stadsdel aat leva i, Att bo 4/78, Stockholm 1978

Franzen, Mals, Eva Sandsteck: Grannskap och Stadsplanering, Om stat och byggande i efter krigstidens sveridge, Acta Sociologica, Upsala 1981

Holmgren, Per: About Town planning in Schweden with particular referance to Stockholm, verkürzte Fassung einer Vorlesungsreihe, gehalten in Großbritannien, April 1967

Husby, Wohnsiedlung im Järva-Gebiet, Sonderdruck aus: Architektur 5/1975

Jensfelt, Simon: Kommerzielle und kulturelle Zentren in der Stockholmer Region. Einige Beispiele und Gesichtspunkte, Stadtbauamt Stockholm o.J.

Jensfelt, Simon: Moderner Schwedischer Wohnungsbau, Stadtbauamt Stockholm 1970

Kista Centrum, Hrsg.: Svenska Bostädłer, Stockholm 1979

Kista, Husby, Akalla, A digest for planners, politians and critics, Stockholm information board, Stockholm Mai 1976

Kista a Swedish Satellite Comunity, Stockholm City and Development Company, Stockholm 1983

Markelius, Sven: Stockholms Sruktur, Synpunter pa ett Storstadsproblem, The Structure of the Town of Stockholm, Byggmästaren 1956

Miller, Thomas, Gunnar Lantz: Decentralization in Stockholm, Department of Planning & Building, Stockholm 1981

Sidenbladh, Göran: Plannering for Stockholm 1923–1958, Stockholm 1981

Sidenbladh, Göran: Probleme der Stockholmer Stadtplanung, Stockholm Stadtplanungsamt (ohne Datum)

Sidenbladh, Göran: Stockholm, a Planned City, in: Scientific American, Bd. 213, Nr. 3, New York, September 1965

Stockholm, byggd miljö, urban environment, milieu urbain, Stockholms Stadsbyggnadskontor, Uppsala 1972

Stockholms neue Vororte, Stadtplanungsamt Stockholm, Stockholm, Oktober 1972

Stockholms older Suburbs, Stadsförnyelse Kampanjen 80–81. Stockholm Department of Planning and Building Control, Stockholm 1981

Wohlin, Hans: Die Rahmen für den Ausbau der Städte in Schweden, in: Aktuelle Informationen aus Schweden, Nr. 187, April 1978

Wohlin, Hans: Städteplanung in Stockholm, in: Aktuelle Informationen aus Schweden, Nr. 188, Mai 1978

Lövgärdet, Schweden

Abetsboken-För Förändringar i Lövgardet, Komotryck AB, Göteborg 1984

Bjerman, Inger: Dörrar Pa Glänt, Romanen om en Trappuppgäng, Lövgärdet Skrivastuga, Angered 1987

Fridolf, I. u. a.: Göteborg Förorter, Tryckverkstan, Göteborg 1987

Frones, Ivar: Betonggeneasjonen og deres verden, Oslo 1985

International Congress Göteborg: Learning From Past Experience: Housing and Planning in the Eighties, Mai 1979 The Hague, Niederlande, August 1979

Irion, Ilse, Thomas Sieverts: Göteborg-Lövgärdet: Der kurze Lebenszyklus eines neuen Stadtteils, in: Stadtbauwelt 82, Juni 1984

Irion, Ilse, Thomas Sieverts: Recycling von Großsiedlungen, in: Stadtbauwelt 86, Juni 1985

Ljung, Lillemor: I Lövgärdet finns plats för visioner, in: Arbetet/Onsdag, 11. November 1987

Magnusson, Ä. u. a.: Göteborg – Förorter, Tryckverkstan, Göteborg 1987

Schilling, R.: Rückbau und Wiedergutmachung, Basel o. J.

Tell, Henry: Bo Kva hemma. White Arkitekter AB, Göteborg 1987

Touristen- und Ferienwohnungen. Prospekt. Hrgs. Göteborgs stads bostadsaktiebolag, Göteborgshem, Göteborg 1984

Vättlerjäll, Stadsbyggnadskontoret/Göteborgshem, Göteborg Juni 1983

Nowa Huta und Nowe Tychy, Polen

Adamczewska, Hanna: Wpływ realizacji na przemiany planu miasta, Warschau 1964

Architektur in der VR Polen, Reisebericht, in: Analysen und Modelle, 4/1971

Benko, M. u. a.: Polska Urbanistyka współczesna – część I, Warschau 1975

Czerner, Olgierd u. a.: Avant-garde Polonaise 1918–1939, Awangarda Polska 1918–1939, Paris 1981

Fisher, Jack C.: City and Regional Planning in Poland, New York 1966

Goldzamt, Edmund: Städtebau sozialistischer Länder, Stuttgart 1974

Gorynski, J.: The problem of participation in new town development: Nowa Huta, Polen, in: Ekistics Nr. 212, Juli 1973

Korzeniewski, Władysław: Poradnik projektanta budownictwa mieszkaniowego, Warschau 1981

Merlin, Pierre: Les Villes Nouvelles, Paris 1969

Nowe Tychy – broszura wydana z inicjatywy MRN WZBM, DBOR 1960

Pióro, Zygmunt: Przestrzen i społeczenstwo, J. Sulimski-Struktura i procesy ekologiczne w aglomeracji, Warschau 1982

Seibert, K.: Nowoczesność Nowej Huty, in: Życie Literackie, Nr. 29, Warschau 1959

Sieminka, R.: Nowe życie w nowym miescie, Warschau 1969

Städtebau im Ausland, Zentralinstitut für Städtebau, TU Berlin, Heft 12, Vortragsfolge 1962/63

Stępinski, M.: Wokól Miasta, in: Architektura 3–4/1977

Szafer, T. Przemysław: Nowa architektura Polska – Diariusz lat 1966–70, Warschau 1972

Szafer, T. Przemysław: Nowa architektura Polska – Diariusz lat 1971–75, Warschau 1979

Szafer, T. Przemysław: Nowa architektura Polska – Diariusz lat 1976–80, Warschau 1981

Szafer, T. Przemysław: Zeitgenössische polnische Architektur, Warschau 1978

Wejchert, Kazimierz: Elementy kompozycji architektonicznej, Warschau 1974

Wejchert, Kazimierz: Miasto na warsztacie, Warschau 1969

Abbildungsnachweis

Soweit feststellbar stammen die Aufnahmen von folgenden Fotografen, für die Zeichnungen wurden folgende Quellen verwendet:

Karlsruhe-Waldstadt, Mainz-Lerchenberg, Mannheim-Vogelstang, Heidelberg-Emmertsgrund

Allgemeine Zeitung v. 25.10.1963, S. 39
Angerer, Fred, München, S. 77, 79, 88, 89
Beispiele aus der Stadtentwicklung, NH BW, S. 29
Bildstelle der Stadt Karlsruhe, S. 18, 23, 24, 25, 26, 27, 28 (3), 29, 31, 32, 33, 34 (2), 35, 36, 37, 38
Bildstelle NH BW Mannheim, S. 71, 86, 96, 99, 101
Birkholz-Sittmann, Roswita, S. 127
Demonstrativbauvorhaben Mainz-Lerchenberg, S. 39, 40, 41, 42, 43
Fränkle, R., S. 28
Häuser, Robert, Mannheim-Käfertal, S. 70
Heidelberg-Emmertsgrund, ein neuer Stadtteil für 11 000 Menschen, S. 56, 59, 64, 65, 88 (2), 89 (2), 94
Irion, Ilse, Mainz, S. 29, 30 (2), 32, 34 (2), 35, 37, 44, 45, 46, 47, 48, 49, 50, 51, 52, 53, 80, 81, 83, 84, 85, 91, 92, 93, 94, 96, 97, 109, 110, 111, 116, 118, 119, 120, 121, 122, 123, 124
Jaspert, Fritz, Vom Städtebau der Welt, S. 42
Mannheim-Vogelstang, S. 54, 55, 62, 68, 70
Meier-Ude, S. 60
Pfau, Christof, Mannheim-Freudenheim, S. 66, 68, 69, 71, 72, 73, 74, 75, 94, 95
Schwagenscheidt, Walter, Die Nordweststadt, S. 104, 106 (2), 107
Schwagenscheidt, Walter, Die Raumstadt, S. 107, 108
Sittmann, Tassilo, Nordweststadt, S. 111, 113 (2), 114 (4)
Stadtplanungsamt Mainz, S. 50
Stadtplanungsamt Heidelberg, S. 90
Verdichteter Flachbau, Studienmaterialien der Fachgruppe Stadt, TH Darmstadt. S. 19, 29
Wunsch, B. Ottmar, Mainz-Gonsenheim, S. 21

Finnland

Archiv Asuntosäätio S. 138, 145, 147, 169
Irion, Ilse, Mainz, S. 132, 133, 134, 135, 136, 137, 138, 139, 140, 144, 150, 154, 155, 156, 157, 160, 161, 167, 168, 169
Ivantso, Pal, S. 134, 135, 137, 139, 149, 167
Pentti, Harala/Asuntosäätio, S. 128, 131
Pietila, Raila u. Reima/Asuntosäätio, S. 153 (2)

Schweden

Abako Arkitektkontor AB/Reinholds Fastighets och Byggnads AB, S. 236 (2), 237 (3)
Baldurson, B., Lövgärdet, S. 214, 232
Blomguist, H., S. 220
Forser, Bengt, S. 218
Irion, Ilse, Mainz, S. 175 (2), 177, 182 (3), 183 (3), 184 (2), 185, 187, 196 (4), 197 (2), 199 (2), 200 (2), 201 (2), 203 (2), 204 (2), 209 (2), 210 (2), 211, 212, 213 (2), 217, 219, 224 (2), 225 (3), 226 (3), 227 (4), 228 (2)
Landskronagruppen, Göteborgshem, S. 230
Lantz, Gunnar, Stockholm, S. 173 (2), 183 (2), 187 (2), 191 (2), 197
Poseidon/Göteborgshem, S. 231, 233 (3)
Stjanbilds Arxfoto, S. 232

Polen

Antoniak, Jarosław, Gliwice, S. 266 (2), 269, 270, 272 (3), 273, 275, 276 (2)
Irion, Ilse, Mainz, S. 256, 257, 258, 259, 261, 264, 266 (2), 271 (3), 274 (3), 277
Jabłonski, K., Krajowa Agencja Wydawnicza, S. 254
Juchnowicz, Stanisław, Krakow, S. 246, 250, 251 (2)
Pawlak, H., Krajowa Agencja Wydawnicza, S. 270
Styrna-Bartkowicz, Krystyna, Krakow, S. 251, 252, 253, 259
Zając, P., Krakow, S. 251, 257, 258 (2), 260 (3), 261 (2)